# HISTOIRE
## DE
# L'ART DÉCORATIF

ARSÈNE ALEXANDRE

# HISTOIRE
DE
# L'ART DÉCORATIF

## DU XVIᵉ SIÈCLE A NOS JOURS

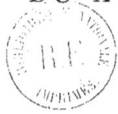

PRÉFACE DE ROGER MARX

OUVRAGE ORNÉ
DE QUARANTE-HUIT PLANCHES EN COULEURS, DOUZE EAUX-FORTES
CINQ CENT VINGT-SIX DESSINS DANS LE TEXTE

> « Il vaut mieux qu'un homme ou un petit nombre face leur proufict de quelque art en vivant honnestement, que non pas un si grand nombre d'hommes, lesquels s'endommagent si fort les uns les autres qu'ils n'auront pas moyen de vivre sinon en profanant les arts, laissant les choses a demi faites. »
> *Bernard Palissy.*

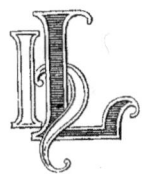

PARIS
LIBRAIRIE RENOUARD
HENRI LAURENS, ÉDITEUR
6, RUE DE TOURNON, 6

*Il en va des siècles à leur déclin comme de ces génies glorieux que la mort a touchés et qui déjà presque appartiennent au passé. Plus imminent est le terme, mieux la raison se ressaisit, mieux le jugement s'éclaire, mieux la conscience s'impose du labeur et de l'effort accompli. A embrasser dans un regard unique les cent dernières années, on les dirait en proie à la préoccupation d'un but commun et avides de la solution des mêmes problèmes : l'ambition du vrai, du juste les possède, et leur œuvre est, par-dessus tout, une œuvre d'équité, d'émancipation et de progrès. Que ce progrès ne se réalise qu'à la longue, péniblement, nul n'en voudra disconvenir ; mais la faute vient de notre esprit rebelle à l'innovation, attaché à ses habitudes, au delà du nécessaire, et, plutôt que de railler l'excès des lenteurs, mieux le vaut expliquer par l'acharnement des luttes soutenues, par la difficile défaite de préventions enracinées au plus profond de nous-mêmes et obscurcissant l'entendement à miracle.*

*De notre temps, les philosophes attirés par l'instinct vers l'esthétique et jaloux d'en traiter librement, ont subi l'obligation de s'affranchir, de faire table rase des erreurs accumulées par les générations précédentes. La science, qui allait devenir l'objet de leurs méditations, était livrée aux rêveries des métaphysiciens, aux déclamations des beaux parleurs. On avait pris coutume de l'envelopper de ténèbres, de mystère, et le vague des idées, l'imprécision du vocabulaire étaient bien pour entretenir la faveur des principes conventionnels et des conceptions routinières. L'unité de l'art et sa fonction se trouvent-elles, par exemple, mises en question, ce ne sont que systèmes acceptés sans contrôle, que dogmes transcendantaux, que négations superbement prononcées. Personne n'a oublié M. Ingres lançant, en 1863, l'anathème contre l'art appliqué et le bannissant à jamais de l'enseignement. N'est-ce pas encore dans l'essai proposé comme bréviaire aux candidats bacheliers, que M. Victor Cousin tranche de la sorte : « Les arts s'appellent les beaux-arts parce que leur but est de produire l'émotion du Beau sans égard pour l'utilité du spectateur ni de l'artiste ? » Ainsi les doctrines reçues, officiellement professées, vont à l'encontre du bon sens, de la logique et nulle part ailleurs que dans leur extraordinaire crédit, ne doit être cherchée l'origine du mal de l'heure présente. C'est, de toute évidence, pour avoir établi des classifications arbitraires, pour avoir violé la tradition nationale et consommé le divorce entre l'artiste et l'artisan que le goût languit, ne se rénove point et que l'école contemporaine s'encombre et regorge de non-valeurs.*

*Ceci rappelé, rapprochons de la diffusion rapide, néfaste des théories cousiniennes l'action déjà ancienne, mais combien lente, des penseurs à l'esprit ouvert et libre, des historiens plus soucieux d'exactitude que de rhétorique, qui prennent à témoin la longue suite des âges du mensonge des catégories et des droits de l'émotion esthétique, droits indépendants de toute condition, de toute considération d'objet et illimitables à un domaine déterminé. Puisque, aussi loin que le génie humain qui le crée, s'étend et rayonne l'art, pourquoi se refuser à le reconnaître, où qu'il se rencontre et quelques dehors qu'il revête? Si simples soient ces vérités, le renoncement n'est pas aisé, tant s'en faut, aux appellations subdivisant le Beau en une série de castes hiérarchiquement classées. Des années, des années encore coulent avant l'admission de l'axiome de Guichard : « L'art est un, seules ses manifestations sont multiples » et nombre d'écrivains sont parmi les plus hésitants à se laisser convaincre. Certes, les trop fréquentes* HISTOIRES DE L'ART *élaborées au cours du siècle ne chôment pas à glorifier la peinture, la sculpture, l'architecture, non plus qu'à retracer dans le détail la succession de leurs phases; mais, par une contradiction singulière, en ces écrits, nulle mention ne se réfère aux travaux qui souvent rassemblent l'un et l'autre de ces arts et groupent des moyens d'expression divers. Prétention vaine celle de tant d'auteurs prompts à promettre de valables éléments d'instruction! Comme si, en omettant systématiquement la partie essentielle d'un tout inmorcelable, ils ne s'étaient pas condamnés par avance à donner de leur sujet une idée fausse, ou du moins insuffisante! Mais les avertissements répétés des Mérimée, des Viollet-le-Duc, des de Laborde, des de Luynes, des Castagnary, des Eugène Véron, des Burty, sont restés impuissants à établir que l'intérêt esthétique s'augmente, pour l'art décoratif, de l'autorité du rôle économique et de la mission civilisatrice. Les disciples de M. Victor Cousin n'ont pas compris que, selon le juste dire de Bracquemond, « la décoration est l'activité de l'art, qu'elle fait son utilité sociale, que le principe ornemental constitue son sens organique ». Peu leur importaient d'ailleurs les rapports de la transformation de la matière avec l'accroissement de la richesse nationale; peu leur importait la vive lumière jetée sur les mœurs et l'esprit d'un temps par la reconstitution du milieu, du cadre de la vie; peu leur importaient les renseignements fournis par les fluctuations du goût pour la meilleure connaissance du génie et de la race...*

*A ces annales suspectes, mutilées, M. Arsène Alexandre apporte les rectifications nécessaires, le complément rationnel et toujours refusé. Hautement il revendique pour les arts méprisés l'égalité du droit à la Célébrité. A partir de la Renaissance, il dresse l'inventaire du mobilier, il évoque les styles; la liste des maîtres classiques — peintres, sculpteurs, architectes, — se grossit de noms ignorés de potiers, d'émailleurs, d'orfèvres, de ferronniers; auprès des chefs-d'œuvre consacrés prennent rang des créations qui ne sont ni des tableaux, ni des statues, ni même des temples, et comme le pinceau et l'ébauchoir, le ciselet, le burin, le marteau, la* gouge, tirés de l'ombre, reçoivent leur tribut d'hommages. Ç'a été le plaisir de M. Arsène Alexandre de passer en revue les matières d'une à une, amoureusement, de suivre leurs périodes de vogue et d'abandon, d'épier la série de leurs métamorphoses, depuis l'état brut de nature, jusqu'au parachèvement de l'œuvre; et, autant que le résultat, l'intéressent les voies employées pour y atteindre; il aime à se glisser dans l'atelier, à surprendre le compagnon à l'établi, à divulguer les règles d'optique, de convenance et les secrets de métier variés à l'infini. La technique possédée, il remonte le cours des ans, interroge le passé, le reconstitue avec les monuments, avec les livres, il collige, vérifie, ordonne les éléments épars d'une vaste documentation, et de ses veilles dans les bibliothèques, de ses stations dans les musées, les cabinets, les expositions, il rapporte cette enquête exacte et animée où les industries d'art revivent quatre siècles d'éclat et de gloire.

Le succès de l'entreprise, on le peut pressentir, proclamer au seuil du livre, tant M. Arsène Alexandre était préparé par l'économie de son tempérament, par ses préférences de travail, à cette double tâche d'esthète et de justicier. Vous ne sauriez rencontrer caractère plus ferme, cœur plus droit, volonté mieux arrêtée de s'élever contre les abus, de substituer la vérité au préjugé et à l'erreur. D'autre part, l'habitude est déjà ancienne chez lui de noter au jour le jour les actions réflexes de l'art sur la société, et cette fois, comme pour ses précis de la CARICATURE, de la PEINTURE MILITAIRE, il a étudié les époques disparues avec des procédés d'autant plus certains que ce sont les méthodes d'investigation et d'analyse familières à ses chroniques contemporaines; par surcroît on lui saura gré de n'avoir pas abdiqué la spontanéité au profit de l'érudition, d'avoir prouvé à chaque page l'indépendance foncière du critique ardent à défendre l'individualisme, — cette indépendance qui lui a fait choisir, pour les mettre en définitive lumière, deux génies dont les noms seuls contiennent une profession de foi : BARYE et DAUMIER. Il y a donc plus et mieux dans les chapitres qui suivent qu'un tableau des évolutions du goût, mais un corps de doctrines, plus et mieux qu'une vision récapitulative, mais un exposé des conditions de progrès et de développement des industries. Établir que le style est l'expression parlante des civilisations, c'est démontrer du même coup que toute contrefaçon, toute résurrection du passé équivaut à un aveu de stérilité, à un anachronisme, à l'emploi d'une langue morte, inintelligible. Rien ne compte et ne demeure hormis la contribution des apporteurs de neuf dont les inventions répondent aux aspirations précises, originales, d'un temps, d'une génération. Pas plus que l'Histoire, l'Art ne se recommence.

ROGER MARX.

15 octobre 1891.

LIVRE I

# LES ARTS DU BOIS

ÉBÉNISTERIE — SCULPTURE — AMEUBLEMENT

# CHAPITRE PREMIER

## LA PHYSIOLOGIE DU MEUBLE

Le bois et le métal. — Les ouvriers d'autrefois. — Le coffre, générateur de tous les meubles. — La huche. — L'armoire. — Le cabinet. Les sièges. — Le lit. — La décoration.

Il y a peu d'années, une classification arbitraire était encore adoptée. On considérait toujours comme un art la construction et l'invention des édifices, palais ou simples habitations privées. Au contraire l'invention et la réalisation des objets, si riches et si parfaits qu'ils fussent, destinés à remplir ces édifices, à compléter leur destination, étaient dédaigneusement reléguées au rang des simples industries.

La présence de quelques-uns de ces objets dans les expositions artistiques eût été regardée comme une intrusion et une sorte de profanation. Les plans d'une gare de chemin de fer, d'une halle, pouvaient figurer dans nos Salons, mais un meuble exquis de trouvaille, rare de matière, exécuté par une main savante et délicate; un surtout d'orfèvrerie, chef-d'œuvre de modelage et de ciselure; une étoffe aux admirables broderies, aux dessins chatoyants, auraient été renvoyés aux expositions universelles et jugés dignes de prendre rang entre les matières premières, les machines et les denrées alimentaires.

Alors que le plus médiocre tableau, la sculpture la plus banale, avaient droit à l'attention des critiques, Cellini, Boulle, Palissy auraient été renvoyés dans leurs magasins de la rue de la Paix, des faubourgs Saint-Antoine ou Poissonnière. Étienne de Laulne, Bérain, Lepautre, Watteau lui-même, dans certaines parties de son œuvre, auraient été classés parmi les humbles « dessinateurs de modèles ». Le lecteur ne criera pas au paradoxe, s'il réfléchit que vers le milieu de ce siècle, les *surtouts* de Barye furent refusés au Salon comme pièces d'orfèvrerie, et que de notre propre temps on commence à peine à admettre que les œuvres de quelques-uns de nos ébénistes, de nos orfèvres, de nos verriers, créateurs originaux entre tous, méritent d'avoir droit de cité parmi les trois mille peintures, et les quinze cents sculptures annuellement soumises au jugement du public et dont si peu méritent le nom d'œuvres d'art.

Le public est pourtant mieux averti, aujourd'hui, grâce aux efforts combinés de quelques amateurs passionnés et de quelques écrivains infatigables. Nous proclamons que l'art consiste avant tout à faire rendre à la matière une émotion et une pensée, quels que soient le but et les moyens de l'artiste. Est-ce d'ailleurs autre chose qu'une reprise des traditions parfaitement logiques des Grecs qui honoraient un potier à l'égal d'un statuaire, des Italiens de la Renaissance, pour qui des orfèvres comme Ghiberti, Pollaiuolo, et tant d'autres, des céramistes comme maestro Giorgio, des verriers comme Beroviero, étaient considérés avec autant de faveur que les plus grands artistes?

Si nous voulions prendre des leçons de nous-mêmes, en remontant la suite des temps nous verrions maintes preuves de l'absence de distinction entre l'artiste et l'artisan, mots de même origine, préoccupation de même tendance, efforts de même réussite.

L'histoire de l'art doit donc admettre au même titre tous les travaux qui, dérivant de l'habitation, ne sont pas de pure utilité. C'est du besoin d'orner sa demeure que l'homme a tiré tous les arts; c'est aux objets qui se trouvent à chaque instant sous ses regards ou à la portée de sa main qu'il les a appliqués.

Dès que son lit et sa table sont enrichis d'une sculpture ou d'une incrustation, dès que son assiette est égayée d'une fleur peinte, son couteau travaillé d'un guillochage ou d'une damasquine, son habit relevé d'une broderie, tout cela, du moment que l'émotion de l'exécutant s'y révèle et qu'une difficulté de lutte contre la matière y est vaincue, est une œuvre d'art, et il n'est plus aujourd'hui personne qui le conteste.

Le sujet est tellement vaste qu'il suffirait à remplir encore cent volumes après tous ceux qui lui ont été consacrés. Dans le tableau d'ensemble, dans l'espèce de synthèse d'histoire et de philosophie que nous allons présenter, on comprendra que nous soyons contraints à faire de nombreux sacrifices et la plus grande difficulté résidera en grande partie dans l'élimination.

Tout d'abord, puisque nous procédons par ordre de matières employées par les maîtres de la décoration et de l'ameublement, il en est une, la plus imposante, et en tous les cas la plus durable, que nous devrons renoncer à étudier. Nous avons nommé la Pierre que tant de maîtres ont ciselée en vivantes floraisons, fouillée en précieuses dentelles, pétrie comme de la cire pour l'ornement des habitations, qu'elles abritent un homme ou une idée, qu'elles soient temple ou séjour de roi. La Pierre appartiendra plus spécialement aux historiens de la sculpture et de l'architecture.

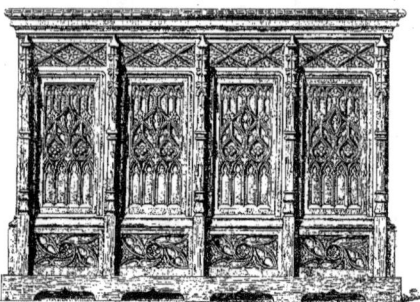

FIG. 1. — BUCHE XVIe SIÈCLE.

Immédiatement après elle nous trouverons le bois, qui ne lui cède pas et la dépasse même en services, admirable et complaisante matière qui se plie aux usages les plus humbles comme il contribue aux plus augustes. On pourrait se passer de pierre, on pourrait se passer d'argent, d'or, des matières de la faïence et du verre : le bois suppléerait à tout, égalerait tout en beauté et suffirait à réaliser les plus nobles œuvres.

Il possède en même temps la résistance et la plasticité. Les Égyptiens, à travers plus de quarante siècles, ne nous ont-ils pas légué des statues et des statuettes, des divinités et des tombeaux, des objets usuels et des meubles, dont le bois, rehaussé de quelques peintures, fait seul les frais et porte encore un profond caractère d'art? N'est-il point regrettable que nos statuaires, à l'heure présente, aient rompu avec les traditions de nos vieux imagiers qui le modelèrent avec tant de joie, répandant à foison sur les stalles de chœurs des cathédrales, sur les chaires, sur le mobilier civil, des milliers de figures pieuses ou satiriques? On fait moins d'emprunts à la représentation de l'homme, mais le champ décoratif est encore des plus vastes.

Le bois, en effet, consent à revêtir toutes les formes et à se parer de toutes les couleurs. Si on se fie à sa propre nature, si après l'avoir sculpté et assemblé on l'abandonne à lui-même, lui donnant tout au plus le léger luisant d'une couche de cire, il prend avec le temps de riches et chaudes patines qui le font ressembler au bronze. L'infinie variété de ses essences permet à l'ouvrier de jouer sur une immense gamme chromatique de couleurs naturelles, éclatantes ou sombres. En les mélangeant et les assortissant, il a pu, comme nous le verrons plus loin avec Boulle ou Riesener, peindre de précieuses mosaïques. En ne jouant que d'un seul ton, il a pu évoquer des idées graves et patriarcales, avec le chêne ou le noyer; sévères et pompeuses avec l'ébène au noir égal, au grain serré et dur comme celui d'un marbre; fraîches et tendres avec le citronnier ou le bois de rose; voluptueuses ou capricieuses avec l'érable ou le thuya; riches enfin, et impérieuses avec l'acajou lui-même, dans ses bonnes époques.

La veinure, aux dispositions innombrables, striée, mouchetée, sinueuse, rappelant les rides de l'eau le caprice des vagues ou des nuages, est par elle-même un décor suffisant. L'ébéniste habile en tire un parti charmant rien qu'à la façon dont il fait se correspondre et s'équilibrer la symétrie de ses panneaux. Le vernis, tout en respectant les vives couleurs du fond, exalte ces décorations imprévues et les satine.

Mais ce n'est pas tout, et aux époques les plus lointaines, nous voyons que le bois s'est associé aux matières les plus riches, s'est laissé revêtir des plus brillants enduits sans rien perdre de sa beauté naturelle. Il a reçu les peintures, les encaustiques et les dorures; et telle est l'intensité de sa vie propre que cette parure n'a jamais été pour lui un déguisement. L'expérience est simple en effet : prenez une console ou une bordure de bois sculpté et doré, n'importe où, dans les galeries de Versailles si vous voulez, parmi ces meubles luxueux qui, aux années sombres du règne de Louis XIV, en remplacèrent de plus luxueux encore en massive orfèvrerie. Comparez-les à un cadre ou à une console de même modèle, mais exécutés en métal doré. L'éclat devrait être rigoureusement le même; il semble qu'on ne devinerait pas plus sous le poli de l'or, la densité du métal, que la porosité du bois. Eh bien, pourtant, l'effet à l'œil est différent, et jamais on ne saura s'y tromper. L'un projettera un rayonnement froid, pour ainsi dire, et l'autre un rayonnement tiède. Les arêtes seront, dans le bois, imperceptiblement plus adoucies. Sans avoir besoin de recourir à l'épreuve du toucher on sentira la souplesse de celui-ci, la rigidité de celui-là. Pourtant les lignes, la couleur, l'éclat peuvent être considérés comme identiques.

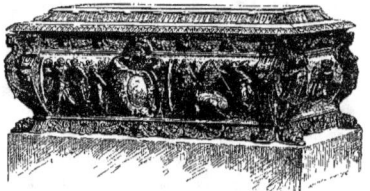

Fig. 2. — CASSONE VÉNITIEN XVIᵉ SIÈCLE.

Allons plus loin. Sans doute il est préférable de posséder un mobilier d'or massif que le simple trompe-l'œil d'un bois revêtu d'or. Mais écartez absolument l'idée de prix pour ne retenir que la sensation produite sur votre être. Vous vivrez plus volontiers au milieu des meubles de la seconde sorte : ils auront quelque chose d'indéfinissablement plus chaud et plus intime. Lors donc que le Roi Soleil, pour satisfaire aux nécessités de la guerre et remplir ses coffres épuisés, dut envoyer à la fonte ses consoles, tables et torchères en or et les remplacer par des copies en bois doré, il aurait dû se sentir plus à l'aise en son palais, s'il avait consenti à s'abandonner aux sensations d'un simple mortel. Le décor était le même, à Versailles, mais l'atmosphère était, croyez-le, sensiblement différente. Telles sont les vertus inhérentes à chaque matière.

Le bois a quelque chose de plus intime, avons-nous dit à l'instant. Du même coup nous avons précisé son essentielle et sa plus heureuse qualité. C'est dans les meubles de bois que le temps a respectés et nous a transmis que l'homme se raconte le plus ingénument; c'est à eux qu'il a le plus constamment confié les secrets de sa vie; c'est en eux que subsiste le plus de son perpétuel contact. Ils ont conservé un peu de son empreinte et comme de sa chaleur. Et encore à ce titre nous devions commencer par eux. D'autres arts nous montreront en effet nos pères aux moments de solennité ou d'apparat. Mais pour bien juger un homme, ce n'est pas en habit de fête qu'il faut faire sa connaissance. Nous tenterons donc de surprendre et de reconstituer grâce à ces ais plus ou moins artistement façonnés un peu des intimités d'antan.

Seulement il est bon de se mettre en garde. Deux choses pourraient contribuer à nous égarer. La première est que les meubles conservés dans les musées ou dans les collections sont la plupart du temps des pièces exceptionnelles, vestiges de la vie des riches ou des grands. Le mobilier des humbles a peu varié. Les anciens documents nous représentent les mêmes escabeaux, les mêmes tables équarries, les mêmes coffres plus ou moins grossiers que l'on retrouve chez nos plus pauvres paysans. Nous sommes donc contraints de négliger ce côté de l'histoire des mœurs, ou de loin en loin de le signaler seulement, à l'occasion de quelque armoire un peu ornée, de quelque écuelle un peu décorée. Pour le reste c'est surtout la vie luxueuse dont nous rencontrons les témoignages sur notre chemin. Un grand nombre de pièces employées par les humbles n'ont malheureusement pas été jugées dignes d'être conservées.

La seconde erreur pourrait provenir de cette idée assez couramment répandue que le luxe, ou pour mieux dire le mot, le confortable, a été une affaire de progrès. On s'imaginerait volontiers que le moyen âge a été une époque de vie chiche et claustrale; que les intérieurs aux lignes sévères, aux coloris sombres, participaient beaucoup plus de la cathédrale que du boudoir, que les meubles aux contours roides et anguleux ne pouvaient convenir qu'à des habitants durs pour eux-mêmes, et se souciant peu de leurs aises.

Si l'étude de ces siècles ne sortait pas de notre cadre, nous aurions maintes facilités de prouver que parler ainsi, c'est juger de la ressemblance d'un portrait sur la vue du squelette de celui qui fut le modèle. Nous montrerions que ces hautes murailles s'égayaient et se capitonnaient de tapisseries, que ces meubles roides n'allaient point sans leurs parures de riches étoffes, sans l'amollissement de leurs coussins ou, comme on les nommait, de leurs « carreaux »; que tout cela prenait de l'animation, du moelleux et de la vie, et que peut-être avons-nous, quelque surprise que l'on doive en éprouver, un sens moins raffiné des délicatesses que les gens des époques antérieures au xvi° siècle.

Il suffirait, sans invoquer d'autre autorité, de comparer nos propres ameublements à ceux du commencement de ce siècle, pour avoir une idée des fluctuations de ce qu'on peut appeler l'ensemble des aises; ou bien encore de rapprocher les petits appartements voluptueux du siècle dernier des grandes pièces imposantes et froides du temps de Louis XIV. En général les époques de guerres ou d'apparats sont moins favorables à l'éclosion des raffinements. Aussi conclurons-nous avec l'historien du mobilier au moyen âge, Viollet-le-Duc, que le « confortable » ne s'est point accru en raison directe du progrès des temps. « L'excessive recherche des habitudes des xiv° et xv° siècles, le luxe intérieur des appartements du commencement du xvi° s'étaient perdus et avaient été laissés de côté pendant les longues guerres religieuses de la fin du xvi° siècle, et le mobilier d'un grand seigneur sous Louis XIII aurait paru barbare et grossier à un grand vassal de Charles VII. Il faisait meilleur, peut-être, de vivre sous le règne de Louis XIV que sous celui de Charles V; mais certainement Charles V, les nobles et les bourgeois de son temps, étaient logés et meublés d'une façon plus confortable que ne l'étaient les seigneurs et les roturiers sous le règne du grand roi. »

Cela dit, s'ensuit-il que la matière elle-même, que la fabrication, l'habileté dans le tour de main de l'artiste n'aient pas, de même, été en progressant? Ici on risquerait fort de se tromper. Jusqu'à l'avènement de la machine, jusqu'au jour, peu propice à l'art, où l'emporte-pièce a remplacé le burin, la lime, de grands perfectionnements dans l'exécution ont pu être connus; on a pu s'ingénier à vaincre bien des difficultés de main-d'œuvre. Il est certain qu'à défaut de la vigoureuse naïveté, de l'honnête robustesse d'un huchier du xv° siècle, il se rencontre dans un meuble de Boulle, une plus riche imagination, dans un bureau marqueté d'Œben ou de Riesener, un fini, une mignardise de facture, une préciosité de détails qu'auraient difficilement atteints ou même entrevus leurs laborieux et simplistes précurseurs.

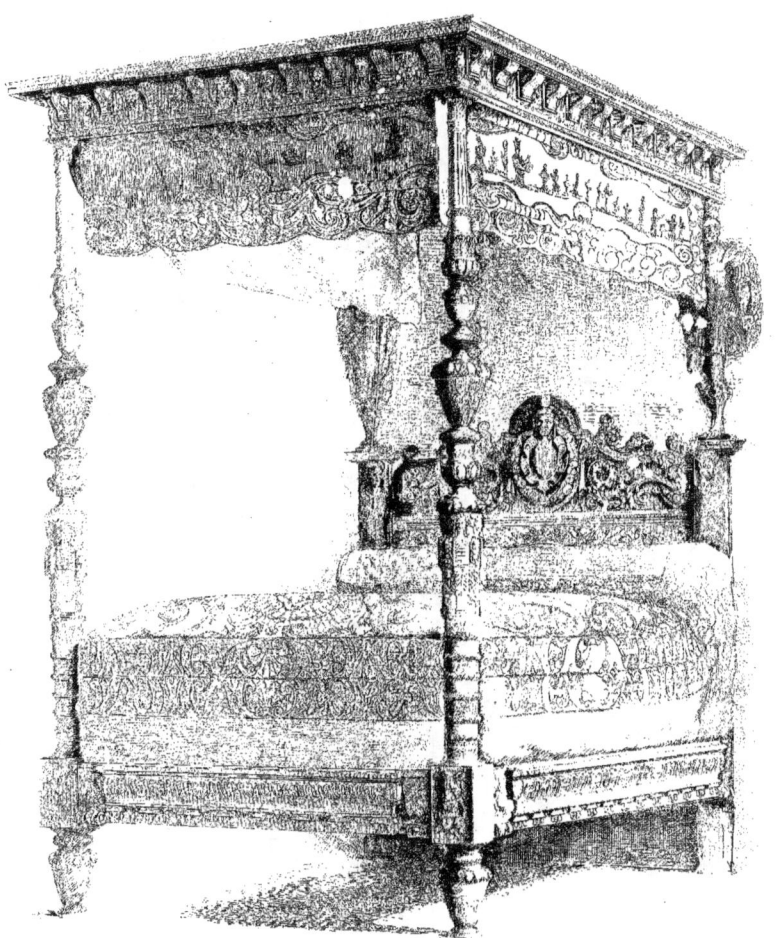

Mais une chose demeure acquise, c'est que les artisans des xv⁰ et xvi⁰ siècles se distinguèrent entre tous par une excellente vertu : la conscience. Pour eux le temps n'était rien; aussi, comme il a été pris pour collaborateur, s'est-il porté garant de la solidité des œuvres. Cette constatation n'est peut-être pas à l'avantage de notre temps. Mais on demeure confondu quand on voit de quelles garanties les métiers étaient entourés.

Les bois étaient choisis avec un soin minutieux, conservés longtemps avant d'entrer en œuvre; les panneaux étaient pendant des mois soumis à l'action de la fumée qui les rendait quasi indestructibles. C'est chose édifiante que de lire les règlements inspirés aux corporations. Tout y était prévu; les négligences interdites, les fraudes dénoncées et punies.

« Nous défendons... disent, par exemple, les édits de 1371, 1467, 1580 et 1645, que lesdits ouvrages (cloisons, chaires, tables, huches, etc.), ne soient bien et dûment faits tout en ornements, architecture (1), assemblages, tournures, taillés à la mode françoise, antique ou moderne, les liaisons des assemblages proprement observées, garnies de tenons, pigeons et mortoises aux saillies des moulures, de sorte que la taille ne puisse corrompre les assemblages, que les enfourchemens et embrasemens nécessaires soient observés et que le tout soit de bon bois loyal et marchand, à peine de dix escus d'amende et lesdits ouvrages brûlés devant la porte de l'ouvrier. Aucuns ne feront des portes colombées (à cloisons renforcées de jambages ou de poteaux) qu'elles ne soient de bois et largeur suffisantes. Toutes couches et et couchettes de quelque bois de longueur, largeur et hauteur que ce soient seront bien et duement faictes en assemblage, tournures et tailles à la mode françoise, antique ou moderne, marqueterie ou autre invention nouvelle au gré de ceux qui les commanderont.

« Nuls des dits maîtres ne feront à l'avenir aucuns buffets de salle, dressoirs, ni tables de chambres, cabinets et autres ouvrages de bois de chêne, ébène et autres de couleur, table pour tirer et à desservir, bois de lit pour couvrir de velours, d'écarlate ou d'autre étoffe, tables sur tréteaux, ni chaises et autres meubles qui ne soient proprement faits en assemblages, tournures, taille à la mode françoise, antique ou nouvelle, marqueterie ou autre nouvelle invention, qu'ils ne garnissent les saillies des corniches et toutes les liaisons d'assemblage et les enrichissements de taille et de marqueterie, en employant de l'ébène verte pour de la noire, ni du poirier pour de l'ébène, ou tout autre bois de quelque couleur que ce soit...

(Disons en passant que nos bons ancêtres n'avaient pas prévu l'extrême limite des falsifications qu'il a été réservé à notre temps d'inventer. Nous nous tiendrions presque heureux si on voulait bien nous donner toujours de l'*ébène verte pour de la noire*, et même du poirier pour de l'ébène. Mais n'avons-nous pas vu, dans le faubourg Saint-Antoine, des meubles à bon marché où le placage, acajou, érable, noyer ou thuya était... en papier peint! Un déménagement par une averse, et on devine ce qu'un tel mobilier pouvait devenir. A quoi bon ce luxe misérable, et un bon buffet de bois blanc tout simple ne sentirait-il pas la richesse à côté de cela? Mais poursuivons l'instructive lecture de nos vieux parchemins.)

« Les armoires pour serrer les habits, papiers de conséquence, bagues, vaisselles d'argent ou autres meubles précieux, auront des pieds et des traverses d'une largeur compétente.

« Nuls ne feront aucunes chaises, escabelles, chaises basses, vulgairement appelées des caquetoires, pieds de bassins, cuvettes, fontaines, et pattes de coffres et de bahuts qu'ils ne soient proprement assemblés, que les têtes des escabelles et les ornements de tournerie ne soient bien appropriés.

---

(1) Une fois pour toutes, nous dirons ici que dans tous les documents et citations nous conservons l'orthographe et les tournures de phrase du temps, quitte à expliquer d'une note ou entre parenthèses les termes trop archaïques.

« Les bureaux, comptoirs, bancs à dossiers et à coucher, montres et autres accommodements pour toutes personnes seront délicatement faits, tant en assemblage que tournure et taille.

« Nuls ne feront aucunes bordures de tableaux en bois de chêne, noyer, ébène et autres, qu'elles ne soient proprement assemblées à mortaises et tenons.

« Les fûts d'arquebuse à crocs ou à rouet, fûts de pistolets, seront d'une pièce à la réserve des encornements appliqués sur ces fûts.

« Défenses aux maréchaux et à tous autres que les huchiers menuisiers, de faire les bois d'aucunes litières, carrosses, coches, chariots branlants à la mode de Flandre et chars de triomphe, tant pour notre service que pour celui des reines, princesses et autres, dont les courbes servant au dôme auront leur cintre relevé pour l'écoulement de l'eau et devront être en bois bon, vif, loyal et marchand.

« Permission est donnée aux menuisiers de faire en leurs ouvrages toutes sortes de statues, portraits, images grandes et petites taillées en bois à la mode antique ou moderne avec toute autre sculpture et architecture, telle qu'elle puisse être pour la perfection et enrichissement de leurs ouvrages. »

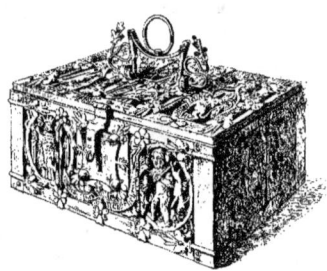

Fig. 3. — COFFRET ALLEMAND XVIᵉ SIÈCLE.

Ce n'est pas sans dessein que nous avons reproduit un tel document. D'abord il venait à l'appui de notre dire sur la solidité et la conscience des anciennes mains-d'œuvre. Puis il contient une énumération à peu près complète des objets mobiliers que nous passerons en revue.

Notre étude va être entreprise à un quadruple point de vue : d'abord l'histoire de chaque meuble et de ses transformations générales ; puis, ses variations de style suivant les pays et les écoles, d'après les données de ce qu'on a appelé la « géographie du meuble » ; en troisième lieu, les variations de l'ornementation sous l'influence de quelques célèbres artistes, inventeurs de nouveaux arrangements décoratifs ; enfin, la mise en œuvre des diverses matières par d'excellents ouvriers qui, grâce à leur conscience, leur goût et l'habileté de leur outil, se sont élevés au rang des meilleurs artistes. Le présent chapitre est consacré à la première de ces divisions et constitue en quelque sorte la *Physiologie du meuble*.

Par définition et par étymologie, le meuble (*mobilis*) est un objet essentiellement transportable, et son nom répond à merveille à l'usage qu'on en fit dès l'abord. Par suite des agitations qui sévissaient sans relâche, la vie, au moyen âge, était forcément nomade. On devait être prêt à changer de séjour à la première alerte ; et il ne s'agissait pas pour les riches, de procéder comme aujourd'hui : de se transporter d'une résidence toute meublée dans une autre également pourvue. Le départ était complet, présumé toujours définitif, ou du moins on ne se préparait pas à l'idée du retour prochain. Il était donc nécessaire que l'on pût tout emporter avec soi, que richesses et meubles, contenants et contenus, fussent du transport le plus commode et le plus rapide. L'ameublement, quelque riche qu'il fût, devait être susceptible à un moment donné d'être réduit à sa plus simple expression. Il ne pouvait et ne devait se trouver aucun élément inutile ; chaque pièce était conçue de façon à répondre à ces deux destinations du voyage et du séjour.

Consultez encore maintenant les peuples nomades, si tant est qu'il en subsiste beaucoup. Leur ameublement, quelle que soit sa richesse, se composera de boîtes, de coffres plus ou moins vastes, et de draperies, de pelleteries destinées, à l'arrivée, à recouvrir ces malles redevenues sièges, tables ou armoires. Certains Américains ont aussi cette passion, ou si l'on veut cette manie, du déplacement. Comme ils ont, malgré leur humeur inquiète, le désir du *home*, du chez soi, incompatible avec les hôtels où ils sont contraints de se poser pour un temps, ils sont toujours accompagnés d'un certain nombre de caisses contenant leurs tentures, leurs coussins, leurs objets précieux d'ornementation, voire leurs meubles démontables. Arrivés, le triste appartement garni se transforme. Des tapisseries masquent l'odieux papier peint d'un modèle banal; des vases ou des bibelots remplacent sur les cheminées les pendules en zinc bronzé et les affreux candélabres de pacotille. Des étoffes sont jetées sur les housses des fauteuils qu'on se garderait bien de découvrir; les caisses enfin, par un procédé analogue, deviennent de présentables banquettes.

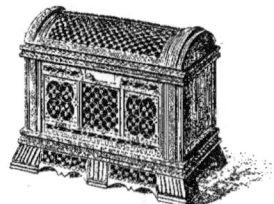

FIG. 4. — COFFRET ALLEMAND
(FIN DU XVIᵉ SIÈCLE).

L'Algérien est plus simplificateur encore. Il se contente de ses caisses et des étoffes, sans même avoir l'adjuvant des meubles d'hôtel. Coffres, écharpes, tapis et nattes lui suffisent pour se constituer à la fois salon de réception bariolé, chambre à coucher confortable, salle à manger suffisante. Telle fut la façon de procéder de nos pères aux époques d'alertes.

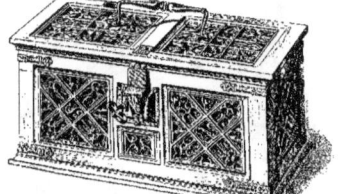

FIG. 5. — COFFRET XVIᵉ SIÈCLE.

Aussi le meuble fondamental, celui dont nous verrons descendre tous les autres, est-il le coffre. Sa destination est triple : il sert de cachette ou de réserve, d'auxiliaire du repos, et de moyen de transport. Grâce à lui les objets précieux, protégés par une solide ferrure, et constamment près de leur possesseur, étaient à l'abri d'un coup de main. Il recevait les vêtements et la lingerie; ses habiles constructeurs imaginaient des jeux de petits coffres, ou coffrets qui, contenant les bijoux et les objets les plus rares, pouvaient tous, à un moment donné, rentrer dans le coffre et en remplir exactement la capacité. Quant au coffre lui-

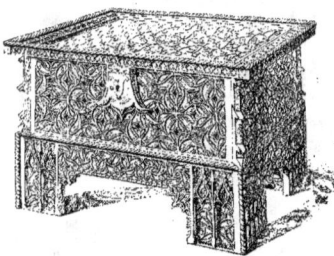

FIG. 6. — COFFRET SUISSE XVIIᵉ SIÈCLE.

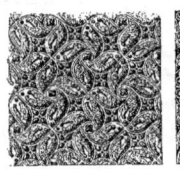 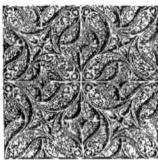

FIG. 7 ET 8. — DÉTAILS.

même, il était de toutes les décorations et de toutes les dimensions. On ne lui épargnait point les bois les plus précieux et les plus rares travaux; nous verrons dans une autre partie de ce livre qu'on lui confectionna des enveloppes de cuir richement ouvragées, qui étaient elles-mêmes fort coûteuses. Au reste, si on veut avoir une idée du prix et de l'estime où le tinrent nos pères, il faut se reporter aux fameux « Blasons » de Gilles Corrozet, auxquels nous aurons plus d'une occasion de demander un commentaire. Voici ce qu'il dit, en 1539, dans son *Blason du coffre* :

>Coffre très beau, coffre mignon,
>Coffre du dresouér compagnon,
>Coffre de boys qui point n'empire,
>Madré (1) et jaune comme cire ;
>Coffre garny d'une ferreure
>Tant bonne, tant subtile et seure
>Que celluy sera bien subtil
>Qui l'ouvrira de quelque oustil ;
>Coffre sentant plus sœuf (2) que basme (3),
>Coffre, le trésor de la dame,
>Coffre plein de douces odeurs
>Et de gracieuses senteurs,
>Coffre dont le chaltron (4) très net
>Fait l'office d'un cabinet ;
>Coffre luysant et bien froté,
>Coffre qui n'es jamais croté,
>Coffre dans lequel se repose
>Le perfun mieulx sentant que rose ;
>Coffre où sont mis les parements,
>Les atours et les vestements
>Qui cachent la poictrine blanche,
>Le tetin, la cuisse et la hanche,
>Aornent le corps et la teste,
>Tant jour ouvrier que jour de feste ;
>Coffre où n'a (5) point de pourriture,
>Coffre exempt de vers et d'ordure ;
>O très poly et joly coffre,
>Qui reçois tout cela qu'on t'offre ;
>Ne souffre que mecte la main
>Dans toy, le larron inhumain.

Le couplet est fort joli, et il a ce mérite plus grand encore à nos yeux, de nous faire entrevoir quelques-uns des usages, très recherchés, de cet ancêtre de tous meubles. Le coffre, ouvragé ou uni, se trouve aussi bien chez les souverains que chez les simples bourgeois. Les inventaires royaux sont remplis de mentions qui le concernent ; les fabliaux et les contes sont égayés des gauloises aventures dont ce meuble, d'apparence si honnête, se rend complice. Le coffre est propice à cacher un amant à l'arrivée inopinée du mari ; et ce détail de mœurs nous renseigne en même temps sur ses dimensions.

Consultons-nous les comptes et inventaires, documents plus graves. C'est par quarante ou cinquante qu'on les dénombre chez les rois, les princes et princesses du sang. En voici une bonne douzaine chez une grande dame, Catherine de Rohan, comtesse d'Angoulême. Ce sont : coffres « de boys, » « ferrés de fer blanc », petits coffres de « cuyr ferré », coffres « barrés de fer » contenant, les uns des « robbes de velours fourrées de gennetes, de martres et de chaz d'Espaigne, » les autres des « cuvre-chiefz » de « toille de Rains » ou de « toille d'Hollande », d'autres enfin, des titres, papiers de famille, bijoux précieux, etc.

Les coffres ont également une destination beaucoup moins faite pour évoquer des idées de mollesse et de luxe. Ils servent à transporter les armes et armures, le premier bien du gentilhomme et ses

(1) Semé de petites veines et marbrures.
(2) Doux, suave.
(3) Baume.
(4) Sorte de petit tiroir ou coffret attenant au coffre.
(5) Où il n'y a.

compagnons fidèles. La richesse de leur ornementation nous est garante qu'on leur réserve, dans les salles, une place d'honneur.

Les documents abondent pour nous fixer sur leurs multiples destinations, depuis le « coffre des espices du Roy » jusqu'aux « coffres de la chambre » qui contenaient les accessoires et même les bois de literie. Les coffres servant de lit sont encore en usage au XVIII° siècle. Les coffres servant de banc sont d'un emploi courant. Dans les *Mémoires* de Bassompierre, du cardinal de Retz, et autres, ce ne sont que personnes, et personnes de haut rang, « assises sur un coffre » en attendant quelque événement, ou prenant part à quelque conciliabule. Si au XVII° siècle l'usage s'en était ainsi continué, si, au XVI°, dans les polissonneries de Brantôme, de gaillardes aventures n'avaient d'autre théâtre que le coffre, éternel complaisant, à plus forte raison se trouvait-il mêlé à la vie courante dans les siècles précédents.

Au XVI° siècle, où commence à proprement parler notre étude du mobilier, nous le retrouverons bien tel qu'il fut à son point de départ; mais nous constaterons parallèlement des modifications qui l'ont profondément métamorphosé. Avant de passer à l'étude de ces dérivés et à celle de divers autres meubles, voulez-vous que nous choisissions quelques exemples, empruntés à nos collections, et particulièrement à la plus riche en meubles anciens, le musée de Cluny?

Prenons un meuble des plus vénérables, le célèbre coffre (1) de la collection Gérente. Il remonte aux dernières années du XIII° siècle. Il est en chêne sculpté, et à travers les temps il s'est conservé robuste et net; sa patine est profonde et chaude. Les sculptures se sont, il est vrai, adoucies et comme effacées, mais pas à ce point qu'on puisse perdre un seul détail des scènes belliqueuses, idylliques ou même scabreuses dont l'artiste l'a fouillé. Le panneau antérieur avec ses douze figures de guerriers, placées chacune dans une niche ogivale, est d'une allure superbe. Le couvercle est décoré de sujets familiers, logés dans des cartouches quadrilobés. Ce sont des amourettes, des tournois, des jongleries, qui évoquent encore à nos esprits les naïves et plaisantes imaginations des lais, des ballades et des fabliaux. Ajoutez à cela, courant sur le tout, les feuillages formant encadrement, les animaux ou les figures chimériques, et vous avez un spécimen charmant de cette faune et de cette flore de la décoration dont nos vieux imagiers furent si richement inventifs. Il faudrait encore, pour que cette impression résumée fût complète, mentionner les magnifiques ferrures, serrures et moraillons que le temps a respectés pour nous inspirer la sympathie envers les maîtres batteurs de fer.

Citons un autre coffre de l'école française, du XV° siècle (2), qui nous donne aussi une idée très exacte du goût décoratif de ce temps. La façade principale, divisée en deux parties, représente de saintes figures et des scènes de martyres. Les deux côtés, au contraire, purement profanes, montrent des ornements et des sujets de chasse. Nous aurons plus d'une occasion de retrouver cette alliance du sacré et du profane. Le possesseur n'en fut autre que Sa Majesté le Roy, si on en juge par la superbe serrure en fer ciselé et reporcé, aux armes de France surmontées de la couronne royale. Mais cette belle pièce aurait pu tout aussi bien appartenir à quelque riche prélat, car plus d'un était, à cette époque, grand chasseur devant l'Éternel.

Nous mentionnerons encore deux pièces devant lesquelles il convient de saluer fort bas. D'abord elles viennent de haut lieu, puis elles sont d'un magnifique travail. Elles nous indiquent encore une destination spéciale du coffre, destination d'apparat.

La première (n° 1336) est un *Cassone* ou coffre de mariage de l'école vénitienne du XVI° siècle. Splendidement sculpté, ce beau coffre nous montre sur la façade et les côtés le même mélange de sacré et de profane que nous signalions tout à l'heure, mais encore plus accusé. Les figures de Neptune et d'Amphitrite

---

(1) N° 1324 de la collection.
(2) N° 1330.

succèdent au mariage de Laban. Pour le reste, l'ornementation se compose de chimères, de mascarons et d'écussons en haut-relief. Au centre « est un écusson richement encadré dans des figures de génies et des mascarons, et présentant un lion ailé à deux pattes ». Enfin des deux côtés du coffre se trouvent des animaux chimériques, montés par des génies en haut-relief. Si belles que soient toutes ces sculptures par elles-mêmes, la patine admirable du bois, où l'on distingue encore des rehauts d'or, vient leur donner une séduction de plus. Cette association du ton mat de l'or, et du riche ton brun du bois, est une des harmonies les plus chaudes et les plus soutenues. Sans doute le temps a collaboré à ces effets, mais le meuble a une allure opulente et vraiment princière.

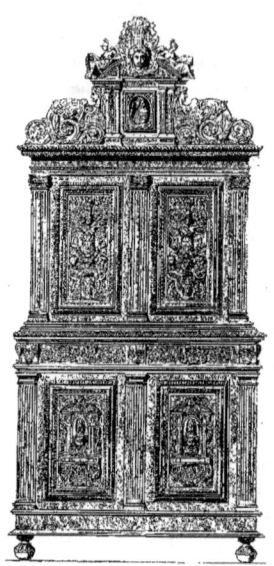

FIG. 9. — ARMOIRE FRANÇAISE XVIᵉ SIÈCLE.

L'autre est un coffre analogue, mais de style plus sobre et de provenance française. C'est un « coffre de mariage en forme de bahut », dit le catalogue (n° 1337), mais il serait plus exact de dire « en forme d'arche ». Ce n'est plus ici l'or qui vient contribuer à la décoration, mais le bois lui-même, sous forme d'une marqueterie représentant des guirlandes de fleurs encadrant des cartouches ornés de têtes de chérubins. Ces marqueteries peu à peu se sont assombries et demandent un léger effort pour être nettement vues. Les sculptures représentent l'Hymen et l'Amour avec leurs attributs; de belles cariatides ornent les angles; le meuble repose sur des pieds en forme de griffes et le couvercle, de forme arrondie, sorte de toiture, porte cette devise : *Mitte arcana Dei*.

Ce beau meuble, qui provient du château de Loches, va nous donner une occasion de dissiper une confusion que n'ont pas toujours évitée les érudits eux-mêmes. Nous avons dit que ce coffre devait recevoir le nom d'*arche*. En effet, ce qui distinguait l'arche était ce couvercle à l'arc bombé. Elle servait à mettre des objets précieux, des papiers, si bien que les linguistes en font la racine d'*archives*.

Il sera indispensable également de ne pas confondre l'arche, ou le coffre, avec le *bahut*. Rien n'est plus impropre que l'appellation de *bahut*, prodiguée à tort et à travers à quantité de meubles qui n'ont aucun rapport avec lui : armoires, cabinets, huches, etc. Le bahut, à proprement parler, était un coffre, de forme droite, dont les faces n'étaient point renflées comme celles de l'arche, et dont le couvercle était bombé. C'était aussi, fort souvent, cette partie arrondie elle-même qui s'adaptait au coffre finit par lui donner son propre nom. Viollet-le-Duc, malgré son érudition et sa sagacité, n'avait pas démêlé ce sens précis. M. Henry Havard, à l'aide de nombreux documents, a démontré que le bahut ne s'était jamais modifié. Il est exact de dire avec Viollet-le-Duc, que le coffre, en montant sur pieds, s'est transformé et a donné naissance à maint autre meuble, mais l'assertion est inexacte si on l'étend au *bahut*.

Nous allons à l'instant étudier cette transformation, mais il nous faut encore dire quelques mots de la *huche*. C'est la forme la plus simple, en quelque sorte la plus patriarcale et la plus « utilitaire » du coffre que nous venons d'étudier. Elle occupe, dans l'ameublement, une des premières places, et son importance est telle que les *huchiers* forment une des plus puissantes corporations. Dès la fin du XIIIᵉ siècle, après avoir été unie et austère d'apparence, elle commence à se couvrir de belles et solides pentures qui concourent en même temps à sa solidité et à son ornement; elle admet aussi quelques sobres sculptures. Mais c'est aux xv<sup>e</sup> et xvi<sup>e</sup> siècles qu'elle revêt l'extérieur le plus riche, fait appel aux cariatides, aux arabesques les plus luxueuses et les plus fantaisistes, ou bien aux motifs d'architecture finement découpés. On pourra de cette dernière manière prendre pour exemple la huche de la collection Sauvageot que nous reproduisons ici ; on ne saurait que louer la netteté, la belle carrure de ce meuble : l'ornementation en est ogivale ; la partie antérieure comprend deux vantaux, de deux panneaux chacun, et ces panneaux sont séparés par des contreforts à clochetons.

La huche, au point de vue des mœurs, a moins connu les compromis que le coffre ; elle n'a pas le faste de l'arche que nous avons examinée, ni la recherche, la délicatesse des « cabinets » que nous étudierons un peu plus loin. Elle a toujours été un meuble robuste, un meuble de famille. On lui confiait volontiers les objets d'habillement, le linge, les mille petits trésors que les ménagères ont eu de tout temps la coutume de mettre à l'abri des avidités de leur propre entourage et qu'elles cachent encore volontiers à présent dans ce meuble fondamental, exerçant sur les enfants une attraction prestigieuse : l'armoire.

La mère du petit mauvais sujet et du grand capitaine qui fut Duguesclin éprouva à ses dépens qu'il n'est point de huche assez solide contre les entreprises d'un garnement de fils :

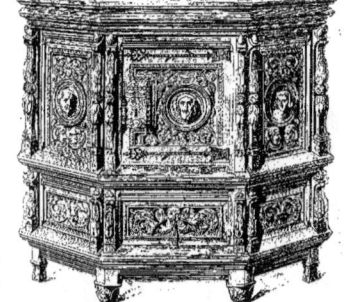

Fig. 10. — BUFFET XVI<sup>e</sup> SIÈCLE.

> Quand argent i fallait, et petit argent a,
> En la chambre (1) sa mère privéement entra ;
> Une huche rompi, où escrin trouva
> Où les joyaux sa mère cachés estoient la
> Et argent et or fin que la dame garda.

Ainsi racontent les « Chroniques de Duguesclin ». Il fallait être bien pauvre pour ne point posséder une huche !

Singularité des mœurs, la huche avait une autre destination que l'on ne peut, si lugubre qu'elle soit, passer sous silence, à cause des allusions qu'y font assez fréquemment les anciennes ordonnances. On trouve en effet ce singulier article : « Il est interdit de louer les huches pour les morts. » La huche servait à ensevelir, et les pauvres gens, usant d'un subterfuge, faisaient croire qu'ils avaient pris à cette fin leur propre huche, tandis qu'en réalité la même huche, en dépit des règlements, servait parfois à sept ou huit enterrements par jour.

De fort belles huches, outre celle que nous venons d'enregistrer, pourront être vues et consultées au musée de Cluny. Une, par exemple (n° 1362), en bois de chêne sculpté, décorée des figures de la Force, de la Justice et de la Charité, sur trois panneaux entourés de guirlandes en relief et séparés par des montants à cariatides. C'est un ouvrage flamand de la fin du xvi<sup>e</sup> siècle.

On voit aussi une huche, d'une grande curiosité vu son mode de décoration. Elle nous montre en effet l'usage de la peinture associée à la sculpture. Nous verrons plus tard que les meubles ont été revêtus à l'infini de peintures éclatantes. Les sculptures elles-mêmes n'allèrent point sans l'accompagnement de la polychromie. M. Courajod l'a remarquablement démontré dans un travail spécial. Or ce beau coffre (n° 1360), ouvrage français du xvi<sup>e</sup> siècle, est une preuve de ce parti décoratif qui

---

(1) En la chambre de sa mère.

subsista, comme on le voit, assez avant dans l'histoire du meuble. Les figures, entièrement peintes et dorées, représentent le Christ et les douze apôtres. Les peintures, bien conservées, ont de brillantes couleurs d'enluminure.

Mais, à l'époque où nous sommes arrivés, la huche avait déjà subi bien d'autres modifications qu'une pure différence dans le décor. Elle était peu à peu montée sur ses pieds ; le couvercle avait été condamné à l'immobilité, le panneau antérieur s'était scindé, et des charnières en avaient rendu mobiles les parties. Ainsi elle s'était identifiée avec l'*armoire*.

L'*armoire* impliquait déjà des mœurs moins simples, plus raffinées, où le sybaritisme commençait à réclamer ses droits. En effet, la huche forçait à se baisser ; l'armoire, en montant progressivement, offrait son contenu à portée de la main. Pour mieux satisfaire encore cette tendance au nonchaloir, on superpose deux armoires basses, de telle façon qu'on obtient ces armoires à deux corps que l'on a si improprement dénommés *bahuts*. Simplifiant encore les choses, l'armoire gardera la hauteur qu'elle a enfin acquise, mais elle ne formera plus qu'un seul corps : ses portes iront du haut en bas d'une seule pièce. L'armoire a pu sans doute exister simultanément avec le coffre ; il serait superflu de le démontrer, mais son usage, réservé tout d'abord aux églises (se reporter à la célèbre armoire de Noyon, à celles de Saint-Germain-l'Auxerrois, d'Orbaisne, etc.), ne se généralisa que plus tard. Dans les églises, elle servait à garder et à protéger les objets du culte, les reliques, les pièces précieuses; dans les châteaux, on y serrait les provisions d'armes de main et les armures. Elle était alors massive et sans aucune préoccupation d'élégance. Son seul luxe consistait dans les peintures qu'on pouvait lui appliquer, ou dans ses ferrures apparentes ; les moulures étaient simples ; ce furent au $xv^e$ siècle, par exemple, les moulures en « parchemins pliés » ou roulés, alors si fort en vogue. L'armoire de Saint-Germain-l'Auxerrois est enrichie d'un couronnement à jour.

Puis, peu à peu ce meuble prit la place prépondérante, à mesure que le coffre et la huche étaient relégués. Pour le gentilhomme, le bourgeois, le paysan, elle devint insensiblement le meuble principal de la famille. Ne voyons-nous pas encore de nos jours son importance dans les campagnes, et l'armoire, cette belle armoire normande, dont notre goût du bric-à-brac a abusé à ce point que la Normandie n'y suffisait plus, n'était-elle pas apportée en dot comme une pièce fondamentale ?

Au $xvi^e$ siècle elle est arrivée sinon à sa forme définitive, du moins à une extrême richesse de décoration. C'est la sculpture qui en fait presque tous les frais ; l'Italie toutefois rehaussera le ton du bois par des incrustations d'ivoire, de plaques de marbre ou de pierres dures. Nous commenterons plus loin au fur et à mesure notre illustration de l'armoire et de ses dérivés. Pour le moment on pourra prendre comme type un meuble de la collection Nieuwerkerque. La décoration en est élégante et sobre, elle consiste en cariatides, colonnettes, mascarons et médaillons représentant des scènes mythologiques, le tout dans le goût italien, et dans le style de ce Du Cerceau dont nous résumerons l'œuvre dans un autre chapitre. Mais il s'en faut que les belles armoires d'alors soient toutes d'une pareille sobriété. Le bois est prodigieusement fouillé ; les guirlandes les plus plantureuses, les plus capricieuses arabesques encadrent les panneaux sculptés et retracent des scènes d'histoire, de mythologie, de galanterie. De superbes frontons découpés dominent l'ensemble.

Il reste pourtant un pas à faire dans la richesse de l'ornementation et c'est, au siècle prochain, Boulle qui le franchira avec ses éclatantes marqueteries. Qu'il nous suffise, pour le moment, d'avoir résumé ces différentes étapes, et avant de passer à un autre meuble, cherchons quelques exemples dans ce musée de Cluny que nous ne saurions éplucher trop fidèlement quand il s'agit de meubles du $xv^e$ et du $xvi^e$ siècle.

Seulement nous devrons nous mettre en garde contre les nombreuses impropriétés d'appellation du catalogue. Au moment où la majeure partie en fut rédigée, on ne se souciait pas de préciser la démarcation entre l'armoire et le *cabinet*, meuble d'un genre fort différent. Aussi trouverons-nous appelée cabinet cette belle armoire (n° 1424) à deux corps et quatre vantaux provenant de l'abbaye de Clairvaux et datant du règne d'Henri II. Elle est décorée de sept belles cariatides en relief et d'ornements extrêmement fouillés. Que nous ajoutions foi ou non à la tradition d'après laquelle cette armoire aurait été exécutée par les moines de l'abbaye à l'occasion de la fête de leur abbé, c'est une admirable pièce, toute à l'honneur de cette école de Bourgogne que nous étudierons quand nous en serons à la « Géographie du meuble ».

Une autre armoire fort belle est celle qui porte le n° 1426. Elle est également de l'école française et du xvi° siècle. Sa partie supérieure est ornée aux angles, de colonnettes torses, la partie inférieure de colonnes cannelées. « Les vantaux du corps supérieur, séparés par une cariatide qui se termine par un mascaron à tête de bélier, sont ornés des figures de Jupiter et de Junon. Plus bas, sont celles de Bacchus et de Cérès. Sur le fronton coupé sont deux femmes couchées. La frise qui sépare les deux corps est ornée de mascarons et de têtes de lion. » Nous recommanderons au lecteur d'examiner particulièrement les deux figures de femmes couchées que signale cette sommaire description; elles sont un délicieux exemple de l'aisance avec laquelle ces maîtres travaillaient le bois, et de leur ciseau le modelaient comme cire.

On peut voir, remarquons-le en passant, que le goût dominant de l'ornementation est le plus souvent mythologique. Parfois, il sera simplement allégorique ou fantaisiste, mais les souvenirs de l'antique le domineront quand même, comme ils firent de tout l'art français et italien à cette époque. Prenons encore un exemple, emprunté cette fois à notre propre illustration.

C'est une fort belle armoire (fig. 9), conservée au musée du Louvre. La décoration, d'un style chimérique, où les têtes de chérubins se mêlent aux sirènes dans de gracieuses combinaisons d'arabesques et de cartouches, est également d'une rare délicatesse de travail. Ce beau meuble appartenait jadis à Revoil. Comme le fronton manquait, Revoil en fit adapter un orné du royal H. C. Quand l'armoire passa au musée du Louvre, M. de Niewerkerque fut assez heureux pour retrouver le fronton original. Mais dans le cartouche central on plaça un portrait d'Henri II. C'est ainsi que cette opinion s'est accréditée que le meuble était de provenance royale, mais rien ne le démontre. Combien de pièces quasi historiques fabriquées de morceaux rapportés (quelques-uns outrageousement modernes) méritent moins leur réputation, surtout en ce temps où un effréné truquage irait, suivant le mot plaisant de M. Edmond Bonnaffé, jusqu'à « dresser des vers savants pour fouiller le bois neuf »!

Si nous n'éprouvons aucune difficulté à définir l'armoire et ses usages, il est un peu moins aisé de préciser quand il s'agit du buffet, meuble plus complexe et dont les modifications ont été plus capricieuses. Tout d'abord une chose est acquise, c'est que le buffet eut dans l'origine une parenté assez proche avec l'armoire. Les expressions « buffet à armoires », ou « buffet » avec des « armoailles, aumoires, aulmares, ormoires (1) » se rencontrent fréquemment dans les inventaires. Chez nous le buffet a une destination absolument déterminée ; il évoque l'idée de salle à manger : on lui confie les restes du repas précédent ; on y place les outils de la nutrition : verres, serviettes, couteaux et fourchettes, assiettes de toutes sortes sont serrés dans sa partie inférieure ou dans ses tiroirs, tandis que les pièces de luxe, argenterie, faïences, verrerie, s'étalent sur le *dressoir* et dans la *crédence* qui, distincts à l'origine, sont venus se greffer sur ce meuble factotum. Mais, avec les anciennes habitudes, dont on retrouve la trace encore dans la bourgeoisie des provinces, il ne pouvait en être ainsi. Les gens de peu

---

(1) Les bonnes gens qui disent une « ormoire » ne font que parler le langage de nos pères.

mangeaient, comme aujourd'hui nos paysans et nos petits bourgeois, dans leur cuisine; les gens riches ou haut placés prenaient leurs repas dans la pièce qui leur servait en même temps de chambre à coucher. Les miniatures des anciens manuscrits nous montrent dans la même pièce, le lit avec ses tentures, la table et son banc à dais, où côte à côte le châtelain et la châtelaine sont servis. Il est aisé de comprendre que dans ces conditions le buffet n'avait pas les simples fonctions d'un officier de bouche; il était un confident plus intime, mêlé un peu à toute la vie. Louis XI à sa mort avait fait placer des reliques, à portée de son regard, sur le buffet de sa chambre.

Cela n'empêche point d'ailleurs le buffet d'avoir surtout servi à contenir les meilleures épices, les confitures les plus recherchées, ou certaines liqueurs de choix. Comment préciser l'usage d'un meuble que l'on trouve, non pas indifféremment mais simultanément, dans la chambre et dans la cuisine, d'un meuble que les inventaires assimilent tout aussi bien à l'armoire qu'au dressoir?

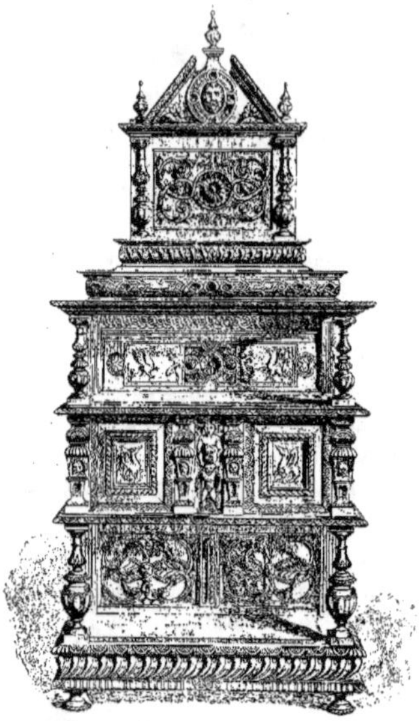

Notre bon Gilles Corrozet signale sa présence dans le réfectoire :

> ... Buffet à mettre la vaisselle
> Qui est d'estain et de cuyvre, car celle
> Qui est d'argent ou dor, en garderobe
> La fault serrer, de peur qu'on la desrobe.

Et cela ne l'empêchera pas de lui assigner une place dans la chambre proprement dite,

> ... Garnye d'un beau buffect
> Et d'aultre mesnage parfaict
> Comme de lict, de banc, de table.

Il faut donc conclure qu'il fut, avant d'avoir trouvé sa voie définitive, un de ces meubles pratiques et commodes qui sont d'autant plus difficiles à classer que les services qu'ils rendent sont multiples.

Si l'on souhaite voir un type du buffet proprement dit, on le trouvera dans toute sa pureté, au Louvre, dans la collection Sauvageot. Une de nos gravures (fig. 10) reproduit ce beau meuble. Admirablement construit, avec ce soin que nous signalions plus haut, et qui ne permettait point qu'on usât de pièces rapportées, ce buffet est à cinq pans tous sculptés en plein bois. Il est orné des figures du Christ et des quatre évangélistes; l'ornementation en est élégante et hardie. On remarquera avec quelle désinvolture l'artiste, pour faire place à la serrure, a déplacé le médaillon central; le défaut de symétrie ne choque pas pour cela. Choque-t-il d'ailleurs dans une infinité d'œuvres de ces temps, dans les monuments de l'art gothique eux-mêmes? Il faudrait n'avoir pas éprouvé de joie, nous ne disons pas devant un objet d'art japonais, mais devant même une de nos vieilles cathédrales, pour ne pas se laisser prendre au charme du manque raisonné de symétrie. Sur cette question d'ailleurs nous aurons occasion de revenir.

C'est un luxe devenu quelque peu bourgeois et dépourvu de genre « qu'une cave à liqueurs ». Cependant les honnêtes familles qui sans prétention se complaisent dans l'usage admiratif de ce coffret

FIG. 11. — CRÉDENCE FRANÇAISE XVIᵉ SIÈCLE.

à flacons et à petits verres, ne seraient-elles pas légèrement surprises d'apprendre qu'il n'est autre chose qu'un souvenir des époques où le poison était d'un usage presque banal, et où la défiance méritait plus que jamais son titre de mère de la sûreté? C'est, en effet, de la *crédence* qu'il tira son origine, et ici nous nous trouvons, comme pour divers autres meubles, en présence d'une partie qui jadis était un tout. La crédence eut son autonomie, indépendante de celle du buffet. La crédence est à proprement parler un garde-manger, dont la triple serrure et la clef en poche inspirent seules confiance (*credere*) au maître de la maison. Elle peut bien, quand elle se combine avec le dressoir, servir à étaler les vaisselles précieuses et devenir un meuble d'apparat. Mais elle est avant tout cette espèce de coffre-fort de la bouche, qui révèle, comme les diverses cérémonies de l'essai des boissons et des mets, qu'il faisait bon alors se tenir en garde contre un ennemi peu scrupuleux, ou des serviteurs accessibles à la corruption. Les formes de la crédence varient, mais sa disposition générale est la même pendant de longues suites d'années. Elle se compose principalement d'une sorte de petite armoire à un ou deux vantaux, plus ou moins sculptés ou encadrés de colonnettes. Cette petite armoire est montée antérieurement sur deux pieds, et postérieurement sur une cloison. Une tablette inférieure achève de constituer une sorte de niche où l'on peut mettre des plats, de grands vases, etc. La tablette supérieure, soit affectée au même usage, soit destinée aux besoins du service durant le repas, est souvent surmontée, dans la partie qui touche à la muraille, d'une pièce sculptée en forme de fronton. On voit que ce petit meuble est complet en lui-même, et qu'indépendamment du dressoir ou du buffet, son usage est fort bien défini. Toutefois, il cessera peu à peu de conserver son autonomie. A mesure que les mœurs tendront

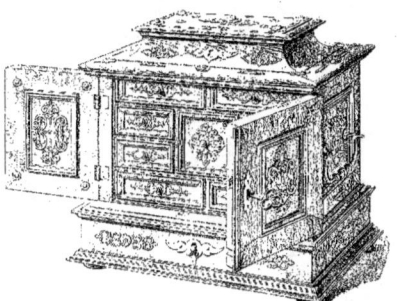

Fig. 12. — CABINET VÉNITIEN XVIe SIÈCLE.

à se dégager de l'apparat et de l'étiquette, pour prendre un plus grand caractère d'intimité, il ne restera plus de la crédence que la tablette supérieure, qui devient la servante; quant à sa partie essentielle, la petite armoire fermée, elle ferait double emploi avec le buffet, et par conséquent se confondra avec lui, dans ce mélange du buffet, de la crédence et du dressoir, que nous avons signalé tout à l'heure.

On éprouve d'ailleurs une réelle difficulté à établir toutes ces distinctions et il ne serait point bon de les prendre trop rigoureusement au pied de la lettre. Les variations de la mode, le goût et le caprice des ouvriers, la commodité même de chaque particulier, sont causes de mille nuances, engendrent mille confusions. Les meubles de même famille voisinent entre eux, pour ainsi dire, et se font de nombreux emprunts. N'en est-il pas de même encore à présent?

Pour nous en tenir au cas particulier du *dressoir* et de la crédence, il est certain qu'on trouverait quelque embarras si l'on voulait maintenir des classifications trop absolues. La partie supérieure de la crédence est un dressoir réduit à sa plus simple expression; le dressoir de son côté est pourvu de tiroirs à serrures, ou de petites armoires closes, qui ne sont autres que des rudiments de crédence. Mais si nous voulons avoir une idée du dressoir dans sa plus grande pureté, il faut nous reporter aux types du XVe siècle. Nous aurons alors un meuble haut et large, pourvu ou non d'une sorte d'armoire placée au centre et laissant un vide inférieur; un ou plusieurs gradins, étages ou tablettes, et fréquemment un dais, lui donneront sa physionomie propre. Tous ces éléments plus ou moins variables contribueront par leur présence ou par leur absence à confirmer ou à rendre douteuses les appellations. Du modèle dont nous venons de tracer les grandes lignes, on considérera comme un bel exemple le grand dressoir de sacristie provenant de l'église de Saint-Pol de Léon, qui figure au musée de Cluny. Ses trois étages et ses deux armoires latérales servaient les uns à supporter les objets sacrés, les autres à renfermer les ornements sacerdotaux. Mais des meubles identiques se trouvent dans les habitations privées, et les documents graphiques en font foi. Il est des dressoirs de pur apparat, tels que ceux qu'on voit aux fêtes royales ou princières étalant les trésors d'orfèvrerie. Il en est de beaucoup plus humbles qu'on rencontre chez les petits bourgeois. Comme trait de mœurs nous pourrons noter que dans les palais, les jours de gala, des gardes spéciaux sont préposés, de peur que certains assistants ne se montrent amateurs un peu trop zélés des précieuses vaisselles. Parfois même les dressoirs sont défendus des approches par des barrières qui ne permettent le passage qu'aux officiers de service.

C'est au XVI° siècle que notre meuble se transforme, se rapetisse et déchoit de sa splendeur.

Au surplus, nous n'avons pas encore épuisé l'indication de ses usages, et en voici un très particulier qui nous sera révélé en recourant encore à notre excellent Gilles Corrozet, qui rime ainsi son blason :

> Dressouer bien faict, dressouer très gent,
> Dressouer plaisant à toute gent ;
> Dressouer où l'ouvrier propice
> N'a failly à un artifice ;
> Dressouer de cyprès odorant
> En la salle bien apparent ;
> Dressouer reluysant et uny
> De toutes beaultéz bien garny,
> Sousteuu de pilliers tournéz,
> De fueilles et fleurs bien aornés ;
> Dressouer duquel la forme basse
> En clarté le beau miroir passe,
> Pour ce qu'on le tient nettement ;
> Dressouer fermé bien sourement
> De deux guichets de bonne taille,
> Ayant chascun une médaille ;
> Dressoner où sont les bonnes choses
> Seurement fermées et closas ;
> Certes tu es le tabernacle,
> Le lieu secret et l'habitacle
> Où sont les beaulx joyaulx et bagues
> Des dames qui font grosses bragues,
> Comme chaines, boutons, anneaulx,
> Patenostres à gros signeaulx,
> Estuiz et coffretz curieux
> Remply de trésors précieux
> Monnoyez et a monnoier.
> Bien m'en veuille autant envoyer.

On remarquera qu'ici le poète ne fait pas allusion à un dressoir de salle à manger proprement dit, mais bien à une sorte de meuble à la fois de sûreté et d'apparat destiné à montrer et à serrer en même temps les bijoux. Or, cela ne constitue point une anomalie. Il était tout naturel que dans certaines fêtes on fît étalage des trésors de toutes sortes, parures de la table comme parures du costume. Cela s'explique d'autant mieux que, comme nous verrons plus loin, les merveilleuses orfèvreries du moyen âge étaient la vraie richesse, le capital et l'orgueil des rois comme des princes et des simples particuliers, et que l'usage était, durant la quinzaine qui suivait l'accouchement des princesses, d'exposer aux yeux des visiteurs les joyaux, les bijoux, les multiples créations des émules de saint Éloi. N'avons-nous pas, enfin, conservé nous-mêmes une partie du dressoir dans nos appartements sous la forme de l'*étagère* qui reçoit, close ou non, maints petits bibelots rares, précieux ou familiers?

HISTOIRE DE L'ART DÉCORATIF

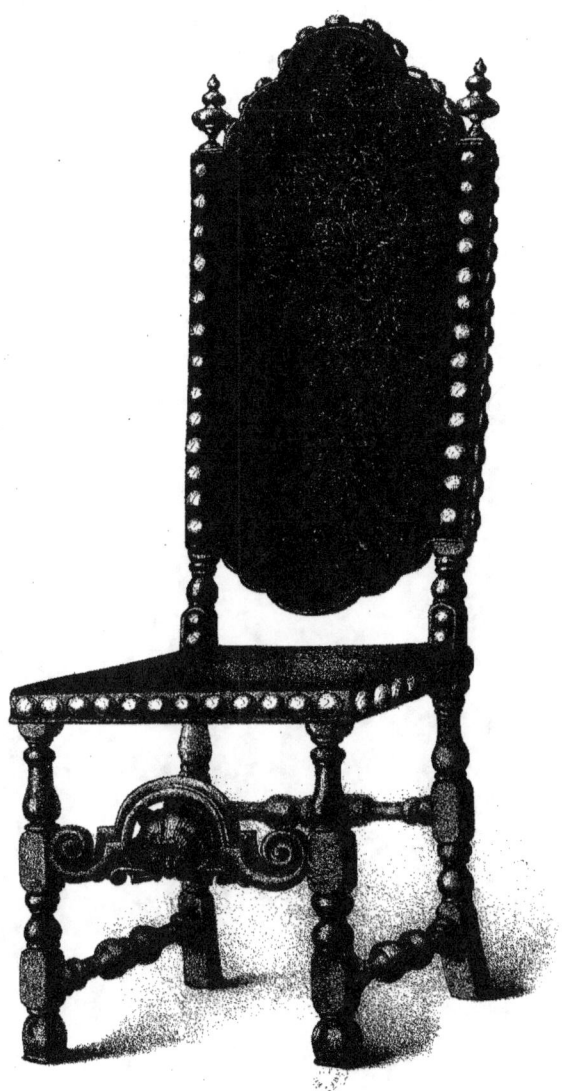

CHAISE FLAMANDE
XVII<sup>e</sup> SIÈCLE

Nous pouvons maintenant, une fois ainsi dressé aussi strictement que possible l'état civil de ces divers meubles si aisés à confondre, donner quelques exemples, comme nous l'avons fait pour les autres. La crédence que nous reproduisons dans notre illustration (fig. 11) est tirée d'une collection particulière. Elle est du xvi° siècle et de travail français, mais on y sent l'influence de la décoration italienne; elle tient également du dressoir par sa deuxième tablette supérieure, montée sur des colonnettes. Parmi les sculptures qui la décorent, se trouvent quatre figures de griffons symétriques. Est-ce un simple caprice de l'ouvrier? Nous inclinerions plutôt à y voir des armoiries parlantes.

Les collections de l'hôtel du Sommerard nous montrent aussi des crédences et des dressoirs qui sont de véritables chefs-d'œuvre d'artistes inconnus. Telle, par exemple, la crédence n° 1404, bien souvent étudiée par les historiens du meuble au xv° siècle. Ses belles ferrures du temps, appliquées, selon l'usage, sur un fond de drap rouge, son inscription sculptée qui dénote un possesseur un peu philosophe : *Si qua fata sinant*, sont suffisamment connues.

Un peu plus loin, nous trouverons une autre crédence (n° 1407) du règne de Louis XII, aux armes accolées de France et de Savoie, qui est plus précieuse encore par la qualité de ses sculptures, représentant les figures de la Salutation angélique, sur les deux principaux panneaux et, sur les autres, des fleurs de lis, des croix couronnées et divers autres emblèmes en haut relief. La figure de la Vierge est, entre autres, d'une naïveté et d'une grâce délicieuses. Autre meuble charmant, à deux étages celui-ci, le numéro 1409. Il présente d'abord cet intérêt qu'il nous fournit lui-même sa date exacte : 1524. Puis, il est fouillé d'arabesques et de médaillons d'un beau travail. Son étage supérieur présente sur sa face deux vantaux séparés par un pilastre à chapiteau saillant incrusté en bois teinté et gravé. L'étage inférieur ne présente qu'un seul panneau. Tout cela nous montre combien, comme nous l'avons dit, les dispositions pouvaient varier. Nous noterons encore une belle crédence française (n° 1413) du xvi° siècle, en bois sculpté, décorée de pilastres à chimères, avec incrustations de marbres de couleur. Elle est à deux vantaux séparés par un dormant avec tiroirs et socle ouvragés. Enfin, une crédence-dressoir, sur pieds à cariatides, du xvi° siècle, sera également regardée pour ses bas-reliefs qui sont bien dans le goût historique ou biblique de l'époque. Les trois bas-reliefs qui l'ornent représentent l'histoire de Suzanne : le bain, le jugement, la lapidation des vieillards.

Or, puisque nous signalons en passant le goût de la sculpture appliquée à l'ornementation du meuble, ne nous sera-t-il pas permis de regretter, en peu de mots, quitte à insister encore là-dessus plus tard, l'abandon que nos artistes ont fait de la figure humaine comme motif de décoration. Nous ne pouvons ranger dans cette catégorie les banales cariatides ou les chimères servilement copiées de la Renaissance, ou bien les éternels lansquenets, plus intolérables encore. Nous savons qu'on masquera volontiers derrière la facile et assez peu satisfaisante raison des exigences du public, les raisons véritables qui sont l'insuffisance de l'éducation artistique des ouvriers et le dédain des véritables artistes à tailler dans le bois, pour l'appliquer à un simple meuble, quelque figure ou quelque scène puisée dans l'étude de nos types et de nos mœurs. On se contente de plus en plus d'une décoration purement ornementale, et on ne se doute pas des trésors qu'ouvrirait la vie si on daignait s'en inspirer. Un jeune sculpteur de ce temps-ci, M. Carabin, a l'an dernier courageusement fait cette tentative : il a exécuté, de sa propre inspiration, une bibliothèque ornée de nus de femmes, figures symboliques d'un caractère franchement moderne, types de nos rues, observés avec précision et rendus sans flatterie. Les critiques et les artistes qui ont vu cette œuvre ainsi qu'une table, un chiffonnier et un tabouret de même travail au Salon du Champ de Mars, ont été frappés de sa saveur de nouveauté. Ces loyaux essais de rénovation décorative ne sauraient être trop encouragés, et nous citons cet exemple pour bien préciser la voie que nous aimerions à voir ouvrir par les efforts simultanés des ouvriers se faisant artistes, et des artistes consentant à se faire ouvriers.

Cette courte digression était utile mais elle nous a un peu éloignés de notre description de chaque pièce de l'ameublement. Nous voici, par l'ordre logique, arrivés à un meuble que nous n'avons fait que mentionner, meuble de luxe à la vérité, mais d'un caractère tout à fait intime et curieux. C'est le *Cabinet* que Gilles Corrozet chante sur le ton lyrique dont nous avons vu de si plaisants exemples :

> Cabinet remply de richesses,
> Soit pour roynes ou pour duchesses,
> Cabinet sur tous bien choisy,
> Paré de velours cramoisy,
> De drap d'or et de taffetas,
> Où sont les joyaulx à grandz tas,
> Et les bagues très gracieuses
> Pleines de pierres précieuses.

Et le brave poète s'aperçoit, après une interminable énumération de bijoux, parures, objets de toilette, petits engins d'ajustement, bracelets et chapelets, gants et parfums, qu'il en a oublié encore, et il conclut par cet aveu ingénu :

> Bref, en ce beau et petit lieu,
> Sont tant d'aultres choses ensemble,
> Qu'impossible le dire il semble.

On ne saurait mieux montrer la variété des usages de ce ravissant petit meuble, dont les multiples tiroirs ignorent chacun ce que contient son voisin. Compagnon d'une vie mignarde et raffinée, rien ne saurait être trop riche pour sa confection, car il est appelé à contenir lui-même les plus coûteuses frivolités. Les anciens écrits ne disent point spécialement qu'il dût contenir les billets doux et se faire le confident des amoureux secrets. Mais il serait bien téméraire et bien inhumain de dire que cette attribution, entre toutes les autres, est une calomnie.

Nous sommes au début du xvi° siècle, et l'influence italienne a singulièrement modifié et élégantifié les mœurs. Au coffre et à ses nombreux coffrets des temps précédents, on substituera le cabinet, emprunté à l'Italie. Il sera d'abord relativement simple, et peu à peu arrivera à une richesse effrénée. En Allemagne, en même temps, on en fabriquera de fort précieux.

Ce petit « nécessaire » finira également par devenir ambitieux et se haussera aux dimensions des plus grands meubles. Il sera un édifice architectural, un palais en miniature, avec ses innombrables colonnettes, ses statues, ses niches, ses portails qui déguisent plus ou moins ingénieusement tous ses mignons tiroirs. Les bois les plus rares, les incrustations ou les peintures en feront un chef-d'œuvre d'agencement et de décoration. Parfois encore, tant de matières précieuses entreront dans sa composition, tant d'arts seront appelés à concourir à sa beauté, qu'on ne saura plus trop comment le classer : il sera sur les confins de l'ébénisterie et de la bijouterie. Il figurera dans les intérieurs élégants et chaque roi aura son cabinet favori, renchérissant de luxe sur son prédécesseur. Les plus grands artistes y appliqueront leurs soins ; il trouvera, dans la révélation des laques de l'extrême Orient, une sorte de renouveau. Puis, comme c'est la destinée de tout, il tombera dans le vulgaire et s'éparpillera.

La différence du goût italien et du goût allemand s'affirme dans les deux cabinets ici reproduits. Le premier (fig. 12) est vénitien : il est d'ébène rehaussé d'ornements d'argent, en relief et à jour, les deux poignées et les ferrements sont seuls en cuivre, son couvercle est mobile. L'ensemble est d'un goût joli et fin. L'autre (fig. 13) est allemand et date de la fin du xvi° siècle ; l'ébène, incrusté de plaques d'ivoire découpé et gravé, entre seul dans sa composition. Des figures de hallebardiers ornent l'intérieur des panneaux, et des oiseaux la face extérieure. On trouvera sans doute les lignes moins élégantes et la décoration un peu plus lourde que dans le meuble précédent. Tous deux sont de petites dimensions : 17 centimètres de hauteur le premier et le second 20.

L'Allemagne, d'ailleurs, en produisit d'infiniment plus riches, entre autres le célèbre cabinet du Musée de Berlin, qui fut construit à Augsbourg en 1616, pour le duc de Poméranie, Philippe II. Le peintre-architecte Hainhoffer en dessina le modèle, l'ébéniste Baumgartner l'exécuta et, y compris ces deux maîtres, *vingt-cinq* artistes furent appelés à le décorer : ce furent trois peintres, un sculpteur, un émailleur, six orfèvres, deux horlogers, un facteur d'orgues, un modeleur en cire, un graveur sur métal, un graveur sur pierres fines, un tourneur, deux serruriers, un relieur et deux gainiers.

L'énumération pourrait paraître plaisante à ceux qui ne se doutent point de la complication de ces petits meubles dont chaque recoin ménage une surprise, chaque partie une décoration différente contribuant à l'harmonie de l'ensemble, ou plutôt ceux qui s'étonneraient de cet extraordinaire concours de tant d'artistes différents prouveraient simplement qu'ils n'ont pas daigné examiner quelques-uns des splendides cabinets que contiennent les collections de Cluny.

Qu'ils prennent, par exemple, le cabinet vénitien, catalogué 1477, et datant de la fin du XVIe siècle. C'est un bel exemple de cabinet architectural : un palais ou un temple prodigieusement pourvu de portiques ; cinq étages de colonne s'élèvent sur une base de quatre rangs de marches. Il est entière-

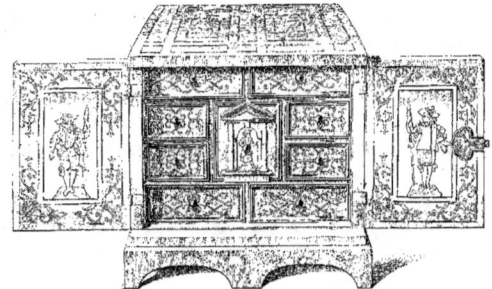

Fig. 13. — CABINET ALLEMAND FIN XVIe SIÈCLE.

ment incrusté de nacre et plaqué d'ivoire rehaussé d'arabesques d'or et de fleurs peintes. Chaque portique est décoré de petites compositions bibliques et mythologiques exécutées en couleur sur des plaques d'ivoire. Quarante-deux colonnettes encadrent les sujets des trois premiers étages ; la partie supérieure, séparée par une galerie à jour à balustres, qui se répète devant les trois baies principales du deuxième étage, a ses panneaux encadrés par trente-deux autres colonnettes. Dix-huit niches s'ouvrent entre les colonnes et contiennent de minuscules statues en bronze ciselé et doré. C'est sans doute un caprice fort galant et luxueux, mais nous allons voir des pièces plus riches encore.

Le numéro 1455, cabinet florentin du règne de Louis XIII, montre la plus étonnante prodigalité. Il se compose de trois étages et est entièrement plaqué d'écaille, à l'intérieur comme à l'extérieur. Il est décoré de mosaïques en pierre dure de Florence et en matières précieuses variées, représentant des oiseaux et des paysages. Des pilastres en lapis-lazzuli, des ornements en cornaline, des plaques d'argent repoussé, des peintures et des miniatures, des encadrements en cuivre finement repoussé et doré, un couronnement enrichi de pierreries et de figurines en argent, achèvent de lui donner cet aspect d'extraordinaire richesse. On voit donc qu'au minimum, ont dû être appelés à son élaboration, les arts de l'ébéniste, du fondeur, du ciseleur, du lapidaire, du mosaïqueur, du miniaturiste, du graveur, du sculpteur, de l'ivoirier, etc., etc. ; et à tout prendre, mis à part bien entendu les défauts provenant de quelques remaniements ultérieurs plus ou moins heureux, cet ensemble est loin de choquer. Ce meuble est une pièce historique : il fut exécuté à Florence sous le règne de Louis XIII et avait passé en Pologne lors du mariage de Jean-Casimir avec Marie de Gonzague.

Nous avons dit que, de petites proportions d'abord, le cabinet était bientôt devenu un grand meuble. Les deux que nous venons de décrire n'ont pas moins, le premier, de 87 centimètres de hauteur, le second avec la table incrustée d'écaille et de nacre qui le supporte, de 2$^m$,45. Il arrive fréquemment que le cabinet se combine alors avec un autre meuble tel que l'armoire. Son aspect extérieur participe de celle-ci. Ouvrez les deux vantaux et vous retrouverez le cabinet caractérisé par la multiplicité de ses tiroirs exigus, par leur disposition architecturale, par les caissons à incrustation ou à peinture dans lesquels les Italiens ont excellé entre tous.

Un grand nombre de ces cabinets sont en ébène et nous verrons plus loin combien les artisans du xvi$^e$ et surtout du xvii$^e$ siècle étaient habiles à maîtriser la dureté de ce bois magnifique. Donnons encore quelques exemples, on ne trouvera point que nous en abusons à propos d'un meuble d'intérêt si spécial : nous étudions avant tout les arts du luxe et c'est là peut-être, plus que partout ailleurs, que le luxe s'est donné carrière.

Ceux que possédèrent Catherine de Médicis, Henri IV, Louis XIII, pour riches et soignés qu'ils soient, sont bien distancés par celui que posséda Mazarin et dont nous enregistrons cette sommaire description : « Un cabinet d'ébène ayant une petite moulure sur les costez, tout uny par le dehors (ne vous fiez pas à cette apparence modeste, vous allez voir), dont la face est divisée en trois arcades, au milieu desquelles sont six niches et dans quatre d'icelles, dans le rang d'en bas, sont quatre vierges d'ébène, portant des bouquets d'argent, lesdites portes ornées de huit colonnes de lapis-marbrin, les bazes et chapiteaux d'argent d'ordre composite, le devant des portes et le reste du cabinet ornés de diverses pièces rapportées : sçavoir : cornalines, agathe et jaspe, enchâssées en argent, et au-dessus des arcades sont trois masques, en bosse de jaspe et douze rozes de mesme, entremeslées de six cornalines ovalles; le reste orné d'argent rapporté dans l'ébène, à cartouche et feuillage. »

On serait fort étonné si le Grand Roi n'avait pas là, comme pour tout le reste, surenchéri en faste sur tout cela. Le cabinet suivant, œuvre de Domenico Cucci, pris entre quantités d'autres, pourra être considéré comme un type de ceux dont Louis XIV fit son plaisir. C'est « un cabinet d'ébène avec filets d'étain, appelé le *Cabinet de la Paix*, tout couvert de jaspe, lapis et agattes, enrichy sur le devant de quatre figures de héros de bronze doré, sur un fond de lapis ; au milieu est un portique soutenu de deux colonnes de lapis, avec bazes et chapiteaux de bronze doré, aiant sur le frontispice les armes de France couronnées sur fond de lapis, supportées par deux anges, le tout de bronze doré ; dans l'enfoncement du portique est la statue de Louis XIV, assise, tenant de sa main gauche un bouclier ciselé de la devise de Sa Majesté, aiant sous ses pieds un tapis et un carreau, le tout de bronze doré : le corps d'en haut est orné d'une petite niche dans laquelle est la figure de la Paix ; le cabinet porté sur un pied de bois doré, soutenu par devant de deux pilastres fond d'azur et de quatre figures qui représentent les quatre principaux fleuves du monde, haut de huit pieds, trois pouces de large et dix-neuf de profondeur. »

De tels meubles revenaient à douze, quinze mille livres, représentant, de nos jours, une valeur triple. On fit, dans ce siècle une effroyable consommation de ces fantaisies plus ou moins coûteuses. Du moins on en fit un galant usage, et on s'étonne que les artistes aient pu suffire à la mode de ces aimables présents. Un passage de Dangeau nous montrera comment on savait les offrir, et le Grand Roi tout le premier. La scène représente les appartements royaux du château de Marly. Le roi « mena les dames à son appartement où il y avait un cabinet magnifique, avec trente tiroirs pleins chacun d'un bijou d'or et de diamant. Il fit jouer toutes les dames à la rafle et chacune eut son lot. Le cabinet vide fut pour la trente-et-unième dame. Dans chaque lot il y avait un secret et dans chaque secret des pierreries qui aug-

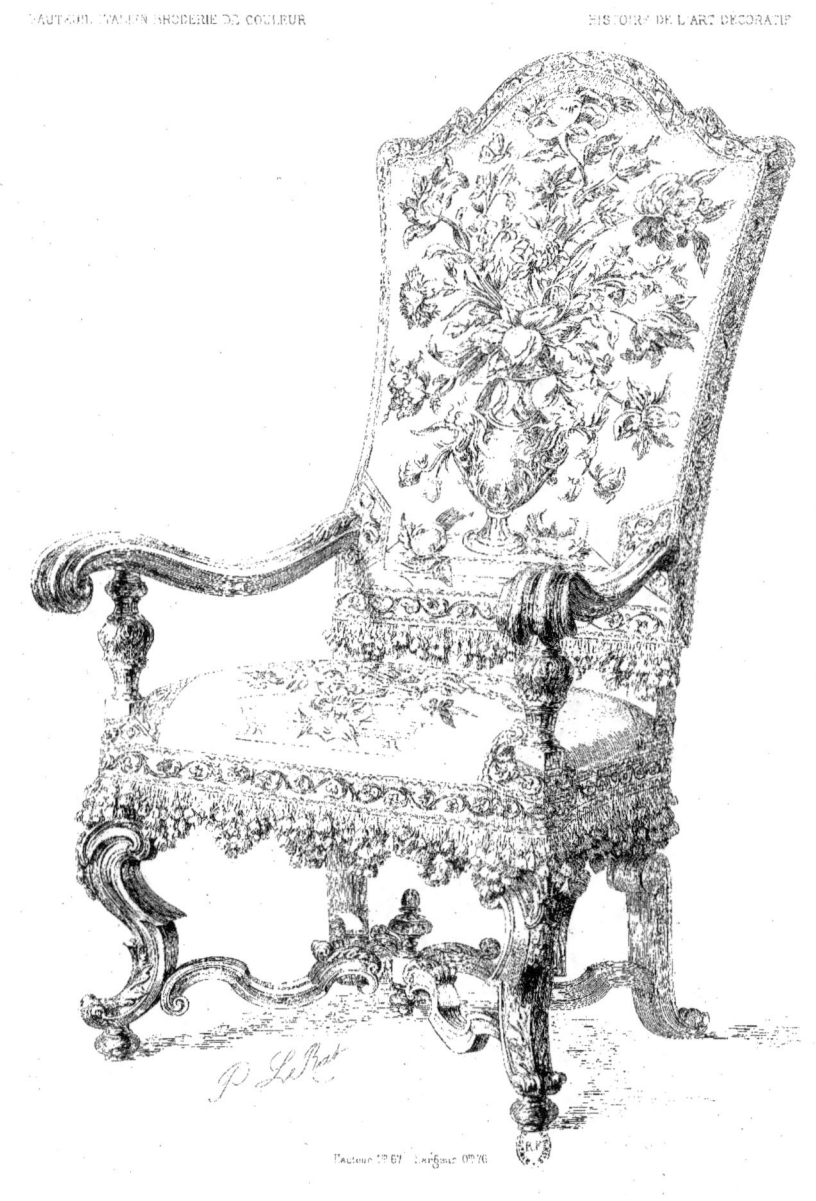

mentaient la valeur du lot. Il n'y a pas eu une dame qui n'ait été très contente, car tous les lots sont considérables et la loterie coûte bien au roi 3,000 pistoles. »

Mais nous n'en finirions point et en vérité les documents relatifs à ce meuble aristocratique, disparu de nos habitudes, suffiraient à écrire une longue et curieuse monographie. Nous pouvons bien, en passant, relever certaines combinaisons caractéristiques, comme ce cabinet « qui en s'ouvrant devenait prie-Dieu » offert par Louis XIV à la reine d'Angleterre en 1689. Courtoisie et prosélytisme mélangés.

Quant aux nombreux cabinets exclusivement fabriqués en argent, en acier, en bronze, en cristal de roche, en ivoire, nous pourrons, aux chapitres qui concernent plus spécialement ces matières, donner des indications sur ceux qui en vaudraient la peine.

Il nous faut maintenant revenir, après cette excursion en pleine frivolité et en plein superflu, aux meubles qui sont de nécessité plus constante et dont nous n'avons pas encore parlé. Nous l'avons dit tout d'abord : le meuble a un double but, réserve et repos ; nous n'avons encore parlé que de ceux de la première catégorie. Seul le coffre s'est présenté à nous sous cette double fin. Imaginez que le coffre, que nous avons vu couramment servir de siège, se trouve peu à peu pourvu de deux montants à chaque extrémité ; que ces montants, servant d'accotoirs, se trouvent en arrière réunis par une barre transversale ; que cette barre elle-même finisse par se transformer complètement en dossier plein et que pour couronner le tout un dais vienne le surmonter ; vous aurez ainsi les transformations successives du coffre en *banc* ou en *arche-banc* (composé du banc et de l'arche) et le type des sièges usités dans les intérieurs des XIV° et XV° siècles et persistant encore partiellement au suivant. Avec un dais, il sera réservé exclusivement aux rois et aux grands seigneurs. Sans dais ce sera le meuble familial, qui aura sa place devant le foyer et commandera, pour ainsi dire, aux autres meubles de la salle.

Si l'on doutait de ce haut rang accordé à un siège qui est devenu tant soit peu méprisé et qui court les places publiques et les avenues, il faudrait se reporter à ce Gilles Corrozet dont, en vérité, la complaisance est inépuisable. Il débute, dans son *Blason du banc*, par une comparaison assez expressive :

> Ainsi que la femme prudente
> Est au mary obédiente
> *Tout ainsi la table se jecte*
> *Vers le banc, comme à luy subjecte,*
> Et lui faict cette honnesteté
> Qu'il est premier en dignité,
> Et pour cette grande raison
> Mérite avoir le sien blason.
> Or donc, plaisant banc de noyer,
> Banc qui fait les genoulx ployer
> Et asseoir le corps haultement :
> Banc tourné si très proprement,
> Banc à dossier pour le repos,
> Qui soutiens les reins et le dos ;
> Banc plus luysant que blanc albastre,
> *Banc assis vis-à-vis de l'astre*
> Banc faict à petits marmousetz
> Banc du plus beau bois des foresiz,
> Qui donne un labeur nuysant
> Pour le faire bien reluysant,
> Et froté en si grand peine
> Que les gens en sont hors d'alaine ;
> O banc qui répare la salle
> Qui n'es jamais croté ne salle,
> Je désire qu'en froid hyver,
> Près du feu te puisse trouver.

Nous avons souligné à dessein deux passages de cet amusant dithyrambe. Le premier prouve bien, comme nous l'avons dit, la situation prépondérante que le banc occupait dans le mobilier : en effet, comme il était massif et pesant, et que le contenu de son coffre l'alourdissait encore, on ne le déplaçait point et c'était à la table de venir à sa rencontre. Le second passage du *Blason* lui assigne sa véritable place :

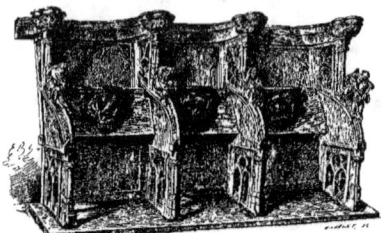

FIG. 14. — STALLES DE CHŒUR DU XVᵉ SIÈCLE.

devant l'âtre ; mais une explication est nécessaire. Pendant le repas, nos pères avaient le dos au feu et le ventre à table, suivant le populaire dicton. Alors, il fallait donc déplacer le banc une fois le repas terminé, ou bien tourner le dos au feu, et des deux façons notre assertion serait fausse ? Non, mais pour tout concilier, on avait imaginé des bancs à dossier mobile qu'on baptisait du nom expressif de *banc tournis*, fréquent dans les comptes et inventaires. Suivant qu'on était à l'heure du repas ou à celle de la digestion, le banc, sans changer de place, permettait que l'on fût ou non face au foyer. On voit que nous n'avons pas inventé les meubles à plusieurs fins : il y avait même de ces bancs tournis qui, à un moment donné, pouvaient se transformer en couchettes.

L'histoire du banc, de la chaise et de la table ne saurait se fractionner. Ces divers meubles, dans leur évolution, sont intimement liés l'un à l'autre. La forme du siège a influé sur celle de la table. Celle-ci demeura quadrangulaire tant que le banc fut en honneur ; dès que l'on adopta les sièges mobiles, la table put devenir ronde. C'est au XVIIᵉ siècle que cette transformation s'effectua. Jusque-là, la table était carrée ou oblongue ; légère et facilement démontable dans la vie courante ; immense, et d'un développement extraordinaire dans les grandes solennités. Le plus souvent, dans l'intimité, elle se composait de tréteaux et de planches recouvertes d'une nappe. Les miniatures nous représentent invariablement le mari et la femme assis à table non vis-à-vis, mais à côté l'un de l'autre. Le côté extérieur était réservé au service. De même dans les grands repas de fêtes. Dans ce cas, au moyen âge, les tables étaient d'une largeur considérable, non point seulement pour y disposer un imposant appareil de victuailles, mais encore pour se prêter à un divertissement qui de nos jours paraîtrait assez anormal.

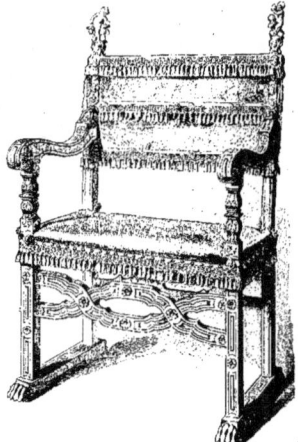

FIG. 15. — FAUTEUIL ITALIEN XVIIᵉ SIÈCLE.

Pendant les « entremets » des personnages y montaient, allaient et venaient, soit pour distribuer des fleurs aux convives, soit pour donner une représentation. Aujourd'hui on admettrait plus difficilement que l'on grimpât sur la table pour chanter au dessert et prononcer des toasts.

Est-ce à dire qu'avant le XVIIᵉ siècle on n'ait point connu la table de surface arrondie ? Sans remonter jusqu'aux fameux chevaliers de la Table Ronde, il serait aisé de trouver de nombreux exemples de ce que nous appelons un guéridon ; l'on en rencontre un dans les *Chroniques de Louis XI*. Mais ce meuble n'avait généralement qu'une destination de luxe ou était réservé aux travaux des femmes.

La chaise fut longtemps avant de tomber dans le commun. Siège aristocratique et seigneurial par excellence, elle fut pendant plusieurs siècles le signe des préséances, et jusqu'au xv° siècle, la *chaire* ou chayère fut un peu synonyme de trône. Palais, châteaux ou maisons bourgeoises ne contenaient réellement qu'une chaise, et c'était le roi, le seigneur ou le chef de la famille qui avait seul le droit de l'occuper. Elle a alors, ou peu s'en faut, la forme que nous attribuons aujourd'hui au fauteuil : haute de dossier et pourvue de deux accotoirs ou « bras ». Souvent elle garde en même temps un caractère utilitaire, son siège n'étant autre chose qu'un petit coffre. Seulement, tandis que dans les intérieurs princiers elle se carre orgueilleusement à la plus belle place dans une salle d'honneur, dans les milieux bourgeois aisés on la trouve, avec plus de simplicité, installée à demeure au chevet du lit.

Nous ne pouvons, au surplus, nous dispenser de citer encore quelques vers du blason que lui a consacré notre bon Gilles Corrozet. Après avoir complaisamment énuméré ses qualités de poli, les personnages, les feuilles et les chapiteaux qui la décorent, il poursuit ainsi son éloge :

>   Chaire près du lit approchée
>   Pour deviser à l'accouchée,
>   Chaire faicte pour reposer,
>   Pour caqueter et pour causer ;
>   Chaire, de l'homme grand soulas,
>   Quand il est travaillé et las ;
>   Chaire bien fermée et bien close,
>   Où le muscq odorant repose
>   Avec le linge delyé,
>   Tant souef, fleurant, tant bien plyé ;
>   Chaire belle, chaise gentillie
>   Chaire de façon très subtile,
>   Tu es propre, en toute saison,
>   A bien parer une maison.

Notons en passant que Gilles Corrozet semble faire également allusion à certaines chaises légères dont l'usage devint très répandu vers le milieu du xvi° siècle. Ces *caquetoires*, dont on trouve de nombreux spécimens au musée de Cluny, sont des chaises à léger et étroit dossier, à siège de surface triangulaire et que le besoin éprouvé par les femmes de causer à l'aise pendant un temps assez long, finit par imposer au détriment du prestige de l'antique chaire.

Le principe de la chaise légère une fois admis, ses variations furent imaginées à l'infini. D'abord la mode des immenses *vertugadins* en fait supprimer les bras. Cependant les chaises à bras, que nous dénommons maintenant fauteuils, ne laissent pas de subsister fort longtemps encore, et il serait bien surprenant que le xvii° siècle, avec ses mœurs graves et ses allures pompeuses, ne les eût pas conservées comme sièges honorifiques. Les mémoires sont remplis de détails qui le prouvent. Le xvi° siècle également voit naître les chaises *brisées*.

Sous Louis XV l'usage de la chaise, plus familier et plus sans gêne, remplace à peu près définitivement les escabeaux, tabourets et banquettes (dernière incarnation du banc) que l'étiquette du grand siècle tolérait seuls à la cour (1). Alors la distinction entre la chaise et le fauteuil est accomplie. Et si les chaises prennent un nombre d'appellations presque infini, provenant surtout de quelques détails d'ornementation, quelque trait de mode ou de style, la forme générale semble destinée à n'en plus varier.

Une seule espèce sera distinguée, la *chaise longue*, compromis entre le fauteuil et le lit, qui nous

---

(1) Cependant les palais de Louis XIV comportaient un certain nombre de « chaises à dos » dont l'occupation constituait un véritable privilège.

amènera à dire quelques mots de ces meubles de repos, avant de terminer notre résumé des transformations des pièces principales de l'ameublement.

« Le fauteuil à bras, a écrit Voltaire, la chaise à dos, le tabouret, la main droite et la main gauche ont été pendant plusieurs siècles d'importants objets de polémique et d'illustres sujets de querelle. »

Puisque le nom du philosophe se rencontre ici, à propos de fauteuils, disons donc que ceux qui portent son nom n'existaient point au siècle dernier. C'est la fantaisie d'un tapissier qui vers 1825 affubla, au risque d'induire en erreur de nombreuses générations, du nom de l'écrivain, ce fauteuil à siège bas, à dossier haut et incliné. Quoi qu'il en soit, Voltaire a raison. Le fauteuil a occasionné de nombreuses disputes de préséance, non pas seulement dans les comédies de Molière.

Comme la chaise, il fut tout d'abord exclusivement réservé au pouvoir suprême. Il était alors, si l'on s'en rapporte aux documents graphiques, miniatures, sceaux, etc., et au célèbre fauteuil de Dagobert conservé à la bibliothèque nationale, pourvu de bras ou d'accotoirs, mais de dossier beaucoup moins élevé que la chaise. Il venait à peu près à mi-hauteur du dos; c'était, semble-t-il, le dérivé des chaises curules de l'antique Rome. Cette forme de dossier bas, il la conserva encore pendant des siècles. Témoin, ce fauteuil italien du xvi$^e$ siècle que reproduit notre illustration (fig. 15). Tapissé de velours rouge et garni de frange de soie jaune, il a un dossier orné de deux jolis groupes en cuivre doré, et des pieds qui se terminent en griffes.

Un peu plus tard, sans cesser d'être un siège honorifique, il fut aussi un siège de toilette; les compositions de Moreau, de Baudoin, etc., nous prouvent qu'il conserva cette appropriation fort avant dans le siècle dernier. Au xviii$^e$ siècle, il était sans doute devenu un meuble bourgeois, meuble de repos, propre aux visites et aux entretiens, véritables « commodités de la conversation », comme on l'appelle dans les *Précieuses ridicules*. Mais on ne l'avançait qu'aux personnes de rang et à ceux à qui on voulait faire honneur. Le Grand Roi seul avait un fauteuil, et il n'y avait que la reine ou un autre souverain étranger, hôte du roi de France, qui eussent droit à pareil siège, en la présence du Soleil. Pourtant les faiblesses royales ne sont que des faiblesses humaines, et Louis XIV, tolérant que M$^{me}$ de Maintenon s'assît en un fauteuil devant lui, procura aux défenseurs de l'étiquette une douloureuse surprise.

Si la chaise s'est vulgarisée et réduite aux plus usuelles et mesquines proportions, le fauteuil a conservé quelque prestige, grâce à son allure pompeuse, à l'air de majesté que lui donnent son dos et ses bras. Mais bien que nous l'offrions encore à nos hôtes par courtoisie et déférence, c'est moins parce qu'il évoque une idée d'étiquette qu'une sensation de confortable. Nous tenons avant tout à mettre nos visiteurs à leur aise, et nous avons éprouvé par nous-mêmes qu'il n'est pas de siège plus agréable. Il donnerait tort, pour un peu, au proverbe arabe, ou tout au moins à la deuxième partie qui prétend qu'il vaut mieux être couché qu'assis. Les fauteuils ont pris des formes presque aussi nombreuses que les chaises, depuis les bas et raides fauteuils des premiers temps jusqu'aux amples bergères, aux « confessionnaux » étoffés et moelleux, en passant par les superbes fauteuils du xvii$^e$ siècle, à bois apparent, à riches broderies, dont notre planche hors texte présente un magnifique spécimen, et en comprenant dans l'énumération l'antithèse absolue, le petit fauteuil « crapaud » épaté et nain, où les paresseux ne se trouvent point mal à l'aise. Les grands hommes ont été mis à contribution pour le baptême des diverses formes : Voltaire, lord Seymour, Bonaparte, Béranger, bien d'autres encore n'y ont pas échappé. Mais de quelque forme, de quelque matière, de quelque couleur qu'ils soient, maintenant que la préséance est un de nos moindres soucis et que Louis XIV et M$^{me}$ de Maintenon sont depuis près de 200 ans allés rejoindre Dagobert dans la tombe, nous devons conclure avec Xavier de Maistre que « c'est un excellent meuble qu'un fauteuil. Il est surtout de la

CANAPÉ XVIIIᵉ SIÈCLE    HISTOIRE DE L'ART DÉCORATIF

Cadres du Gobelin — Longueur 2ᵐ — Largeur du siège 0ᵐ80

dernière utilité pour un homme méditatif. Dans les longues soirées d'hiver, il est quelquefois doux et prudent de s'y étendre mollement loin du fracas des assemblées nombreuses ».

Il serait surprenant qu'un pareil expert ès intimités, un explorateur si délicat et subtil de l'*intérieur moderne*, eût fait du lit un éloge moins réussi. Elle est fort tendre la page qui lui est consacrée dans le *Voyage autour de ma chambre*, tendre et mélancolique à la fois. « Est-il un théâtre, dit-il, qui prête plus à l'imagination?... C'est dans ce meuble délicieux que nous oublions, pendant une moitié de la vie, les chagrins de l'autre moitié. Mais quelle foule de pensées agréables et tristes se pressent à la fois dans mon cerveau! Mélange étonnant de situations terribles et délicieuses! Un lit nous voit naître et nous voit mourir; c'est le théâtre invariable où le genre humain joue tour à tour des drames intéressants, des farces risibles et des tragédies épouvantables. — C'est un berceau garni de fleurs; — c'est le trône de l'amour; — c'est un sépulcre. »

Que pourrait-on ajouter à ces sentimentales réflexions? D'ailleurs il s'agit pour nous d'esquisser non la philosophie du meuble mais son histoire. Or c'est notre poète habituel, Gilles Corrozet, qui aura l'avantage sur le prosateur au point de vue de la précision. On nous pardonnera de le citer encore une fois, mais cette citation sera la dernière, nous serons presque tenté de dire : malheureusement. Voici comment il rime le blason du lit :

> Lict délicat, doux et mollet
> Lict de duvet si très douillet.
> Lict de plume tant bonne et fine
> Lict d'un coustil blanc comme un cigne.
> Lict dont ce blanc coustil incite
> Le dormir quand il est licite,
> Lict dont le chevet est si doulx
> Qu'il semble que ce soit velours
> Quand on y prend un bon repos;
> Lict à dormir apte et dispos;
> Lict dont les draps, comme on demande,
> Sentent la rose et la lavende;
> Lict dont la riche couverture
> Résiste contre la froidure
> Et musse les corporels membres;
> O lit, le parement des chambres;
> Lict d'honneur plein de toute joye;
> Beau lict encourtiné de soye,
> Pour musser la clarté qui nuict;
> Lict qui attend la trouble nuict
> Affin qu'on se repose et couche;
> Lict soustenu en une couche
> Ouvrée de menuiserie
> D'images et marqueterie;
> Lict très gentil tant qu'il peut estre;
> Lict benoist de la main du prestre;
> Lict séparé de tout délict;
> O lict pudique, ô chaste lict
> Où la femme et le mary cher
> Sont joincts de Dieu en une chair;
> Lict d'amour sainct, lit honorable,
> Lict somnolent, lict vénérable,
> Gardez vostre pudicité
> Et évitez lasciveté,
> Affin que vostre honneur pullule
> Sans recevoir nulle macule.

Sans doute la description n'est pas exempte de lyrisme. Comment en serait-il autrement étant donné le sujet? Mais elle nous fournit une importante indication. C'est que la monture même du lit, le *châlit* proprement dit, venait à peu près en dernier lieu dans les préoccupations des décorateurs. Avant tout on attachait du prix et de l'importance à la garniture. Si nous avions à entreprendre ici la description des principaux lits historiques, nous verrions que le « bois » y tient la moindre place, et que souvent il n'est même pas mentionné. Aussi l'énumération de ces magnifiques rideaux, tentures et courte-pointes, viendra plus à sa place aux chapitres concernant les étoffes, broderies, etc.

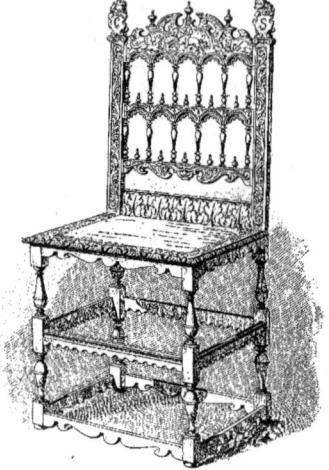

FIG. 16. — CHAISE FRANÇAISE XVII° SIÈCLE.

Au moment où Corrozet écrivait, pourtant, une révolution importante s'était produite. Le bois du lit qui était auparavant construit à tenons et à mortaises et qui, tout d'une pièce, était difficilement transportable, commençait à être pourvu de vis de rappel en fer, qui en permettaient le démontage. Avant le xv° siècle, les bois de lits étaient donc, pour ainsi dire, à demeure dans les appartements, et comme cela s'accordait mal avec les habitudes nomades dont nous avons parlé, on n'accordait que peu d'attention à un meuble que du jour au lendemain on pouvait abandonner derrière soi. La richesse était donc exclusivement concentrée dans les étoffes qui dissimulaient le bois de médiocre valeur.

Mais quand au xvi° siècle, grâce à la nouvelle invention, on démonta et transporta le châlit comme les autres meubles, tous les caprices de l'ornementation purent s'y appliquer. La sculpture se donna dès lors carrière et le lit fut même un des meubles privilégiés. Le superbe lit qui fait l'admiration du public depuis de longues années au musée de Cluny est une preuve suffisante de cette sollicitude. Nous avons tenu à reproduire hors texte cette pièce capitale. Elle est d'origine française et bien que le catalogue du musée l'attribue à l'époque de François Ier, elle semble plutôt voisine de la fin du xvi° siècle. Son ornementation est remarquable de richesse et d'élégance. Le lit, à colonnes et à baldaquin soutenu en arrière par les figures de Mars et de la Victoire, est en outre décoré de figures, de mascarons et de rinceaux fort habilement sculptés. Une tradition en représentait comme les possesseurs, François Ier lui-même, puis un évêque de Savoie. Or, le dossier à fronton porte une couronne ducale, répétée à l'intérieur de la corniche, qui semble démentir cette double attribution. Quoi qu'il en soit, c'est un des beaux meubles que l'histoire nous a conservés.

Nous ne pouvons nous dispenser de nommer également, comme beau lit du xvi° siècle, celui d'Antoine de Lorraine, conservé au Musée de Nancy, et qu'on a pu voir en 1889 à l'exposition du Trocadéro.

Enfin donnons d'après M. Molinier la description du beau lit vénitien du commencement du xvi° siècle, légué récemment au musée du Louvre par M. Eugène Piot. C'est un grand lit de parade en bois peint et doré. Les quatre colonnes dorées, de forme fuselée, cannelées, à chapiteaux feuillagés, reposent sur des pieds en forme de griffes de lion, ornés de larges feuilles frisées. Ces colonnes « supportent un entablement sculpté à sa partie

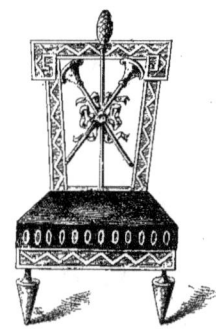

FIG. 17. — CHAISE ÉTRUSQUE (1791).

antérieure ; sur la frise sont représentés des aigles sur des feuillages, se détachant en or sur fond d'azur. Les frises du haut et du bas du lit offrent des rinceaux et des mascarons peints en grisaille sur fond bleu. Le ciel du lit se compose d'un plafond caissonné en bois sculpté peint et doré, dont le motif principal est constitué par un compartiment à huit pans accompagné de quatre circonférences. Dans ce compartiment est peint un écusson entouré d'une guirlande de feuillages et de fruits, placé sur un livre fermé et supporté par deux génies nus, tenant des torches. Le revers de l'entablement est décoré d'une frise de grotesques exécutés en couleurs sur fond d'or.

Cet exemple suffirait, bien que ce soit surtout une pièce de parade, à prouver que la richesse des châlits fut, à partir du xvi° siècle, poussée à un haut degré de recherche. Le fameux pamphlet de l'*Isle des hermaphrodites*, dirigé contre Henri III et sa cour, le constate avec ironie : « Quant aux meubles de bois, nous voulons qu'ils soient tous dorez, argentez et marquetez, et les dicts meubles, principalement les châlits, soient, si faire se peut, de bois de cèdre et rose, et aultres très odorants, si quelqu'un n'ayme mieulx en faire d'ébeine et d'ivoire. »

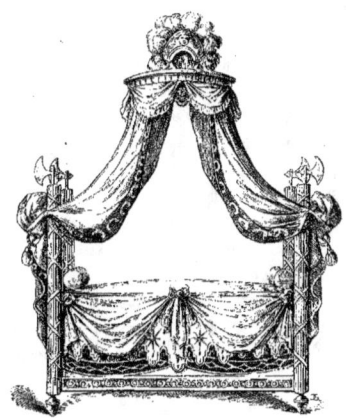

Fig. 18. — LIT A LA RÉVOLUTION (1790).

Dans l'œuvre de Du Cerceau que nous étudierons plus loin, on rencontre toute une série de dessins pour bois de lit, où la complication des ornements devient extraordinaire et quasi-chimérique.

L'assemblage à vis de fer avait eu comme conséquence immédiate de rendre le bois d'autant plus apparent qu'il pouvait désormais être plus richement orné. Les colonnes, prouvant la dextérité et le goût de l'ébéniste, furent d'abord à la mode. Puis on supprima les colonnes (car c'est ainsi que bien souvent en art, les révolutions ne sont que des recommencements), on varia la forme des couronnements, dômes, baldaquins. La liste des lits les plus célèbres et de leurs diverses formes est extrêmement longue, et c'est surtout l'art du tapissier qui est ici en cause ; nous ne mentionnerons donc que les plus caractéristiques et ceux qui se rapportent surtout à l'art du bois.

Nous remarquons le lit de François I<sup>er</sup> « marqueté à feuillages de nacre de perle ». Celui de Henri II avait le baldaquin soutenu par quatre grandes gaînes à cariatides et reposait sur des pieds en forme de lions assis ; le dossier était surmonté d'une grande figure de chimère ; l'ensemble était assez lourd et disgracieux.

Pour un grand nombre de lits, tels que ceux de Henri IV, Louis XIII, Richelieu, nous avons seulement des indications de tentures, broderies et couleurs. Au xvii° siècle la mode était venue de revêtir d'étoffes ou de tapisseries les colonnes ou *quenouilles* elles-mêmes, de telle sorte que le bois y tient de nouveau une moindre place dans la décoration. Pourtant voici un grand lit de Louis XIV à Trianon, qui à travers les documents écrits nous paraît une chose tout à fait magnifique. C'est un lit enrichi de sculptures, portant un grand miroir à son dossier. Le ciel est soutenu par des amours dorés ; des draperies de taffetas bleu brodé et orné de dentelles et de passementeries d'or et d'argent, complètent ce royal ensemble.

On peut citer immédiatement après le lit du grand roi le propre lit de Jean-Baptiste Poquelin de Molière, son poète comique favori. On va voir que Molière n'était pas ennemi d'un luxe un peu voyant.

L'inventaire du grand écrivain donne cette description : « Une couche à pied d'aiglon, peint de bronze vert, avec un dossier peint et doré, sculpture et dorure ; un dôme à fond d'azur, sculpture et dorure, avec quatre aigles de reliefs, de bois doré ; quatre pommes, façon de vases, aussi de bois doré ; le lit dôme garni par dedans de taffetas aurore et vert en huit pentes, avec le plafond,.... le tout garni de frange aurore et vert ; un dôme plus petit et de pavillon pour le dedans, de bois doré, sculpture façon de campane (ornements en forme de clochettes) ; le pavillon en trois pièces de taffetas gris de lin, brodé d'un petit cordonnet d'or, avec frange et mollet d'or et de soie, et doublé d'un petit taffetas d'Avignon... Une courte-pointe de pareil taffetas et brodée avec chiffres... Quatre rideaux de brocard à fleurs et fond violet, garnis d'agrément d'or faux et soie verte, frange et mollet d'or fin et soie verte, etc., etc. » Nous abrégeons l'énumération des pentes, glands et houppes plus ou moins rehaussés d'or, qui complètent cette pièce pompeuse.

D'une manière générale, nous ne devons pas nous montrer surpris de ce luxe, et si nous rencontrons dans les intérieurs les moins riches des lits assez solennels, c'est que le lit était alors un meuble d'apparat, de réception. Il était fort de mode de faire accueil aux visiteurs, assis dans son lit, et de les inviter à s'y asseoir eux-mêmes : il était assez vaste d'ailleurs pour que plusieurs personnes pussent ainsi, sans être gênées et sans gêner le maître de céans, y prendre place.

Au xviii$^e$ siècle, cet usage tendit à disparaître, mais les lits n'en restèrent pas moins magnifiques, sinon par étiquette, du moins par ostentation et prodigalité. Aux ciels carrés et sévères, succèdent les couronnes à panaches, à amples tentures retombant capricieusement. Pour être plus simples que ceux de Louis XV, du Régent, de M$^{me}$ de Pompadour, et que ceux qu'on voit dans les estampes, telles que le célèbre *Couché de la mariée*, les lits de Louis XVI et de Marie-Antoinette sont encore passablement luxueux. Le roi repose, à Versailles, en un lit « à la Duchesse, avec l'Impériale en voussure, terminée par une couronne royale posée sur un carreau (coussin), ornée d'une corniche taillée de divers ornements, de casques, têtes et dépouilles de lions, de lauriers, attributs militaires et enfant tenant des couronnes, le tout sculpté et doré ». La couchette et le dossier étaient ornés « de têtes de lions, de haches, d'armes, de couronnes de lauriers, de griffes, de cornes d'abondance, de boucliers, etc. ». Voilà pour un monarque pacifique et débonnaire un appareil bien belliqueux.

De même le lit de Marie-Antoinette à Fontainebleau n'est pas précisément un modèle de simplicité. Il est, comme le précédent, à la Duchesse avec l'Impériale en voussure et couronnement composé d'une corniche, guirlandes en festons, coqs et aigles, le tout sculpté et doré. Voilà pour le lit d'été. Autre « surmonté d'un couronnement richement sculpté, orné d'une corniche à contours, fleurs et guirlandes, surmontée d'enfants en diverses attitudes, tenant des branches de lis et couronnés de fleurs ». Voilà pour le lit d'hiver, à Versailles.

Auprès de tous ces lits fastueux, il nous semble que les lits de l'époque révolutionnaire, avec leurs faisceaux de haches et leur pauvre ornementation (nous en donnons ici un spécimen, figure 18), de même que les lits de l'époque impériale avec leurs formes roides, leurs allures de *bateaux* ou de *gondoles*, leur sèche décoration de palmettes et de lauriers, leurs froides allégories et mythologies, viennent fort loin sur la liste des merveilles de l'art somptuaire. Quant à notre propre époque, elle s'est appliquée surtout à des copies des modèles passés.

Il ne nous reste plus, après avoir noté ces divers exemples, qu'à énumérer brièvement les principales modifications de forme. Les lits d'*ange* furent, au xvii$^e$ siècle, les premiers lits dont les colonnes se trouvaient supprimées. Nous avons cité quelques modèles de lits à *colonnes*, à *piliers*, à *quenouilles*, à *dômes*. Au xviii$^e$ siècle on fit des lits à deux et à trois dossiers : ceux-ci furent dits lits « à la turque ». Les lits dits à impériale, à l'italienne, à pavillons, à la polonaise, à la romaine, etc., ne sont en somme que des variétés du lit à dais ou à dôme, et tirent leurs noms des diverses façons d'en draper les têtes et les rideaux. Une des plus curieuses parmi ces variétés, mais non des plus gracieuses, fut le *lit en tombeau*, qu'on vit apparaître au XVIII° siècle et qui avait une sorte de toiture plate, en plan incliné, avec des façons d'urnes aux angles. Enfin nous mentionnerons les étouffantes armoires, ou lits *clos*, parfois intéressants au point de vue de la décoration, mais qui sont bien l'invention la plus éloignée du confortable qu'on puisse imaginer; la Bretagne en a conservé assez religieusement l'usage.

Nous avons terminé, avec ce meuble essentiel, la revue des transformations des principales pièces de notre mobilier. Si l'espace ne nous était mesuré pour un sujet aussi vaste, nous aurions encore bien d'autres objets à étudier, que le caprice de la mode fit naître, et qui suivant leur fortune disparurent avec la génération qui les avait créés, ou se trouvant d'un usage pratique, persistèrent avec de légères modifications. C'est ainsi que la *commode*, qu'il suffit de regarder pour être frappé de l'analogie de sa forme avec la huche, le coffre, l'arche, et qui n'est en somme qu'un coffre à tiroirs au lieu d'être un coffre à couvercle, fit son apparition au XVII° siècle, et n'est pas tombée encore en désuétude.

C'est ainsi également que le *cabinet* du XVI° siècle donna naissance à une infinité de petits meubles, nécessaires, bonheur-du-jour, etc., etc., dont nous ne pouvons ici écrire l'histoire détaillée. Le *bureau* également a été

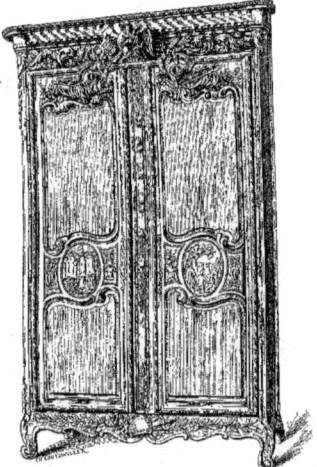

Fig. 19. — ARMOIRE RÉPUBLICAINE.

peu à peu une combinaison de la table, du *lectrin* ou lutrin, et du cabinet; avec l'adjonction de ce dernier élément, il est devenu le *secrétaire*.

Le miroir, enfin, qui dans l'ameublement féminin est un meuble de haute importance, ne pouvait guère varier, et les différences que nous aurons à signaler résideront surtout dans le style de l'ornementation. Il nous faut maintenant, après avoir donné cette sorte de sommaire physiologie, passer à l'étude des grandes écoles qui se distinguèrent dans la création de ces utiles et luxueux auxiliaires de notre vie.

# CHAPITRE II

## LA GÉOGRAPHIE DU MEUBLE.

Les maîtres huchiers. — Les diverses écoles de France. — L'influence de l'Italie. — La marqueterie. — L'Allemagne. — L'Espagne. Les Flandres.

Il est dans la destinée des villes de se renouveler et l'hygiène ainsi que la spéculation ont des nécessités devant lesquelles l'archéologie s'incline à contre-cœur. Il reste encore à Rouen quelques-unes des vieilles maisons de bois sculpté que les maîtres huchiers du xvi$^e$ siècle s'étaient amoureusement construites dans la rue de la Vanterie. Beaucoup sont tombées sous les efforts des démolisseurs; certaines ont été préservées, et il en est même qui ont été transportées pièce à pièce. Il est devenu difficile d'évoquer avec précision la vie consciencieuse de ces habiles artisans, coffretiers, sculpteurs, imagiers qui s'appelèrent Pierre Souldain, Guillaume de Bourges, Jean Lehucher, Guillaume Basset, Martin Guillebert, Richard et Guillaume Taurin.

Nous nous les représentons volontiers, ces braves maîtres, attentivement penchés sur les robustes ais de chêne, et les fouillant de leur gouge en nobles et fiers ornements. L'école de Normandie était alors une des plus vivaces et des plus productives. Elle suffisait à la consommation de la province, et elle rayonnait aussi dans les provinces voisines. Rouen était une des reines du bois, comme elle fut plus tard une des reines de l'art de terre.

Nous pourrons avoir, par quelques échantillons, une idée de sa production et de ses tendances. D'abord la célèbre Grand'chambre du Parlement qui excite encore notre admiration. Puis les travaux du château de Gaillon, malheureusement dispersés, et qui comprenaient autant de chefs-d'œuvre que de pièces. L'armoire (fig. 21) que nous reproduisons et qui figure au musée du Louvre provenait de la chapelle du château. C'était un fragment de clôture de chœur; en passant par la collection Révoil, ce fragment se transforma ainsi en armoire à un vantail : mais ce qui nous intéresse exclusivement, c'est l'élégance de la conception générale et la délicatesse de l'ornementation. Le type en est charmant : le xvi$^e$ siècle badine encore avec le style du siècle précédent; il a de vagues ressouvenirs d'ogive avec la partie supérieure et ses graciles colonnettes, et il est franchement lui-même dans la partie inférieure avec ses fines arabesques. Pourtant l'ensemble est harmonieux, quoiqu'il ne soit composé que de disparates. Le contraste qu'on voit entre le haut et le bas, se trouve renouvelé d'une autre façon dans les deux panneaux. A peine si au premier coup d'œil s'aperçoit-on que les ornements en sont dissemblables. Mais ils sont si heureusement balancés que le caprice se fait tout pardonner. Les artistes de ce temps se jouaient de la symétrie, parce qu'ils étaient dominés par un sens plus fort encore, celui de l'harmonie. Nous ne verrons donc pas dans le ravissant panneau de Gaillon une « monstruosité, résultat d'une confusion involontaire », comme du Sommerard père l'écrivit, mais une originalité voulue, et une heureuse liberté.

Il faudra encore mentionner, à propos du château de Gaillon, les magnifiques stalles sculptées, surmontées de panneaux en bas-relief et de corniches ajourées qui ont été transportées à l'abbaye de Saint-Denis.

Nous noterons que l'illustre sculpteur Jean Goujon travailla à Rouen avant d'être appelé à Paris, et qu'il est un des artistes dont le ciseau fouilla les célèbres portes de l'église de Saint-Maclou.

En général, c'est le chêne qui est employé par l'école de Normandie, et ce bois plus résistant, se prêtant moins que le noyer aux recherches de finesse et de poli, les meubles de cette école ont un aspect fier, net et souvent sévère. Ce ne sera pas, par exemple, l'excessive richesse que nous rencontrerons dans certains meubles de l'école bourguignonne, qui de préférence a recours au noyer. Il importe d'ailleurs de mettre les amateurs en garde contre les fameuses armoires normandes dont il a été fait une si grande consommation dans nos intérieurs à bric-à-brac. Elles appartiennent à la menuiserie commune et

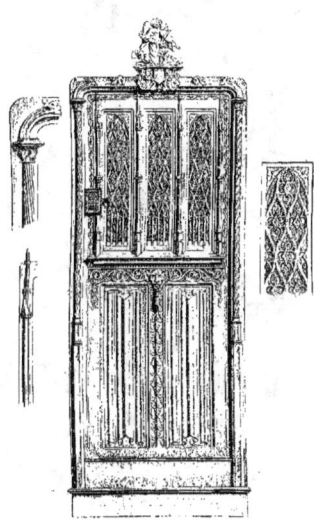

Fig. 20. — PORTE FRANÇAISE DU XVIᵉ SIÈCLE.

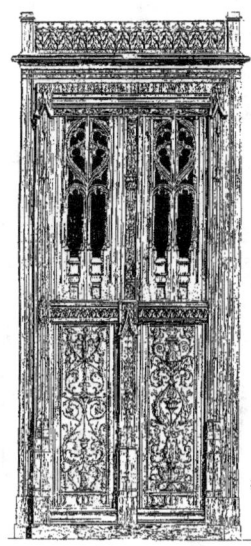

Fig. 21. — ARMOIRE FRANÇAISE DU XVIᵉ SIÈCLE.

courante, et non à l'art des maîtres huchiers. Leur ancienneté ne saurait racheter la médiocrité de leur travail, et pour une belle et intéressante pièce, on en rencontre cent que rien ne recommanderait à des esprits non prévenus. En somme, comme l'a écrit un spirituel chroniqueur de ce temps-ci, M. Georges Montorgueil, entre un des magnifiques dressoirs, œuvres de quelque émule de Guillaume Basset ou de Martin Guillebert, et une de ces armoires campagnardes, il y a autant de différence « qu'entre une noix de coco sculptée par un forçat et un bas-relief de Rude ou de Dalou ».

Ce n'est pas à dire que le mobilier campagnard ne se distingue parfois par une certaine naïveté robuste qui ne manque pas de caractère. C'est ainsi que les meubles de l'école de Bretagne du XVIᵉ siècle nous attireront par une vigoureuse rusticité, et un style d'ornementation qui n'a pas son analogue dans les autres écoles. Un des grands mérites de ces frustes artisans est d'avoir résisté à l'invasion italienne qui, dès le milieu du XVIᵉ siècle, se mit à corrompre ceux de Normandie jusqu'à les faire tomber enfin dans la plus intolérable affectation. On pourrait, il est vrai, trouver chez les Bretons une manifeste influence du goût scandinave. Tel panneau de coffre revêtu d'ornements géométriques, cercles, rosaces, losanges, feuillages rudimentaires et raides, est vraiment surprenant à cet égard. Signalons à titre de pièces typiques, le jubé de l'église de Lambadère, le dressoir de Saint-Pol-de-Léon, et un coffre de la collection Basilewski orné de figures de Saint-Yves, de la Force, de la Justice, de la Prudence et de la Tempérance.

De même que la Bretagne subit l'influence du Nord, de même l'école Picarde offre de nombreux points de ressemblance avec celle des Flandres. Il faut cependant signaler comme un des beaux monu-

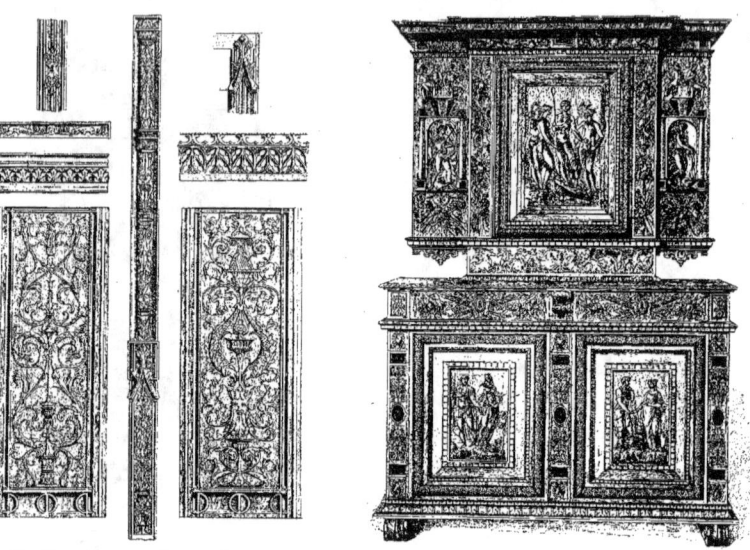

Fig. 22. — DÉTAILS DE L'ARMOIRE (FIG. 21).   Fig. 23. — ARMOIRE FRANÇAISE (XVIᵉ SIÈCLE).

ments de l'art du bois, les stalles de chœur de la cathédrale d'Amiens, ou bien encore ces superbes portes de la cathédrale de Beauvais, dont on peut voir le moulage au musée de sculpture comparée du Trocadéro. Enfin nous engagerons les amateurs désireux de se faire une idée des sculptures en bois de l'école Picarde, à examiner en l'église Sainte-Élisabeth la série de bas-reliefs figurant dans la clôture extérieure du chœur et provenant de l'abbaye de Saint-Waast.

Les écoles de l'Est, Champagne et Lorraine, ne sont peut-être pas des plus productives, mais elles se sont distinguées par un sens artistique très raffiné. Nous en avons déjà cité un fort bel exemple : le lit du duc de Lorraine. En Champagne, on fabrique un assez grand nombre de dressoirs très simples de lignes, décorés d'armoiries sur fond d'ornements ogivaux, le tout alternant avec des parties pleines et relié par des colonnettes hardiment moulurées, torses ou à imbrications.

Beaucoup plus riche est la moisson qu'on peut faire dans la Touraine, l'Ile-de-France et les provinces avoisinantes. Seulement les caractères propres de ces écoles deviennent fort difficiles à distinguer à cause du grand va-et-vient d'artistes étrangers. Le goût italien domine, et sans entamer ici de nouveau la querelle depuis longtemps pendante sur les bienfaits ou les inconvénients des engouements artistiques de la Renaissance, on ne saurait trop répéter que l'influence italienne fut à tout prendre des plus fâcheuses, puisqu'elle étouffa notre génie national, et détourna de sa voie la verve originale de nos vieux imagiers. Un pays doit être avant tout lui-même : l'art pour avoir une signification, une durée, pour provoquer en nous des émotions vives, doit être autochtone. Toute copie, toute redite, tout reflet, en un mot, fussent-ils rachetés par une extrême dextérité d'outil, par une grande richesse de matière, ont un sens et un caractère moins profonds que l'œuvre, même grossière et naïve, qui n'emprunte sa forme à aucun voisinage.

Cela dit, on sera tout disposé à reconnaître les qualités d'élégance de richesse par où se distinguèrent les artistes qui, dès le règne de Charles VIII, travaillèrent à Amboise, à Fontainebleau, à Blois, à Chambord,

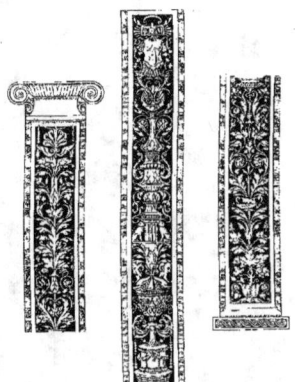

Fig. 24, 25, 26. — FRAGMENTS DE MEUBLE RENAISSANCE.

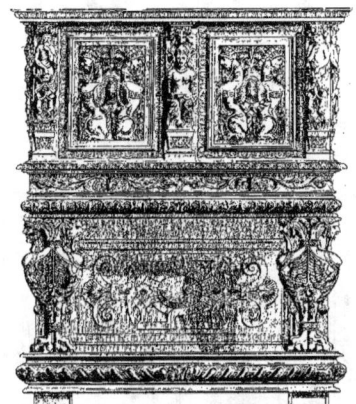

Fig. 27. — CRÉDENCE (ÉCOLE DE BOURGOGNE).

à Loches, en un mot dans les grands châteaux et résidences de ces régions. D'ailleurs, en dépit d'admirations parfois serviles de l'antiquité et de l'Italie, on rencontrait bien quelques fières figures d'artistes qui faisaient quand même éclater leur tempérament à travers leurs hantises. Puis certains des artistes appelés s'appropriaient en partie nos goûts et nos tendances. Mais combien une franche originalité eût mieux valu que ces compromis !

Un meuble que nous avons cité, l'arche de mariage qui figure au musée de Cluny, est un des beaux spécimens de cet art de Touraine, plantureux et avenant. L'aisance de ses figures en haut relief, ses formes richement arrondies, la courbe opulente de son couvercle bombé, tout cela en fait un des types les plus heureux de ce meuble très répandu dans la contrée.

Dans les châteaux de Blois et de Chambord subsistent de beaux panneaux, des portes noblement sculptées, des lambris bien fouillés. A Chenonceaux, à l'abbaye de Solesme, à Chartres, dans les églises ou cathédrales d'Angers, de Vendôme, se trouvent encore des témoins de l'amour avec lequel on cultiva le bel art du bois. Les stalles de l'abbaye de Solesme doivent être mises hors pair. Le Mans se glorifie d'avoir donné naissance à un des plus grands artistes de notre école, Germain Pilon, et d'avoir vu son apprentissage et ses premiers travaux.

Avec Germain Pilon (d'autres artistes encore, Jean Goujon, Pierre Lescot, Philibert de Lorme, nous fourniraient tout aussi bien cette transition), nous avons à noter une évolution qui se produit vers le milieu du xvi° siècle. L'art devenait un peu moins décidément italien, mais c'était pour tomber dans l'imitation de l'antique. Aux arabesques et aux pilastres succédaient les bas-reliefs à figures, les colonnettes et les frontons, donnant au meuble un caractère éminemment architectural. Une armoire est un palais ou

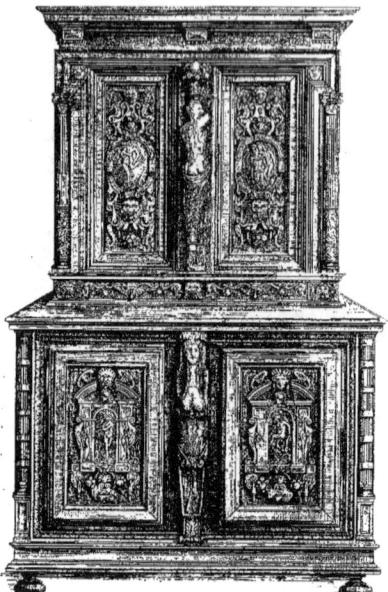
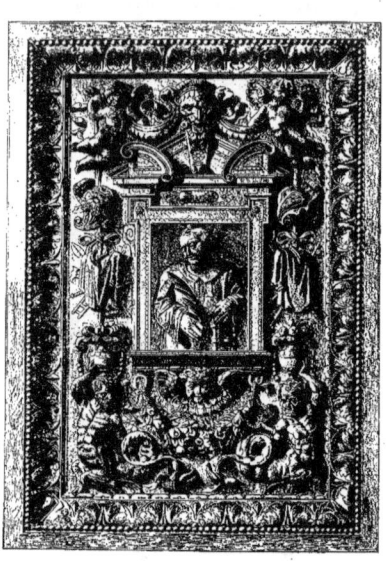

FIG. 28. — MEUBLE RENAISSANCE.   FIG. 29. — PANNEAU SCULPTÉ ITALIEN (XVI° SIÈCLE).

un temple en petit. Ce goût s'étend de la Seine à la Loire à ce point qu'il devient très difficile de donner des attributions précises. Déjà vers la fin du règne de François Ier cette évolution est sensible.

Le château de Fontainebleau nous présente une grande abondance de documents. Parmi les artistes les plus employés, nous voyons le nom de Francisque Seibecq de Carpi, qui adopte assez franchement le goût français. Son activité est extrême; les comptes nous le montrent travaillant non seulement à Fontainebleau, mais encore à Paris, à Vincennes, à Saint-Germain. Il est fâcheux que tous ces beaux maîtres n'ayant pas signé leurs œuvres, on en soit réduit à des attributions.

De nombreux artistes étaient les collaborateurs de Seibecq : Bartolomeo de Miniato rehaussait les volets de ses armoires d'allégories peintes à l'huile; Germain Musnier, François et Jean Pottier, Michel Rochetet, s'acquittaient de besognes semblables. Telle est d'ailleurs l'effervescence artistique de ce temps-là, que l'on a moins de force à critiquer des tendances, en présence de la luxuriance des résultats. Les artistes aiment alors passionnément leur besogne de décorateurs, et il n'est point d'ouvrage si humble qu'il soit qu'ils jugent indigne de leur effort. Un trait suffira à le prouver. Dans les travaux de Francisque Scibecq, nous relevons un coffre d'importantes dimensions que François Clouet, « peintre du Roy » et l'admirable portraitiste que l'on connaît, décora « de croissants et de chiffres sur fond d'or et d'argent ». Voilà une commande qui ferait pousser les hauts cris à tout artiste de notre temps et l'amateur mal inspiré serait renvoyé aux peintres en bâtiments. Sans doute un peintre peut rêver des travaux plus relevés; mais, comme nous l'avons dit, dans les plus matérielles des besognes, ces grands artisans se trouvaient à leur aise, et ils étaient aussi joyeux de peindre une divinité que de faire éclore sur un panneau quelque bel ornement. Tel de nos jours qui s'indignerait à la pensée de donner le dessin de son cadre, serait pourtant dans l'incapacité de dessiner l'ongle d'un petit doigt comme le bon François Clouet.

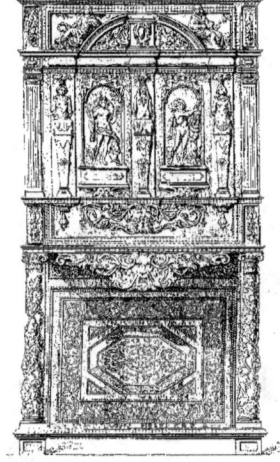

FIG. 30. — CABINET ITALIEN (XVIe SIÈCLE).

A Fontainebleau encore parmi les bons tailleurs de bois, nous trouvons les noms de François Perret, de Jacques Chantorel, de Richault, de Martin Guillebert, de Jean Huet, de Louis Dupuis, etc., etc. Mais il nous faut borner l'énumération et arriver au chef-d'œuvre qu'est le plafond de la chambre d'Henri II au palais du Louvre, et dont il subsiste d'admirables parties assez heureusement adaptées aux salles de la colonnade, dans le musée actuel. Tout ce que l'art du bois comporte de grandeur, d'élégance, de richesse comme élément décoratif se trouve là réuni.

D'autre part, avec une profusion sans égale, le goût mythologique, chez les sculpteurs de l'école de Jean Goujon, envahit tout l'ameublement. L'Olympe au grand complet, jusqu'aux moindres divinités, descendit sur les armoires; les divinités de second ordre, faunes, sirènes, dryades, satyres, sources, furent mis à contribution pour porter les fardeaux, se changèrent en pieds, se roidirent en cariatides.

Cette tendance est à constater dans la belle armoire à deux corps, de la collection d'Armaillé et qu'on trouvera ci-joint reproduite (fig. 23). Les deux influences y sont même représentées : l'italienne par les arabesques des pilastres et des entourages, et par la frise, représentant un combat de

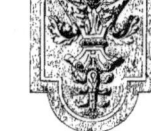

FIG. 31. — PANNEAU SCULPTÉ RENAISSANCE.

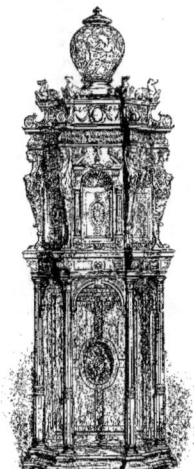

FIG. 32. — MEUBLE ITALIEN (XVIe SIÈCLE).

Tritons dans le style de Mantegna, qui sépare les deux corps; l'antique, par les grands panneaux qui nous montrent le jugement de Pâris, Ménélas et Hélène, Hélène et Pâris. Enfin, pour que la préoccupation du goût et des procédés italiens soit encore plus manifeste, des ornements en pâte incrustée achèvent la décoration de ce meuble recherché. D'ailleurs nous ne sommes pas bien loin de l'époque où l'art, sous l'influence énervante des Primatice et des Rosso, va tomber dans l'afféterie et la préciosité et perdre tous les caractères du goût de notre race, si sobre, si expressif et si ennemi des quintessences.

Avec l'école de Bourgogne, le goût italien se fait encore plus touffu, plus luxuriant, sous la magnificence du travail. Jamais peut-être le bois n'a été plus tourmenté, plus refouillé, ne s'est prêté à une telle

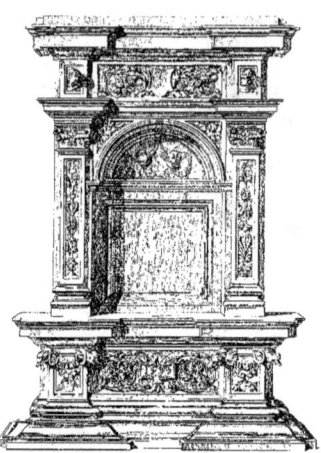

Fig. 33. — ORATOIRE ITALIEN (XVIᵉ SIÈCLE).

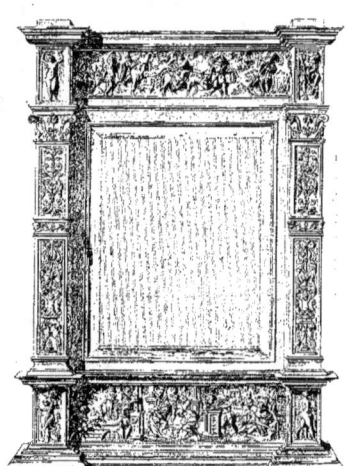

Fig. 34. — MIROIR ET CADRE ITALIENS.

profusion d'arabesques, de cariatides, de chimères, de mascarons, d'attributs, de feuillages, de palmettes, de guirlandes, de grotesques. C'est un délire de décoration, auquel se prête complaisamment le noyer que l'outil modèle de façon si délicate et qui se revêt de belles patines luisantes et dorées. La crédence que montre ici notre dessin (fig. 27), bien que suffisamment surchargée de figures et de motifs, est un modèle de simplicité à côté de certaines pièces de collections. Elle fait partie du musée Sauvageot, et on l'a généralement attribuée à l'art italien; elle nous semble plutôt provenir de l'école bourguignonne; le panneau inférieur d'un style relativement pauvre et qui répond mal à l'harmonie générale, a dû, pensons-nous, être substitué à un autre.

D'un style plus délicat, mais d'une bien plus grande complication décorative est l'armoire de l'abbaye de Clairvaux qui est un des joyaux du musée de Cluny. Une tradition rapportait que ce meuble aurait été exécuté par « les moines de l'abbaye à l'occasion de la fête de leur abbé ». Il paraît plus vraisemblable d'admettre que ce travail, à une époque où les arts manuels étaient en notable décadence dans les établissements religieux, fut simplement commandé par le chapitre à quelqu'un des maîtres ouvriers de la ville de Dijon, où les abbés de Clairvaux possédaient un hôtel. Quoi qu'il en soit, on demeure surpris de sa beauté : ce qui la distingue en effet, c'est que l'ensemble se lit très clairement, quelle que soit la complication du détail. Pas un instant on ne perd de vue les grandes lignes. Le fronton, les deux corps, chacun à double vantail, les pilastres qui les encadrent, sont de belles proportions et de divisions très accusées. Dès lors, peu importe la multiplicité des ornements qui s'enchevêtrent sur les panneaux, des arabesques, des imbrications et des chutes qui courent le long des pilastres et des gaines des cariatides. Comme l'artiste a eu le soin de donner à toute cette ornementation secondaire un relief moindre

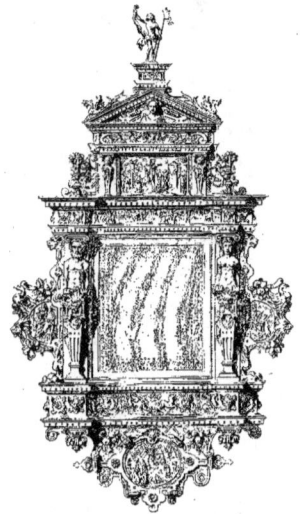
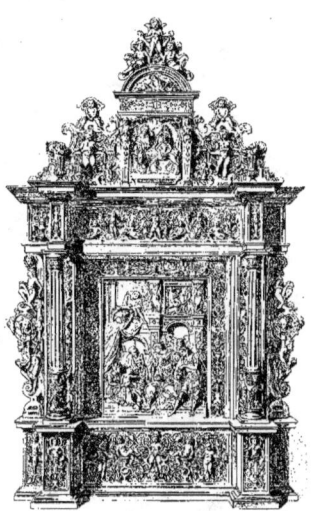

FIG. 35. — MIROIR ET CADRE ITALIEN (XVIᵉ SIÈCLE).　　FIG. 36. — RETABLE ALLEMAND (XVIᵉ SIÈCLE).

elle ne constitue en quelque sorte qu'une broderie destinée à rehausser l'ensemble et à en exalter la richesse.

Il ne nous déplaît point de penser que l'auteur de ce meuble précieux a pu être Hugues Sambin, que la Bourgogne revendique, comme Fontainebleau peut être fier d'avoir possédé Francisque Scibecq. Hugues Sambin, « maistre menuisier et architecteur en la ville de Dijon », est un des virtuoses de l'art du bois. Mais, comme beaucoup d'artistes de son temps, il est allé en Italie et en a rapporté l'inguérissable goût des architectures, des chimères et des grotesques. Il publia en 1572, à Lyon, un recueil avec figures : « Œuvres de la diversité des termes dont on se sert en architecture », qui indique suffisamment la nature de ses préoccupations et la tournure de ses goûts. Nombreuses sont ses œuvres et celles qu'il inspira.

L'école bourguignonne brilla d'un vif et assez peu durable éclat : comme toutes celles que nous avons vues jusqu'ici, elle dégénéra avant que le siècle prît fin. Il ne faut pas oublier de mentionner que la Bourgogne exécuta de remarquables tables, telles que celles qui figurent au musée de Cluny, dans la salle des arts du métal; leur pied est souvent formé de chimères adossées formant de chaque côté un support unique, relié dans la longueur de la table par un entre-jambes en double ou en triple arcature. D'autres affectent une disposition monumentale et sont visiblement inspirées des compositions de Du Cerceau.

A l'école de Bourgogne se rattache l'école de Lyon, qui subit aussi l'influence de l'Italie. Encore en Bourgogne reste-t-il au XVIe siècle de vagues traces de la robuste influence des maîtres flamands qui dominaient au XIVe et au XVe siècle. Mais ici, le travail se fait d'un degré plus précieux. Parallèlement, il existe toute une école de sculpture qui emprunte ses modèles aux entrelacs et aux arabesques que de nombreux graveurs exécutaient pour les lyonnais une habileté qui s'est perpétuée jusqu'à nos jours, serait injuste.

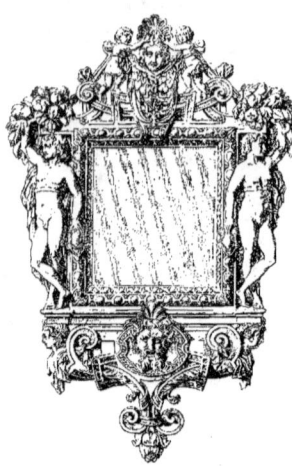

FIG. 37. — MIROIR ITALIEN (XVIe SIÈCLE).

braires. Mais si nous nous en tenons au premier et plus important courant (le second d'ailleurs est loin de se montrer exempt d'italianisme), nous voyons que les procédés même de l'Italie sont en faveur : l'école lyonnaise use et parfois abuse des incrustations de pâtes blanches imitant l'ivoire, de marbres colorés, etc. Nous avons reproduit plus haut un des plus sobres et meilleurs spécimens de l'école lyonnaise : l'armoire dite de Henri II, et il ne faudrait pas juger sur cette œuvre d'un goût très simple, l'ensemble des travaux de l'école. Nier d'ailleurs chez les ouvriers

A côté des meubles purement mythologiques ou allégoriques, l'école de Lyon est également caractérisée par une série de meubles à bas-reliefs religieux : telle une armoire de la collection Spitzer, ornée de

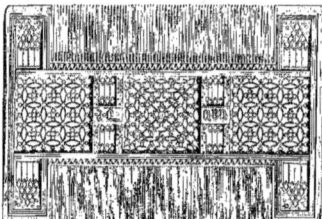 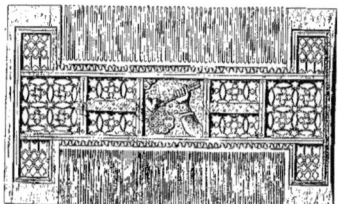

FIG. 38 ET 39. — PEIGNES EN BOIS (XVe SIÈCLE).

médaillons des vertus théologales. Puis, vient une série de ces chaises légères en bois sculpté dont nous avons indiqué déjà le nom suffisamment explicite de *caquetoires*.

N'y a-t-il pas tout un trait de race dans ce simple détail : tandis que Lyon multiplie ces sièges élégants et frivoles, l'Auvergne reste fidèle à la fabrication des graves et antiques chaises à haut dossier, à bras patriarcaux. D'ailleurs l'école auvergnate se distingue par un style plus grave, plus recueilli pour ainsi dire. M. de Champeaux, dans son *Histoire du meuble*, donne cette explication ingénieuse de l'influence de la sculpture et de l'architecture sur le mobilier : « La province, dit-il, n'offrant

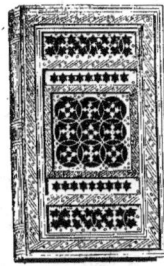

Fig. 40. — ÉTUI A LIVRE, TRAVAIL FLAMAND (XVIᵉ SIÈCLE).

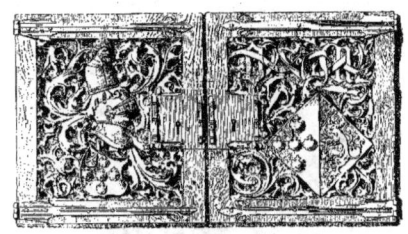

Fig. 41. — PANNEAUX DE CRÉDENCE ALLEMANDS (XVIᵉ SIÈCLE).

au travail des praticiens que des laves résistantes, il leur fallait vigoureusement attaquer la matière rebelle qui se serait prêtée de mauvaise grâce à un travail trop délicat. Par suite, l'aspect des meubles est sévère... Sur la plupart on remarque des bustes dont le style large rappelle les médaillons en lave sculptée qui décorent les façades des hôtels anciens de Riom et de plusieurs villes de l'Auvergne. » Sans doute cette explication est des plus judicieuses. Mais non moins

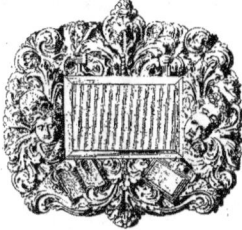

Fig. 42. — CADRE DE MIROIR, TRAVAIL ITALIEN (XVIᵉ SIÈCLE).

autant que les matières mises à la disposition des ouvriers, le tempérament particulier d'une race influe sur les travaux, et les Lyonnais plus actifs, plus remuants, plus en rapport direct avec les nations voisines, l'Italie surtout, étaient plus riches et plus joyeux que les habitants de l'Auvergne, ne connaissant qu'une vie plus parcimonieuse et plus isolée, partant plus disposée à la gravité. On peut ainsi, en mainte occasion, trouver la preuve qu'en art il n'est pas de manifestation qui n'ait sa raison profonde, sous peine de n'être qu'un phénomène artificiel, une sorte de brillante monstruosité.

Les autres écoles du midi de la France sont nombreuses, mais nous ne croyons pas qu'il y aurait autant d'intérêt à les détailler comme nous avons fait pour les précédentes. Toutefois nous n'aurions garde de ne pas mentionner à Toulouse la brillante personnalité de Nicolas Bachelier, qui est dans sa contrée l'émule des Sambin et des Seibecq. De même il est impossible de ne pas citer l'école de

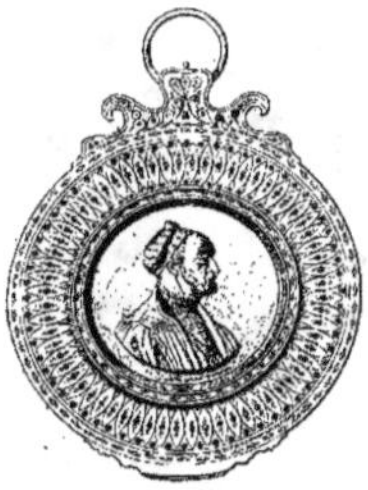

Fig. 43. — MÉDAILLON EN BOIS SCULPTÉ.

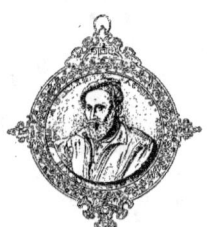

Fig. 44. — MÉDAILLON EN BOIS SCULPTÉ.

Savoie à laquelle fait honneur le beau lit du musée de Cluny dont nous avons parlé, ainsi qu'à l'école de Grenoble la magnifique stalle des évêques de Vienne en Dauphiné, que Révoil légua au musée du Louvre. Elle est sans doute, cette stalle, avec ses accotoirs se recourbant richement en griffons, son dais arrondi surmonté de gracieuses figures et supporté de chimères, d'un style plus mondain

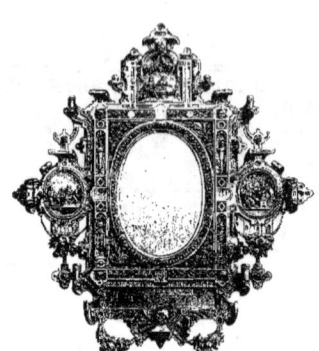
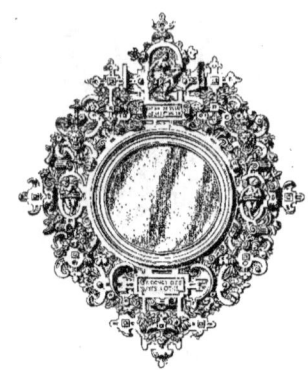

FIG. 45. — PETIT CADRE FLAMAND (XVIe SIÈCLE). FIG. 46. — MIROIR DE POCHE, TRAVAIL FLAMAND (XVIe SIÈCLE).

que religieux, mais la beauté de la sculpture fait pardonner ce défaut de conception. Comme quelques-uns des précédents, ce meuble, visiblement italien de conception, est incrusté de marbres de tons variés.

La transition nous est ainsi tout naturellement fournie avec l'art décoratif de l'Italie. Il y aurait maintenant un intérêt moins vif à étudier, comme nous l'avons fait pour notre pays, l'ameublement pièce par pièce,

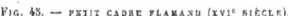

FIG. 47. — REVERS DU MIROIR PRÉCÉDENT.

et à suivre l'histoire de ses transformations. Nous tenterons surtout de résumer les caractères généraux de l'ornementation.

Tout d'abord une chose nous frappe, c'est que l'art italien est plus épanoui, plus exubérant mais plus superficiel que le nôtre. L'influence de l'Orient est visible. Comment en serait-il autrement étant données les relations continuelles de Gênes, de Pise, de Venise, avec Constantinople? Mais dans tout ce goût exotique se mêle et domine le goût italien proprement dit, qui est chantant, mélodique, épris de clarté. La profondeur est presque toujours absente, mais le luxe n'abdique jamais ses

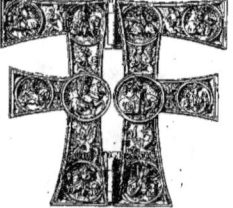

FIG. 48 ET 49. — TRAVAIL EN BOIS SCULPTÉ (XVIe SIÈCLE).

droits. La plupart du temps le bois ne satisfera pas à lui seul l'imagination de l'artiste : il ne se contentera pas, comme chez nous, de l'austère monotonie de sa belle patine bronzée. Fût-il merveilleusement sculpté, on ne le concevra pas autrement que bariolé de peintures, éclatant d'or ou de pierres fines, ou bien encore on donnera le trompe-l'œil de la sculpture sous les apparences de pâtes modelées, peintes et dorées.

Si le relief n'est pas employé, le panneau sera relevé d'incrustations, de marqueteries multicolores. La Mosaïque, art que l'Italie, dès les premiers siècles de notre ère, avait fait essentiellement sien, exerça sur les arts du mobilier une influence considérable. C'est d'elle que découla directement le procédé décoratif de la *Tarsia*, caractéristique par excellence du meuble italien. Les *Intarsiatori* ou

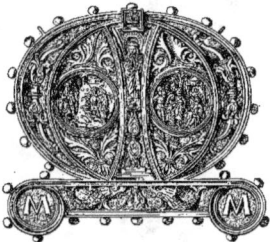 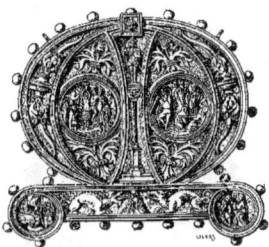

Fig. 50 et 51. — TRAVAIL MICROSCOPIQUE EN BOIS SCULPTÉ (XVIᵉ SIÈCLE).

marqueteurs ont fabriqué des quantités incalculables de coffres, de cabinets, de sièges, de châlits, de tables, incrustés de bois de couleur, naturels ou artificiellement teintés, auxquels se mêlaient les rehauts de la nacre, de l'ivoire et parfois des métaux. Le panneau principal était légèrement évidé suivant le dessin tracé à l'avance, et dans les creux on appliquait les minces lamelles de bois, constituant autant de touches de ces tableaux. Les maîtres du xvᵉ siècle, Benedetto da Majano, Fra Giovanni de Vérone, Fra Damiano de Bergame, ne dédaignaient pas de tracer eux-mêmes leurs compositions d'un caractère architectural et perspectif.

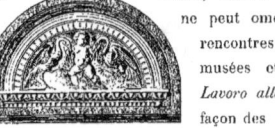

Fig. 52. — SCULPTURE ALLEMANDE (XVIᵉ SIÈCLE).

maire, moins artistique, mais qu'on ne peut omettre, vu les fréquentes rencontres qu'on en fait dans les musées et collections. C'est le *Lavoro alla certosa*, ou travail à la façon des Chartreux, ainsi nommé parce qu'il était pratiqué spécialement dans les Chartreuses de Lombardie. Il consistait simplement à coller un faisceau de baguettes de bois de façon à former, vues par la tranche, des figures géométriques. Ce faisceau était découpé en minces lames dans le sens de

Après la *Tarsia*, nous devons enregistrer un procédé plus sombre.

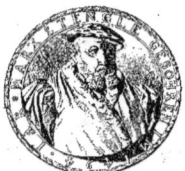 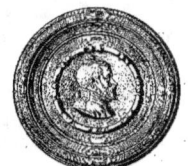 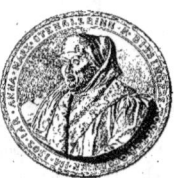

Fig. 53, 54, 55. — SCULPTURES ALLEMANDES (XVIᵉ SIÈCLE).

l'épaisseur, et chacun de ces petits ornements était incrusté suivant le goût de l'ouvrier dans des vides ménagés sur la surface des panneaux. L'ivoire remplaçait souvent les bois colorés. Le musée de Cluny possède un charmant coffre, fabriqué par les Chartreux de Pavie vers la fin du xvᵉ siècle. Le travail d'incrustation en est d'une finesse extraordinaire.

Un des plus beaux centres artistiques est Florence. Ici le caractère de l'art décoratif dans le meuble est tout spécial. La fièvre de peinture qui règne, on écrirait presque la folie si ce n'était pas manquer de respect à ces beaux et passionnés artistes, fait que l'on se contente exclusivement de ce mode de décoration. Un meuble, coffre, armoire, ou tout autre, est formé d'ais plats et paraissant à peine travaillés. Mais ces ais sont revêtus de superbes peintures. Les plus illustres travaillent à faire de ces meubles, et c'est un exemple de plus qui peut donner à réfléchir à ceux de notre temps. Donatello exécute avec le stuc et les pâtes des ornements qui compléteront les peintures dont les chaises, lits, coffres, sont revêtus par Dello Delli. Quelle leçon que de voir parmi les décorateurs de meubles des peintres comme

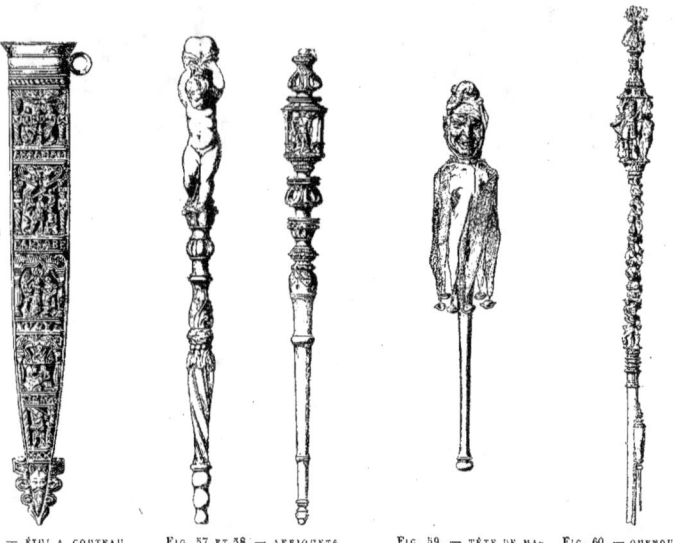

Fig. 56. — ÉTUI A COUTEAU ET A FOURCHETTE, TRAVAIL FLAMAND (XVIᵉ SIÈCLE).

Fig. 57 ET 58. — AFFIQUETS, TRAVAIL FRANÇAIS. (XVIIᵉ SIÈCLE).

Fig. 59. — TÊTE DE MAROTTE (XVIᵉ SIÈCLE).

Fig. 60. — QUENOUILLE (XVIᵉ SIÈCLE).

Pinturicchio, Filippino Lippi, Benozzo Gozzoli, Paoli Ucello, Luca Signorelli, des sculpteurs comme Donatello, Baccio d'Agnolo, Bartholomeo Negroni di Riccio, Giovanni et Antonio Barili !

Nous avons parlé des pâtes de couleur blanche qu'on appliquait sur les meubles et qu'on rehaussait d'or. C'est un travail presque exclusivement italien. Nos pères le désignaient sous le nom de « paste cuyte ». On en rencontre encore dans les collections de jolis spécimens, et on voit que malgré le doute qu'on serait tenté d'émettre sur la durée de cette matière, elle a assez bien résisté aux efforts du temps.

Il est des marqueteries où l'influence de l'Orient est visible : tels ces meubles de la fin du XVᵉ siècle et du commencement du XVIᵉ où entrent le bois, l'ivoire et l'étain, ou parfois même l'argent. D'autres ouvriers préfèrent l'emploi du marbre et des pierres dures.

Quant à la sculpture proprement dite, il ne faut pas croire que, malgré la vogue des peintures, elle soit bannie de l'art du meuble. Nous avons déjà cité le magnifique coffre ou *cassoné* sculpté et doré du musée de Cluny. Ces coffres ont été, en grand nombre et magnifiquement, produits par l'art vénitien.

Veut-on encore quelques exemples? Nous nous sommes efforcé d'en donner quelques-uns des plus fins dans notre illustration. Voici (fig. 33) un charmant petit oratoire, ou meuble de dévotion, datant de 1534. C'est un bijou que Sauvageot avait recueilli. La niche en plein cintre qui était destinée à abriter quelque pieuse statuette, est environnée des ornements les plus gracieux et capricieux. N'est-il pas piquant, le contraste entre la galanterie et la légèreté des lignes et l'austérité du but? Certes, aux siècles précédents, un meuble de dévotion n'eût pas été rêvé aussi *joli*.

Un magnifique panneau en noyer richement sculpté (fig. 29) présente plus vif encore le contraste entre l'intention et l'exécution. C'est le portrait d'un saint personnage entouré d'une superbe bordure, œuvre de Giovanni da Nola. La maîtrise de l'outil se révèle dans les moindres détails, par exemple dans le fin perlé extérieur; mais ce que nous voulons signaler surtout, c'est le goût essentiellement italien de la décoration : *bambini*, tritons, mascarons, guirlandes et trophées suffiraient, dans cette seule pièce, à donner une idée du tempérament décoratif de toute la race et de tout le XVIᵉ siècle.

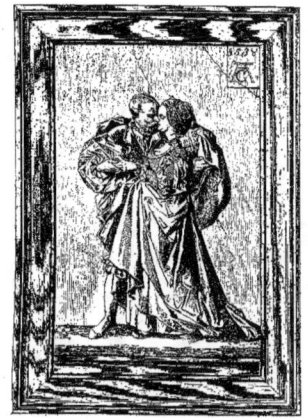

FIG. 61. — TRAVAIL ALLEMAND DU XVIᵉ SIÈCLE.
(BAS-RELIEF D'ALDEGREVER.)

Voyez encore (fig. 30) un ouvrage d'une grande finesse, une perle de la collection Sauvageot; c'est un cabinet à colonnes torses ouvragées, à console et à tiroirs décorés de mascarons. De charmantes cariatides accompagnent les deux vantaux, où se trouvent sculptées en bas-relief la Vendange et la Moisson. Le fronton est surmonté de deux figures assises et drapées. Quant à l'intérieur de ce joli meuble, il est tout décoré d'ivoire incrusté. Le fond représente un monument architectural; les glaces, l'ivoire et l'ébène entrent dans sa composition; le caractère de grâce et de richesse de l'ensemble est séduisant au possible.

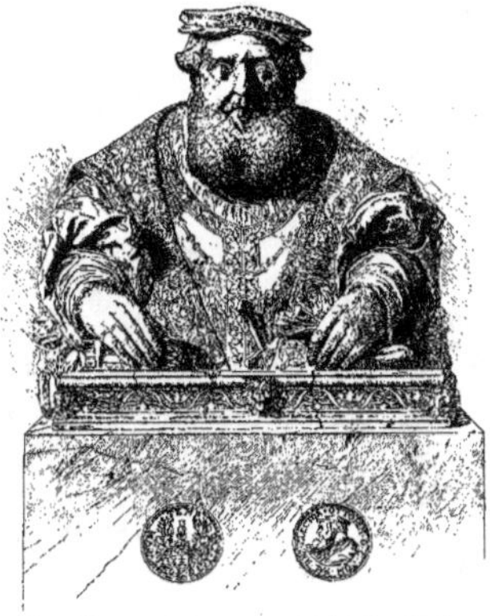

Nous avons cité, en ce qui concerne les lits, un exemple suffisamment significatif avec le beau lit Eugène Piot. Quelle féerie pour l'imagination que l'extraordinaire diapason du luxe dans cet art vénitien du XVIᵉ siècle! Il suffit de regarder au Louvre les *Noces de Cana*, pour comprendre tout de suite cette griserie d'opulence. Chaque détail était admirablement conçu pour l'éclat de l'ensemble, et les règles étroites de ce qu'on est convenu d'appeler le goût n'ont ici aucun droit d'observation. La verrerie, la faïence aux émaux magnifiques, les brocards, les chaînes d'or, les colliers de perles, tout cela s'arrange à merveille avec les meubles massivement dorés, les lits à colonnes altières, les cabinets aux figures envolées. Certes, notre XVIIᵉ siècle a été une époque de faste et d'éclat. Mais le XVIᵉ siècle à Venise a vu, de

FIG. 62. — TRAVAIL ALLEMAND (XVIᵉ SIÈCLE).
(STATUETTE ALBATRE.)

tous les temps, l'harmonie la plus soutenue dans la splendeur. Venise a exécuté, comme on le verra plus loin, quantité de beaux miroirs, et partant, de bordures précieuses. Le goût du miroir était-il encore moins répandu alors qu'il ne le fut chez nous au xvii° siècle, où il provoquait ces vers de Régnier Desmarets :

> Dans leurs cabinets enchantés
> L'étoffe ne trouve plus place.
> Tous les murs des quatre côtés
> En sont de glaces incrustés.
> Chaque côté n'est qu'une glace ;
> Pour voir partout leur bonne grâce
> Parfois elles veulent avoir
> La perspective d'un miroir.

Il faut constater que les belles Vénitiennes étaient un peu moins égoïstes que nos Françaises : elles laissaient encore à l'art quelque voix au chapitre. Elles aimaient fort, pour refléter leur beauté, un miroir de petites dimensions, au cadre précieusement ciselé et ouvragé. Le musée de Cluny en contient de charmants, un notamment avec bordure en bois sculpté et doré, décoré de génies et de cariatides en haut-relief et surmonté d'un médaillon en ivoire qui représente une femme à sa toilette.

Des petits et artistiques miroirs du xvi° siècle, notre illustration présente quelques jolis exemples.

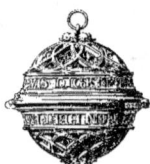 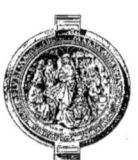 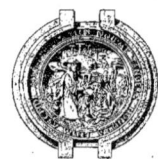

FIG. 63, 64, 65. — GRAINS DE CHAPELET, TRAVAIL ALLEMAND (XVI° SIÈCLE).

Le premier (fig. 37) fait partie de la collection Sauvageot : il n'a pas plus de 46 centimètres sur 40. Il est remarquablement entouré de bois sculpté : quatre charmantes figures d'enfants sont disposées avec beaucoup de goût parmi des ornements relevés de beaux mascarons. Un autre (fig. 34), italien, un peu plus grand (73 sur 46), d'apparence plus sobre, est relevé de délicats pilastres inspirés, en réduction, de ceux de Bramante pour la façade de la *Cancellaria apostolica*, à Rome. Les bas-reliefs, très fins d'exécution, représentent la Fuite en Égypte et Jésus dans la Crèche. Un troisième (fig. 35), toujours de la même collection, a en tout 92 centimètres sur 53. La décoration est fort belle et soignée. La bordure est en bois partiellement doré. La glace est gravée sur ses bords, d'un perlé relié par des ornements. Sur l'entablement, au-dessus du fronton, est une statuette du Christ. Le sujet principal du fronton lui-même est un bas-relief représentant le Calvaire ; au-dessous une frise représentant la Fuite en Égypte. De chaque côté du miroir sont de belles cariatides à gaines : deux médaillons entourés de mignons ornements, fruits, oiseaux, mufles de lions, montrent saint Joseph d'Arimathie ensevelissant les morts, et un vaisseau accompagné d'un dauphin, qui symbolise le Christ dirigeant le vaisseau de l'Église. La frise inférieure montre le Père éternel séparant des combattants et enfin le médaillon richement orné qui termine cet ensemble plein de goût retrace la scène du Serpent d'airain.

On peut faire une amusante comparaison entre le goût flamand et le goût italien, avec ce petit miroir, un bijou (il n'a que 17 centimètres de large et 20 de haut) de la collection Alphonse de Rotschild à Prégny (fig. 45). Les médaillons en bas-relief, adroitement sculptés en plein bois, représentent l'Enfance, la Vieillesse et l'Age mûr. En bas se trouve posée une tête de mort surmontée, dans un cartouche, de cette inscription mélancolique : *Humanæ vitæ speculum*.

Ce beau petit travail ne doit pas nous détourner encore des pays du Midi. Une étude détaillée sur l'art espagnol nous entraînerait trop loin, mais nous ne pouvons nous dispenser de dire que l'Espagne fut une des nations qui travaillèrent le mieux le bois. L'art de la sculpture sur bois y était pratiqué depuis le moyen âge, mais c'est surtout à partir du xv$^e$ siècle qu'il se montra le plus éclatant. Les célèbres stalles de Séville, en noyer, de style gothique, font le plus grand honneur aux *entalladores* de ce temps-là.

Au xvi$^e$ siècle, Philippe Vigarny, dit Philippe de Bourgogne (un imagier de Langres qui s'était établi en Espagne), sculpta vers 1535 les stalles de chœur de la cathédrale de Tolède. Théophile Gautier a pu en dire que « l'art gothique, sur les confins de la Renaissance, n'a jamais rien produit de plus parfait ».

Il faut encore mentionner Berruguette (1480-1562) qui exécuta les sculptures de Salamanque, boiseries du chœur de San Benito, actuellement au musée de Valladolid. Notons encore les noms de Guillermo Doncel, Gregorio Hernandez, Pedro de Mena, etc., et enfin le plus grand de tous, Alonzo Cano, sculpteur des étonnantes figures réalistes d'ascètes et de martyrs que l'on connaît et sur lesquelles nous ne pouvons insister sous peine de sortir de notre sujet. Qu'il nous suffise de faire remarquer le saisissant parti que ces artistes tirèrent du bois sculpté en le coloriant au naturel.

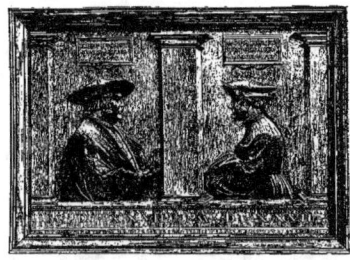

Fig. 66. — MÉDAILLONS, TRAVAIL ALLEMAND (XVI$^e$ SIÈCLE).

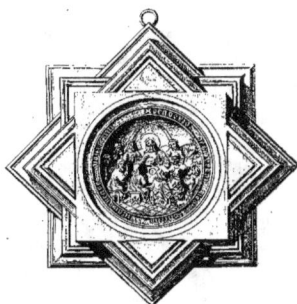

Fig. 67. — MÉDAILLON FLAMAND (XVI$^e$ SIÈCLE).

D'une manière générale, le mobilier espagnol, qui a toujours un caractère de richesse tourmentée et emphatique, accuse dans les premiers siècles l'influence de l'Orient, puis, quand de constantes relations s'établissent entre l'Espagne et les Flandres, les œuvres se modifient d'une façon visible, tout en conservant quelque trace de la saveur mauresque. L'Espagne a produit, notamment au xvii$^e$ siècle, un certain nombre de cabinets bien caractéristiques, en forme de coffres carrés, montés sur des pieds à colonnes et ayant pour principal ornement des appliques découpées en métal. Parfois les panneaux, tout plats, sont rehaussés de marqueteries géométriques ou d'incrustations d'ivoire. Enfin l'Espagne et le Portugal ont fabriqué, quantité de chaises à colonnes torses, à haut dossier garni, ainsi que le siège, de panneaux en cuir gaufré, repoussé ou entaillé au canif, du plus riche effet et du plus habile travail. Le musée de Cluny, à lui seul, en contient de très nombreux exemples.

Nous finissons notre abrégé de la géographie du meuble, par les pays du Nord, Allemagne et Flandre. L'Allemagne nous dispute, souvent avec avantage, la suprématie dans l'art de travailler le bois. Ses cathédrales furent, comme les nôtres, enrichies de précieuses stalles, de magnifiques clôtures de chœur. Seulement Cologne, Ulm, Augsbourg, Nuremberg, Breslau, etc., peuvent encore présenter la plupart leurs richesses intactes, tandis que nous avons fait, nous, par notre propre faute, des pertes irréparables. Nous devons enregistrer parmi les plus célèbres ouvriers du bois Veit Stoss (1447-1552), Adam Kraft (1509), George Syrlin, Albert Durer également, ce grand et universel maître.

Non seulement les Allemands furent d'incomparables sculpteurs, mais ils peuvent aussi disputer à l'Italie le prix pour la marqueterie. Isaac Kiening, Sixtus Leblein, qui travaillaient au xvi° siècle, sont les ancêtres directs des grands marqueteurs d'origine germanique, que nous revendiquons comme nôtres : Œben et Riesener. Au point de vue des tendances dans la décoration, des maîtres comme Dietterlin, comme Holbein, comme Albert Durer, ont pu exercer une influence considérable sur les ouvriers de leur temps. Le tempérament profondément artiste de la race l'a du moins préservée de toute influence étrangère, chance que nous n'avons pas eue à toutes les époques.

Nous avons voulu donner également, comme point de comparaison avec les pièces françaises et italiennes que nous avons reproduites, divers spécimens de l'art allemand aux xv° et xvi° siècles. Le petit coffret (mesurant 0,10, 0,21 et 0,14) que l'on peut voir (fig. 3), appartient au xv°. Il est orné de figures, de rinceaux et de devises, le tout d'une charmante naïveté. Si on en juge d'après les attributs et les inscriptions, c'était quelque galant présent. La deuxième pièce (fig. 41), du xvi° siècle, est un double vantail de crédence, tiré de la collection Sauvageot. On remarquera l'habileté du travail, la complication des rinceaux. Le panneau de gauche porte un blason surmonté d'un casque avec cimier formé d'une figure d'Hermès. Le panneau de droite est orné d'un écusson de femme (parti du premier blason). Ce travail est fort beau et harmonieux dans sa sévérité. Nous tenons à faire remarquer une fois de plus que son absolue asymétrie ne nuit en aucune façon à la beauté et à l'équilibre de l'ensemble : la constante symétrie est un indice de pauvreté d'imagination et d'impuissance décorative.

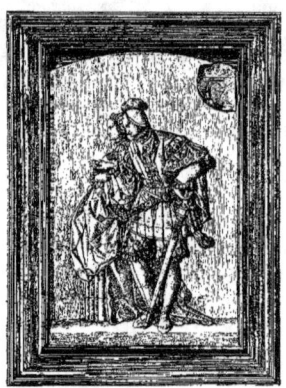

FIG. 68. — SCULPTURE D'ALDEGREVER (XVI° SIÈCLE).

L'Allemagne a excellé dans la sculpture des retables ou autres pièces de décoration. Celui que nous donnons comme spécimen (fig. 36) appartient encore à notre inépuisable collection du Louvre. Le retable avait succédé au rideau qui jadis environnait l'autel. Il y eut, par la suite, quantité de retables portatifs qui trouvaient leur place non seulement dans les églises, mais encore chez les personnes pieuses. D'autres au contraire étaient de proportions colossales et atteignaient presque la voûte de l'église. Dans celui qui nous occupe, nous n'avons à attirer l'attention que sur l'encadrement qui comprend des figures et des ornements en bois doré sur fond d'azur. Le sujet central en effet est taillé dans l'albâtre ainsi que la petite Sainte-Famille du fronton.

L'Allemagne a employé pour ses dressoirs, ses tables, lits, etc., non seulement les bois de chêne et de noyer, mais encore le bois de tilleul, notamment dans la Souabe.

Enfin nous devons dire deux mots d'un genre où l'art allemand s'est distingué par sa minutie et sa patience : la sculpture microscopique. A Nuremberg et à Augsbourg, divers artistes produisirent de nombreux médaillons, portraits, petits bas-reliefs, menus objets de fantaisie et de toilette en buis, en noyer, des tableaux et figurines en albâtre, pierres tendres (*speckstein*), etc. Des maîtres comme Albert Durer, Aldegrever, Hanz Schwartz, Lucas de Cranach (voir les figures 61, 62, 63) sauvent ce genre par la largeur de l'exécution. Léo Pronner, le plus réputé parmi les faiseurs de travaux lilliputiens, exécute sur des noyaux de cerise des tours de force sur lesquels nous ne pouvons insister ici. Dans la petite sculpture l'Italie revendique Bonzanigo, Properzia de Rossi ; la France a Bagard de Nancy, Parent ; les Rosset de Saint-Claude, qui, outre leurs fameux petits bustes de Voltaire, exécutèrent quelques bas-reliefs. La Flandre a Lucas de Leyde, Buckhuisen, Vinnenbrikk, etc. Ces brèves indications, complétées par les spécimens très divers que donne notre illustration, suffiront pour caractériser ce genre curieux..... et puéril.

Il ne serait pas nécessaire de chercher une transition de l'Allemagne aux Pays-Bas, et pourtant les deux tempéraments et les deux arts, sans être absolument dissemblables, ont des caractères bien tranchés. Quant à l'activité elle est très grande en Flandre, et elle exerce au dehors plus d'influence que l'Allemagne. Nous avons vu comment l'école flamande a colonisé chez nous, en Bourgogne surtout, et quelles qualités de conscience, d'observation, d'habileté de main elle avait apportées. Ces qualités se retrouvent dans les nombreuses pièces d'ameublement qui nous ont été conservées de l'art flamand aux XVI$^e$ et XVII$^e$ siècles. Nous ne parlons pas des temps antérieurs et des délicieux maîtres primitifs qui ont laissé de vénérables témoins de leur labeur dans les grandes cathédrales ou maisons de ville. Le caractère de l'ameublement dans les Pays-Bas est suffisamment connu pour que nous n'ayons pas à le décrire en détail : armoires largement ouvragées, coffres de chêne à figures pieuses ou joviales, sièges à dossier de cuir gaufré (voir la planche hors texte), dressoirs et cabinets d'un aspect à la fois patriarcal et artistique ; en un mot tous les compagnons

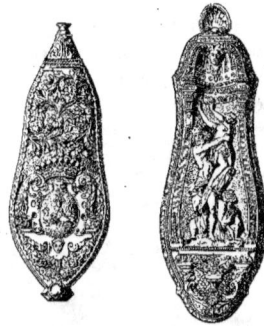

FIG. 69 ET 70. — RAPE A TABAC (XVIII$^e$ SIÈCLE).

d'une vie plantureuse dont les préoccupations intellectuelles n'étaient pas exclues, et que l'amour des objets solides et cossus exigeait sortant de la main d'ouvriers patients, ne ménageant ni les heures ni les peines.

Nos musées et nos collections particulières sont pleins de ces beaux et durables travaux. Nous avons eu l'occasion d'en mentionner quelques-uns. Quand nous aurons rappelé encore comme vraiment caractéristiques ces robustes armoires hollandaises, à grosses colonnes, à panneaux d'acajou et d'ébène, d'un beau poli et d'un confortable cordial, qui font si bien dans les scènes familières des Terburg, des Pieter de Hooghe et des Van der Meer, nous aurons à peu près terminé notre tableau.

Jusqu'ici nous avons suivi un ordre quasi-géographique, et en faisant abstraction de chaque ouvrier en lui-même, sauf pour quelques-uns des universels artistes du XVI$^e$ siècle. Il va nous falloir maintenant adopter un ordre différent. Le sentiment de la personnalité devient de plus en plus envahissant. Nous allons nous trouver en présence de quelques artistes géniaux qui sans doute ne sont pas exempts d'obéissance au goût de leur temps, mais qui créent des formules tout à fait individuelles. L'histoire nous facilite singulièrement la tâche, et nous n'aurons de difficulté que dans la sélection des exemples décisifs qu'il nous faut choisir dans les listes de noms et les amoncellements d'œuvres.

# CHAPITRE III

## LES MAITRES DU MEUBLE ET DE LA DÉCORATION.

Les variations de la matière. — Les précurseurs de Boulle. — Fondation des Gobelins. — L'œuvre de Le Pautre. — Bérain. — Lebrun. — Boulle. — Caffieri. — Daniel Marot. — Cressent. — Claude Gillot. — L'influence de Meissonnier sous la Régence. — Les vernisseurs Martin. — Le renouveau de l'antique. — Salembier. — Le premier empire.

S'il fallait absolument faire une classification des matières mises en œuvre pendant les divers siècles que nous étudions, on pourrait dire que le xv$^e$ siècle fut le temps du chêne et du noyer sculptés avec peintures apparentes; que le xvi$^e$ fut celui des deux mêmes bois, plus précieusement fouillés, avec souvent des rehauts de marbres et de pierres variées; que le xvii$^e$ fut successivement celui de l'ébène sculpté, du bois doré, des incrustations d'écaille et de métal; enfin que le xviii$^e$ vit surtout en faveur la marqueterie de bois exotiques relevée de cuivres, puis les panneaux de laque et vernis à l'imitation de la Chine et du Japon, puis le bois sculpté revêtu de couleurs claires et unies; enfin que le commencement de notre propre siècle vit le triomphe de l'acajou. Mais ces classifications ne peuvent être que fort relatives; elles indiquent simplement une dominante, car dans l'art du meuble une matière n'en remplace jamais complètement une autre. Sous telle ou telle poussée, elle peut être demandée plus largement par la mode, mais il y a toujours place pour les autres. Au moment même où les contemporains de Louis XV se meublaient de marqueterie ou ceux de Louis XVI de bois laqué blanc, il y avait encore des ébénistes qui recopiaient les incrustations métalliques de Boulle. Boulle lui-même, ce très grand homme, n'avait pas trouvé tout seul l'association de l'écaille et du métal. Seulement, comme nous allons le voir tout à l'heure, par quelques trouvailles géniales il fit sien ce procédé.

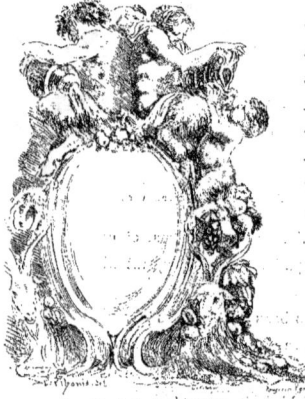

Fig. 71. — CARTOUCHE LOUIS XIII.

Quels prédécesseurs immédiats de Boulle nous ont laissé des œuvres dignes de remarque? Ils sont assez clairsemés. Nous voyons tout d'abord Laurent Stabre, dont nous ne connaissons pas d'œuvres authentiques, mais qui est mentionné par l'abbé de Marolles dans ses fameux quatrains sur les artistes de son temps, dont les vers brillent plus par la bonne volonté que par l'éclat littéraire. Laurent Stabre est venu jusqu'à nous avec la qualification de « menuisier en ébeyne ». Il mourut en 1624. Faut-il lui attribuer quelques-uns de ces magnifiques cabinets d'ébène sculpté dont il se trouve au musée de Cluny quelques précieux exemples? Tous ces meubles (n$^{os}$ du catalogue de 1457 à 1472) rachètent par l'extraordinaire beauté du travail du sculpteur, l'ingratitude et la sécheresse des lignes générales, ou plutôt l'ébéniste ne s'est même pas donné la peine de chercher une forme. Ce sont des meubles plus ou moins grands, de forme

HISTOIRE DE L'ART DÉCORATIF

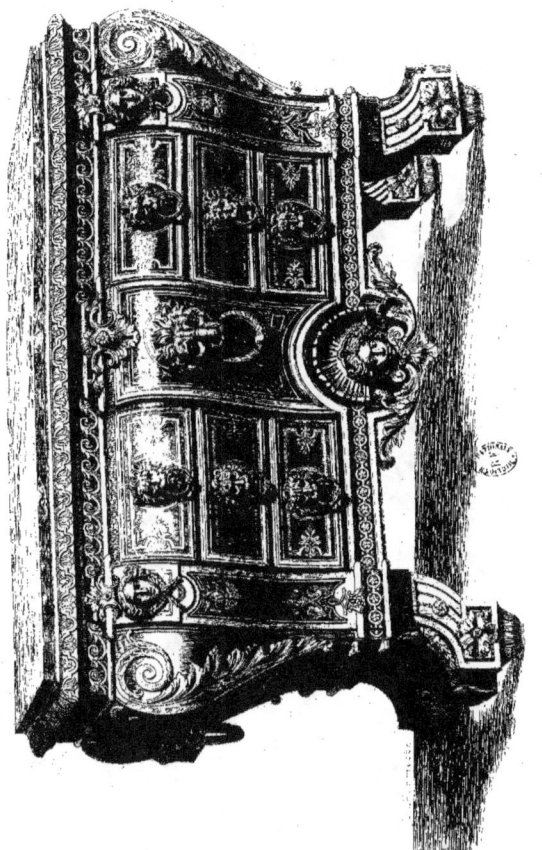

COMMODE DE BOULE

Hauteur 0m.85  Longueur 1m.42
Largeur 0m.65

carrée, parfois flanqués de cariatides taillées en ronde bosse. Quoi qu'il en soit, l'habileté de ciseau tient du prodige. Les personnages multiples des scènes belliqueuses, religieuses ou mythologiques qui sont retracées sur les panneaux sont remarquablement dessinés et groupés; chaque figure, sur ce bois le plus dur de tous, semble modelée comme dans de la cire. Et pourtant quelle que fût la richesse austère de ces beaux travaux, les contemporains trouvèrent bientôt eux-mêmes que les meubles d'ébène étaient tristes à l'œil et appelaient certains rehauts. A l'exemple des Italiens, ils les relevèrent de quelques incrustations ou de peintures qui ressortaient vivement sur le fond noir.

Un des meubles de Cluny, grand cabinet décoré de bas-reliefs et de frises sculptés, à figures représentant des sujets tirés de l'Ancien Testament, est orné de bronzes dorés, de petites peintures sur cuivre et de petits bas-reliefs en albâtre doré. D'autres furent honorés de panneaux peints par les plus grands artistes et on en connaît dont les volets furent décorés par Rubens.

Boulle devait garder l'ébène, mais uniquement comme fond plat, et le métamorphoser sous l'infinie complication de ses marqueteries.

Nous rencontrons encore, outre Stabre, Pierre Boulle, qui est probablement le père de notre maître et qui fut logé au Louvre. Également, Jean Macé, qui en 1644 reçut un brevet de logement « à cause de la longue pratique qu'il s'est acquise en cet art (celui de menuisier-ébéniste) dans les Pays-Bas, et les marques qu'il en a données par les ouvrages de menuiserie en ébène et autres bois de diverses couleurs qu'il présenta à la reine régente ». Nous trouvons aussi les noms de Roberday, qui exécuta des cabinets tenant plutôt de l'orfèvrerie par les matières précieuses qu'il y employait; d'Adam Philippon, qui fut le maître d'un des grands décorateurs dont nous étu-

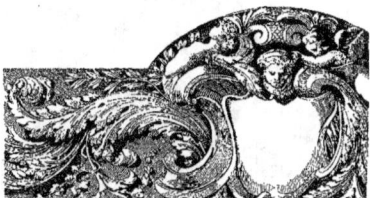

Fig. 72. — CARTOUCHE DE LE PAUTRE.

dierons l'œuvre dans un instant; de Philippe Caffieri (1633-1716), qui fut le chef d'une admirable famille d'artistes et qui lui-même ouvra quantité de cabinets, scabellons, pieds de table, lambris, portes, etc.; de Pierre Golle, qui travailla pour Mazarin. Nous avons déjà parlé de quelques-uns des beaux cabinets que possédait le raffiné Italien; il nous faut encore donner la description de celui-ci, qui est dû à Pierre Golle (francisation du nom hollandais Goler). C'est « un cabinet d'ébène profilé d'étain, orné de cinq niches entre quatorze petites colonnes de marbre à chapiteau de bronze doré. Dans la niche du milieu est la figure du cardinal de Mazarin, sous un pavillon, et dans les quatre autres : Minerve, la Peinture, la Sculpture et l'Astrologie, sur une galerie à balustres, sous quatre vases et deux figures représentant la Force et la Justice, et au-dessus du fronton, les armes du Roy. Ce cabinet et le suivant, formant pendant, sont portés sur un pied de douze thermes (sic) bronzés et dorés, avec les signes du Zodiaque. » On voit que le cardinal plaçait son effigie en bonne compagnie.

Mais ce qui nous intéresse davantage que ce trait de caractère, c'est que l'apparition bien timide, il est vrai, de l'emploi de l'étain comme incrustation dans l'ébène, se trouve indiquée dans ce document. Voici au contraire un meuble où l'étain va entrer presque comme principal élément : c'est le beau bureau, dit du maréchal de Créqui, conservé au musée de Cluny. Ce meuble, un des plus anciens qui présentent en France et de la façon la plus décisive l'emploi de l'écaille, de l'étain et du cuivre se mariant dans des dessins variés, est composé d'une table formant bureau et supportant le corps principal, garni de tiroirs et de vantaux aux armes du maréchal. Le tout est surmonté d'une pendule en incrustations de même travail.

Un autre beau bureau, peut-être un peu antérieur, et qu'une tradition donne comme ayant appartenu à Marie de Médicis, est en bois des îles incrusté de rinceaux également découpés dans l'étain. Mais c'est un ouvrage italien. En faudrait-il conclure que c'est d'Italie que nous vint ce genre d'ouvrages? Il y aurait au moins d'aussi bonnes raisons pour affirmer qu'il était originaire des Flandres, ou encore de l'Espagne. Quoi qu'il en soit, ce genre, qui avait commencé à être goûté du temps de Louis XIII, devint sous le règne de Louis XIV l'objet d'une faveur extraordinaire. Son éclat était d'ailleurs incontestable et devait flatter une société éprise de luxe. L'étain, le cuivre et l'écaille en plaques découpées s'ajustant les unes aux autres se marient de la façon la plus heureuse. D'incomparables fondeurs jettent dans le moule des bronzes qui, dorés à l'or moulu, relèvent la sévérité de l'ensemble. Il suffit de regarder les spécimens de l'œuvre de Boulle qui nous ont été conservés soit au Mobilier national, soit au Louvre, soit à Versailles, soit enfin dans certaines collections particulières, pour être frappé de leur air de pompe et d'apparat.

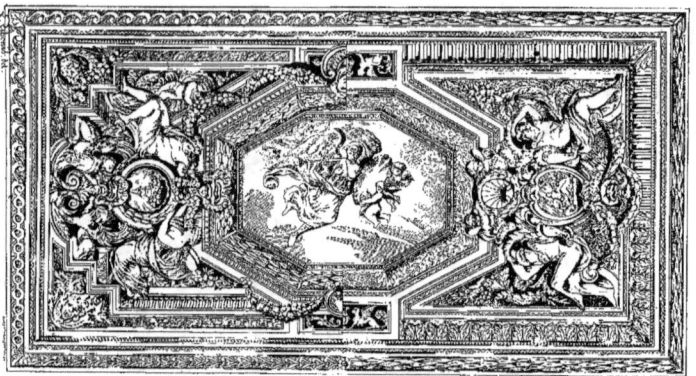

FIG. 73. — MODÈLE DE DÉCORATION POUR UN PLAFOND, PAR LE PAUTRE (XVIIᵉ SIÈCLE).

Mais que de chemin parcouru depuis les sobres bois sculptés des siècles précédents, ou même les timides incrustations de pierres dont on les rehaussait à l'imitation des Italiens. Le style de Boulle, qui peu à peu, à force d'imitation, est tombé dans le vulgaire au point de n'éveiller en nous presque que des idées de camelotte, était la noblesse et le brillant même. Il devait convenir à une société qui raffolait de clinquant et de fêtes. Le maître ébéniste n'avait qu'à regarder autour de lui pour s'entretenir la main à la hauteur de son rêve de richesse. D'ailleurs on le comprendrait mal si on n'étudiait auparavant quelques-uns des grands décorateurs qui ont été les collaborateurs de cette auguste féerie et l'ont pour ainsi dire montée pièce à pièce.

Le premier de tous par l'influence considérable, la sorte de royauté absolue qu'il a exercée sur tous les artistes de son temps, c'est Lebrun. Nous ne voulons pas l'étudier en détail, car c'est surtout comme peintre qu'il appartient à l'histoire de l'art. Mais comment ne pas rappeler dans un livre tel que celui-ci que Lebrun, comme directeur des Gobelins, fut le premier artiste industriel de son temps? Nous dirons plus loin comment, et il suffira de remémorer brièvement ici que, sur le conseil de Colbert, Louis XIV acheta en 1662 l'hôtel des frères Gobelins, teinturiers. Ce n'était pas seulement à l'art de tapisserie qu'on s'y livra, mais encore à toutes les industries du meuble en vue de l'ornement des résidences royales.

Les artistes dont nous avons vu et dont nous verrons encore les noms dans d'autres sections, orfèvrerie, broderie, bronzes, etc., etc., y étaient logés, et tous, avec un zèle et une activité sans pareils, travaillaient sous la direction de Lebrun.

Le style de décoration de ce maître est suffisamment connu de ceux qui ont, ne fût-ce qu'une fois, visité les appartements et les galeries de Versailles. Il consiste surtout en pompeuses figures allégoriques, renommées, fleuves, captifs, personnages de la mythologie, soutenant d'énormes cartouches, ou reliant de place en place les diverses parties de massives bordures destinées à encadrer les peintures. Ces majestueux encadrements consistent en gros oves, rais de cœur, feuilles de chêne ou de laurier réunies en épais faisceaux. Parfois ce sont des trophées et encore des feuillages. Gardons-nous d'oublier l'indispensable Soleil allégorique et courtisan, qui projette ses rayons à chaque instant sur les richesses environnantes. Parfois les bordures des tableaux ou des tapisseries sont des amoncellements de carquois, d'ustensiles divers, d'animaux, de raisins, de fleurs, etc.

Mais, sans nous étendre plus longuement sur Lebrun dont nous voulons seulement signaler l'influence prépondérante, passons à deux maîtres merveilleux, beaucoup trop peu connus et appréciés de notre temps et que c'est un devoir de mettre en leur vraie place.

Le premier est Le Pautre. C'est un homme qui voit grand et conçoit magnifique. Dès qu'on ouvre l'énorme recueil de son œuvre, on est frappé de cette majesté, de cette pompe mi-royale, mi-romaine, qui pour le grandiose peut lutter avec les pages les plus empanachées de Lebrun.

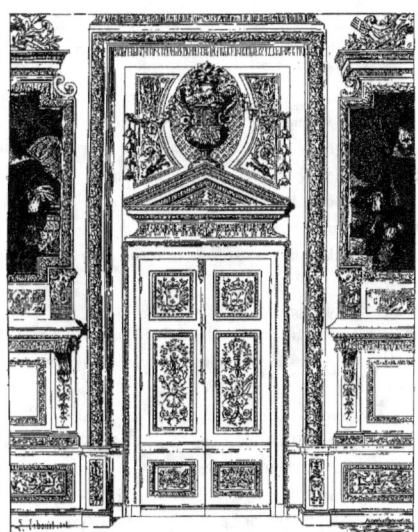

Fig. 71. — DÉCORATION DE LA GALERIE D'APOLLON AU LOUVRE, DIRIGÉE PAR CHARLES LEBRUN (XVII<sup>e</sup> SIÈCLE).

Un livre de « Grands alcôves à la romaine » et d'alcôves « à la royale » vient dès l'abord nous donner raison. Des figures héroïques s'envolent ou se contorsionnent en efforts qui n'altèrent point leur noblesse invétérée. Pour compléter l'impression, l'artiste a peuplé ces palais, ces ruelles à gradins et à balustrades, qui participent de la salle du trône et du décor de théâtre, de petites scènes tragiques dans le goût du temps, ou de petits personnages examinant les plafonds avec une curiosité guindée, ou bien encore se faisant de grandes révérences et d'amples embrassades.

Voici pour les plafonds, des paysages, des allégories, des épisodes de guerre que des bordures extraordinaires entourent. Jamais le faste décoratif n'a été poussé plus loin.

Dans tous les recueils qui suivent : « Grands carts (quarts) de plafonds à la Romaine inven. et gravez par J. Le Pautre; — Closures de chapelles, tant de menuiserie que de serrurerie de nouveau mis en lumière…; — Livre de vases à l'antique; — Livre de vases à la moderne (tous deux magnifiques et appelant le marbre), etc., etc., » ces qualités éclatent avec une grandeur qui ne se fatigue point, une variété dans le riche qui se renouvelle à chaque planche.

Il n'est jusqu'aux pages consacrées à des sujets moins ambitieux, tels que les simples trophées, les frises, les « escussons ou entrées de cerrures et autres ornemens servants à embelir la cerurie », où cet air de grandeur et de faste ne persiste. Ces serrures sont de véritables monuments, à lourds et riches rinceaux, à cariatides puissantes. Tel encore le recueil de « Frizes, feuillages ou Tritons marins antiques et modernes nouvellement dessignés et gravés par J. Le Pautre. » Ici l'inspiration est profondément originale : ce sont de magnifiques rinceaux où la vague de l'océan entre comme élément décoratif, en se gonflant et en frémissant; elle se recourbe en rinceaux, se termine en acanthes, ou réciproquement l'acanthe ou le rinceau ondulent et s'écrêtent en vagues écumeuses, et ce flot roule des figures, des trophées. Peut-être y a-t-il ici quelque influence de l'art torrentueux de Rubens. Mais quoi, Rubens n'est-il pas le vrai père de Le Pautre et de Lebrun, Français qui s'imaginaient de bonne foi être Italiens et qui n'auraient été plutôt que d'opulents et inconscients tempéramens de Flandre ?

Tous ces splendides recueils de modèles ne pouvaient pas ne point exercer une entraînante action sur tout l'art décoratif de ce temps. Les artisans devaient être captivés et entraînés par la besogne de toute cette richesse à matérialiser. Il existe un portrait de Le Pautre par lui-même, daté de 1674, qui nous montre bien l'artiste sous un aspect de simple et laborieux artisan. Belle figure ronde et pleine, yeux largement ouverts, bouche forte et épaisse, et trait qui étonne tout d'abord, un vêtement plus que sobre et des cheveux au naturel. Ce collaborateur des pompes et des fêtes de Versailles ne porte point de perruque ! C'est qu'il n'a pas le temps.

On n'imagine pas en effet la fécondité de son labeur. Son œuvre gravée atteint au moins le chiffre de 2250 pièces. Étant donnés les dimensions et le fini de la plupart de ces belles gravures, cela paraîtrait littéralement impossible, si nous ne savions que Le Pautre en était arrivé à ce point de maîtrise qu'il *dessinait directement avec son burin sur la planche*, sans avoir besoin de faire de croquis préalable ! Le cuivre était devenu son papier, le burin son crayon !

Notez également, et c'est par là qu'il s'impose encore plus spécialement à notre étude, que ce n'était pas un simple dessinateur d'ornements. Il avait mis la main à l'outil et plus d'une fois sans doute il dut faire œuvre d'ouvrier : dans sa jeunesse il avait fait son apprentissage chez maistre Adam Philippon, menuisier parisien, pour qui même il grava un recueil de beaux mascarons, rinceaux, consoles, frises, etc.

Aussi l'influence de Le Pautre sur les menuisiers et ébénistes de son temps n'est-elle pas moindre que celle de Bérain. A celui-ci appartiennent plus spécialement les décorations plates : panneaux à incrustation, peintures murales, tapisseries, dessins de faïences, etc. A Le Pautre reviennent sans conteste les beaux morceaux en relief ou en ronde-bosse, consoles à mascarons et à feuillages nourris, tables à pieds massivement ouvragés, lambris où respire puissamment tout ce monde conventionnel. C'est ainsi que nous trouvons dans son œuvre un magnifique livre de « Chaires de prédicateurs » dont une seule, exécutée et signée eût suffi pour illustrer le nom de son ouvrier; un autre « d'ornements de carrosses » ; un autre non moins beau consacré à des modèles de miroirs, tables, guéridons, consoles, cabinets, etc. Les orfèvres, qui tranchent dans le grand, s'inspirent, comme nous le verrons plus tard, de ces mêmes modèles.

Est-ce tout ? Nous sommes encore loin de compte. Défilent devant nos yeux, des livres de « trophées médalliques », des scènes de théâtre, plans et ordonnances de fêtes publiques, arcs de triomphe, etc.; tout cela dessiné invariablement d'un beau, riche et sûr burin. Le Pautre fut en effet un des collaborateurs actifs des fêtes de Versailles et autres « Plaisirs de l'Isle enchantée ». Nous venons de nommer une de ses plus curieuses suites.

Il grave aussi les œuvres des autres artistes : Le Nôtre et tous les décorateurs du Parc de Versailles seront interprétés par lui. Il burinera leurs imaginations de grottes, vues perspectives de jardins, fontaines, orangeries. Ce n'est pas une mince merveille que de penser que les inventions de tous ces grands décorateurs, dont beaucoup sembleraient impossibles à exécuter, Versailles les a réalisées toutes. C'est un incomparable rêve de grandeur qui n'a été vécu dans notre histoire qu'une seule fois.

Enfin, car il faut bien borner cette sommaire étude de l'œuvre d'un des plus habiles décorateurs que notre école puisse opposer aux maîtres étrangers, il est curieux de dire qu'il trouva le temps d'être en plus de tout cela un illustrateur richement doué : en-têtes de livres, frontispices, gravures d'après les maîtres, cartouches pour cartes de géographie, superbes almanachs, gravures de modes et costumes de théâtre se rencontrent encore dans son recueil.

Personne n'a traité, comme élément ornemental, le *rinceau* avec une telle et si noble fureur ; avec Le Pautre, il se fait houle, vague, tempête, et l'artiste en tire des effets de majesté passionnée.

Tel fut, dans les grandes lignes, ce beau maître que l'on jugea digne de faire partie de l'Académie royale de peinture et de sculpture, et qui travailla trente-sept ans pour le roi Soleil (1).

De même que Le Pautre et Lebrun représentent la majesté décorative du xvii<sup>e</sup> siècle, Bérain en a personnifié la gaîté. Voulez-vous même, sans entrer encore dans le résumé de sa vie et de son œuvre, faire connaissance avec son inspiration ? Promenez-vous à travers..... un des panneaux qu'il inventa et qui se trouve gravé dans son œuvre. C'est la meilleure présentation.

Sous une treille qui est beaucoup plutôt un portique, un palais, car la treille en façon de toiture est par prétexte et caprice champêtre, et le reste n'est que colonnades splendides, balustrades, dais, rangées de statues, le tout à ciel ouvert, banquettent des nymphes servies par des Amours, entre des dauphins vomissant une eau claire et chantante. Un paon s'avance sur les dalles ; un singe dérobe des friandises dans une corbeille. Des cariatides s'enlacent, portant des cornes d'abondance ; des valets accourent avec des fruits en pyramides, des confitures dans des bassins, ou bien encore des pâtés dont une tête d'oiseau surmonte la croûte comme un ornement héraldique. Dans un vestibule, des rustres dansent, rustres fort civilisés, bergers de Molière. Et sur l'ensemble, serpente avec clarté tout le noble fanfreluchage des guirlandes, des acanthes, des attributs, des rubans passant par les yeux des masques de pierre ; avec, en guise de clou fixant et reliant, de distance en distance, toute cette courante fantaisie, l'inévitable mascaron de femme aux traits réguliers et vaguement souriants, coiffée d'une coquille en éventail. C'est la gaîté du grand siècle, c'est Boulle, c'est ballet de Lulli. En un mot, c'est Jean Bérain.

Ballet de Lulli, disons-nous. Bérain s'est complu un jour à en fixer sur le cuivre les personnages et les costumes. « Habit de musicien » et c'est un danseur coiffé d'un violon, avec des basques d'habits en rouleaux de musique. « Habit de peintre » une palette pour coiffure ; d'architecte, un chapiteau ; d'orfèvre, un soufflet de forge, et un vêtement tout constellé de tasses, de fourchettes, de cuillers formant nœuds de genoux ; de savetier, tout recouvert de semelles, d'empeignes, de crépins ; de sculpteur, tout orné de masques, arrangements de moulures, broderies d'ébauchoirs.

Accourent, pour prendre part à cette cohue, un « Polichinel », un paysan, un Mandarin (vous voyez d'ici ce Chinois à la mode de Versailles), un Arabe (dans le même goût), une « Vieille ridicule », un couple d'Indiens, une Paysanne (coiffée de plumes, farcie d'aiguillettes et de rubans, corsage à pierreries, jupe et

---

(1) Il ne faut pas confondre Jean Le Pautre avec son frère Antoine Le Pautre, à qui il donna des leçons, ni avec son fils Pierre, qui continua son œuvre avec un moindre éclat.

56 LES ARTS DU BOIS.

tablier de damas, toute la simplicité villageoise en un mot), enfin des Danseurs, des Jardiniers, etc., dont le costume n'est pas, en recherche et en luxe, indigne des rois ou des princes du sang qui daignaient l'endosser. Dans une autre série ces personnages sont mis en scène et jouent *Proserpine*, ou le *Trébuchement de Phaéton*, ou *Roland Furieux*, ou le *Triomphe de l'Amour*. Tout cela se passe dans des architectures, des feuillages, et cette perpétuelle fête, ce fut Versailles !

Si nous avons passé en revue ces pompeux masques, ce n'est point pour le plaisir de faire une digression, mais c'est qu'ils sont, dans l'œuvre de Bérain et dans tout l'art décoratif du XVIIᵉ siècle un

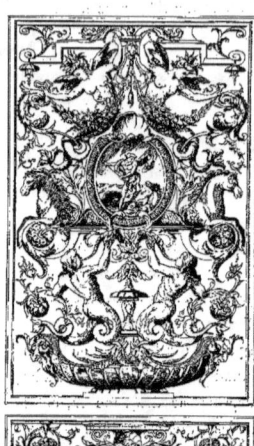
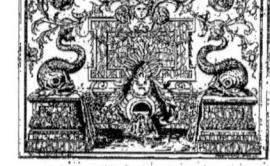

Fig. 75. — TRUMEAU DE LA GALERIE D'APOLLON AU LOUVRE (XVIIᵉ SIÈCLE).

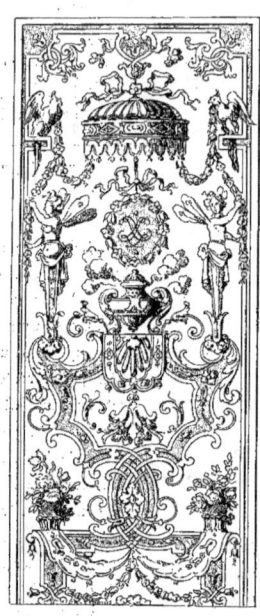

Fig. 76. — PANNEAU DE J. BÉRAIN.

élément indispensable, autant que plus tard les singes ou les cupidons sous le Régent ou sous Louis XV, que les attributs romains et les Victoires sous l'Empire.

Le parti que tire Bérain de ces personnages plus ou moins facétieux, plus ou moins champêtres, est d'ailleurs noble, ingénieux, et par-dessus tout, clair et logique. Si nous prenons, par exemple, les compositions des Quatre Saisons, propres à être exécutées aussi bien en vives marqueteries qu'en tapisseries, nous constaterons que tout, personnages, attributs, et jusqu'aux moindres ornements est parfaitement explicite et spirituel : tel, par exemple, l'*Automne* avec ses pampres, son Bacchus central, ses termes enguirlandés de grappes de raisins, une petite merveille.

Tout n'est pas égal dans l'œuvre de ce joli maître. Voici par exemple, à côté d'une charmante composition de théâtre et de musiciens, avec des balcons étagés, des candélabres, et tout en haut, un groupe

BAHUT DE BOULE.    HISTOIRE DE L'ART DÉCORATIF

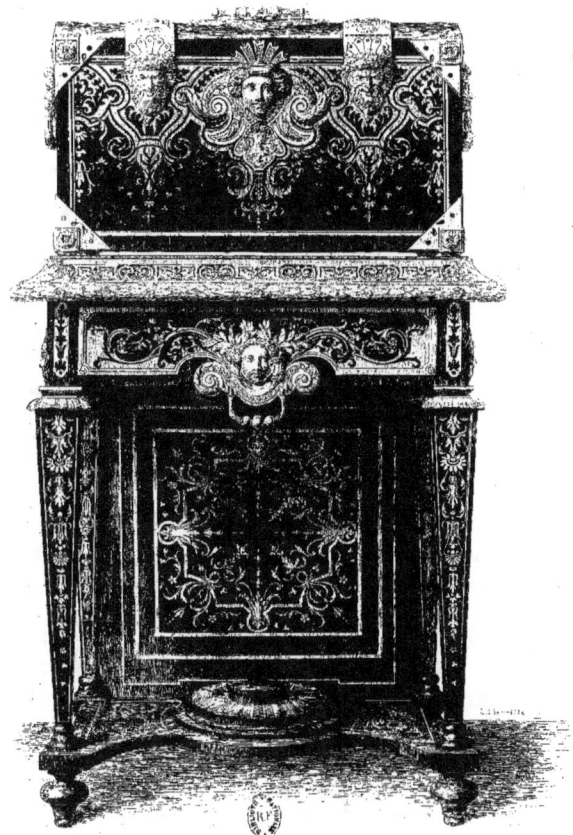

Hauteur 1m15 — Largeur 0m71

d'équilibristes, une série de *torchères* dessinées pour être exécutées en bois doré : elles sont lourdes, solennelles. Où Bérain est tout à fait lui-même, c'est dans les effets de légèreté, dans ces mignonnes combinaisons de termes reliés par des guirlandes, dans ces plaisants bosquets, aux entrelacements fins et variés. Mais il doit laisser à Lebrun et à Le Pautre la solennité.

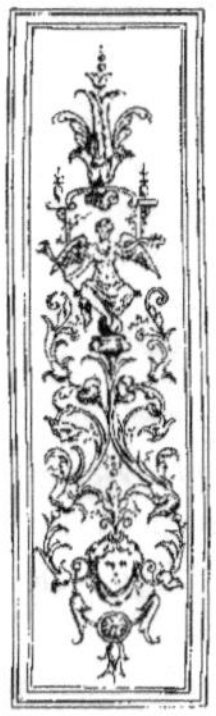

Une curiosité à relever : il dessine à son tour des plans de parterres pour quelque parc royal. On jurerait un panneau de commode de Boulle, posé à plat. Nous ne comprendrions plus ce goût qui traite la nature en paraphes et condamne l'adorable fleur à n'être qu'un atome dans un rinceau.

La vie de Bérain est longue et laborieuse. Il était né quelques années plus tard que Le Pautre, en 1637, et mourut en 1711. Le Pautre avait donc conservé plus d'attaches avec le goût du règne de Louis XIII, moins expansif. En 1674, Bérain fut nommé « désignateur de la chambre et du cabinet du Roy » ; un peu plus tard il obtenait le logement au Louvre.

Son œuvre fut volumineuse, et son influence considérable. Elle se fait sentir aussi bien dans l'ordonnance des jardins royaux, que dans le meuble, la céramique (comme nous le verrons plus loin), l'orfèvrerie, les arts des tissus, etc. C'est un beau maître et, par excellence, un maître français.

FIG. 77. — PANNEAU DE J. BÉRAIN.

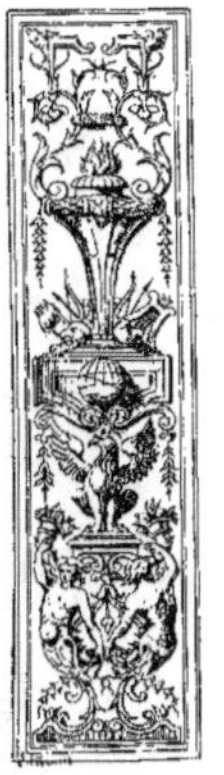

FIG. 78. — PANNEAU DE J. BÉRAIN.

A défaut du charmant trumeau de la galerie d'Apollon, que reproduit notre dessin, il nous suffirait, pour avoir une idée de la grâce légère de ce charmant décorateur, de voir soit les quelques faïences de Moustiers que nous avons fait reproduire plus loin, soit les ornementations de nos meubles de Boulle.

En effet, André-Charles Boulle, s'est fort inspiré de Bérain dans ses compositions, et il est certain que les deux artistes furent constamment en relations. La fécondité de Boulle est surprenante quand on songe à la perfection de son travail. Nombreux sans doute étaient ses collaborateurs, mais il a su imprimer à toutes les œuvres qui sortirent de son atelier une rare unité de qualité. C'est au Louvre qu'il travailla à partir de l'année 1672 ; et l'emplacement qui lui avait été concédé fut augmenté encore en 1679. Ses attributions étaient multiples, et des documents contemporains le présentent à la fois comme ébéniste, architecte, peintre, sculpteur, mosaïqueur, et « maistre ordinaire des sceaux du roi ». La liste serait trop longue de ses travaux authentiques figurant dans les galeries, palais, collections.

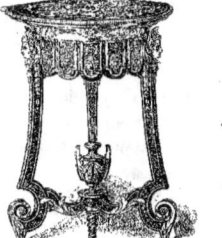
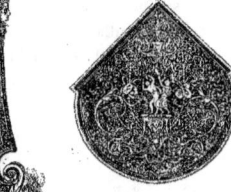

FIG. 79 ET 80. — ENCOIGNURE ET DESSUS DE BOULLE.

Boulle travailla pour tous les grands personnages de son temps, et parfois cela n'alla pas sans quelques ennuis et anicroches. En 1697 il eut maille à partir avec le financier Crozat, et cela se termina par un procès où le malheureux artiste eut le dessous. D'ailleurs Boulle était assez mauvais gérant de ses propres intérêts : la rage du collectionneur le tenait, et il s'endetta plus d'une fois pour se monter une fort belle galerie d'objets d'art, estampes, etc. Pour comble de malechance, en 1720, un incendie vint détruire ses ateliers et mettre à néant tous les travaux commencés, tous les trésors chèrement acquis. C'est dans la gêne profonde qu'il mourut (29 février 1732) en son logement du Louvre. Et pour que sa situation fût plus poignante encore, il assista, avant de mourir, au caprice de la mode qui se détournait de ses riches et clinquantes incrustations pour courir aux simples placages de bois exotiques, relevés de bronzes délicats, qui allaient faire la fureur du règne du Régent et d'une partie de celui de Louis XV. Les fils de Boulle continuèrent ses travaux et ses traditions ; mais nous ne saurions les étudier avec détail, car on n'ignore pas qu'ils s'attirèrent de la part de leurs contemporains la dédaigneuse et sévère épithète de « singes de leur père ».

Il vaut mieux mentionner les beaux artistes, collaborateurs du maître, tels que Dominique Cucci, le merveilleux ciseleur de la plus grande partie des cuivres qui ornent ses plus beaux meubles ; de Warin, de Ballin l'orfèvre, du sculpteur sur ivoire Van Obstal qui lui fournirent des modèles de consoles, de chapiteaux, de bas-reliefs.

En son *Histoire du mobilier*, Albert Jacquemart a résumé, de la façon la plus explicite, le procédé qui constitue la manière proprement dite de Boulle : « Pour rendre, dit-il, le travail d'incrustation avec toute l'exactitude désirable,

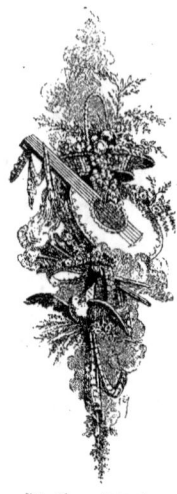

FIG. 81. — TROPHÉE, PAR DE LA FOSSE.

l'artiste eut la pensée de superposer deux lames de semblable étendue et de même épaisseur, l'une en métal, l'autre en écaille, et après avoir tracé son dessin, de les découper d'un même trait de scie ; il obtenait ainsi quatre épreuves de la composition : deux de fond, où le dessin s'exprimait par des vides, deux d'ornements qui placés dans les vides du fond opposé s'y inséraient exactement et sans solution appréciable. Il devait ressortir de cette pratique deux meubles à la fois : l'un qualifié de *première partie* était à fond d'écaille avec applications métalliques ; l'autre, dit de seconde partie, se trouvait plaqué de métal avec arabesques d'écaille. » On ne saurait dire avec plus de précision ; il faut pourtant ajouter que Boulle réunit plus d'une fois sur un même meuble les deux effets, de partie et de contre-partie. Sans entrer dans la discussion des mérites divers des deux systèmes dont l'un est plus doux et plus riche, l'autre plus brillant et plus froid, et que l'on a comparés d'une manière assez piquante, dans son anachronisme, aux épreuves positive et négative d'une photographie, il nous suffira de dire que cette trouvaille était vraiment géniale, et le goût de l'ébéniste en tira des ressources exquises.

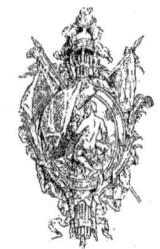

FIG. 82. — TROPHÉE, PAR OPPENORD.

Il serait pourtant dommage de ne pas mentionner les travaux de pure marqueterie de bois qu'il fit dans les premières années. L'admirable armoire ainsi exécutée, qui se trouve au musée du Louvre, est un pur chef-d'œuvre d'arrangement et d'exécution. Rien n'est opulent et délicat à la fois comme les splendides bouquets de fleurs en bois diversement colorés qui décorent les deux panneaux des portes.

Les collections San Donato, Hamilton, Richard Wallace, continrent de notre temps les plus belles œuvres de Boulle. Mais nous en sommes suffisamment riches nous-mêmes pour n'avoir rien à leur envier. Certains bureaux, pendules, commodes du palais de Fontainebleau; le magnifique bureau du ministère de la Marine, malheureusement caché aux yeux du public; un certain nombre d'armoires, buffets, cabinets, malheureusement altérés et dénaturés dans diverses salles du Louvre, et notamment à la galerie d'Apollon ; divers meubles bas avec applications d'étain et d'écaille teintée en bleu, le tout relevé par d'importantes figures de bronze doré, au musée du Garde-Meuble; une horloge à la Bibliothèque de l'Arsenal, une au Conservatoire des arts et métiers et une à l'Imprimerie Nationale ; une superbe commode avec panneau central représentant un perroquet, dans la chambre de Louis XIV au palais de Versailles ; telles sont les pièces qui seront consultées avec le plus de fruit et de plaisir, comme représentant le mieux le style de Boulle, ou de ses plus habiles collaborateurs.

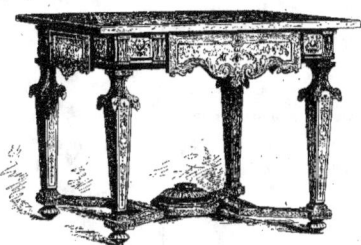

Fig. 83. — TABLE DE BOULLE.

Nous n'entrerons pas dans l'étude de ces élèves ou continuateurs tels que les Pierre Poitou, les Jacques Sommer, les Jean Normant, les Jean Oppenord, ou dans celle des ornemanistes tels que les Robert de Cotte, Pineau, Du Goulon, Lalande, Toro, etc. Il nous suffit en effet d'avoir caractérisé le style de l'ameublement sous le règne de Louis XIV.

Mais avant de passer aux écoles qui succédèrent, nous ne pouvons omettre le nom de Philippe Caffieri, qui avait été appelé en France par Mazarin, et qui lui aussi fut, parallèlement avec Boulle, un des meilleurs artistes du meuble. Caffieri exécuta une grande partie des magnifiques portes et des lambris des palais de Versailles, de même que quelques-unes des grandes bordures de tableaux de la collection de Louis XIV et dont beaucoup sont conservées au musée du Louvre. Notons en passant qu'il est très regrettable que les catalogues officiels ne jugent pas à propos de mentionner le nom de Caffieri à côté de celui du peintre. Les meilleurs artistes s'accordent à dire en effet que le cadre n'est pas un accessoire à dédaigner et que là aussi, il peut et doit entrer beaucoup d'art. Comme exemple du style de Caffieri, on peut encore citer, si elle n'est pas authentiquement de lui, la grande balustrade en bois doré qui se trouve dans la chambre de Louis XIV, les grandes torchères de la même pièce, celles qui sont à l'école des Beaux-Arts, etc., etc. Caffieri premier du nom fut le chef de cette belle descendance artistique, qui se termine par l'exquis sculpteur à qui nous devons les admirables bustes de Rotrou, de Piron, et tant d'autres œuvres exquises de facilité et de grâce.

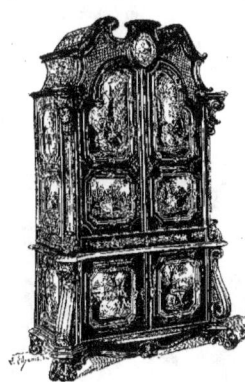

Fig. 84. — ARMOIRE WATTEAU.

Chose singulière, après l'immense débauche d'orfèvrerie qui avait signalé les premières années du règne de Louis XIV, les coffres se trouvant vides et le creuset réclamant matière monnayable, presque toutes ces tables massives, ces magnifiques consoles, exécutées sur les dessins de Le Pautre, de Lebrun, furent remplacées par autant de pièces en bois doré ; et l'aspect de richesse et de grandeur ne s'en trouva pas le moins du monde diminué, comme nous l'avons fait remarquer déjà.

Telles sont les précieuses ressources de l'art du bois. Celles qu'il avait trouvées dans le faste et l'opulence du temps de Louis XIV, il allait les chercher, au règne suivant, dans la grâce fût-elle maniérée, et dans la simplicité fût-elle un déguisement du luxe.

Le tableau que nous venons de tracer ne serait pas complet si nous ne consacrions encore quelques touches à la décoration dans les pays voisins. Les cours voisines étaient, cela va de soi, hantées par le rêve de grandeur de Louis XIV, et semblable aux petits princes voulant avoir des pages, dont parle le bon La Fontaine, il n'était point de souverain qui ne fût désireux d'avoir un petit Versailles. Seulement sous l'influence des climats et de la race, tout en conservant les lignes générales, les œuvres se modifiaient et prenaient un style spécial.

Un des plus curieux exemples à étudier est celui de Daniel Marot, qui, après la révocation de l'édit de Nantes, se fit attacher à la personne de Guillaume II, roi des Pays-Bas, et créa à l'étranger ce qu'on a appelé le *style réfugié*. C'est encore du Louis XIV, mais avec un je ne sais quoi de provincial, qui lui donne une saveur dès l'abord reconnaissable.

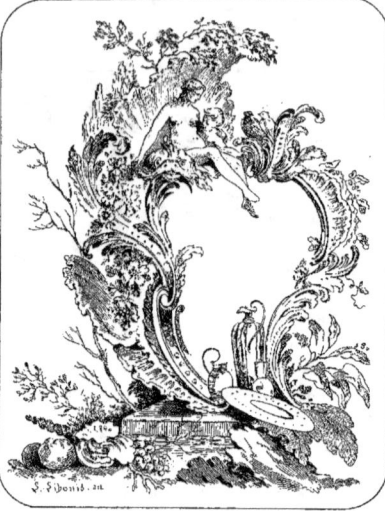

FIG. 85. — DESSUS DE COFFRET PAR PEIRROTTE.

Dans l'œuvre gravé de Daniel Marot nous trouvons, entre autres, un *Livre d'appartements*, suite de grands lits avec pentes, draperies, baldaquins, surmontés de panaches; un livre de Décorations : Palais d'Apollon, Palais de

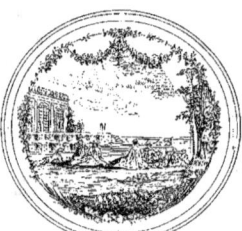 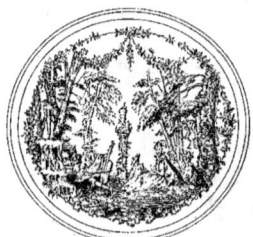

FIG. 86 ET 87. — DESSUS DE BONBONNIÈRES EN VERNIS MARTIN.

Mars, Palais de Persée, qui rappellent avec un peu de tristesse septentrionale et de mesquinerie de cour de second ordre, les magnificences de Versailles aux jours de théâtrales mascarades. De même, quelques compositions de plafonds, plafonnant à l'extrême, mais n'ayant ni la robustesse de Le Pautre, ni le faste grandiose de Lebrun. Quelques jolis montants rappellent ceux de Bérain, mais ce qui les en distingue, c'est une profusion beaucoup plus grande d'ornements tirés des frondaisons. Pourtant il en est un, d'amours vendangeurs et de cerfs, qui éclate au milieu des autres par sa grâce et sa fraîcheur.

En revanche, ce qui est absolument personnel comme arrangement décoratif, dans les estampes de D. Marot, ce sont certaines cheminées dont les tablettes et les étagères sont entièrement surchargées de vases de faïence, pressés les uns contre les autres, s'étageant, se graduant. On sent que Delft n'est pas loin. Cela forme aux architectures des panneaux une ornementation, un encadrement mobile à facultatifs et multiples déplacements.

Bien que cela ne rentre pas directement dans le cours de notre étude de ce moment, il nous faut, pour

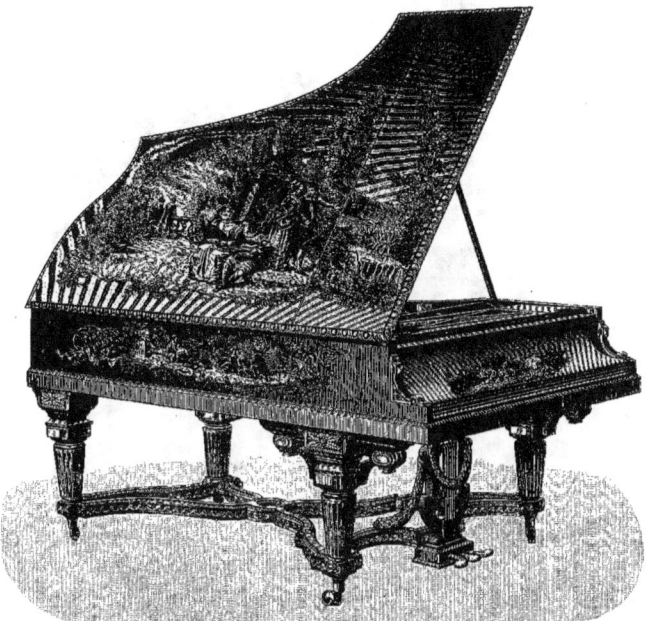

Fig. 86. — PIANO A QUEUE DE PLEYEL EN VERNIS MARTIN FOND OR (STYLE LOUIS XVI).

évoquer la comparaison avec les maîtres dont nous avons parlé plus haut, citer aussi des compositions de jardins à bosquets, à niches, à arcs de triomphe, en charmilles ou en treillages, mais bien plus froids d'aspect, et des parterres encore plus calligraphiques que ceux de Bérain ; des « statues propres à taillière en marbre et en pierres et aussy en métaille », qui soutiennent difficilement la comparaison avec celles de Le Pautre, et enfin, comme curiosité amusante, un livre de huit grands tableaux « illuminée de feu d'artifice représentant les conquestes remportées sur la France et l'Espagne par les armes des Hauts alliéz en 1702 ». Ce qui en constitue le piquant, c'est que Lebrun et Van der Meulen y sont scrupuleusement pastichés et que leurs compositions sont mises à contribution pour buriner ce revers de médaille.

Retournons en France, nous allons y voir bien des choses changées depuis la mort de Louis XIV, et même dès les dernières années de son règne. L'œuvre de Gilles-Marie Oppenord nous tombe entre les mains.

Les divinités de Lebrun s'égaient, se débauchent et vous rient au nez. Il pousse de la mousse sur le museau des faunes, des plantes grimpent et folâtrent le long des jambes des déesses. L'Olympe s'humanise ; on fait des cloisons pour morceler les grandes galeries, trop imposantes et trop froides : on les transforme en cabinets particuliers.

La religion n'a plus la pompe théâtrale ; du moins elle n'est plus opéra, elle devient opéra-comique. Dans un livre de « Porches et autels » Oppenord nous montre cette différence et nous fait constater qu'il n'y a plus guère qu'une très vague distinction dans les esprits entre les Chérubins et les Cupidons. Un de ces

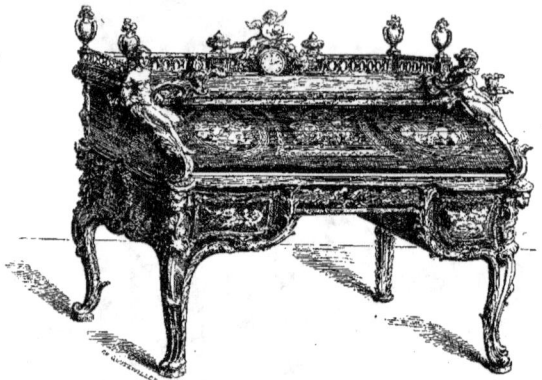

FIG. 89. — BUREAU DE LOUIS XV.

jolis joufflus joue avec une mitre. Les figures éplorées semblent cligner de l'œil ou faire des grâces comme pour vous avertir que, tout cela, « c'est pour de rire ».

Le trumeau envahit les murailles, la cheminée s'encoquille. En un mot, comme dit le subtil « Avis aux amateurs de dessein » qui précède le recueil d'estampes d'Oppenord, ces œuvres sont composées dans un « goût tenant de l'antique, mais plus riche ».

C'est ainsi qu'on arrivera aux charmantes folies de Meissonnier que nous verrons entrer en scène un peu plus loin ; devenant de plus en plus « riche », mais restant toujours convaincu, par la plus divertissante des illusions, qu'on demeure le plus « antique » du monde.

Nous entrons d'ailleurs dans l'époque la plus exquise, la plus parfaite peut-être, de l'histoire du meuble en France. Les ouvriers de la Régence et du règne de Louis XV, à une main-d'œuvre incomparable ont joint une grâce, une fantaisie, un caprice qu'on ne trouverait nulle part ailleurs à un si haut degré, si ce n'est dans certaines productions de l'art japonais.

Parmi les grands artistes de ce temps, il faut citer en première ligne Charles Cressent. Ce maître qui, pour la perfection du travail, se place au même rang que Boulle, mais possède, à notre gré, plus de séduction et d'élégance, naquit en 1685 ; il descendait d'une famille de menuisiers d'Amiens. Il eut de bonne heure et trouva dans sa famille même une complète éducation artistique et technique : l'ébénisterie lui fut enseignée par son grand-père, par son père le dessin et la sculpture. C'était donc un véritable artiste et un artisan complet. François Cressent, son père, vint se fixer à Paris et devint sculpteur du roi ; le Régent le prit sous sa protection et fit sa fortune. Quelques détails sur Cressent nous sont fournis par les avant-propos des catalogues de ses ventes qui eurent lieu en 1749, 1757 et 1765. Il prend soin de faire savoir comment son père, « aussi connu par ses ouvrages que par la beauté de son cabinet », l'instruisit dans le dessin, la sculpture et l'architecture. Dans ces catalogues figurent d'ailleurs quelques-unes de ses œuvres, non seulement comme ébéniste, mais comme sculpteur : notamment un médaillon de marbre à l'effigie de Louis XIV, des crucifix, un buste en bronze du duc d'Orléans, fils du Régent.

Cressent était non seulement sculpteur mais aussi ciseleur, ce qui explique la beauté des bronzes qui ornent ses meubles, qu'ils aient été exécutés par lui-même ou sous sa direction par des collaborateurs. C'est ainsi qu'il « répara » des bronzes de Girardon, de Le Lorrain, des frères Anguier, etc. Il eut même maille à partir avec la corporation des fondeurs-ciseleurs, en raison de cet exclusivisme impitoyable qui, avant Louis XVI, régna férocement sur toutes les industries. Ce n'est pas ici le lieu de discuter sur les avantages ou les inconvénients, en art, du système des corporations fermées et jalousement gardées. Nous verrons d'ailleurs plus loin, notamment à propos des verriers, des exemples qui peuvent rendre perplexe. En thèse générale, il ne semble pas qu'un régime d'absolue liberté empêche de faire des chefs-d'œuvre, ni que le contraire pousse à ne faire que cela. Peut-être toutefois le premier encourage-t-il le développement des fabrications négligentes et sommaires ; il n'y a, dans ce cas, qu'un peu plus de difficulté à démêler, dans la quantité, les œuvres vraiment belles. Sous quelque régime que ce soit, les vrais artistes travaillent et sans faire de concessions, quoi qu'il doive matériellement leur en coûter.

Il est d'ailleurs fort regrettable que la corporation des fondeurs-ciseleurs ait fait deux procès à Cressent pour ne pas s'être adressé à ses membres et avoir préféré fondre lui-même les cuivres de ses

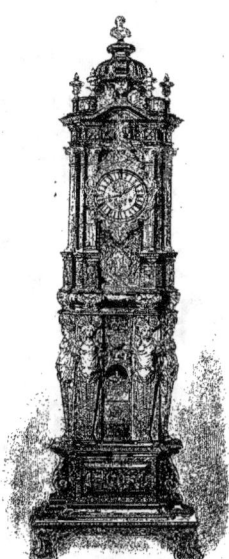

Fig. 90. — PENDULE ANGLAISE.

meubles. Les cuivres jouent un rôle considérable dans l'œuvre de Cressent, et bien qu'il n'ait pas toujours été maître de les produire à sa guise, comme on voit, ils sont admirables de finesse et de goût. Ils s'associent de la façon la plus parfaite aux marqueteries de bois de couleur qui succèdent délibérément aux incrustations de métal et d'écaille de Boulle et de son école. Notons en passant que l'on donne à Boulle Cressent comme élève, mais cela n'est point encore prouvé par un document précis. Cressent aurait pu en ce cas puiser chez Boulle les notions de l'art de la marqueterie, puisque Boulle, comme nous l'avons vu, avait eu pour cet art une prédilection des premières années et y était excellent. Mais en réalité ce goût général pour le bois de couleur, qui commence vers la fin du règne de Louis XV, a une cause plus profonde : son développement correspond avec l'extension de nos relations avec les autres continents. On s'éprend de ces beaux bois aux riches couleurs, ces « bois des îles » comme on les appelle, et on en vient à reléguer l'usage des pauvres vieux et robustes habitants des forêts françaises. Ce goût de l'exotique, que nous avions pu constater timide et incertain dès la seconde partie du xvi° siècle, va s'augmentant jusqu'au milieu du xviii°; l'extrême Orient sera importé, sinon révélé, et les laques du Japon et de la Chine exercent une influence décisive, provoquent une active mais très libre imitation.

Il y a quelque goût de chinoiserie dans certaines ornementations de meubles de Cressent. Mais c'est la chinoiserie de Watteau et de Claude Gillot, aussi éloignée de la véritable que sera plus tard une tragédie de Voltaire d'un drame de Shakespeare, une chinoiserie aimable, souriante, francisée jusqu'aux moelles. Avant la chinoiserie, chez Cressent comme chez tous les artistes de ce temps-là, la *singerie* occupe la première place dans la préoccupation des décorateurs. Singes sur les trumeaux, singes de Watteau, singes de Huet, singes de Gillot, armée tapageuse et grimacière, baladine et cymbalière à laquelle le bon Chardin lui-même, malgré son amour de la vie réelle, jugera bon d'ajouter quelques recrues.

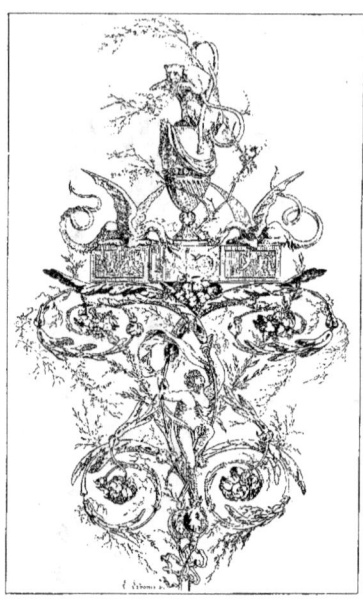

FIG. 91. — PANNEAU PAR SALEMBIER.

Nous venons de parler de Watteau; nous aurons l'occasion de parler plus au long de ce maître, dans une autre partie. Mais insistons, pendant qu'elle nous passe sous les yeux, sur la grâce exquise de cette armoire du musée de Compiègne (fig. 84), toute décorée de ses scènes galantes et tendres; ce meuble, aux lignes si souples et si mignonnes, est un des plus séduisants, un des plus capables d'évoquer toute la finesse et tout l'esprit de cette adorable époque. Nous soumettrons également ce charmant petit secrétaire en bois de rose (fig. 96), d'une époque un peu postérieure, décoré de plaques de Sèvres, représentant des sujets militaires, d'après le même maître.

Faut-il donner une idée de l'œuvre de Cressent après notre appréciation d'ensemble? La description suivante d'une parfaitement belle commode de la collection Richard Wallace à Hertford-House nous aidera-t-elle? En tous les cas elle a d'autant plus d'attrait que, rédigée en 1764 dans un catalogue de vente, elle pouvait fort bien être de la plume même de Cressent. Il s'agit d'une « commode d'un contour agréable de bois de violette (on sait qu'on appelait ainsi, ou bois violet ou bois de violet, le palissandre) garnie de quatre tiroirs et ornée de bronzes dorés d'or moulu. Cette commode est un ouvrage d'une richesse extraordinaire; ils sont très bien réparés (les bronzes) et la distribution bien entendue; on voit, entre autres pièces, le buste d'une femme représentant une espagnolette qui se trouve placée sur une partie dormante entre les quatre tiroirs; deux dragons dont les queues relevées en bosse servent de mains aux deux tiroirs d'en haut; les tiges de deux grandes feuilles de refend d'une belle forme, sont aussi relevées en bosse et servent de mains aux deux d'en bas; on peut dire que cette commode est une véritable pièce curieuse ». Si, comme nous le croyons, ces lignes sont du bon artisan lui-même, quel joli ton de modestie dans le trait final, joint à une conscience réelle de la beauté de la besogne!

Cressent ayant négligé de signer ses œuvres et les attributions ne pouvant guère se faire que sur le fini du travail et le style des modèles, il nous faut citer comme *devant* être de lui, un bureau du palais de Fontainebleau, en bois d'amarante avec des bustes de femmes aux angles, dans le style de Watteau et de Gillot; le beau médaillon et les deux encoignures aux admirables bronzes ciselés qui se trouvent au cabinet des médailles de la Bibliothèque nationale; un grand bureau en bois de rose avec quatre bustes des parties du monde, au ministère de la Marine.

Ici on nous permettra encore une observation à laquelle nous attachons grande importance. Nous avons vu précédemment que le même ministère contient déjà un des chefs-d'œuvre de Boulle. De même des trésors d'art décoratif, des œuvres glorieuses de l'art national sont, dans les diverses administrations officielles, cachées aux yeux des amateurs et réservées à l'usage de ministres, de fonctionnaires et même de simples huissiers qui ne les apprécient nullement à leur valeur. Nous trouverions des quantités d'exemples de ce genre. Quand se décidera-t-on à mettre à l'usage des fonctionnaires des objets plus en rapport avec leurs préoccupations et leurs travaux, et leur retirera-t-on ces pièces admirables autant qu'ignorées pour les remettre à leur vraie place, dans nos musées?

« Meissonnier commença à détruire toutes les lignes droites qui étoient du vieil usage; il tourna et fit bomber les corniches de toutes façons; il les ceintra en haut et en bas, en devant, en arrière, donna des

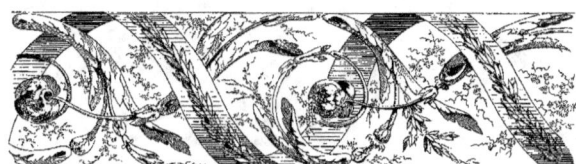

FIG. 92. — FRISE DE SALEMBIER.

formes à tout, même aux moulures qui en paraissoient les moins susceptibles; il inventa les contrastes, c'est-à-dire qu'il bannit la symétrie, et qu'il ne fit plus les deux côtés des panneaux semblables l'un à l'autre... Rien n'est si admirable que de voir de quelle manière il engageoit les corniches des marbres les plus durs à se prêter avec complaisance aux bizarreries ingénieuses des formes des cartels ou autres choses qui devoient porter dessus. Les balcons et les rampes d'escalier n'eurent plus la permission de passer droit leur chemin; il leur fallut serpenter à sa volonté, et les matières les plus roides devinrent souples sous sa main triomphante. Ce fut lui qui mit en vogue ces charmans contours en S, que votre auteur croit rendre ridicules en disant que leur origine vient des maîtres écrivains: comme si les arts ne devoient pas se prêter des secours mutuels... Quels services n'a-t-il pas rendus à l'orfèvrerie? Il rejetta bien loin toutes les formes quarrées, rondes ou ovales, et toutes ces moulures, dont les ornemens répétés avec exactitude donnent tant de sujétion: avec ses chers contours en S il remplaça tout... Cependant, le croiriez-vous! ce grand Meissonnier n'étoit pas encore notre homme;... il eut l'imprudence de laisser graver plusieurs ouvrages de lui, et mit par là le public à portée de voir que ce génie immense qu'on lui croyoit, n'étoit qu'une répétition ennuyeuse des mêmes formes. »

Qui prononce cet éloge, un peu plus qu'ironique, du charmant décorateur qu'on appelle Just-Aurèle Meissonnier? C'est un autre artiste et non des pires, Cochin, qui, dans le *Mercure*, se livre à ce mordant badinage. Sa lettre est supposée émanant « d'une Société d'architectes qui pourraient bien prétendre être du premier mérite et de la première réputation, quoiqu'ils ne soient pas de l'Académie ».

Eh bien, nous ne pouvons, en dépit de Cochin, nous associer aux ironies, parfois même aux indignations qu'a suscitées presque toujours l'œuvre de ce génial artiste qui exerça sur une grande partie de l'art décoratif au xviii° siècle une influence considérable. Presque toute la seconde moitié du règne de Louis XV serait inintelligible pour qui n'a pas feuilleté l'œuvre gravé de Just-Aurèle Meissonnier (né à Turin, 1695). On lui a reproché à cet œuvre d'avoir manqué de simplicité, d'avoir poussé aux suprêmes limites les lignes contournées, les enroulements, les encoquillements, bref toute cette fantaisiste architecture d'une époque où on eut horreur de l'anguleux et du sec. Eh! mon Dieu, nous trouvons, nous, au contraire, que ces artistes poussèrent très loin l'esprit et la grâce. Ce maître et ceux de son école ont regardé presque exclusivement le coquillage, de même que ceux du xvi° siècle étaient surtout épris de dispositions architecturales, de même encore que ceux du règne suivant furent fascinés par la guirlande et le carquois. Qu'importe, chaque siècle a son goût qui a sa raison d'être comme celui du précédent et du suivant, et qui enfante des œuvres significatives. Parfois ce goût vous attire, comme celui de la Régence, ou vous réfrigère comme celui du premier Empire. Mais ce qu'on peut et qu'on doit affirmer, c'est qu'il n'en est point de plus gracieux que celui qui nous occupe en ce moment, qu'il n'en est point

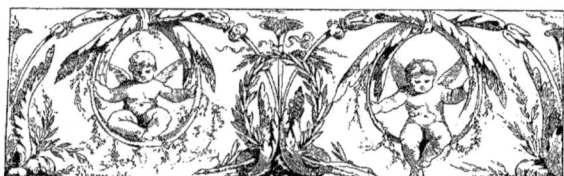

FIG. 93. — FRISE DE SALEMBIER.

de plus logique dans la fantaisie des inventions et dans la souplesse des lignes. Il est essentiellement voluptueux, presque exclusivement féminin. Est-ce donc faire de lui un si mauvais éloge?

Dès la première planche qui sert de titre au fort bel « Œuvre de Just-Aurèle Meissonnier, peintre-sculpteur, architecte et dessinateur de la Chambre et du cabinet du Roy », on sent ce qui va se passer. La muraille se recourbe en élégantes concavités, le balcon se fait ventru, l'écusson prodigieusement contourné s'encadre d'une coquille. Par quel miracle tout cela s'équilibrera-t-il? Peu nous importe, car il n'est rien de plus équilibré. Comment! c'est dans les contrastes et les alternances même, que l'équilibre consiste; le beau mérite de répéter exactement à droite ce qu'on vient de dire à gauche, et de n'avoir juste d'imagination que pour une moitié d'œuvre! Les Japonais allaient encore bien plus loin, dans le même temps, puisqu'ils n'ont jamais hésité dans leurs compositions à faire du vide le correspondant et le contrepoids du plein.

C'est sans doute une orgie de toutes sortes de choses fuyantes, de courbes, de cascades, de coquilles, de feuilles de chou même, si on veut, et aussi de nuages. Mais si vous daigniez les regarder sans trop de prévention, vous reconnaîtriez peut-être que la feuille du chou n'est point si bête que l'on pourrait croire, que ses recroquevillements et ses contournures sont fort gracieuses, et que rien n'est également plus décoratif et plus élégant que les galbes déchiquetés des nuages qui passent.

Meissonnier fut surtout un orfèvre, et c'est à ce titre que nous aurons à reparler d'une grande partie de son œuvre, mais, nous le répétons, son action a été considérable, et ces consoles, ces boiseries fouillées et refouillées, ruisselantes d'esprit, prodigieuses de difficulté vaincue, c'est sur ses modèles et sur ceux de ses imitateurs qu'elles furent exécutées. Il n'est rien, dans ce genre, de plus délicat que le dessin représentant les boiseries du « cabinet de M. le comte Bielinski, grand maréchal de la cour de Pologne, exécuté en 1734 ».

D'autres décorateurs, moins inventifs, mais d'un aimable goût, suivaient les traces de Meissonnier. Parmi ceux-ci Michel-René Stoldz ou La Joüe, Chevillon, etc. De ces deux derniers, le département des Estampes à la Bibliothèque nationale possède un recueil de beaux dessins rehaussés d'aquarelle et de gouache. Ces dessinateurs empruntent bien les mêmes éléments que Meissonnier, la coquille de bénitier, la feuille de chou, l'écrevisse (nous entendons les formes dérivées de ces objets), mais ils ajoutent dans leurs décorations des éléments plus fuyants et plus vagues encore, tels que la chute d'eau, la plume d'autruche, etc. La Joüe est même passé maître en l'art d'introduire, dans un panneau décoratif, une cascade qui parfois tombe d'on ne sait où, et vient s'égrener en une écume perlée : tout lui sera prétexte à cascades : des chevaux hennissants et se cabrant dans le bain, un dragon grimpant contre un fût de colonne et rendant l'eau à pleine gueule, un cerf pourchassé et vomissant un jet d'eau dans le bassin contourné et tarabiscoté près duquel il s'est réfugié.

Un moment devait forcément venir où les architectures et les costumeries dans le goût chinois, avec

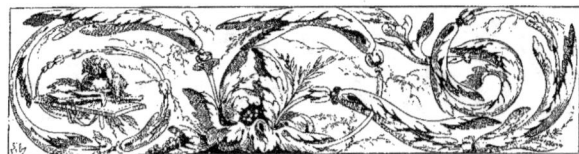

FIG. 94. — FRISE DE SALEMBIER.

les toits recourbés et recroquevillés, les clochettes, les sabots à bouts relevés, devaient séduire cette génération avide de caprices, et nous eûmes alors la folle et charmante association de la rocaille, de la singerie et de la chinoiserie.

Un des maîtres du meuble qui ont le mieux rendu les projets, ou comme on écrivait alors si joliment dans une très juste confusion de mots, les *desseins* de Meissonnier a été Jacques Caffieri, cinquième fils du sculpteur que nous avons mentionné sous le règne de Louis XIV. Jacques Caffieri, né en 1678, était en réalité « sculpteur, fondeur et ciseleur du roi », mais il a dirigé aussi, sinon exécuté lui-même, de superbes travaux d'ébénisterie. Caffieri se distingue par les qualités, qui semblent héréditaires dans cette famille, de grâce et d'élégance aristocratiques. Il est une pièce bien connue qui mettra le lecteur à même de juger de son style. Nous voulons parler de l'horloge de Passemant, une des curiosités du palais de Versailles ; cette pièce qui devrait figurer au chapitre du bronze, où nous la rappellerons d'ailleurs, est merveilleuse d'exécution ; malheureusement, sans y prendre garde, les artistes (Jacques Caffieri s'associa pour cela son fils Philippe), qui l'ont composée d'une sphère de cristal surmontant un corps porté sur des pieds infléchis, lui ont donné une silhouette générale qui rappellerait en charge une figure humaine dépourvue de bras. Ces involontaires rencontres sont à éviter, car elles causent chez le spectateur une obsession légèrement ridicule qui nuit à une œuvre, si admirable qu'en soit le tour de main.

Caffieri a exécuté quantités de bronzes pour le grand ébéniste Œben. On a cru pendant assez longtemps que sa marque était un C surmonté d'une fleur de lis, qui se trouve sur un assez grand nombre de cuivres du temps. Le mérite très inégal de ces pièces a fait décidément renoncer à ces attributions.

Nous venons d'écrire le nom d'un autre des plus grands artisans du bois au xviii° siècle, Jean-François Œben, qui fut élève de Boulle, mais s'adonna exclusivement à la marqueterie de bois, toute la partie métal et ciselure étant confiée à ses collaborateurs Philippe Caffieri et Duplessis. Œben fut le fournisseur préféré de M°° de Pompadour, qui à la vérité ne s'adressa pas directement à lui, mais acquit presque chaque jour de ses œuvres chez le marchand Lazare Duvaux...

Résisterons-nous au plaisir de résumer en quelques traits, aidés par le savant M. L. Courajod, la physionomie éminemment curieuse de ce marchand, un des plus célèbres et des plus intelligents du siècle dernier? On a conservé le livre-journal où Lazare Duvaux inscrivait les achats de sa clientèle brillante, ce qui a permis à l'érudition contemporaine de préciser une foule de points douteux dans l'histoire de l'objet d'art. Lazare Duvaux, s'était « fait tout seul », comme disent les bonnes gens ; de petit marchand sans importance, il était devenu le fournisseur attitré de la Cour : orfèvrerie, bijouterie, porcelaines, laques, boîtes à tabac, cannes précieuses, fanfreluches et meubles artistiques ; tout cela figure dans ses livres au compte des personnages les plus illustres du temps.

Le premier de tous les gentilshommes, le roi, fréquente chez le marchand de la rue Saint-Honoré. Il ne dédaigne pas de passer des heures à *chiffonner*, à choisir les objets destinés à faire les présents dont il n'est point chiche ; il demande surtout des caves à liqueurs, cafetières, nécessaires, pièces d'argenterie légère pour les haltes de chasse et repas en plein air.

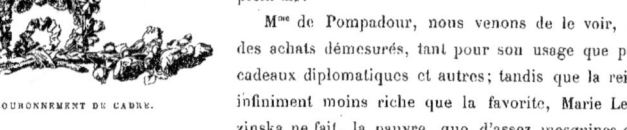

Fig. 95. — COURONNEMENT DE CADRE.

M°° de Pompadour, nous venons de le voir, fait des achats démesurés, tant pour son usage que pour cadeaux diplomatiques et autres ; tandis que la reine, infiniment moins riche que la favorite, Marie Leckzinska ne fait, la pauvre, que d'assez mesquines emplettes qu'elle paie à grand effort, et par acomptes.

Naturellement, les grands, par courtisanerie, suivent ces hauts exemples et affluent chez Lazare Duvaux. L'Église a son contingent d'amateurs, mais très restreint : quelques évêques grands seigneurs ; l'abbé Prévost, l'auteur de *Manon*, que nous voyons à une vente s'offrir un petit Véronèse. Mais, pour la plupart, ces messieurs du clergé régulier, en fait de collection, s'intéressent surtout aux coquillages, oiseaux empaillés, médailles, livres et estampes.

Dans la bourgeoisie, quelques personnages, haut placés et bien rentés, se montent de luxueux cabinets. Quant aux artistes, peu en fonds pour la plupart, on les voit sans doute faire des acquisitions, poussés par leur amour instinctif des belles choses, mais il est vraisemblable qu'ils se saignent aux quatre veines ; de rares, comme Boucher, peuvent se faire une galerie très importante et très variée ; comme Ch. Coypel encore, posséder d'assez beaux objets d'art pour que cette fois ce soit Lazare Duvaux lui-même qui vienne, à sa vente mortuaire (1753), écrémer la collection.

Les gens de lettres brillent par leur absence. Parmi les exceptions, l'abbé Jacques Pernetti, bibliographe lyonnais, le chevalier d'Arc (qui pouvait bien, ce semble, trouver de son vivant la compensation d'un peu d'aisance, au profond oubli de la postérité) ; ou bien un millionnaire comme le baron d'Holbach, plus financier encore qu'homme de lettres ; un type également à noter, l'abbé Leblanc, critique d'art et homme fort insinuant et faufilant, qui paraît avoir été un assez aimable polisson de lettres : il achète presque toujours pour le compte de tiers, et trouve ainsi le moyen de se monter une assez jolie collection, riche surtout en porcelaines.

Parmi les actrices, la Clairon ; parmi les étrangers de marque, enfin, milord Hervey, le chevalier

Janssen, M^me de Ximénès, le comte de Cobenzel, le comte de Moltke ; et nous avons énuméré les principaux clients du marchand d'élégances de la rue Saint-Honoré. Pour que le tableau soit complet, il faudrait ajouter encore les gens de son entourage, les marchands ses voisins ou ses compères : le faïencier Bailly, le marchand de mouches Dulacq, qui se pique d'être collectionneur, habitent la rue Saint-Honoré ; le marchand de cristaux et de porcelaines étrangères Bazin, la rue du Roule ; le marchand et restaurateur de tableaux Boileau, le quai de la Mégisserie.

Mais il nous faut revenir à Œben, que nous avons quelque peu perdu de vue. Ce maître ébéniste avait reçu le brevet en 1754, et obtenu un logement à l'Arsenal. Presque tous les châteaux du roi ou hôtels de la marquise, à Paris, Fontainebleau, Compiègne, Versailles, Bellevue, Crécy, Champs, Saint-Ouen, la Celle Saint-Cloud, reçurent des œuvres d'Œben. Il mourut vers 1765, et sa veuve, Françoise-Marguerite Van der Cruse, fille d'un ébéniste réputé, épousa son contremaître, qui devait également illustrer l'art du meuble d'un éclat peut-être encore plus vif, Henri Riésener. Enfin, une des filles d'Œben fut la grand'-mère d'un des plus grands artistes de ce siècle, nous avons nommé Eugène Delacroix.

Une des difficultés d'attributions des meubles signés Œben provint de ce qu'il y eut dans le même temps deux ébénistes de ce nom, l'un aux Gobelins, l'autre à l'Arsenal. Une œuvre authentique de notre Œben, mais que nous ne pourrons décrire que tout à l'heure quand nous parlerons de Riésener, qui le termina, est le bureau de Louis XV qui figure au Louvre dans la salle des pastels.

Parmi les plus habiles artistes du bois de cette même époque, on cite les noms de Bernard, de Boudin, d'Ollivier, de Dubois, de Cremer, qui exécuta des marqueteries de bois colorés artificiellement, de Pierre Garnier, de Jean Pafrat, enfin de Roubo, qui a laissé un précieux traité de l'*Art du menuisier*. De tous ces excellents artisans on trouve des pièces dans les collections Rothschild, Wallace, Double, etc., etc. Il est superflu de décrire

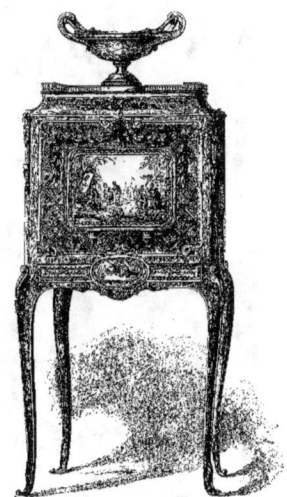

Fig. 96. — SECRÉTAIRE LOUIS XVI AVEC PLAQUE DE PORCELAINE, D'APRÈS WATTEAU.

par le menu la délicatesse de ces consoles finement sculptées, de ces bois de fauteuils ou de canapés (tel celui que nous reproduisons), de ces magnifiques commodes marquetées, ornées de précieuses ciselures, de ces boiseries des trumeaux enfin, qui étaient modelées et contournées à miracle, et juste l'encadrement rêvé pour les souriantes distinctions de Watteau ou les roses voluptés de Boucher. Oh ! qu'on eut tort de méconnaître et de calomnier ce dernier maître, de frapper d'anathème ses Olympes et ses bergeries, les afféteries des consoles et des bordures que ses compositions inspirèrent, tout ce délicieux contournement, ce serpentement excitant de tout l'ensemble, et dont une célèbre console, au palais de Fontainebleau, est un mignon exemple. C'est sans doute, le dernier mot dans l'art pimenté, mais c'est de l'art, et du plus grisant. Tant pis pour les austères qui ne le comprennent point et vont prêchant contre ses séductions.

On ne peut pas, il est vrai, conserver longtemps ce ton, et les palais blasés ont besoin de cuisines nouvelles, de changements rafraîchissants. C'est ce qui expliquera le goût d'exotisme d'abord, qui se traduisait par la fureur des laques du Japon et de leur imitation ou de leur interprétation à la française par les Martin ; puis le goût de simplicité à l'antique que commença à priser Mᵐᵉ de Pompadour, à qui on reproche bien à tort l'amour exclusif du rococo et de la rocaille.

Le goût de japonisme et de chinoiserie est très développé mais très à fleur de peau. On ne sentait pas le caractère profond de ces admirables et patientes œuvres d'art que sont les laques chinois, et surtout japonais. On considérait cela un peu comme une amusette ; il y avait pourtant un progrès : Louis XIV ne pouvait souffrir les *magots*, on les admettait volontiers, mais c'étaient toujours des « magots » là où nous voyons maintenant tout autre chose. Dans l'art de l'extrême Orient, tout en lui faisant bon accueil, on ne voyait qu'un certain côté grotesque et divertissant. « C'est l'instant, a dit M. Roger Marx dans son étude sur l'influence du Japon, où le curieux croit afficher un culte suffisant s'il a placé au meilleur endroit de sa galerie ces cabinets fameux. »

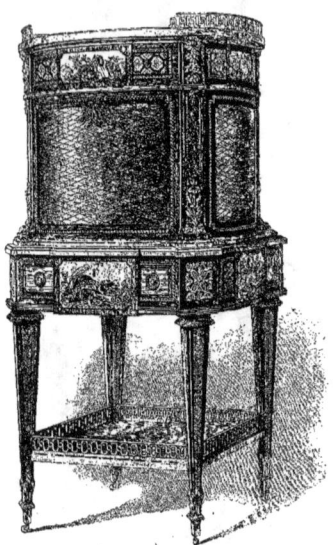

Fig. 97. — SECRÉTAIRE LOUIS XVI.

« Parbleu ! s'écriait le comte à la comtesse dans *Angola*, un roman du temps, vous avez là une garniture de cheminée superbe ; ces cabinets de la Chine sont charmants. Est-ce de la rue du Roule ? Pour moi, je suis fou de cet homme-là. Tout ce qu'il vend est d'une cherté et d'un rare ! — Mais oui, dit la comtesse, cela est assez bien choisi. — Comment, dit le marquis, il y a un goût divin, dans tout cela ! Voilà des magots de la tournure la plus frappante, entre autres celui-ci. Il ressemble comme deux gouttes d'eau à votre benêt de mari. »

Autre description, empruntée au même ouvrage, et dans le même ton : « Un lit de repos en niche de damas, couleur de rose et d'argent, paraissait comme un autel consacré à la volupté ; un autre paravent immense l'entourait, le reste de l'ameublement y répondait parfaitement ; des consoles, et des coins de jaspe, des cabinets de la Chine chargés de porcelaines les plus rares, la cheminée garnie de magots à gros ventre de la tournure la plus neuve et la plus bouffonne ».

Ces « cabinets de la Chine » ce sont les laques, plus ou moins adaptés au goût et aux usages français. On montait en armoires, en encoignures, en cabinets, en tables, des panneaux importés ; parfois même on expédiait là-bas des meubles tout fabriqués pour qu'on les laquât ; enfin, divers industriels parisiens s'ingéniaient à imiter ces produits de l'extrême Orient. Ceux qui les copièrent textuellement, firent la plupart du temps des objets agréables, mais inférieurs aux incomparables laques japonais, pour la technique et le classement desquels nous renvoyons aux beaux et complets travaux de M. Gonse, ou du regretté Ph. Burty. Ceux qui, au contraire, s'efforcèrent de remplacer ces laques par des vernis équivalents, mais dans un goût absolument français, firent des œuvres charmantes, d'une finesse délicieuse, mais qui, hélas ! durèrent comme le décor de fête pour lequel ils furent créés.

Au nombre de ces « vernisseurs » réputés, les Martin occupent la première place. « La manufacture royale de MM. Martin pour les beaux vernis de la Chine, dit l'*Esprit du commerce*, est située faubourg

Saint-Martin, faubourg Saint-Denis, et une autre rue Saint-Magloire. » En 1744 un arrêt du conseil permettait « au sieur Étienne Martin le cadet exclusivement à tous autres, à l'exception du sieur Guillaume Martin, » de fabriquer pendant vingt ans toutes sortes d'ouvrages en relief dans le goût du Japon et de la Chine.

L'œuvre des Martin fut considérable (il faut ajouter aux deux précédents leurs frères Julien et Robert) et on ne saurait calculer combien de meubles, de lambris, de carrosses, de chaises à porteurs, de boîtes, voire de plafonds et de murailles ils vernirent, recouvrant du doux et en quelque sorte soyeux éclat de leur composition les peintures des décorateurs du temps. L'engouement fut tel qu'à Versailles les admirables lambris en marqueterie de Boulle que Louis XIV avait fait exécuter pour son fils furent détruits et remplacés par des décorations des Martin sur fond vert. Ils exécutèrent aussi des travaux considérables au compte de M<sup>me</sup> de Pompadour pour son château de Bellevue. La vogue en alla jusqu'en Prusse où Frédéric le Grand appela Jean-Alexandre Martin, fils de Robert, pour lui faire décorer Sans-Souci.

Le vernis Martin semble avoir trotté souvent par la tête de Voltaire ; car il y fait mainte allusion :

<pre>    Et ces cabinets où Martin
    A surpassé l'art de la Chine;</pre>

ou bien encore :

<pre>    Et tandis que Damis, courant de belle en belle,
    Sous des lambris dorés et vernis par Martin.</pre>

En revanche le luxe extrême des décorations martinesques échauffait la bile des philosophes, et Mirabeau dans l'*Ami des hommes* dénonce avec indignation les « voitures vernies par Martin ». Quoi qu'il en soit, les spécimens qui nous ont été conservés de cet art sont relativement rares, car les vernis des Martin furent infiniment moins durables que leurs rivaux les laques japonais. Ils n'auraient pu résister, comme ces vieux laques qui sombrèrent dans le naufrage du *Nil* en 1874, près de Yokohama, séjournèrent un an sous la mer et furent retrouvés parfaitement intacts. Il est vrai d'ajouter, nous

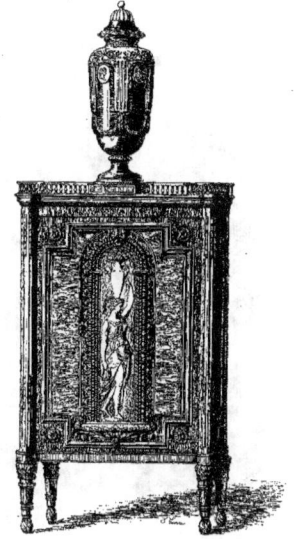

Fig. 98. — ARMOIRE ÉPOQUE DE LOUIS XVI.

dit M. Gonse, que dans la même cargaison « les produits modernes de Kioto et de Yédo étaient complètement détruits. En somme rien n'est plus durable, dans son apparente fragilité, qu'un beau laque du Japon. » Force nous sera donc d'ajouter que rien n'est moins durable qu'un vernis Martin, car nous ne pouvons plus citer maintenant comme spécimens que de petites pièces de collection, ou comme travaux importants, le cabinet de Sans-Souci (exécuté *d'après* les *procédés* des Martin par l'Allemand Oppenhaupt), et le superbe carrosse décoré de peintures sur fond vert aventuriné qui est au musée de Cluny. Les vernis d'après la formule des Martin ont été souvent et habilement employés par nos industriels qui sont arrivés à en donner le luxe à des conditions de prix très accessibles (voir la figure 88).

Plus nombreux nous ont été conservés les meubles en laque noir, à personnages d'or en relief. Nous en mentionnerons tout à l'heure quelques spécimens exécutés sous le règne suivant. Il nous faudrait encore parler de la prodigieuse richesse, confinant parfois à la folie, des voitures et carrosses ; le luxe donné à ces meubles roulants fait assez comprendre les reproches de Mirabeau ; c'était une profusion de bronzes ciselés, de peintures précieuses, de vernis multicolores, de plaques de porcelaine, et on en arriva à ce point que Mᵐᵉ de Pompadour n'osa jamais se servir d'un carrosse qui lui avait été donné par M. d'Aiguillon, de peur d'exaspérer les passants sur son chemin !

Nous en aurions fini avec le meuble sous le règne de Louis XV, si nous ne devions tout au moins mentionner les noms de quelques artistes étrangers. Seul, le défaut de place nous empêche de nous étendre sur des œuvres fort intéressantes à divers titres. C'est ainsi qu'il y aurait toute une étude, et des plus curieuses, sur l'époque de la rocaille en Allemagne et en Italie. Là il y a plus de lourdeur, ici plus d'exubérance que chez nous, et on devine alors ce que peut produire de tapageur et de maniéré cette exubérance, mais c'est bien amusant tout de même. La rocaille allemande fait penser à une belle coquette de province ; la rocaille italienne à une courtisane maquillée jusqu'à l'émail, parfumée jusqu'à la migraine.

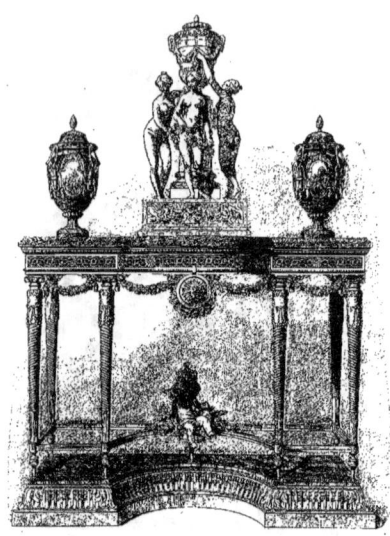

FIG. 99. — CONSOLE DE MARIE-ANTOINETTE.

L'Angleterre garde une certaine raideur, qui n'est pas des plus attractives si on en juge par cette grande pendule de noyer aux appliques de cuivre, appartenant à la collection James de Rothschild et que reproduit notre illustration (fig. 90).

L'Angleterre revendique surtout Gibbons, et Chippendale comme artistes nationaux. L'Allemagne a Kambly de Zurich, Spindler de Bayreuth, qui employèrent volontiers les matières précieuses telles que la nacre, l'argent, l'écaille. L'Italie enfin a Brustolone (1670-1732) et Piffetti (1700-1777) qui, à divers titres, se classent parmi les plus riches faiseurs de meubles et de cabinets. Enfin, en Hollande, il faut signaler, comme ayant une saveur spéciale, les meubles en marqueterie à fleurs jaunes et vertes.

Revenons à présent, après cette brève échappée à l'extérieur, chez nous, où pendant que les voisins s'attardaient un peu à copier nos modes d'hier, nous avions fait déjà une assez sensible volte-face. A l'exotique succédait l'antique. On était très *Voyage du jeune Anacharsis* ; on commençait à découvrir Pompéi et l'on voyait, en peinture, les divines folâtreries de Watteau ou les sensualités de Boucher expulsées par les hommes à boucliers et à casques de Vien, de Lagrenée et du commençant David. C'était une affectation de simplicité : si l'on consentait par exception à voir la vie autrement qu'à la romaine ou à la grecque, alors on la faisait à la villageoise, ou à la bourgeoise, aussi fausses et déclamatoires l'une que l'autre, dans les tableaux de Greuze ou les comédies larmoyantes de Diderot. Sans doute ce goût de l'antique dans lequel nous allions nous figer et nous engoncer peu à peu pendant soixante ou quatre-vingts ans, eut à ses débuts la grâce et la fraîcheur des choses naissantes. Mais quelle différence entre la jolie maigreur du style dit de Louis XVI, et l'insupportable raideur de l'Empire et de la Restauration. Oh ! comme peu à peu ils étaient chassés les sourires, comme involontairement, on commençait à se guinder et à se sécher ! Les commodes

LES MAITRES DU MEUBLE ET DE LA DÉCORATION. 73

prirent des allures de tombeaux où se fanèrent peu à peu tous les jolis secrets de la veille, des secrets où la vertu et la philosophie n'entraient pas pour grand'chose. Faisons, si vous le voulez, deux parts égales, l'une comprenant les intérêts vitaux, les légitimes revendications de tout un grand peuple, l'autre l'insouciance de gens uniquement préoccupés de jouir sans s'embarrasser de ce qui se passe en dessous.

Votre raison et votre cœur sans doute vous entraîneront du côté de la première ; mais la seconde, avec cet art et cet esprit, séduira plus que jamais époque et société, votre imagination et vos sens.

Ce n'est pas à dire, encore une fois que la nouvelle manière ne fut pas au début fine et charmante. Si vous consultez quelques-uns des plus décisifs décorateurs du commencement de la deuxième moitié du XVIIIe siècle, vous trouverez encore de quoi vous satis-

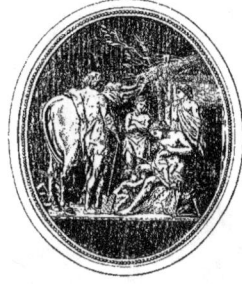

Fig. 100. — DÉTAIL DE L'ARMOIRE A BIJOUX DE MARIE-ANTOINETTE.

faire. Peut-être même, les yeux fatigués du papillotement des coquilles dorées, du chatoiement des ramages, éprouverez-vous quelque douceur reposante à être introduit dans les salons dont les murs ont été envahis par les blancs enduits conservant à peine un rappel des dorures, à voir se substituer aux courbes trop voluptueuses, des lignes grêles et fluettes, aux bouquets jetés à profusion, des rayures où l'accompagnement de semis de fleu-

rettes se fait de plus en plus parcimonieux et gracile. Mais attendez un peu, l'ennui sera au bout.

Tout d'abord on ne s'en aperçoit pas avec Salembier. Sans doute le feuillage est plus discipliné ; à la rocaille a succédé l'acanthe plus sèche ; aux culs-nus de Boucher, l'Amour plus conforme aux figurines grecques. L'ornement se fait plus grêle, mais il demeure encore très touffu. Les compositions d'arabesques pour panneaux de boiseries sont extrêmement fournies, quoique composées d'éléments légers. Cela côtoie la minauderie, et certainement auprès de cela Watteau et Gillot sont des robustes. Les petites

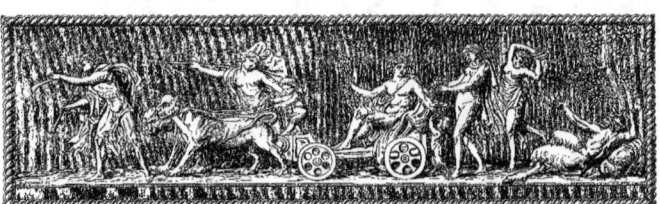

Fig. 101. — DÉTAIL DÉCORATIF DE L'ARMOIRE A BIJOUX DE MARIE-ANTOINETTE.

mousses, les branchages légers accompagnent ces arrangements, et pour ainsi dire les estompent. En somme l'herbe folle n'a nullement abdiqué ses droits ; le chêne, le laurier, et autres simplicités romaines que la République devait faire siennes sont encore bien loin, insoupçonnées.

Voici Ranson, et ses attributs d'un joli goût ; il groupe les accessoires champêtres, grands chapeaux, houlettes, cages à poulets, qu'il enguirlande et enrubanne. Dans son œuvre quantité de ces dessins de légères boiseries, exécutées par les ébénistes d'alors avec une si mignonne délicatesse d'outil. Quelque chose comme des fleurs des champs qui auraient appris à faire la révérence. Dossiers, sièges de fauteuils, cadres ronds ou ovales surmontés d'attributs, toujours avec la dominante de la guir-

10

lande de roses, dans laquelle bientôt des colombes becquetantes feront invariablement leur nid, ou bien où se fichera la rigidité du carquois avec ses flèches peu dangereuses. En vérité cela est charmant sans doute, mais le caractère qui nous frappe, dans tout cet art, et dans les œuvres qui nous restent à passer en revue, c'est que partout se retrouve le sourire pâlot, doux et tant soit peu craintif des enfants fin de famille.

Prenons encore De Lalonde. C'est un ornemaniste dans toute la force du terme, et fort ingénieux. Ses guéridons, consoles à guirlandes, pieds de meubles à cannelures, à rubans, caractérisent parfaitement le goût Louis XVI, et des artistes comme Riésener ou Weisweiler seront ses metteurs en œuvre tout indiqués.

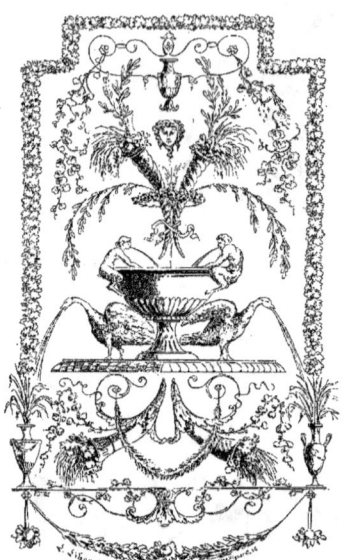

Fig. 102. — PANNEAU D'ARABESQUES COMPOSÉ PAR LAVALLÉE POUSSIN (ÉPOQUE DE LOUIS XVI).

Les voici venus, les carquois et les urnes, se mêlant aux guirlandes ; les voici faisant ménage avec les rubans ou entrant dans la composition des trophées, les torches, les chalumeaux et les lyres.

Dans l'œuvre de De Lalonde, dessus de portes et cartels, plafonds, rosaces, rosettes, feux, baromètres, chaises, tout est d'un goût qui vise avant tout à l'extrême pureté des profils. Si nous prenions en main ses dessins d'orfèvrerie, comme nous le ferons plus loin, nous verrions que la froideur y est encore plus accentuée parce que le métal accuse la minceur des contours.

Un fort joli recueil de lits nous passe sous les yeux : lit à la duchesse, à la polonaise, à colonnes, à trois dossiers, de repos, à la turque. Puis quantité de chaises, de fauteuils, de bergères, d'écrans, de tabourets ployants (en note l'artiste explique que « le ployant est un tabouret distingué qui ne sert qu'à la cour et chez les princes »), de consoles enfin, tous éléments que l'on rencontre en effet, dans ce joli boudoir de Marie-Antoinette à Fontainebleau, dans les appartements de Trianon, ou du moins dans ce qu'une bourgeoisie peu critique a bien voulu en laisser subsister au milieu de ce siècle.

En somme tout cet œuvre donne l'impression d'un élégance sobre, de bon aloi, simple, un peu froide, mais pas encore anguleuse. Détail curieux, De Lalonde, sous le Directoire, ne fait plus grand'chose d'agréable, bien qu'il suive scrupuleusement la mode, et qu'il nous conduise sans effort, dans l'acheminement de son œuvre, aux absolues et monotones sécheresses des décorateurs par excellence de l'Empire : Percier et Fontaine.

Si maintenant nous passons aux artisans qui ont mis en œuvre les compositions de ces décorateurs, et des autres ornemanistes que nous devons nous contenter de nommer, Dugourc, Cauvet, Prieur, Forty, nous trouvons que pour l'habileté de l'outil, pour le goût dans l'exécution, ils ne déméritent pas de leurs plus illustres devanciers. Le plus habile de tous est Jean-Henri Riésener qui, à la vérité, commença ses travaux sous le règne de Louis XV, mais exécuta la plus grande partie de son œuvre sous le suivant. Il était né en 1725 près de Cologne et était venu fort jeune à Paris, où il entra en apprentissage chez Œben ; à la mort de son maître, dont il était devenu le « premier garçon », il épousa sa veuve et poursuivit ses travaux. Il fit rapidement une fortune considérable pour l'époque ; mais ses biographes nous ont appris, grâce à des documents très complets, comment en 1806, au moment de sa mort, il était dans un état de gêne assez profond. Le chef-d'œuvre de Riésener, on le connaît et nous l'avons déjà nommé : c'est le bureau de Louis XV, qu'il a signé, mais qu'à la vérité son maître Œben avait commencé.

Cette pièce superbe a été copiée à satiété par nos ébénistes contemporains. Nous ne nous montrerons point partisans de ces redites, si parfaitement exécutées qu'elles puissent être. Quand on possède une virtuosité égale à celles des artistes du passé, ce n'est point leur rendre hommage que de faire la même chose qu'eux. C'est simplement faire preuve de pauvreté d'imagination, et même, puisque plus rien n'est laissé à l'invention, faire simplement un pas en arrière. On conçoit d'ailleurs que la copie ait pu tenter certains artistes, tant l'original est beau, mais tout ce que nous voulons dire c'est que de pareilles tentatives ne comptent absolument pour rien dans l'art de notre époque.

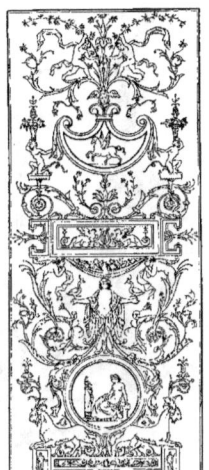

Fig. 103. — PANNEAU PAR NORMAND (XIXᵉ SIÈCLE).

Le bureau d'Œben et de Riésener est de la forme dite à cylindre ; les magnifiques marqueteries qui décorent ses faces représentent des fleurs, des attributs poétiques et guerriers. Les bronzes, d'une exécution admirable, et qu'on avait longtemps attribués à Philippe Caffieri, sont de Duplessis et Winant, fondus et ciselés par Hervieux. C'est un devoir d'enregistrer le nom de ces remarquables artistes. Ces bronzes consistent en deux figures d'Apollon et de Calliope, tenant des girandoles à deux branches ; des bas-reliefs, une pendule à figures d'enfants, des encadrements entourant deux médaillons de porcelaine, tel est l'ensemble de la décoration métallique du bureau. Il est signé dans un des tableaux en marqueterie : « *Riésener fa, 1769 à l'Arsenal de Paris.* »

Parmi les autres pièces célèbres de Riésener, outre celles qui se trouvent dans les collections Wallace, Rothschild, etc., il faut mentionner deux magnifiques commodes au château de Chantilly ; une autre avec grand panneau de fleurs et de fruits à Fontainebleau ; une délicieuse petite table bureau dont la tablette est une charmante composition des attributs de la géographie et de l'astronomie, avec une mignonne galerie de cuivre, au Petit-Trianon ; un bureau à cylindre marqueté en losanges, au même palais. Au Louvre on voit un petit bureau également marqueté et à bronzes dorés finement ciselés ; enfin, au Garde-meuble, un grand bureau secrétaire en acajou, dont les cuivres, parfaitement disposés d'ailleurs, sont un peu moins riches que ceux des meubles précédents. Les meubles de Riésener sont pour l'exécution d'une perfection extrême. Les marqueteries sont d'une fraîcheur et d'une délicatesse qu'on n'a jamais atteinte en France. Mais les lignes générales de ces meubles sont parfois froides et sèches.

Notre illustration reproduit quelques-uns des plus jolis types de cette époque. Après un fragment gracieusement sculpté, un couronnement de cadre (fig. 95) représentant deux branches de roses formant guirlande, recueilli par Sauvageot qui en faveur de sa joliesse faisait une infidélité à son art de prédilection, l'art de la Renaissance ; voici un charmant secrétaire : des attributs allégoriques sont peints en marqueterie dans les petits cartouches qui le décorent ; les losanges sont de ton marron, et le bois des montants est coloré en vert (fig. 97). C'est une excellente pièce, de la forme la plus simple et la plus gracieuse.

Une petite armoire de la collection Ferdinand de Rothschild vient ensuite (fig. 98). Elle est en bois satiné, et ornée de bronzes dorés ; au centre du panneau se trouve une belle plaque de porcelaine de Sèvres. Sur la tablette on a placé un vase de Sèvres, de ton gros bleu, avec gorge blanche et médaillon en grisaille, qui s'harmonise parfaitement avec ce riche petit meuble.

La ravissante console à pieds cannelés en spirale qui suit et qui appartient à la collection Double fut offerte à la reine en 1785, à l'occasion de la naissance de son fils. La grâce et la légèreté des pieds et des guirlandes, les pures proportions de l'ensemble, l'exécution pleine d'aisance de cette figure d'enfant se couronnant qui symbolise le Dauphin, tout contribue à faire de cette pièce un véritable bijou. Les deux vases de Sèvres et la pendule des Trois Grâces, à cadran tournant, due au ciseau de Falconnet, et dont un critique disait plaisamment qu'elle montre tout, excepté l'heure, terminent une décoration pleine de fraîcheur et de grâce tendre.

Enfin, deux planches hors texte achèveront de nous donner une idée complète de l'art du mobilier au début de la deuxième partie du XVIIIe siècle. L'une nous montre un canapé, de la même collection, tendu de tapisserie des Gobelins tissée sur les dessins et les indications de Boucher. A propos de ces gracieuses compositions, une remarque en passant. On s'est fort élevé naguère contre cette méthode de décoration qui consistait à dessiner, pour des meubles d'usage, des scènes, des fleurs, des oiseaux, en un mot toutes sortes de choses animées ou délicates. « Comment ! s'écriait-on, un décorateur peut-il perdre le sens au point de vous inviter à vous asseoir sur un pigeonnier, à écraser une scène d'amour, à vous adosser à un panier de provisions ou à une corbeille de fleurs ? » Nous avouons que ces *convenances* dont on a si souvent parlé, et pour la défense desquelles, même des critiques très autorisés ont rompu des lances, nous échappent et nous semblent absolument puériles. C'est limiter, pour un grand nombre de meubles, la décoration à une ornementation purement géométrique. Il ne sera pas plus juste de manger dans des assiettes décorées de fleurs, car ces fleurs se mêleront aux sauces, ou de boire dans une tasse décorée de papillons qui se peuvent envoler dans votre gorge. Ce sont de pures règles d'académicien en veine de subtilité. Un meuble répond à deux fins, la décoration et l'usage. Le pigeonnier, la corbeille de fleurs, la pastorale, plaisent-ils à l'œil ? Cela suffit. Ils ne sauraient d'autre part, choquer la vue... lorsqu'on est assis dessus. Que l'artiste, à la condition de ne pas tomber dans la prétention ou dans la bêtise, suive donc son caprice, et se convainque de cette règle féconde qui est la conquête de l'art moderne : tous les genres sont bons hors le genre raté.

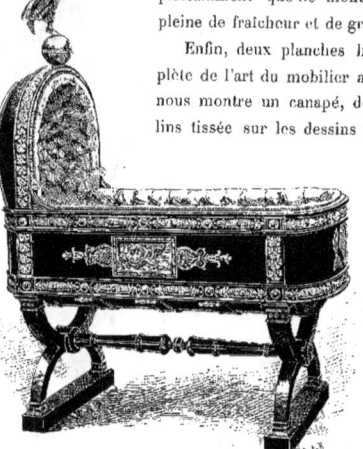

Fig. 104. — BERCEAU DU ROI DE ROME.

Notre autre planche hors texte reproduit un délicieux ensemble : console et entourage de miroir qui fit partie de la collection Spitzer. C'est un véritable charme que cet agencement de guirlandes, des couronnes, de médaillons à figures d'Amours. « Une symphonie en blanc et or », écrivait le regretté Ph. Burty; nous ajouterons que rien mieux que cette symphonie n'évoque l'idée d'une société éprise d'élégances sobres, de sentiment sans fracas et à la tournure gentiment élégiaque, enfin un temps de conversations légères, spirituellement frivoles et froidement polies.

Indépendamment de Riésener, cette époque est encore féconde en maîtres ébénistes dont il convient tout au moins de conserver les noms, et de louer les principales œuvres.

Leleu qui travaillait entre 1764 et 1782 est représenté dans les collections Alphonse de Rothschild, d'Aumale, etc., par diverses pièces, et à Trianon par une commode et deux petits meubles bas. Saunier, de 1752 à 1792, exécuta également de charmants meubles, dont un merveilleux chiffonnier secrétaire de bois d'amarante dans la collection Richard Wallace, et un bureau-toilette au musée de South-Kensington. Etienne Avril mérite également une mention pour un petit meuble d'appui décoré de plaques en porcelaine qui se trouve au palais de Fontainebleau.

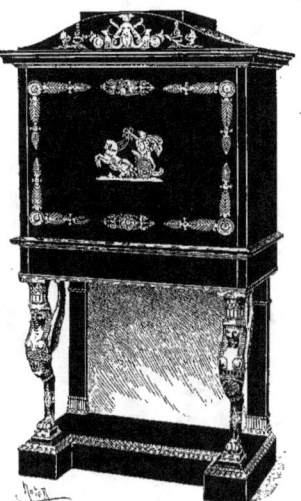

Fig. 103. — SECRÉTAIRE EMPIRE.

Il faut signaler avec plus d'intérêt encore que les précédents, le maître ébéniste Martin Carlin, qui parfois égala Riésener, et fit d'importants travaux pour Marie-Antoinette. Parmi les pièces qu'on peut voir de lui à Paris, citons la belle gaine d'horloge marquetée et ornée de bronze, qui a été recueillie par le Conservatoire des arts et métiers. La commode et les deux encoignures qui l'accompagnent sont parmi les chefs-d'œuvre de l'artiste et les bijoux de la collection de meubles du Louvre. Ce sont des panneaux de laque entourés de guirlandes et d'ornements en bronze ciselé et doré, d'une exécution merveilleusement riche et fine. M. de Champeaux attribue également à Carlin le baromètre à groupe d'enfants et à masque du Soleil, qui se trouve dans une des salles de dessin de notre musée national.

Nous ne ferons que mentionner Montigny, qui s'évertua à copier les œuvres de Boulle. On sait ce que nous pensons de ces redites, en quelque temps qu'elles se produisent. En revanche il faudra nommer avec le plus grand éloge les ébénistes d'origine allemande, comme Riésener et Œben, qui se nommèrent Weisweiler, David Roëntgen, plus communément appelé David tout court dans le monde de la curiosité, et Beneman. Du premier, une petite table à ouvrage avec tablette de laque, et pieds en bronze ciselé, est à admirer sans réserve au musée du Louvre. Le second, sans cesser d'habiter l'Allemagne, vint plusieurs fois à Paris vendre ses meubles, dont il avait, d'ailleurs, un dépôt rue Saint-Martin. Le musée de Versailles possède de lui une table avec marqueterie représentant un sujet chinois. Enfin Beneman, le plus caractérisé des trois, et dont nous pouvons citer un plus grand nombre d'œuvres signées, a exécuté des meubles de formes massives et sévères, de grandes commodes basses et rigides, ornées de cuivres d'ailleurs fort beaux, autant de pièces qui, tout en appartenant à la fin du règne de Louis XVI, donnent comme un avant-goût de la lourdeur du style impérial. Le palais de Fontainebleau, le Garde-meuble et les salles de dessin du Louvre conservent les plus beaux spécimens de cette fabrication dont l'ornemaniste Dugourc, notable par sa prédilection pour le carquois, fournit presque seul tous les modèles.

Enfin si nous mentionnons la fameuse armoire à bijoux de Marie-Antoinette, par Schwerdfeger, et dont nous reproduisons de petits détails ornementaux, ce n'est point pour en louer la pureté de goût. L'ouvrage est par trop germanique et son luxe est criard. Tel qu'il est pourtant, et sauvé par la beauté de ses cuivres si délicats, il vaut encore mieux que le sec et froid démarquage qu'en devaient faire, quelques années plus tard, les ébénistes de l'Empire pour Marie-Louise.

Il est temps que nous terminions cette revue des grands ébénistes. Le xviiie siècle épuisé ne donne plus que des modèles où la froideur le dispute à la niaiserie. La Révolution va distraire énergiquement les esprits de toute préoccupation de luxe et de confortable. Seul, le nom de Jacob vaut la peine d'être conservé comme celui d'un artisan habile et consciencieux, mais peu inspiré.

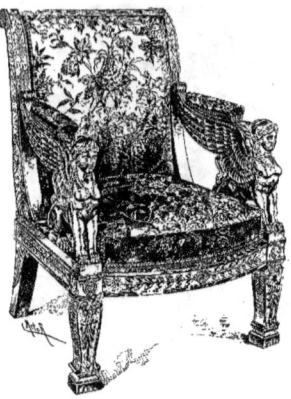

Fig. 106. — FAUTEUIL EMPIRE.

Ses fils continuent son œuvre sous l'Empire. Le véritable ébéniste, sous le nouveau régime, comme aussi sous la République, c'est... David. Les faiseurs de meubles, Jacob-Desmalter tout le premier, ne font que traduire le rêve gréco-romain du peintre des *Sabines*.

Dans la seconde partie de notre siècle, ce style anguleux et froid, mais auquel on ne peut dénier du caractère, et une exécution encore assez bonne, bien qu'elle n'égale point les précieuses mains-d'œuvre dont nous avons vu tant d'exemples, ce style, disons-nous, fut complètement dédaigné, pour ne pas dire méprisé par les amateurs. En ce moment, il semble bénéficier d'un regain de curiosité; on vient de s'engouer très vraisemblablement pour lui, comme on a fait successivement, de notre temps, pour tous les styles. C'est affaire de mode plutôt que d'art. Des ébénistes contemporains ne se sont pas fait faute de recopier, d'une manière parfaitement habile, les maigreurs de cette décoration : palmettes, lauriers, casques, épées romaines et boucliers de même, figures ailées, quadriges et trépieds. Peut-être auraient-ils mieux fait, comme ceux de leurs confrères qui ont reproduit le bureau de Riesener, de chercher à s'inspirer de leur propre imagination et de l'esprit de notre époque.

Quoi qu'il en soit, c'est faire œuvre d'actualité que d'enregistrer le renouveau de vogue pour l'art impérial et de reproduire quelques-uns de ses plus curieux spécimens : le secrétaire à char antique, à palmettes et à sphinx du mobilier national; un majestueux fauteuil à chimères tiré d'un des palais nationaux; le grand lit, avec son massif et belliqueux baldaquin, du palais de Fontainebleau; et enfin le berceau du roi de Rome, où du moins l'admirable artiste qui a nom Prud'hon, tout en respectant les lourdes formes aimées de son temps, a sauvé la mise par d'adorables compositions. Ce n'est pas la seule œuvre d'ameublement que l'on doive aux dessins de ce grand peintre, et il faut de nouveau citer son exemple aux artistes, nos contemporains.

C'est peut-être à leur indifférence en ces matières que nous devons de n'avoir eu jusqu'à présent qu'un style fait de toutes sortes de fragments épars. Le mouvement romantique suscita les reconsti-

HISTOIRE DE L'ART DÉCORATIF

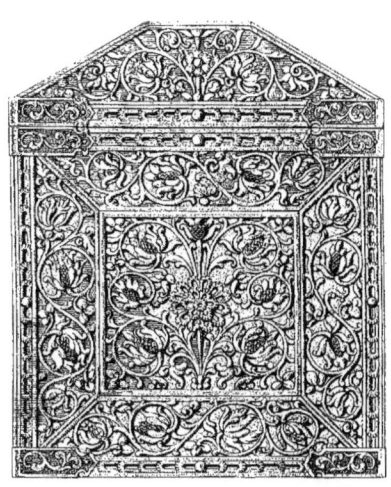

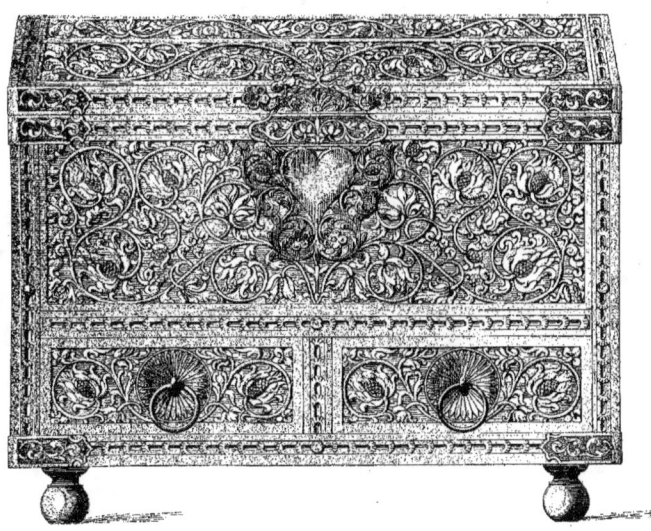

COFFRET PERSAN IVOIRE
XVIIe SIÈCLE

tutions d'un pseudo-moyen âge. Sous le second Empire surtout, le défaut d'originalité fut visible, et la richesse de certaines pièces n'évoque pas autre chose que le goût indigeste de parvenus qui ne regardent pas à la dépense. Mais à présent, bien que les œuvres actuelles soient trop près de nous pour que nous puissions les apprécier impartialement, il est vraisemblable que, malgré la rage du pastiche et l'envahissement des fabrications à la grosse, nous aurons laissé dans tout cela un peu de nous-mêmes. Puis quelques artistes vraiment chercheurs nous sauveront.

L'exemple que pourraient donner les peintres et les sculpteurs serait des plus salutaires, si, ne se contentant pas de la routine, et ne se bornant pas à exercer leur métier dans la plus stricte acception du mot; ils se mettaient avec passion à suivre l'exemple des grands devanciers dont nous avons esquissé l'effort.

C'est des artistes que devrait partir l'initiative de cette remise en honneur des vieux arts manuels. Car, pour les fabricants, comment peut-on exiger d'eux qu'ils fassent preuve d'invention, lorsque les artistes dans lesquels ils ont confiance, ne leur proposent que des redites, des formules banales, des copies des époques passées?

Combien de choses il y aurait à créer! Mais pour cela aussi, combien ne faudrait-il pas en oublier! Avec quelle ardeur faudrait-il se mettre à l'ouvrage! Imbus des préjugés d'école, pénétrés d'une formule d'art officiel, nous n'assistons plus à cet admirable spectacle de jadis, d'un art libre, sortant du sol, expression du sentiment populaire. Pour cela il faudrait résolument tourner le dos à ce que nous avons appris; en fait d'enseignement, ne demander à l'État que l'enseignement technique, la manière de travailler et non la manière de penser; enfin, nous convaincre par l'étude des beaux maîtres et des grandes œuvres, dont nous venons déjà de passer en revue une partie, qu'il n'y a pas divers arts, et que ces arts ne sont pas hiérarchisés, mais qu'il n'y a qu'une seule chose qui se manifeste comme bon lui semble : l'art.

# CHAPITRE IV

## DE QUELQUES MATIÈRES AUXILIAIRES.

L'ivoire. — Incrustation et sculptures. — La nacre et l'écaille. — Le cuir. — Les tentures. — Un mot sur la reliure.

Bien qu'il s'agisse, dans cette partie de notre étude, des arts qui ont pour but de façonner la puissante matière ligneuse, il pourra être dit ici quelques mots, en guise de digression ou d'annexe, comme on voudra, de certaines matières empruntées au règne animal, qui ont été fréquemment associées au bois par les ouvriers de la décoration, et qui ont joué un grand rôle dans le décor ou le charme des intérieurs. Nous ne consacrerons pourtant qu'une courte notice à cette mise en œuvre de l'ivoire, du cuir, de l'écaille, de la nacre, à cause de la multiplicité des sujets que nous avons à traiter.

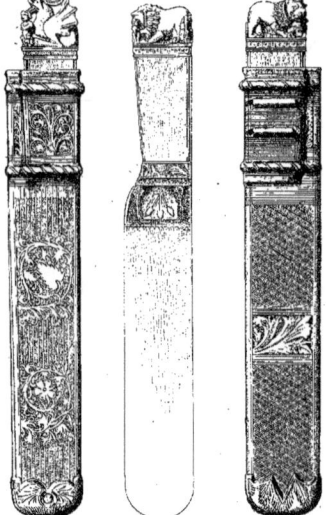

FIG. 107, 108, 109. — COUTEAUX D'ÉCUYER TRANCHANT, MANCHE IVOIRE (XIVᵉ SIÈCLE).

L'ivoire, en effet, nous échapperait presque si nous voulions nous renfermer dans des classifications rigoureuses, car en ses aspects les plus parfaits, ne ressort-il pas du domaine de la sculpture pure? C'est le seul dédain des artistes d'aujourd'hui qui le relègue au nombre des matières industrielles, et nous nous empressons alors de le revendiquer.

Quant au cuir, en ses plus belles et délicates manifestations, il est reliure, et les recherches des érudits viennent plus à propos encore que les simples réflexions de l'esthéticien. D'ailleurs les ouvrages, traités, études sur la reliure sont si nombreux à l'heure actuelle, qu'ils forment une véritable bibliothèque et des plus curieuses. Bornons-nous donc à de sommaires indications.

L'ivoire est dédaigné, avons-nous dit. Ce dédain est de date récente, car dans l'antiquité, chacun sait qu'on le considérait comme la plus précieuse matière fournie au sculpteur et digne d'être associée avec l'or; de là cette sculpture chryséléphantine, sur les procédés mêmes de laquelle on ne saurait être fixé. Comment les anciens amollissaient-ils l'ivoire? Avaient-ils réussi même à le couler? Autant de points sur lesquels les archéologues disputeront longtemps, sans documents précis. Puis l'ivoire fut encore tenu en haut prix à Rome, et chez nous au moyen âge et à la Renaissance. Le XVIIᵉ siècle vit quelques-unes des plus parfaites des sculptures en ivoire; enfin de notre temps même un ou deux artistes ont essayé de le tirer de l'avilissement où la fabrication courante, il faut bien le reconnaître, l'avait plongé.

VASE A BOIRE EN IVOIRE                    HISTOIRE DE L'ART DÉCORATIF

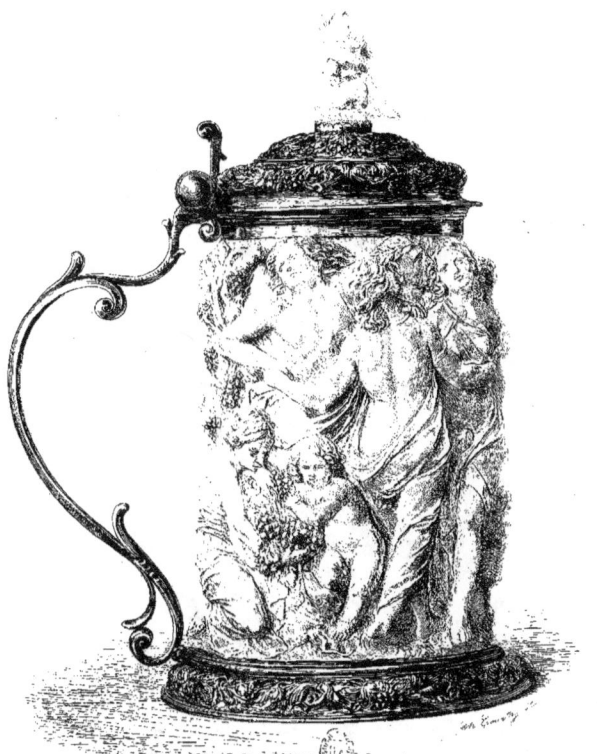

Hauteur 0,28

Des origines nous n'avons pas à nous occuper et nous devons glisser même sur une des plus belles époques de l'ivoire, le moyen âge. Nous donnons toutefois dans notre illustration quelques spécimens, et nous rappelons ici de vénérables œuvres, pleines de foi dans l'invention, de patience et d'habileté dans l'exécution, telles d'abord que l'admirable groupe du *Couronnement de la Vierge* (XIIIᵉ siècle) au musée du Louvre ; ou au même musée, le retable de Poissy (XIVᵉ siècle), pièce immense aux innombrables personnages, qui est à la vérité en os sculpté, mais qui a des douceurs et des moelleux d'ivoire. Citons encore le beau tableau d'ivoire représentant la vie de saint Jean-Baptiste, et qui, sous le nom d'*Oratoire des duchesses de Bourgogne*, est un des joyaux du musée de Cluny (XIVᵉ siècle).

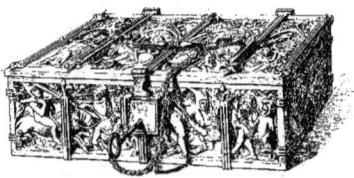

Fig. 110. — COFFRET IVOIRE.

Au XVᵉ siècle on exécute des portraits précieux, et dont le *Roman de la Rose* nous conserve cette jolie impression :

> Se se volt déduire à pourtraire
> Il fit un ymage d'ivière,
> Et mist au fere telle entente
> Qu'elle fu si plaisante et gente,
> Qu'elle sembloit estre aussi vive
> Que la plus bele riens (chose) qui vive.

L'art des coffretiers s'exerce, au moyen âge, en de menus et recherchés travaux, trahissant le raffinement des femmes d'alors et dont Viollet le Duc reconstitue les complications avec ce curieux exemple d'un coffret de toilette : « D'un côté les parfums, de l'autre tous les menus objets de la coiffure, peignes d'ivoire, épingles, poudre blonde et poudre d'or. Dans les tiroirs du bas les bijoux de col, de coiffure et de corsage, les bracelets, les baguiers, le riche *fermail*, l'aumônière brodée, les ceintures d'orfèvrerie, les patenôtres, » puis dans un petit réduit « miroirs à main, baguettes de fer enveloppées dans un étui pour rouler les cheveux, pinces pour les faire friser, ciseaux, spatules d'ivoire et d'argent pour gratter la peau, et même, boîtes de couleur pour la colorer. »

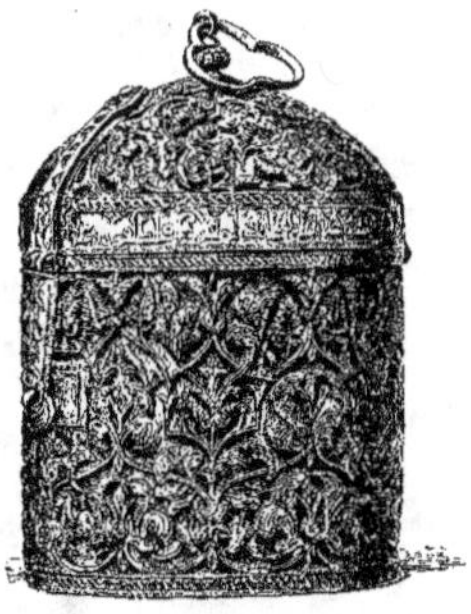

L'ivoire en ces temps fut communément rehaussé de peintures et d'or, comme en témoignent le groupe du Louvre que nous citions à l'instant et les sujets de la superbe châsse, n° 1060 du musée de Cluny (XVIᵉ siècle).

Nous avons vu avec quel charme au XVIᵉ siècle il s'associa sous forme d'incrustations à l'art du meuble, en France et en Italie. C'est aussi le moment où la sculpture en ivoire arrive à la perfection. On sait que certaines pièces ont été jugées dignes d'avoir Michel Ange pour auteur. Il suffit de citer chez nous les noms de Jean Goujon et de Jean Cousin, qui ont travaillé l'ivoire, et à qui, tant est grande la beauté de ces ouvrages, on attribue certaines pièces du musée du Louvre, notamment à Jean Goujon la boîte à poudre (n° 920) de l'ancienne collection Revoil.

Fig. 111. — CUSTODE EN IVOIRE.

Du XVIᵉ siècle également date la prospérité de Dieppe comme centre de l'industrie éburnine.

Au XVIIᵉ siècle de beaux artistes travaillent l'ivoire : ce sont Michel Anguier, François Duquesnoy dit Flamand, Gérard van Obstal. Duquesnoy a exécuté de souples et charmantes figures d'enfants et Gérard van Obstal des bas-reliefs et des bacchanales (deux exemples brillants au Louvre). Un bel ivoire de van Obstal est gras, plantureux, caressant et entraînant; c'est du Rubens d'étagère. On cite encore Joseph Villerme (de Saint-Claude, Jura), Fayd'herbe, Francis van Bossuit, Guillermin, Lacroix, etc. Enfin il est avéré que Girardon travailla l'ivoire, mais on n'a point en ce genre d'œuvre authentique du maître sculpteur.

Au XVIIIe siècle on exécute aussi de multiples et charmants travaux en ivoire. Saint-Claude (dont il faut citer au moins une illustration : Rosset Dupont, l'auteur de tant de bustes de Voltaire et de Rousseau) rivalise avec Dieppe.

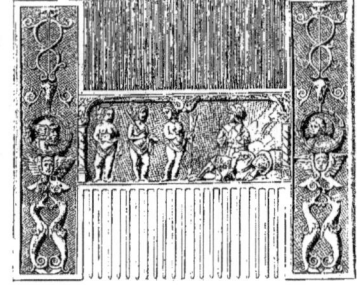

Fig. 112. — PEIGNE ITALIEN EN IVOIRE (FIN XVe SIÈCLE).

Nous ne pouvons suivre dans leurs curieuses notices les spécialistes qui ont écrit l'histoire de l'ivoire, ni énumérer les chefs-d'œuvre du genre microscopique où excellèrent les Allemands. Il nous faut en effet réserver quelques lignes pour les plus grands ivoiriers du monde : les Orientaux. Tout d'abord les artistes de l'Inde, dont les ivoires, si prodigieusement fouillés, si riches en détails (témoins le bouton d'écran et la guitare du musée Sauvageot, reproduits ici) (fig. 131 et 132), n'amènent cependant pour l'œil ni pour l'esprit aucune fatigue. Puis les Chinois, qui ont bien modelé de puissantes et expressives statuettes, mais ont vu en général, dans l'ivoire, plutôt d'effrayantes difficultés d'exécution, boules concentriques, tours dentelées, ajourées, repercées, qu'un travail d'art proprement dit. Enfin et surtout les Japonais, dont les netzkés

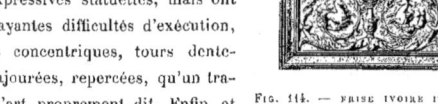

Fig. 114. — FRISE IVOIRE ITALIEN (XVIe SIÈCLE).

comptent au nombre des chefs-d'œuvre de l'art humain, malgré leurs dimensions naines. Nous devons renoncer à énumérer les sujets où

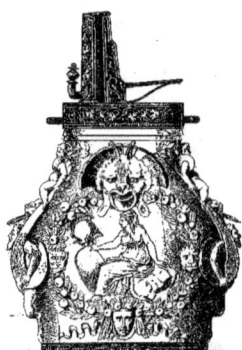

Fig. 113. — POIRE A POUDRE ITALIENNE EN IVOIRE (XVIe SIÈCLE).

se sont complu la finesse d'observation, la puissance d'exécution, le pétrissement de vie des Sessaï, Kisoui, Tôoun, Hidémasa, Tomatada, Masatsané, Masafoussa, Tomotshika, Jiouguiokou, Masakadzou, Sensaï, Noriaki, Noritami, etc., les faiseurs de netzkés qui ont surtout travaillé l'ivoire : personnages légendaires ou humoristiques, petits animaux, souris, escargots, tortues, insectes, etc.,

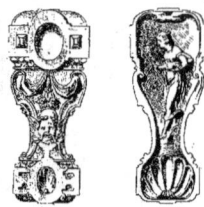

Fig. 115 ET 116. — MANCHE DE MIROIR, FACE ET REVERS, IVOIRE (XVIe S.).

tous palpitants, grignottants, rampants. Quant à la matière, elle fut, aux bonnes époques, ce bel ivoire qu'a si bien décrit M. Edmond de Goncourt : « cet ivoire laiteusement transparent qui prend avec le temps cette belle patine, ce doux jaunissement, cette chaude pâleur qu'il ne faut pas confondre avec le saucement

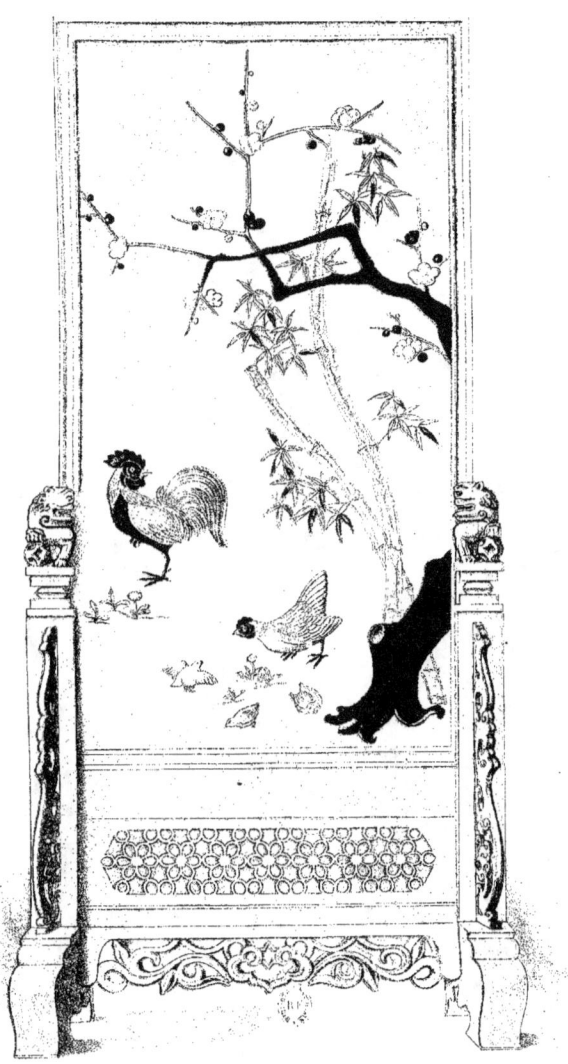

des netzkés modernes, fabriqués avec les qualités les plus inférieures de la dent d'éléphant, de la dent de morse, d'os même de poissons, netzkés ayant quelque chose, dans les sébiles où ils sont amoncelés, de vieilles molaires dans le crachoir d'un dentiste. »

Nous avons trop parlé de l'emploi que firent de l'écaille certains ébénistes, Boulle entre autres, pour

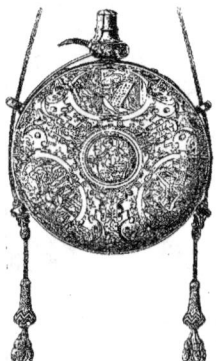

FIG. 117. — AMORÇOIR EN IVOIRE.

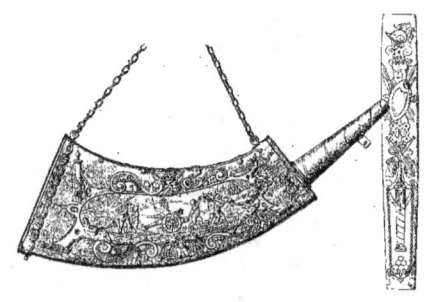

FIG. 118. — AMORÇOIR EN IVOIRE (XVIᵉ SIÈCLE).

revenir longuement sur la charmante et translucide substance. Qu'il nous suffise de rappeler les beaux peignes du XVIIᵉ et du XVIIIᵉ siècle, incrustés d'or; les travaux délicats des tabletiers, le *piqué d'or* aux jolis dessins obtenus par les têtes de petits clous du précieux métal, le *posé d'or* qui est une incrustation d'or sur l'écaille; les travaux recherchés des ouvriers de l'Orient.

Enfin, il nous reste, avant de passer au cuir, la dernière des matières animales que nous examinerons (mises à part la laine et la soie, con-

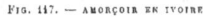

FIG. 119. — OLIPHANT EN IVOIRE SCULPTÉ.

servées pour des chapitres plus développés) à dire quelques mots de la nacre, qui a valu aussi principalement par son emploi comme matière à incrustations ou comme auxiliaire aux orfèvres et bijoutiers. La mignardise du XVIIIᵉ siècle se complut également dans certains travaux de gravure.

Les plus curieux incrusteurs dont les ouvrages nous ont été révélés en ces temps derniers sont certainement ceux de la Cochinchine. On a pu voir à l'Exposition Universelle, au palais cochinchinois, quelques meubles ainsi rehaussés. Peut-être le dessin n'était-il pas d'une irréprochable correction, d'une audace et d'une liberté japonaises; mais quelle verve naïve, quelle imagination touffue! Ce sont des mages innombrables, des scènes grouillantes et qui changent à chaque centimètre carré. Des cavaliers s'élancent à l'assaut d'une citadelle; des tournois s'engagent, dans une enceinte, sous l'œil de juges graves et de femmes pimpantes; dans un coin de campagne, des serpents s'enlacent aux troncs des arbres, des tigres guettent, prêts à bondir; soudain, des bateleurs arrivent en poussant des rires joyeux, et déballent leurs accessoires, répètent leurs jongleries. Dans des maisons à jour, des mandarins recueillis jouent aux échecs ou à tel autre jeu du terroir, absorbent gravement des coupes de thé ou se laissent épousseter avec des éventails, d'une mine majestueuse et pleine de componction; dans des pagodes, des bonzes accomplissent les rites; sur un fleuve qui vient là, on ne sait pourquoi, mais tout à fait à propos, glisse une jonque chargée de personnages. Bref, tout un monde absurde et séduisant, que la fantaisie de l'ouvrier a patiemment rassemblé, avec une vérité de silhouettes, un heureux sans-façon de mouvements et de raccourcis, à surprendre les opinions toutes faites.

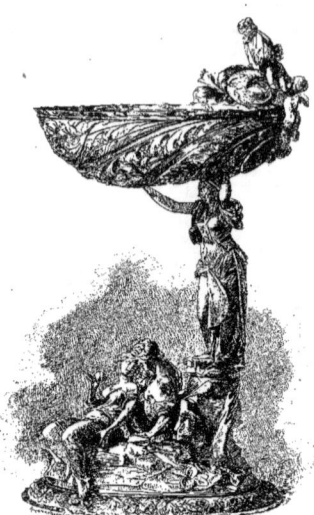

Fig. 120. — COUPE FLAMANDE IVOIRE (XVIIᵉ SIÈCLE).

Même en abandonnant aux spécialistes l'étude de la sellerie, du harnachement, de l'équipement et de la chaussure, où d'ailleurs l'art et le raffinement n'ont point manqué, le cuir offre encore aux décorateurs une riche matière et à l'ameublement une ressource précieuse. Qu'il tapisse les murailles et se recouvre d'or, de peintures, se repousse en plantureux reliefs; qu'il recouvre les coffres précieux en gaines ouvragées, ou qu'il soit la matière même de ces coffres; qu'il devienne siège ou dossier de chaise ou de fauteuil, on ne saurait le remplacer en souplesse, en élasticité, en finesse, en durée. Enfin, l'art du relieur l'emploie sans rival, à un des accompagnements les plus délicats et les plus rares des jouissances intellectuelles.

Avec une complaisance extraordinaire il s'assouplit ou se durcifie. Si on se contente de son seul aspect naturel, il prend avec le temps de fauves et chaudes patines, caressantes au regard. Si on veut le relever au contraire et employer sa teinte naturelle comme fond, il prend l'or et la couleur, s'associe avec ces éléments dans une parfaite harmonie. Il s'incruste enfin, soit de matières précieuses, soit de fragments même de cuir, rapportés en marqueteries, en mosaïques. Il prend à merveille les teintures éclatantes comme les plus sombres. Enfin il a ses procédés spéciaux,

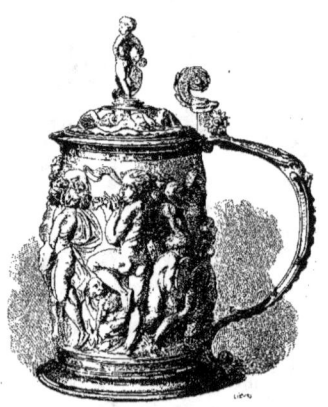

Fig. 121. — VASE A BOIRE FLAMAND EN IVOIRE (XVIIᵉ SIÈCLE).

complets dès les temps les plus lointains, et que l'on a conservés, mais non perfectionnés à notre époque

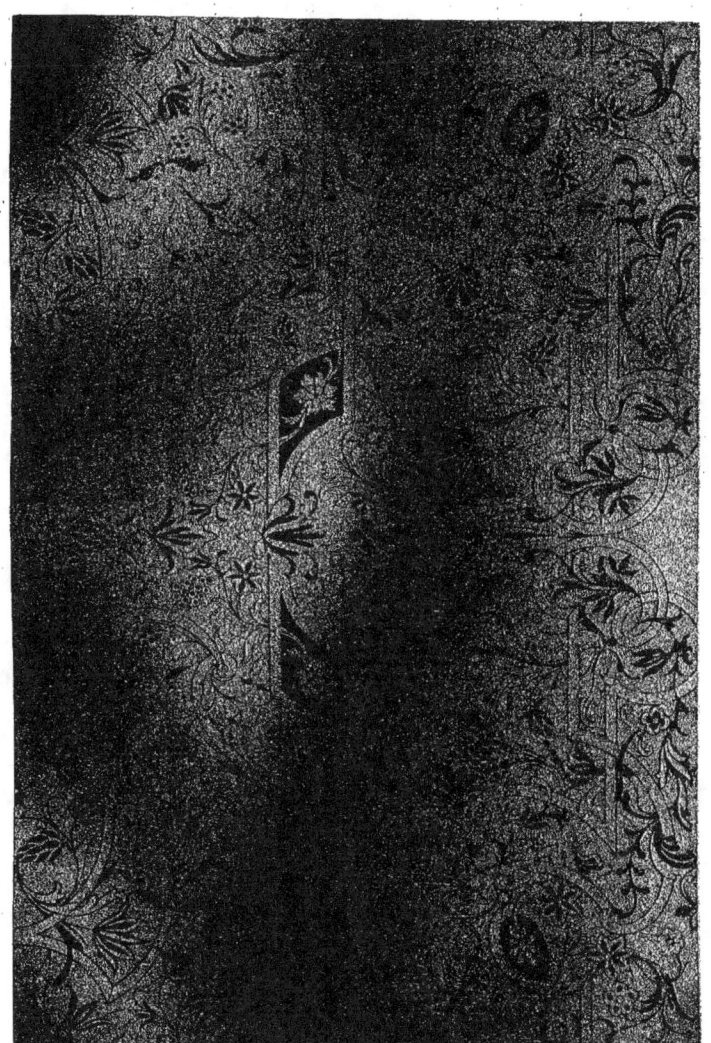

même. Au moyen âge, avec les habitudes nomades dont nous avons parlé, on devine les services qu'il rendait; il enveloppait et protégeait les coffres, et il ne laissait pas malgré ce rôle utilitaire d'être travaillé avec le plus grand soin. Il était dit alors *martelé*, c'est-à-dire simplement corroyé au marteau sur une planche gravée d'ornements dont il finissait par prendre la forme; *empreint*, c'est-à-dire frappé avec des fers en forme de matrices donnant en relief les ornements les plus variés, croix, fleurons,

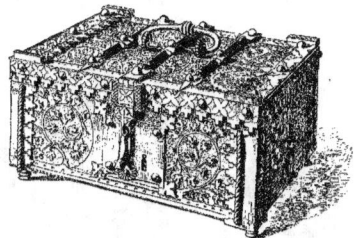

Fig. 122. — COFFRET CUIR (XVIᵉ SIÈCLE).

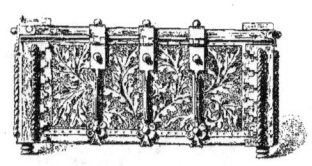

Fig. 123. — REVERS DU COFFRET PRÉCÉDENT.

fleurs de lis, rosaces, folioles, etc.; *damasquiné*, il était incrusté de métal; *écorché* (ou « escorchié ») il était gravé au canif, taillé dans son épaisseur.

Au XVᵉ siècle on trouve, dans les inventaires, de nombreuses mentions qui font foi de son rôle important dans l'ameublement et la décoration. Ceux d'Isabeau de Bavière, du duc de Bourgogne, entre autres,

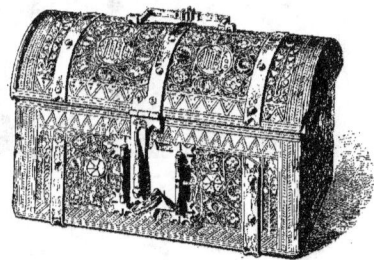

Fig. 124. — COFFRET CUIR (XVIᵉ SIÈCLE).

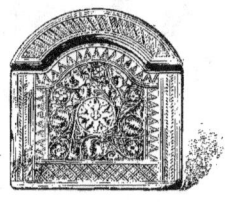

Fig. 125. — CÔTÉ DU COFFRET PRÉCÉDENT.

montrent en quelle perfection étaient déjà ornées ces belles peaux qui pendant l'été remplaçaient les tapisseries; l'inventaire de Charles V contient cet article qui indique un autre usage et en même temps la provenance d'un grand nombre de ces apprêts: « Quinze cuirs d'Arragon pour mectre par terre en été. » L'Espagne était donc dès ce moment le pays des beaux cuirs ouvragés, des *guadameciles*; on sait la réputation que les *Cordouans* ou cuirs de Cordoue ont conservée et le prix en lequel les tiennent les amateurs. On ne saurait mentionner tous les usages recherchés du cuir dès le XIVᵉ et le XVᵉ siècle. Deux ou trois exemples suffiront. En 1328, maistre Jacquet exécute « pour madame la royne (Isabeau de

Bavière) ung estuy de cuir bouilly armoyé de ses armes pour mectre ung petit tableau d'ivoire. »
En 1421, usage inattendu : « le corps (d'Henri V, roi d'Angleterre, mort à Vincennes) fut mis sur un
chariot que quatre chevaulx blancs menoient, et la fiction de son image firent faire de cuir bouilly,
vestue réellement et paincte au vif, couronne d'or en une main, une pomme d'or en l'aultre. » Cette
application du cuir à la statuaire est une rareté ; tandis que l'emploi suivant est le plus ordinaire
dans la décoration : « A Jehan Garnier la somme de 4 livres 15 sols tournoys à lui ordonnée pour un
grand cuir de bueuf blanc par luy baillée et livrée à ung painctre que le roy avoit faict venir d'Ytalie,
auquel la dicte dame la royne a faict faire et paindre le parement de son lict » (1416). On multiplierait

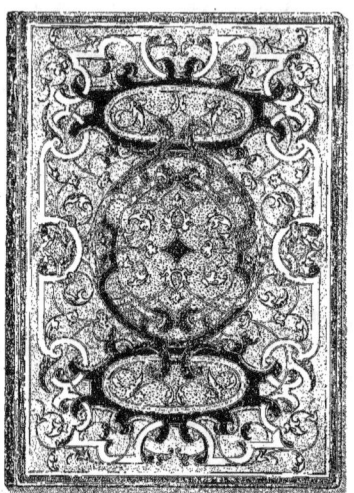
FIG. 126. — RELIURE FRANÇAISE (XVIᵉ SIÈCLE).

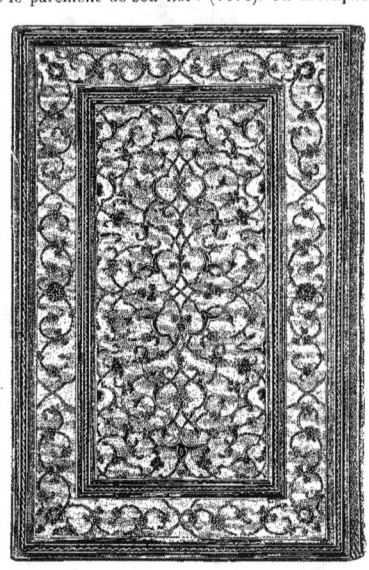
FIG. 127. — RELIURE (XVIᵉ SIÈCLE).

ces exemples, de même que dans les collections et les musées on trouve de précieux spécimens de
l'art du cuir. Au musée de Cluny ils sont fort beaux et d'une valeur rare ; de même dans la collection
Sauvageot dont nous reproduisons deux charmants coffrets (fig. 122 et 124) du XVIᵉ siècle ; un en cuir bouilli
et estampé, avec encadrement en fer découpé et dentelé, et loquet en forme d'animal fantastique ; l'autre
gaufré et colorié, avec garniture en fer étamé : le cuir est rougeâtre ; les dents et les rosaces seules sont
peintes.

Dans les intérieurs du XVIᵉ siècle les cuirs ne sont pas tenus en moindre estime, et l'on en trouve
quantité, par exemple dans l'inventaire de Catherine de Médicis ; il y en a à fonds orangés, violets, vert
de mer, rouges, bleus, noirs et argent pour les « chambres de deuil ».

Au XVIIᵉ siècle les estampages accusent d'énormes reliefs ; la fabrication naguère presque exclusive
à Cordoue s'étend un peu partout, à Venise, en Flandre, à Lyon, à Avignon ; à Paris, où Henri IV
établit des manufactures dans les faubourgs Saint-Jacques et Saint-Honoré.

HISTOIRE DE L'ART DÉCORATIF

ÉCRITOIRE PERSANE
XVIe SIÈCLE

Cependant, dès le xvie siècle le cuir avait déjà connu la rivalité du papier peint; des essais avaient été tentés sous François Ier; au xviie siècle Jean Papillon, Jacques Chauveau, Gabriel Huquier, etc., avaient encore perfectionné ces tentatives ; enfin au xviiie siècle, l'Angleterre, que l'on retrouvera encore dans d'autres occasions à la tête des perfectionnements de la grosse fabrication, trouvait le procédé des papiers *veloutés*, que l'on ne tardait pas à imiter chez nous.

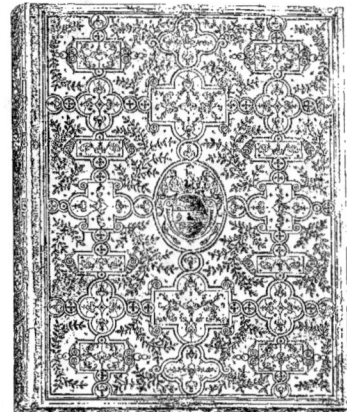

Fig. 128. — RELIURE FRANÇAISE.

On sait, sans qu'il soit besoin de plus insister, l'importance énorme qu'a prise en notre siècle cette industrie. Beaucoup d'art peut y être encore apporté ; le merveilleux peintre Jules Chéret a montré, par ses affiches, la voie dans laquelle il faut s'engager, et en ce moment même, il exécute, pour la maison de Madame Vve Pathey, une décoration d'appartement que les artistes et les amateurs attendent impatiemment, et où babilleront ses gracieuses et souriantes évocations. Il faudrait que les vrais artistes fussent de cette façon mis à contribution par les industriels pour faire du papier peint non pas seulement un simple fond plus ou moins riche, plus ou moins bariolé, ni une lourde traduction de peintures connues, mais une des parures les plus délicates et les plus joyeuses de nos habitations.

Si avant de dire quelques mots de la reliure nous revenons au cuir, il est difficile de ne pas citer au moins, bien que nous n'ayons pas à parler de l'art décoratif dans le costume, la riche collection de chaussures recueillie par Jacquemart, et qui est une des plus curieuses du musée de Cluny. Poulaines du xve siècle, souliers à talons du règne d'Henri II, orgueilleux patins des courtisanes vénitiennes, souliers de cour des xviie, xviiie siècles, bottes d'armes, souliers de grands seigneurs et de vilains; bottes, babouches, sandales des orientaux, souvent enrichies de magnifiques broderies; dans toutes ces pièces se révèlent les tendances des races et des sociétés ; grâce, élégance, lourdeur, nonchalance, courage, esprit, tout cela se lit couramment dans les éléments multiples de la collection Jacquemart. Que de choses dans une chaussure !

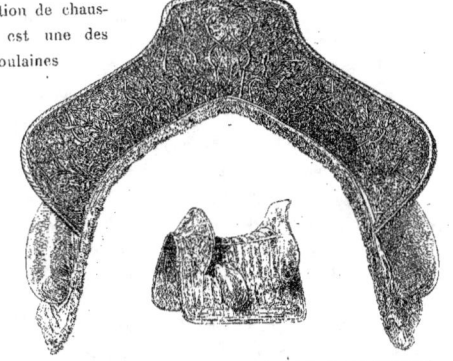

FIG. 129 ET 130. — SELLE EN CUIR XVIe SIÈCLE (DÉTAILS ET ENSEMBLE).

Enfin nous ne pouvons omettre une merveille de l'art du cuir, une pure exception d'ailleurs, l'étonnant cabinet du Musée de Cluny (n° 1449) en cuir rouge gaufré et travaillé au petit fer ; tout le meuble monté sur pieds, avec entre-jambes, pourvu de vantaux et de tiroirs, est ainsi revêtu de cuir délicieusement recouvert d'arabesques dorées. C'est l'ouvrage d'un relieur, qui n'a point signé son œuvre malheureusement, et l'époque est le règne de Louis XIII.

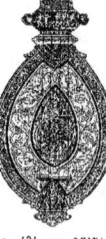

Fig. 131. — GUITARE INDIENNE EN IVOIRE.

La reliure avait déjà produit quelques-uns de ses plus rares chefs-d'œuvre. Elle est à proprement parler un art né au xvi° siècle ; les rudimentaires parcheminerics des *lieurs*, les fastueuses orfèvreries des évangéliaires n'ont rien de commun avec les travaux raffinés, orgueil de la bibliothèque du célèbre financier, amateur de livres, Jean Grolier. D'ailleurs les ais pesants qui protégèrent les in-folios de Fust et de Gutemberg ne ressemblent guère non plus aux plats de maroquin, ornés de rinceaux exquis, de dentelles, d'entrelacs poussés au fer. L'Italie avait donné l'exemple de cette riche parure du livre : des amateurs comme Grolier et Maïoli, dès les premières années du xvi° siècle, naturalisèrent ce luxe en France, et induisirent les plus hauts personnages à l'adopter à leur tour. C'est un de ces beaux et universels artistes dont l'époque était prodigue, Geoffroy Tory, à la fois peintre, graveur, imprimeur et relieur, qui composa les ornements des reliures de Grolier, et le bibliophile lui-même y collabora probablement. Il est à remarquer que seuls les plats sont soignés au début ; les livres sont encore rares et on les couche sur les rayons des bibliothèques ; le dos est lourd et négligé, et c'est sur le plat que se trouvent les titres, les armes et les devises. Quand le livre devint légion, et qu'on le classa debout, pour tenir moins de place, le dos fut alors orné.

Les livres de Grolier se divisent en diverses catégories : reliures à compartiments dont les fleurons sont dorés en plein ; puis fleurons dorés à striures, ou, dans la langue du blason, *azurés*. Les reliures à ornements composés par Geoffroy Tory font une autre classe ; et enfin viennent les reliures polychromes, les mosaïques et les travaux de provenances italiennes.

Geoffroy Tory travailla aussi pour François Ier, mais le roi fit appel surtout à Pierre Roffet, dit le Faucheux. Quant à Henri II et à Catherine de Médicis, c'est encore à Tory qu'ils s'adressent. L'étude des emblèmes et armoiries dont se pare alors, parmi les rinceaux touffus et les dentelles légères, le livre de prix, est trop spéciale pour que nous puissions même l'effleurer. En revanche, il faut nommer les Eve, sous Henri III, et dire la délicatesse de leurs arabesques, depuis affublées par les bibliophiles de ce siècle du surnom de *fanfares*.

Au xvii° siècle, le plus célèbre relieur est Le Gascon qui, tout en conservant un peu le goût décoratif des Eve, imagine d'exécuter les lignes du dessin en un pointillé, un perlé des plus fins. La bibliothèque du cardinal Mazarin contenait de nombreux chefs-d'œuvre de ce beau maître, et on en peut voir d'admirables à la Bibliothèque Mazarine. On cite encore les noms de Florimond Badier, de Gilles Dubois, de Levasseur, de Ruette, inventeur du papier *peigne* pour les gardes du livre.

Au xviii° siècle les Padeloup, les Derome, les Dubuisson, les Lemonnier, les Laferté, etc., maintinrent le renom de la reliure française ; enfin de notre temps de remarquables artistes ont repris les traditions de richesse, de goût et d'exécution

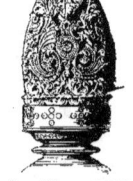

Fig. 132. — BOUTON D'ÉCRAN INDIEN EN IVOIRE.

parfaite ; mais nous ne pouvons caractériser en détail tous ces ouvrages, de peur qu'on ne juge trop longue cette digression sur l'emploi de quelques-unes des matières que la nature fournit comme auxiliaires aux arts de l'ameublement proprement dit.

HISTOIRE DE L'ART DÉCORATIF

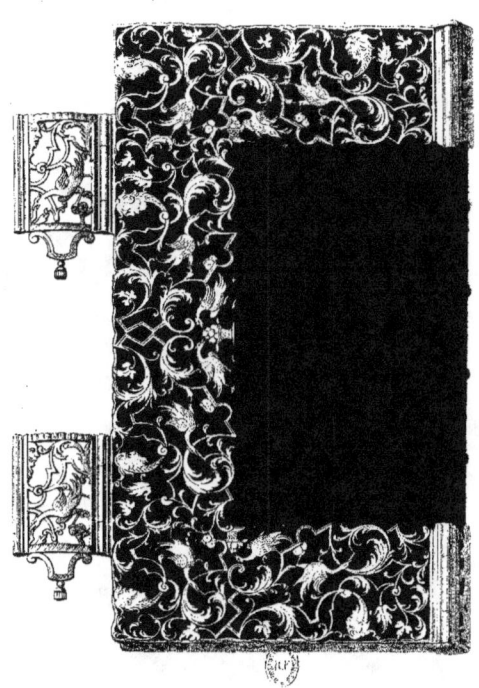

RELIURE — TRAVAIL ALLEMAND

# CHAPITRE V

## LES ENSEMBLES.

De maistre Jacques Duché à Bonaparte. — Amateurs et curieux. — L'abus du pastiche.

Voulez-vous maintenant que comme synthèse et comme sanction de notre revue détaillée des transformations du mobilier, nous fassions défiler devant vous, comme en une sorte de lanterne magique, quelques « intérieurs » typiques? Il y a profit et amusement à cette sorte de spectacle en plusieurs tableaux.

Si nous prenons un peu avant la limite que nous nous étions assignée, nous voyons, au xv⁵ siècle, une disposition à peu près invariable. Dans la chambre se trouve le lit avec ses courtines, et près de lui la chaire; devant la cheminée le banc à dossier; çà et là, une huche, ou une armoire; si nous sommes chez un lettré, on aura l'adjonction d'un « faudesteuil », d'un « pulpitre », d'un lectrin.

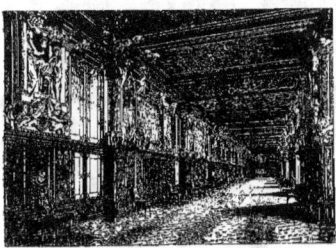

Fig. 133. — GALERIE FRANÇOIS Ier A FONTAINEBLEAU.

Il ne faut pas croire, nous l'avons dit, que la vie soit exempte de luxe et de raffinement. Voici, par exemple, grâce à Guillebert de Metz, dans sa *Description de Paris*, un coup d'œil sur le mobilier de maistre Jacques Duché en son hôtel de la rue des Prouvaires :

« La première salle est embellie de divers tableaux et escritures d'enseignements atachiés et pendus aux parois. Une autre salle remplie de toutes manières d'instruments, harpes, vielles, guiternes, psaltérions et autres, desquels le dit maître Jacques savoit jouer de tous. Une autre salle estoit garnie de jeux d'échez, de tables et d'autres diverses manières de jeux à grand nombre. Item une belle chapelle où il y avoit des pulpitres à mettre livres dessus, de merveilleux art, lesquelz on faisoit venir à divers sièges loings et près, à destre et à senestre, item plusieurs aultres chambres richement adoubez de lits, de table engigneusement entaillies, et parés de riches draps et tapis à orfrois. »

Au début du xvi⁵ siècle, comme nous l'avons vu, il faut être encore prêt à toute éventualité de déménagement, et ce n'est que plus tard que l'on se préoccupe moins de n'avoir que des meubles pouvant se monter et se transporter. Le luxe est d'ailleurs parfaitement effréné. Comme opposition à la relative simplicité de l'intérieur d'un riche parisien, voici celui d'une opulente courtisane vénitienne. Ce sont les propres appartements de la belle Imperia, morte en 1511 à l'âge de vingt-six ans, et c'est un futur évêque, Matteo Bandello, qui nous en laisse cette édifiante description. Le palais dont il s'agit avait été donné à la célèbre courtisane par un grand seigneur qui ne regardait point à la dépense, Angelo dal Buffalo; un ambassadeur d'Espagne n'y trouva rien de mieux à faire, pour témoigner son admiration, que de cracher au visage d'un domestique, disant que « tout autre endroit était trop beau ».

« Entre autres choses, dit Bandello, il y avait une salle, une chambre et un boudoir. On ne voyait dans ces appartements que velours et brocard, et à terre les plus fins et les plus précieux tapis. Dans le boudoir où la belle Imperia se retirait quand elle recevait quelque grand seigneur, les tentures des murs étaient de drap d'or, rebrodées par dessus leurs premières broderies avec un talent merveilleux. Il y avait ensuite une corniche toute recouverte d'or et d'azur d'outre-mer ouvrée avec beaucoup d'art, sur laquelle étaient posés de beaux vases en matières les plus précieuses et les plus variées, telles que pierre d'albâtre, porphyre et marbre très estimés.

« On voyait là rangés tout autour dans ce boudoir beaucoup de coffres et de bahuts magnifiquement incrustés et tels que tous étaient du plus grand prix ; on voyait ensuite placée dans le milieu une petite table, la plus admirable du monde, couverte de velours vert et sur laquelle il y avait toujours un luth ou un cistre, avec des livres de musique et autres de ses instruments. Il y avait aussi différents petits livres en italien et en latin très richement ornés. »

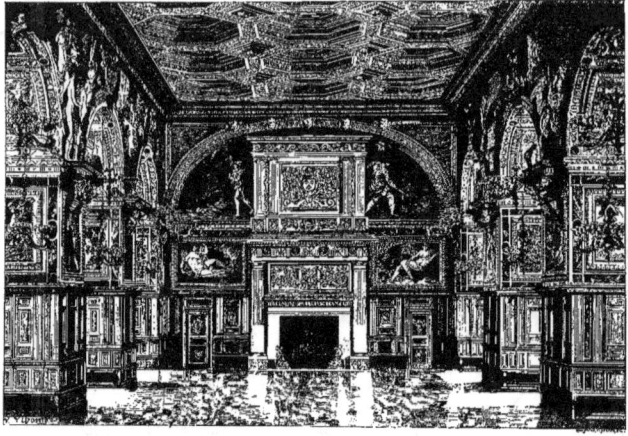

Fig. 134. — Décoration de la galerie de Henri II, dans le château de Fontainebleau (xvie siècle).

Nous allons maintenant passer en revue avec un peu plus de détail, grâce à M. Bonnaffé, l'ameublement d'une reine, au xvie siècle. A la mort de Catherine de Médicis, en 1589, on dressa l'inventaire de son hôtel situé entre les rues Coquillière, du Four, des Deux-Écus, et de Grenelle ; on sait que de cette demeure il ne reste que la tour accotée à l'ancienne halle aux blés, et que les travaux de la nouvelle Bourse de commerce ont respectée.

La grande salle du rez-de-chaussée est tendue de « douze pièces de tapisserie de haute lisse, façon de Bruxelles, esquelles est représentée l'histoire de Hannibal ». Dans d'autres pièces du rez-de-chaussée, la décoration consiste en tapisseries de Flandre, de Beauvais, etc., à histoires ou à grotesques.

La grande galerie du premier étage est ornée de trente-neuf portraits de membres de la famille royale et de princes étrangers ; au milieu, une table en mosaïque de Florence, « assise sur un pied de bois doré et marqueté ». Deux « cabinets de peinture (1) » sont à chaque extrémité : ils sont riches surtout en portraits.

---

(1) Ici cabinet est pris dans le sens de petite galerie.

Il y a aussi un « cabinet des émaux » où chaque plaque est enchâssée dans la muraille et entourée des riches boiseries des parois. On juge de la beauté et de l'aspect chatoyant de cette décoration. Enfin, il y a un « cabinet des miroirs » où cent dix-neuf miroirs de Venise alternent avec « quatre-vingt-trois petits portraits de demi-pied en carré, enchassez dans le lambris ».

Le propre cabinet de la reine contient des armoires habilement ouvragées, vingt « tableaux de paysages » et comme curiosités, des « peaux de crocodile boursées », etc. Dans les armoires une infinité de bibelots de toutes sortes : éventails, masques de Venise, « poupines » ou poupées vétues soit de riches brocards, soit d'étoffes de deuil. C'est le goût d'alors, et la reine à ces jeux amuse parfois ses loisirs. On trouve encore dans ces armoires, ou sur ces dressoirs, des boîtes, coffrets, étuis, des verreries de Venise, des *boîtes de Turquie*, des pièces en cristal de roche. Les collections de Cluny ou de la galerie d'Apollon vous donneront une idée complète de ces précieux objets d'art ou de ces menues babioles ; mais vous remarquerez le goût naissant d'orientalisme que signalent ces « boîtes de Turquie », probablement des laques. Enfin, entre les deux fenêtres, une armoire contient des livres précieusement reliés.

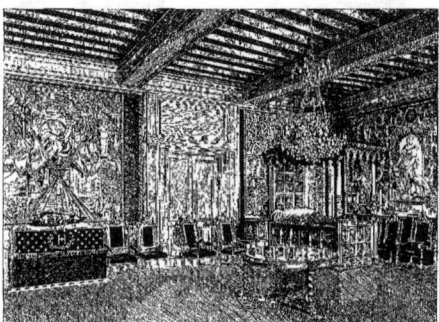

Fig. 135. — CHAMBRE DU BERCEAU DE HENRI IV AU CHATEAU DE PAU.

Dans les chambres à coucher, les lits sont tendus de tapisseries, d'étoffes de soie, plus d'une brochée d'or. Une des parties caractéristiques est l'appartement de deuil dans le sombre luxe duquel Catherine achève son existence de veuve. Toutes les tentures sont de velours ou de satin noir, brodés de perles et relevés de guipures blanches; les meubles sont tous d'ébène incrusté d'ivoire, les candélabres de jais taillé.

Enfin, si nous voulons compléter les détails significatifs de la décoration, nous dirons que la salle à manger est riche, outre les vaisselles de service, de cent quarante pièces de faïence émaillée sortant des fours de maître Bernard Palissy.

Tout ce luxe peut du jour au lendemain changer de place. Les sièges et les meubles sont pliants ou « brisés », les tentures sont simplement accrochées aux murailles; il y a des centaines de coffrets pour renfermer les petits objets, des coffres et des bahuts pour contenir les coffrets. Le tout constitue un ameublement d'une grande richesse, mais un ameublement de nomades. Seuls, les coussins et les tentures, qui sont prodigués, et dont on tient même une quantité en réserve dans des coffres, jettent quelque illusion de stabilité sur ce provisoire, et donnent le caractère d'une demeure à ce luxueux campement.

Le type de l'intérieur, sous Henri IV, sera quelque peu lourd, et sous Louis XIII quelque peu froid et sévère. Sous le premier de ces règnes ce ne sera guère que le décor de la Renaissance, outré avec assez de mauvais goût.

Sous le second, il y aura sans doute un caractère beaucoup plus personnel dans sa massive austérité. Les estampes d'Abraham Bosse nous permettent à merveille de nous rendre compte des ensembles d'alors. Les sièges à dossiers carrés et à pieds droits s'accordent très exactement avec les tapis à franges pesantes qui recouvrent les tables, avec les lits à gouttières droites, les lustres à grosse boule, les grandes guimpes de guipure blanche qui cuirassent le col et les épaules des femmes, les grands chapeaux et les larges bottes des hommes. Des panneaux de tapisserie entourés de robustes bordures sculptées sont appliqués à la muraille; les fenêtres sont à petits carreaux, à losanges, ou autres combinaisons rectilignes, très serrées. Bref, c'est le temps par excellence des meubles carrés, des épaisses guipures, des lourdes franges et des larges galons.

Par son luxe tant soit peu exagéré et criard, l'intérieur de Mazarin fait une transition brusque et

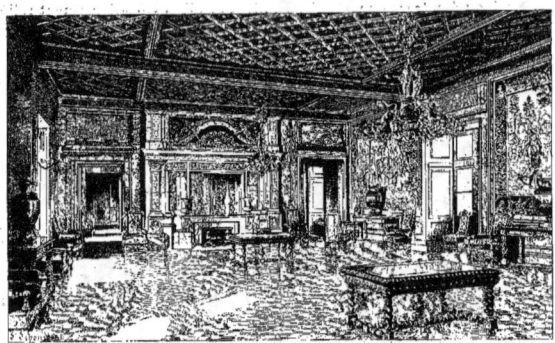

Fig. 136. — GRANDE SALLE DU CHATEAU DE PAU.

un singulier contraste avec ces monotonies et ces sévérités. Jugez-en plutôt par la description que nous en donne Germain Brice:

« Après avoir passé dans plusieurs chambres de plain-pied, tendues de riches tapisseries rehaussées d'or et d'argent, on entre dans une longue galerie, remplie de chaque côté de cabinets garnis de pierreries et de ciselures d'or et d'argent qui sont sur des tables de marbre ou de pierres rapportées. On y verra aussi des vases de jaspe et d'albâtre de diverses grandeurs, avec de petites statues de bronze d'un travail exquis... Le plancher de cette galerie est couvert d'un tapis de Turquie, tout d'une pièce, d'une longueur extraordinaire. »

Les autres pièces également remplies de cabinets d'Allemagne, de la Chine, du Japon, de tables de marbre, d'horloges, de « pendules extraordinaires, de vases, de statues d'argent ou de vermeil » dont il faut vous faire grâce du détail. Cela suffit en effet pour caractériser cette absence d'intimité, cette sorte de dédain pompeux du « meuble d'usage » qui ne fera que croître au XVII$^e$ siècle. Nous en avons assez dit sur les appartements de Versailles, sur le lit de Molière, sur les orfèvreries massives, remplacées aux jours de gêne par des boiseries dorées, pour n'avoir pas à revenir sur l'ameublement du grand siècle ou baptisé tel.

Nous avons vu également que le XVIII$^e$ siècle amène plus de fractionnement des appartements, qu'on

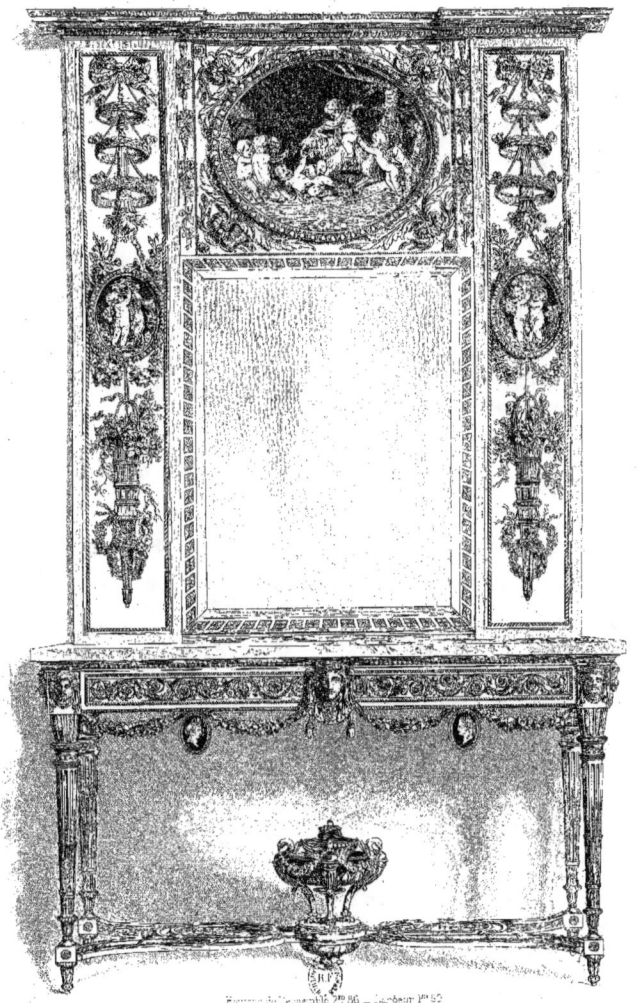

se sent plus familier, plus à l'aise que dans les galeries à courant d'air où Louis XIV forçait tout son monde à s'enrhumer à perpétuité. Ce que nous avons dit des ébénistes de la Régence nous dispensera de citer un exemple particulier. Mais voici comme type de l'intérieur d'un homme épris de belles choses, d'un *curieux* vers le milieu du siècle dernier, un tableau à vol d'oiseau de l'hôtel de Blondel de Gagny, place Royale.

Le grand escalier est décoré de sculptures de marbre blanc, par Coustou et Le Lorrain.

Au premier étage, à gauche de l'escalier, des tableaux de Poussin, Jeaurat, Canaletti, Téniers, Lancret (*Vénus sur des nuages*), etc. « Sur une table de buffet, un bronze par Le Lorrain : *Andromède*. » Des deux côtés, deux vases de marbre blanc et noir italien avec ornements de cuivre doré sont placés sur des gaines de granit. Une armoire basse avec dessus de marbre à compartiments, ouvrage de Florence, supporte un bronze antique.

La première pièce donnant sur la place contient encore des tableaux de Santerre, de Rembrandt

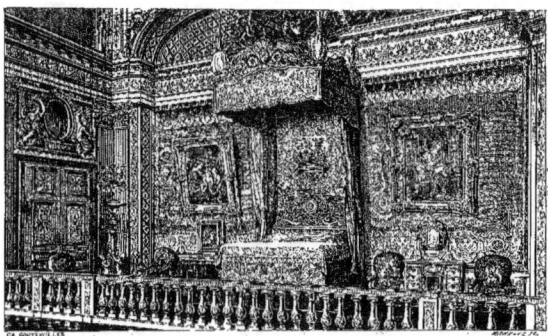

Fig. 137. — CHAMBRE DE LOUIS XIV AU CHATEAU DE VERSAILLES.

(*Vieille femme disant la bonne aventure à une jeune personne*), Paul Bril, Wouwermans, Nattier, etc., et *Vénus*, « dessin demi-pastel » par Boucher. Des bronzes et des porcelaines sont placés sur la cheminée, entre deux guéridons de marqueterie portant des girandoles de Boulle. Au milieu de la pièce est une table de marbre « lumakel » portant un vase de marbre vert d'Égypte, des vases d'anciennes porcelaines bleue et blanche, un « pot à oille » du Japon, etc. Puis l'ameublement proprement dit consiste en une armoire de Boulle, très richement marquetée; un cabaret à pied de vernis Martin, garni de gobelets, soucoupes, sucriers, et théière de porcelaine de France ; une table de marqueterie de Boulle avec dessus de marbre; deux armoires de « lacq » ; deux consoles de bois d'ébène garnies de masques et ornements dorés, par Boulle; une petite table de bois de rose à dessus de marbre; une servante en bois des Indes; un lustre de cristal de Bohème à huit branches, etc., etc.

La deuxième pièce donnant sur la place, meublée en damas cramoisi, est bondée de richesses analogues. Watteau s'y trouve réuni avec Claude Lorrain, Teniers, Ostade. Un lustre en cristal de roche est accroché au plafond; des commodes de Boulle, des encoignures « d'ancien lacq », un coffre en écaille d'Angleterre garni de lames de cuivre avec pieds en bois sculpté et doré, tels sont les principaux objets d'art.

La troisième pièce donnant sur la place, dont le meuble est de damas vert, contient des tableaux de Rembrandt, Holbein (portrait de jeune fille), Terburg (*Jeune fille qui écrit une lettre et sa servante qui attend derrière pour la porter*); un baromètre et une pendule de Boulle; un paravent de quatre feuilles par Watteau : les *Quatre saisons* ; un chiffonnier de bois de rose; un clavecin de Ruckers, pièce exquise, peint par Gravelot, Crépin, etc., doré et verni par Martin, avec son pied sculpté et doré.

La chambre à coucher est riche en Téniers; on y trouve une armoire de laque à reliefs avec figures en pierre de lard; un secrétaire d'ancien laqué supportant des cassettes, des porcelaines, etc.; une commode de bois des îles par Bernard; un chiffonnier en bois de rose; une bibliothèque en bois violet. Nous n'en finirions pas si nous suivions, à travers toutes les pièces, le minutieux rédacteur du catalogue. Mais comment ne pas noter au passage une chambre de « l'aile sur la cour » meublée de tapisseries de Beauvais représentant les fables de La Fontaine par Oudry, et dans laquelle se trouvent ces deux meubles superbes : une encoignure de marqueterie de Boulle, fermée seulement par des glaces

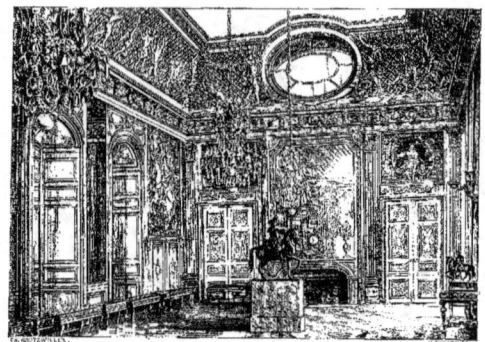

FIG. 138. — SALLE DE L'ŒIL-DE-BŒUF AU CHATEAU DE VERSAILLES.

laissant voir les précieuses porcelaines qu'elle contient; puis « un bureau de bois violet avec son serre-papier (1) fait par Cressent, dans lequel est une pendule à deux aiguilles, de Julien Le Roy, ornée de figures et ornements de cuivre doré, sur lequel est une écritoire de cuivre doré portant deux bobèches et deux pierres à papier, aussi de cuivre ».

Enfin, s'il faut dire tout, dans la garde-robe, contenant plusieurs étagères en bois des Indes surchargées de porcelaines, etc., les murs étaient relevés de quelques pièces d'un caractère égrillard : une *Femme couchée*, pastel par Lambert, une *Femme à qui on va donner un remède*, peinture par Lancret, etc. Si nous devons garder quelque discrétion en ce qui touche cet art spécial, nous serions trop incomplets en n'indiquant pas au moins, par cet exemple innocent, certains côtés de gaieté décorative qui dans les mœurs du temps ne tinrent pas une médiocre place.

On dira peut-être que la description qui précède tient un peu du catalogue du commissaire-priseur. Elle n'est pas moins édifiante, car elle nous montre très au clair le goût de bric-à-brac de nos devanciers, et prouve qu'il n'est pas, en somme, si particulier à notre époque.

(1) On appelait ainsi le casier à compartiments très précieusement travaillé qui s'adaptait à la table à écrire et parfois en faisait partie intégrante.

Mais voici, pour varier le plaisir, un intérieur dont chaque objet, bien que nous suivions à peu près le même ordre, parlera davantage à l'imagination, car il ne s'agit rien moins que de la maison de M<sup>me</sup> Du Barry à Luciennes.

Le grand salon du milieu contient, comme morceaux de prix, deux vases de marbre blanc et porphyre, à bas-reliefs de bronze doré représentant les *Bacchanales* et le *Sacrifice d'Iphigénie*; un lustre en cristal de roche; deux « feux (1) dorés d'or moulu, des plus riches, avec bas-reliefs en forme de cassolettes. »

Dans la pièce à droite deux figurines de marbre blanc : « l'Amour voulant accoupler deux tourterelles, et *Thalie*»; deux candélabres à trois branches, femmes portant des corbeilles à fleurs; quatre tableaux de Vien; un « forte-piano organisé, avec sa table en marqueterie ».

Dans la pièce à gauche, une table ronde de porcelaine de Sèvres, divisée en six cartels et représentant, au centre, un Concert au Sérail; le pied est en bois de Chine orné de bronzes dorés; un vase de porphyre repose sur un pied de granit; les « feux » représentent des cassolettes et des pommes de pin; aux murs, huit bras dorés d'or moulu figurant des branches de roses ornées de rubans.

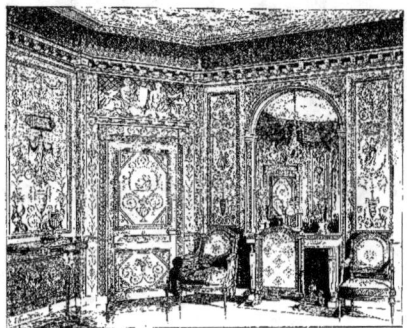

FIG. 139. — BOUDOIR DE MARIE-ANTOINETTE AU CHATEAU DE FONTAINEBLEAU.

Le cabinet contient le buste en marbre, par Pajou, de la maîtresse de céans; quatre tableaux de Vien, un lustre de cristal de roche; une harpe avec sa « robbe » de taffetas vert.

La chambre à coucher, au premier étage, possède des tableaux de Vien, de Pierre et de Greuze (la *Cruche cassée!* on a déjà pu remarquer le goût moitié sentimental, moitié mythologique de l'hôtesse). Une « commode » avec dessus de marbre blanc enrichie de tableaux d'émail et de bronzes précieusement ciselés; une autre, en vieux laque, sont les plus jolies pièces de l'ameublement. Mais, grand Dieu, nous allions oublier encore quelques peintures significatives : le portrait du roi Louis XV, et une toile représentant le *Sommeil de l'Enfant Jésus!*

Nous ne tiendrons pas quitte M<sup>me</sup> Du Barry et nous irons encore jeter un coup d'œil à sa maison de Versailles. Les objets qui nous arrêteront le plus seront, dans le salon, une table ornée de porcelaines de France; une commode d'ancien laque, panneaux à magots, garnitures dorées; une autre, ornée de porcelaines; encore un « piano-forte organisé »; enfin et surtout la pièce de prédilection de M<sup>me</sup> Dubarry, sa boîte à jeu en acajou doublée de bleu, et contenant les boîtes à quadrilles en ivoire, avec les cœurs, piques, trèfles et carreaux en or, et les fiches également en or avec incrustations.

(1) En langage de notre temps, garnitures de foyer.

Dans la chambre à coucher se constatera le même goût de meubles décorés de plaques de porcelaine dont Watteau et Vanloo font les frais, pour l'ornement de la commode, du secrétaire, de l'armoire; une charmante pendule de Germain : les Trois Grâces et l'Amour indiquant l'heure avec sa flèche. Le cabinet enfin, outre sa pendule à vase et serpent, sa table à gradins de porcelaine française, ses étagères à bibelots de Chine et tasses d'ancien Saxe, aura pour rareté la *cave*, une merveille en bois des Indes garnie intérieurement de velours et contenant quatre gros flacons, un gobelet et soucoupe en cristal de roche, six petits flacons de cristal de Bohême, deux cuillers, un entonnoir d'or et dix flacons garnis d'or.

Si par endroits notre description pèche, et si quelques détails en paraissent un peu vagues et de style peu connaisseur, il faudra s'en prendre aux commissaires de la République qui rédigèrent, le 22 pluviôse an II, le procès-verbal d'extraction qui nous sert à grouper ces éléments.

Le boudoir de Marie-Antoinette (fig. 139) et les appartements bien connus de Trianon nous dispenseront de revenir sur l'ameublement sous Louis XVI. Pourtant voici, tirée d'un journal de modes de 1786, la

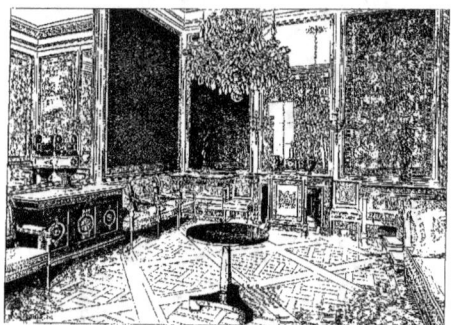

FIG. 140. — CABINET DE L'ABDICATION DE NAPOLÉON I<sup>er</sup> AU CHATEAU DE FONTAINEBLEAU.

description d'un « boudoir boisé, peint en couleur gris-blanc et orné de glaces » qui était accessible à une fortune moyenne.

« Dans l'endroit le plus convenable, est fabriquée une *niche* assez profonde au haut de laquelle tient attachée une draperie en pékin bleu, garnie de franges et de glands qui tombent assez bas ; les côtés en dehors sont décorés de draperies liées de distance en distance avec des glands... Le fond de la niche est décoré d'une glace qui s'élève jusqu'au plafond et qui reflette les draperies. Au-dessous de la glace qui descend très bas, est un siège à trois dossiers que l'on nomme une *Turquoise* ; ce siège est garni d'un carreau et de deux coussins couverts d'une même étoffe que les draperies. Aux deux côtés de la niche est une *chaise en lyre* en bois de rose, et dont le siège est aussi couvert d'une même étoffe. »

« Chaises en lyre » précédaient de très peu chaises, lits et tout autres meubles à piques et à attributs romains qui allaient, sinon les remplacer, du moins les compléter presque jusque vers la trentième année du siècle suivant. La chaise et le lit qu'on a pu voir reproduits dans notre illustration ne sont certes point, auprès de certaines œuvres délicates, des chefs-d'œuvre de grâce. Mais la simplicité et l'acajou étaient à l'ordre du jour : le luxe effréné de Danton fit crier et voici en quoi il consistait :

« Dans le salon, une grande console à dessus de marbre, de bois d'acajou avec galerie, en cuivre. Dans

HISTOIRE DE L'ART DÉCORATIF

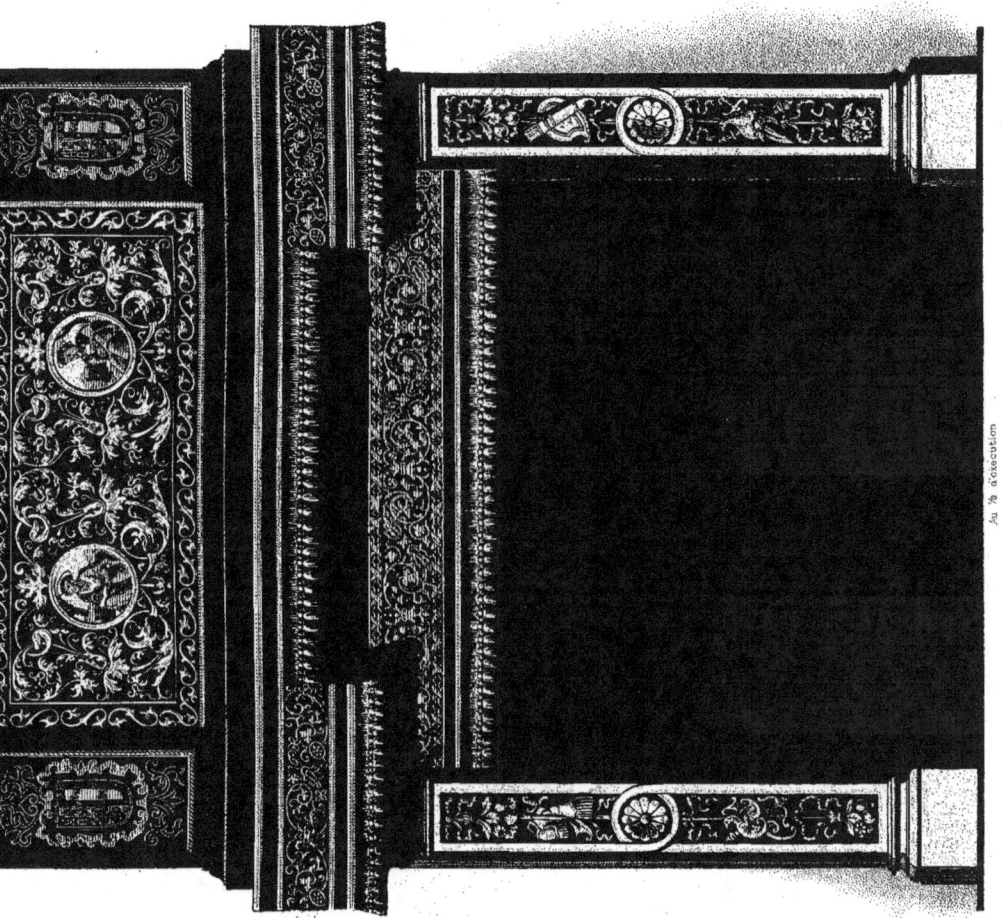

CHEMINÉE DE PARADE
BRODERIES DU XVIe SIÈCLE

le petit salon, un secrétaire de bois d'acajou, à bascule, garni d'ornements en cuivre doré et à dessus de marbre blanc. Dans la chambre à coucher, une commode de bois d'acajou à deux grands et trois petits tiroirs, à dessus de marbre, une chiffonnière en bois d'acajou à sept tiroirs; plus, dans un petit cabinet à côté de l'alcôve, un petit secrétaire en bois d'acajou, à cylindre, à deux tiroirs et à deux volets vitrés. Puis, dans une chambre derrière le salon, ayant vue sur la cour du Commerce, un corps de bibliothèque *peint en acajou* à quatre volets grillés par haut et quatre pleins par bas, plus une armoire à bibliothèque de bois de placage.

« Dans le salon ayant vue rue des Cordeliers, un trumeau de cheminée en deux parties; une table en console, de bois d'acajou, à galerie et ornements de cuivre doré; un canapé, ses deux coussins et six fauteuils de satin fond vert, couverts de leurs chemises de toile, quatre rideaux de toile aux croisées, dix chaises de paille, etc. Dans le petit salon ayant même vue, un trumeau de cheminée en deux parties, une table d'acajou sur ses quatre pieds, six fauteuils de velours d'Utrecht rouge, un fauteuil et son coussin, couverts de basane verte, etc. Dans la chambre à coucher ayant même vue, un dessus de cheminée de deux glaces avec bordures et ornements en bois doré, quatre flambeaux de cuivre argenté, deux couchettes à bas piliers, deux rideaux jaunes, un miroir de toilette dans sa bordure de bois d'ébène, six chaises et deux fauteuils de paille, un forte-piano de bois d'acajou, une guitare, etc. Dans la chambre où sont les bibliothèques, un grand trumeau de cheminée en trois parties, quatre fauteuils de satin fond blanc; au-dessus du corps de bibliothèque, cent volumes reliés et brochés, traitant de différents sujets. »

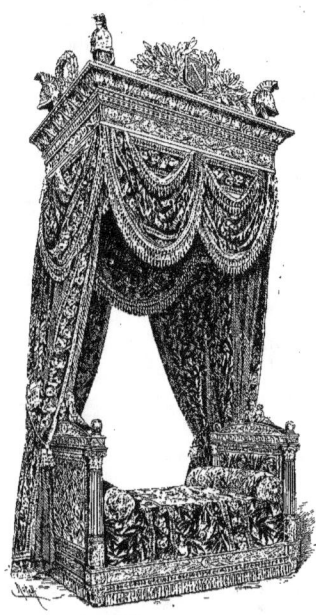

Fig. 140 bis. — LIT EMPIRE.

Comme on voit, les raffinements sont bien loin, et comme dit le refrain mélancolique, « ne sait quand reviendront. » Si nous rééditions la description des logis connus de Mirabeau (encore c'est de beaucoup le plus fastueux), de Marat (avec son salon bleu ciel), de Camille Desmoulins (avec son petit Téniers et ses pauvres petits cabinets de laque, affirmant du moins un goût d'artiste), de Robespierre (avec son insupportable affectation de simplicité), de Saint-Just (avec la Psyché indispensable pour inspecter la rigide correction de la tenue); on constaterait simplement que l'heure n'est plus aux folies de luxe.

Avec l'époque qui suivait, l'art devenait de plus en plus guindé et antique. Sous l'influence de David, Napoléon Ier y ajoutait la brutalité du soldat, ou le clinquant criard du conquérant et du parvenu.

Donnons encore, pour clore notre série d'images, d'après le « Journal des Goncourt, » la description de la chambre de Bonaparte, à l'hôtel de la rue de la Victoire :

« La porte de cette pièce, qui était mansardée, a tout au plus la hauteur d'un homme un peu grand. Sur un fond brun violacé, des arabesques, genre Pompéi, en camaïeu d'un blanc bleuâtre, et où l'on voit d'un côté une tête d'homme antique surmontée d'un aigle, de l'autre une tête de femme antique surmontée d'un crocodile. Le lit est en bois peint en bronze vert, des canons en font les quatre montants, et la flèche du lit est une lance de laquelle tombent des rideaux pareils aux rideaux de la fenêtre, des rideaux de tente, de la cotonnade à grandes rayures bleues. A côté, se trouve une petite commode d'acajou, à têtes de lions, avec des anneaux dans la gueule. Le bureau sur lequel fut peut-être préparé le 18 brumaire a, sur les côtés, l'applique de deux glaives antiques, toujours peints en bronze vert. Les sièges simulent des tambours.

« On voit dans cette chambre à coucher l'homme d'avant brumaire, théâtral déjà. C'est un logis qu'on dirait dramatisé avec les mauvais accessoires d'un théâtre de province. »

Eh bien, enrichissez un peu ces accessoires par l'imagination. Au lieu de cotonnade, mettez du velours à abeilles d'or; au lieu d'une mansarde, imaginez une vaste galerie des Tuileries; au lieu de bronze simulé, mettez-en du véritable; vous avez le décor de l'Empire, peut-être plus luxueux et encore un peu plus allégorique, mais tout aussi peu supportable à un esprit vraiment artiste.

Peu à peu cette pompe elle-même se perd, s'épuise, sous la Restauration, en des redites maladroites. Sous le règne de Louis-Philippe, le goût n'est point dans les intérieurs bourgeois; chez les artistes et les connaisseurs, on rencontre surtout un pêle-mêle d'objets de tous styles et de toutes époques. Et ce mélange, pas toujours rationnel, persiste jusqu'en ces dernières années, pendant toute une longue période où, faute d'avoir une manière personnelle, on adopte celle de tous les maîtres. On commence de notre temps à comprendre, et d'aucuns à prouver, que le seul moyen de rendre un digne hommage à ces grands artistes, c'est de faire comme eux : inventer.

# LIVRE II

# LES ARTS DU MÉTAL

L'ORFÈVRERIE. — LA BIJOUTERIE. — LES MATIÈRES PRÉCIEUSES.
LA FERRONNERIE — LE BRONZE. — L'ÉMAIL.

# CHAPITRE PREMIER

## L'ORFÈVRERIE.

La chambre des joyaux. — Importance de l'orfèvrerie au moyen âge. — Les grands orfèvres italiens. — L'orfèvrerie, apprentissage des grands artistes. — Benvenuto Cellini. — L'orfèvrerie en France. — Ordonnances et arrêts. — L'œuvre de Du Cerceau. — Étienne de Laulne. — Théodore de Bry. — L'étain et François Briot. — Fantaisies, parures. — L'avènement du toc. — La renaissance romantique.

Il est impossible de tracer l'histoire de l'orfèvrerie en France, même depuis le XVI$^e$ siècle, sans dire auparavant quelques mots des travaux exécutés au moyen âge. C'est en effet pour l'orfèvrerie l'époque sans pareille, autant par la beauté de l'exécution et l'habileté des ouvriers, que par l'importance du rôle des objets d'orfèvrerie dans la fortune publique.

Non seulement les travaux de l'orfèvre servent à rehausser la magnificence des cérémonies religieuses ou la splendeur des cours, mais encore ils représentent un véritable capital. Ils constituent une « valeur », un placement, ni plus ni moins qu'aujourd'hui un titre de rente. Ce que dit excellemment M. L. de La Borde en parlant des XIV$^e$ et XV$^e$ siècles s'applique aussi bien aux siècles précédents :

« L'orfèvrerie joua aux XIV$^e$ et XV$^e$ siècles un rôle dont on ne peut se faire une idée dans la lecture des historiens, dans l'étude des statuts du métier, dans la série des ordonnances qui règlent sa fabrication, mais qui frappe et étonne quand on l'étudie dans les comptes des rois de France et des princes du sang, dans leurs inventaires, dans ceux des églises, dans les contrats de mariage et les testaments. On voit par ces documents la place dominante que prit dans les mœurs, dans les préoccupations, dans les goûts, l'orfèvrerie appliquée comme elle l'était aux vêtements, aux meubles, aux armes, à l'embellissement de la vie entière... A vrai dire, c'était tout l'avoir des rois, des princes, des seigneurs. »

La « chambre des joyaux » était la ressource perpétuelle pour les dotations, présents courants, et aussi une réserve dans les moments d'embarras. Ce qui plus tard devint dans certaines circonstances un sacrifice nécessaire, était alors un système. Ainsi s'explique la rareté des œuvres qui sont parvenues jusqu'à nous. Fatalement, un jour ou l'autre, le creuset réclame ces admirables floraisons, ces architectures, ces effigies, que le creuset avait lui-même versées naguère dans le moule.

Il est dangereux pour l'artiste de confier son inspiration, tout le talent de sa main au métal précieux : c'est une preuve d'abnégation de sa part, au moins autant que de fierté : s'il emploie la plus riche matière, et donne ainsi à sa pensée le plus magnifique vêtement que le luxe de ce monde lui puisse fournir, en revanche il doit savoir que son œuvre est vouée à une destruction plus ou moins prochaine.

C'est par des récits ou des à peu près que nous devons juger des merveilles de l'or et de l'argent, par des comptes, des inventaires. Ou bien alors par des pièces d'étain ou de cuivre, qui n'ont point tenté les cupidités, mais qui ont conservé par le dédommagement d'un moulage ou d'une copie fidèle la glorieuse impression d'art que les ouvriers de jadis avaient fait rendre à des métaux trop aisément convertissables en monnaie.

De ces conceptions des vieux orfèvres, du moins, nous pouvons parfaitement nous rendre compte. Qu'importe après tout la rareté de la matière ? Elle ajoute sans doute beaucoup au raffinement, mais rien à la pensée. Toutefois, il y a, nous n'osons écrire certaines convenances, car la véritable convenance, pour l'artiste, c'est son inspiration, mais certaines nécessités dont il est bon de ne pas s'écarter. Il est évident que le métal ne doit pas être traité de la même façon que le bois ou que l'argile. Il a sa destination propre, des formes qui lui conviennent mieux, des qualités spéciales qu'il est habile et sage de mettre en lumière. Cela fut compris à merveille par les artistes orfèvres du moyen âge, et Viollet le Duc l'indique avec beaucoup de netteté.

« Il est une loi dictée par la raison, de laquelle il paraîtrait qu'on ne doit jamais s'écarter et qui était observée en effet dans l'antiquité aussi bien que pendant le moyen âge, loi qui commande de ne donner aux objets fabriqués par cette industrie que des formes dérivées des propriétés des métaux employés, et de la manière la plus naturelle de les mettre en œuvre. L'orfèvrerie du moyen âge se soumet exactement à cette loi, et ne commence à la mettre en oubli que du jour où les perfectionnements matériels de la fabrication se développent avec des connaissances plus étendues en physique, en chimie ou en mécanique.

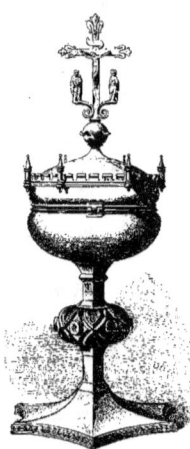

Fig. 141. — SAINT CIBOIRE CUIVRE DORÉ (XVᵉ SIÈCLE).

« Déjà au XVᵉ siècle on voit poindre le désir d'employer principalement ces ressources nouvelles fournies par la science issue d'une grande expérience, à fausser les principes qui doivent être observés dans l'orfèvrerie. On prétend reproduire à l'aide du métal des formes qui appartiennent à l'architecture. »

Peut-être cette dernière critique est-elle un peu sévère, car l'architecture et l'orfèvrerie se prêtent tout naturellement un mutuel appui. Quoi qu'il en soit, la moindre pièce sortie des mains de ces excellents artisans est toujours d'une irréprochable tenue. Les besoins de la consommation religieuse et civile, à cette époque, étaient considérables. Que de châsses et de reliquaires, que d'ostensoirs, de crosses et de custodes ! D'autre part, que de vaisselles, de hanaps, d'aiguières, de coquemars ! Aussi fallait-il employer les moyens les plus simples. Mais depuis la pièce du plus triomphant apparat jusqu'au plus humble tabernacle, jusqu'à l'objet le plus courant de dinanderie, cette modeste orfèvrerie du laiton, il n'est pas un objet qui ne revête ce caractère d'intelligence et de soin. Le maître critique que nous citions à l'instant le fait encore parfaitement ressortir.

« L'étampage au moyen de matrices, la fonte et la gravure, permettaient de façonner rapidement de grandes pièces. Il faut dire que ces fontes, ces étampages et gravures sont d'une admirable pureté d'exécution, et si hâtive ou économique que fût la fabrication, jamais elle ne s'abaissa au degré de banalité où on la vit descendre à dater du XVIᵉ siècle. L'organisation des maîtrises ne permettait pas l'avilissement de la main-d'œuvre. »

Ce livre ne pouvant nous fournir une place suffisante pour résumer des techniques d'ailleurs suffisamment connues, nous croyons mieux faire en retraçant un rapide tableau de l'orfèvrerie en France avant le XVIᵉ siècle. C'est un préambule obligé, car sans lui le reste de l'évolution de cet art se comprendrait mal.

La variété même des pièces employées indique le rôle prépondérant de l'orfèvrerie dans la vie civile.

L'ORFÈVRERIE.

Nous avons indiqué les principaux travaux auxquels donnent lieu les cérémonies du culte. D'autre part on rencontre à chaque instant, dans l'usage courant, les *drageoirs*, sorte de coupes dans lesquelles on sert les épices, les confitures si fort prisées de nos pères; les *aiguières* avec leur bassin, qui donnent lieu presque à autant de chefs-d'œuvre que de pièces; les *hanaps* ou vases à boire, tous plus ou moins dérivés du casque dans lequel, sans tant de façons, se désaltéraient les primitifs guerriers; la *bouteille*, multiforme, mais qui se définit d'elle-même; la *nef*, ou récipient de forme dérivant plus ou moins de celle du vaisseau, et, à l'origine, se fermant invariablement à clef, de peur du poison assez fréquemment employé dans les relations courantes de la vie; enfin les *fontaines*, servant à contenir les liqueurs; les *salières*, et diverses autres pièces de moindre importance.

On ne peut se dispenser, quand on trace un aperçu de l'orfèvrerie, de débuter par une petite invocation à saint Éloi. C'est plaisir d'ailleurs, car il est, en dépit des populaires chansons, le type de l'excellent ouvrier, de l'homme avisé et actif. De simple artisan Éloi devient un des personnages les plus puissants de son siècle; il tient très haut le renom des arts et, bien qu'il ne nous reste de son œuvre, ou présumé tel, que le fameux fauteuil de bronze de la Bibliothèque nationale, on peut lui réserver une des premières places dans l'histoire des arts du métal.

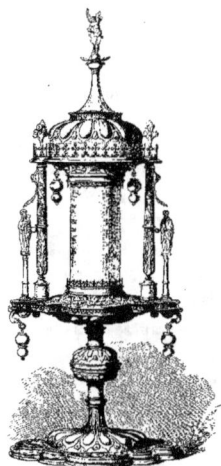

FIG. 142. — OSTENSOIR XV<sup>e</sup> SIÈCLE.

De même que ses prédécesseurs Clotaire II et Dagobert, Charlemagne fait exécuter des travaux considérables et des pièces de grand prix. Mais il faut arriver au XI<sup>e</sup> siècle pour voir l'orfèvrerie se renouveler complètement, comme tous les arts à cette époque, et se dégager de l'imitation plus ou moins heureuse de l'antiquité, pour adopter une formule vraiment personnelle. L'in-

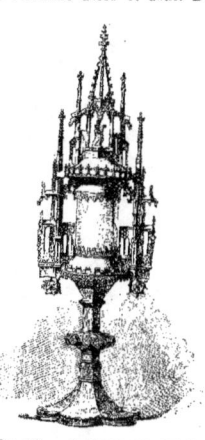

FIG. 143. — OSTENSOIR EN ARGENT XVI<sup>e</sup> SIÈCLE.

fluence de l'Orient est toujours des plus importantes. L'Italie est alors constamment en relations avec ces régions et notre passage à Constantinople ne s'est pas effectué en pure perte.

Au XII<sup>e</sup> siècle, nous voyons Suger favoriser de toutes ses forces ce bel art de l'orfèvrerie, et du moins il nous reste diverses pièces dont nous pouvons juger en toute assurance : les deux vases de matière précieuse montés en métal, qu'on voit à la galerie d'Apollon. C'est également à cette époque qu'à la simple tradition commence à se substituer une technique qui sait analyser et raisonner. Le fameux traité du moine Théophile, *Diversarum artium schedula*, auquel il faut toujours revenir quand il s'agit des arts au moyen âge, et qui a fait le fondement de bien des découvertes de l'érudition moderne, semble, en dernier ressort, et après d'amples discussions, appartenir aussi au même siècle. Tous les arts d'alors y sont fidèlement analysés et décrits dans la perfection et dans la minutie de leurs procédés : menuiserie, peinture sur bois, sur verre et sur émail, sans compter l'art qui nous occupe. Là encore on sent la joie puissante, la satisfaction recueillie du bon ouvrier.

Avec le xiii° siècle, le style garde toujours la sévérité des âges précédents. Ce sont calices à larges coupes évasées, sur pied circulaire ; châsses en forme d'église ou de chapelle ; couvertures d'évangéliaires revêtues de nielles, émaux, pierres en cabochons, ivoires sculptés ; encensoirs surmontés d'ornements en forme d'édifices, etc.

Mais voici qu'au xiv° siècle, l'art sortant des cloîtres, une prodigieuse effloraison se produit. Déjà en 1356 nous voyons apparaître les premières ordonnances restrictives d'un luxe sans mesure. Pendant de longs siècles elles se rééditeront presque sous chaque règne, avec plus ou moins de succès. Les inventaires de Charles V et du duc d'Anjou, roi de Naples et de Provence, nous donnent une idée de l'entassement inouï de richesses d'orfèvrerie qu'amassaient les souverains, et, à leur imitation sans contredit, les grands personnages. C'est le règne d'une extraordinaire fantaisie dans les modèles. La figure humaine, la fleur, l'animal, caricaturaux, monstrueux ou chimériques, tout cela se mêle en un surprenant caprice. Il semble qu'on se trouve en présence d'enfants joyeux d'avoir surpris tous les secrets de fléchir le dur métal, de le colorer, de le modeler, et profitant de cette science mirifique pour réaliser toutes les visions gaies ou étranges qui éclosent de leur petite âme. On ne peut résister au plaisir de copier dans les vieux inventaires quelques-unes de ces créations ingénues et charmantes, qui disent si bien l'esprit d'une époque et le degré d'habileté d'une main-d'œuvre.

Voici, dans l'inventaire du duc d'Anjou : « Un coc faisant une aiguière, duquel le corps et la queue est de perle et le col, les elles et la teste est d'argent esmaillé de jaune, de vert et d'azur, et dessus son doz a un renart qui le vient prendre par la creste, et ses piez sont sur un pié esmaillé d'azur à enfants qui jouent à plusieurs gieux. »

Autre : « Un griffon estant sur une terrasse à souages et orbes-voies, laquelle portent quatre lyonceaux gisans, et dessus le dos dudit griffon, entre ses esles, a une royne emmantelée qui tient par les esles une epenthèle qui fait biberon à get court, et derrière le dos de la dyte royne est le siège d'un gobelet. »

A faire la joie d'une princesse, grande ou petite, cette jolie salière : « Une salière de une serpent volant à esles esmaillées, et darrière sur son dos a un petit arbre à feuilles vers, et dessus a un chandelier que deux singes, pains de leur couleur, soustiennent et dessus le chandelier a une salière esmaillée, et sur le couvercle a un frettel aux armes d'Estampes. »

Nous retrouverons sans doute aux siècles suivants des pièces analogues ; Cellini s'emploiera, avec son ardeur et son idéal de beauté antique, à réaliser de non moindres merveilles. Les autres orfèvres du xvi° siècle, de non moindre talent mais de moindre renom, s'évertueront bien à faire des pièces plus compliquées encore si c'est possible, témoins la nef mécanique de Charles-Quint, dont nous parlons plus loin, ou certaines pièces figurant à l'inventaire de Gabrielle d'Estrées. Mais ce que nous voulons établir par ces citations c'est que le caprice, la jolie frivolité d'art ne date pas seulement des temps rapprochés. Une pièce d'orfèvrerie est non seulement une œuvre d'art, mais encore parfois tout un petit drame ; témoin cette pièce, une *nef* décrite dans l'inventaire du duc d'Anjou, et par laquelle nous terminons ces quelques exemples d'œuvres peut-être compliquées et mignardes, mais qui ont toute la souriante bonhomie, toute l'ingénuité inventive des arts en leur printemps :

« Une très grant fontaine que XII petis hommes portent sur leurs espaules, et dessus le pié sont VI hommes d'armes qui assaillent le chastel, et il y a VI ars bouterez en manie de pilliers qui boutent le siège du hanap. Au milieu a un chastel en manière d'une grosse tour à plusieurs tournelles et siet ledit chastel sur une haute mote vert ; et sur trois portes a trois trompettes, et au bas, par dehors ladite mote, a basties crénelées, et aux créneaux du chastel, par en haut, a dames qui tiennent bastons et escuz, et deffendent le chastel, et au bout du chastel a le siège d'un hanap crénelé. »

# L'ORFÈVRERIE.

Quant à la parure, à ce qu'on peut appeler l'orfèvrerie du corps (car la nuance qu'impliquent les termes de bijouterie et de joaillerie évoque un art plus moderne), elle n'occasionne pas une moindre activité. Les principaux objets sont « les fermails », les massives et ouvragées ceintures, les agrafes de chapel, les « ymaiges » pieuses, la plupart du temps d'un luxe beaucoup plus raffiné que les vierges de plomb du roi Louis XI; puis quantité de miroirs, bijoux, petits joyaux, souvent d'une ingéniosité et d'une délicatesse amusantes, tels ce « chamel à la bosse d'une coquille de perle » dans le même inventaire. On voit donc que toutes les fantaisies de la Renaissance sont en germe, dès ce moment, et que, auprès de ces caprices, qui semblent presque aussitôt créés qu'imaginés, les exubérances qu'ultérieurement des critiques trop sévères trouveront à reprendre chez nos artistes auraient plutôt un air de timidité.

Nous voici au xv° siècle et sur le début de notre étude proprement dite; le style gothique est encore en honneur, et persévérera, nous verrons pour quelle raison, encore dans les premières années du xvi° siècle. Parmi les travaux les plus considérables était la châsse de Saint-Germain des Prés exécutée en 1408 par Jean de Clichi, Gautier Dufour et Guillaume Boey. Cette magnifique châsse a été détruite, mais on en retrouve la gravure et la description dans l'histoire de l'abbaye de Saint-Germain des Prés par Dom Boullard.

Il nous faut donner maintenant un coup d'œil en Italie. Ici, moins que partout ailleurs, l'orfèvre ne saurait se séparer du sculpteur. Presque tous les grands statuaires ont eu des orfèvres pour maîtres,

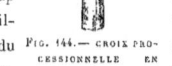

Fig. 144. — CROIX PROCESSIONNELLE EN ARGENT REPOUSSÉ (XVI° SIÈCLE).

et ont fait eux-mêmes œuvre d'orfèvrerie. De tout temps ces deux arts ont été étroitement liés, mais pendant trop d'années aussi une ligne de démarcation finit par s'établir entre l'un et l'autre. Et il fallut toute la hardiesse, toute la liberté d'investigation, tout le désir de ressusciter les véritables traditions de l'art pour que, de notre propre temps, de grands artistes aient de nouveau renversé les barrières, pour qu'en un mot des maîtres comme Barye, Feuchères, Geoffroy-Dechaume, d'autres encore, aient repris en main le marteau et le ciselet des Brunelleschi, des Ghirlandajo et des Francia.

C'est à la fin du xiii° siècle que Jean de Pise et Giotto secouent l'influence des Byzantins. Malheureusement les œuvres qu'ils inspirèrent ou qui furent exécutées sous leur direction ont presque toutes péri, et nous ne pouvons guère nous en faire une idée que par les peintures. Dans la première moitié du xiv° siècle, maître Cione est un des chefs de cette belle activité; il reste de lui les bas-reliefs d'argent du baptistère de Florence. Du xiv° au xv° siècle, les plus habiles orfèvres collaborent à l'autel de Saint-Jacques de Pistoia et exécutent cette véritable armée de figures de bas et de haut-relief qui immortalisent les noms de Léonardo de Florence, Pietro fils d'Arrigo Tedesco, Cillio de Pise, Brunelleschi, Nofri, Atto Braccini de Pistoia, Giovanni de Pistoia, Pietro fils d'Antonio de Pise, etc. Un des plus illustres d'entre eux, Brunelleschi (1377-1446), est l'auteur des deux admirables figures de prophètes.

Le grand sculpteur Lucca Della Robbia, dont nous parlerons avec plus de détail au chapitre de la céramique, fit aussi œuvre d'orfèvre dans sa jeunesse, mais il n'existe plus de lui de travaux que l'on connaisse.

Tous les grands artistes, il faut le répéter, ont sacrifié des efforts à l'art du métal. Au xiv° siècle, ce sont encore Antellotto Baccioforte, Mazzano, Nicole Bonaventuro, Arditi, etc.; au xv° Ghiberti, Pollaiuolo; Maso Finiguerra, l'inventeur présumé de la gravure; Verrocchio, aussi grand orfèvre que sculpteur; Ghirlandajo et Francia, qui se prouvent en outre admirables peintres; Caradosso enfin, qui relie le xvᵉ siècle au xvıᵉ et qui est l'objet de toutes les admirations (sans jalousie!) de Benvenuto. Voilà, en raccourci, toute une suite d'œuvres, toute une liste de noms qu'il aurait été impossible de passer sous silence avant d'entrer dans le détail de leurs non moins grands successeurs.

Nous avons vu qu'au xvᵉ siècle un puissant mouvement artistique s'était produit en France; on cherchait des formules nouvelles. L'orfèvrerie, comme les autres arts, chercha ce renouveau dans deux courants bien distincts : l'influence de l'art flamand, puis, sous Charles VIII, à la suite des campagnes d'Italie, l'influence de l'art italien.

Van Eyck représente à merveille la première de ces tendances; son art patient, laborieux, art de graveur en pierres précieuses, avec en plus un délicat et ingénu sentiment de recueillement, nous conserve d'admirables témoignages des travaux d'une légion d'artistes qui fouillèrent le métal en prodigieuses dentelles. Si l'on veut se rendre compte des merveilles d'alors, il suffit de regarder les couronnes de la Vierge et de l'enfant Jésus, dans le charmant petit tableau du salon carré au Louvre.

Ou bien encore certaines pièces que le musée de Cluny conserve précieusement dans sa dernière salle. Il faut, pour concevoir une idée générale de l'art des vieux orfèvres, interroger pièce à pièce les trésors

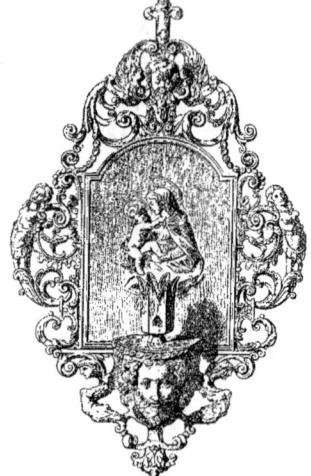

Fig. 145. — BÉNITIER D'APPLIQUE EN CUIVRE (XVIᵉ SIÈCLE).

de cette salle. Sans doute il est des musées, des collections particulières même, qui contiennent des œuvres de plus grand prix. Le Louvre en contient de fort riches. Mais l'ensemble exposé là suffit pour comprendre l'acheminement d'un art. Après avoir examiné les bijoux gaulois (pour les bijoux antiques la méditation au Louvre est de toute nécessité), puis le trésor de Guarrazar, le plus parfait spécimen connu de l'art mérovingien, il faudrait parler longuement de l'autel d'Henri II d'Allemagne (xıᵉ siècle), qui nous confirmerait une fois de plus la vérité du principe de Viollet-le-Duc, sur le sens parfait de l'appropriation du

métal. Mais il nous faut passer par dessus bien d'autres choses encore pour arriver aux belles pièces du xvᵉ siècle. D'abord la « Châsse de la Sainte-Vierge et de l'Enfant Jésus, » superbe ouvrage français. La Vierge est assise sur un siège d'architecture gothique surmonté de délicats clochetons; elle est vêtue d'une longue robe et d'un manteau, coiffée d'une couronne rehaussée de pierreries : une ouverture pratiquée à l'abdomen de l'Enfant Jésus faisait un reliquaire de cette pièce d'un admirable travail.

Il faut citer encore comme œuvres françaises le reliquaire ostensoir nᵒ 5022 et le petit reliquaire nᵒ 5031. Le premier, en cuivre doré, provient de l'église Saint-Martin de Nuits. Il est flanqué de deux contreforts que surmontent des clochetons à chimères; des deux côtés sont les figures de la Vierge et de sainte Catherine; au-dessus de la partie principale règne une galerie percée à jour; sur les bosselles de la douille, se trouvent les mots *Gracia Maria*. Le tout est terminé par un clocheton gothique à six ouvertures, couronné par une flèche élancée.

Le second, en vermeil, provient des Dames nobles de Prouille en Languedoc. Sa base qui forme monstrance est surmontée d'une croix constellée de Z et terminée par une sphère céleste repercée à jour et émaillée. Au-dessus de la croix se trouve, supporté par d'élégantes consoles en argent doré, un cœur formé par une graine d'Amérique. Sur une des faces de ce cœur se trouvent deux A accouplés, sur l'autre est un M. Autour du cœur est une légende en caractères découpés à jour : *Ce n'est que*

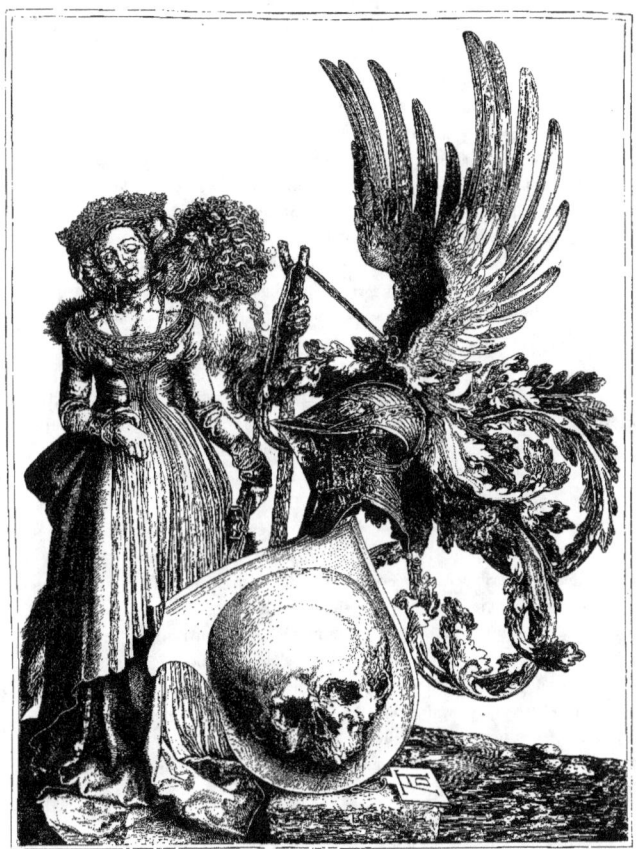

FIG. 146. — LES ARMOIRIES A LA TÊTE DE MORT, PAR ALBERT DURER.

*ung cœur et une âme*. Une autre légende également à jour encadre le socle : *Ung cœur crucifié tient deux amys ensemble*. Cette seconde légende n'est autre chose qu'un jeu de mots, un innocent jeu de mots de couvent (deux A mis ensemble). Enfin le socle est porté sur quatre élégants petits pieds en orfèvrerie et flanqué de quatre petites figures d'enfants en ronde bosse. Nous ne citons pas ce gentil et naïf travail comme un chef-d'œuvre de l'orfèvrerie du xv$^e$ siècle, mais pour montrer simplement un spécimen des travaux courants, où l'artiste mettait toujours de l'ingénuité et du soin. De même le beau ciboire en cuivre doré de la collection Sauvageot, que contient notre illustration (fig. 141), avec son Christ, les deux figures au pied de la croix et les six petits clochetons qui décorent le tour du couvercle, est reproduit surtout ici pour faire comprendre la persistante et robuste simplicité des formes, et l'intelligence du métal.

Le musée de Cluny contient encore d'autres belles pièces, notamment des croix processionnelles, des crosses, etc. L'orfèvrerie allemande du xv$^e$ siècle y est représentée par une superbe châsse de sainte Anne, et deux châsses provenant du trésor de Bâle.

La première est un reliquaire en argent battu, repoussé et fondu, de ronde bosse et de grand travail; c'est l'œuvre du célèbre orfèvre nurembergeois Hans Greiff et il date de 1472. La sainte est assise sur un siège en argent ciselé que surmonte un dais d'une élégante architecture ogivale, richement dentelée; elle tient sur ses genoux, d'un côté la jeune Vierge, dont la tête est ceinte d'une couronne d'or enrichie de pierreries; de l'autre, un enfant que quelques légendes allemandes ont donné pour son frère. Les deux enfants soutiennent une châsse destinée à renfermer des reliques. Sainte Anne porte la robe longue et traînante, recouverte d'un manteau, et sur la tête le voile dominical. Les figures, dont les chairs sont émaillées en couleur, sont repoussées en or et en argent, et les montures du siège, qui n'a pas moins de 45 centimètres de hauteur, sont, ainsi que le baldaquin à jour qui le surmonte, d'une délicatesse extraordinaire. Au revers, on lit l'inscription suivante, en allemand, dont voici la traduction française : « Hans Greiff, orfèvre, a fait pour Anne Hoffmann, femme du receveur, cette figure de sainte Anne et ses deux enfants. Elle pèse neuf marcs d'or et d'argent, et pour son salaire il a reçu cent florins du Rhin; fait ce jour de la Saint-Michel de l'année 1472. » Cette belle pièce d'orfèvrerie fit partie successivement des célèbres collections Soltikoff et Debruge-Duménil.

La première châsse ossuaire, du trésor de Bâle, est en argent ciselé, repercé à jour et en partie doré. Sa forme est celle d'un édifice religieux que supportent quatre pieds montés sur des griffes. « Il se compose d'une longue galerie percée de chaque côté de fenêtres entr'ouvertes en forme de roses découpées à jour. Le toit qui recouvre le monument est surmonté d'une crête d'un travail remarquable, et les deux extrémités, ornées de contreforts et de clochetons élancés, s'ouvrent au moyen de portes découpées à jour dans le caractère ogival. Au centre de la châsse s'élève un beau campanile flanqué de six contreforts surmontés de clochetons et couronné par une galerie à jour, au pied de laquelle vient s'appuyer une toiture en forme de flèche que termine un épi décoré de choux en argent doré ». La conservation de cette belle pièce est parfaite; toutes les parties d'architecture sont dorées; les toitures seules, couvertes d'imbrications, et les griffes qui le soutiennent, gardent le ton de l'argent.

La deuxième châsse ossuaire est d'une disposition et d'un travail analogues. Au centre de sa toiture s'élève une flèche d'une charmante élégance et d'un délicat travail, s'appuyant sur dix piliers armés de contreforts. Les deux extrémités de cette châsse s'ouvrent au moyen de portes sur lesquelles sont gravées les figures de saint Jacques et de saint Barthélemy. Ces deux reliquaires faisaient partie de la collection Soltikoff avant d'entrer au musée de Cluny.

Nous avons dit que le second courant qui influença l'art de l'orfèvrerie dès le xv$^e$ siècle fut italien. En effet, Charles VIII ramena d'Italie des œuvres nombreuses et fit venir des ouvriers. Sans doute les deux Faucon, orfèvres dont il est question dans les comptes, ne doivent être que des « Falcone » dont le nom a été francisé. Un des grands amateurs d'orfèvrerie (comme de tous les arts d'ailleurs) est alors le cardinal d'Amboise. Malheureusement les pièces de son immense trésor ont été toutes dispersées et à peu près toutes perdues.

Ce n'est pas à dire qu'on ne fasse pas de cas des artistes du terroir. C'est ainsi que sous Louis XII l'orfèvre Tourangeau Jean Papillon est un des plus renommés; de même l'orfèvre Mathieu Le Vacher. La reine Anne de Bretagne possède une nombreuse vaisselle d'or dont la surveillance est confiée à notre peintre Jean Perréal ou Jean de Paris, qui vraisemblablement avait fourni plus d'un modèle.

Pourtant, il faut reconnaître que les orfèvres nationaux n'étaient pas très encouragés comme producteurs, s'ils étaient honorés comme artistes. Leur histoire est à chaque instant coupée de prohibitions, d'ordonnances restrictives, motivées tout au moins en apparence par le besoin de réprimer le luxe effréné de la société. Nous voyons, par exemple, en 1506, une déclaration de Louis XII défendant aux orfèvres de fabriquer, sans l'autorisation royale, aucunes pièces, sauf « tasses et pots d'argent du poids de trois marcs et au-dessous, salières, cuillers et autres menus ouvrages de même poids, avec tous ouvrages pour ceintures et reliquaires d'église ». L'effet immédiat de cette mesure fut de faire bénéficier les orfèvres étrangers des travaux plus importants, et dès 1510,

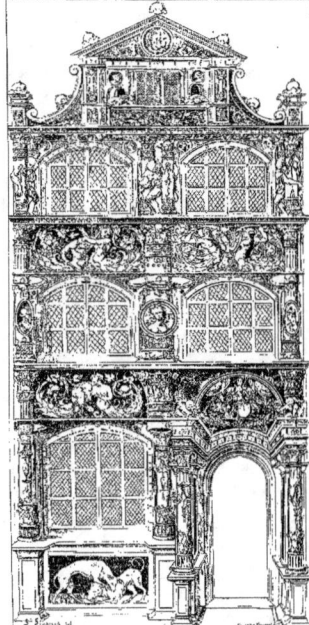

FIG. 147. — PROJET DE H. HOLBEIN POUR UNE FAÇADE DE MAISON.

Louis XII était forcé de revenir sur sa décision. D'ailleurs il ne lui en fut pas autrement tenu rigueur, car à ses obsèques figurait une image de lui, en magnifique orfèvrerie.

L'art du métal, en effet, jouait un grand rôle dans les solennités royales, sous forme de présents aux avènements, de splendides expositions dans les fêtes, de pompeuses effigies et d'ornements dans les cérémonies funèbres. Les mémoires du temps nous conservent fidèlement la description de ces luxueuses pièces. C'est ainsi que nous pouvons citer un de ces monuments d'apparat, qui fait sensation au début du règne suivant. Lors de l'entrée solennelle de François I$^{er}$ à Paris, le prévôt et les échevins lui offrent, au nom de la ville, le travail suivant, qui a eu la destinée de bien d'autres.

« Un image de saint François, assis sur un pied double à quatre pilliers, entre lesquels pilliers, estoit une salamandre couronnée, tenant en sa gueule un escriteau émaillé de rouge et blanc, et au-dessous d'icelle couronne, un petit ange tenant une cordelière, en laquelle estoit assise une grande table d'émeraude carrée : icelui image portant de haut, compris le pied et le chérubin, deux pieds et demi ou environ, le tout d'or pesant 43 marcs. »

On doit s'attendre à ce qu'un prince ami du faste, comme François I$^{er}$, donne à l'orfèvrerie une immense extension, qu'il fasse appel aux artistes étrangers et qu'il n'excepte point de ses faveurs nos propres artistes. Parmi ceux-ci, on cite les noms de Pierre Mangot, de Gatien Boucault, beau-père de

Clouet, deuxième du nom, de bien d'autres encore. Jean Goujon, et toute la brillante pléiade de ses contemporains, donnent des modèles. Mais il ne nous reste pour ainsi dire rien des travaux exécutés. L'orfèvrerie, autant qu'on en peut juger, après avoir gardé assez longtemps les traditions gothiques, a adopté alors franchement le caractère de la Renaissance franco-italienne. De merveilleux décorateurs sont sans cesse en travail de modèles nouveaux; et de merveilleux ouvriers les traduisent, ou tirent de leur propre fonds inspiration et arrangement.

Parmi les maîtres du temps, Benvenuto Cellini est un des plus extraordinaires, non pas seulement pour l'importance qu'il s'attribue à lui-même, mais aussi pour l'influence réellement considérable qu'il exerce sur tout l'art de son temps. Il y aurait presque de la banalité à retracer les différents faits et travaux de sa fébrile carrière, car il est peu d'artistes qui aient été l'objet de plus nombreuses et plus complètes études, et le bel ouvrage de M. Plon qui les résume toutes n'a rien laissé à glaner. Rappelons simplement que ce maître orfèvre, autant que maître hâbleur, ce qui n'est pas peu dire, naît à Florence en 1500, qu'après une jeunesse orageuse et quantité d'aventures plus ou moins romanesques traversées dans son pays, il vient en chercher d'autres en France, appelé par François I$^{er}$. Ses démêlés avec la duchesse d'Étampes, ses rivalités, ses fureurs, ses audaces, ses traits de génie, tout cela est comme un conte de fées ou un roman d'Alexandre Dumas. De son œuvre, il reste relativement peu de chose, mais ce peu suffit encore à le faire apprécier à sa valeur, et il faut reconnaître que tout n'y est pas exempt de reproche. Le grand bas-relief de la nymphe de la Seine, qui est au Louvre, est sans doute un intéressant travail de fonte, mais la figure elle-même est inférieure en charme aux adorables nymphes de Jean Goujon ou de Germain Pilon. Le *Persée* des Offices, à Florence, est trop connu et trop classé pour qu'on puisse trouver une appréciation qui ne soit pas rebattue. Artiste inégal, mais toujours curieux, médailleur et ciseleur admirable (comme dans les médailles de François I$^{er}$ et de Clément VII, ou dans la monture de vase de jaspe oriental de la galerie d'Apollon), sculpteur parfois ronflant et presque médiocre, orfèvre extrêmement habile, mais ne calculant pas toujours les proportions de ses pièces de façon à leur donner une silhouette impeccable (comme dans la fameuse salière d'or de l'Océan et de la Terre, du musée de Vienne, où la richesse du travail ne fait pas pardonner la gêne d'un arrangement qui ne satisfait ni l'œil ni l'esprit), Cellini est à tout prendre un maître remarquable; il a peut-être fait preuve de prévoyance en se faisant à lui-même la part des éloges qu'on sait, car il fallait bien que, tout compte fait, il lui en restât quelque chose.

Malgré la faveur en laquelle il tenait l'orfèvrerie, il eût été surprenant que François I$^{er}$ n'eût pas comme ses prédécesseurs promulgué, lui aussi, son ordonnance restrictive. Celle de 1540 interdisait aux orfèvres l'emploi des émaux. En 1541, la corporation adressa ses respectueuses remontrances, ce qui nous vaut de connaître les noms des principaux orfèvres parisiens de cette époque. Ce sont: Richard Toutin, Jean Cousin l'aîné, Philippe Leroy, Simon Cressé, Jacob Garnier, Jean Hérondelle, Guillaume Castillon, Jean Lenfant, Mathieu Marcel, Nicolas Lepeuple, Hotman. D'ailleurs, en vertu d'une loi que nous constaterons invariablement, cette ordonnance n'eut pas un plus grand effet que les autres. Il semble que le propre des lois somptuaires est de demeurer inutiles et d'être rapportées au bout d'un temps très court; encore n'est-il pas prouvé que l'on s'y conforme dès le lendemain de leur promulgation. Pour celle-ci, ce ne fut pas long; en 1543, l'ordonnance de Sainte-Menehould permettait de nouveau « d'user de tous émaux, pourvu que les dits émaux fussent bien et loyaument mis en besogne et sans aucun excès superflus ». La précaution était bonne!

Mais nous avons mieux à faire que d'entrer dans le détail, d'ailleurs fort intéressant, de ces crises et de ces accrocs. Il nous faut étudier l'œuvre de deux ou trois maîtres décorateurs qui donnent le ton

BOUCLIER DE CHARLES IX.　　　　　　　　HISTOIRE DE L'ART DÉCORATIF

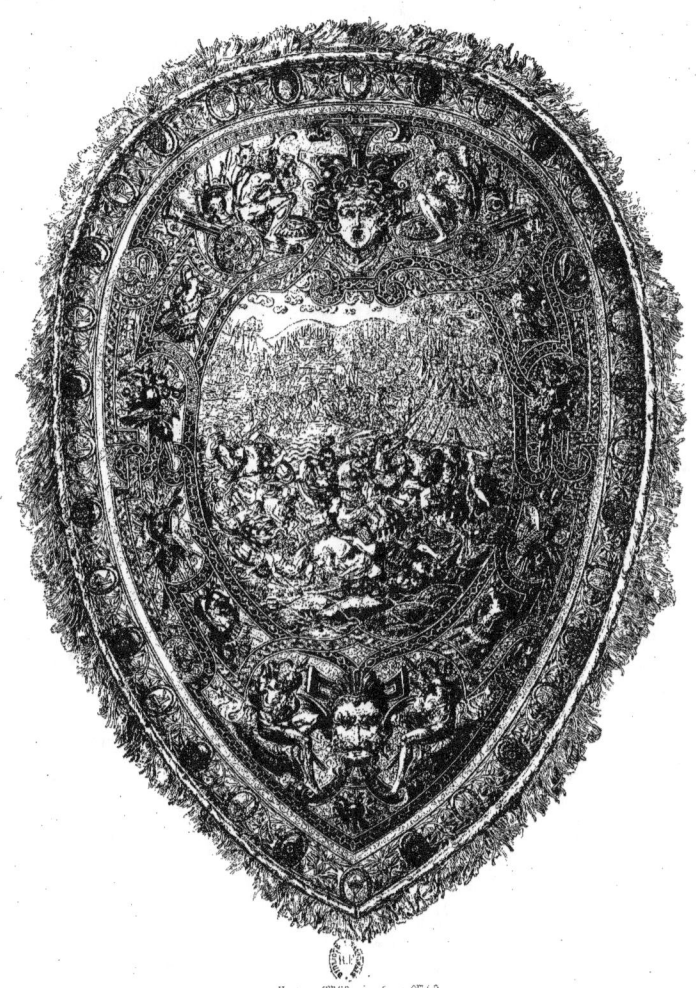

Hauteur 0m 68. Largeur 0m 49.

à toute l'orfèvrerie du temps, et qui permettent, à l'aide de leur œuvre gravée, rapprochée des quelques bijoux et pièces préservées de la destruction, de reconstituer l'état de l'art du métal au xvi° siècle.

Un des plus importants ne nous est déjà pas inconnu, c'est Du Cerceau (Jacques Androuet, né vers 1510 et mort vers 1585). Du Cerceau, dont nous avons constaté l'influence dans l'art du meuble, n'est pas moins consulté par les orfèvres ses contemporains qu'il l'était par les ébénistes. Il leur destine en propre quelques-uns de ses meilleurs recueils; c'est ainsi qu'en tête d'un recueil de grotesques, daté de 1566, il écrit cet ingénu avertissement :

« Cependant cette petite mienne œuvre de grotesques pourra servir aux orfèvres, paintres, tailleurs de pierres, menuisiers et autres artisans pour esveiller leurs esprits et appliquer, chacun en son art, ce qu'il y trouvera propre. »

Androuet Du Cerceau avait voyagé en Italie, et s'était, comme tous les artistes de son temps, épris de l'art italien dont il rêvait de rapporter à ses compatriotes les monuments, les traditions et les inspirations. Mais, comme un grand nombre de ces beaux artistes, il lui était impossible d'abdiquer son tempérament d'une façon absolue. Si la hantise italienne se constate dans son œuvre comme dans bien d'autres, il y règne aussi, à tout prendre, une saveur originale, et qui tient à notre génie natif par plus d'une secrète racine. La base de l'ornementation, dans du Cerceau et les maîtres de son siècle, c'est le *grotesque*. Cellini a curieusement décrit l'origine et la nature de cette décoration :

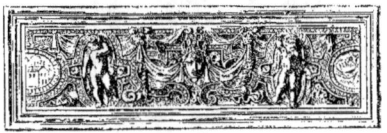

Fig. 148. — BAS-RELIEF ITALIEN CUIVRE (XVI° SIÈCLE).

« En Italie, écrit le maître florentin, nous unissons différentes sortes de feuillages. Les Lombards en font de très beaux, en représentant des feuilles de lierre et de couleuvrée avec leurs élégants enroulements qui sont d'un si heureux effet. Les Toscans et les Romains ont été encore mieux inspirés dans leur choix en reproduisant la feuille d'acanthe ou branche ursine, avec ses festons et ses fleurs contournés de mille façons et gracieusement entremêlés d'oiseaux et d'animaux... Ils ont aussi recours aux plantes sauvages, telles que celles que l'on appelle mufle de lion. Nos vaillants artistes accompagnent ces fleurs d'une foule de ces beaux et capricieux ornements que les ignorants appellent *grotesques*.

« Ils ont été ainsi nommés par les modernes parce que des curieux découvrirent à Rome les premiers modèles de décoration de ce genre, dans des cavernes, qui autrefois étaient des chambres, des étuves, des cabinets d'étude ou des salles de même nature qui alors se trouvaient enfouies, grâce à l'exhaussement du sol qui s'était opéré pendant des siècles. Comme ces constructions, à Rome, sont appelées « grottes », les décorations qu'elles renferment prirent ce nom de grotesques qui n'est pas leur vrai nom. En effet, de même que les anciens se plaisaient à composer des animaux imaginaires auxquels ils donnaient le nom de monstres, de même ils formaient avec leurs feuillages des espèces de monstres. C'est donc le nom de monstres et non celui de grotesques qu'il faut appliquer à ces bizarres créations. »

Dans l'œuvre de Du Cerceau, ces amusants caprices sont multipliés d'une pointe facile et d'une verve claire. Nous avons eu l'occasion de constater dans les décorations qu'il propose pour l'art du bois une ordonnance exclusivement architecturale, et d'une certaine monotonie. Cette clarté, substituée à la si grande et si touffue liberté des artistes du moyen âge, nous le faisait un peu juger comme une sorte de Malherbe de la décoration. Il y aurait lieu cependant de mentionner l'emploi bien amusant qu'il fait dans ses modèles de bordures, de crédences, de cheminées, de lambris, etc., des grosses boîtes de légumes, dont la familiarité parfois un peu ébouriffée contraste de façon piquante avec la régularité des cartouches et la solennité des cariatides.

Dans les autres travaux, il lui arrive bien plus souvent encore de se montrer spirituel, léger, gracieux même. Nous ne parlerons pas de ses *trophées* qui ont été exploités par des générations de décorateurs, et dont il semble que par une coïncidence curieuse on en retrouve encore l'écho, à peine modifié, dans certaines planches de Percier et Fontaine : la Renaissance franco-italienne donnant la main à la froideur des décorations impériales.

Mais voici la piquante série des « émaux pour coupes ». Processions, bacchanales, ébats aquatiques et combats de tritons, scènes d'histoire, entrelacs et trophées, tout Pierre Reymond (l'émailleur limousin que nous verrons plus loin) est là dedans contenu.

De même les décorations et les formes des faïences d'Oiron, dont on

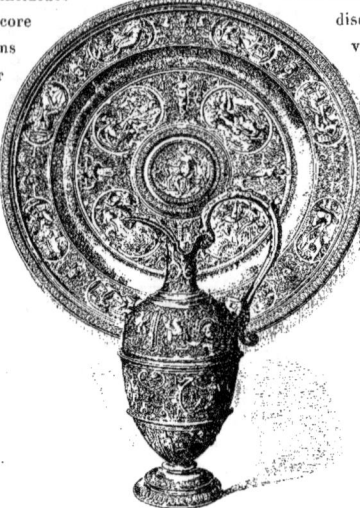

FIG. 149. — AIGUIÈRE EN ÉTAIN DE FRANÇOIS BRIOT.

a été si loin chercher les origines en des discussions compliquées, se trouvent, ici, racontées tout au long dans certain livre de Vases. Mêmes mascarons, mêmes entrelacs.

Du Cerceau fournit aussi matière à l'effroyable consommation d'aiguières que firent les orfèvres du temps, l'aiguière italienne avec son bec, son col effilé, son anse faite de chimères, de queues de dragons, ou de serpents entrelacés, l'aiguière charmante sans doute quand on en voit une, dix, vingt, mais qui à la longue finit par devenir si fastidieuse qu'on se prend à dire que dans les locutions familières, la cruche

n'est pas, après tout, si calomniée. Il semble qu'à l'heure présente un artiste du métal qui voudrait ajouter une aiguière à l'infinie collection ferait autant œuvre d'imagination qu'un poète qui ne trouverait rien de mieux comme moule, pour couler sa pensée, que les cinq actes en alexandrins de la tragédie racinienne. On ne peut contester la pureté et l'élégance de tout cela, mais cette pureté est à la longue un peu froide

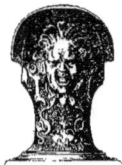  

FIG. 150, 151, 152. — DÉTAILS DE L'AIGUIÈRE DE FRANÇOIS BRIOT.

et cette élégance impassible. On se lasse, forcément, de cette répétition continuelle de cariatides allongeant le cou de façon à former anse, d'arabesques, de serpents enroulés. L'esprit est toujours brillant et ingénieux, mais l'invention d'art disparaît derrière la formule.

Du Cerceau a gravé également un recueil d'orfèvrerie d'église. Ici le procédé architectural revient. Or, cette architecture de la Renaissance est religieuse comme un portique des Tuileries. Une humble boîte à hosties, en cuivre simplement émaillé, des XIᵉ ou XIIᵉ siècles, ou bien une de ces châsses, réductions de cathédrale, que nous décrivions tout à l'heure, peuvent évoquer des idées religieuses ; et pourtant elles sont des architectures réduites. Mais réduisons de même un palais italien avec plusieurs étages de niches, de colonnades, de corniches, de vases à profusion, et nous n'avons plus qu'une pièce d'apparat. Il faut donc savoir d'avance que les planches de Du Cerceau conçues dans ce style sont des modèles d'orfèvrerie religieuse, car on les prendrait tout aussi bien pour des salières, des surtouts, et autres pièces analogues d'un usage tout à fait profane.

Voici, d'ailleurs, pour nous dédommager par un éloge sans restriction, le livre des *Arabesques*, tout à fait délicates, charmantes, et d'une inépuisable variété. Non seulement les orfèvres y trouveront sans relâche les sujets des plus jolis nielles, des plus délicates gravures ; mais encore, dans ces fantaisistes architectures, improvisées de toutes sortes d'éléments que le goût enchevêtre et superpose, et où se jouent mille petites figures fantastiques ou gaies, on trouve en germe les caprices des décorateurs des siècles suivants, Bérain, Gillot, Audran, Watteau lui-même ! En effet là est nettement affirmé le principe ingénieux des parties rectilignes, pleines, alternant avec mille frivolités légères, qui les relèvent, et qu'elles étayent. Enfin le délicieux recueil de « La Grotesque » dont nous avons parlé en commençant cette rapide appréciation de l'œuvre ne saurait non plus soulever de critiques tant il est touffu, imprévu et spirituel.

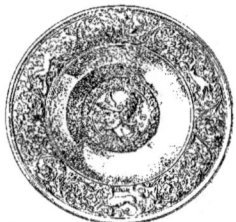

Fig. 183. — BASSIN ALLEMAND EN ÉTAIN (XVIᵉ SIÈCLE).

possède absolument le génie de la délicatesse. Nous avons nommé Étienne de Laulne. Né en 1518, il vivait encore aux environs de 1580, et s'était probablement fixé à Strasbourg. Son œuvre en dessins d'orfèvrerie est des plus importantes, bien que fort raréfiée et mutilée par le temps. Les modèles tracés par lui sont si bien conçus pour le métal qu'il semble impossible que maître Stephanus ne fût pas de la partie. Aussi Mariette dit-il avec beaucoup de raison : « Il me paroist qu'il devoit estre orfèvre. »

Mais voici, en ce genre, un maître encore plus précis, plus fin, plus séduisant, un décorateur qui

Étienne Delaulne qui avait gravé également, et dont on a conservé diverses suites de mythologiades, de scènes de l'histoire ancienne, du Nouveau Testament, etc., se révèle, dans ses compositions ornementales, inventeur plein de finesse, arrangeur plein d'ingéniosité. En un mot, c'est un exquis fanfrelucheur.

Voici, par exemple, une suite datée de 1578 ; c'est une petite série de figures de divinités, de héros, etc., placées dans des niches, trois par planche ; ce joli recueil est tout prêt pour l'interprétation par le graveur en pierres fines ; qu'il en fasse un camée ou une intaille, l'effet sera charmant.

Autre : la suite des Sciences, plus compliquée. Autour d'une figure centrale, symbolisant chaque Science, et placée sous des lambrequins ou sous une sorte de dais à déchiquetures, se groupent et s'étagent des attributs, des rinceaux légers, des oiseaux chimériques, des fleurs ; de petites figures allégoriques se faisant vis-à-vis sont placées dans la partie inférieure de la composition qu'elles semblent soutenir. La base de la composition est le sol lui-même, hérissé d'herbes folles, ou quelque surface aquatique aux flots ondulés. Le tout est de dimensions minuscules, gravé d'un trait sûr, léger, décisif. C'est fait à merveille, et sans y rien changer, pour l'émail ou le nielle, pour la plaque de coffret, la jolie fanfreluche de bijou gravé. Une autre série analogue, comprenant la Musique, la Théologie, la Perspective, l' « Arquitraicture », est sur fonds noirs, en manière de nielles.

Ces séries sont parfois répétées sous forme de simples compositions. Quelques-unes alors, comme celles qui nous montrent des combats homériques, de belles chasses, des triomphes, sont disposées en suites de frises, parfaitement agencées par la décoration en bas-relief de quelque panse d'aiguière, tour de coupe, partie d'armure, pourtour de bouclier, etc.

Notons encore, au fur et à mesure du feuilletage de l'œuvre recueillie aux Estampes de la Bibliothèque nationale. Une série de Mois avec beaux cadres qui semblent déjà tout sculptés, chargés d'attributs, peut-être un peu plus lourds que les autres pièces. Une petite série en manière de nielles montre les épisodes de l'histoire sacrée traduits en compositions allégoriques : Le Paradis Terrestre, Caïn et Abel, le Déluge, la Tour de Babel, le Sacrifice d'Abraham. Ce sont, simplement, deux ou trois personnages acteurs principaux de l'épisode, placés parmi des rinceaux, palmes, flammes, bucrânes, etc., et tous ces arrangements sont d'ingénieux et excellent goût. Un d'entre eux nous donnera l'occasion de remarquer une fois de plus combien, en art décoratif, la logique est une chose superflue. Il n'y avait évidemment pas de lambrequins dans le Paradis Terrestre ; la Tour de Babel n'était pas supportée par quatre pieds au-dessus de la grotte où Loth se faisait verser à boire par ses filles. Pourtant ces arrangements existent dans les compositionnettes d'Étienne Delaulne ; ils sont absurdes, peut-être, mais ils sont charmants, à coup sûr. Ce qui démontre, comme le ferait d'ailleurs tout dessin d'un artiste un peu habile, que la seule convenance pour une œuvre décorative, c'est l'équilibre des divers éléments, la juste proportion et l'harmonie de l'ensemble. Avec cela toutes les fantaisies, tous les caprices, si inattendus qu'ils soient, ne sont qu'un charme de plus et donnent le ragoût.

Nous voici encore devant une suite de modèles d'*enseignes*, de ces sortes de bijoux richement travaillés que portaient les hommes et les femmes, et qui tenaient lieu des *broches* ou des *médaillons* actuels. Cette suite est accompagnée de la légende-signature suivante : *Stephanus de Laulne inventor excidebat anno Domini* 1573, *ætatis suæ* 54 *in argentina*. Ces modèles d'enseignes sont conçus en pure fantaisie ; c'est d'ailleurs toujours la figure combinée avec le rinceau, l'oiseau, l'attribut ou la chimère. Plus remarquable encore une superbe série de modèles de miroirs à main, ovales ou carrés, tout surchargés d'ornementation pour la plupart ; tandis que d'autres, au contraire, ne sont ornés que dans le bas, tout le haut du cercle ou de l'ovale étant uni pour mieux faire valoir la pureté du profil.

Dans beaucoup de ces compositions et des précédentes, la grâce n'est pas le seul charme dominant. Il y a aussi de temps en temps une gaîté badine, une bouffonnerie microscopique, qui fait penser à ces « sylènes », comme les appelle Rabelais, ou « figures joyeuses et frivolles ». Mais sérieuse ou plaisante, gracieuse ou plus grave, chaque pièce, malgré la complication parfois fort grande de son ornementation, est toujours parfaitement nette et précise ; l'impression de clarté et d'unité n'est détruite à aucun moment.

Tout cela, il faut le répéter, sent l'homme du métier, l'arrangeur conscient des nécessités de chaque matière et des facultés de chaque outil. « Il me paroist qu'il devoit estre orfèvre » comme dit si judicieusement le bon Mariette. Et de fait, Étienne Delaulne ne nous a-t-il pas lui-même comme renseignés à cet égard ? Qui ne connaît de son œuvre au moins cette petite planche si souvent reproduite dans maints ouvrages, où il a représenté un atelier d'orfèvres dont le patron s'entretient à la fenêtre avec un noble client qui passe ? Et encore une autre petite gravure du même genre où trois ouvriers sont activement occupés à des travaux de ciselure ou d'émaillerie, tandis qu'un quatrième enfourne diverses pièces ? Pour nous qui préférons parfois les suggestions de l'imagination à la rigueur des documents historiques, il nous semble que ces deux images ont une saveur d'autobiographie. Ce bon maître orfèvre c'est notre Étienne Delaulne ; ces ouvriers ce sont les collaborateurs qui exécutaient des travaux à jamais disparus, sur les délicieux dessins dont il nous reste heureusement quelques spécimens.

Quoi qu'il en soit, on doit souscrire absolument à ce jugement porté sur notre artiste par M. Paul Mantz dans ses belles études sur l'orfèvrerie française :

« Il faut évidemment chercher dans les maîtres italiens le principe décoratif qui a inspiré Stéphanus ; mais son habileté a su s'approprier ce principe en l'accommodant à la française. Il contourne avec une délicatesse exquise le rinceau, le feston, la fleur chimérique, et alors même qu'il paraît céder davantage à son charmant caprice, il reste toujours maître de son instrument et ne dépasse jamais la mesure. »

A la suite de maître Stéphanus, mais en Allemagne, cette fois, nous devons encore étudier un bien curieux et important artiste sans la connaissance de l'œuvre duquel la connaissance de l'orfèvrerie au XVIᵉ siècle serait lettre morte. Théodore de Bry, bien qu'Allemand et travaillant en Allemagne, traduisant pour ses compatriotes l'art italien comme faisaient pour nous les Du Cerceau et les Delaulne, a exercé également une très grande influence sur nos propres ouvriers, grâce à ses gravures qui circulaient dans nos ateliers d'orfèvres et de bijoutiers.

Un portrait, en tête de son œuvre, nous renseigne sur son âge et sur sa personne. En effet, ce portrait qui est ainsi daté : *Ætatis suæ LXIX ao Christi* 1597, le présente sous les traits d'un vieillard au regard vif, à la bouche spirituelle et penseuse ; il est vêtu d'une douillette fourrée et mesure gravement un crâne avec le compas. C'est que maître Théodore de Bry n'est pas seulement un artiste de la décoration, c'est aussi, comme nous le verrons, un philosophe, et même quelque peu sermonneur.

Au seuil de son œuvre, nous trouvons, comme chez Étienne Delaulne, des scènes d'histoire, de chasse, d'ailleurs remarquablement composées, grouillantes de personnages fort bien dessinés et campés, et gravées d'un burin agile, mais qui ne rentrent pas dans notre étude.

Voici une série des *Travaux d'Hercule* qui nous permet de mesurer tout d'abord la curieuse nuance entre le tempérament français de Delaulne et le tempérament un peu plus germanique de Théodore de Bry. Celui-ci est plus robuste, un peu moins léger peut-être ; les mascarons, fort beaux d'ailleurs, trahissent moins d'esprit; les rinceaux, lambrequins, chimères, etc., sont notablement plus massifs. Cela n'empêche pas que les « Travaux d'Hercule » eux-mêmes soient de belles compositions : les combats du héros avec les monstres révèlent un très beau et très vigoureux sens décoratif; et avec cela, encore aujourd'hui, si on ne préférait pas, sagement, de consacrer du talent aux sujets modernes, on ferait de magnifiques émaux.

Quatre emblèmes en forme de plats, propres également à être traduits par l'émailleur, nous montrent non moins curieusement la tendance prêcheuse de l'artiste allemand. Il est sentencieux, compliqué, rêveur, créateur de bouffonneries morales. Le *Capitaine Prudent*, guerrier à visage noble, forme le centre d'un de ces plats. Le tour est composé de compartiments qui représentent le Jugement de Salomon, Abraham faisant la Pâque, des Vieillards rendant la justice, etc., et ces sentences accompagnent les scènes :

> De Dieu vient toute sa science
> C'est de Lui seul qu'elle commence.
>
> Et demeure infailliblement
> Avec lui éternellement.
>
> Le vrai couronnement d'icelle
> C'est craindre Dieu d'un ardent zèle.

L'intention est meilleure que la versification. Le *Plat de la Charité* représente les œuvres de miséricorde. Un autre plat nous montre *Orgueille et Follie* avec tête centrale à double face accompagnée, autour, des figures d'un paon, d'un scorpion, d'Adam et Ève avec le serpent. Enfin le *Capitaine de Follie* complète ce quatuor de plats. Le portrait de ce dernier personnage est entouré de monstres bouffons, et l'artiste se serait bien gardé de ne pas ajouter, comme pour les autres, des sentences mirifiques :

> Quand un tyran le sot et badin contrefaict
> Le temps produit après son ordure en lumière
> Puis vergogne à le suivre est toujours coutumière ;
> Des meschants est aymé, visant à sa grandeur.
> D'un cerveau esventé cause est l'aveugle cœur.

Comme tous les artistes d'autrefois, Théodore de Bry fut appelé à fournir des idées pour les fêtes, réjouissances publiques, etc. C'est ainsi qu'il publie un recueil d'Arcs-de-Triomphe, qui, il faut bien le dire, sont d'un aspect mesquin que ne sauve pas une profusion effrayante d'emblèmes, de sentences, et encore de sentences.

Beaucoup plus intéressant à consulter, le recueil qui paraît sous le double titre allemand et français : *Grotisch für alle Künstler;* — *Grotis* (grotesques) *pour tous artisiens*. Ce sont des figures bibliques et autres entourées d'ornements en façons de médaillons. Certains de ces « grotis », en manière de nielles, sont fort délicats. Les fruits contribuent pour beaucoup à leur ornementation.

Poursuivons au fur et à mesure les livres les plus

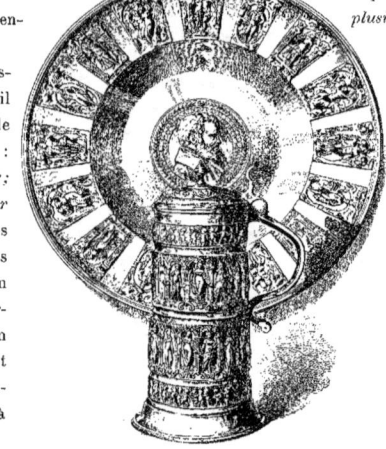

Fig. 154. — POT A BOIRE ET PLAT. ÉTAINS ALLEMANDS (XVIe SIÈCLE).

intéressants : « *Manches de coutiaus avecque les feremens de la gaine, de plusieurs sortes, pour les argentiers et aultres artisiens.* Faict par I. Théodore de Bry ». Les formes sont charmantes, les ornements d'un style exquis, et admirablement appropriés au travail de la ciselure. On peut en juger par les deux modèles, du même style, que nous donnons ici. En général, l'arrangement consiste en un médaillon à petits personnages, entouré de fines arabesques. Souvent des papillons, des fruits, des écureuils se mêlent aux ornements. Quelques-unes de ces pièces pourtant, pour

n'en pas perdre le goût, ont les faces les plus petites ornées simplement... de sentences bibliques avec seulement deux petits ornements à chaque bout.

« *Des pendants de cleffs pour les femmes, propre pour les argentiers* ». Ces petits objets, véritables miracles de travail, servaient, comme on le devine, à accrocher aux ceintures des ménagères, voire les plus riches et les plus haut placées, le trousseau de clefs qui ne les quittait jamais. Les modèles en sont ravissants.

« *Grotis pour les orfeure et aultre artisien* ». C'est un recueil de beaux et opulents rinceaux, fleurons, cornes d'abondance, acanthes, dauphins, etc., où la saveur très Outre-Rhin n'exclut point la grâce et la charmante variété.

Il faut encore mentionner dans l'œuvre de Théodore de Bry un grand alphabet assez curieux, avec des figures bibliques et autres se jouant dans la robuste ossature des caractères parmi des attributs et des bottes de légumes et de fruits où la courge et la pomme ont un rôle prépondérant.

Sous le double titre : *Spitze und Lœbwerck, für die Goltschmit.* — *Grotis et point pour graver bassin, œigir* (lisez : aiguières) *tass et sallir* (*pour les orfeure et aultre artisien*) un recueil de 1589. C'est justice à rendre au bon Théodore de Bry que s'il écorche un peu notre langue, il n'est pas plus tendre pour la sienne. Cela n'empêche que ses grotesques ne soient délicieux, notamment dans cette dernière série. Toute la création y défile parmi de jolis rinceaux : tortues, crabes, caméléons, phoques, perroquets, poissons, écureuils, hiboux, petits insectes; tout cela rendu très juste et certainement étudié sur nature. Cela nous donne d'abord une haute idée de la conscience et de l'intelligence de ce brave maître, et en second lieu, c'est une précieuse leçon pour les artistes même de ce temps-ci, qui oublient trop souvent que le gibier que vient d'acheter leur cuisinière, le chien ou le chat qu'ils rencontrent, la bête à bon Dieu qui se pose sur une plante de la fenêtre, la mouche qui vole et le brin d'herbe qui pousse entre deux pavés sont d'inépuisables, de toujours charmants et nouveaux sujets d'imagination décorative. Il y a bien évidemment, dans les « grotis » dont nous parlons, quelques arrangements, quelques animaux fantastiques, dauphins, griffons et autres, mais alors l'intention est très indiquée, et si paradoxal que cela puisse paraître, ils ne seraient point si bien agencés sans une observation très serrée de la nature. Ce n'est pas une mince affaire, en art, de créer, pour le dessin, pour le bois, le verre ou le métal, un monstre vraisemblable.

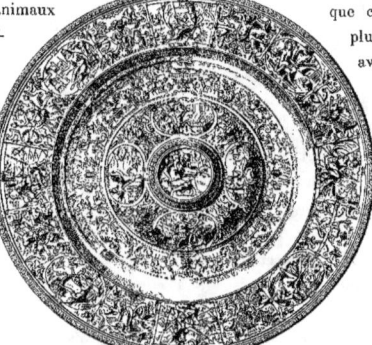

FIG. 155. — BASSIN EN ÉTAIN (XVIᵉ SIÈCLE).

de Bry, moins explorée, moins connue que celle d'Albert Dürer, était plus piquante à signaler ici avec détail. Cependant on ne peut point passer sous silence l'impulsion considérable donnée par Dürer, ainsi que par Holbein, au goût décoratif de leur temps.

Ce qui frappe dans l'œuvre décorative de Dürer, c'est d'abord la profusion de l'ornement déchiqueté, du lambrequin (voir figure 146) propre à entourer et à

L'œuvre de Théodore rehausser les armoiries et cimiers chez ce peuple de chevaliers. Puis un côté fantastique d'une couleur et d'un caractère absolument germanique. C'est ainsi qu'aux replis de certains rinceaux apparaissent fréquemment des êtres étranges, des satires feuillus, des gnomes antiques naturalisés habitants de la Forêt Noire.

Enfin et surtout, dans certains recueils, un caractère calligraphique. Le décorateur allemand a le génie du paraphe; son écriture s'y prête à merveille. On ne s'imagine point assez chez nous tout le parti qu'on peut tirer d'un joli paraphe enlevé d'un trait de plume souple et léger. Ne laissons point cela dédaigneusement aux professeurs d'écriture. Sans avoir, bien entendu, le pas sur toute autre décoration, la *lettre*, avec ses accessoires et dérivés, est parfois un élément décoratif important et imprévu. Albert Dürer peut être invoqué comme exemple. Il est vrai que le peuple allemand est, de naissance, un peuple d'imprimeurs et de graveurs et par suite de calligraphes. Les encadrements de Dürer, pour certains livres, avec des personnages au trait, des paraphes qui s'enroulent en spirales, en feuillages, en oiseaux chimériques, sont chose d'art.

Nous insisterons toutefois davantage, en y renvoyant l'amateur, sur le côté « décoration métallique » de l'œuvre de ce grand maître. Il n'est pour ainsi dire pas une planche où ne se rencontre une couronne de Vierge, un casque, une armure ou un bouclier qui soient tout prêts pour la traduction en métal, depuis l'acier poli jusqu'à l'or fouillé et refouillé.

Un jour nous avons lu des doléances sur Albert Dürer, *condamné* à la vile besogne de ciseler un pommeau d'épée pour Maximilien. Ce pommeau devait être un chef-d'œuvre, Maximilien était un prince bien avisé, Dürer un bel artisan et l'auteur de la réflexion prouvait qu'il n'entendait rien à l'art.

Notre illustration, avec les « Armoiries à la tête de mort » et le « dessin pour la décoration d'une maison » pourra donner une idée des manières respectives d'Albert Dürer et de Holbein. Elle présente ensuite diverses belles pièces d'orfèvrerie du XVIe siècle. Un ostensoir en argent, de travail français et de caractère architectural, avec une mignonne statuette de la Vierge à l'Enfant Jésus sous le clocheton principal; cette pièce appartient à la collection Sauvageot. Une croix processionnelle en argent repoussé et ciselé, de la même époque et de la même collection; la grande richesse de son ornementation permet d'en attribuer la provenance à quelque chapelle royale. On signalera particulièrement l'harmonie charmante de l'argent et de l'émail bleu.

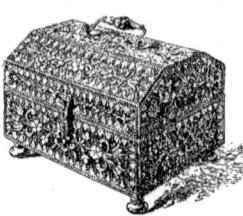

Fig. 156. — COFFRET A PARFUMS LAMÉ D'ARGENT (ART ESPAGNOL).

Comme nous l'avons vu, nous devons fréquemment recourir à des objets en métal plus vil pour nous faire une idée des merveilles de l'orfèvrerie des siècles passés. Pour être simplement en cuivre ciselé et gravé, le petit bénitier (fig. 145), également de la collection Sauvageot, n'en sera pas moins tenu pour une charmante pièce. Sa conception raconte avec beaucoup de grâce les tendances décoratives de nos artistes du XVIe siècle : c'est un très piquant mélange de sacré et de profane; de sacré avec la destination même de l'objet, la figurine de la Vierge en bas-relief sur la plaque centrale, la tête de Christ servant de bénitier, dont le couvercle peut porter un cierge; de profane avec les cariatides chimériques qui soutiennent et encadrent l'ensemble.

Les figures 158 et 159 montrent une pièce d'un caractère notablement plus délicat et relevé : un délicieux coffret à bijoux de la collection Salomon de Rotschild. Il est formé d'un assemblage de plaques en argent niellé, serties d'un entourage d'or ciselé et surmonté d'une poignée de même. Ce coffret est remarquable par la finesse des cariatides, des mascarons, des guirlandes et des frises, ainsi que par la précieuse qualité de l'ornementation qui va se poursuivant jusque sur la plaque inférieure de cette ravissante pièce.

Nous arrivons à un genre d'orfèvrerie qui, très connu et très en usage de toute antiquité, trouva au XVIe siècle, et notamment sous le règne d'Henri II, son plein épanouissement : l'orfèvrerie d'étain. Ce métal qui rachète son humilité, sa valeur relativement infime par une finesse extrême, par une inépuisable complaisance à se prêter aux ornementations les plus délicates et les plus simples, enfin par un poli gras qui fait ressembler ses sculptures à des cires qui auraient le ton de l'argent, ce métal, disons-nous, a été admirablement travaillé par les orfèvres du XVIe siècle, ou les « potiers d'étain », comme s'intitulaient modestement les François Briot, les Enderlin, etc. Le chef-d'œuvre de ce genre, et un des chefs-d'œuvre de l'orfèvrerie en général est l'aiguière de la Tempérance, de François Briot, reproduite dans notre illustration avec son plat non moins célèbre, et dont on peut voir des exemplaires au musée Sauvageot et au musée de Cluny.

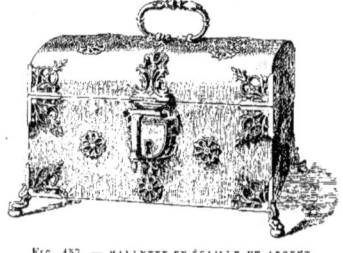

Fig. 157. — MALLETTE EN ÉCAILLE ET ARGENT (TRAVAIL ITALIEN).

C'est une pièce trop importante pour que nous n'en donnions pas une description un peu détaillée, et nous ne saurions mieux faire que d'emprunter cette description au savant conservateur du cabinet des médailles, M. Chabouillet :

« La forme de l'aiguière est légèrement ovoïde ; elle est divisée en trois zones ; celle du milieu est elle-même divisée en trois compartiments dans chacun desquels est représentée une des trois vertus théologales. Les deux autres zones sont ornées de figures de fantaisie : chevaux ailés, mascarons, génies, etc. Le col est orné de deux mascarons ; sur la partie supérieure de l'anse est une femme en cariatide. Le pied est orné de deux bordures godronnées.

« La décoration du bassin est encore plus remarquable que celle de l'aiguière ; l'artiste y a déployé toutes les richesses de son imagination.

« L'idée dominante, c'est que la tempérance est nécessaire à l'homme qui veut exceller dans les arts et les sciences ; aussi la figure de cette vertu est-elle représentée au centre du bassin sur l'ombilic.

« L'artiste, qui tenait à ce qu'il n'y eût pas d'équivoque sur la pensée, n'a pas dédaigné de placer en légende les noms de toutes ses figures allégoriques. On lit donc *Temperantia*, autour du sujet principal ;

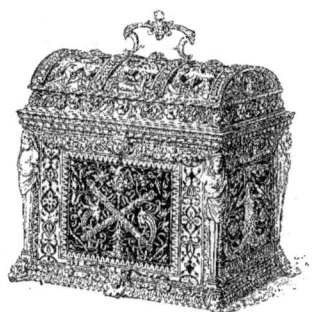 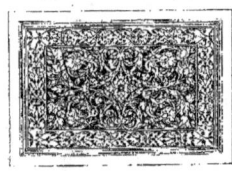

Fig. 138 et 139. — Coffret a bijoux, or et argent ciselé. Dessous du coffret.

on y voit représentée une femme assise au milieu d'un paysage riant ; elle tient d'une main une aiguière et de l'autre une coupe : les accessoires qui l'environnent sont autant d'allégories : une faucille, symbole de la Moisson ; le trident de Neptune ; le caducée de la Paix ; le flambeau de l'Amour brisé par la Tempérance. Autour de l'ombilic, dans d'élégants cartouches séparés par des cariatides, sont les quatre éléments. L'air est représenté par Mercure ; l'eau par la nymphe d'un fleuve ; la terre par une belle femme couchée et tenant des épis ; le feu par un Mars assis tenant d'une main la foudre et l'épée pour indiquer les propriétés destructives de cet élément, dont un four à chaux d'où s'échappent des flammes exprime l'action utile. On distingue aussi une salamandre, cet animal fabuleux qui avait, disait-on, le don de vivre dans le feu. Le plat bord du bassin est occupé par huit cartouches qui séparent des motifs où la fantaisie se marie à des allégories qu'il serait trop long d'expliquer toutes, mais qui ne sont cependant pas arbitraires. Quant aux huit compositions, elles font suite à cette idée principale que la Tempérance féconde la science. En effet, ces huit compositions sont consacrées aux sept arts libéraux, c'est-à-dire la sagesse divine qui les inspire tous. »

Nous avons fait reproduire (fig. 149 et suiv.) non seulement l'ensemble de l'aiguière et du plat, mais encore des détails d'ornementation, et la marque de François Briot, avec son portrait qui se trouve à l'envers du plat. En ce qui concerne le côté technique de l'exécution, M. Germain Bapst, dans ses remarquables études sur l'étain, soutient cette thèse que les belles pièces d'orfèvrerie d'étain, y compris l'aiguière et le plat de François Briot, n'ont point été ciselées ou reprises en ciselure après la fonte. L'artiste devait entailler ses sujets dans un métal ou une pierre lithographique comme pour une matrice de médaille. Certaines parties du décor, souvent répétées, telles que feuilles, mascarons, arabesques, étaient obtenues au poinçon.

L'étain fut en grand honneur en France, en Allemagne et en Suisse au xvi$^e$ siècle. L'Allemagne surtout produisit d'admirables pièces, et ce fut une des gloires de la fabrication de Nuremberg. La collection Sauvageot en possède de fort belles. Un bassin dont le bord est décoré de cerfs courant parmi des rinceaux et l'ombilic d'un buste d'homme casqué à l'antique (fig. 153). Un superbe pot à bière décoré de jeux d'enfants et de statuettes de femmes; le plat qui accompagne ce dessin (fig. 154) est une pièce indépendante, et formé lui-même de deux parties rapportées et soudées, car le portrait central d'Auguste de Saxe n'est pas de la même main que les cartouches à figures qui composent le tout. Enfin, voici pour faire une comparaison avec le goût allemand un riche et superbe bassin français (fig. 155), avec une figure de Mars au centre, et dont les zones sont diversement décorées d'allégories des parties du monde, de personnages illustres, d'arabesques, d'amours folâtrant, etc. Rien mieux que toutes ces belles pièces ne saurait montrer de quelle splendeur l'art revêt une peu coûteuse matière.

Mais, après ces brefs aperçus sur la poterie d'étain (qui devait décliner rapidement dès le xvii$^e$ siècle et n'être réhabilitée que de notre temps par les tentatives de quelques artistes chercheurs), revenons à l'orfèvrerie proprement dite. Entre autres documents, l'inventaire de Marie Stuart contient l'énumération de quelques belles pièces : une « grande nef d'argent doré, historiée en bosse, de la valeur de cinq cents écus », une clochette en argent ciselé, etc., etc. La gracieuse et infortunée reine, pendant qu'elle est en captivité, envoie à Ronsard « un buffet de vingt mille escuz, avec une inscription sur un vase qui estoit élabouré en forme de rocher représentant le Parnasse et un Pégaze au-dessus. »

Nous avons vu l'amour de Catherine de Médicis pour le luxe des ameublements ; le luxe de l'orfèvrerie ne devait pas moins la tenter. Elle donne de nombreuses commandes à ses orfèvres, Mathurin Lussant, Claude Marcel qui fut maître en 1544, en 1553 garde du métier, et en 1570 prévôt des marchands. C'est d'ailleurs un fait à noter : les orfèvres sont de très hauts personnages, et souvent appelés aux dignités municipales.

On nous conserve encore le nom de Pierre Hotman, ou francisé Hautement ; à défaut d'œuvres connues voici tout au moins la mention d'une commande que lui fit, en 1571, la duchesse de Lorraine. Il s'agit d'un « petit ménage d'argent pour enfant, tout complet, le buffet, pots, plats, écuelles et telle autre chose comme on les fait à Paris, pour envoyer à l'enfant de madame la duchesse de Bavière, accouchée puis n'aguères. »

On ne sourira pas de la mignardise de cette commande. Il n'y avait pas que les enfants à qui plussent ces riches joujoux. Les plus graves personnages, les souverains les plus accablés de soucis, aimaient fort ces fastueuses babioles. Il n'en faut pour preuve que ces pièces mécaniques, chefs-d'œuvre de l'art de l'orfèvre et de celui de l'émailleur, que les plus riches musées conservent précieusement. Le British Muséum possède une nef mécanique faite pour l'empereur Rudolph II. Notre musée de Cluny en possède une encore plus importante et plus luxueuse. C'est un jouet de grandes dimensions (0$^m$,70 de long sur 1$^m$,05 de haut) et de précieuse matière. La pièce a exactement la forme d'un navire, avec tous ses agrès et ses mâts. La dunette est plus élevée que le pont et c'est là que se tiennent groupés les principaux personnages. L'empereur Charles-Quint est figuré, couronne en tête et tenant en main le sceptre et le globe. Il est assis sur un trône supporté par deux lions debout et surmonté d'un dais aux armes de l'Empire. Dix personnages défilent, au moyen d'un mécanisme, devant l'empereur et rentrent à tour de rôle dans la dunette : les uns sont vêtus de longues robes garnies d'hermine, les autres couverts du tabar et portent divers insignes. Le même mécanisme fait incliner la tête et agiter le sceptre de Charles-Quint chaque fois qu'un de ces dignitaires passe devant lui. Deux gardes en armes défendent l'accès de la dunette. Des musiciens se trouvent placés aux deux côtés du pont. Des matelots, des gardes armés, occupent les diverses parties du navire; des matelots font la manœuvre dans les hunes. Toutes les figures sont en bronze doré et émaillé, sauf celle de l'empereur qui est en or. Cette curieuse pièce est complétée par des batteries d'artillerie qui prennent feu automatiquement; par un cadran d'horloge en argent émaillé, et par quantité de petites figures placées à tous les sabords que n'occupent pas les pièces d'artillerie. Peut-être trouvera-t-on que c'est beaucoup d'habileté et de richesse dépensé pour un but assez puéril. Ne soyons pas trop sévères. Sans doute de notre temps un orfèvre qui s'appliquerait à

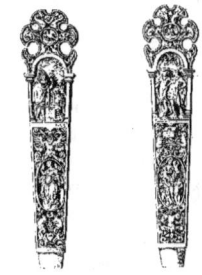

Fig. 160 et 161. — Manches de couteaux (XVIᵉ siècle).

parfaire un semblable joujou courrait des chances d'être classé au nombre des inventeurs de second ordre; nos recherches d'art sont dirigées dans un tout autre sens; mais les hommes sont, à toutes les époques, des enfants grandis, et il serait trop facile de constater, en d'autres occasions, que nous n'avons fait que changer d'enfantillage.

Catherine de Médicis, tout en tenant en grande faveur les travaux de ses orfèvres, ne laissait pas que de discuter les prix. En 1571, elle adresse à François Dujardin « orphèvre du roy monsieur mon fils » une lettre où elle lui commande une chaîne pour le roi, des miroirs pour la reine de Navarre et Mᵐᵉ de Savoie; enfin, pour M. de Lorraine « un tour de bonet avecques une enseigne où sera la pinteure de sa femme; et elle ajoute cette typique recommandation : « Il faut qui coust bien peu. »

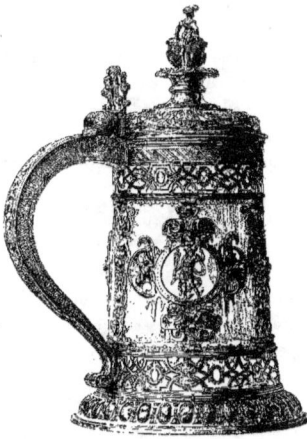

Fig. 162. — Vase à boire allemand, monture argent doré.

Sous Charles IX, tout comme sous le règne de ses prédécesseurs, des ordonnances restrictives furent publiées, et comme toujours, rapportées au bout de peu de temps. On n'a pas conservé le magnifique groupe que les échevins offrirent à ce roi lors de son entrée à Paris. C'était une pièce en argent ciselé, buriné et doré, représentant le char de Neptune traîné par des figures allégoriques, avec, aux quatre coins, les statuettes des plus grands rois qui avaient illustré le nom de Charles. Mais à défaut de cette œuvre importante nous avons, du

temps, le bouclier et le casque de Charles IX, superbes travaux, en or émaillé, dont il n'est personne qui n'ait admiré au Louvre, à la galerie d'Apollon, la multiplicité et la variété des personnages. L'or ciselé combiné avec l'émail était devenu en grande faveur.

Un point sombre dans l'histoire de l'orfèvrerie : à la Saint-Barthélemy les boutiques des orfèvres sont mises au pillage. Puis, sous Henri III, le travail reprend de plus belle. Le roi donne le signal d'une véritable folie d'orfèvrerie et de bijouterie. Les matières précieuses de toutes sortes sont appelées à l'aide, le métal pur ne pouvant plus suffire au goût de raffinement. Parmi les commandes faites à l'orfèvre du roi, Richard Toutin, nous voyons entre maintes autres, pour la duchesse de Lorraine, « une navire couverte, pesant trente-trois marcs » ou encore « ung mironer de cristal de roche enrechy et couvert d'or avec la chesne à pandre, le tout esmaillé d'esmail de plicque et garny de quatre esmeraulcdes. »

Comme traits significatifs, il faut citer un goût étrange et qui répond bien aux dispositions du temps : on fait un usage immodéré d'attributs funèbres, ossements en croix, têtes de mort, larmes d'argent; ces éléments peu gais se rencontrent fréquemment dans l'œuvre des dessinateurs comme Woëriot que nous étudierons à la bijouterie. Les pamphlets du temps, notamment l'*Isle des Hermaphrodites*, ne se font pas faute de railler ces penchants bizarres, qui prouvent à tout le moins que notre temps ne saurait réclamer la priorité des névroses.

Un autre goût très prononcé, mais moins macabre, c'est la manie des parfums, donnant naissance à une quantité d'objets de luxe où l'orfèvre trouve son compte. Voir, par exemple, dans notre illustration (fig. 156), ce charmant coffret à parfums de la collection Sauvageot. Il est de travail espagnol, en bois de Sainte-Lucie décoré de lames d'argent découpées à jour et couvertes de petites perles d'émail. Le loquet et l'anse supérieure sont en argent ciselé, les pieds en ébène. L'intérieur est divisé en six cases, trois pour mettre des flacons, trois à couvercle, pour les parfums solides. On comprend assez volontiers la boutade de Montaigne : « C'est puir que sentir bon, » quand on voit dans certains inventaires du temps l'énumération des objets divers servant à parfumer ou à porter des parfums; on y trouve jusqu'à des chapelets dont les grains creux contiennent de petites éponges imbibées d'essences; ce sont encore : « une chaîne de parfums composée de trente olives, — une main de parfums, — une poire de parfum garnie d'or, — un cœur faict de fil d'or servant à mettre senteur; — six boutons d'or et diamants, auxquelz y en a à chacun dix-sept diamants et sont percez à jour et plains de parfums. » On faisait des importations considérables de peaux d'Espagne et d'Italie pour en confectionner d'odorants corsages, pourpoints, etc. Bref, rien de plus exact que cette peinture satirique des élégants du temps, dans les *Arrests de l'Amour* :

> Leurs habits sentoient le cyprès
> Et le musc si abondamment
> Que l'on n'eust sçu estre au plus près
> Sans esternuer largement.

Henri IV ne dédaigne pas les travaux des bijoutiers et des orfèvres; il en fait même une assez ample consommation; mais... à l'encontre de son prédécesseur qui les aimait pour son propre usage, il les achète lui, pour en faire mainte gracieuseté. Parmi les orfèvres de son règne, nous trouvons les noms de David Vimont, de Jean de la Haye, etc., ce dernier étant présumé l'auteur d'une grande partie des nombreuses vaisselles précieuses qu'énumère l'inventaire de Gabrielle d'Estrées. La belle Gabrielle avait également une prédilection pour les scènes, les monuments à petits personnages, etc., dont nous avons décrit plus haut un spécimen.

Le goût des pierreries, qui avait commencé à se dessiner sous le règne de Charles IX, s'accentue et deviendra bientôt prédominant. Voici, à l'appui, la description de la couronne que portait Marie de Médicis à Florence, à la cérémonie qui précéda son mariage avec Henri IV; c'est une « couronne à l'impériale, le tour de laquelle estoit à trois rangs de grosses perles, et tout le reste enrichi de gros diamants et rubis. Sur la fleur d'en haut, il y avoit un gros diamant taillé à plusieurs faces, estimé à plus de cinquante mille escus, et cinq perles à poire très belles, qui pendoient de ladicte fleur. »

Un autre exemple non moins concluant sera la robe que se fait faire la reine Marguerite pour assister au baptême du Dauphin, et qui est couverte de *trente-deux mille pierres précieuses dont trois mille diamants*.

On a très justement remarqué que l'orfèvrerie est un art plus *conservateur* que les autres, et qu'au moment même où ceux-ci ont déjà fait une notable évolution, elle reste fidèle aux goûts du temps précédent. Elle est plus lente à adopter les formes nouvelles, et la raison s'en comprend assez si on songe au prix de la matière et aux lenteurs de la main-d'œuvre. Ainsi quand le xvi° siècle commença, nous avons vu qu'elle était encore fidèle aux silhouettes gothiques ; avec le xvii° siècle à son aurore, elle n'abandonna point tout de suite les traditions de la Renaissance. Les gravures du temps, entre autres celles d'Étienne Carteron, d'Esaïas von Hubsen, de Christophe Jamnitzer, à défaut de monuments, en font foi.

Dans les premières années du siècle, la vogue des pierreries avait cédé le pas à celle de la perle, qui fit fureur sous la régence de Marie de Médicis. Le *Cérémonial françois* nous dit que la reine, aux États généraux de 1614, « portoit un rang de grosses perles rondes comme de petites noisettes, et ce rang lui venoit jusqu'à la ceinture, et un autre de mêmes perles pour chaîne sur sa robe, qui, venant se joindre au devant avec celui du col, faisoient quatre fils extrêmement beaux : elle avoit pour pendant à chaque oreille deux perles en poire d'une extraordinaire grosseur. »

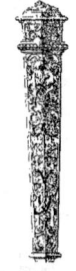

Fig. 163. — ÉTUI FRANÇAIS DU XVII° SIÈCLE.

Il est inutile de rappeler les exemples classiques des habits couverts de perles de Bassompierre et de Buckingham et l'affectation de prodigalité qui avait inspiré à ce dernier de donner l'ordre que les perles fussent fixées le moins solidement possible.

Peu à peu, sous Louis XIII, à l'influence italienne finissante succède l'influence espagnole : dominant dans la littérature, il était impossible qu'elle ne se fît pas sentir dans l'art. De cette époque sont les orfèvres Pierre Hémant, les frères Mabareaux, Jean Banquerol, De Vaux, etc., etc. Les mémoires du temps nous renseignent sur la grande activité de l'orfèvrerie d'alors. C'est ainsi que nous sommes initiés aux splendeurs de la représentation de *Mirame* (1641) ; si les vers du cardinal de Richelieu n'étaient pas la richesse même, il faut reconnaître que la mise en scène rachetait amplement cette lacune. A un entr'acte, nous dit-on, l'évêque de Chartres descendit « de dessus le théâtre pour présenter la collation à la Reine, ayant à sa suite plusieurs officiers qui portoient vingt bassins de vermeil doré, chargés de citrons doux et de confitures. »

A toutes les fêtes figurent ainsi de précieux étalages de bassins, de coupes, de surtouts constituant les plus opulents « buffets » qu'on puisse rêver, et où les arts de l'orfèvrerie, de l'architecture, et de la gastronomie se tendent une main fraternelle.

Un admirable spécimen de l'orfèvrerie de la première moitié du xvii° siècle est le coffret de la reine Anne d'Autriche, don de Mazarin, à ce qu'affirme une légende qui montre le cardinal comme plus prodigue qu'on ne s'y pourrait attendre. Cette cassette est une des merveilles des collections de la galerie d'Apollon. Sur le fond d'émail bleu court une profusion de rinceaux découpés en or, dont on ne se lasse point d'admirer la surprenante délicatesse de ciselure.

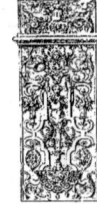

Fig. 164. — ÉTUI FRANÇAIS DU XVII° SIÈCLE.

A son berceau, Louis XIV eut pour joujoux des bijoux. Les jeunes gentilshommes lui faisaient de ces coûteux présents. Loménie de Brienne, dans ses Mémoires, parle d'un petit canon d'or « si léger qu'il eût pu être traîné par une puce. »

« Je lui donnai aussi, ajoute-t-il, des cannes et des bâtons garnis d'orfèvrerie de la façon de Roberdet, mon compère, ouvrier inventif et industrieux. »

Ces jouets étaient souvent à deux fins : enseignement et amusement, ainsi que nous l'indique ce passage de la *Bibliothèque Lorraine* de Dom Calmet qui nous fournit en même temps d'autres noms d'artistes :

« Merlin, orphèvre lorrain, travailla à Paris en qualité d'orphèvre du roi Louis XIII, pour l'instruction du roi Louis XIV, et fit les machines de guerre et une petite armée, tant infanterie que cavalerie, en petit et en argent, sur les modèles que Charles Chastel, sculpteur de Nancy, demeurant à Paris, lui fournissoit. »

Le roi fut reconnaissant à l'orfèvre qui l'avait émerveillé dans son enfance et il logea Merlin au Louvre jusqu'à sa mort. Merlin exécuta encore de nombreux travaux, notamment des reliquaires d'après les dessins d'Étienne le Hongre.

Ceci nous fournit l'occasion d'attirer l'attention sur un point intéressant. Nous sommes arrivés au moment où l'orfèvre quel que soit son talent ne sera plus, la plupart du temps, que le metteur en œuvre des idées d'autres artistes. Ce n'est pas à dire que de nombreux orfèvres et des meilleurs durant les XVII° et XVIII° siècles ne travaillent d'après leurs propres dessins; mais nous devons noter cette tendance générale. C'est qu'il est né des artistes féconds et inventifs comme Le Pautre, des maîtres impérieux et envahissants comme Lebrun, qui alimentent à la fois tous les arts de leur multiple inspiration.

Avant de parler des orfèvres de Louis XIV, il faut bien mentionner celui de Mazarin, car nous savons déjà que le cardinal n'était pas avare pour lui-même. Son orfèvre favori est Lescot, et les merveilles qui s'entassent dans le palais du ministre suggèrent à Brienne cette description lyrique :

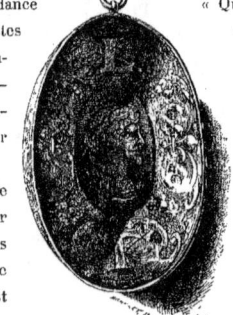

Fig. 165. — GOBELET DE CHASSE DE LOUIS XIII.

« Que de chenets et de brasiers d'argent ! Que de lustres de cristal et d'orfèvrerie ! Combien de bras et de plaques de vermeil doré ! Combien de miroirs garnis de plaques d'or et d'argent !... Le cardinal étoit curieux, sans toutefois se connoître parfaitement aux belles choses, excepté aux pierreries, auxquelles il connoissoit en perfection. Lescot, son orfèvre, joaillier, a bien fait ses affaires avec lui. »

Ce faste n'est pourtant qu'enfantillage auprès de celui que déploya Louis XIV. Ce roi rencontra un décorateur suivant son goût comme il avait trouvé des poètes courtisans suivant son esprit. Lebrun est le patron, le maître absolu des artistes; l'orfèvrerie, comme les autres arts, subit son influence et traduit ses conceptions. Quels que soient les orfèvres, Ballin par exemple ou Jean Gravet, qui exécute la nef du roi sur un modèle du sculpteur Laurent Magnier d'après les dessins de Lebrun, ce sont toujours ses tendances qui dominent, ses pompeuses prédilections qui sont épousées.

A toutes les fêtes la débauche d'or est extrême : autels, buffets, décorations scéniques, c'est l'or partout, l'or massif. Prenons-nous le mariage de Louis XIV avec Marie-Thérèse? C'est une lutte frénétique de bijoux, de perles, de matières précieuses. « Mademoiselle avoit vingt rangs de perles en écharpe sous sa gorge, à sa teste et à ses manchettes. » Quant à la jeune reine, elle portait une couronne d'or et « M^me de Noailles, sa femme d'atour, la lui soutenoit par derrière de peur que la pesanteur ne luy fist mal. »

Prenons-nous encore les *Plaisirs de l'Isle Enchantée* (1664)? Il suffit de lire le mémoire de Molière pour se rendre compte du ruissellement de toutes ces parures, de ces armures splendides. Le roi, en paladin Roger, porte une cuirasse en lames d'argent toutes couvertes de broderies d'or. Au carnaval de 1667, les habits, les housses des chevaux sont brodés, rebrodés d'or, mélangés d'un certain or et encore recouverts d'or, comme disait M^me de Sévigné, et constellées de pierreries. Louis XIV est en « habit à la hongroise » et porte un casque d'or.

Ce ne sont plus seulement des joyaux, des nefs, des vaisselles qu'exécutent maintenant les orfèvres, ce sont des meubles entiers, des meubles massifs, pesantes consoles, guéridons majestueux, vases énormes. C'est le temps où Claude Ballin exécute ces vases qui rien qu'en marbre coûteraient des sommes considérables. On fait romain, c'est-à-dire démesurément pompeux, et la quantité de métal absorbé est en raison directe. L'orfèvrerie d'église suit les mêmes errements. Elle est aussi majestueuse et théâtrale que l'orfèvrerie profane qui éclate dans les galeries de Versailles, et dont Perrault nous fait cette description qui n'a rien d'exagéré :

« C'etoient des torchères ou de grands guéridons de 8 à 9 pieds de hauteur pour porter des flambeaux ou des girandoles ; de grands vases pour mettre des orangers, et de grands brancards pour les porter où on auroit voulu ; des cuvettes, des chandeliers, des miroirs, tous ouvrages dont la magnificence, l'élégance et le bon goût estoient peut-être une des choses du royaume qui donnoient une plus juste idée de la grandeur du prince qui les avoit fait faire. »

Et que sont devenues toutes ces merveilles ? Le creuset de la Monnaie a suffi pour les convertir en lingots ; le souffle brûlant de la guerre pour les fondre et les dissiper. Les œuvres des Cousinet, des Loir, des Pierre Germain, des de Villers, des Roupert de Metz, ont servi à payer les frais des campagnes qui assombrissent les dernières années du règne. « Le roi, écrit Saint-Simon, délibéra de se mettre en faïence » et cela veut dire que toutes les splendides vaisselles du palais de Versailles se doivent convertir en pistoles, et que chacun

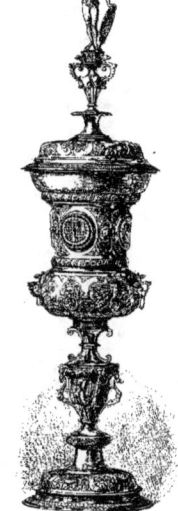

FIG. 166. — HANAP ALLEMAND.

que particulier doit suivre l'exemple du souverain.

D'autre part, la révocation de l'édit de Nantes fait émigrer un grand nombre des artistes les plus originaux, des artisans les plus habiles. De Villers quitte la France, Colivaux s'en va à Berlin, Gribelin en Angleterre, Daniel Marot en Hollande (nous avons dit plus haut quelques mots de celui-ci), et publie à La Haye son « nouveau livre d'ornements pour l'utilité des sculpteurs et des orfèvres. »

De lourdes ordonnances, dans les années 1672, 1674, 1677, avaient déjà arrêté l'essor de l'orfèvrerie. Durant les années 1689 et 1690 la monnaie n'est occupée qu'à transformer en lingots toutes ces belles choses, qui ont duré le temps d'un rêve. Des mesures prohibitives d'une grande rigueur complètent l'œuvre de destruction. Toutefois, l'orfèvrerie d'église est en grande partie épargnée. En somme il ne nous reste pour nous rendre compte des travaux de tous ces maîtres que les dessins de Lebrun, les tapisseries des Gobelins consacrées à la commémoration de ces fastes, et un assez bon nombre de recueils de gravures, où les orfèvres du temps consignaient leurs modèles.

Ces recueils d'ailleurs constituent encore pour les artistes d'à présent un beau répertoire, — répétons que tous ces documents doivent être connus, mais non copiés, — qu'il y a plaisir et profit à consulter aux Estampes de la Bibliothèque nationale.

Citons quelques-uns de ces artistes français ou étrangers du XVIIe siècle, qui, même après les grands que nous avons mentionnés, ne doivent pas être oubliés.

Michel le Blond publie ses œuvres à Amsterdam : beaux modèles, manches de couteaux, etc. ; prédilection pour le paraphe, l'ornement en volute, d'où émergent des figures d'oiseaux ; une charmante suite avec des animaux affrontés parmi des feuillages, des fleurs, des fruits ; un livre d'armoiries avec des lambrequins d'une complication un peu prétentieuse. De même Janssen, autre orfèvre des Pays-Bas, se présente avec des ornements non moins paraphants, mais d'un goût original. Pour les pièces d'orfèvrerie des pays flamands, il ne manque pas d'ailleurs de documents précis, tels que les tableaux de corporations, de syndics, des compositions dans le genre du petit *Jugement du prix de l'arc* de Van der Helst, au Louvre, où l'on peut détailler à souhait les formes et la décoration des beaux hanaps, des coupes opulentes.

Les recueils de modèles sont, déjà pour cette époque, innombrables; que sera-ce quand nous approcherons de notre temps? Beaucoup ont le caractère de cartes d'échantillons et dévoilent ingénument une concurrence enragée. Ces artistes ne se font pas faute de se piller, de se copier les uns les autres, et cela devrait, ce nous semble, nous rendre un peu indulgents pour nos contemporains. Il est de ces suites qui sont agrémentées d'un texte calligraphié qui décèle un naïf puffisme. C'est ainsi que Roupert de Metz, dont un recueil de 1668 étale quantité de rinceaux très feuillus, éprouve de temps à autre le besoin de défier ses rivaux. « Que quelqu'un m'entreprenne, s'écrie-t-il, et je dessinerai une autre ordonnance en sa présence. » Et plus loin, sur un ton de lyrique amertume :

Ces langues de vipères, de dépit et d'envie,<br>
Veulent empoisonner ma salade choisie(?).

Un autre artiste dont le recueil est daté de 1672, et signé simplement des initiales P. C., joue le dédaigneux, « brave la censure » et déclare « qu'il n'a cure de plaire à tout le monde. » Bref, une bibliothèque encore assez considérable, et qui prouverait que le temps n'est pas aussi destructeur qu'on voudrait le dire.

Dans les autres pays, à partir du xvii° siècle l'influence du goût français prédomina. C'est ainsi qu'en Allemagne, les orfèvres qui dans la deuxième moitié du xvi° siècle avaient été séduits par l'art italien firent pompeux au xvii° siècle, et contourné au xviii° siècle, sans pourtant abandonner complètement la saveur de terroir, comme le prouve ce beau hanap en argent repoussé et doré (fig. 166) de la collection James de Rotschild (xvii° siècle). En Italie, on nous copie également avec quelque mignardise et afféterie ; on peut voir un joli échantillon des menus travaux du métal dans cette mallette d'écaille à ferrures d'argent, de la collection Sauvageot (fig. 157).

Quel que soit le ralentissement que les dernières années du règne de Louis XIV aient imposé, par un ensemble de cruelles mesures, à l'art de l'orfèvrerie, des formes nouvelles apparaissent, déjà plus souples, plus efféminées : on assiste aux premiers balbutiements d'un art nouveau. Les modèles de Robert de Cotte introduisent de la grâce, du sourire ; ce maître est convaincu, d'ailleurs, par un phénomène d'hallucination commun à tous les artistes de ces deux siècles, jusque sous Louis XVI (où alors cela commença à être vrai), qu'il s'inspire directement de l'art antique.

La facilité, la légèreté, l'habileté extrême seront, dans l'orfèvrerie comme ailleurs, l'apanage des merveilleux ouvriers du siècle dernier. Il subsiste pourtant encore sous le Régent et Louis XV quelques-uns des maîtres du régime précédent : Nicolas Denaunay, Claude Ballin neveu, Thomas Germain. Le Régent ne manque pas de promulguer des ordonnances rigoureuses, qui, comme toujours, ne sont pas bien longtemps observées.

C'est Nicolas Denaunay qui exécute la toilette donnée par Louis XV à l'infante; Claude Ballin, qui fait riche et légère la couronne du sacre, où brillent le Régent et le Sancy. Ballin est également l'auteur du *Soleil* de Notre-Dame de Paris, pièce considérable de cinq pieds de hauteur, modèle compliqué avec figures de l'Apocalypse, anges, vieillards, gloires, etc. Ballin meurt en 1754, après une laborieuse carrière, non sans exhaler quelque bile à l'égard des artistes qui le suivent, et dont le goût maniéré choque ses traditions de grand style. C'est ainsi qu'il vise directement Meissonnier dans un écrit où il tourne en amère dérision l'abus des « écrevisses et des lapereaux ».

Et pourtant Meissonnier était l'artiste le plus simple du monde... du moins de l'avis de ses contemporains, car pour nous, nous aurions de la peine à nous en douter, et nos lecteurs aussi d'après ce que nous avons déjà dit de lui. C'est ainsi que Pouget fils écrit gravement dans son *Traité des pierres précieuses* (1762) : « Les morceaux d'orfèvrerie qu'il a terminés sont de la plus grande perfection (soit) ; ses autres ouvrages ont cette simplicité de l'antique (holà!) le vrai caractère du sublime. » On s'étonne d'ailleurs quelque peu de voir ainsi apprécier le style de Meissonnier par un artiste à une époque où on commençait réellement à s'orienter un peu davantage vers la simplicité ; mais ce n'était pas l'avis de tous : il suffit de se rapporter aux ironies de Cochin, dont nous avons donné un échantillon, ou à cet autre passage, du même, tiré de la *Supplication aux orfèvres* :

« Nous leur serions infiniment obligés s'ils voulaient bien ne pas changer la destination des choses, et se souvenir, par exemple, qu'un chandelier doit être droit et perpendiculaire pour porter la lumière... qu'une bobèche doit être concave pour recevoir la cire qui coule et non pas convexe pour la faire tomber en nappe sur le chandelier, et quantité d'autres agréments non moins déraisonnables qu'il serait trop long de citer. »

Cochin, décidément, ne comprend rien au génie de Meissonnier. Comment! mais notre orfèvre serait très marri si les chandelles ne coulaient pas : leurs capricieuses et molles cascades ont des courbes onctueuses qui forment une décoration naturelle et vont fort bien avec l'ensemble des rocailles. Cela s'harmoniserait à merveille avec certain chandelier de son œuvre orné de feuilles de chêne, choisies sans doute parce qu'elles sont de toutes les feuilles de nos arbres les plus déchiquetées et les plus chantournées.

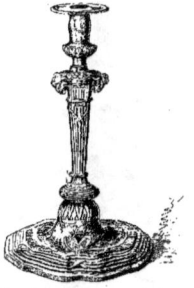

FIG. 167. — FLAMBEAU DE THOMAS GERMAIN.

Le *style religieux* de l'orfèvrerie de Meissonnier inspire beaucoup plutôt des idées riantes que des méditations austères. Ce style religieux, on peut s'en rendre compte en réduisant par la pensée le grand nuage à rayons solaires et à têtes de chérubins, de l'autel du fond de l'église Saint-Roch. Avec plus de grâce et d'esprit toutefois, le « *Soleil* exécuté en argent pour les religieuses carmélites de Poitiers, en 1727 » est un des chefs-d'œuvre du genre : des épis, des raisins, symbolisant les deux espèces, se mêlent à l'inévitable nuage et aux figures d'amours joufflus affublés d'ailes de chérubins. Nous rencontrons encore, en feuilletant les charmantes planches de Meissonnier, des lampes d'églises, des croix d'autel, qui sont sans doute chose fort spirituelle, mais qui nous font conclure qu'il devait être bien difficile à ce temps-là de comprendre Notre-Dame de Paris.

Parmi les autres orfèvres, il est encore d'importants et caractéristiques artistes. Thomas Germain est à cheval sur les deux règnes. Il avait fait de fortes études de sculpture et d'architecture en Italie. Il exécute notamment un Soleil pour Notre-Dame, un autre pour la cathédrale de Reims, un calice d'or pour l'électeur de Cologne en 1725, une toilette pour la reine de France en 1726 ; entre autres pièces de cet important ouvrage, on admirait le miroir, décoré des armes royales et portant, en bas-relief, Vénus à sa toilette, servie par les Grâces ; il est encore auteur d'une épée, d'un fusil et de deux pistolets, merveilles de ciselure et de damasquinerie, offerts par la ville de Paris au Dauphin; en 1748 il publie un livre d'*éléments d'orfèvrerie*.

Chose assez significative, Louis XV n'a pas un goût très prononcé pour l'orfèvrerie. Ce n'est pas pour lui que travaillent surtout les artistes du métal, Claude de Villers, Jacques Roettiers (qui exécute un magnifique surtout de table pour l'électeur de Cologne en 1749), Meissonnier, et tous les autres enfin.

En revanche M^me de Pompadour non seulement leur donne de la besogne, mais encore contribue à modifier leur inspiration. On sait les préférences de la marquise pour les formes plus simples, et il n'est plus besoin de prouver qu'elle n'est pas responsable des exagérations du style rococo. De 1750 à 1764, cette tendance vers les vrais modèles antiques se dessine et s'accentue. Caylus, Cochin, Belliard (*Observations sur les antiquités d'Herculanum*) font graver des planches nombreuses de trépieds, d'agrafes, de lampes, où le caractère antique est tant soit peu dénaturé, mais où la bonne volonté en sa faveur est évidente. Voici, à propos de cette nouvelle mode, ce que Grimm écrit en 1763 :

« Depuis quelques années on a recherché les ornements et les formes antiques; le goût y a gagné considérablement, et la mode en est devenue si générale que tout aujourd'hui se fait à la grecque... Nos petits-maîtres se croiraient déshonorés de porter une boîte qui ne fût pas à la grecque... Il n'en sera pas moins vrai que les bijoux qu'on fait aujourd'hui sont de très bon goût, que les formes en sont belles, nobles et agréables, au lieu qu'elles étaient tout arbitraires, bizarres et absurdes, il y a dix ou douze ans. »

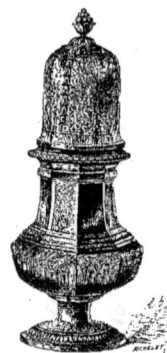

Fig. 168. — SUCRIÈRE DE BESNIER.

L'orfèvrerie devait d'ailleurs sous Louis XV éprouver quelques dures vicissitudes, et en vérité, il est peu d'arts dont l'histoire enregistre plus de persécutions et de dangers : il semble qu'on pourrait lui appliquer la fable bien connue des *Deux mulets;* où d'autres arts plus humbles quant à la matière peuvent subsister, même à certaines époques agitées, celui-ci est en butte aux convoitises et aux tracasseries, et souvent y laisse des gages. Un des ennemis de l'orfèvrerie, à ce moment, nous le connaissons déjà, c'est la guerre, et le creuset, conséquence fatale. En 1759 le roi invite ses loyaux et fidèles sujets et les bons citoyens, à porter leur vaisselle d'argent « soit plate, soit montée, à l'Hôtel de la Monnaie. » On a pu dire avec juste raison des orfèvres du XVIII^e siècle, qu'ils ont autant détruit de pièces qu'ils en ont exécuté, pour remplacer les œuvres du temps précédent, jugées hors de mode; mais on peut dire également que le creuset de la Monnaie a détruit un grand nombre de leurs plus belles inspirations. Il reste pourtant dans les collections particulières une quantité suffisante de pièces d'orfèvrerie et d'argenterie du siècle dernier (largement accrue il est vrai par le truquage) pour qu'on puisse en apprécier les mérites de délicatesse de main-d'œuvre et l'élégance de silhouettes.

Un autre ennemi, plus dangereux encore que le creuset, c'est le *toc*, qui commence à faire son économique conquête. Dès 1729, on voit apparaître le *similor* ou simili-or, ainsi que son compagnon le *fourré*. Cela amène de grandes discussions entre orfèvres. Le fourré finit par remporter la victoire en 1765.

Sous M^me Dubarry qui laisse se continuer, sans avoir grand'voix au chapitre, l'impulsion artistique donnée par M^me de Pompadour, la joaillerie voit à son tour le *Strass* et le *Chéron* faire scintiller leurs feux frelatés. Le règne du bon marché commence, et il faut reconnaître que l'art s'en ressentira quelque peu.

Pourtant sous Louis XVI il y a encore quelques excellents artistes, encore que de goût plus sage, plus froid, plus compassé que sous le règne précédent. Ce sont toujours de très habiles ouvriers. Auguste est l'orfèvre favori de la Cour; c'est lui qui exécute avec Aubert les couronnes du sacre. C'est le beau temps de la ciselure, et sans parler de Gouthière qui appliqua surtout son talent au bronze doré, le ciseleur caresse avec un goût exquis une foule de menus objets, boîtes de plusieurs ors, tabatières, étuis, cachets, pour lesquels les plus grands artistes, Moreau par exemple, fournissent de ravissants dessins. Sur l'usage de ces charmantes babioles dont nous donnons un ou deux spécimens, voici ce qu'écrit Contant d'Orville :

« Les étuis qui servent aussi quelquefois de cachets sont souvent de matière précieuse. Les dames les multiplient à leurs côtés et en forment ce qu'on appelle de nos jours un breloquier. Ces ornements de ceinture ont succédé aux bourses garnies et ornées d'orfèvrerie dont le fond était d'étoffe précieuse ou de velours, que les dames portaient autrefois à leurs côtés, et qu'on appelait dans le vieux langage aumônières. »

En 1776, les jurandes sont abolies par Turgot; une ère de liberté s'ouvre qui n'est pas sans inquiéter les maîtres orfèvres. Mais une fois le premier émoi passé, nous constatons que l'art ne s'en porte pas plus mal.

Parmi les artistes du règne de Louis XVI qui fournissent les modèles les plus goûtés, outre Lalonde et Delafosse, dont nous avons déjà parlé, il faut mentionner Forty qui publie en 1765 le recueil intitulé : « *Œuvres de sculpture en bronze contenant girandoles, flambeaux, feux, pendules, bras, cartels, baromètres et lustres.* » L'orfèvrerie ne laisse pas que de s'inspirer de ces modèles. C'est alors le règne des carquois, des guirlandes, des tourterelles se becquetant; c'est le triomphe du sentimentalisme bourgeois à la Greuze. Le *plaqué* est maintenant favorisé officiellement. Le temps est loin où la richesse était un privilège ; maintenant elle tend à devenir un trompe-l'œil.

Nous ne saurions insister longuement sur les œuvres des orfèvres du temps de la Révolution et du Directoire. La froideur antique est maintenant devenue le comble du raide et du maussade, sous l'influence de David. Nous ne parlons pas, bien entendu, des années troublées de la Révolution, où le luxe était devenu le moindre des soucis. Napoléon I$^{er}$ ramena une étiquette pompeuse, favorisa un développement extraordinaire des luxueuses industries de l'ancien régime. Mais quelle que fût la richesse des étoffes, des ameublements, de l'orfèvrerie, il semblait que la grâce frivole et charmante du siècle passé fût à jamais morte et roidie. Les chicorées et les queues d'écrevisse de Meissonnier étaient bien loin et n'avaient rien de commun avec la sèche décoration à palmettes, à abeilles, à victoires pseudo-antiques d'Odiot.

Biennais exécute soit les modèles de Prud'hon, qui conservent du moins quelque charme pur et gracieux, soit les modèles de Percier et Fontaine qui représentent le goût impérial dans toute sa froideur. Thomire est le grand ciseleur du temps, et il est seulement regrettable que son talent soit employé à parfaire de semblables sécheresses.

Vient le grand mouvement romantique, et on s'éprend d'une belle passion pour l'art des siècles passés. De très grands artistes secondent les efforts des orfèvres. Wagner a comme collaborateurs Feuchères, Geoffroy Dechaume; Fauconnier a Barye. Enfin Froment-Meurice, pendant de longues années, compose d'opulents services.

Mais ce qui frappe surtout dans ce mouvement de la Renaissance romantique, c'est la variété des hantises des styles d'autrefois. On reprend les formes du moyen âge, de la Renaissance, de l'antiquité même, de l'Orient, etc., etc.; parfois on combine tout cela dans des assemblages qui ne sont pas précisément logiques. Mais on démêle difficilement un style dans tous ces styles. Il semble que jusqu'ici l'habileté extrême, le goût rétrospectif nous aient empêché d'avoir, en orfèvrerie, une formule générale, qui jaillisse, comme à certaines époques, du sol même avec une logique et une spontanéité irrésistibles.

# CHAPITRE II

## LA BIJOUTERIE.

La palette du bijoutier. — Delaulne, Woéiriot, Collaert. — La bague. — Le pendant. — Le bracelet. — Les pierres rares. — Esthétique orientale de la pierre.

Pour le penseur un brin d'herbe ou une bête à bon Dieu sont des objets de méditation aussi profonde que les plus augustes ou les plus merveilleux spectacles de la nature. De même, pour un artiste, un bijou réussi est une œuvre parfaite, capable de causer les mêmes joies esthétiques qu'une toile de maître ou que le groupe le plus imposant d'un grand tailleur de marbre. La perfection en certains ouvrages de bijouterie ou de joaillerie, et le charme d'émotion qu'ils procurent ayant été créés par un ouvrier ému, sont une preuve de l'égalité de tous les arts quels qu'ils soient. Victor Hugo a exprimé cette vérité dans un mot souvent cité qui a le mérite de s'appliquer exactement à l'art dont nous allons tenter un tableau en raccourci :

> La miette de Cellini
> Vaut le bloc de Michel-Ange.

Le bijoutier, d'ailleurs, est sculpteur lui-même, et il est en même temps peintre. Et quelle palette que celle dont il dispose ! Nous ne parlons même pas de l'or ou de l'argent qui sont tantôt l'accompagnement, le cadre de son œuvre, tantôt partie intégrante, couleur fondamentale. Mais il a de plus le chatoiement inépuisable des émaux, et, avec les pierres précieuses, une incomparable gamme de tons, à la fois éclatants et profonds. Il suffit d'énumérer les principaux.

D'abord le diamant qui n'a point de couleur propre à ce qu'il semble (ou bien alors de pâles nuances qui diminuent sa valeur), mais qui les irradie et les projette toutes, sous l'apparence de « feux » ruisselants.

Le bleu caressant et velouté du saphir. Il est toutefois des saphirs rouges (rubis oriental), verts (émeraude orientale), jaunes (topaze orientale), violets (améthiste orientale). Mais nous parlons seulement de ce bleu puissant.

Le rouge chaud du rubis, foncé quand il est dit « spinelle », plus rosé quand il est dit « balais ». Le jaune de fleur de la topaze : un calice de marguerite qui serait transparent comme l'eau la plus pure. Le vert aquatique de l'émeraude, caillou admirable qui atteint parfois de grandes dimensions, telle la pierre qui orne la tiare des papes. Le grenat, au rouge sombre comme un sang épaissi, qui est parfois assez gros pour qu'on ait pu en tailler de précieuses coupelles.

Puis encore l'améthiste, d'un pâle violet; l'opale qu'un préjugé stupide tient en défiance, la considérant comme un porte-malheur, tandis qu'on ne devrait voir que les caresses irisées de ses couleurs lunaires. Quels tableaux déjà l'on peut faire rien qu'avec ces éléments ! Quelles créations de fleurs étranges, d'oiseaux inconnus, de reptiles éblouissants, l'artiste rêvera de faire éclore sur les gorges de femmes, voler dans leurs cheveux, se poser à leurs oreilles, ou enlacer de replis leur col, leur poignet et enfin rehausser la délicatesse de leurs mains.

Il y a, en vérité, quelque chose de plus que naturel dans cet éblouissement, et les vieilles croyances n'étaient point si ridicules qui attribuaient à ces durs cristaux des vertus miraculeuses.

D'après ces naïves légendes, l'hyacinthe préservait du tonnerre, de la peste et de l'insomnie et rendait le cœur joyeux ; le diamant rendait riche, invulnérable, dispersait les fantômes, favorisait les accouchements ; la turquoise, dans les chutes de cheval, se brisait en mille pièces et sauvait le cavalier en se sacrifiant elle-même ; l'escarboucle préservait des venins et rendait chaste ; la topaze apaisait la fièvre, réprimait la concupiscence ; le saphir guérissait l'humeur mélancolique, la morsure des scorpions et l'anthrax ; l'émeraude chassait les mauvais esprits, restituait la mémoire et se brisait pendant l'amour, etc., etc. On peut borner ici cette énumération de merveilleux effets qui ne seraient pas plus surprenants après tout que ceux que la science moderne a attribués aux métaux.

Cela d'ailleurs nous éloignerait sensiblement de notre sujet ; pour le moment nous devons faire remarquer les ressources infinies que présente au joaillier et au bijoutier le quadruple trésor des métaux précieux, des pierres rares des douces perles et enfin des émaux. Pour n'avoir pas la tentation de nous égarer encore dans des considérations sur l'histoire des bijoux qui se perd dans la nuit des temps (car si la première femme n'en porta point, sa fille n'eut pas la même ignorance), commençons dès maintenant avec

Fig. 169. — BAGUE DU XIVᵉ SIÈCLE.

Fig. 170 et 171. — ANNEAUX VÉNITIENS XVIᵉ SIÈCLE.

le xvıᵉ siècle. Seulement disons qu'à part la taille du diamant, il n'était point un seul procédé que le goût des artistes, secondé par la coquetterie des femmes, n'eût tenté depuis longtemps.

Les grands décorateurs dont nous avons déjà étudié l'œuvre ne se sont pas fait faute de donner de charmants modèles de parures. Du Cerceau, dans les dessins « d'enseignes » qu'il a gravés de sa pointe spirituellement noble, se montre badineur exquis ; les abus de dispositions architecturales que nous avions signalés dans quelques-uns de ses modèles de meubles et d'orfèvrerie disparaissent ici, ou plutôt se tournent en agrément. Ces petits monuments deviennent gracieux, mignons, à la réduction, d'un peu froids qu'ils étaient ; dans le délicat travail qui sera imposé à l'outil, la régularité est un charme.

Quant à Étienne de Laulne, il fallait s'attendre à le voir faire briller ici toute la délicatesse de son invention, la finesse de son goût. Nous trouvons, dans son œuvre, de magnifiques enseignes, avec la place indiquée pour les pierreries ; la disposition est généralement semblable : une ou plusieurs pierres, taillées en tables ou en pointes naïves, forment la partie centrale que l'or encadre de diverses façons ; une grosse perle termine le bijou dans le bas, et le haut est surmonté de deux figures accotées ; tel représentera des captifs, tel autre des amours, etc. Une traverse centrale embroche le tout ; autour d'elle s'enroule, supposé rampant derrière la façade ornementale, quelque monstre dont la queue se tortille à un bout de cette barre, et la gueule bâille menaçante à l'autre bout. Cela introduit une charmante asymétrie dans un bijou qui serait peut-être, sans cela, jugé un peu régulier.

Un de ces arrangements, entre autres, est délicieux. La traverse est composée de deux serpents qui s'entrelacent. L'un vient mordre une coque d'escargot, habitation primitive d'où sort, tout effrayé, un petit faune. A l'extrémité opposée, un autre faune s'avance en sens contraire, en rampant le long du serpent comme le long d'un mât. Ces deux petits personnages semblent vouloir, à grand effort, dégager des replis serpentins, et désencombrer d'un écroulement de fruits, une grosse pierre centrale que supporte, en guise de cariatide, un troisième faune juché sur une tête de bélier.

Nous citons cette charmante absurdité pour montrer jusqu'à quel point de caprice peut aller l'ouvrier qui édifie, avec une parcelle d'or et quelques petits cailloux taillés, tout un microcosme. Et aussi pour faire remarquer les immunités de la matière précieuse : un serpent, gluant et visqueux, est dans la nature un objet d'horreur ; il devient adorable quand il est reproduit par le mensonge diapré de l'émailleur. Ici, nous devons bien donner raison à ces médiocres vers de Boileau qui semblent faits exprès pour servir de devise à l'art du bijoutier :

Il n'est pas de serpent ni de monstre odieux<br>
Qui par l'art imité ne puisse plaire aux yeux.

On peut ajouter que non seulement les monstres, mais encore les objets funèbres prennent, par le microscopique du métal, une sorte d'étrange séduction. C'est ainsi qu'à l'époque qui nous occupe, une célèbre « bague aux squelettes » de Pierre Woéiriot évoque en nous plutôt un sentiment de curiosité qu'une sensation lugubre. Nous avons d'ailleurs signalé ce goût d'attributs de deuil en parlant de l'art à la

  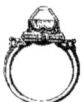

FIG. 172 ET 173. — BAGUE XVIᵉ SIÈCLE.    FIG. 174. — BAGUE ÉMAILLÉE.

cour des Valois. La bague en question se compose de deux minuscules squelettes qui se font face et se tendent les bras pour supporter une tête de mort exécutée à une échelle plus grande et qui forme le chaton ; les deux crânes des squelettes, plus petits, viennent tout contre, de chaque côté, comme deux chatons annexes. Aux os iliaques de ces squelettes qui courbent l'échine, s'adaptent des ossements arqués se rejoignant par une extrémité en apophyse, de façon à compléter la circonférence de l'anneau. Pour qui fut rêvé cet étrange bijou, si bien dans le goût du temps ? Il fut exécuté certainement, car les collections contiennent plus d'une œuvre de ce genre. Mais quel personnage austère, ou simplement névrosé, ou bien encore quelle courtisane sentimentale, se complut à le porter à son doigt ?

Quoi qu'il en soit, il nous fournit l'occasion de signaler encore un remarquable maître de la décoration sur lequel quelques détails trouvent place ici tout naturellement. Woéiriot, né en Lorraine vers 1532, a publié à Lyon divers importants recueils d'armes, de bijoux, etc., notamment un, daté de 1554, contenant d'admirables gardes d'épée, qui ressortissent plutôt de l'art du bijoutier que de celui de l'armurier. Woéiriot, d'ailleurs, est un de ces artistes du métal qui étaient prisés par les grands seigneurs à l'égal des plus grands peintres et des plus grands sculpteurs, en un temps où les hommes se montraient au moins aussi avides de parures que les femmes, où chacun portait avec soi son musée intime sous forme de poignée d'épée, de garde de poignard, d'enseigne au cou, de boucle au ceinturon, de chaînes ou de bagues.

L'œuvre de Woéiriot se compose de gravures sur bois et de gravures au burin. Ce sont des modèles d'enseignes, d'anneaux, etc. Certaines bagues sont ornées de chimères et autres ornements du goût le plus fin et le plus ingénieux. Bien que les gardes d'épées dussent plutôt être décrites dans un chapitre suivant, nous voulons en citer une qui est un véritable bijou, mais un bijou d'un caractère extrêmement saisissant.

Malgré son style fleuri et contourné, elle donne l'idée d'un carnage froidement féroce. La fusée et le pommeau sont richement ciselés de figures et d'ornements; la pièce principale de la garde est une sorte d'hippocampe, avec une figure grotesque et des pattes au milieu du ventre; ce monstre se termine en une queue de serpent qui vient s'enrouler autour des quillons et enlacer dans ses replis deux personnages formant la partie supérieure du pas d'âne; entre ces deux personnages qui se débattent, un masque de Gorgone est à la naissance de la lame. Ciselée dans l'acier, avec peut-être un sobre rehaut d'or, cette poignée est superbement terrible; elle était faite pour battre au flanc de quelque prince élégant, fort, et sans pitié. Tel est le goût tantôt chimérique et léger, tantôt sombre et quelque peu féroce de Pierre Woëiriot.

Il y avait bien d'autres maîtres dessinateurs de modèles dont il y aurait lieu de parler et nous retrouverions encore les plus grands: Jean Goujon, Albert Dürer, Holbein, nombre de beaux artistes français, allemands ou italiens dont l'influence se fit diversement sentir dans l'art du bijoutier. Mais il nous faut maintenant entrer un peu plus dans le détail des œuvres exécutées.

La bague à elle seule fournirait les éléments d'un charmant livre. Tous les caprices ont été réalisés au XVIe siècle. Nous trouverions déjà les anneaux dont le chaton est formé d'une petite montre. L'émail est

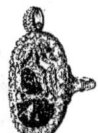  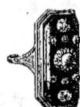

Fig. 175, 176 et 177. — Bagues époques diverses.

également fort employé et les vitrines de la galerie d'Apollon en fournissent de nombreux exemples. Le plus souvent les chatons affectent la forme pyramidale; de petits personnages en ronde bosse exécutés avec une dextérité merveilleuse soutiennent ou encadrent la pierre principale. Celle-ci est généralement taillée en pointe naïve, c'est-à-dire en deux pyramides, collées à la base, dont une saillit en dehors et l'autre est prise dans la monture, tournée du côté du doigt: ce qui explique l'élévation des chatons. Parfois l'artiste réunit plusieurs de ces pierres, et on a ainsi un chaton à plusieurs pointes.

L'Italie produit de jolis caprices: parfois des scènes tout entières, groupes de personnages émaillés, de proportions microscopiques, sont disposées sous un verre, tel une Crucifixion de la collection Spitzer. Cellini exécuta d'admirables bagues où se mariaient l'or ciselé et les émaux les plus délicats. Nous donnons quelques exemples de ces délicieux bijoux. On n'en finirait pas d'ailleurs de citer toutes ces petites merveilles. Que serait-ce s'il fallait passer ensuite en revue celles que les peintres ont de leur côté minutieusement copiées dans leurs portraits; celles qu'Holbein, par exemple, a constatées à la main sèche et spirituelle d'Érasme; ou bien encore celles qui ornent les doigts fuselés des princesses de Clouet? La bague n'est pas seulement un bijou, c'est aussi un compagnon fidèle, qui emprisonne de tendres ou affectueux souvenirs dans un léger carcan; aussi souvent une devise l'accompagne et ne dépare pas même les plus robustes. Témoin un solide anneau d'acier ciselé, de la collection Sauvageot, et dont le chaton soutenu par deux puissantes cariatides mâles porte gravé un autel enflammé, un serpent, et cette devise: *Riens sans amour*. La bague, au XVIe siècle, est le symbole des plus doux sentiments, et étreint le doigt des fiancées; elle est aussi l'indice de la puissance, et, de proportions massives, elle brille à la main des doges et des pontifes.

La mode des pendants d'oreilles, de toute antiquité, et qui se retrouve chez les plus sauvages peuplades, avait subi un temps d'arrêt au moyen âge, les femmes étant la plupart du temps embéguinées ; elle reparaît au xvi⁰ siècle et fait bientôt fureur. Nous en trouvons dans l'œuvre de Woëiriot de fort jolis, presque toujours composés de mascarons ou de chimères. C'est, par une conséquence forcée, le rappel de la perle, tout au moins en tant que pendants d'oreilles. On appela *union d'excellence* deux perles en poire de même grosseur et de même ton. Nous retrouvons cette curieuse appellation dans un passage de Rabelais, si riche d'ailleurs en renseignements sur les mœurs et les usages de son temps : « Les patenostres, anneaux, jaserans, carcans, estoyent de fines pierreries, escarboucles, rubys-balayz, dyamans, saphyz, esmeraugdes, turquoyses, grenatz, agathes, bérilles, perles et unions d'excellence. » La mode en devient assez répandue, à la cour des Valois, pour que les hommes soient les premiers à les arborer. Henri II porte l'union d'excellence ; Henri III va jusqu'à exiger de ses courtisans, qu'à son imitation ils se percent les oreilles. Tandis que dans les provinces on portait plutôt des anneaux plus ou moins ornés, la perle en poire fut en honneur chez les gens de bon ton jusqu'au xviii⁰ siècle. Il

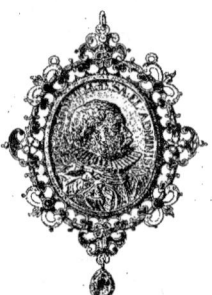  

Fig. 178, 179 et 180. — ENSEIGNES DU XVI⁰ SIÈCLE.

suffit d'examiner les innombrables portraits. Comme exemple, nous pourrons renvoyer à celui de Marie de Médicis, reproduit plus loin, qu'un habile ouvrier forgea dans le fer. Les pays étrangers, notamment l'Italie, nous présentent en revanche une certaine variété dans la conception des pendants d'oreilles.

Mais un des bijoux par excellence du xvi⁰ siècle, c'est le pend-à-col, ou pendant de cou. C'est là que se donne carrière l'inépuisable caprice des ouvriers. Il n'est pas de dame qui n'attache à son collier un bijou de ce genre, parfois une croix d'un travail fini ou quelque emblème galant ou dévot. Aussi la classification des pendants de cou est-elle difficile.

L'or, qu'avive la ciselure et que rehausse l'émail, se prête aux plus gracieuses fantaisies. Citons au moins quelques-uns des plus remarquables parmi ces bijoux de nos principales collections.

Le musée de Cluny, la galerie d'Apollon, le cabinet des Antiques à la Bibliothèque nationale sont les plus riches en pendants de la Renaissance. Voici, au musée de Cluny, un charmant médaillon en cristal de roche (n° 5308), dont la monture et la chaîne sont en or émaillé de vert et de rouge avec picots d'or réservés et rehaussés de grains en émail blanc. C'est un travail italien. Puis voici, de Limoges, une pendeloque en cristal de roche (5306) montée en or émaillé ; elle représente la Nativité et l'Adoration des bergers avec l'inscription : *Gloria tibi*, etc. Le n° 5307 est un pendant de dévotion, une croix en cristal de roche rehaussée d'émaux. D'un côté le Christ en croix, et de l'autre la Vierge portant l'enfant Jésus, figures en émail. Des fleurons en émail forment les extrémités de la croix. Au bas, une pendeloque en perles.

Au musée du Louvre, galerie d'Apollon, un médaillon D817, que dans son livre sur les bijoux le savant E. Fontenay estime de provenance allemande. Des sujets en or émaillé, recouverts par une lentille en cristal de roche, représentent d'un côté la Crucifixion, de l'autre le *Serpent d'airain*. La monture est émaillée noir à godrons blancs et rouges, et ornés de quatre rubis.

Nous avons choisi pour notre illustration des reproductions de charmants pendants de la collection Sauvageot. Le pendant (fig. 186) est italien. Le sujet principal est un chasseur, faucon au poing et portant en croupe une noble damoiselle. La base est ornée d'une belle émeraude et terminée par cinq pendeloques de perles fines. Les chaînettes qui suspendent le tout sont à fleurettes d'or émaillé blanc.

Le précédent (fig. 185) est de travail allemand, et porte le caractère nurembergois. Il se compose d'un fond de robustes rinceaux sur lesquels se détache un Saint-Georges terrassant le démon. Des pierres

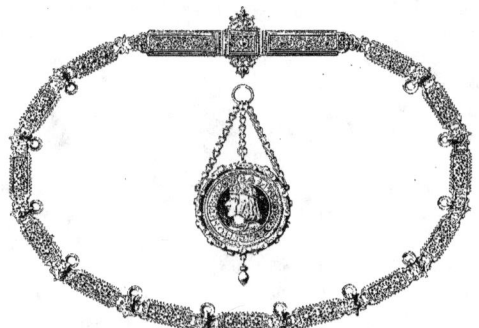

Fig. 181 et 182. — CEINTURE, TRAVAIL ITALIEN DU XVIᵉ SIÈCLE. BIJOU DE SUSPENSION, TRAVAIL FRANÇAIS DU XVIᵉ SIÈCLE.

de couleur en complètent la décoration. Ce bijou est simplement en cuivre doré, mais il est d'assez jolie invention pour avoir pu tenter l'ouvrier de l'exécuter en or.

La petite croix (fig. 196) est un spécimen de l'art espagnol ; elle est en vermeil, et les branches sont entourées de torsades en perles fines.

Au cabinet des Antiques, citons un camée présumé représenter Marie Stuart, entouré d'une bordure en oves blancs ornés de filets d'or sur fond noir, et enrichi de deux émeraudes et quatre rubis. Autre camée représentant une figure couchée, et entouré de charmantes feuilles d'eau, émaillées blanc, relevées en bosse, et séparées chacune par une touche d'émail turquoise. Autre camée, antique, représentant quatre têtes de profils diversement tournées, couronnées ou laurées, et dont la monture est d'un travail admirable ; le couronnement est formé d'une renommée entre deux captifs enchaînés et de chaque côté encore se trouvent deux lions ; le reste de la bordure est un composé de rinceaux, de fleurettes et de chimères. Les petites figures en ronde bosse et émaillées sont exécutées avec une telle virtuosité qu'on a cru pouvoir les attribuer à Benvenuto Cellini.

Deux pendants de la collection James de Rotschild, en or émaillé, sont aussi gravés dans ce chapitre ;

le motif principal de l'un est un héron ; de l'autre, un jeune homme debout, caressant la tête d'un lévrier ; ce sont de petits chefs-d'œuvre de grâce et de légèreté(fig. 187 et 188).

Trois magnifiques pendants (fig. 189, 190 et 191) également émaillés, enrichis de perles et de pierres fines. Quel charmant caractère de finesse et de richesse ! Quelle disposition pleine de goût de la niche abritant Vénus et les deux amours ! Quel sentiment d'élégance aristocratique dans les fleurons des chaînettes du pendant à l'aigle !

Puisons encore, dans la même collection, un beau médaillon en calcédoine à buste de femme se mirant dans un miroir fait d'un diamant. « La calcédoine, disaient les vieux auteurs, est engendrée de la rousée et rend invincible celui qui l'a sur soy ; Milon Crotoniate augmentoit par ce moyen ses forces naturelles. » Nous qui ne sommes pas forcés d'ajouter foi à cette vertu miraculeuse, nous nous contentons d'admirer la délicatesse de la bordure et du fond émaillé sur lesquels se détache cette charmante figure.

Les portraits sont fréquemment le motif principal du pendant de cou ; voici, comme spécimen à l'appui, ces deux superbes médailles (fig. 178 et suiv.), entourées de fines montures en or découpé et émaillé, et représentant, l'une Frédéric-Guillaume, duc de Saxe, et l'autre, Maximilien, archiduc d'Autriche.

Le dessin 192 est la reproduction d'un magnifique pendant en or émaillé, enrichi de diamants et de rubis, qui fit autrefois partie de la collection Debruge-Duménil. Le goût de la composition et la beauté du travail l'ont fait attribuer à Benvenuto.

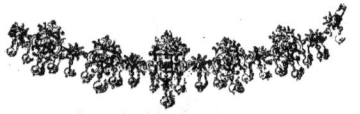

FIG. 183. — COLLIER OR ET PIERRERIES, TRAVAIL ITALIEN (XVI<sup>e</sup> SIÈCLE).

suffisent pour indiquer toute la délicatesse d'exécution et toute la richesse d'invention qui furent le propre des bijoutiers de la Renaissance. Ces maîtres, nous les avons déjà nommés pour la plupart : Du Cerceau qui invente des pendants et des miroirs à *cuirs* (1) gracieusement enroulés. Woëiriot, Théodore de Bry, Étienne de Laulne. Ajoutons Jean Vovert, et surtout Jean Collaert, qui nous ont laissé de jolis modèles de pendants. Ce dernier notamment, dans une œuvre posthume (datée de 1581), a donné une curieuse suite de ces bijoux, tout à fait dans le goût de la Renaissance : des divinités marines, juchées sur d'énormes dauphins, dragons, etc., propres à être exécutés en émail ; le tout d'un style peut-être un peu ronflant, mais richement baroque.

La profusion des bijoux qui entraient dans le costume et la parure est inimaginable : miroirs précieux suspendus aux ceintures qui sont elles-mêmes d'une grande valeur ; colliers, enseignes, pendants, boutons, chaînes, etc., etc., transforment les femmes en véritables châsses ambulantes. Cet étalage de bijoux ruisselants d'or, éblouissants de pierreries, bariolés d'émaux, ne va pas sans quelques inconvénients. Ne voyons-nous pas, à la procession de Pâques Fleuries, à Blois, la reine Marguerite si chargée de bijoux par dessus sa robe de drap d'or frisé, que le bon Brantôme affirme que toute autre eût « crevé sous le faix » ?

Et de même, le jour où la nièce de François I<sup>er</sup> épouse le duc de Clèves, n'est-elle pas tellement couverte de bijoux qu'elle ne peut marcher et que le connétable de Montmorency est obligé de la porter dans ses bras jusqu'à l'église ?

Il est à noter que plus on s'avance vers la fin du siècle, plus on voit la pierre précieuse envahir le terrain où régnait l'émail. Dans l'inventaire de Gabrielle d'Estrées certaines pièces sont enrichies de

---

(1) On sait qu'on appelle ainsi des entourages qui rappellent un morceau de cuir diversement découpé et qui de lui-même se recourberait en volutes.

diamants peut-être un peu plus que le goût ne l'exigerait. C'est, par exemple, un Jupiter « à l'entour duquel il y a quatorze dyamans tant à facettes qu'en table et quatorze rubis. » D'ailleurs, il n'en faudrait pas conclure que le diamant n'ait pas exercé sa séduction avant la Belle Gabrielle; témoins les vers bien connus de Marot, qui prouvent qu'il fascinait les filles d'Ève du temps de François I$^{er}$.

> Quand les petites vilotières (1)
> Rencontre quelqu' hardy aimant
> Qui veuille mettre un dyamant
> Devant leurs yeux rians, pervers,
> Conc] elles tombent à l'envers.

Quant aux colliers qui soutenaient toutes ces merveilles, il va sans dire que leurs dispositions étaient infinies, depuis la chaînette jusqu'aux simples ou multiples rangs de perles, et depuis ceux-ci jusqu'aux délicieux arrangements d'émail, d'or, de pierres précieuses, dont nous donnons deux ou trois exemples choisis.

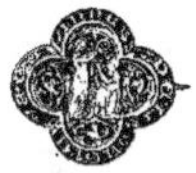

Pour en finir avec les pendants, il n'est pas sans curiosité d'expliquer comment la Renaissance put monter un si grand nombre de précieux camées antiques, et à quelles circonstances ils avaient dû d'être préservés au milieu de tant de destructions des objets d'art précieux de l'antiquité. Ce n'est pas un sentiment de respect artistique, mais la simple ignorance qu'il faut remercier, et pour une fois il y a lieu de savoir gré à une cause de tant d'autres mal-

Fig. 184. — AGRAFE DE CHAPEL (XIV$^e$ SIÈCLE).

heurs. De simples méprises sur la représentation du sujet firent que non seulement on les conserva, mais encore qu'on les employa pour l'embellissement du culte. C'est ainsi, pour citer deux exemples, qu'un camée de Jupiter fut pris pour l'image de saint Jean! et que l'Apothéose d'Auguste put représenter, à des imaginations plus pieuses que clairvoyantes, le triomphe de Joseph en Égypte. Peut-être, après tout, les évêques qui entretenaient la tradition de ces attributions et qui autorisaient l'emploi des camées et intailles les plus profanes pour l'ornement des croix, châsses, etc., s'y connaissaient-ils plus qu'on ne serait tenté de penser, et entretenaient-ils ces erreurs dans un simple but de préservation.

Les admirables bracelets que le temps nous a légués, en petit nombre, mais suffisant pour pouvoir apprécier l'art des ouvriers de l'or dans l'antiquité, nous rendent un peu difficiles pour toutes les mignardes créations,

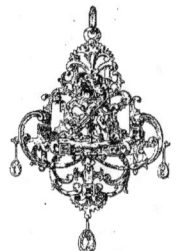

Fig. 185. — BIJOU DE SUSPENSION (CUIVRE DORÉ).

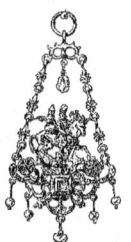

Fig. 186. — BIJOU DE SUSPENSION (OR ÉMAILLÉ).

si délicieuses soient-elles, que virent éclore les âges suivants. C'était alors sous formes de torsades, de spirales, de simples anneaux, la perfection dans l'art de faire rendre au métal, en simplicité, en grâce et en force, juste ce dont il est capable. Il fallait plus de complication et de subtilité pour innover après cela.

Au moyen âge l'usage des bracelets n'est pas exclusif aux femmes : les hommes en portent, en guise de gage de constance ou d'amoureux servage. Au XVI$^e$ siècle, sinon après une éclipse totale, du moins un assez notable ralentissement, nous le voyons reparaître en grande faveur; ce sont fréquemment de simples chapelets de boules d'onyx, d'ambre, de lapis, d'or, etc., parfois entièrement composés d'une seule de ces matières, parfois les employant alternées. Le camée est également fort employé comme pour les

(1) Grisettes.

pendants de col. Exemples : deux bracelets camées au Cabinet des Antiques de la Bibliothèque nationale, qui ont appartenu à Diane de Poitiers. La monture est d'émail bleu avec or ; chaque camée ainsi monté est séparé de l'autre par une fleurette verte. Sur la plaque des fermoirs, on voit les deux D entrelacés et placés au milieu d'une couronne formée d'une palme et d'une branche de laurier. Cette marque est complétée par les S barrés, qui ont si longtemps donné à épiloguer aux savants, et qu'on retrouve sur beaucoup d'objets précieux, ayant le caractère d'un bibelot de luxe ou de souvenir. On sait aujourd'hui que ce signe est à la fois un tendre emblème et un ingénu calembour : ferme s, ou *fermesse*, autrement dit : constance.

Une forme non moins usitée au xvi° siècle est celle de la chaîne, ou gourmette, renouvelée de l'antiquité. Il suffit de regarder les portraits du temps pour relever les modèles les plus fins ou les plus originaux.

Les changements du costume font qu'au xvi° siècle l'usage diminue des *fermails*, ou agrafes de robes et de manteaux, si répandus au moyen âge et dont nous regrettons de ne pouvoir parler ici. En revanche on imagine à peine la prodigalité avec laquelle les vêtements furent ornés de *bijoux cousus*, plaques d'un travail plus ou moins riche, et jusqu'à des *branlants*, ou *rabotures*, sortes de copeaux ou de paillettes d'or,

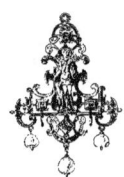

FIG. 187. — PENDANT EN OR ÉMAILLÉ.

qui sans être positivement du domaine de l'art, faisaient un effet très riche. Rabelais n'a pas manqué d'en parer les belles hôtesses de l'abbaye de Thélème : « En esté parfoys, en lieu de robbes, elles portoient belles marlottes des estoffes susdites, ou de bernes à la moresque de velouz violet à frisures d'or, sur cannetille d'argent, ou à réseau d'or garny aux rencontres des petites perles de l'Inde. Et toujours le beau pennache selon les couleurs des manchons, bien garny de paillettes d'or. »

FIG. 188. — PENDANT EN OR ÉMAILLÉ.

Il nous reste à parler des bijoux servant à l'ornement de la coiffure. On connaît trop, du xvi° siècle, la classique pendeloque attachée au milieu du front par une étroite bande d'or, parfois par un simple fil, et le nom de ferronnière est trop populaire pour que nous ayons besoin d'insister sur ce charmant bijou vestige du diadème.

Au commencement du xvi° siècle la coiffure féminine consiste en un petit béguin de soie brodée, auquel était adapté un tour de visage, ou *templette*, décoré de broderies d'or, de perles ou de chaînettes. Quant aux hommes, la mode devint fort répandue de porter au chapeau des plaques plus ou moins historiées, de ces *agrafes de chapel* (voir fig. 184) qui étaient déjà en usage au moyen âge, et dont la vierge de plomb de Louis XI est un spécimen classique. Elles prirent le nom d'*enseignes* ou d'*affiches*. « L'enseigne, dit M. de La Borde, était une plaque ou médaillon qui marquait la livrée. La dévotion ou le caprice portait en guise d'enseigne une effigie sainte ou quelque signe soi disant puissant contre les maladies, contre le mal de reins, par exemple. Les églises, les abbayes, les lieux de pèlerinage surtout en frappaient et en vendaient en toute matière et en quantité innombrable. L'enseigne se portait au chapeau. Nous en donnâmes la mode en Italie, lors de notre triomphale promenade conduite par Charles VIII. »

Ajoutons qu'au xvi° siècle le caractère de dévotion de l'enseigne avait disparu ; mais en revanche que la recherche artistique était des plus raffinées. E. Fontenay cite, entre autres exemples, ces quatre enseignes qui donnent une idée de la recherche de la composition et de la matière. « Une enseigne d'or où il y a plusieurs figures dedans, garnie à l'entour de petites roses. Une enseigne d'or, le fond lapis, et une figure dessus d'une Lucrèce. Une enseigne garnie d'or, où il y a une Cérès appliquée sur une agate, le corps d'argent et l'habillement d'or. Une enseigne d'un David sur un Goliath, la tête, les bras et les jambes d'agate. »

Toutes les enseignes n'étaient point de ce prix; et il en fut même de fort belles qu'on pouvait se procurer à peu de frais, tant la vulgarisation de ce bijou et la concurrence avaient amené son bon marché. Les émailleurs de Limoges, nous apprend Palissy en son *Art de terre*, vendaient trois sols la douzaine « des enseignes qui estoient si bien labourées et leurs esmaux si bien parfondus sur le cuivre, qu'il n'y avoit nulle peinture plus plaisante ».

Les affiches furent un beau matin adoptées par les femmes qui surenchérirent encore sur le luxe des hommes : dans l'inventaire de Gabrielle d'Estrées, nous en notons trois estimées 25 000 écus, d'autres encore ainsi décrites : « au milieu de chacun y a un dyamant à seize nœuds aussi garny de diamans, et au milieu de chacun, y a un dyamant plus grand que les autres ».

Le petit chaperon, ou l'*escofion* de velours, la calotte comme celles qu'on voit dans les portraits de Catherine de Médicis, de Marie Stuart, etc., sont encore prétexte à bijouterie, à rangées de perles, à

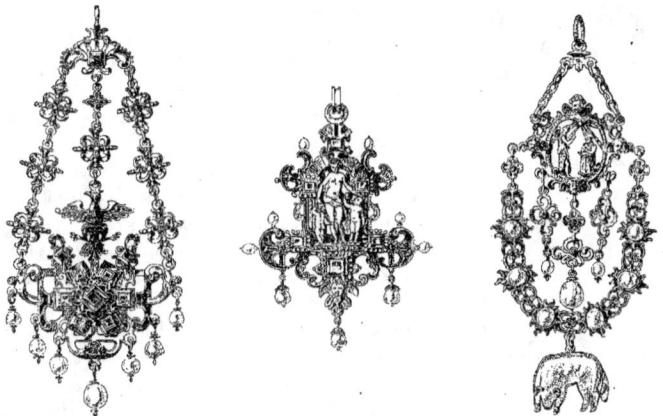

Fig. 189, 190 et 191. — BIJOUX DE LA RENAISSANCE. PENDANTS EN OR ÉMAILLÉ ET PIERRERIES.

pierreries enchâssées, à pendeloques. Mais c'est dans les ceintures miroirs à main, etc., que nous trouverons l'expression la plus raffinée de l'art du bijou. Nous allons maintenant entrer, avec le xvii° siècle, dans une période où le luxe sera, à notre gré, un peu trop envahissant au détriment de la pure conception artistique. Ce n'est pas à dire que l'art en sera exclu; mais le charme de la ciselure et de l'émail, prédominants au siècle précédent, sera peu à peu relégué par la pierre, plus éclatante, mais plus insolente et plus brutale. Le joaillier primera le bijoutier.

Ce caractère est très sensible dans l'œuvre de maîtres que nous trouvons au seuil du xvii° siècle (les Lesgaré, Laurent, Gédéon et Gilles). Ils nous ont laissé la gravure de leurs modèles favoris; des bouquets, des branches fleuries dont chaque fleur, dont chaque feuille est formée d'une ou plusieurs pierreries, et reliée à sa voisine par des tigelles d'une extraordinaire légèreté. A vrai dire ces bouquets paraissent d'une invraisemblable ténuité, d'une solidité problématique. Il semble qu'on n'aurait qu'à souffler dessus pour secouer toutes ces pierres de leur frêle monture d'or. Ces bouquets deviennent même, dans certaines planches (une de Gilles, notamment), d'une excentricité folle; les pauvres fleurs sont un simple prétexte, et on en arrive à les contourner, à les grouper en manière de vagues figures humaines, grimaces bouffonnes à la Callot. On ne sait, dans ces imaginations d'un joaillier en délire et à qui certainement, si on montrait les admirables bijoux antiques, on parlerait grec, comment se reconnaître au milieu de ces complications

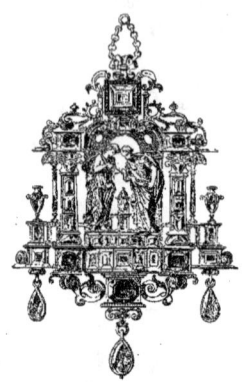

FIG. 192. — PENDANT EN OR ÉMAILLÉ ET PIERRERIES.

de pierres, de feuillages, de tiges ramifiées, d'oiseaux, de fleurs, reliés par une toile d'araignée, et on se prend à douter que ces planches aient été jamais exécutées, sorte d'exercice calligraphique. De la même époque sont François Lefebvre, Jacques Caillart, etc.

Mais il nous faut parler des bagues, avant d'en revenir à ces bijoux pharamineux. La bague ne cesse pas d'être emblématique; mais c'est la pierre précieuse qui en fait surtout les frais. Elle se groupe en fleurettes, se découpe en cœur dont saillent des flammes figurées par de petits rubis. L'Allemagne, plus sentimentale encore, nous montre de curieuses bagues de fiançailles dont le volumineux chaton contient, dans un entourage opulent, deux cœurs attachés ensemble par un cadenas; deux minuscules clefs pendent de chaque côté de ce chaton, en attendant que chacun des deux époux prenne possession de ces microscopiques « sésames ». L'Italie présente aussi de charmants modèles, riches et compliqués.

En France nous avons le regret de constater que, de plus en plus, la bague devient simplement la monture de la pierre, qui est une grosse rose, d'une taille parfaite, et qu'on recherche de la plus belle eau; parfois flanquée de deux ou entourée de plusieurs roses plus petites. Quant à l'anneau, on ne se préoccupe plus de la pureté ou de l'élégance de son profil. Il devient lourd, mou, sans caractère, et ce ne sont pas les quadrillages ou les fleurettes dont on le grave qui dissimulent son caractère disgracieux.

Au xviiie siècle, au contraire, l'on revient à des préoccupations en même temps plus artistiques, et plus allégoriquement sentimentales. Il est à peine besoin de rappeler quelle profusion de flèches, de musettes, de cœurs enflammés, de houlettes croisées, de chalumeaux, de flambeaux incendiaires des cœurs, de devises tendres et langoureuses, correspondant au goût des meubles et des trumeaux, s'ébattirent aux doigts des marquises ou des bergères, ce qui est tout un. L'émail revient en faveur soit comme peinture soit comme fond pour les déclarations, calligraphiées en petits brillants. A ces imaginations avides d'emblèmes tendres, on doit l'ingénieuse idée de la *bague-nom*, qui contient autant de pierres variées qu'il en faut, pour de la première lettre de chacune, former le nom aimé. Telle celle-ci que cite Fontenay ornée de pierres ainsi groupées : Améthyste, Diamant, Émeraude, Lapis, Émeraude, ce qui fait *Adèle*, un demi-mystère, une énigme que l'on porte au doigt, et dont chacun peut se donner le passe-temps de déchiffrer la facile solution.

A la fin du xviiie siècle, sous le règne de Louis XVI, est innové le chaton allongé de la bague marquise. C'est une forme extrêmement élégante, qui permet de charmants effets de décoration, que ce chaton soit

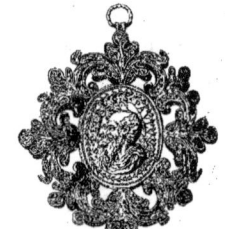

FIG. 193. — BIJOU DE DÉVOTION, TRAVAIL VÉNITIEN DU XVIe SIÈCLE.

ovale, fuselé, rectangulaire, ou à pans coupés. De fins entourages de brillants, de perles, viennent rehausser les émaux qui sont généralement bleu ou rouge marié au blanc.

Notre temps enfin, avec son goût de curiosité, fait revivre toutes les formes, depuis l'anneau hiératique des Égyptiens, jusqu'aux plus quintessenciées fantaisies des Italiens de la Renaissance et aux plus langoureuses mignardises du siècle dernier. La générale tendance, chez les joailliers, a été, en ces dernières années, comme au xvii° siècle, de faire de la bague surtout la monture de la pierre précieuse; mais il faut reconnaître qu'ils ont cherché à vaincre (et ils y ont réussi dans une certaine mesure) la difficulté de concilier l'ostentation forcée du diamant, avec la réelle élégance de l'anneau.

Nous avons vu que le xvii° siècle ne se mit guère en frais d'imagination pour trouver une forme originale de pendant d'oreille en dehors de la perle en poire. Ce n'est que vers le milieu du xviii° que l'on se préoccupe de créer des modèles élégants et un peu variés. On connaît, sous la Révolution, comme curiosité, les pendants d'oreilles formés de menus débris de la Bastille; ceux, plus célèbres que réellement répandus, qui figuraient une minuscule guillotine; enfin sous le Directoire, les énormes anneaux des Incroyables et des Merveilleuses. Rien de tout cela n'a grand rapport avec l'art. Quelques bijoutiers de ce temps-ci ont montré de l'ingéniosité; quant aux joailliers, ils montent finement de gros diamants ou de volumineux saphirs, gouttes de rosée durcifiées, dont l'éclat est peut-être un peu insolent.

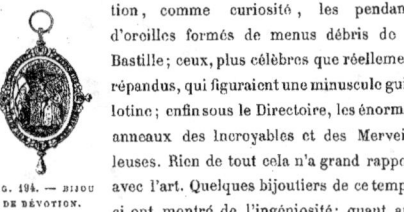

FIG. 194. — BIJOU DE DÉVOTION.

Nous avons dit tout à l'heure qu'avec le xvii° siècle, l'art du joaillier supplanta en grande partie celui du bijoutier. Enchâsser de belles pierres, et le plus possible, les faire valoir les unes par les autres, grâce à l'agencement; abandonner complètement le charmant travail de l'émail ou de la ciselure qui seraient ici superflus : tel fut le but de la nouvelle manière, et l'œuvre de Daniel Mignot est à cet égard parmi les plus significatives. Ce caractère se constate dans les dessins de pendants de col que grava cet artiste, et, plus tard, dans ceux de Gilles Lesgaré en forme de girandoles, de nœuds retenant et suspendant les perles ou les pierres, qui bien que fixées semblent indépendantes.

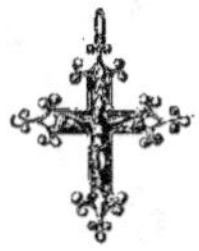

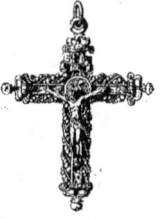

Un charmant bijou est, au xviii° siècle, le nœud de diamants fixé à un étroit ruban de velours noir prenant juste le cou. Les colliers carcans, tout en diamants, disputent également la faveur aux colliers de perles dont l'usage n'a point encore passé de mode.

FIG. 195. — BIJOU DE DÉVOTION.

FIG. 196. — CROIX, TRAVAIL ESPAGNOL DU XVI° SIÈCLE.

Le règne de Louis XVI voit exécuter de délicieux colliers, charmants de simplicité, où les perles se mélangent de la façon la plus heureuse à la bijouterie pour lui donner un caractère ingénu. De notre temps

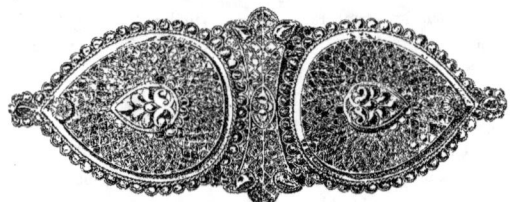

FIG. 197. — AGRAFE DE CEINTURE (TRAVAIL ASIATIQUE).

le médaillon est revenu en grande faveur, et le talent des Froment-Meurice et des Falize en imagina, vers le milieu de ce siècle, d'exquis et dignes des plus originaux artistes de la Renaissance.

On porte peu de bracelets au xvii° et au xviii° siècle, mais surtout des *nœuds de manche*. M<sup>me</sup> de Pompadour, pourtant, fait prendre la gracieuse mode, de portraits ou de camées diversement montés, qui se portent au poignet et sont dénommés par les joailliers (notamment par Pouget, dans son traité des *Pierres précieuses*, déjà cité) *bracelets ou boêtes à portraits*. Sous Louis XVI, on se remet à porter aux bras des rangs de perles. Quand viennent la Révolution, le Directoire, et l'Empire, l'imitation passionnée de l'antiquité ramène les anneaux d'or, simples ou multiples, les spirales, en un mot tous les bijoux grecs, romains ou étrusques.

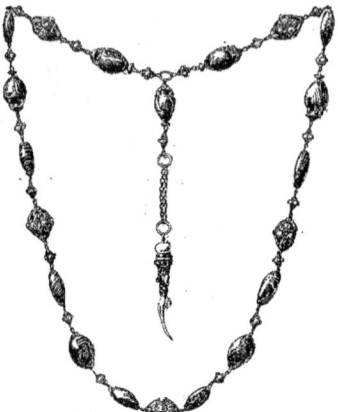

Au milieu de ce siècle ce fut une autre hantise; le mouvement romantique fit éclore quantité de bijoux, plus ou moins inspirés du Moyen-Age et de la Renaissance. Mais dans toutes ces fantaisies ogivales, italiennes, orientales, il y avait infiniment plus d'imagination que d'exactitude historique et on ne manqua pas de créer des bijoux dont les temps que l'on visait n'avaient jamais eu connaissance. De cette belle ardeur rétrospective, le bracelet ainsi que le collier bénéficièrent largement. Quoi qu'il en soit de leurs mérites archéologiques discutables, il faut, en tous les cas, saluer la renaissance de la technique, l'émail et la ciselure remis en honneur, l'appel fait à toutes les matières rares pour des arrangements souvent pleins d'originalité, et auxquels ne manque encore, à notre gré,

Fig. 198. — COLLIER EN ONYX.

qu'un peu de sentiment passionnément moderne.

Si le bracelet ne joue pas un très grand rôle dans la parure au XVII<sup>e</sup> et au XVIII<sup>e</sup> siècle, on n'en saurait dire autant des broches, plaques, ornements cousus, qui furent employés pour donner au costume une richesse exceptionnelle. Ces magnifiques nœuds, dont on trouve d'importants exemples dans Gilles Legaré, se portent au cou, aux épaules, sur le devant du corsage. Les portraits d'Anne d'Autriche, de la duchesse de Montbazon, d'Henriette d'Angleterre, de Marie de Médicis, de M<sup>me</sup> de Montespan, entre cent autres, montrent les diverses façons dont se portaient ces opulents joyaux.

Dans les grandes occasions, fêtes ou cérémonies, on faisait coudre sur son habit ou sur sa robe tous les trésors que recélaient les écrins transmis par la famille, ou même parfois empruntés à quelque ami complaisant à qui ils ne faisaient point défaut. Voici, au reste, comme exemple des prodigalités du XVII<sup>e</sup> siècle, un fragment de description emprunté au *Mercure*, et relatif à l' « union célébrée, le lundi gras de l'année 1680, entre le prince de Conti et la fille que le roi avoit eue de M<sup>lle</sup> de La Vallière. »

« Le jour de son mariage, le prince de Conti avoit un habit dont le fond étoit de satin couleur de paille, bordé de milleret noir rehaussé de diamants, autour desquels il y avoit de la découpure de velours noir. Le manteau en étoit couvert environ trois quartiers du haut, et les manches toutes remplies de branchages noirs relevés de diamants. Les nœuds de ses souliers, de couleur feu et blanc, étoient mouchetés de diamants. Son cordon aussi bien que l'attache de son épée et son ceinturon en étoient couverts.

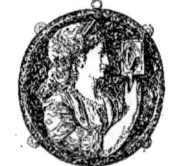

Fig. 199. — BIJOU ITALIEN (XVI<sup>e</sup> SIÈCLE).

« L'habit de M<sup>lle</sup> de Blois, l'épousée, étoit blanc et tout liseré de diamants et de perles; et comme c'est la coutume des mariées de mettre derrière leur tête une manière de petite couronne de fleurs, qu'on appelle le chapeau, cette princesse en avoit un de cinq rangs de perles au lieu de fleurs. »

De ce siècle galant et fastueux, il faut encore noter les grands devants de corsage dont les larges dessins sont entièrement tracés de perles et de pierres cousues. Arrangement des plus décoratifs, d'ailleurs, car l'étoffe, faisant fond, mettait admirablement en valeur ces féeriques broderies.

A partir de la fin du xvii° siècle et dans les premières années du xviii°, on prend goût aux combinaisons de pierres de couleur, rubis, émeraudes, topazes, mêlées aux diamants dont l'impeccable éclat avait fini par lasser, employé seul. C'est alors que Lempereur compose de fort beaux bouquets que nous n'hésiterons pas à préférer, si nous nous en rapportons aux dessins de Pouget, son élève, aux abracadabrants échafaudages des Lesgaré.

On juge des sommes que pouvait coûter un costume ainsi rehaussé, quand au xviii° siècle la mode des grands paniers exigea presque autant de nœuds que de plis, de riches agrafes que de bouillonnés. L'exemple de M$^{me}$ de Matignon, achetant moyennant une rente viagère de six cents livres un de ces ajustements trop coûteux cent et cent fois pour être payé d'une seule traite, pourrait se compléter de maint autre.

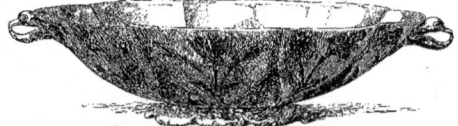

Fig. 200. — BOL EN JADE.

Le milieu du xviii° siècle voit également d'assez fastueuses excentricités en ce qui concerne le costume des hommes : c'est le luxe et la fantaisie effrénée des boutons d'habits. On en fait de peints en émail, avec des bordures de perles ou de petites roses ; de ciselés, de guillochés ; en brillants ; en pierres rares. Puis, cette folie tombe soudain devant une autre, toute de bon marché et de toc ; le règne du strass avec ses cailloux scintillants, et celui de l'acier, se suivent de près. Tout est à l'acier : boutons, boucles, chaînes, plaques de ceinturons, ornements de chapeaux, boîtes, etc. Qu'il soit cependant mentionné qu'à côté de ces fantaisies où il entrait plus de toquade que d'austérité, les bijoutiers et les orfèvres du temps trouvèrent encore une clientèle pour les charmants bijoux en or ciselé ou guilloché, de plusieurs couleurs. La Révolution, puis le parti pris de sobriété des costumes adoptés en notre siècle, portèrent un coup fatal à ces étalages de trésors sur l'habillement masculin. C'est peut-être dans la *broche* (et ses succédanés) à laquelle les femmes sont demeurées fidèles, que l'invention de nos bijoutiers d'à présent s'est davantage donné carrière.

Les bijoux destinés à parer la tête ne sont pas complètement tombés en désuétude ; mais il est peu vraisemblable qu'on en revienne jamais aux splendeurs qui les signalèrent au xvii° siècle : couronnes portées sur le sommet du chignon ; nœuds ou bouquets de pierreries dénommées *culbutes*, aigrettes multiformes et brillants insectes voltigeants que Boursault décrit ainsi dans les *Mots à la mode* :

Ce qu'on nomme aujourd'hui guêpes et papillons,
Ce sont les diamants du bout de nos poinçons,
Qui, remuant toujours et jetant mille flammes,
Paraissent voltiger dans les cheveux des dames.

Cette mode d'aigrettes ne fit que s'accroître au xviii° siècle. Il suffit de se référer aux portraits de

Marie-Antoinette, de la comtesse d'Artois, etc. On en vient à copier, en diamants, le panache en plumes d'autruche, mélangé à une profusion de fleurs, d'herbes folles, d'attributs allégoriques : carquois, etc.

Mais quel contraste entre ces extravagantes, charmantes et coûteuses fanfreluches, et les sévérités sèches des diadèmes, des épingles et des peignes du temps de l'empire. Ce n'est pas qu'on ménage l'or et les pierres précieuses, mais on les emploie en arrangements raides, lyres, plumes droites, flèches, palmettes parallèles, et cette régularité impitoyable est encore renforcée et soulignée par l'austérité des camées revenus en faveur. De notre temps, les dernières parures célèbres qui aient orné des têtes féminines sont les diadèmes que portaient aux Tuileries l'impératrice Eugénie, la princesse Mathilde, et plus près de nous, le croissant de Diane qui contribua à graver dans les mémoires le contour très pur d'une mondaine au profil de cygne. Mais toutes ces parures sont plus fastueuses que vraiment belles si surtout on les compare à la robuste pureté des bijoux antiques, ou à la féerique légèreté des bijoux de coiffure japonais.

Il est cependant des tendances vraiment nouvelles qu'on doit signaler à présent dans l'art de mettre en œuvre les métaux précieux, nous ne saurions mieux faire que d'emprunter à M. Roger Marx, dans son travail sur la décoration à l'exposition de 1889, la fine appréciation suivante :

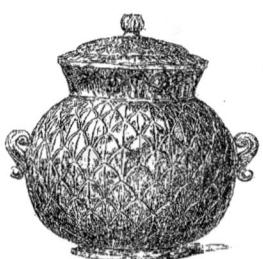

Fig. 201. — VASE EN JADE.

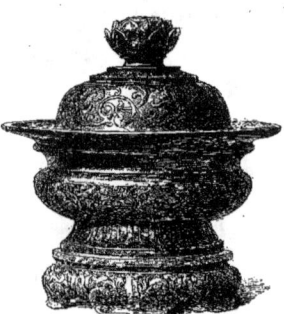

Fig. 202. — VASE EN JADE.

« Nos joailliers n'ont jamais affirmé aussi nettement leur intention de ne demander qu'à la flore leur inspiration, et leurs tendances sont aussi celles des monteurs de perles, de pierres et de diamants du Nouveau-Monde.

« Il s'en faut, en effet, que l'Amérique soit quantité négligeable en ces matières. Au pays des dollars est née une orfèvrerie dont nous prisons sans restriction la saveur étrange. En décomposez-vous les éléments ? Ils viennent de l'Inde, du Japon, de la Perse ; mais, à cette fusion des styles de l'Orient, la nature a présidé.

« Les formes prennent une gravité imposante ; les altérations du métal par le martelage ou les oxydes, les repoussages, les reliefs : un semis d'orchidées, des escargots promenant leur coquille à travers les lianes moussues » constituent, ajoute M. Roger Marx, les décors les plus riants et les plus imprévus. Et l'écrivain conclut en disant que jamais la séduction n'est plus forte que quand ces heureux chercheurs d'effets inédits font « jouer sur l'argent patiné, dépoli, rouillé, la diaprure d'émaux opaques, voilés de nuances et délicats à miracle ».

Nous en avons fini, à peu de chose près, avec ces exquises et malheureusement peu durables effloraisons, parures et mignonnes frivolités que l'art des bijoutiers fait sortir du métal et rehaussées de tout ce que la nature et la technique présentent de plus éclatant. Jamais nous n'avons autant regretté les limites que nous impose notre cadre ; car il nous faut laisser de côté encore une foule de précieux caprices où l'on verrait s'affirmer l'invention la plus féconde et l'habileté de main la plus extraordinaire. Miroirs, trousses, ciseaux, bourses, fermoirs d'escarcelles, boîtiers et clefs de montres, menues boîtes, cachets, agrafes, étuis et mille autres indispensables superfluités dans lesquelles se raconte, plus au long qu'en de savantes dissertations, toute la grâce impérieuse de la femme, exigeant de l'ouvrier qu'il tire des effets sans cesse nouveaux de l'or malléable, des pierreries pyrotechniques et des émaux aux magiques chatoyances.

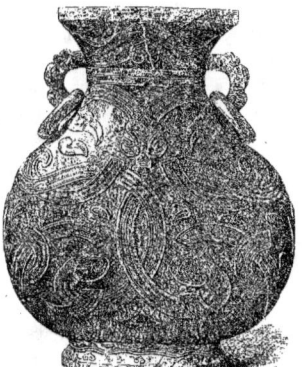

FIG. 203. — VASE DE JADE, TRAVAIL CHINOIS.

Il nous reste, avant d'étudier les métaux de moins haut prix, mais dans le travail desquels l'art a pu se manifester de façon non moins éclatante, à dire quelques mots des matières précieuses autres que l'or, l'argent et les pierreries.

Pareille richesse de couleurs, pareilles séductions, pareilles difficultés de travail, présente toute la gamme des pierres fines. Nous ne pouvons pas entrer dans le détail de la gravure sur ces pierres, dans l'étude du patient travail du bon fouilleur de camées. Cet art est plutôt une annexe de la sculpture, et il faut renvoyer aux ouvrages spéciaux. Mais quand l'ouvrier a employé ces matières pour la confection de précieuses fantaisies, quelles ressources encore, quel admirable poli et quelles lignes pures l'outil léger peut donner à d'informes cailloux!

Nous avons nommé à diverses reprises le cristal de roche ou quartz. Il est difficile de décrire sa transparence et sa pureté : qu'on imagine l'eau de la source la plus limpide, soudain figée et à jamais devenue d'une dureté extrême. Il pourra prendre toutes les formes, se creuser en coupes, se tailler en statuettes, recevoir de délicates gravures, se rehausser d'émaux qu'on infusera dans les dessins qu'on y aura entaillés, comme on ferait dans le plus résistant métal. Avec la complicité de la lumière, il aura des clartés supérieures à celles du jour qui le baigne, ses contours seront onctueux ou au contraire taillés en vives et nettes arêtes. Sous la main de l'ouvrier de la Renaissance, il revêtira la forme du vase le plus rare et le plus fier de profil; sous l'outil de l'ouvrier chinois, il se fera étrange polype, anémone de mer, fantastique divinité, et avec sa transparence parfaite, semblera la matérialisation soudaine, et comme par surprise, des choses invisibles.

Viennent ensuite les tons translucides ou mats, mais toujours profonds des autres pierres. La cornaline, d'un rouge cerise; demi-transparente lorsqu'elle vient du Japon, elle ne connaît pas de rivales. La calcédoine, sorte de quartz agate, laiteux avec nuances de jaune et de bleuâtre. Les sardonyx, de nuance orangée, allant du clair au brun marron et dans les couches superposées de laquelle les graveurs de camées ont pu tailler des œuvres considérables, telles que la coupe des Ptolémées, le camée de la Sainte-Chapelle (au cabinet des médailles de la Bibliothèque nationale). La chrysoprase, allant du vert-pomme au vert foncé. Le plasma, d'un vert sombre.

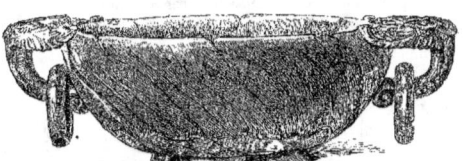

FIG. 204. — BOL DE JADE.

Puis encore le bleu si caractéristique, si doux et curieusement picoté de minuscules veinures métalliques, du lapis-lazuli. Le rouge, le vert semé de rouge sang, le violet, le bleu, l'ocre jaune, le noir,

de cette admirable et protéiforme variété du quartz, qui est le jaspe, caméléon des pierres. Le rouge ou le vert des porphyres; le vert tantôt tirant sur le noir, tantôt tacheté, de la serpentine; enfin la translucidité caressante et onctueusement marmoréenne de l'albâtre; et les doux et imprévus bariolages des agates orientales.

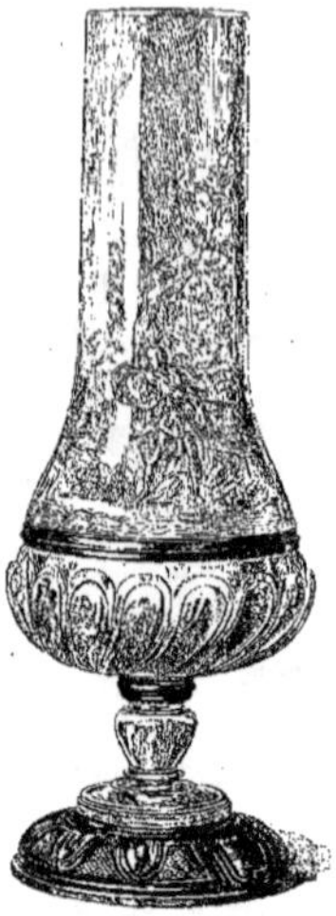

Nous parlerons un peu plus longuement d'une pierre toute spéciale, que notre art n'a pour ainsi dire jamais mise en œuvre, mais que les ouvriers de l'extrême-Orient ont adaptée à d'inimitables créations, d'une saveur toute spéciale et d'une signification qui échappe aux non initiés. Nous avons nommé le jade. On nous passera le développement un peu plus grand de ces détails, en faveur de leur curiosité.

Le jade est une pierre grasse et dure, d'un grain extrêmement serré, fort pesante et quelque peu translucide. Il est de ton laiteux, variant entre le blanc vaguement teinté de vert, et le vert sombre. Sa densité est extrême et sa dureté est telle qu'il peut rayer le verre. Il semble, quand on voit un objet en jade, que l'ouvrier n'ait eu à tailler qu'un morceau de savon, tant ses contours sont doux et polis, et tant le travail semble aisé. En réalité ce n'est qu'au bout de mois, d'années qu'on arrive à user la résistance prodigieuse de cette pierre.

« L'ouvrier, dit M. M. Paléologue, ayant arrêté son parti après examen attentif de la pierre brute, de sa forme, des irrégularités visibles ou probables, la dégrossit en pratiquant, avec une fraise à pointe de diamant, une série de trous juxtaposés, de profondeur variable, et en faisant sauter à la bouterolle les parties restées pleines entre les trous. Il renouvelle cette opération jusqu'à ce que l'objet qu'il se propose de fabriquer apparaisse dans ses lignes principales. Le décor est travaillé soit par la ciselure à la pointe de diamant, soit par l'usure à la pierre de jade. Le polissage est obtenu, pour le premier état, par une série de frottements sur des pierres communes à polir, il est achevé à la poudre d'émeri, et parfois à l'égrisée. »

Fig. 205. — VASE CRISTAL DE ROCHE GRAVÉ.

Nous reproduisons quelques objets en jade tirés de diverses collections; on remarquera, entre autres, une coupe dont les anses, par un tour de force fréquent dans ces sortes de travaux et souvent même beaucoup plus compliqué, sont ornées d'anneaux mobiles pris dans la masse. On devine ce qu'il faut de patience pour détacher sans accident ces surprenants enchevêtrements. Le jade, d'ailleurs, affecte encore bien d'autres formes, insignes d'autorité, statuettes de divinités, vases sacrés, fleurs bizarres; le musée des Arts décoratifs contient une admirable fleur de camélia formant récipient. Le musée Guimet est également riche de quelques beaux jades. Mais, ne pouvant entrer dans le détail de ces travaux, nous préférons

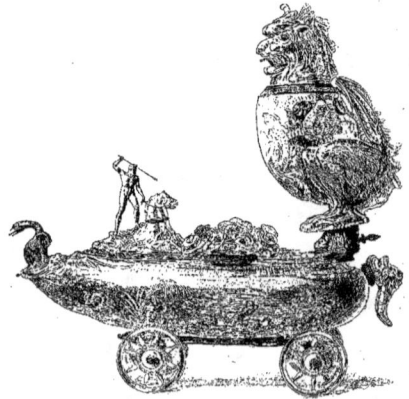

Fig. 206. — FONTAINE EN CRISTAL DE ROCHE TAILLÉ ET GRAVÉ.

dire pourquoi, en extrême Orient, on attache un tel prix à ces objets que des yeux européens seraient tentés de juger un peu ternes et insignifiants d'aspect à côté des matières richement colorées que nous avons énumérées avant. Cette valeur, cette admiration quasi-religieuse, reposent sur des considérations symboliques fort ingénieuses et qu'il est piquant d'indiquer.

Dans les livres où se trouve consignée la doctrine de Confucius, un de ses élèves demande au maître pourquoi « le sage estime tant le jade et ne fait aucun cas de la pierre *huen* » qui est une sorte de pierre analogue d'aspect, mais sans dureté ni éclat.

Et Confucius répond : « Ce n'est pas parce qu'il y a de la pierre *huen* en abondance qu'elle n'a aucun prix, ni parce qu'il y a peu de jade qu'il est très estimé ; mais c'est parce que dès les temps anciens le sage a comparé la vertu au jade. A ses yeux le poli et le brillant du jade figurent la vertu d'humanité ; sa parfaite compacité et sa dureté extrême représentent la pureté d'intelligence ; ses angles qui ne coupent pas, bien qu'ils paraissent tranchants, symbolisent la justice ; les perles de jade, qui pendent au chapeau et à la ceinture, figurent le cérémonial ; le son pur et soutenu qu'il rend quand on le frappe et qui, à la fin, s'arrête

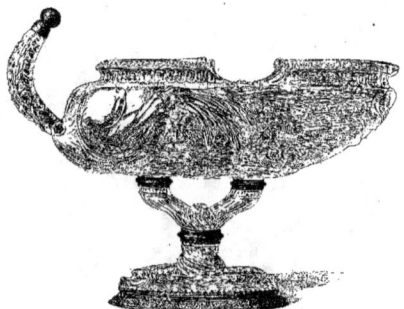

Fig. 207. — COUPE EN CRISTAL DE ROCHE GRAVÉ.

brusquement, est l'emblème de la musique ; son éclat irisé rappelle le ciel ; son admirable substance, tirée des montagnes et des fleuves, représente la terre... Voilà pourquoi le sage estime le jade. »

Il est encore une autre considération que Confucius ne dit pas, mais que certains critiques ont finement démêlée : c'est une conception très particulière de l'objet d'art et qui n'est pas encore entrée tout à fait dans nos habitudes d'esprit. Il doit donner, d'après ce peuple non moins sensuel que raffiné, non seulement le plaisir de l'esprit et des yeux, mais encore une sensation agréable au palper, par sa douceur, sa fraîcheur grasse. Il faut jouir de l'objet d'art par tous les sens possibles, tandis que chez nous la sensation morale est la seule à laquelle des traditions étroites nous aient accoutumés. Notre devise pourrait être, en pareille matière : « Regardez mais ne touchez pas », tandis que l'artiste chinois s'enorgueillit de pouvoir dire : « Regardez et touchez ». Nous constaterons encore cette différence de conception d'une manière frappante dans les objets en cristal de roche que le Chinois arrondit et modèle en fantaisies non moins souples à l'œil, non moins onctueuses au toucher que ses objets de jade et que l'Européen, au contraire, taille à angles vifs, en des silhouettes toujours rigoureusement rationnelles. Les deux superbes nefs que nous donnons ici, ainsi que le charmant vase gravé et taillé, sont parmi les plus beaux spécimens de cet art qui est nôtre ; mais on remarquera combien, à côté de quelque monstre ou de quelque caprice chinois, nos monstres sont réguliers et nos fantaisies contenues.

Mais ne dénigrons pas cet art délicat; il fut conforme à merveille à nos goûts et à notre esprit. D'ailleurs, il suffit de faire un tour à la galerie d'Apollon pour constater quelle finesse d'exécution, quelle grâce et quelle élégance de lignes sont le propre de ces objets, comme ils sont bien mariés avec leurs précieuses montures d'orfèvrerie.

Il y aurait, en dehors des précieux objets reproduits dans notre illustration, trop d'embarras à choisir. Ferons-nous pourtant exception en faveur de la fameuse cassette Farnèse, prenant pour exemple, entre cent autres, cette œuvre d'orfèvrerie superbe de Manno, longtemps attribuée à Cellini et décorée de quatre bas-reliefs, en cristal de roche, qui comptent parmi les plus beaux du genre. En 1558, Manno écrivait au cardinal Farnèse : « Bien des fois j'ai supplié Votre Illustre et Révérendissime Seigneurie, lui demandant qu'il Lui plût de me faire finir cette cassette d'argent, car ainsi qu'Elle le sait, voilà déjà dix ans que je la tiens à ce point, et cela non sans dommage, préjudice et danger pour moi, par le temps qui court, et de nouveau je La prie de daigner m'enlever cette inquiétude. »

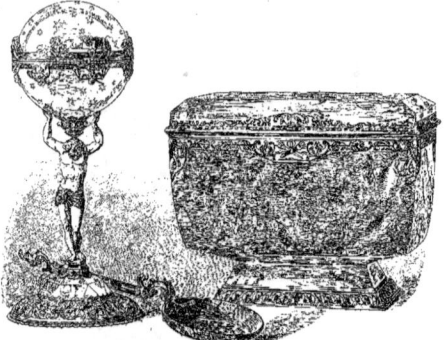

FIG. 208 ET 209. — GEMMES ÉMAILLÉES (XVIᵉ ET XVIIIᵉ SIÈCLES). BONBONNIÈRE EN CRISTAL (XVIᵉ SIÈCLE). COFFRET EN AGATE. (XVIIIᵉ SIÈCLE.)

Il nous faut passer sur les mérites de l'orfèvrerie proprement dite, mais signaler la beauté exceptionnelle des quatre bas-reliefs, œuvre capitale de Giovanni de Bernardini de Castel-Bolognese, et qui représentent des combats, des chasses, des triomphes.

Les trésors de la galerie d'Apollon vont nous fournir d'ailleurs quelques-uns des plus beaux exemples du travail des précieuses roches que nous avons énumérées. Nous signalerons parmi les cristaux de roche les plus remarquables, les pièces qui suivent : un magnifique drageoir du XVᵉ siècle avec une figurine d'aigle le surplombant, perché sur un bord; une aiguière du XVIᵉ siècle composée de quatre morceaux joints par une charmante monture d'or émaillé, et affectant la forme d'un animal fantastique, léopard quant au col et à la tête qui forme l'orifice du vase, oiseau par le corps, dragon par la queue, oiseau de proie par les pattes. Son voisin est un magnifique hanap ayant la forme d'un poisson, également monté en or et dont la crâne exécution atteint la prodigieuse aisance des Japonais quand ils ont traduit dans le bronze un pareil modèle. Une bouteille vénitienne du XVIᵉ siècle, qui offre cette intéressante particularité que son décor est gravé partie en creux et partie en relief. Un drageoir, en forme de coquille, d'une très grande pureté.

Notons en passant que le drageoir, haut sur pied au XVᵉ siècle, où il joue dans les repas un rôle prépondérant, s'abaisse peu à peu à partir du XVIᵉ siècle et aboutit à la coquille, et enfin au simple ravier.

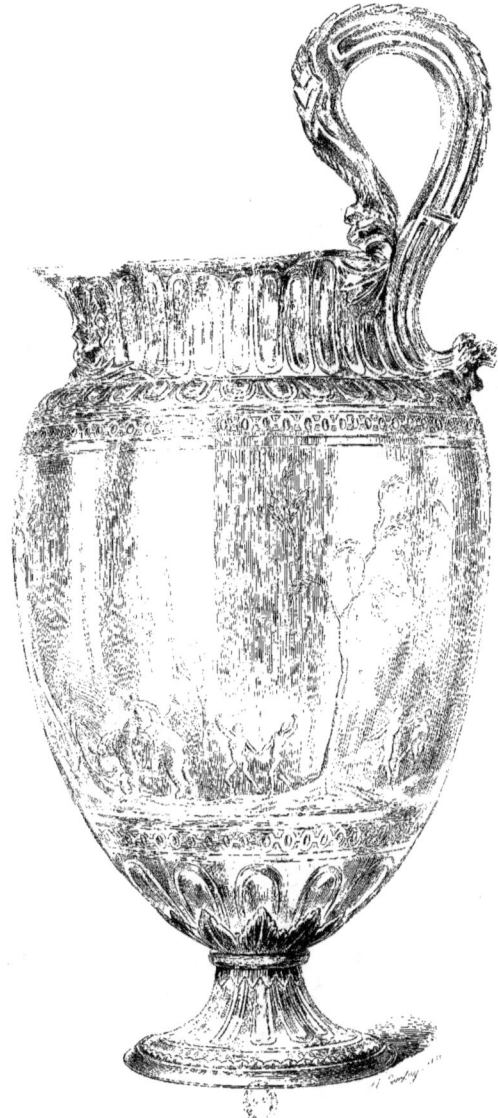

Il nous faut encore citer une très belle nacelle de François I", gravée de figures de tritons, et dont la composition est dans le style de Perrino del Vaga; cette pièce est digne de n'importe lequel des cristallistes les plus célèbres y compris celui que nous avons nommé quelques lignes plus haut. Enfin, un joli petit vase monté en or émaillé et gravé des figures de la Force, de la Prudence, de la Foi, de l'Espérance et une belle nef gravée de scènes du déluge dont malheureusement le pied est d'une autre époque et d'un travail différent.

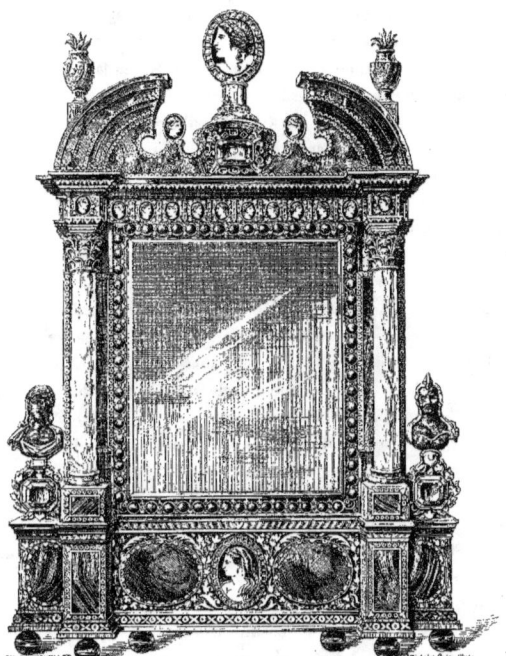

FIG. 210. — MIROIR DE MARIE DE MÉDICIS.

Si nous puisons encore dans les mêmes vitrines, pour chercher les objets les plus significatifs en diverses matières précieuses, nous trouvons à mentionner les suivants. La célèbre épée de François I" qui trouverait peut-être mieux sa place au chapitre des armes, avec sa belle lame signée « Chaltado et fecit ». mais dont la poignée d'or ciselé et émaillé, à la salamandre, nous la fera rattacher de préférence aux plus fines orfèvreries. Tombée aux mains des Espagnols à Pavie, cette épée fut recouvrée par nous en 1808.

Un délicieux vase de jaspe oriental, rouge, dont la monture en or, décorée de dragons émaillés, et de petites figures formant bracelet, a pu, tant elle est exquise, être attribuée à Cellini. Une coupe de jaspe oriental, de François I", magistralement taillée, montée sur pied d'or émaillé et ansée de même.

Ce n'est qu'un bijou, car ses dimensions exiguës la rendent impropre à servir de drageoir ou de vase à boire, ni de se plier à d'autres usages. On remarquera qu'au contraire, au moyen âge, la destination était toujours nettement accusée, quels que fussent d'ailleurs le caprice, la richesse de l'exécution.

Avant le xvi° siècle, la sardoine est la matière précieuse favorite. A partir du xvi° siècle apparaît le jaspe et on s'éprend surtout de celui qui présente les couleurs les plus variées. Sous Henri II, c'est le jaspe sanguin qui est le plus recherché, jusqu'au jour où l'agate orientale le supplante. Tant qu'on ne met en œuvre que le jaspe diapré, on se contente de montures d'or émaillé assez sobres. Le jaspe sanguin amène l'adjonction des perles et des pierres fines. Enfin quand vient l'agate orientale, la richesse de la monture ne connaît plus de limites, et on fait appel aux pierreries et aux émaux de toutes couleurs.

Notons encore, à la galerie d'Apollon, une mignonne salière en lapis-lazuli, couvercle à bouton, pied forme balustre, décorée de cercles d'or ciselés et émaillés. Enfin le célèbre miroir de Marie de Médicis, dont nous croyons devoir reproduire la description, d'après un inventaire des meubles de la couronne. « Un miroir de toilette, tout d'architecture, le frontispice, d'agathe onix au milieu duquel est une teste de Diane de mesme agathe, entourée d'émeraudes, et aux costéz, deux petits vases d'agathe onix, la corniche posée sur deux colonnes de jaspe gris, soutenue des deux pilastres ; dans la frise de la corniche, il y a douze testes d'émeraudes enchâssées et séparées les unes des autres par trois petites émeraudes, et aux costéz des colonnes, deux testes de grenats garnies d'or esmaillé ; au milieu du pied d'estal, une teste de femme entourée d'émeraudes ; le tout appliqué sur du cuivre doré, sur six petites boulles rondes d'agathe onix, hault par le milieu de quinze pouces sur dix pouces de large environ. »

Il nous faudrait citer encore bien des objets en cristal de roche, en cornaline, en agate orientale, en jaspe, dans les collections du musée de Cluny. Qu'il nous soit du moins permis, pour terminer, de citer une curieuse pièce où le cristal de roche joue un rôle important, le bel échiquier du xv° siècle, monté en argent doré, dont chaque case, alternativement en cristal hyalin et en cristal enfumé, recouvre de petits fleurons en argent découpé et doré, qui produisent dans les tailles du cristal, de jolis jeux de lumière. Les figures servant de pions sont également en cristal et exécutées dans les tons correspondant aux cases.

Nous bornerons là ce que nous avons à dire du travail des métaux précieux et des pierres rares. Les artistes qui les assouplirent et les enrichirent avec cette virtuosité eurent le droit de concevoir quelque orgueil, et sans exagération on peut les classer parmi les plus privilégiés. Mais nous allons en étudier d'autres qui, pour avoir traité des métaux plus humbles, moins éclatants, plus ingrats et plus rebelles, ou bien alors des matières moins précieuses encore, telles que l'argile, le sable, ou les fils de soie et de chanvre, n'en devront pas moins être égalés, ainsi que les plus fiers orfèvres, aux peintres et aux sculpteurs illustres. Nous leur devrons reconnaissance pour avoir victorieusement démontré qu'il n'y a pas de hiérarchies à établir dans l'art.

# CHAPITRE III

## LE FER.

La beauté du fer. — Un serrurier d'autrefois, maître Mathurin Jousse. — Clefs et serrures. — La damasquinerie. Le fer et l'architecture contemporaine.

De toutes les matières que peut victorieusement tourner en beauté le travail de l'homme, le fer est une des plus pures, des plus nobles et des plus reconnaissantes. C'est pour nous un sujet d'étonnement que les travaux de ces beaux maîtres qui jadis firent sortir de la masse informe, sous les coups répétés du marteau la frappant sur l'enclume, les morceaux les plus robustes et les caprices les plus menus. Tantôt ce sont les massives pentures d'une porte, la fantaisie humoristique d'une enseigne ; tantôt ce sera un coffre magnifique et résistant, sur les parois duquel courront d'étranges figures. Celui-ci s'attachera à contourner en souples chimères, en floraisons fantastiques, l'anneau d'une clef ; cet autre forgera pour les fenêtres et les escaliers des riches demeures la panse ajourée des balcons, l'ascension historiée des rampes. Un autre insérera dans le sombre du dur métal de délicats ornements d'or ; enfin, toute une légion de grands artistes, sculpteurs, forgerons et ciseleurs, couvrira d'épiques batailles la noblesse des casques, des boucliers, tordra les gardes des épées, et en gravera les lames de fières sentences.

Au reste, c'est un brave maître en cet art qui, dans cette belle langue expressive et simple du xvie siècle, s'est chargé de proclamer les mérites du fer et de ceux qui l'œuvrent. Ainsi parle Mathurin Jousse dans l'avant-propos de *La fidelle ouverture de l'art du serrurier* qui parut à la Flèche en 1627 :

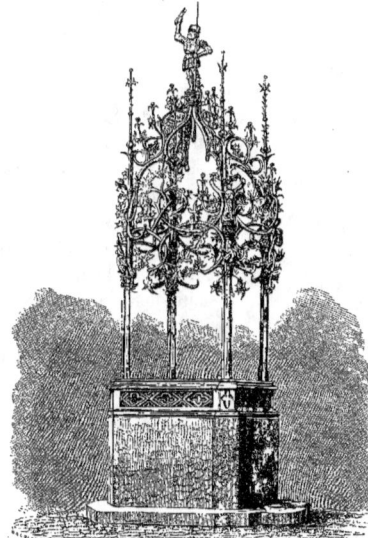

FIG. 211. — LE PUITS D'ANVERS, PAR QUENTIN MATSYS.

« Entre tous les arts méchaniques, il n'y en a aucun qui se puisse parangonner à celui du Serrurier, pour nous estre utile et nécessaire, l'invention d'iceluy estant sy vieille et antique qu'il semble avoir pry naissance avec cest univers mesme ! Car pour en trouver la première origine, laissant à part ce que les fables en disent, il faudra, au rapport de la Saincte Escriture mesme, parcourir tous les siècles passés pour en venir jusques à Tubalcain la naissance duquel a esté contemporaine avec celle du monde, et qui a obligé toute la postérité, par l'invention de cest art, que sy nous voulons passer et examiner le fruict et utilité que journellement le public et particulier en reçoit, nous trouverons que cest art est d'autant plus profitable à tout autre qui les surpasse tous en cecy estant très certain qu'il n'y a maison, famille, chasteaux, villes ou de deffense qui ne tienne toute son assurance de la forge et du fer. »

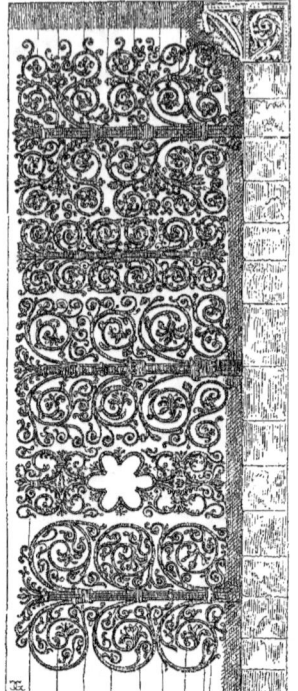

FIG. 212. — FERRURE DE LA PORTE SAINTE-ANNE A NOTRE-DAME DE PARIS.

Mais ce qui nous cause encore le plus de joie c'est de trouver développée par ce digne ouvrier la théorie qui nous est chère, de constater sous la plume d'un artisan d'il y a deux siècles et demi, la formule même proclamée par la critique contemporaine, à savoir la parité absolue des arts.

Il n'y a, dit Mathurin Jousse, aucun art auquel celui-ci doive céder, « car je ne *suivrai jamais le parti de ceux qui pensent que l'excellence des arts se doive mesurer par la dignité de la matière en laquelle ils se pratiquent, veu qu'elle n'est nullement l'effect de l'art, ains* (mais) *le subject de la forme artificielle qui est son vray effect, et de la seule excellence de laquelle l'art emprunte toute la sienne :* Car si on ne veut dire contre toute raison que faire un clou d'or ou d'argent est une chose plus relevée que forger, limer et graver les plus excellentes pièces qui se facent en fer, ce que personne n'advouera. »

Une fois prouvée la dignité de son art, le robuste ouvrier avertit qu'il n'est pas accessible à tout le monde ; ce n'est point l'affaire d'un muguet, ou d'une femmelette. L' « apprentif » doit être doué de certaines aptitudes physiques. « S'il n'est allaigre, sain de corps, robuste et de bonne complexion pour supporter la peine et le travail continuel requis à la practique de cest art, il sera subject à plusieurs maladies comme douleurs des yeux, mal de teste, douleurs de jambes, causées pour estre toujours debout auprès du feu et par un labeur assidu ».

Pourquoi, à la suite de cet « apprentif » pour qui le maître vient de prononcer le *dignus es intrare*, ne visiterions-nous pas l'atelier de messire Jousse et ne nous initierions-nous pas au maniement des outils nécessaires pour travailler le fer ? Voici « l'enclume qui sert à battre le fer à chaud et à froid », les gros marteaux à frapper, à main, à « teste platte pour dresser et planir le fer », « à teste ronde pour emboutir les pièces rondes et les demyes rondes ; les bigornes, tranchets, « soufflaiets », « sizeaux, ou tranches pour fendre des barres de fer à chaud ». « Poinçons ronds, pour percer les pièces en rond ; poinçons carrez, pour percer les pièces carrées ; poinçons plats pour percer les trous plats. » Puis viennent les mandrins,

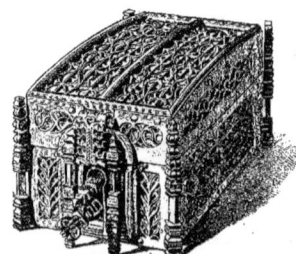

FIG. 213. — COFFRET ITALIEN EN FER (XVIᵉ SIÈCLE).

perçoirs, étaux; les limes « gros carreaux taillés rudes, pour ébaucher et limer les pièces de fer à froid ; gros demys carreaux qui servent à mesme chose », limes carrées, limes à fendre, « limes trianguler », etc., et la série des petites limes, coutelles, en ovales, queue de rat, en cœur, etc., « limes qui sont fendues par

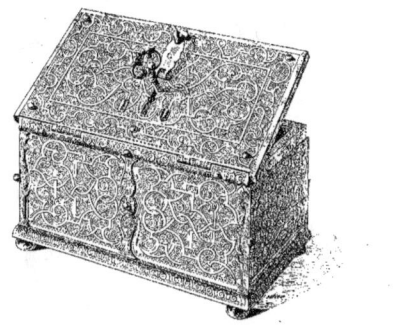 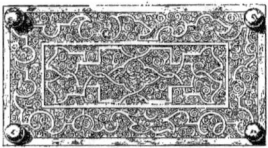

Fig. 214 et 215. — Coffret italien XVIᵉ siècle et dessous du coffret.

le milieu pour limer embasses, et pour espargner un filet dessus les moulures, vases, ballustres, ou autre ornement qu'on faict aux clefs, et autres choses semblables ».

Enfin les « petits marteaux pour porter en ville, pour poser et ferrer la besongne et pour servir à la

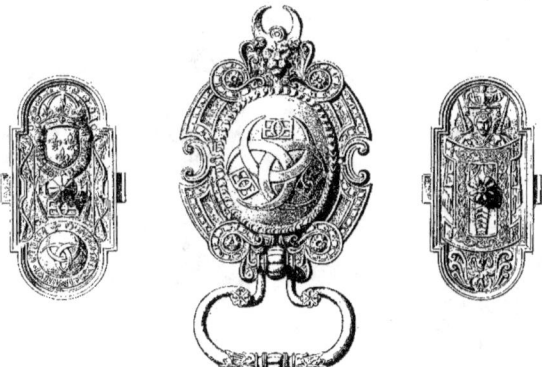

Fig. 216. — Verrous et heurtoir français (XVIᵉ siècle).

boutique », les poinçons, perçoirs, tenailles, les « burins plats pour fendre les pannetons des clefs, burins coulans, carrés, et en lozanges à graver..., échoppes pour échopper lorsqu'on grave quelque grossière chose en relief..., riflouères, et limes à reculer de diverses façons, ce sont limes taillées douces par le

154    LES ARTS DU MÉTAL.

bout, pour dresser et atteindre et nettoyer les figures et autres pièces de relief... brunissoirs, droits pour pollir le fer, croches pour pollir les anneaux des clefs ».

Les « échoppes, pour échopper ». On voit que les définitions sont simples et que l'honnête praticien ne se met pas martel en tête pour faire de beaux discours, il est homme de besogne avant tout; en deux

FIG. 217. — VERROUS ET PLAQUE DÉCOUPÉE, TRAVAUX FRANÇAIS (XVIᵉ SIÈCLE).

tours de mains il aurait plutôt fait, en bon ouvrier qu'il est, de vous démontrer l'usage que de suer sang et eau pour trouver une formule subtile qui ne vous ferait rien comprendre.

Et pourtant, si orgueilleux qu'il soit de son talent et de sa force, maître Mathurin reconnaît avec un soupir que ses devanciers étaient plus habiles encore; il s'épand en regrets sur les secrets perdus qui aidè-

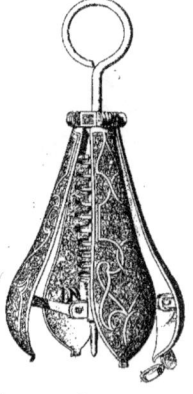 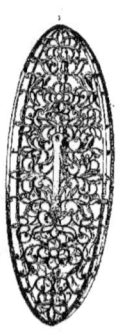 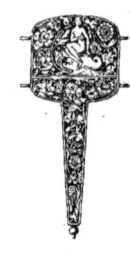

FIG. 218. — POIRE D'ANGOISSE (XVIᵉ SIÈCLE).    FIG. 219. — NAVETTE.    FIG. 220. — ÉTUI A CISEAU (XVIᵉ SIÈCLE).

rent Biscornet, au XIVᵉ siècle, à forger les magnifiques pentures de Notre-Dame. Ces beaux ouvrages qui ont bravé le temps firent à tel point l'émerveillement des naïfs contemporains, qu'ils crurent, de très bonne foi, que Biscornet avait eu le diable pour collaborateur. Aussi peut-on s'associer aux doléances de maître Jousse et avec lui déplorer que les « auteurs des serrures antiques n'aient point couché par escrit leurs plus beaux secrets, entre autres le moyen de fondre le fer et de le couler comme les autres métaux fusibles et à peu de frais, ce que Biscornet a emporté avec soy ».

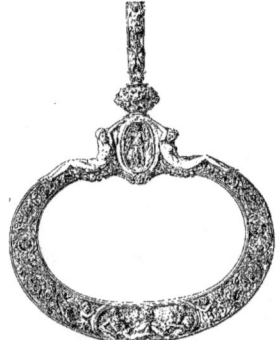

Fig. 221. — MONTURE D'ESCARCELLE (XVIᵉ SIÈCLE).

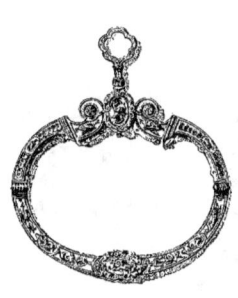

Fig. 222. — MONTURE D'ESCARCELLE.

Surtout maintenant que l'art du serrurier s'est vu infliger l'affront de la substitution aux superbes grilles forgées et soudées à la « chaude suante », des assemblages monotones de barreaux à fers de lance, et, dans les travaux les plus pompeux, comme les grilles du Parc-Monceau, le barbare et uniforme travail des boulons et des rivets.

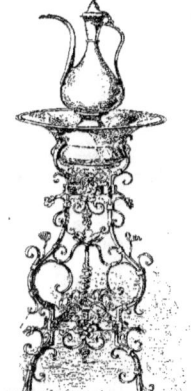

Fig. 223. — TRÉPIED VÉNITIEN (XVIIᵉ SIÈCLE).

Jusqu'au XIVᵉ siècle l'ouvrier ne se servait absolument que de son marteau. On juge de la conscience et de l'effort qu'il fallait pour accomplir un travail de quelque importance. Il est telle grille de chœur ou tel lutrin qui a dû nécessiter au moins mille passages au feu.

Les superbes serrures et pentures, loquets, heurtoirs que nous avons signalés comme l'orgueil des coffres, des bahuts, des dressoirs, des portes, sont, jusqu'au XVᵉ siècle inclusivement, toujours simplement cloués, et les pointes rivées à l'intérieur ; ces pièces sont fixées sur des parties de drap rouge ou de peau. Bien qu'au XIVᵉ siècle on commence à remplacer les ornements en fer plein par des plaques de fer battu découpées, l'habileté des forgerons est encore extrême, et il s'en faut que nous soyons près de la décadence.

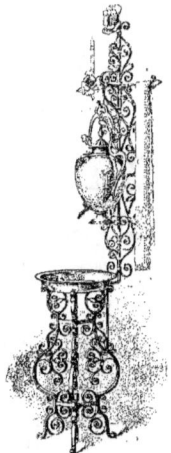

Fig. 224. — TRÉPIED DE LA RENAISSANCE ITALIENNE.

Le siècle où commencent principalement nos études est même une des plus belles époques. Moins de robuste simplicité peut-être, mais une souplesse, un raffinement de goût et une dextérité d'outil tenant du prodige et qui permet de réaliser, comme en se jouant, les fantaisies les plus invraisemblables que rêvent les décorateurs.

D'ailleurs, ces grands décorateurs dont nous avons étudié déjà les recueils ont des tendresses pour l'art du fer. Serrures, clefs, coffrets, étuis, fermoirs d'escarcelles, etc., ils prodiguent les modèles les plus gracieux ou les plus robustes. Nous retrouvons entre autres Androuet du Cerceau. Ses « entrées de serrures » sont fort jolies, encore qu'elles affectent un peu trop de parti pris le dessin en forme de vases. Mais ses modèles de clefs sont charmants de tous points ; les nécessités du travail du fer contraignent en effet le dessinateur à une simplicité relative. Certaines de ces clefs pourtant ont des anneaux compliqués affectant la formule architecturale chère à Du Cerceau. Enfin de magnifiques modèles de heurtoirs qui s'accommodent parfaitement des cambrures des chimères, de la musculature saillante des cariatides. Du Cerceau donne aussi des modèles d'arquebuserie fort beaux, et que nous mentionnons ici seulement pour en terminer avec cet excellent maître.

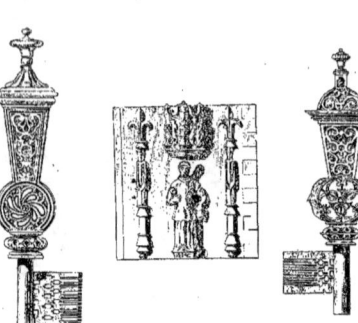

Fig. 225, 226, 227. — CLEFS ET CACHE-ENTRÉE (XVIᵉ SIÈCLE).

Voyons maintenant passer sous nos yeux quelques-uns des plus intéressants spécimens de l'art du fer. Notre illustration, que nous avons voulue le plus riche possible en exemples de cet art trop peu prisé par le public, nous aidera à comprendre les effets de délicatesse comme les effets de puissance.

Après le célèbre puits de Quentin Matsys à Anvers, et un charmant coffret de la collection Sauvageot avec serrure à cache-entrée et pilastres permettant le passage d'une courroie pour la commodité du transport, — pièces que nous avons fait reproduire pour aider, ainsi que les pentures de Notre-Dame, à la comparaison avec le siècle suivant, — voici, du XVIᵉ siècle, un beau coffret en fer gravé ; sa décoration consiste en un dessin courant, contourné par de larges entrelacs polis se détachant sur le fond brunâtre.

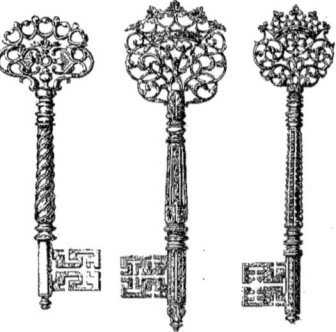

Fig. 228, 229, 230. — CLEFS FRANÇAISES (XVIᵉ SIÈCLE).

Cette pièce est d'origine italienne. Celles qui suivent sont françaises. Ce sont : un verrou et un heurtoir au chiffre d'Henri II ; un verrou dont la décoration présente deux mains tenant des épées, ce qui indique qu'il provient de la demeure de quelque connétable ; une plaque en fer découpé, formant le monogramme de Marie, et qui est un de ces ornements de bahut ou de porte dont nous avons parlé ; enfin deux verrous de grande beauté, en fer repoussé et ciselé, provenant du château d'Écouen.

Une pièce d'un caractère tout différent et qui ne laisse pas d'être une des curiosités de la collection

Sauvageot est cette mécanique vraiment infernale qui est une *poire d'angoisse*. Celle-ci est d'une décoration analogue au coffret qui précède, fer gravé, rehaussé d'entrelacs. Elle appartient soit au XVIe siècle, soit au commencement du XVIIe : l'usage en est aussi simple qu'atroce : on l'introduisait, fermée, dans la bouche du patient, et d'un coup de la clef on détendait le ressort ; les quatre parties s'ouvraient et maintenaient la bouche démesurément ouverte (0$^m$,065 diamètre de l'écartement), empêchant les cris dans une torture. En ce qui concerne l'invention de cette serrurerie cruelle, nous lisons dans l'*Histoire générale des larrons* (1709) : « Palioly (voleur célèbre) fit connaissance avec un serrurier qui étoit fort subtil et adroit, où il fit faire un instrument à qui il donna le nom de poire d'angoisse, instrument diabolique tout à fait, et qui a fait de grands maux dans Paris et toute la France... Le premier qui éprouva cette maudite et abominable invention fut un gros bourgeois des environs de la place Royale, homme riche, opulent, et qui avoit de grandes commodités. »

Des objets suivent, qui sont d'un caractère plus intime et plus souriant : une navette en fer ciselé et poli, toujours du XVIe siècle, gracieux petit ustensile qui servait à faire les *frivolités* ou nœuds de rubans qui ornaient les habillements ; deux ravissantes montures d'escarcelles, l'une en fer ciselé uni, d'un précieux travail, l'autre plus simple d'ornementation, mais sur fond d'or à grénetis.

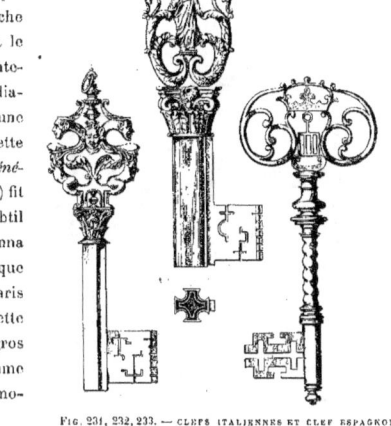

Fig. 231, 232, 233. — CLEFS ITALIENNES ET CLEF ESPAGNOLE (XVIe SIÈCLE).

Les forgerons du XVIe siècle excellaient également à des travaux d'une nature plus robuste que ces mignonnes fanfreluches qui semblent plutôt ressortir de la bijouterie ; sous leur marteau le fer se contournait en tiges élégantes, se vrillait en minces tirebouchons imités des plantes grimpantes, se recouvrait de fleurs aux pétales finement recroquevillés. Tels ces deux trépieds vénitiens (fig. 223 et 224) auxquels on a adapté, simplement pour en marquer l'usage, une aiguière arabe, une fontaine et un bassin de cuivre repoussé.

Mais le triomphe de l'art du forgeron ce sont les serrures et les clefs vraiment extraordinaires de finesse et d'élégance. Les figures de ronde bosse semblent n'être qu'un jeu pour ces habiles ouvriers ; quelquefois les serrures sont de véritables tableaux en relief, telle la célèbre serrure du

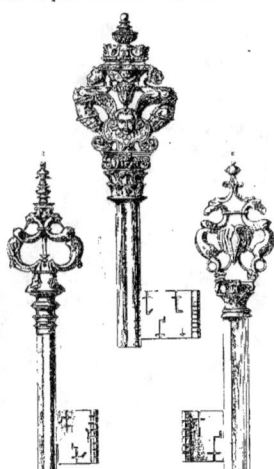

Fig. 234, 235, 236. — CLEFS ITALIENNES (XVIe ET XVIIe SIÈCLES).

*Jugement dernier*, triptyque à multiples petits personnages, un des joyaux de la collection Spitzer que le public a pu voir à l'exposition rétrospective du Trocadéro en 1889. Nous donnons (fig. 226) un assez joli spécimen de la collection Sauvageot : un cache-entrée, orné d'une statuette de prêtre sous un dais, entre deux pinacles. Pour les serrures proprement dites on en verra divers exemples, çà et là, dans nos dessins de meubles et de coffrets.

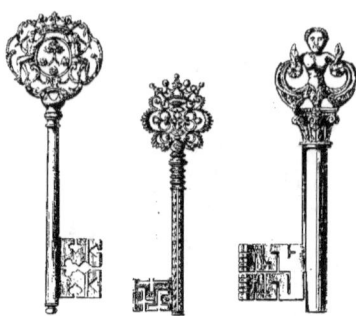

FIG. 237, 238, 239. — CLEFS XVIe ET XVIIe SIÈCLES.

Diverses clefs sont à tiges quadrangulaires, travaillées à l'évidoir. Trois autres (fig. 228, 229, 230) appartiennent à l'espèce dite « clefs bénardes », c'est-à-dire à tige non forée ; l'une est ornée d'une couronne de duc, l'autre d'une couronne de marquis, la troisième d'un motif de fantaisie ; toutes trois sont prises dans la masse, sans rapports ni soudure, entièrement travaillées à la main, limées, échoppées, et burinées. On comprend que de tels objets d'art, et les serrures correspondantes, aient été fort haut prisés par leurs possesseurs : « Les serrures, dit Labarte, étaient portées à un tel degré de perfection, et leur ornementation était d'un fini si achevé, qu'on les considérait comme des objets d'art ; on les emportait d'un lieu à un autre comme on aurait pu faire de tout autre meuble précieux. »

Comme terme de comparaison avec le goût des ouvriers français nous voyons (fig. 231, 232, 233) deux clefs italiennes et une espagnole. Des deux italiennes, l'une, dont l'anneau est formé d'un saint Pierre parmi des rinceaux riches et lourds, a la tige carrée à pans évidés ; l'autre, à tige triangulaire, est décorée de deux chimères adossées reliées par un mascaron. La clef espagnole, à tige torse, est remarquable par le gril qui forme un des éléments de la décoration. Cette clef provient donc de l'Escurial qui avait été dédié à saint Laurent, le jour de la victoire de Saint-Quentin en 1557.

Nous donnons encore trois clefs italiennes (fig. 234, 235, 236), dont une est du XVIIe siècle, afin de montrer l'acheminement de la richesse décorative. On aura sans doute remarqué, d'une manière générale, que les travaux de serrurerie italienne se distinguent par l'opulence de l'ornementation et par le parti pris architectural, tandis que les ouvriers français tiennent davantage à la grâce et au fini de l'exécution.

Pour s'en convaincre, regarder encore les clefs (fig. 237, 238, 239).

Les deux couronnes sont du XVIIe siècle, et peut-être quelque élève de Mathurin Jousse a-t-il passé par là ; celle à la sirène est du siècle précédent. Ce type aux sirènes fut, naguère, très recherché des collectionneurs, à ce point que le baron Ad. de Rotschild a payé 35,000 francs une clef aux chimères adossées et aux armes des Strozzi. Les superbes clefs qui figurent dans la collection Sauvageot étonnent,

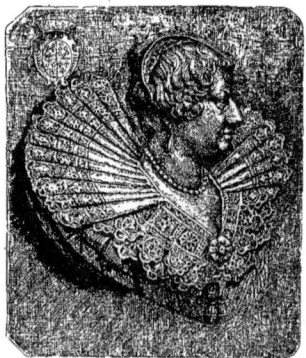

FIG. 240. — MÉDAILLON DE MARIE DE MÉDICIS EN FER REPOUSSÉ (XVIe SIÈCLE).

LE FER.

pour la plupart, par leur merveilleuse conservation. Il est vraisemblable que plus d'une n'a jamais servi et était simplement le « chef-d'œuvre » d'ouvriers aspirant à devenir maîtres.

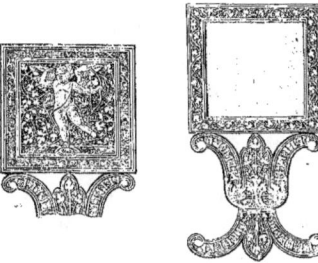

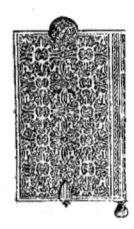

FIG. 241, 242. — MIROIR VÉNITIEN (XVIᵉ SIÈCLE).
DEVERS DU MIROIR.

FIG. 243. — PORTEFEUILLE VÉNITIEN
(XVIᵉ SIÈCLE).

De fort belles pièces de serrurerie sont aussi visibles au musée de Cluny. Le legs du baron des Mazis (1866), entre autres, contient des morceaux uniques : une magnifique serrure du xvᵉ siècle, avec les

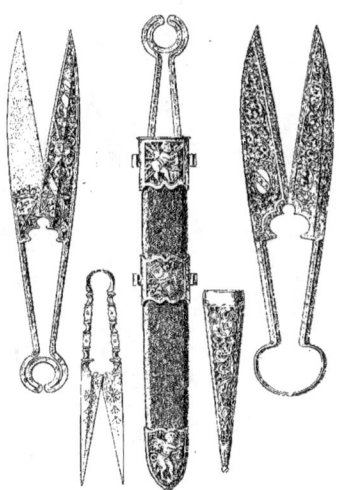

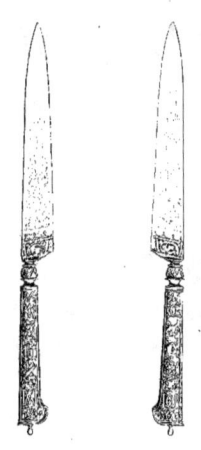

FIG. 244, 245, 246, 247, 248. — FORCES ET ÉTUI EN FER
DAMASQUINÉ (XVIᵉ SIÈCLE).

FIG. 249, 250. — COUTEAUX DAMASQUINÉS À LAME
D'ACIER.

figures du Tout-Puissant et des apôtres; d'autres serrures du xvıᵉ siècle avec leurs clefs, des heurtoirs du xvıᵉ et du xvıı°. Comme curiosité, une règle en fer gravé portant sur chacune de ses faces les divers

160  LES ARTS DU MÉTAL.

épisodes de la Vie et de la Passion du Christ, et entre autres légendes, ces petits quatrains de forme au moins naïve :

> O très cher serviteur,
> Quand ce portrait te verra
> En imitant Gabriel l'Ange,
> De mon cœur me saluera.
> — Qui veut après la mort la vie
> De suivre Jésus lui faut avoir l'envye.
> Or, mon Jésus je ne peux vivre
> Sy mon cœur meurt, cés pour vous suyvre.
> — Dieu bénisse mon cœur
> Et mon petit labeur,
> Et ma première pensée
> Tout le reste de ma journée.

Enfin, l'art a beaucoup moins à voir, nous n'avons guère besoin de le dire, avec cette pièce qu'avec le magnifique coffre du XVII° siècle en fer forgé, à quatre faces et à couvercle avec coins abattus, couvert

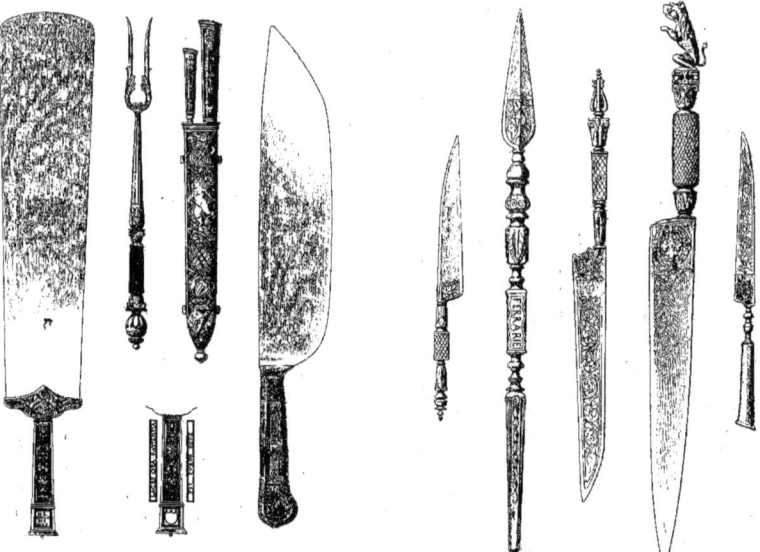

FIG. 251, 252, 253, 254. — COUTEAUX, TROUSSE ET FOURCHETTE DAMASQUINÉS ET CISELÉS.

FIG. 255, 256, 257, 258, 259. — COUTEAUX ET GRATTOIR DAMASQUINÉS ET DORÉS.

d'ornements et d'attributs en fer de haut relief, forgés et appliqués, une des plus belles pièces du musée et un des chefs-d'œuvre de l'art du fer. La face principale représente une double arcature dont les piliers sont surmontés d'écureuils et d'un chien en ronde bosse; sous les arceaux sont des vases en haut relief, avec des fleurs en repoussé. Les faces latérales portent des anses mobiles rattachées par une élégante ornementation. Le couvercle est également orné de rinceaux avec motifs en relief.

Mais parmi les chefs-d'œuvre de l'art du fer au XVII° siècle, il est impossible d'omettre la grille de la galerie d'Apollon. Il n'est personne qui n'ait admiré ce magnifique entrelacement de rinceaux, de fleurs, de serpents, qui semblent modelés comme en se jouant.

D'autres pays que la France se sont distingués dans l'art du fer, notamment l'Espagne. Le baron Davilliers, qui avait étudié à fond les arts décoratifs au-delà des Pyrénées, a pu dire : « Il n'est guère de pays où le travail du fer ait été poussé aussi loin qu'en Espagne. Il y avait au xv$^e$ et au xvi$^e$ siècle d'habiles artistes appelés *rejeros*, qui exécutaient pour les églises des grilles de fer forgé d'un travail merveilleux. »

Quant à l'Italie, elle se distingue notamment par un travail dont nous avons déjà parlé et qui produit les effets les plus fins et les plus riches, en associant l'or à l'austérité du fer. Nous voulons parler de la damasquine, que les Italiens et notamment les Vénitiens avaient eux-mêmes empruntée aux Orientaux : ce travail était baptisé *al agem* (à la persane), d'où le nom italien d'*azziministes* donné aux damasquineurs. Rien de plus explicite et de plus normal que ces perpétuels emprunts de Venise à l'art oriental. Les rapports étaient constants, et ce passage d'une chronique vénitienne, qui pourrait tout aussi bien être rappelé plus loin à propos des arts du verre, de la terre ou du tissu, est à cet égard caractéristique :

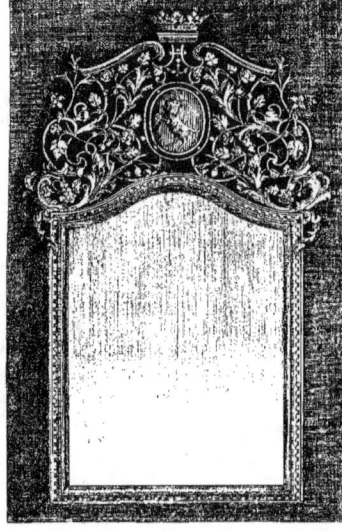

Fig. 260. — MIROIR XVII$^e$ SIÈCLE.

« Nos villas, nos jardins en fleurs, vous les verrez en Roumanie, en Grèce, à Trébizonde, en Syrie, en Égypte; c'est là que nous trouvons à la fois nos profits et nos plaisirs; c'est là que demeurent, pendant des séries d'années, nos enfants et nos neveux. »

On sait en quoi consiste le travail du damasquineur : c'est l'incrustation du métal précieux dans les creux d'une gravure pratiquée à la surface du métal qui sert de fond. Le fil d'or suit les traits de la gravure, y est refoulé à l'aide d'un mattoir, et le travail est ensuite régularisé avec la lime douce et achevé par le polissage. Le damasquinage que nous allons un peu plus loin voir appliquer largement aux ouvrages de coutellerie et d'armurerie donna les effets les plus riches et les plus variés, et n'en fut pas moins fort répandu pour une foule de petits objets intimes, familiers, tels que mouchettes, étuis, ciseaux ou forces, couverts, etc. Voir à ce sujet les différents dessins de notre illustration : petit miroir, portefeuille, forcettes d'un charmant travail, couteaux, grattoirs, de la collection Sauvageot, toutes pièces extrêmement soignées, qui étaient associées à mille matières différentes qu'elles rehaussaient : manches de nacre quadrillée, d'ivoire, de cuivre ciselé et doré, etc., etc.

Enfin, nous rattacherons au damasquinage certains travaux très usités dans l'art oriental, notamment en Perse et dans l'Inde, et qui consistent à couvrir de larges fleurs, arabesques, etc., en or ou en argent, des objets, bouteilles, coupes, aiguières, etc., fondus en une sorte de métal noir et cassant (fig. 261 et 264).

Nous avons dit qu'aux xvii$^e$ et xviii$^e$ siècles l'art du serrurier fut encore en grande faveur. Sous Louis XIV, il convient de signaler les beaux modèles dessinés par Le Pautre, Bérain, etc. Ce dernier, surtout, a gravé un recueil que les artistes du fer consulteront toujours avec plaisir et utilité : « Diverses pièces de serrureries inventés par Hugues Brisville, maître serrurier à Paris, et gravez par Jean Bérain. » C'est de la serrurerie fort riche, plus du tout naïve comme celle des xive et xve siècles ; elle consiste surtout en figures enlacées dans de très beaux rinceaux ; il y a aussi des entrées de serrures et des grilles remarquables.

On se rendra compte des progrès de l'art du forgeron par le beau cadre de miroir en fer forgé, poli et doré (fig. 260), et, pour les petits objets, par les deux charmantes pièces de la collection Sauvageot : un cachet en fer ciselé, décoré de palmettes de cuivre, un tire-bouchon surmonté d'un acrobate (la colonnette qui termine cette pièce et forme cachet est de travail plus récent (fig. 262 et 263).

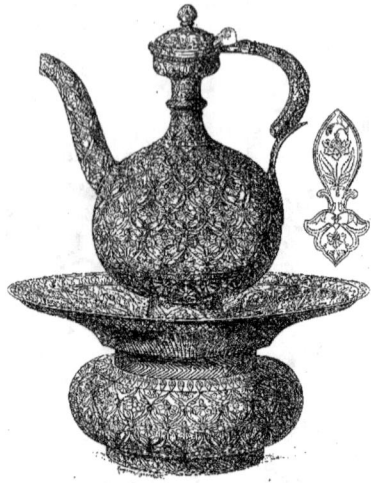

FIG. 261. — AIGUIÈRE INDIENNE EN MÉTAL INCRUSTÉ.

Au xviiie siècle, un maître qu'on ne saurait oublier est Jean Lamour, le serrurier lorrain, auteur des célèbres grilles de Nancy, commandées par Stanislas. Au reste, l'art du fer, à cette époque, semble s'épanouir comme le prodigieux bouquet d'un feu d'artifice : c'est la dernière pièce, et la plus éclatante. Balcons, grilles, lanternes, enseignes, et jusqu'aux objets usuels, aux ustensiles de cuisine, ont l'exubérance et la richesse de certains arts finissants. Les serruriers se piquent d'inventer à qui mieux mieux les serrures les plus compliquées et les plus propres à rendre vains les efforts des voleurs, qui, si on croit les annonces du *Journal de Paris*, devaient pulluler de façon inquiétante. C'est en ces termes que Georget annonce en 1783 ses « serrures de sûreté, invention intéressant au moins les citoyens de la classe riche. »

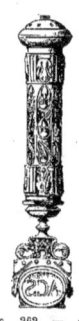

FIG. 262. — CACHET (XVIIe SIÈCLE).

« La première de ces serrures est telle, que celui qui en aurait une seconde clé serait dans l'impossibilité de l'ouvrir ; la seconde serrure est disposée de manière qu'en y oubliant la clé, personne cependant ne peut ouvrir que celui qui en a le secret. Il arrive de prendre les clés aux portes : j'en ai imaginé une que le maître seul de la serrure peut en retirer ; j'ai aussi trouvé le moyen de masquer les entrées de serrures de manière à ce qu'il soit impossible d'en tirer empreinte et de rendre nulle l'empreinte qu'on aurait tirée de la clé même.

... « De toutes les serrures que je vends, il n'y en a pas deux, quoique de la même espèce, que la même clé puisse ouvrir. »

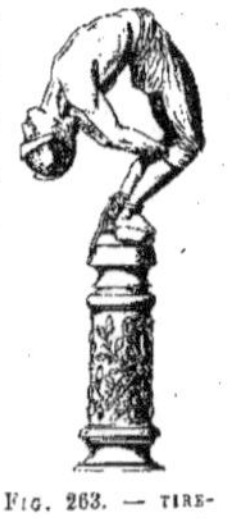

Mais ces difficultés de mécanique n'ont plus grand'chose à voir avec l'art de la décoration. Pendant toute la première partie du xixe siècle, les tours de force de l'art des forgerons semblent avoir été l'objet de quelque dédain. Pourtant quelques artistes, en ces dernières années, ont recommencé à venger le fer de l'avilissement dans lequel l'avait plongé la fonte, lourd trompe-l'œil. Ils ont repris le beau travail du marteau, tels M. Boulanger, M. Servat ; la ciselure, la damasquine, tel M. Gauvin.

FIG. 263. — TIRE-BOUCHON (XVIIe s.).

Enfin l'architecture a appelé le fer à un rôle absolument neuf et qui, s'il n'a pas encore donné sa formule définitive, a produit déjà et promet encore des œuvres surprenantes. La grandeur de son rôle ne réside plus dans l'armurerie, comme il fit aux temps que nous allons examiner rapidement, ni dans des ouvrages précieux qui confinaient à la bijouterie, mais bien dans la construction de vastes édifices, dans les immenses et hardis ouvrages des ingénieurs, et pour complète que soit cette transformation, c'est manque de clairvoyance que de nier sa beauté.

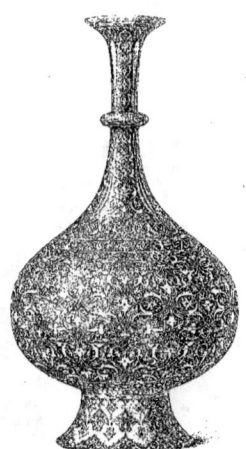

FIG. 264. — VASE PERSAN EN MÉTAL INCRUSTÉ D'ARGENT.

# CHAPITRE IV

## LES ARMES

L'armure. — Le casque. — Les armes offensives. — L'épée. — Les grands forgeurs de lames. — Les armes orientales.

Ces vers de Ronsard, que l'on peut vraiment qualifier de décoratifs :

> Deux couleuvres d'acier, dos à dos tortillées,
> Traînant dedans le fer leurs traces escaillées,
> Couraient le long du bord...

nous paraissent illustrer à merveille le goût de l'ornementation des armes au xvi⁰ siècle. Il y a beau temps que les armures de mailles avaient cédé la place (la transformation se fit au xiv⁰ siècle) aux armures en fer ou en acier plein, autrement dit aux armures à plates. Puis la simplicité puissante de celles-ci avait à son tour vu naître les formes plus effilées, les cannelures, commencement de décor, des armures du xv⁰ siècle. Enfin, au xvi⁰, à mesure que l'armure semblait devenir plus inutile, elle se fit plus riche; à mesure qu'elle semblait peser davantage aux épaules désaccoutumées, les formes devinrent plus capricieuses et l'ornementation plus touffue. Il n'entre pas dans notre cadre d'étudier l'armure des temps chevaleresques, et il nous faut la prendre au moment où, pour une période assez brève d'ailleurs, elle allait cesser d'être avant tout une défense pour être plutôt un objet d'art.

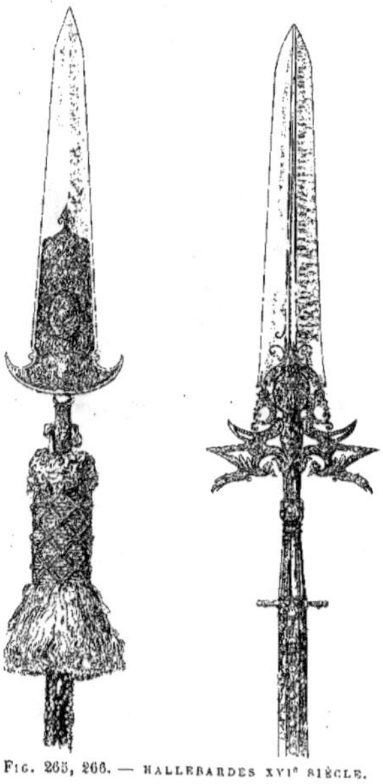

Toutefois, il suffira, comme indications rétrospectives, de mentionner les principales armes défensives ou offensives et les pièces qui composaient les premières.

L'armure comprenait : le casque; le gorgerin, sorte de hausse-col placé entre le casque et la cuirasse; la cuirasse proprement dite, emboîtant le corps complètement; les épaulières; les brassards; les coudières; les gantelets; le haubergeon, sorte de blouse en tissu de mailles, vestige à la fois du haubert et de l'armure de mailles en usage au moyen âge; les cuissards; les genouillères; les grévières; enfin les gantelets et les *solerets* ou souliers.

Fig. 265, 266. — HALLEBARDES XVI⁰ SIÈCLE.

Les chevaux étaient également couverts d'armures plus ou moins vastes, plus ou moins compliquées, qui les emboîtaient complètement ou partiellement, et comprenaient entre autres pièces un chanfrein, ou frontal, qui leur protégeait toute la tête depuis les oreilles jusqu'aux naseaux.

Les formes du casque ont varié considérablement. Au xii⁰ siècle et pendant une partie du xiii⁰, il fut le

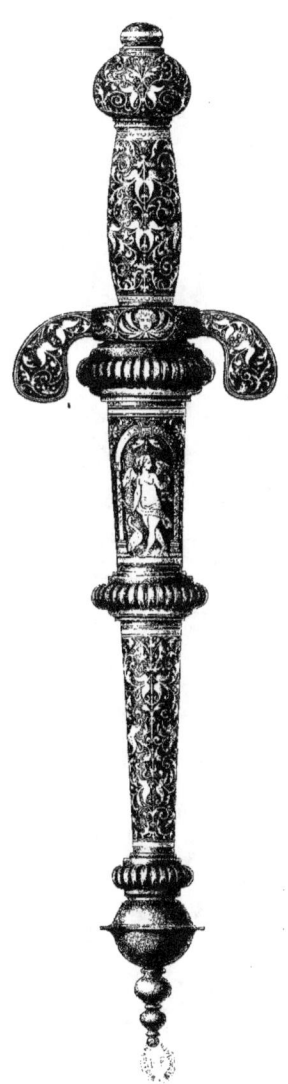

DAGUE TRAVAIL ALLEMAND

heaume, sorte de grand chapeau de fer que l'on mettait au moment du combat ou du tournois, par-dessus la coiffure proprement dite. Puis vint le bacinet, sorte de calotte pointue, qui était pourvue d'un *mésail* ou pièce destinée à protéger la face, « le museau ». Au xv° siècle on voit apparaître l'*armet*, casque pourvu d'une visière avec nasal, d'un ventail et d'une mentonnière. Puis viennent successivement la *bourguignotte*, avec visière, couvre-nuque et oreillons; le *morion* au timbre ogival surmonté d'une crête, et à bords abaissés se relevant en pointe à chaque extrémité; enfin il faut encore mentionner la salade, casque à grande gouttière destinée à protéger le cou, et pourvu d'oreilles carrées; et le cabasset, calotte à larges bords très abaissés.

Le bouclier subit aussi des transformations : la rondelle ou rondache, c'est-à-dire le bouclier rond, devint, au xvi° siècle, d'un usage plus général que l'écu dont la partie inférieure se terminait en pointe, et que la targe, qui affectait la forme quadrilatérale, et dont la surface était soit plane soit diversement convexe.

Quant aux armes offensives, elles ont pour reine l'épée, qui est soit l'*estoc*, long et robuste, destiné à frapper de la pointe; soit le braquemard, plus court, intermédiaire entre l'épée et la dague; la rapière, principalement arme de duel,

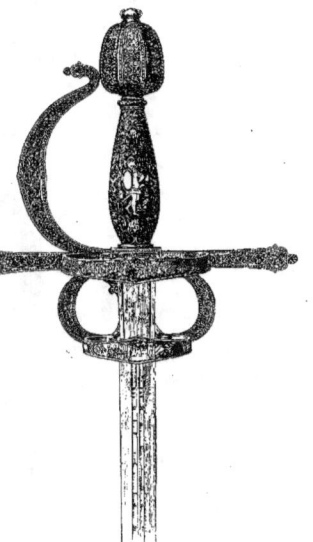

Fig. 267. — ÉPÉE A POIGNÉE DAMASQUINÉE.

dont la lame est longue et effilée; la colichemarde (sous Louis XIV) dont le talon est large, la lame amincie et taillée en carrelet. Viennent enfin les variétés de dagues et de poignards dont nous dirons un mot plus loin.

Il faudra également citer la *masse d'armes* et le *fléau d'armes*; le fauchard ou faucille de guerre; l'*épieu* qui est une sorte de pique, arme de l'infanterie; la lance; la hallebarde; et enfin la *guisarde* et la *pertuisane* qui sont des variétés de la hallebarde.

Toutes ces armes, sauf l'épée, furent plus ou moins supplantées peu à peu par le progrès des armes à feu. Les premières, combien imparfaites et pesantes, datent du xiv° siècle.

L'arquebuse naît dans la première moitié du xvi° siècle; le mousquet dans la seconde moitié (1573), enfin le fusil apparaît sous le règne de Louis XIV, et s'allège, se modifie et prend une portée de plus en plus grande, jusqu'à nos fusils Chassepot, Gras et Lebel, qui depuis longtemps n'ont plus rien à faire avec l'art décoratif.

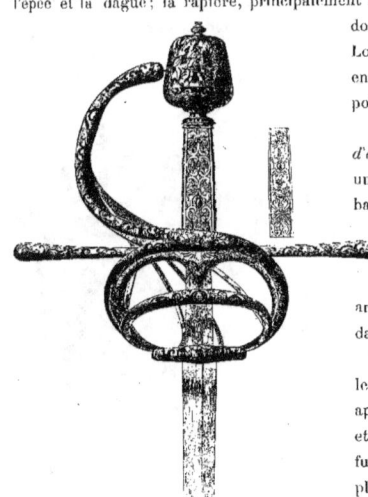

Fig. 268. — ÉPÉE A POIGNÉE ÉMAILLÉE XVI° SIÈCLE.

Il va sans dire que cette nomenclature est des plus

sommaires, mais nous ne voulons point faire un cours d'artillerie. Nous ne désirons que choisir quelques pièces riches et curieuses, spécimens d'un art qui n'a plus maintenant d'autre intérêt qu'un intérêt historique ; car on ne se préoccupe plus à présent que d'avoir des armes qui tuent bien et on en bannit la bijouterie, l'émaillerie et la sculpture. On ne peut pour quelques épées d'honneur ou quelques carabines dont la décoration, si soignée qu'elle soit, paraîtrait grossière auprès des ouvrages magnifiques des armuriers et des arquebusiers des trois siècles qui ont précédé le nôtre, considérer cet art comme encore vivant. Aussi renverrons-nous, une fois notre illustration expliquée et commentée, les lecteurs désireux de compléter leur érudition, au splendide musée des Invalides ou aux collections de l'hôtel de Cluny.

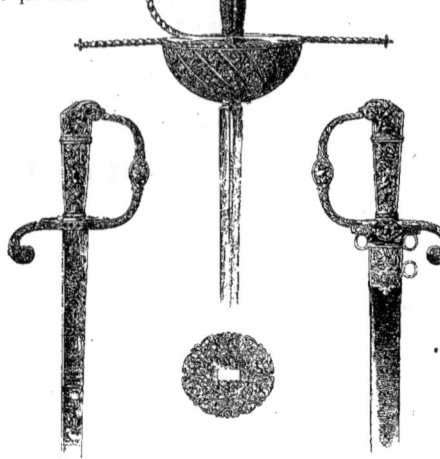

Fig. 269, 270, 271. — ÉPÉES XVIIᵉ SIÈCLE.

Les grands armuriers ont été célébrés à l'envi par les historiens ; il y aurait injustice à ne pas rappeler les noms des principaux d'entre eux. Ce sont, à Milan, Antonio Biancardini, qui travaille pour les Farnèse ; Bernard Civo, Philippe Negrolo, pour François Iᵉʳ et Charles-Quint ; Antonio Romero, Antonio et Frederico Piccinini.

En France, Antoine Jacquart à Bordeaux. En Allemagne, au XVIIᵉ siècle, Kollman d'Augsbourg, François Garbagnauer (armure de Louis XIV), Godfried Leygebe (Augsbourg).

Parmi les damasquineurs : Giorgio Ghisi de Mantoue (bouclier de la vente San Donato daté de 1554), Serafino qui travaille à Brescia ; Paolo à Venise ; à Milan Bernardo Civo, Ghinello, Pompeo Turcone, etc., etc.

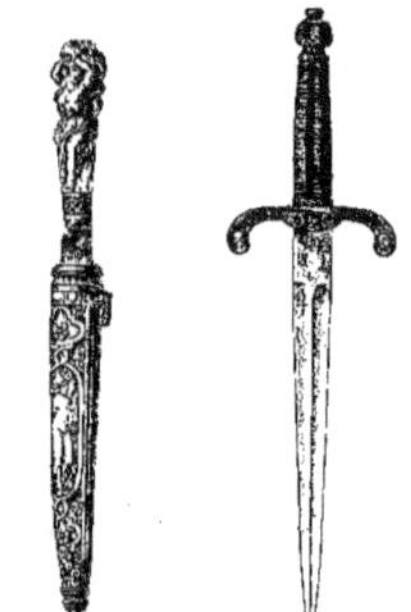

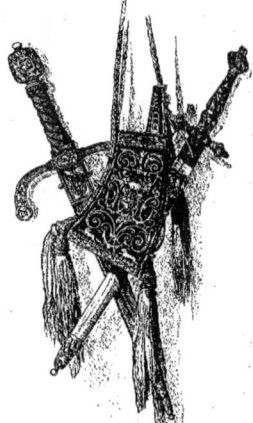

Fig. 274. — POIGNARD, DAGUE ET FLASQUE (XVIᵉ SIÈCLE).

L'Espagne est avant tout le pays des lames, et ses forgerons seuls peuvent être considérés comme les dignes rivaux des miraculeux forgeurs et trempeurs de l'Orient. Rabelais vante les « épées Valentiannes et les poignards Saragossois ». François Iᵉʳ, au dire de Pedro de Medina, rencontrant, en 1525, à chaque pas des adolescents imberbes qui portaient fièrement au côté leurs bonnes lames de Tolède, s'écria : « O bien heureuse Espagne, qui enfante et élève les hommes tout armés. » Cependant, il restait encore aux autres pays des maîtres qui

Fig. 272, 273. — DAGUETTES (XVIᵉ SIÈCLE).

n'étaient point à dédaigner. En Italie Chaltado (épée de François I"), Biscoli, Frederico Piccinino, Petrus Ancinus de Reggio. En Allemagne, Johannes Hopp, Clément de Horn, Johannes Keindt, de Solingen. En Flandre, Johannes Wund. En France, Philippe de Salles, Pierre Vernier (logé au

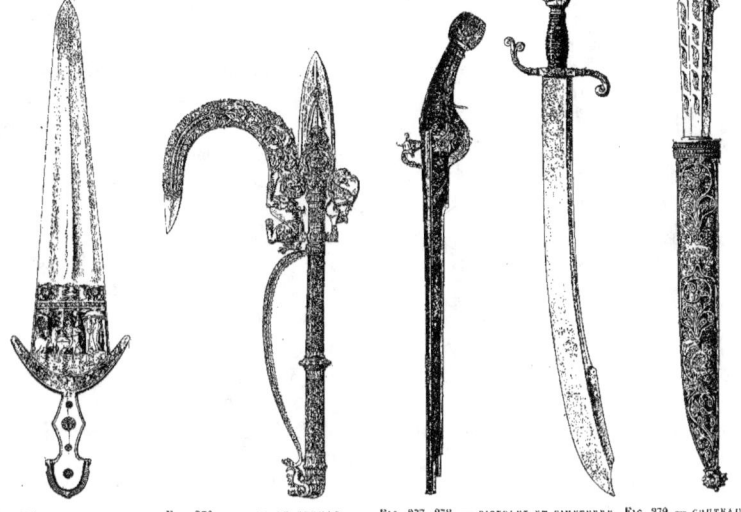

FIG. 275. — SANGDEDEZ. ÉPÉE VÉNITIENNE (XVIᵉ SIÈCLE).   FIG. 276. — CROC DE CORNAC, FER CISELÉ INDIEN.   FIG. 277, 278. — PISTOLET ET CIMETERRE EN FER DAMASQUINÉ.   FIG. 279. — COUTEAU ORIENTAL A MANCHE DE JADE.

Louvre en 1608), forgeur d'épées; Jean Petit, fourbisseur, doreur et damasquineur, etc., etc. D'ailleurs l'Espagne était aussi, comme nous l'avons vu, le pays des bons forgerons et des armuriers habiles. Sans entrer dans le détail des œuvres, il suffira de citer avec le baron Davilliers une pièce

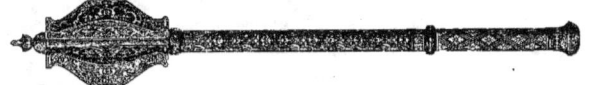

FIG. 280. — MASSE D'ARMES EN FER DAMASQUINÉ.

bien connue, la « salade », qui passe pour avoir appartenu à Boabdil. « Elle rappelle par son couvre-nuque la forme de celui du *chevalier de la Mort* d'Albert Durer; ses ornements d'argent incrusté, composés d'entrelacs, d'arabesques et de cornes d'abondance, sont d'une grande élégance et n'ont qu'en partie le caractère moresque; ils nous paraissent appartenir plutôt au commencement du XVIᵉ siècle. » Il y a encore dans les musées de Vienne, de Turin, de Dresde, etc., bien d'autres pièces admirables, surpassant même celle-ci en richesse; quant à nous, les joyaux de notre musée des Invalides et les armures de Charles IX et de Henri II, au Louvre, ne nous laissent rien à envier aux autres pays pour la beauté exceptionnelle du travail.

On pense bien que les armuriers et les arquebusiers du XVIe et du XVIIe siècle n'ont pas tous puisé dans leur imagination les innombrables motifs dont ils décoraient leurs œuvres. De nombreux dessinateurs, et non des moins habiles, leur ont fourni des recueils de modèles qu'ils variaient et arrangeaient à l'infini. Sans parler d'Albert Durer et d'Holbein qui ont gravé ou fait graver des dessins pour armures, épées, etc. (la poignée d'épée pour le prince Édouard, fils d'Henri VIII, par Holbein, est une gracieuse et légère composition d'enfants, de feuillages, de serpents, etc.), on trouve encore beaucoup de ces estampes, et la bibliothèque nationale en contient une collection des plus intéressantes.

Citons, entre autres, l'œuvre d'Antoine Jacquard, d'un goût charmant, qui par moments atteint à la finesse d'Étienne de Laulne. Ce sont de petites scènes, en manière de nielles, qui devaient être gravées sur les plaques et les canons des arquebuses, etc., de superbes gardes d'épées; des fantaisies parfois égrillardes, mais toujours spirituelles de pointe, une sorte de gauloiserie mythologique qui devait répondre à merveille au

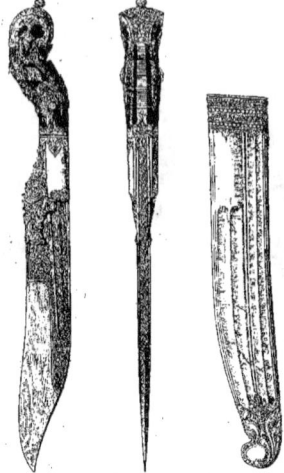

FIG. 281, 282, 283. — ARME PERSANE (XVIe SIÈCLE).

goût de paillardise amphigourique et belliqueuse de ces temps. Le recueil d'Antoine Jacquard sera d'ailleurs plutôt considéré comme le carnet d'échantillons, le « prospectus » de ses œuvres. De même le recueil d'Hennequin de Metz; celui de « Thuraine et le Hollandois, arquebusiers ordinaires de Sa Majesté ». D'autres suites sont, au contraire, purement des recueils d'idées, de motifs. Telles « diverses pièces très utiles pour les arquebuzières », nouvellement inventées et gravées par Bérain le jeune (1667). Cela n'a pas la délicatesse de Bérain le vieux, mais c'est d'un assez joli style ronflant. Notons enfin divers autres recueils participant des deux destinations :

« Plusieurs pièces d'arquebuzeries recueillies et inventées par François Marcou, maître arquebusier à Paris (1657) »; très belles pièces à allégories, batailles, rinceaux d'un style large. Et « plusieurs pièces et ornements d'arquebuserie le plus en usage tiré des ouvrages de Laurent de Languedoc (1684) », recueil de modèles luxueux, avec des trophées en quantité, des rinceaux très fleuris, des mascarons pompeux.

Il est intéressant de comparer le travail du fer en Europe et en Orient. Le magnifique croc de cornac, en fer ciselé et damasquiné, de la collection Salomon de Rotschild (fig. 276), nous permettra de faire cette comparaison. On voit que sous le rapport de la patience les ouvriers indiens l'emportent sur les nôtres, et que pour le goût décoratif ils ne leur sont pas inférieurs. On ne saurait imaginer fouillure plus profonde et plus compliquée du dur métal, et quant à l'arrangement il a quelque chose à la fois de puissant et de raffiné.

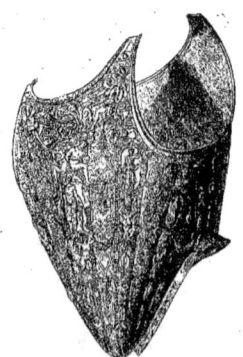

FIG. 284. — CORSELET (XVIe SIÈCLE).

CUIRASSE EN FER REPOUSSÉ. HISTOIRE DE L'ART DÉCORATIF.

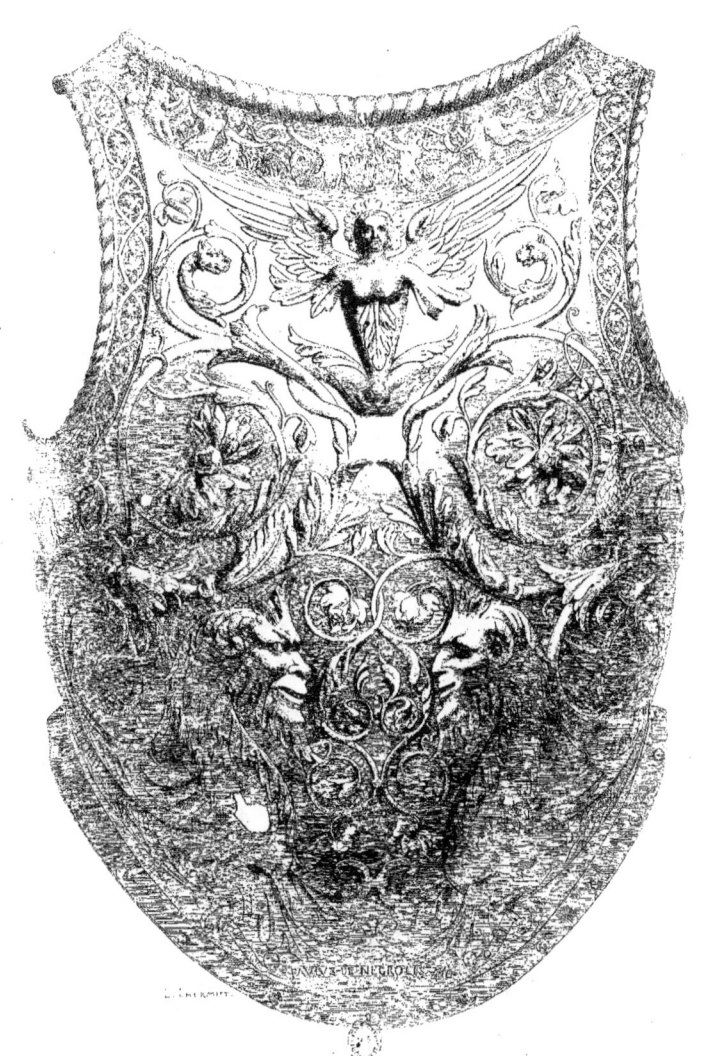

Cependant, pour le travail de la damasquinerie, la superbe masse d'armes de la collection Spitzer (fig. 280) est peut-être plus remarquable encore comme fini et comme grâce. Nous n'avons pas besoin de dire qu'au xvi° siècle l'usage avait fort diminué de ces armes à la *hongresque* ou à la *turquesque* qui pesaient parfois jusqu'à vingt-cinq livres et qu'on portait suspendues à l'arçon. Les pièces comme celles-ci n'étaient guère que des exceptions, des armes de parade.

Nous avons dit que l'arme par excellence, l'arme noble entre toutes, était l'épée. On conçoit que l'art ait mis à la décorer, à la parer, à l'enrichir, toute sa sollicitude, et que des amateurs tels que le peintre écrivain Édouard de Beaumont aient dépensé la passion de toute une vie à collectionner et à décrire les plus belles. Il faut donc, avant tout, quand on parle d'épées, renvoyer l'amateur à la collection de Beaumont. Elle est à présent une

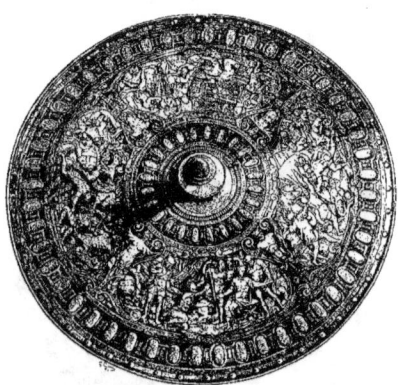

FIG. 285. — BOUCLIER ATTRIBUÉ A CELLINI.

des richesses du musée de Cluny, et s'est complétée, grâce à la générosité d'Alexandre Dumas, exécuteur testamentaire du peintre, de l'épée du marquis de Pescaire dont le maître écrivain était usufruitier et qui ne devait revenir au musée qu'après sa mort.

Édouard de Beaumont a raconté la gloire de l'épée dans divers ouvrages ; notamment l'*Épée et les femmes*, où il développe cette curieuse théorie que la diminution des dimensions de l'épée s'est accomplie, à travers les temps, en raison directe des progrès que fit l'influence de la femme. Quand la femme fut tout, ou presque tout, dans la société, l'épée ne fut plus qu'un joujou. Il est plus d'une épée du siècle dernier qui donne raison à cette thèse piquante.

D'autres causes d'ailleurs ont influé sur les modifications de l'épée, et E. de Beaumont était lui-même trop sagace historien pour ne les avoir pas indiquées.

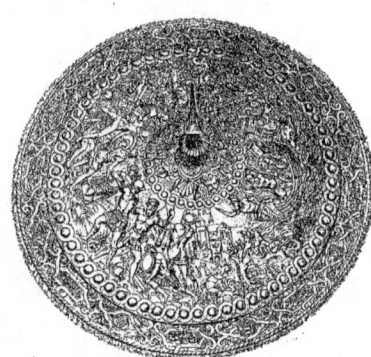

FIG. 286. — RONDACHE EN FER REPOUSSÉ (XVI° SIÈCLE)

« Au xv° siècle, a-t-il écrit, l'épée, toujours imposante, mais somptueuse, s'unissant à la tendance réactive de la guerre et des arts, se modifia tout à coup dans ses actions et dans son ensemble ; elle devient devant l'arquebusade moins pesante et plus aiguë : les deux branches de sa croix perdent leur ligne rigide et s'abaissent quelque peu en se recourbant vers la lame. »

Remarquons encore avec de Beaumont qu'au commencement du xvi° siècle l'épée « tourne sa pointe en bas », c'est-à-dire que les ornements de sa lame sont faits pour être vus la pointe en bas, tandis qu'auparavant c'était le contraire, et laissons tirer de ce fait les conclusions qu'on voudra.

La belle épée à poignée damasquinée (fig. 267) de la collection d'Armaillé est un travail allemand du xvie siècle. Les deux scènes qui décorent la partie inférieure de la garde représentent l'enlèvement d'Hélène et le siège de Troie. L'épée suivante (fig. 268) montre l'emploi des émaux; cette belle épée, après avoir appartenu aux princes d'Orange, fit partie de la collection d'armes de Napoléon III. Suivent deux belles épées du xviie siècle, dont l'une à garde en coquille, et qui sont d'un remarquable travail de ciselure.

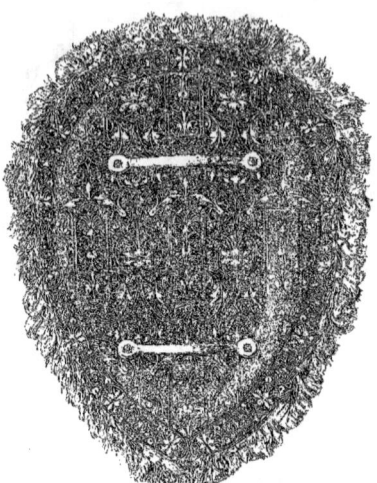

Fig. 287. — ENVERS DU BOUCLIER DE CHARLES IX.

Nous reproduisons ensuite diverses armes de moindre dimension, de celles qu'Edouard de Beaumont appelait les *associés de l'épée*, c'est-à-dire les poignards, dagues, etc. Voici à titre de curiosité quelques-uns des principaux noms de ces armes, désignant les différentes variétés depuis les temps de Rome.

Pugio, clunaculum, sica, supina, scramasaxe, hand-seax, dolch, cultellus, coustel-de-plates, coustel à croix, coustel à pointe, anelace, miséricorde, poignard de Cologne, cousteau à jouste, couteau de Turquie, de Toulouse, bayonnais, dague de Bordeaux, à rouelle, penard, coupeaureille, poignard à coquille, feuille de Catalogne, poignard saragossais, bolonais, pistolese (dont la lame était courbe), etc., etc. Comme on voit, un assez joli répertoire d'instruments propres à enfoncer quelques pouces de fer entre les côtes d'un ennemi. Le poignard secondait l'épée dans les duels, et servait à la parade; quelquefois on se battait également avec le poignard seul, ou avec un poignard à chaque main. Quant à la dague, elle servait à parer la pointe en l'air; son usage était si bien passé dans les mœurs qu'on dénommait par raillerie gentilshommes indagues ceux qui n'étaient point la bravoure même. Les jeunes femmes d'Allemagne portaient à la ceinture le poignard dont les Castillanes ont orné leur jarretière. A coups de dague, Mlle de Châteauneuf, « une des mignonnes de Henri II, tua virilement son mari » (1577). Le stylet est le dernier en date de ces petites lames pointues autant que perfides : une curieuse statistique établit que de 1775 à 1800 il n'y eut pas moins de 18,000 assassinats par le stylet dans l'État papal.

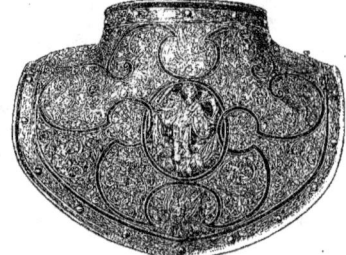

Fig. 288. — HAUSSE-COL EN FER GRAVÉ ET DORÉ.

La petite panoplie que représente la gravure 274 montre une dague et un poignard (légèrement tiré du fourreau) auquel on a joint une flasque ou bouteille à poudre de la collection Nieuwerkerke; la gravure 272, deux daguettes de la collection Spitzer. Puis vient un *sangdedez*, sorte de dague vénitienne à lame large; il provient de la collection Nieuwerkerke; le talon de la lame, longue de 58 centimètres, est orné de fines gravures. Il ne faut pas confondre le sangdedez avec la langue de bœuf (*lingua di bue*) qui avait également une lame très large et plate.

La beauté de toutes ces pièces ne doit pas nous faire oublier toutefois celle des armes orientales

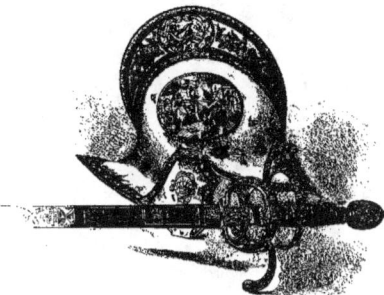
Fig. 289. — BOURGUIGNOTTE EN FER REPOUSSÉ.

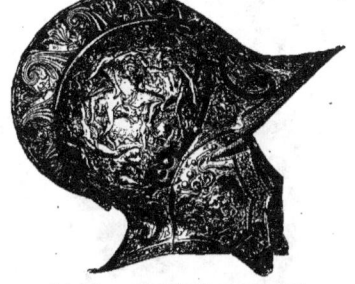
Fig. 290. — BOURGUIGNOTTE EN ACIER DORÉ.

dont la trempe est demeurée sans rivale. Il est tel sabre japonais, nous dit M. L. Gonse, qui dépasse encore les damas et les tolèdes les plus célèbres. « Une lame de moyenne grandeur, bien trempée, doit pouvoir trancher d'un seul coup la tête d'un homme; une lame ancienne, exécutée par un maître en renom, coupera sans difficulté celle d'un de nos coupe-choux d'infanterie. » Si nous ne pouvons pas nous étendre comme nous le souhaiterions sur les étonnantes gardes de sabre japonais, avec la

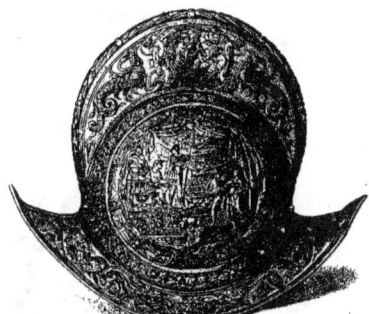
Fig. 291. — MORION EN FER REPOUSSÉ ET CISELÉ.

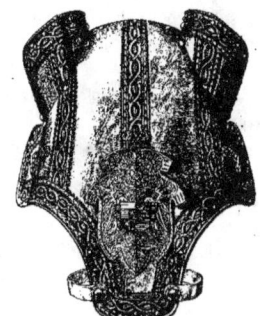
Fig. 292. — CHANFREIN EN FER GRAVÉ.

variété infinie de conceptions et l'inépuisable richesse de matières dont les artistes de là-bas ont enrichi cette simple rondelle de métal, qu'il nous soit au moins permis de dire que l'on trouve là des pièces qui comptent parmi les plus précieux chefs-d'œuvre de l'art du fer, soit uni, soit incrusté.

Il ne faudra pas pour cela ravaler la beauté artistique de certaines armes dans d'autres contrées orientales. Une conception plus luxueuse a présidé à leur monture, à la décoration et à la forme même des lames. La collection Soltykoff renfermait un magnifique poignard indien : des rainures étaient pratiquées dans la lame, et depuis le talon jusqu'à moitié chemin de la pointe, des rubis, gouttelettes de sang transparent, roulaient dans ces rainures. Le cimeterre (fig. 278) à monture de fer ciselé et rehaussé d'or, de la collection Nieuwerkerke; le couteau oriental (fig. 279) à lame d'acier damasquiné, à manche de jade gris incrusté d'or, à gaine de filigrane d'argent doré, de la collection Sauvageot; enfin de la collection Richard Wallace, cette belle arme persane (fig. 281) à manche de forme bizarre, à lame traîtresse, si capricieusement refouillée, sont de beaux spécimens de cet art qui sait si bien associer le luxe et la férocité.

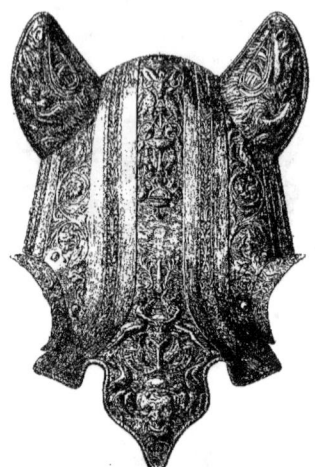

Fig. 293. — CHANFREIN EN FER REPOUSSÉ ET GRAVÉ.

Nous entrons maintenant dans la série des armures, et notre illustration montre un superbe corselet italien de la fin du XVIe siècle, en fer repoussé, ciselé et damasquiné de la collection Salomon de Rothschild. La ciselure en est fort belle; la forme allongée et effilée en bosse de polichinelle est bien caractéristique du costume Henri III. Milan était célèbre pour la fabrication de ces sortes de cuirasses. A la cour de France, dit Brantôme, « on y approuvoit fort les corselets gravés de Milan et ne trouvoit point que nos armuriers parvinssent à la mesme perfection non plus qu'aux morions. M. de Strozze, venant à succéder en la place de Charry, il y observa une fort exacte curiosité et observation; de sorte qu'il pria, voire quasy contraignit tous ses capitaines de n'avoir plus autres armes, tant harquebuses, fourniment, que corcelets de Milan. Et pour ce, moyenna de faire venir à Paris un fort honneste et riche marchand nommé le seigneur Negrot, et s'y tenir, qu'en moins d'un rien en fit venir beaucoup sur la parole de M. de Strozze, et qu'il les lui feroit enlever si bien que le dict Negrot, prenant goust à ce premier profict, il en continua l'espace de quinze ou seize ans le trafic, qu'il s'y est rendu riche de cinquante mille escus voire davantage ».

Le bon Brantôme a simplement fait de Negroli, le nom français Négrot.

C'est une œuvre de Negroli et signée de lui, la magnifique cuirasse en acier repoussé que reproduit notre planche hors texte. Quant au bouclier de si noble allure, donné jadis à Henri VIII par François Ier, appartenant aujourd'hui à la reine d'Angleterre et attribué à Cellini, c'est encore un des

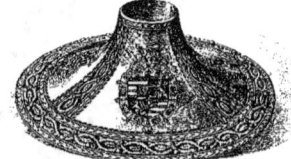

Fig. 294. — ROUELLE DE LANCE. ACIER GRAVÉ ET DORÉ.

chefs-d'œuvre de l'armurerie du XVIe siècle (fig. 285). Nous signalons également la rondache en fer repoussé, de la collection Salomon de Rothschild, avec la pointe qui se dresse au centre, les compositions héroïques du pourtour, et les célèbres croissants entrelacés que l'on distingue dans les ornements du bord (fig. 286). Nous avons déjà reproduit à l'orfèvrerie le célèbre bouclier de Charles IX; la vignette 287 montre l'envers, enrichi de magnifiques broderies sur velours cramoisi. Bien que

HISTOIRE DE L'ART DÉCORATIF

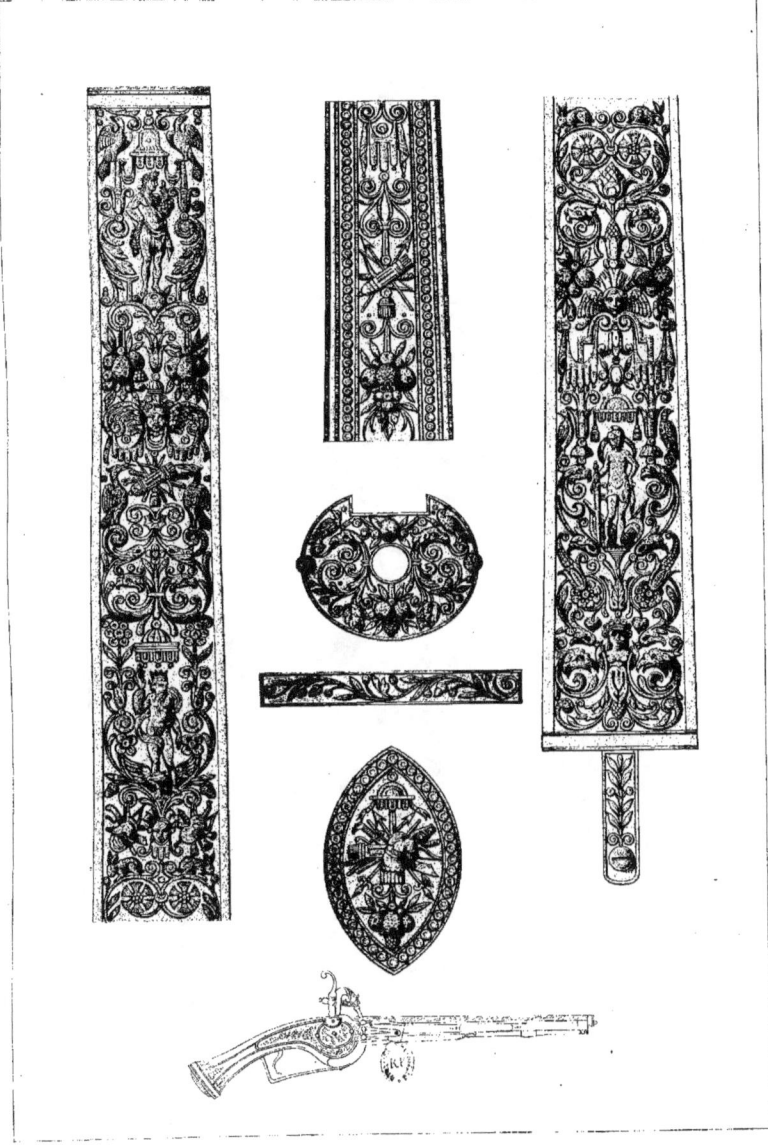

PISTOLET DE LA RENAISSANCE
XVIe SIÈCLE

ceci soit une pièce d'apparat qui ne vit pas une fois la guerre, ce luxe n'était pas rare dans les armures des gentilshommes.

C'est du milieu du xvii° siècle que date le hausse-col de la collection Double, dont notre dessin (fig. 288) représente le côté du dos. C'était une pièce importante de l'armement du xvi° au xvii° siècle, et vers la fin ce fut tout ce qu'il resta de l'armure des preux. Celui-ci est remarquable par sa décoration et ses entrelacs gravés ; il est rehaussé de dorures.

Nous avons donné la nomenclature des principales formes du casque. La figure 289 représente une *bourguignotte* de la collection Salomon de Rothschild. C'était au xvi° siècle et au commencement du xvii° la coiffure de la cavalerie légère et d'une partie de l'infanterie. Les sujets qui décorent celle-ci sont ciselés, dorés, damasquinés et se détachent sur le fond de fer bleui. On y a joint une épée allemande du xvii° siècle à garde de fer noir incrusté d'argent ciselé. L'autre bourguignotte (fig. 290), de la collection du marquis de Colbert, est encore plus fastueuse. Sur le timbre se déroule un combat de Centaures et de Lapithes ; ce casque est doré *d'or de feuille* sauf pour les ornements de la crête qui se détachent en acier bleu sur le fond d'or. Enfin

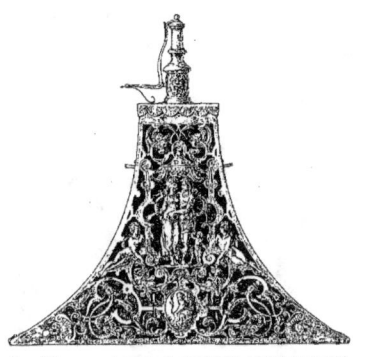

Fig. 293. — FOURNIMENT D'ARQUEBUSE, CUIVRE APPLIQUÉ SUR VELOURS.

nous puisons dans la collection Spitzer un morion (fig. 291), forme par excellence du casque au xvi° siècle. Il est en fer forgé, repoussé et ciselé, puis encore enrichi de damasquine ; l'élégance de sa crête, terminée par un feston de feuilles de laurier, est remarquable. Singulière destinée des choses d'art et des objets qui ont eu d'illustres propriétaires, ce casque, qui est sans contredit celui d'un grand seigneur, fut trouvé en 1850, en Provence, au fond d'un puits desséché.

L'armure du cheval était aussi l'objet de grands raffinements ; nous lisons, entre autres, dans la chronique de Jacques Du Clercq, que le chanfrein du cheval du comte de Saint-Pol, au siège d'Harfleur, coûtait 25,000 écus. On n'en sera pas autrement surpris quand on verra des pièces, telles que ces deux chanfreins reproduits ici, l'un de la collection Nieuwerkerke, l'autre plus riche encore, d'une collection anglaise, à la décoration desquelles concouraient les arts

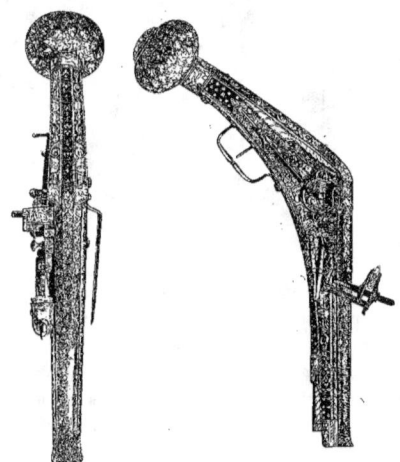

Fig. 296, 297. — PISTOLET DAMASQUINÉ.

du ciseleur, du doreur, du damasquineur, et parfois même du lapidaire.

Mais dans l'arquebuserie encore plus d'efforts étaient mis à contribution ; non seulement toutes les parties métalliques étaient ainsi damasquinées, ciselées, dorées, mais encore le sculpteur sur bois, le marqueteur en nacre ou en ivoire étaient appelés comme collaborateurs pour des ouvrages vraiment sans pareils. C'est dans un texte de 1474 (Estat de la maison de Charles le Hardy, par Olivier de la Marche) que nous voyons employé pour la première fois les mots d'arquebuse et d'arquebusier. Dans le courant du xv° siècle l'arquebuserie fit peu de progrès; mais au xvi° siècle ils furent au contraire rapides, et cet art atteignit sa perfection, en tant que décoration, vers 1569. Il ne manque pas d'arquebusiers illustres : ce

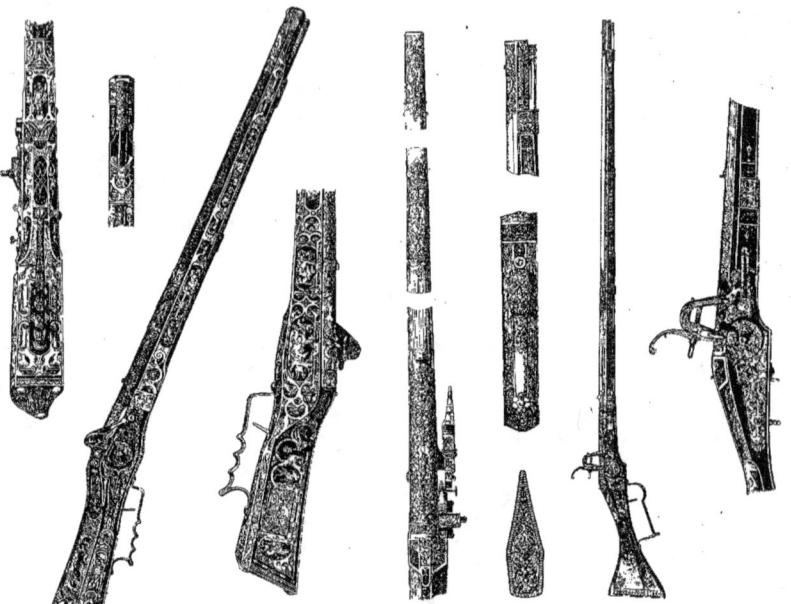

Fig. 298, 299, 300. — ARQUEBUSE A ROUET ET DÉTAILS.   Fig. 301, 302. — CARABINE BRESCIANE ET DÉTAILS.

sont par exemple, en Italie, Maître Gaspard à Milan; en Espagne, Simon Marquarte, Pedro Maèse, etc., etc. Les grands attachaient à ces belles armes un prix tout particulier. Charles IX aimait à forger lui-même des canons; Louis XIII avait sa collection d'armes favorites, parmi lesquelles la *Grosse Vitry*, qui fait tant de tapage dans les mémoires du temps. Nous donnons comme spécimens de cet art, qui disparut à mesure que fut perfectionné celui de rendre le tir rapide et meurtrier à de longues portées, une arquebuse à rouet du xvi° siècle, de la collection Spitzer; un pistolet de la fin du xvi° siècle, et une carabine bresciane fin du xvii°, de la collection Spitzer, trois spécimens remarquables par la richesse des travaux de damasquine et de ciselure.

# CHAPITRE V

## LE BRONZE.

Le cuivre et le bronze. — Les grands fondeurs. — L'horlogerie. — Passement. — Les grands doreurs et ciseleurs. — Caffieri, Gouthière. — Les bronzes d'ameublement. — Le bronze en Extrême-Orient. — La fonte à cire perdue.

L'art antique nous avait légué d'admirables spécimens du talent de ses fondeurs ; le bronze avait été employé par lui, indépendamment des statues et statuettes dont nous n'avons pas à nous occuper, pour quantité d'objets : meubles, vases, trépieds, armes, lampes, etc., qui tous portaient une profonde impression d'art. La Renaissance remit ces traditions en honneur, et si, au moyen âge, nous voyons surtout de beaux ouvrages de cuivre, dinanderie courante, orfèvrerie (voir, par exemple, fig. 303), ce tronc à aumônes de la collection Sauvageot) ; si, d'autre part, au xv° siècle on ne peut citer que peu de noms, entre autres ceux de Jean Skalkin (chandeliers pendants) et d'Andréa Riccio (candélabre de Saint-Étienne de Padoue), en revanche, nous voyons au xvi° siècle une magnifique effloraison du bronze. Les plus grands statuaires, tels Cellini, se prennent de passion pour la fonte et tiennent à jeter eux-mêmes leurs œuvres dans le moule. D'habiles fondeurs de profession sont employés à la fonte des statues, tels que Jean Le Roux, dit Picard, qui fond le *Vulcain* pour Fontainebleau ; Pierre Bontemps, le *Laocoon* ; Francisque Ryben, Pierre Beauchesne, Benoist le Rochet, etc., qui « vacquèrent à la fonderie des figures antiques » dont les moules avaient été exécutés à Rome pour le compte de François Ier.

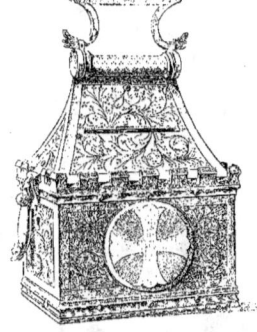

Fig. 303. — TRONC A AUMÔNE, CUIVRE REPOUSSÉ (XV° SIÈCLE).

Toutefois au xvi° siècle le cuivre ou le bronze ne sont guère employés encore pour la décoration du meuble proprement dit. Et c'est au xvii° siècle seulement que l'on verra apparaître les bronziers et ciseleurs qui, jusqu'au commencement de notre propre siècle, ont porté si haut le bon renom de l'art français. Durant la Renaissance, cependant, les objets de cuivre ou de bronze sont nombreux ; ils affectent les destinations et les décorations les plus variées. Nous n'avons pas besoin de rappeler que c'est l'alliage qui constitue la différence du bronze au cuivre : quelques parties d'étain et de zinc opèrent la transformation. Nous ne nous étendrons pas non plus sur la différence des procédés ; on sait que le cuivre se fond ou se travaille au marteau et, sous cette dernière forme, constitue le travail du *repoussé* qui va des pièces les plus sommairement embossées jusqu'aux plus délicatement traitées ; que le cuivre, devenu laiton par une addition de zinc, se fond, se découpe ou se repousse ; enfin que le bronze, bien qu'on puisse citer quelques exemples de prise dans la masse et de plus nombreux de repoussage, se traite surtout par la fonte soit au sable, soit par la fonte à cire perdue. Nous ne pouvons, en ce qui concerne ce dernier procédé, empiéter sur le domaine de la technique de la statuaire, mais devant les merveilleux résultats obtenus par la fonte à cire perdue, que Cellini, Primatice, les frères Keller, Bouchardon, Houdon, au siècle dernier, en notre propre siècle, Honoré Gonon et ses fils et quelques artistes dévoués, parmi lesquels un des plus ardents et des plus habiles M. P. Bingen, ont pratiquée avec tant d'éclat, il sera permis de proclamer son excellence artistique.

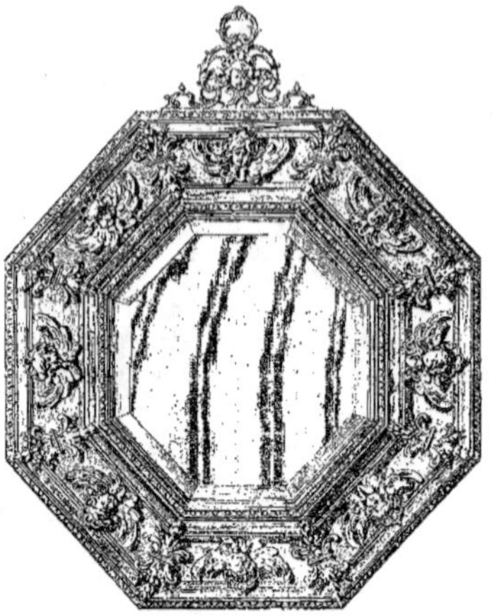

Cela fait, décrivons avec quelques commentaires les spécimens que nous présentons de l'art du cuivre et du bronze. Le seul manque d'espace nous empêche de les traiter dans deux chapitres différents.

Pour être employé à des usages domestiques ou à la décoration d'objets d'ameublement courants (cadre du miroir vénitien fig. 305), le travail du cuivre n'en affectait pas moins parfois une réelle finesse. On en voit une preuve dans cette intéressante lampe vénitienne en cuivre doré (fig. 306), de la collection Sauvageot. Son seul défaut, au point de vue de la conception décorative, c'est d'être copiée de l'art oriental avec trop de servilité. Nous avons indiqué les rapports constants entre Venise et l'Orient qui expliquent cette hantise. Malgré cette influence et quelle que soit la finesse du travail, l'objet ne saurait être donné en exemple, car l'imitation était si complète que, bien que ce fût une de ces lampes destinées à brûler, dans chaque maison, devant la madone, l'ouvrier avait conservé le très musulman croissant des chaînettes.

Fig. 304. — CADRE DE MIROIR, CUIVRE SUR FOND D'ÉBÈNE.

Quantité d'ouvrages vénitiens en cuivre, du XVIe et même du XVIIe siècle, ont très prononcée cette saveur orientale. En voici encore d'autres preuves dans ce plat en cuivre gravé (fig. 307), de la collection John Henderson, dont le dessin, un peu plus européen, est cependant serré et menu à la façon des ouvrages indiens ou persans. La copie est encore plus flagrante dans cette aiguière de cuivre incrusté (fig. 308) qui est de provenance vénitienne, mais qu'on jurerait être de quelque ouvrier de Smyrne ou de Bagdad. De même ce seau de cuivre gravé et incrusté d'argent (fig. 309), du plus pur style persan et qui pourtant n'a pas d'autre origine que les précédents, mais qui date du XVIIe siècle.

On conçoit d'ailleurs que les ouvriers européens aient été fascinés par ces modèles, car pour le travail du cuivre repoussé, gravé ou découpé, jamais on n'a poussé l'habileté plus loin que dans les ouvrages persans, arabes ou hindous; cet art remontait chez eux à des temps très reculés. Nous donnons pour la comparaison avec les siècles précédents deux pièces du musée du Louvre, dont l'une est une relique vénérable, dite le baptistère de saint Louis, à la riche décoration, d'une naïveté charmante,

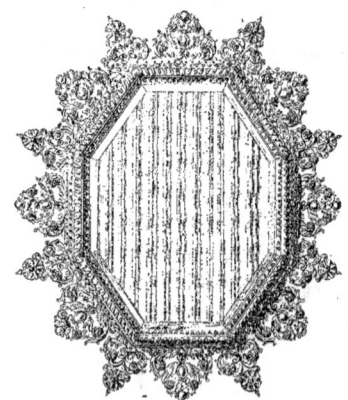

Fig. 305. — CADRE DE MIROIR EN CUIVRE.

# HISTOIRE DE L'ART DÉCORATIF

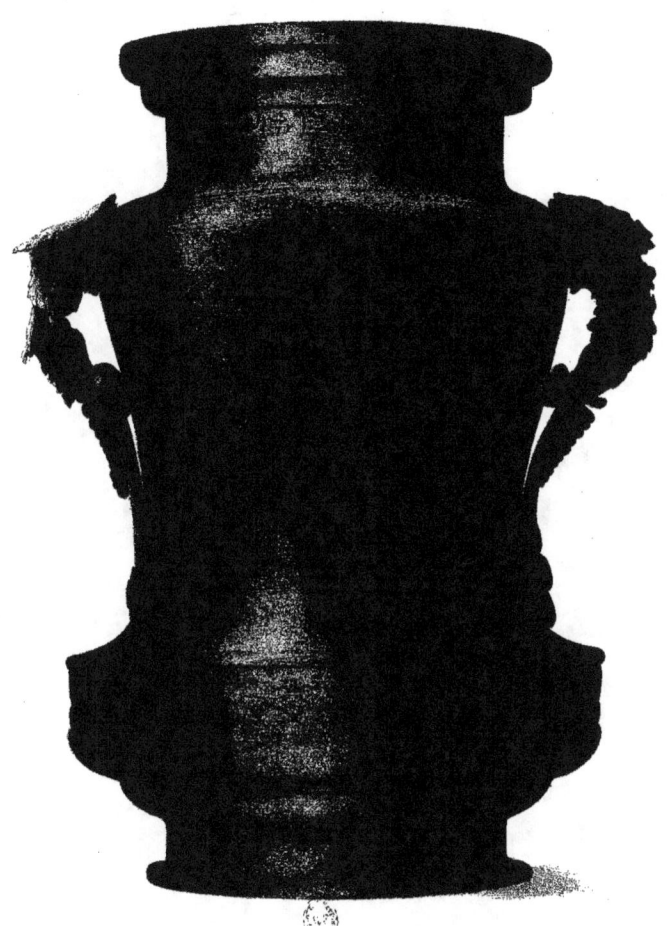

VASE BRONZE – JAPON

XVIIᵉ SIÈCLE

et qui date de la première moitié du xiii° siècle. L'autre pièce qui a pourtant gardé une exquise fraîcheur de lignes, une originalité de dessin qui ne saurait vieillir, est une lampe de mosquée en cuivre découpé du xii° siècle.

Ne soyons pas injustes pour les ouvrages européens; ce que les artistes de l'Asie ont d'incomparable c'est la perfection et la finesse du travail; les nôtres rachètent leur infériorité par la largeur de l'effet décoratif. C'est ainsi que les Vénitiens eux-mêmes quand ils ne sont pas trop hantés par leurs correspondants, produisent de forts beaux travaux, dans le genre de ce brasier (fig. 313) de la collection Salomon de Rothschild. C'était peut-être un moyen de chauffage un peu primitif, mais plus riche à l'œil que nos vilains poêles, que ces grands bassins remplis de charbons ardents. La mode, qui était pratiquée en Espagne et en Italie depuis longtemps ne s'en introduisit guère en France qu'au xvii° siècle. L'inventaire de Molière porte entre autres articles « un brasier en fer blanc » qui devait être certainement moins fastueux que celui-ci.

Quantité d'autres beaux exemples du travail du cuivre, en dehors du repoussé, seraient encore à citer. On trouve un fort joli goût décoratif dans le coffret français en cuivre fondu, de la collection Nieuwerkerke, orné de monogrammes en argent qui ressemblent à celui d'Henri II, mais qui pourtant en diffèrent légèrement et ne permettent pas d'attribuer à cette pièce une provenance royale.

A sa suite, un objet d'un travail délicat (fig. 315), d'un usage très répandu au xvi° siècle, et dont le nom se continua jusqu'au siècle dernier : c'est un mortier d'éclairage, sorte de lampe de nuit, qui rendait parfois de grands services, si on s'en rapporte aux chroniqueurs et faiseurs de mémoires. Brantôme, parlant d'Isabelle d'Autriche, femme de Charles IX, raconte que « très dévote et nullement bigotte, elle passoit une partie des nuits en prière, pensant que ses femmes ne s'en apercevoient ; mais elles la voioient par l'ombre de la lumière de son mortier plein de cire,

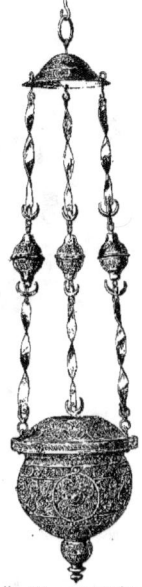

Fig. 306. — LAMPE VÉNITIENNE EN CUIVRE.

qu'elle tenoit allumé en la ruelle de son lict pour lire et prier Dieu dans ses Heures, au lieu que les autres princesses et roynes le tiennent sur le buffet. »

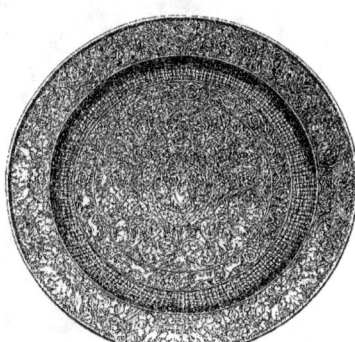

Fig. 307. — PLAT EN CUIVRE DORÉ.

Moins édifiante est l'historiette de Tallemand des Réaux, dont est le héros M. de Thoré, amoureux de la duchesse de Savoie, Christine de France, fille d'Henri IV. « Il se cacha dans sa chambre, pour tenter la fortune après que tout le monde serait sorti. A peine Madame fut-elle seule qu'il se jette sur le lit. Elle le reconnut, car il y a toujours de la lumière dans la chambre des princesses comme elle. Elle cria; on le mit dehors. » Tallemand ajoute en note : « On appelle ce flambeau-là un mortier. » Celui que reproduit notre dessin est en cuivre ciselé, découpé à jour et doré. Les ornements de certaines parties : les pilastres, le cordon supérieur, se détachent en cuivre doré sur fond d'émail bleu clair. La collection Sauvageot en

contient d'autres, en cuivre tout uni, de même modèle, et qui ne sont pas de moindre finesse.
Le caractère personnel que nous regrettions de ne pas rencontrer dans certains ouvrages vénitiens, nous le rencontrons, et des plus marqués, dans les beaux objets de dinanderie qui portent le plus pur caractère flamand : ce lustre et ces deux chandeliers (fig. 316 à 318), robustes travaux de repoussé, racontent une vie plantureuse et patriarcale. Au xvi° siècle, les ouvriers de Dinand, pour lesquels on a envie de chercher un nom plus noble que celui de chaudronniers, n'avaient point déchu de cette naïve habileté qui avait fait leur renom pendant tout le moyen âge et qui nous a valu quelques coquemards (de superbes spécimens en forme d'animaux, figures grotesques, etc., dans la collection de Spitzer) qui sont à la chaudronnerie ordinaire ce qu'est une miniature de maître primitif à une image d'Épinal.

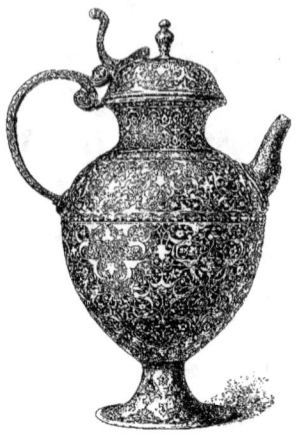

FIG. 308. — AIGUIÈRE EN CUIVRE GRAVÉ.

On pourra comparer le goût italien et le goût français en rapprochant le fléau de balances (fig. 320) des mouchettes (fig. 319 et 321). Dans l'objet italien, qui est en cuivre découpé à jour, gravé et doré, on constate surtout une tendance aux motifs pompeux et exubérants. Les mouchettes en cuivre, de travail français, qui présentent gravés sur la boîte Adam et Ève, sont au contraire remarquables de sobriété et d'esprit. Ce caractère s'accuse même si on les compare à l'autre paire des mouchettes en fer jointe dans le même dessin, et qui est toujours de provenance française, mais date d'un siècle plus tard. On remarquera, trois petites roulettes qui servaient, dans les repas d'un certain nombre d'invités, à envoyer d'un bout à l'autre de la table, cet utile instrument. Aujourd'hui, c'est pour nous un ustensile préhistorique. Mais le règne de la chandelle concordait avec des usages bien autrement primitifs que de moucher la chandelle dans un grand dîner ou à une représentation théâtrale, fût-elle donnée en présence de la cour. Le *Mesnagier de Paris* ne recommande-t-il pas aux maîtresses de maison de veiller à ce que les domestiques « estaignent leur chandelle de la bouche ou à la main et mie à la chemise. » On se couchait alors sans chemise, et au moment de s'endormir on jetait sa chemise sur la chandelle !

Nous avons apprécié d'une façon générale les bronzes proprement dits du xvi° siècle, autres que les statues et statuettes. Comme spécimens de ces travaux nous montrons un coffret florentin, d'une riche ornementation, consistant en mascarons, amours, centaures et centauresses, les pieds étant formés de gnômes caricaturaux ; un crachoir hollandais décoré de figures, d'arabesques et d'armoiries inconnues ; un beau mortier de la fin du xvi° siècle, et qui servit selon l'usage de ce temps, à pulvériser les épices à table, ce qui explique sa richesse ; un luxueux flambeau florentin, orné de faunes

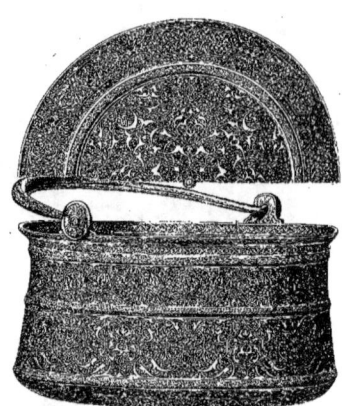

FIG. 309. — SEAU EN CUIVRE REHAUSSÉ D'ARGENT.

et de chimères, les fragments d'une aiguière, beau travail de bronze repoussé et ciselé; et enfin une pièce plus considérable, le monument de Marguerite de France, exécuté en 1576, par Bartholomeo del Bene, dans le goût allégorique et qui est au musée du Louvre.

Mais nous voici arrivés à une branche toute spéciale de l'art du cuivre et du bronze, et qui, de la part d'un écrivain érudit et artiste, mériterait les honneurs d'une longue monographie: l'histoire de l'horlogerie française serait un répertoire des plus curieux, d'ingénieuses inventions et de superbes œuvres d'art. Au moment où nous la prenons elle entre dans une période des plus brillantes. Il y a aussi loin des antiques sabliers ou des naïves clepsydres des temps reculés, aux horloges à poids inventées vers 950 par Gerbert, que son invention fit accuser de sorcellerie, que de celles-ci aux merveilleux mécanismes et aux riches vêtures des horloges du xvi<sup>e</sup> siècle.

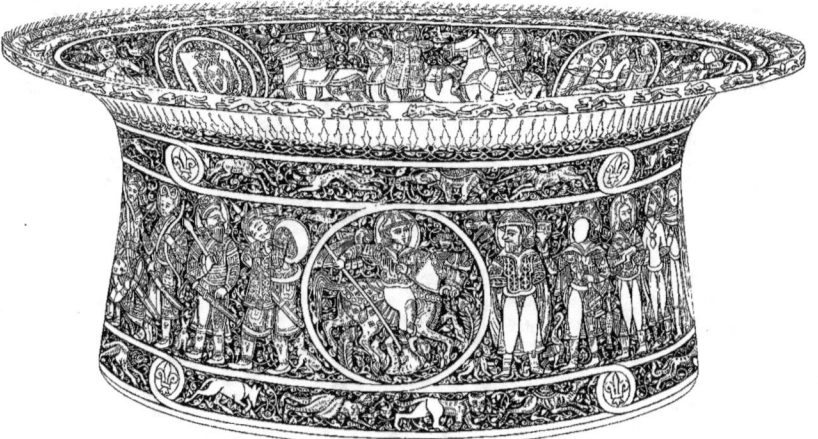

Fig. 310. — BAPTISTÈRE DE SAINT LOUIS.

Il serait toutefois injuste de ne pas reconnaître les amusantes qualités décoratives des horloges à *Jacquemarts* et à carillons du moyen âge. Quoiqu'il en soit les perfectionnements de l'horlogerie sont relativement récents. Ce n'est qu'au xv<sup>e</sup> siècle que, sous Charles VIII, un Français, Carovage, découvrant le principe du ressort substitué aux poids moteurs, on put fabriquer des horloges portatives de petite dimension avec sonnerie et réveil. On les transportait précieusement dans des boîtes de cuir pourvues d'anses.

Mais c'est au xvi<sup>e</sup> siècle seulement que l'art de l' « horlogeur » atteint sa plus grande perfection. Il faut mentionner parmi les plus célèbres horloges de ce temps celle de Strasbourg, construite en 1573, par Conrad Dasypodius; elle marquait dit M. Mazo-Sencier (*le Livre des collectionneurs*, H. Laurens, éditeur) « les heures, les jours de la semaine, le quantième du mois, les signes du zodiaque, les phases de la lune, le lever et le coucher du soleil, etc. Pour annoncer les heures deux anges sonnaient de la trompette et faisaient entendre un concert mélodieux; une fois l'heure sonnée un coq battant ses ailes avec bruit faisait entendre par deux fois son chant naturel; puis une foule d'automates jusqu'alors invisibles, exécutaient

180                           LES ARTS DU MÉTAL.

une évolution. En 1598, Nicolas Lyppias de Bâle fit, pour l'hôtel de Lyon, une horloge aussi curieuse que celle de Strasbourg ; elle était moins compliquée que cette dernière mais d'une exécution plus soignée. » Si beaucoup de ces belles pièces ont été peu à peu détruites, il reste dans les collections particulières et publiques un assez grand nombre de petites horloges portatives qui nous font apprécier l'ingéniosité et le bon goût décoratif des maîtres horlogeurs. Ces petits meubles affectaient généralement des formes monumentales, et l'Allemagne avait la réputation d'exceller dans ce genre. Une des curiosités de cette fabrication, consiste dans les horloges dites de table. Elles étaient, comme on voit par nos dessins,

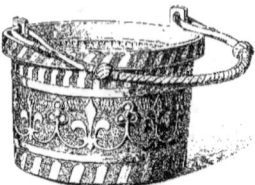

FIG. 311. — BASSIN ARABE EN CUIVRE.

de forme plus aplatie que les autres, et le cadran en était placé à la partie supérieure de façon que les convives y puissent lire l'heure de toutes les parties de la table. Cette précaution n'était pas inutile, affirme-t-on, en un temps où les repas se prolongeaient outre mesure. La carrée est allemande. La ronde au contraire, est italienne, et d'un modèle fort gracieux. Elle est en cuivre repoussé, ciselé et doré. Son cadran est soutenu par six cariatides. La base est décorée de palmettes et d'arabesques. Une aiguille unique marque les vingt-quatre heures du jour et de la nuit.

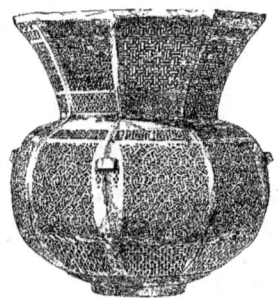

FIG. 312. — LAMPE DE MOSQUÉE CUIVRE REPOUSSÉ.

Notre illustration présente encore deux belles horloges allemandes. L'une, de la collection James de Rothchild est visiblement inspirée des compositions et des motifs ornementaux d'Étienne de Laulne. L'autre, de la collection Sauvageot, est d'un caractère tout à fait amusant. Elle est en cuivre ciselé et doré, ne mesure pas plus

de 0ᵐ,35 centimètres de haut sur 0ᵐ,16 de large, et porte la date de 1590. Elle est uniquement décorée de cariatides faunesques, d'animaux fantastiques. Quatre lions aux angles supérieurs d'une délicate balustrade, tiennent les écussons des Farnèse. Sur une sorte de clocher se dresse une figure d'homme tenant un dauphin dans ses bras, sur les faces gravées en creux avec beaucoup d'esprit, on lit ces inscriptions ingénues en langue allemande :

« Dans l'adversité je prends patience ; si je ne me décourage pas, tant mieux pour moi. — Par soin et par adresse je passe sur tout et je ne laisse passer que ce qui est bien juste. — J'ai nom prudence ; je sais tout expliquer. »

Enfin, comme spécimen de l'horlogerie française à la même époque, nous donnons une jolie pendule en cuivre ciselé, à coupole découpée à jour. Sur le tour sont gravés des sujets tirés de la vie d'Hercule. Le timbre se trouve placé dans la coupole, sous laquelle règne une frise décorée de bucrânes.

Les charmantes montres de la collection Sauvageot dessinées dans ce chapitre, dont une est du XVIᵉ siècle, nous serviront de transition pour passer au siècle suivant qui devait assister à une importante révolution dans

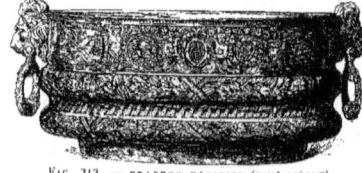

FIG. 313. — BRASERO VÉNITIEN (XVIᵉ SIÈCLE).

l'art de l'horlogerie. Les montres d'ailleurs devenaient d'un usage de plus en plus répandu. Une des trois montres du XVIIᵉ siècle, de notre dessin, est de forme ovale et décorée d'émaux cloisonnés. La

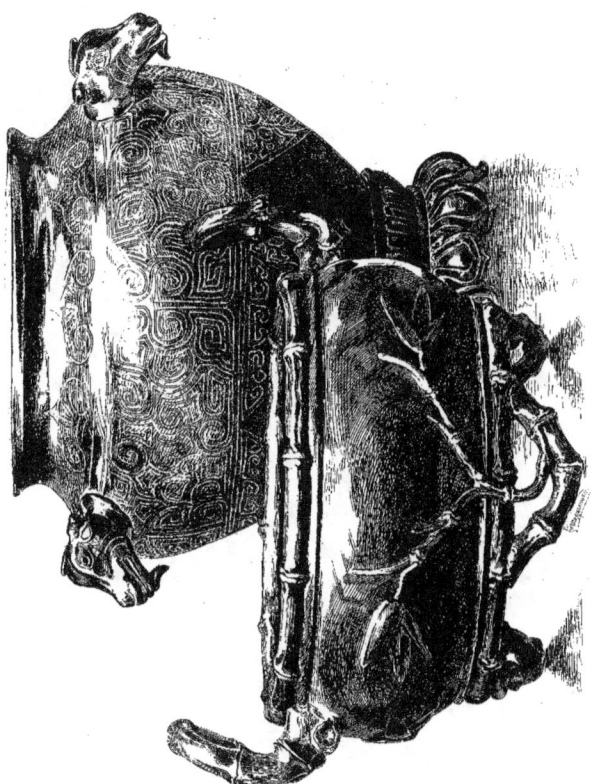

seconde, en forme de croix pectorale, est en cristal de roche et en argent; le cadran est entouré de sujets gravés en creux sur cuivre doré. La troisième est à pans coupés, également en cristal de roche et cuivre doré; l'aiguille unique est formée d'un petit lézard en émail vert. La montre du XVIe siècle, en forme de croix de Malte est en cristal de roche, en argent et en cuivre doré. On voit que le cuivre n'était pas dédaigné alors pour les plus délicats ouvrages.

Rappelons d'ailleurs en quelques traits l'histoire de ce charmant et utile bijou qu'est la montre. Aujourd'hui qu'on en peut acquérir pour une dizaine de francs de fort simples, et non pour cela moins bien réglées, on ne réfléchit pas assez à toute l'ingéniosité humaine contenue dans la boîte de ces petites machines; et comme même en métal plus précieux, en argent ou en or, elle ne sont plus que par

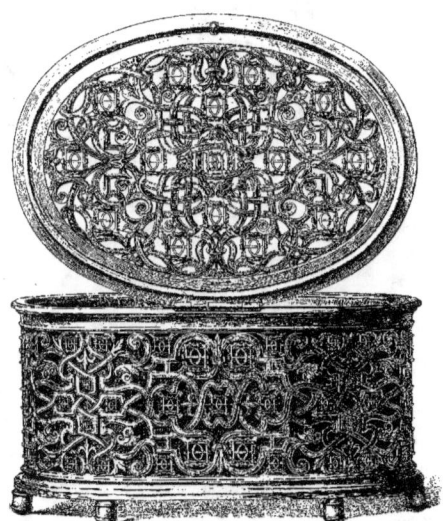

FIG. 314. — COFFRET FRANÇAIS EN CUIVRE DORÉ.

rares exceptions, des objets d'art, on ne se rappelle pas suffisamment de quel luxe extrême, de quel art parfait, les artistes de jadis les revêtirent.

C'est dans la seconde moitié du XVe siècle, après l'invention du ressort spiral, qu'on voit apparaître les premières montres. Elles sont d'abord volumineuses, renflées; c'est, vers le commencement du XVIe siècle, le règne des *œufs de Nuremberg*. Puis de Henri II à Henri IV, les montres affectent des formes diverses, semblables à celles que nous venons de voir : on en fait de rondes, de rectangulaires, de cruciales, en forme de coquilles, de fleurs, et, suivant un goût particulier que nous avons signalé dans l'orfèvrerie, en forme de têtes de mort. La montre en croix que nous avons reproduite était de celles que portaient au cou les prélats et les abbesses. Quant aux matières employées, elles étaient fort variables; le cristal de roche et le cuivre doré étaient de beaucoup les plus usités, mais on en fit en argent, en or, en pierre fines, en émail, en ambre même.

Il y avait une rivalité pour les travaux d'horlogerie entre les artistes allemands et les artistes français. « Les montres de petit volume, dit un historien de la montre, sont nées en France; elles s'y sont perfectionnées plus que partout ailleurs. Sans doute on a fait des montres à Nuremberg et dans d'autres parties de l'Allemagne dès l'époque de Charles-Quint, mais le nombre en est très restreint, j'en ai acquis la certitude en visitant les collections publiques et particulières de l'Europe, notamment celles de l'Autriche et de la Prusse, dans lesquelles on trouve une grande quantité de montres françaises de toutes formes, simples ou compliquées, mais fort peu de montres autrichiennes ou prussiennes. Le cas est différent quand il s'agit d'horloges : celles-ci sont bien originaires de l'Allemagne, et il s'en est fabriqué dans ce pays, depuis le xv° siècle jusqu'au xvi° inclusivement, une quantité considérable. »

Les principaux perfectionnements introduits au xvii° siècle sont l'introduction des cadrans à secondes, l'échappement à cylindres, et la substitution, dans ces cylindres, des rubis à l'acier. La beauté du travail décoratif dans les montres au xvii° siècle ne l'emporte en aucune façon sur celles du siècle précédent, et surtout du siècle suivant. C'est pourtant une grande mode, et une marque d'élégance et de richesse que de porter une montre, et l'usage de plus en plus répandu amena la suppression absolue des horloges de table.

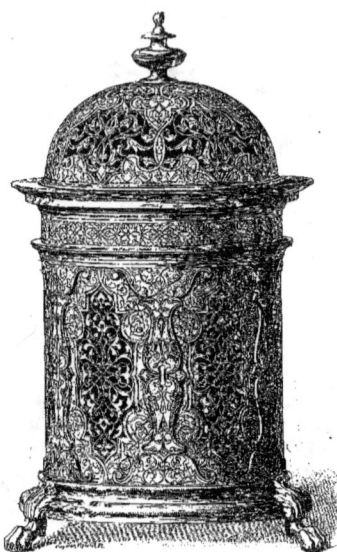

FIG. 315. — MORTIER EN CUIVRE.

Le xviii° siècle nous montre le degré de perfection absolue dans le décor des boîtiers. Les arts de l'émailleur, de l'orfèvre, du ciseleur, du joaillier, du lapidaire, concourent à ce mignon enchantement. C'est une profusion de scènes charmantes, de guirlandes délicieuses, exécutées dans les tons les plus riants de l'émail; le travail en plusieurs ors donne également naissance à des arabesques en relief du goût le plus fin; des entourages de brillants, de perles fines, viennent rehausser encore ces travaux. Parmi les ciseleurs les plus célèbres il faut citer Hurter, Laurent, Michel, Denize, Gérard de Bèche, etc. Ces montres atteignent des prix très élevés, de six à huit mille livres. Nous donnons moins dans ces précieuses folies, et à un luxe décoratif qui ne convient plus guère qu'à la grâce des ajustements féminins, mais qui s'associerait mal à la sombre simplicité de notre costume, nous préférons la perfection de la chronométrie.

Si maintenant, nous en revenons aux horloges proprement dites du xvii° siècle, nous verrons que le cuivre et le bronze dorés continuaient à être d'un usage absolument courant, sinon toujours pour l'ensemble, du moins pour l'ornementation. Dans une de nos pendules Louis XIII (fig. 332) le cuivre repoussé, ciselé, et doré fait tous les frais de l'entourage du cadran. Déjà la seconde (fig. 333), en écaille et rehaussée de cuivres annonce le style de Boulle, dont nous avons donné d'assez nombreux et assez beaux exemples pour nous dispenser d'y revenir. Qu'il nous suffise de signaler les deux formes préférées par cet artiste : l'horloge à gaine, dont le musée du Louvre possède un magnifique exemple avec le char d'Apollon; et l'horloge à socle, en forme de console, dite *religieuse*, qui s'accrochait le long de la muraille.

C'est en 1647, que le célèbre mathématicien hollandais Huyghens a l'idée géniale d'appliquer à l'horlogerie le principe du pendule, obtenant ainsi une justesse jusqu'alors inconnue. Diderot a pu apprécier en ces termes l'importance de cette découverte : « Jusques à Huyghens l'horlogerie pouvait être considérée comme un art méchanique qui n'exigeait que de la main d'œuvre; mais l'application qu'il fit de la géométrie et de la méchanique ont fait de cet art une science, où la main-d'œuvre n'est plus que l'accessoire, et dont la partie principale est la théorie du mouvement des corps, qui comprend ce que la géométrie, le calcul, la méchanique et la physique ont de plus sublime. »

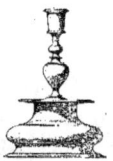

Fig. 317.

Pour nous qui n'avons pas à nous placer à ce point de vue, nous devons cependant constater que la révolution dans le mécanisme amena forcément les horlogers à rechercher des formes nouvelles. Les horloges pouvant être placées plus loin du regard que les anciennes horloges de table et autres, le cadran prit des proportions plus considérables. L'ensemble, placé contre la muraille, gagna en larges effets décoratifs. On chercha à accomplir des tours de force de mécanisme, beaucoup plus compliqués que ceux des nefs et autres pièces du XVIᵉ siècle. De ce genre sont trois des plus curieuses et des plus belles horloges que l'on peut admirer à présent dans les galeries de Versailles.

L'une nous est ainsi décrite par Dargenville dans le *Voyage pittoresque des environs de Paris* : « Toutes les fois que l'horloge sonne, deux coqs chantent trois fois en battant des ailes. En même temps, des portes s'ouvrent de chaque côté et des figures en sortent portant chacune un timbre en manière de bouclier, sur lequel deux amours frappent alternativement les quarts avec des massues. Une figure de Louis XIV, semblable à celle de

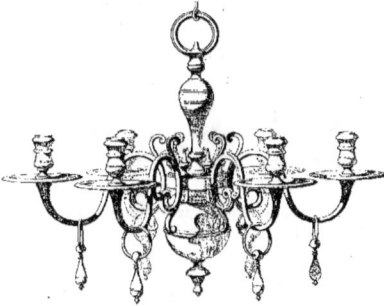

Fig. 318. — FLAMBEAUX ET LUSTRE FLAMANDS EN CUIVRE.

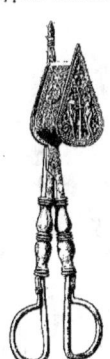
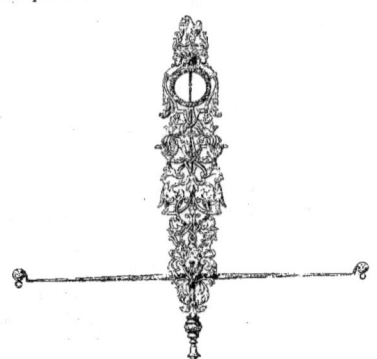
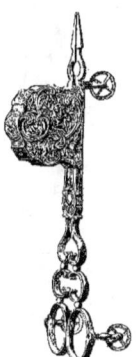

Fig. 319, 320, 321. — FLÉAU DE BALANCE ITALIENNE ET MOUCHETTES FRANÇAISES.

la place des Victoires, sort du milieu de la décoration; il s'élève au-dessus un nuage d'où la Victoire descend, portant une couronne qu'elle tient sur la tête du roi tandis qu'on entend un carillon fort agréable à la fin duquel tout disparaît. » Sur le côté de cette belle pièce, dont le mécanisme coûterait fort cher à réparer, et encore avec des chances de succès relatives, on lit l'inscription suivante : « Cet horloge a esté fait par Antoine Morand de Pontdevaux (1706) ».

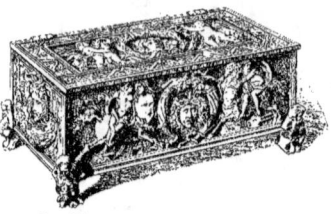

Fig. 322. — COFFRET BRONZE FLORENTIN.

Les horlogers du règne suivant allaient encore dépasser cela, et de nouvelles formes décoratives allaient être inaugurées avec éclat. La deuxième horloge dont nous voulons parler est la pièce célèbre de Passement, exécutée par Dauthiau, et dont nous avons déjà parlé aux meubles. Ici le bronze admirablement fondu et ciselé était la seule matière employée pour cet ouvrage d'un style rocaille des plus fleuris. On a fait la remarque assez judicieuse que, par une rencontre qu'il eût mieux valu éviter, ce corps d'horlogerie, surmonté d'une boule de cristal et reposant sur une console à jambes allongées, rappelle vaguement la silhouette d'une figure humaine privée de bras. Ce n'en est pas moins un ouvrage des plus remarquables et qui fait honneur à Passement « ingénieur du Roi pour les ouvrages qui donnent une juste mesure du temps et représentent les mouvements célestes avec la plus grande exactitude, aussi bien que pour les microscopes, et les télescopes à réflexion. » Tels sont les titres mentionnés sur sa carte d'adresse et voici la description de l'horloge d'après une lettre de 1753 adressée au duc de Luynes : « Elle est de la plus belle forme du monde avec de fort beaux bronzes dorés qui en forment le pied. Le côté et le derrière sont de glace avec un globe dessus où l'on voit le soleil représenté comme une boule d'or dans le milieu et toutes les planètes tournant autour avec une précision si grande, que l'ouvrier dit que cela ne pourroit pas se déranger dans dix mille ans. La révolution de Saturne, qui se fait en trente ans, sera un commencement d'épreuve pour ceux qui la verront. Outre cela, elle marque le mouvement vrai et le mouvement moyen, les révolutions de la lune, les jours du mois, en s'assujettissant à leurs longueurs plus ou moins grandes, et, même à une année bissextile. Passement a été douze ans à l'imaginer et à en faire les calculs, et huit ans à travailler. Cela me paroit un miracle de science ; il se flatte que le roi le prendra et le récompensera à proportion du mérite de son ouvrage. » En 1754, elle fut transportée à Versailles, et son auteur prit le titre que nous venons de transcrire.

Voici enfin la description, d'après la *Gazette de France* du 2 mars 1754, d'un autre chef-d'œuvre de Passement, la pendule de la *Création du monde*, et qui avait été, nous dit-on, destinée « au roi de Golconde » mais qu'on peut

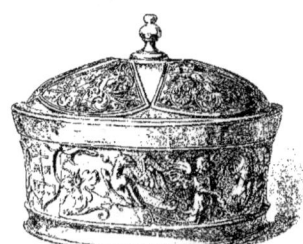

Fig. 323. — CRACHOIR BRONZE HOLLANDAIS.

examiner à Versailles, placée sur une superbe console de bois sculpté et doré. « Cette pendule représente les différens instans de la création réunis sous le même point de vue. D'abord le chaos semble se débrouiller. La partie supérieure du globe est déjà formée. Des rochers et des chutes d'eau paroissent devoir former le reste de ce globe. Plusieurs nuages s'élèvent et sont terminés par un soleil de deux pieds de diamètre. Le milieu du soleil contient le cadran de la pendule sur un fond doré. On

HISTOIRE DE L'ART DÉCORATIF

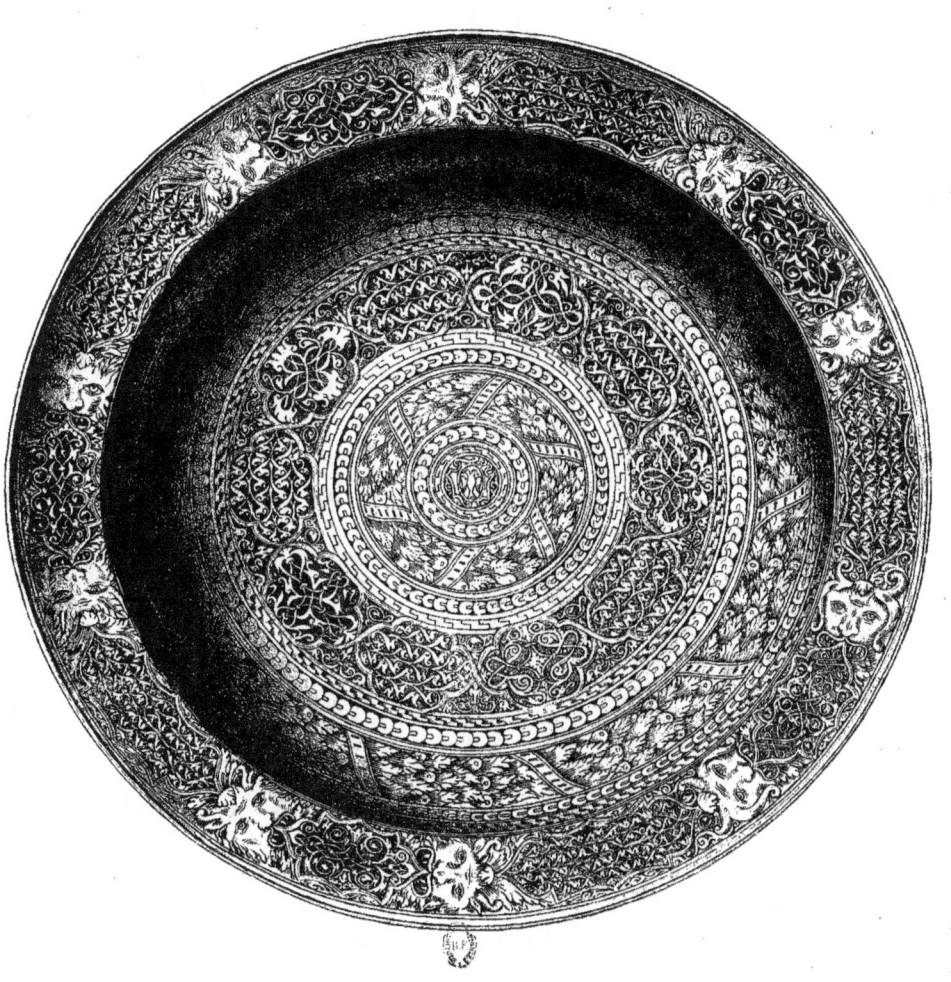

PLAT — TRAVAIL ESPAGNOL
XVIIe SIÈCLE

voit dans les nuées un planisphère. On découvre aussi la lune qui croît et décroît. Le globe qui représente la terre et qui est de bronze tourne sur lui-même. Tous les païs du monde y sont représentés. Un rayon de soleil tombe sur ce globe. Tandis que le soleil se lève pour les villes qui touchent le bord oriental du cercle, par lequel la partie éclairée de la terre est séparée de la partie obscure, il se couche pour les villes qui touchent le bord occidental. Les lieux qui passent sous le rayon solaire ont midi. Les pôles du globe s'élèvent et s'abaissent alternativement de vingt trois degrés et demi pendant l'année, tantôt au-dessus, tantôt au-dessous de la partie éclairée. Par ce moyen on voit les jours croître et décroître régulièrement. Cette pièce est toute en bronze doré. Elle est de 4 pieds et demi de hauteur et sa largeur est de 3 pieds. »

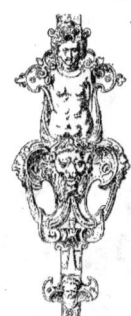

Fig. 324. — MORTIER, BRONZE.

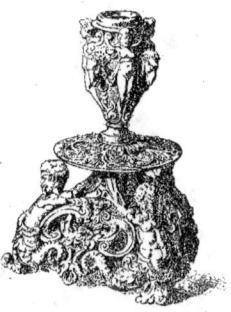

Fig. 325. — FLAMBEAU, BRONZE VÉNITIEN.

C'est sans doute un bel ouvrage de mécanisme (avant tout) ainsi que de fonte et de ciselure. Mais nous devons dire que, malgré l'aspect général assez imposant, ce soleil avec ses rayons et ses nuées, ce globe qui émerge d'un cahos, donnent un ensemble un peu trop confus et tumultueux à notre gré. Nous avons d'ailleurs mentionné avec quelque détail cette importante pendule, parce qu'elle est, outre ses mérites d'exécution, le spécimen d'un genre tout nouveau qui allait accaparer la faveur durant le xviii° siècle, et se poursuivre jusqu'en notre temps : la pendule où le *sujet* prend une importance capitale. On se perdrait si l'on voulait

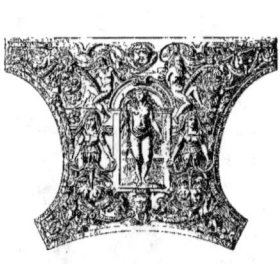 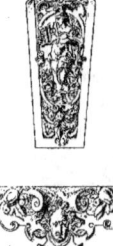

Fig. 326, 327, 328. — FRAGMENTS D'AIGUIÈRE, BRONZE.

tenter une classification des innombrables *sujets* que vit éclore le siècle dernier : sujets littéraires, scientifiques, allégoriques, historiques, sentimentaux, galants, etc., etc. Nous citerons entre mille exemples, la charmante petite pendule enrichie de brillants, avec serpent marquant l'heure, ayant appartenu à Marie-Antoinette, ou la délicieuse pendule des *Trois Grâces*, de Falconnet, que nous avons reproduite au chapitre des Meubles.

La Révolution et l'Empire virent naître des formes peu agréables, où les figures des sujets semblaient monter la garde; et notre siècle poussa plus loin qu'aucun la fureur du *sujet* avec cette circonstance aggravante que le mauvais goût et l'exécution camelotière vinrent rendre absolument insupportables nos bourgeoises « garnitures de cheminée ».

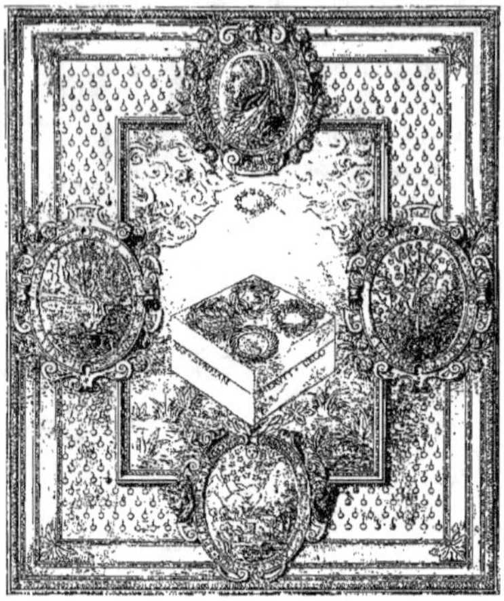

Il nous faut maintenant revenir en arrière, car si nous avons examiné les travaux du bronze dans son ensemble, puis dans ses rapports spéciaux avec l'art important de l'horlogerie, nous n'avons pas suffisamment fait connaître les grands artistes qui excellèrent dans la fonte et dans la ciselure.

Viennent en tête les nobles maîtres qui ont nom André-Charles Boulle et Domenico Cucci, ou comme on l'appelle à la française Dominique Cussi. Nous avons vu en effet que ces grands ébénistes furent également d'habiles fondeurs et exécutèrent souvent eux-mêmes les magnifiques bronzes dorés dont ils enrichissaient leurs ouvrages. Cucci, honoré de l'amitié de Lebrun, travaillait vers 1678 au Louvre. Bien qu'il fût réputé sculpteur en bois des plus habiles, « on l'employa surtout, dit M. Jules Guiffrey, comme fondeur ciseleur... Certains meubles rehaussés d'ornements en or et en argent lui furent payés des sommes considérables, alors que Boulle n'était encore employé qu'aux parquets des maisons royales ».

FIG. 329. — MONUMENT DE MARGUERITE DE FRANCE (XVIᵉ SIÈCLE).

Du style de Cucci et de Boulle nous n'avons plus besoin de parler, en ayant suffisamment caractérisé l'opulente et pompeuse allure.

La dynastie des Caffieri commence vers la même époque, dynastie d'ouvriers non moins habiles et non moins inspirés. Le premier du nom, Philippe Iᵉʳ Caffieri, appelé en France en 1660, fait surtout œuvre de sculpteur sur bois. Son fils Jacques (1678-1755) a le titre de « fondeur-ciseleur des bâtiments du Roy. » Il fut, comme nous l'avons dit, le collaborateur de Cressent, et ses bronzes d'une exécution à la fois élégante et puissante, n'employant presque pas la figure humaine comme élément de décoration (à l'encontre de Boulle, qui nous l'avons vu, y recourait fréquemment), comptent parmi les chefs-d'œuvre du genre.

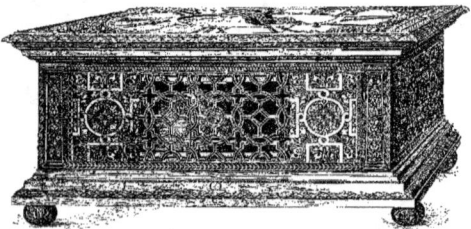

FIG. 330. — HORLOGE DE TABLE ALLEMANDE CUIVRE GRAVÉ.

Jacques Caffieri est le père de deux artistes plus brillants encore, ce qui n'est pas peu dire : le délicieusement spirituel sculpteur Jean-Jacques Caffieri, dont nous n'aurons pas à nous occuper ici ni à apprécier les bustes célèbres, et Philippe II, bronzier et ciseleur incomparable, qui fut le collaborateur assidu de Cressent et d'Œben. Parmi ses œuvres les plus importantes, on cite, outre les innombrables ornements de meubles, les bras, les feux, les montures de vases, etc., six grands chandeliers pour Notre-Dame de Paris, six chandeliers et une croix de bronze pour la cathédrale de Bayeux. On lit, derrière le pied de la croix : « Inventé et doré par Philippe Caffieri l'aîné, 1771. Doré par moi Pierre-François Carpentier, à Paris, en 1771. »

Parmi les plus habiles fondeurs ciseleurs du règne de Louis XV, il nous faut encore mentionner Gallien, auteur de la belle pendule allégorique du cabinet du roi à Versailles, d'une ciselure remarquable et représentant « la France gouvernée par la Sagesse et couronnée par la Victoire qui accorde sa protection aux Arts ». De nombreuses pièces sont exécutées par lui pour Versailles, Fontainebleau. De même Martincourt, un des plus habiles artistes dans ce *genre à la reine*, qui était en réalité le genre favori de la marquise de Pompadour, et qui a déjà beaucoup des caractères du style dit Louis XVI.

Si Cressent avait eu Jacques Caffieri deuxième du nom, si Œben avait eu Philippe II Caffieri, Riésener a pour collaborateurs deux artistes non moins illustres et un d'eux même le plus célèbre du genre, nous avons nommé Duplessis et Gouthière.

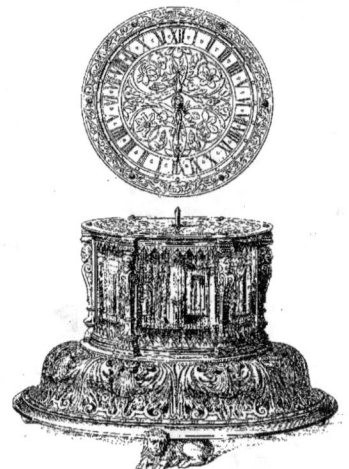

Fig. 331. — HORLOGE DE TABLE ITALIENNE, CUIVRE REPOUSSÉ, CISELÉ ET DORÉ.

Duplessis, fondeur et ciseleur du roi, travaillait sous les règnes de Louis XV et de Louis XVI. Il montait habilement les grands vases de porcelaine de Chine dont le goût était si fort répandu, mais qu'on jugeait à propos de travestir un peu, ne se rendant pas compte qu'ils valaient assez par leur caractère propre et la beauté de leur matière, sans recourir à ces déguisements, si soignés qu'ils fussent. On trouve fréquemment le nom de Duplessis dans les comptes de Lazare Duvaux, et Mme de Pompadour est une des ferventes curieuses de ses beaux ouvrages : « Le 15 juin 1754, M<sup>me</sup> de Pompadour. La garniture en bronze doré d'or moulu de deux urnes de porcelaine Céladon, modèles faits exprès par Duplessis : 960 livres. — La garniture en bronze doré d'or moulu d'un vase en hauteur, porcelaine Céladon, à tête de bélier, nouveau modèle de Duplessis : 320 livres », etc., etc.

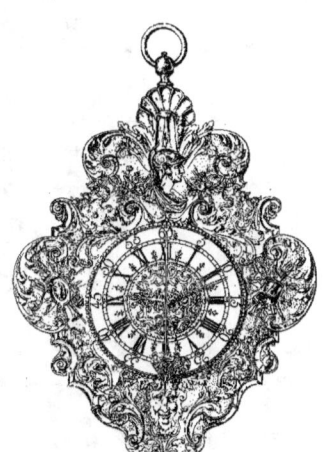

Fig. 332. — PENDULE LOUIS XIII, CUIVRE REPOUSSÉ.

Enfin, voici pour donner encore une idée du genre de l'habile fondeur et ciseleur des bronzes du bureau de Louis XV, la description d'une de ses œuvres, deux vases avec des bouquets d'argent, tirée des *Nouvelles de la République des lettres et des arts*. « Les vases sont de cristal bleu d'Angleterre taillé à facettes, garnis en argent fin, savoir, d'une gorge, d'un culot, de deux anses doubles, d'un piédouche et d'un socle. L'un de ces vases contient un bouquet composé d'une fleur de soleil..., d'une branche de rosier..., de marguerites..., d'une fleur de souci et d'anémones. L'autre vase contient une branche de fleurs appelées pelotes de neige, avec feuilles; de marguerites des champs..., une tige de giroflée..., une fleur de narcisse. Ces bouquets nous ont paru travaillés avec un goût, une légèreté et un soin qui leur feront toujours une place distinguée dans un appartement magnifiquement décoré. »

Pierre Gouthière naquit vers 1740. Il avait le titre de

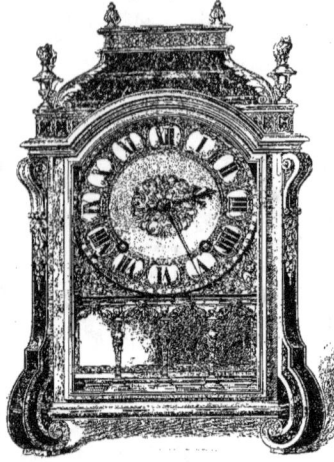

Fig. 333. — PENDULE LOUIS XIII, ÉCAILLE ET CUIVRE.

ciseleur et doreur du roi. Ses travaux sont très nombreux: garnitures de cheminée, feux, flambeaux, bras, pendules, montures de vases, lustres, etc., et enfin quantité de bronzes ornementaux que lui demandaient les ébénistes et surtout Riésener pour rehausser leurs meubles les plus précieux.

Le goût exquis de ses ouvrages, leur fini admirable, en font les véritables chefs-d'œuvre de la ciselure et de la dorure, et expliquent la vogue énorme qui s'attache à son nom. C'est pourtant cette vogue même qui fut cause de son malheur. Il avait exécuté pour Mme Du Barry, à Versailles et à Louveciennes, des travaux considérables... dont il ne fut pas payé. Le total de ses mémoires ne s'élevait pas à moins de 760,000 livres, dont en 1793, le naïf artiste s'obstinait à demander le paiement d'abord à la comtesse elle-même, puis plus tard au Directoire. On comprend qu'il n'ait guère été écouté. L'infortuné ciseleur mourut à l'hôpital dans le plus absolu dénuement. Les ventes San Donato, Léopold Double et Hamilton comptent parmi celles qui virent adjuger les plus belles pièces de Gouthière. A cette dernière vente, un secrétaire en ébène Louis XVI, enrichi de cuivres ciselés par Gouthière, atteignit le prix de 245,700 fr; même prix fut payée une commode de laque, avec nœuds et guirlandes ciselés et portant le chiffre de Marie-Antoinette. Le baron Davilliers, dans son livre sur le *Cabinet du duc d'Aumont*, a réuni tous les renseignements connus sur Gouthière et son œuvre.

Enfin signalons parmi les plus beaux de ses ouvrages que le public est à même d'apprécier, deux vases du duc d'Aumont qui sont au mobilier

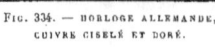

Fig. 334. — HORLOGE ALLEMANDE, CUIVRE CISELÉ ET DORÉ.

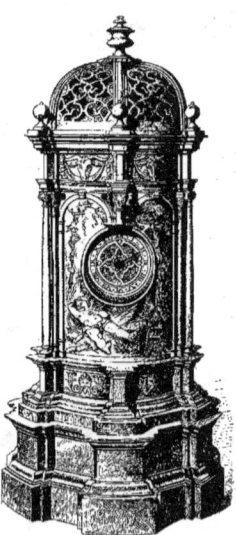

Fig. 335. — PENDULE FRANÇAISE, CUIVRE DORÉ.

HISTOIRE DE L'ART DÉCORATIF

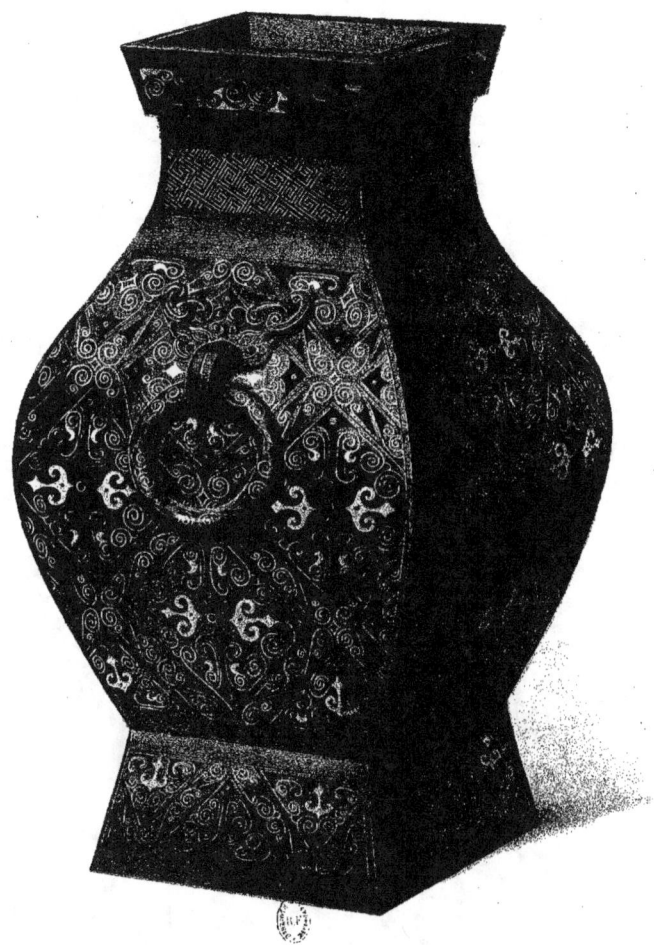

VASE JAPONAIS — BRONZE ÉMAILLÉ
XV.ᵉ SIÈCLE

national; une magnifique lanterne d'escalier, au grand Trianon; deux candélabres au palais de Fontainebleau.

Après cet admirable ouvrier, il y a encore place pour d'autres, fort consciencieux, habiles et doués de goût.

Le règne de Louis XVI est fécond en délicats ciseleurs, qui exécutaient les modèles des Delafosse, des Ranson, des Salembier, des Forty. Ce dernier exécutait lui-même ses modèles.

Parmi les meilleurs ciseleurs-fondeurs de ce temps-là, il faut citer Prieur, qui exécuta les bronzes pour le carrosse du sacre de Louis XVI; Hervieux; ceux de la chapelle de la Vierge à Saint-Sulpice; Varin père et fils; Sautray, Rabut, etc. Vassou eut également sous Louis XVI une grande réputation. Le célèbre

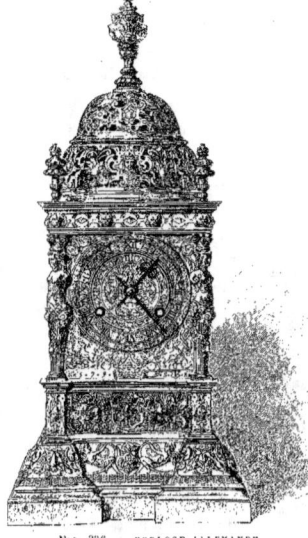

FIG. 336. — HORLOGE ALLEMANDE.

amateur Blondel de Gagny lui confie souvent la monture de ses beaux vases de Chine et de ses porcelaines de France. Exemples, ces articles extraits du catalogue de la vente de 1776 : « Deux vases très beaux de porphyre, montés par Vassou. — Une nacelle de porcelaine ancien bleu céleste : ce morceau, remarquable par l'élégance de sa monture, est entre deux urnes à pans, d'ancienne porcelaine première sorte, et deux bouteilles d'ancienne porcelaine Céladon, montées aussi par Vassou. »

Forestier et Thomire sont encore deux ciseleurs bronziers des plus remarquables de la fin du xviiie siècle, et du commencement de celui-ci.

Tous deux travaillèrent sur les dessins de Percier et Fontaine, sous le règne de Napoléon Ier. Il est fâcheux que des modèles aussi austères aient été à peu près les seuls sur lesquels ait pu s'exercer le talent considérable de ces habiles gens. Il est tels travaux de Thomire, comme les cuivres dorés

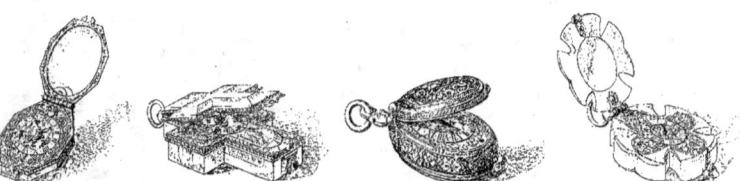

FIG. 337, 338, 339, 340. — MONTRES EN CUIVRE ET CRISTAL DE ROCHE.

du berceau du roi de Rome et les grandes torchères à Victoires ou à Génies ailés, du mobilier national, qui égalent par la perfection et le fini les plus beaux de n'importe quel temps. Malheureusement ce qui les rend inférieurs c'est que les autres ont la souplesse et la grâce, et qu'ils ont surtout la sécheresse.

Il nous reste, pour en avoir fini avec le bronze, à dire quelques mots d'autres artistes non moins admirables que les plus grands d'entre ceux que nous avons cités. Nous voulons parler des fondeurs de l'Extrême-Orient, Japonais et Chinois. Vases, brûle-parfums, statues et statuettes, figures et animaux, les Japonais ont fondu tout cela en perfection, grâce au seul procédé de la cire perdue. Nous ne saurions mieux faire, pour l'appréciation de ces travaux, que de laisser la parole à un des artistes et écrivains les plus compétents en matière de travail des métaux. M. Falize proclame qu'il n'y a pas au monde d'ouvrier comparable à l'ouvrier du métal au Japon.

« Ce n'est pas seulement un graveur, un damasquineur, dont l'outil précieux décore de minuscules objets; ce n'est pas *l'ouvrier myope* dont un critique de nos amis a voulu définir ainsi la manière en un mot plus spirituel que juste; c'est un puissant artiste qui modèle avec fermeté les plus grandes figures et les jette en bronze plus sûrement qu'un Cellini, qu'un Keller... Avons-nous un fondeur capable de mouler des pièces comme les brûle-parfums du comte Abraham Camondo ou de M. Cernuschi? Ce sont là, dira-t-on, petits tours de métier... Non, ce que j'admire, ce n'est pas la difficulté de détail vaincue, les arêtes des vagues, les griffes des monstres et toutes les fines délicatesses du bronze; c'est le respect du modèle, c'est l'absence de retouches, la fidélité du bronze à reproduire la cire.

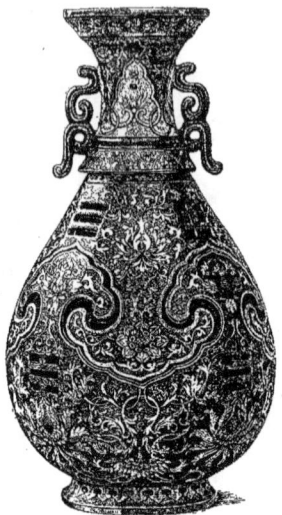

Fig. 341. — VASE CHINOIS, BRONZE ÉMAILLÉ.

« Nous connaissons la fonte à cire perdue bien plus en théorie qu'en pratique, et ce n'est que par l'entente parfaite du sculpteur qui modèle et du fondeur qui moule qu'on en pourrait ressusciter le savant emploi. C'est ainsi que peut être conservée inaltérée l'expression que l'artiste donne à la matière molle, le doigté qui est à la cire ce qu'est au papier le trait de crayon. Le ciseau qui taille le marbre, le ciselet qui reprend le bronze, tout des outils de seconde main qui détruisent ou altèrent la pensée du maître. N'eussent-ils que le mérite de savoir remplacer par le métal fluide la cire qu'ils ont modelée, les bronziers du Japon seraient bien supérieurs aux nôtres. »

Nous ne saurions contredire aux éloges mérités que M. Falize donne aux bronziers du Japon; leurs œuvres sont dignes de toute admiration. Seulement, il est juste d'ajouter que ce procédé de la cire perdue, sur lequel nous avons eu l'occasion de dire quelques mots, n'est pas ignoré chez nous, et que si les artistes, suivant l'exemple de M. Dalou, voulaient bien confier l'exécution de leurs œuvres à des fondeurs à cire perdue aussi habiles, aussi convaincus et aussi désintéressés que M. Gonon ou que M. Bingen, nous n'aurions à redouter aucune comparaison, pas plus celle des grands fondeurs de la

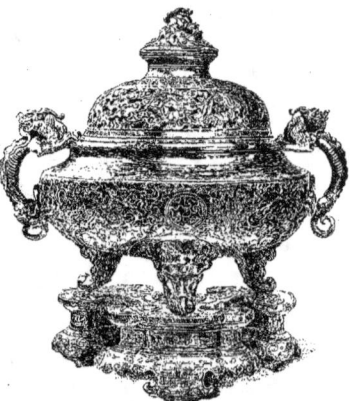

Fig. 342. — VASE CHINOIS EN BRONZE.

Renaissance que celle des ouvriers exquis de l'Extrême-Orient. Malheureusement nos sculpteurs, se désintéressant de plus en plus de la technique de leur art, se contentent de grossières fontes au sable. Rien ne les passionne dans ce qui est le véritable charme du bronze : ni cette délicate fidélité de rendu, ce parfait épiderme de la fonte à cire perdue, dont parle M. Falize, ni l'art non moins précieux, non moins raffiné de recouvrir le métal de riches et chatoyantes patines. De telle sorte que les statues qui ornent nos places publiques, les statuettes que l'on voit dans les intérieurs modernes sont autant de figures en chocolat, des nègres intolérables, par leur banalité et par l'ennui qui s'en dégage, à tout œil raffiné.

Les ouvriers chinois ne sont pas moins habiles ni moins intéressants que les Japonais. Les vases sacrés, bouddhiques, taoïstes, ou ceux de style arabe et persan, sont d'un grand caractère et d'une exécution hors ligne. Notons qu'un des signes distinctifs de la décoration dans ces vases, c'est d'être exclusivement symbolique. Il n'est pas une forme, un galbe, qui ne soient consacrés par un usage qui se perd dans la nuit des temps ; il n'est même pas un motif d'ornementation qui ne soit emprunté à quelque caractère ou quelque emblème sacré. C'est ainsi, par exemple, que le vase émaillé que nous reproduisons ici (fig. 341) et qui est également exécuté en bronze appartient à l'espèce dite Tsio, et est employée aux libations sacrificatoires.

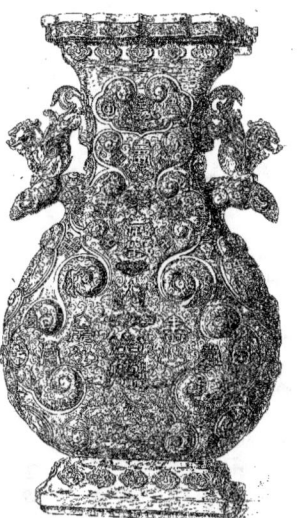

Fig. 343. — VASE CHINOIS EN BRONZE INCRUSTÉ DE PIERRES DURES.

Le vase (fig. 342) est une des formes consacrées des brûle-parfums bouddhiques. De superbes spécimens nous sont parvenus (voir entre autres notre planche hors texte) de la force et de la souplesse avec lesquelles les fondeurs chinois ont jeté les formes les plus larges et les plus hardies. C'est au XVe siècle surtout qu'ils excellèrent à combiner leurs alliages, à nuancer la gamme infinie de leurs patines, depuis le vert olive le plus clair jusqu'au brun le plus sombre, jusqu'au noir implacable. Il n'est pas besoin de dire que là encore c'est le procédé à la cire perdue qui est employé ; là non plus, nulle ciselure ne vient modifier la pièce sortie du moule.

Enfin, il convient de dire que les rehauts de damasquine, d'incrustation, etc., ont été pratiqués de façon merveilleuse.

Tantôt les bronziers chinois relèvent le profond du bronze par des incrustations de pierres dures, comme dans le vase honorifique (fig. 343) de la collection S. de Rothschild, tantôt par des dessins d'or et d'argent, comme dans cet autre (fig. 344) de la collection John Henderson, poursuivant ainsi leur rêve

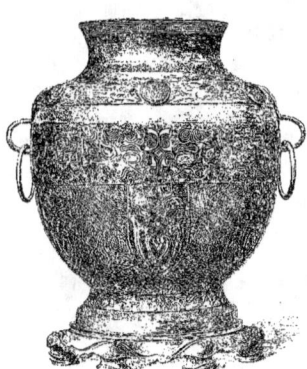

Fig. 344. — VASE CHINOIS EN BRONZE REHAUSSÉ D'OR ET D'ARGENT.

d'éclat dans le fantastique et de puissance dans le bariolé.

# CHAPITRE VI

## L'ÉMAIL.

La palette de l'émailleur. — Champlevés et cloisonnés. — Les émaux de Limoges. — Les émaux peints. — Les Pénicaud. — Limosin. — Courtoys. — Reymond. — L'avilissement de l'émail. — Les émaux translucides.

L'émail, quel rêve ! assure à l'œuvre du peintre qui a eu recours à lui, l'éternité de la fraîcheur et de l'éclat. Mais s'il donne la durée, à combien de patients et de répétés efforts n'a-t-il pas contraint l'artiste ! Quelles rudes besognes que celle de marteler le cuivre, puis de le passer au feu sans cesse, avec la fragile fortune des pâtes colorées qui le recouvrent ! Quelle délicatesse de main, quelle sûreté de calcul n'a-t-il pas fallu pour que ces tons, en s'envahissant les uns les autres sous l'action de la flamme, ne produisent pas une déplorable confusion ! En vérité, on se demande comment, pour certains ouvrages, les émailleurs n'ont pas cent fois pour une perdu courage. Il est donc de toute justice, quand on considère par combien de fatigues, de minutieux efforts et d'inquiétudes poignantes ces travaux ont été payés, qu'un peu de durée leur soit assurée en retour.

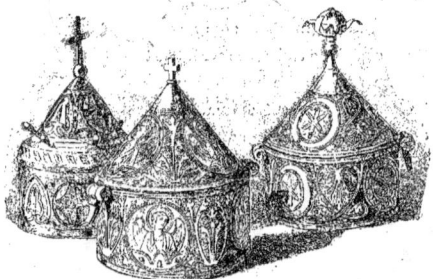

Fig. 345, 346. — CUSTODES EN ÉMAIL DE LIMOGES (XIIIᵉ ET XIVᵉ SIÈCLES).

Il n'y a pas à craindre d'ailleurs que cet art tombe dans le trop vulgaire, comme il fit pourtant à un moment, au dire de Palissy. Cela put arriver peut-être à un moment, par suite d'une production mal calculée d'un art trop prospère, par certaines circonstances de fortune publique, par l'ignorance même des acheteurs. Mais cela ne saurait revenir de sitôt, pour la bonne raison que les grands émailleurs se comptent à l'heure présente, et que leur nombre se calculerait sur les doigts. Est-ce le courage qui manque? Est-ce le zèle pour le côté technique qui, à présent, effraye un si grand nombre d'artistes? Est-ce encore à dire que certains qui pourraient réussir dans le genre ne se rendent pas compte des beaux effets qu'ils en tireraient? Toujours est-il que l'on n'a pas vu renaître le beau temps de l'émail, ni les traditions du XVIᵉ siècle. Il ne manque pas d'ailleurs de bons ouvriers, et l'émail est associé de façon agréable à l'orfèvrerie ou à la bijouterie par certaines de nos grandes maisons. Mais il n'est, encore une fois, qu'une pincée d'artistes de ce temps, comme Claudius Popelin, De Serre, Grandhomme, Thesmar, etc., qui aient été assez épris de l'émail en lui-même pour lui consacrer toutes leurs peines.

Et pourtant quelles ressources offre au peintre amoureux de puissants et doux effets, la palette éclatante et profonde de l'émailleur ! Il faut voir le lyrisme avec lequel le maître émailleur et écrivain d'art, Claudius Popelin, la célèbre dans son livre de l'*Émail des peintres*, si attrayant par sa forme en même temps romantique et renaissante, par la consciencieuse définition de toute la technique.

PLATEAU DE LIMOGES PAR COURTOIS — MUSÉE DU PALAIS DES ARTS DÉCORATIFS

« Blanc de neige, mat harmonieux des ivoires, deuil lustré des ailes du corbeau, noir fuligineux des ébènes, gris des perles, cendres ardoisées, fraîcheur des lins et des lilas, violets profonds, outremers vibrants, sombres indigos, azur, saphir, béryl, émeraude et malachite, prune olivâtre des bronzes ensoleillés, gamme chromatique des feuilles mortes, ambres et citrins, splendeur des ors, orangés de la flamme ardente, érubescence des cuivres, écarlate cramoisi de la cochenille, douce amaranthe, obscur nacarat, étincelles des vives escarboucles ! »

Si nous avons rangé dans ce livre l'émail, ce n'est point parce que le cuivre ou tel autre métal en est le *substratum*, comme la toile ou le bois pour la peinture, mais c'est que l'émail fut de tout temps un élément inépuisable, un étroit auxiliaire de la décoration des métaux. Nous eussions pu, sans cela, le ranger peut-être plus logiquement après le verre, car, à proprement parler, il est une vitrification. Les détails techniques, dont nous nous sommes abstenu le plus que nous avons pu, ne sont pas ici déplacés, car les confusions sont faciles, les discussions n'ont pas été toujours claires et les procédés sont mal connus du public en général.

L'émail est un composé de sable siliceux, d'oxyde de plomb, de soude et de potasse. On donne à ce mélange, qui est dit le « fondant », les colorations qu'on désire au moyen d'oxydes métalliques. Au besoin, on lui retire toute transparence en y ajoutant de l'étain.

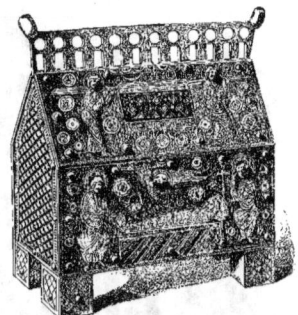
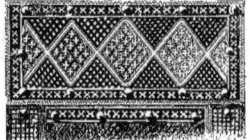

Fig. 347, 348. — CHÂSSE ÉMAIL CHAMPLEVÉ, ET DÉTAIL DE LA CHÂSSE.

Voici comment, d'après Claudius Popelin, les oxydes agissent sur ce fondant : l'oxyde de manganèse le colore en violet ou en bleu, l'oxyde de fer en vert bouteille et en jaune, l'oxyde de cobalt en violet intense, l'oxyde de nickel en vert émeraude clair, de chrome en vert émeraude foncé, d'étain en opale, de cuivre en rouge et en vert, d'argent en jaune.

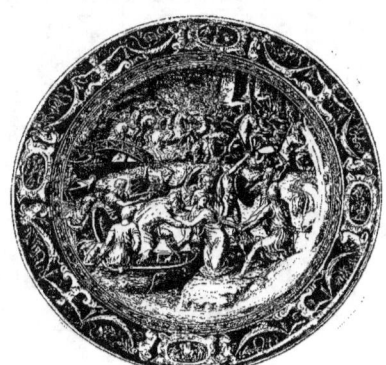

Fig. 349. — PLAT ÉMAILLÉ, PAR JEAN PÉNICAUD.

L'émail, délayé en pâte liquide, s'applique à froid sur le support métallique qu'on a choisi pour lui. On le soumet alors à une température très élevée, à laquelle il entre en fusion ; il fait alors corps avec le métal qui est soit l'or, soit l'argent, soit surtout le cuivre. C'est dans ce traitement du métal que résident les plus grandes difficultés, car il faut exactement calculer les probabilités de contraction et de dilatation du métal. Mais certains artistes du $xv^e$ et du $xvi^e$ siècle y ont si bien réussi que leurs émaux n'ont pas subi le moindre gondolage, la plus imperceptible craquelure. Aussi quel triomphe que celui d'une pièce aussi parfaite, après tous les passages au feu qu'ont nécessités les successives applications des couleurs !

L'émail remonte à des temps très reculés, et sans entrer dans les discussions érudites des Delaborde, des Labarte et des Darcel, sans remonter non plus aux Égyptiens qui ont manifestement connu cet art, des textes irréfutables prouvent que les anciens Gaulois, nos ancêtres, le mirent en pratique pour l'ornementation de leurs bijoux et de leurs armes.

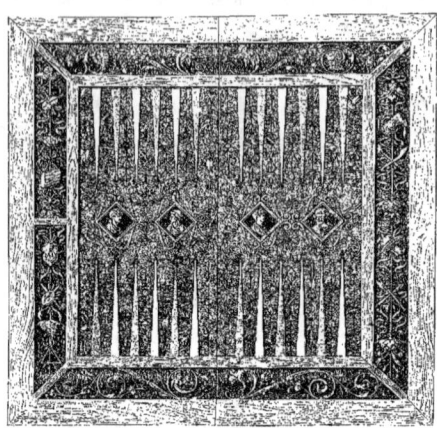

Fig. 350. — JEU DE TRICTRAC, PAR LÉONARD LIMOSIN.

C'est le passage bien connu de Philostrate où il est écrit ceci : « On dit que les Barbares voisins de l'Océan étendent des couleurs sur l'airain ardent, qu'elles y deviennent aussi dures que la pierre et que le dessin qu'elles représentent se conserve. » Nous n'étudierons pas non plus les spécimens de l'émaillerie gallo-romaine et mérovingienne. Ce serait pousser trop en arrière. Mais nous ne pouvons nous dispenser cette fois de commencer un peu avant le terme que nous avons adopté jusqu'ici ; car ce serait, dans une revue de l'émail, une lacune trop considérable que de ne point parler des travaux qui firent, au moyen âge, la gloire de Limoges. Une brève définition des divers procédés sera également nécessaire.

Les émaux se divisent en quatre grandes catégories : les émaux champlevés, les émaux cloisonnés, les émaux translucides, les émaux peints.

Le procédé du champlevage consiste à évider certaines parties du métal à décorer suivant les plans d'un dessin donné. Dans ces parties creuses on dépose les pâtes colorées qui se trouvent isolées les unes des autres par les séparations du métal. On obtient donc ainsi un dessin par plans unis cernés d'un trait métallique.

Les historiens, se fondant sur l'antiquité respective des différents spécimens trouvés, concluent que l'émail cloisonné a été pratiqué avant l'émail champlevé. Il serait logique que ce fût le contraire, car le cloisonnage n'est du champlevage qu'une simplification et pour ainsi dire un trompe-l'œil. Les compartiments que l'on obtient dans le premier procédé ne sont produits que par l'enlevage de certaines parties de la plaque et font, par conséquent, partie intégrante de cette plaque elle-même. Le cloisonneur, au contraire, pratique ces compartiments

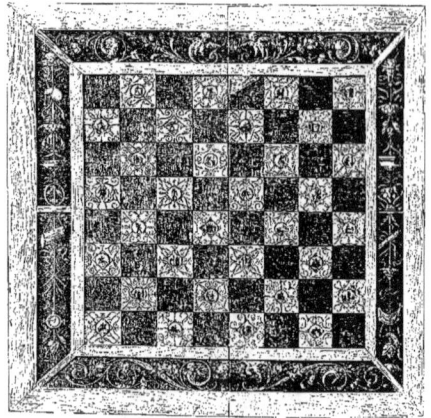

Fig. 351. — DAMIER, PAR LÉONARD LIMOSIN.

artificiellement en soudant au métal de minces lames, placées sur champ, et ployées en sens divers, suivant les contours du dessin à exécuter en émail. Cela fait, le travail est le même : l'émail est déposé dans ces cloisons, fondu à la cuisson, puis poli, et finalement présente un aspect analogue de dessin par plans colorés, cernés d'une ligne brillante. Seulement, il est évident que tout en étant une simplification du champlevage, cette manière permet d'exécuter des dessins plus compliqués, la besogne étant plus délicate sans doute, mais moins dure que le procédé au champlevé. Et c'est bien ce qui nous ferait supposer, en dépit des archéologues, et même des documents, que cette méthode est venue la seconde.

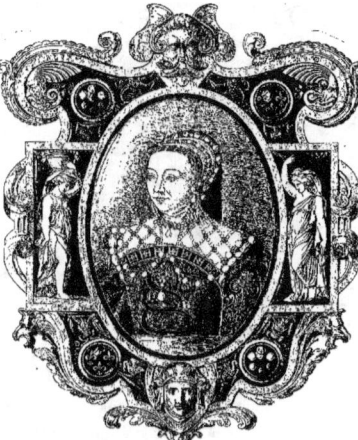

FIG. 352. — PORTRAIT DE CATHERINE DE MÉDICIS. ÉMAIL DE LÉONARD LIMOSIN.

« Les émaux translucides, dit M. du Sommerard, que l'on désigne souvent par le nom d'émaux de basse taille, qui s'appliquaient spécialement sur les métaux précieux, l'or et l'argent, constituaient la décoration des plus riches pièces d'orfèvrerie. Ces émaux, dont il nous reste aujourd'hui de rares et intéressants spécimens, s'appliquaient sur un fond métallique gravé et ciselé en relief et donnaient à la pièce, par leur transparence et leur fondu obtenu à haute température, un aspect que l'on ne saurait obtenir par les autres procédés. » Il est encore une autre sorte d'émaux translucides dont nous parlerons plus loin et qui diffère sensiblement de ceux que nous définissons ici.

Restent les émaux peints, dans lesquels le métal disparaît complètement et ne sert plus que de support comme ferait, dans une peinture, le panneau de bois, ou la toile tendue. Sans entrer dans le détail de ces minutieux travaux, il suffira de dire que les tons sont successivement appliqués, et qu'à chacun correspond un ou plusieurs passages au feu. Une variété de l'émail peint, trop importante pour n'être pas également décrite, et qui fut en grande faveur au XVIe siècle, est l'émail dit en *grisaille*. Il diffère en ce sens qu'au lieu de donner le modelé par une première couche d'émail recouverte

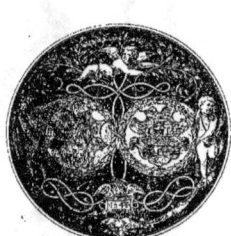 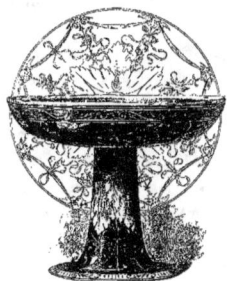

FIG. 353, 354. — COUPE ÉMAILLÉE DE LÉONARD LIMOSIN.

successivement de diverses couches translucides, l'artiste revêtait sa plaque d'abord d'une couche uniforme d'émail noir, ou bleu foncé, ou violet sombre. Cette première couche fixée par le feu, on la revêtait d'une couche d'émail blanc plus mince, qui, enlevée à la pointe, donnait un dessin en noir et blanc, ou plutôt en noir et gris-blanc. Puis les autres accentuations étaient obtenues par de nouveaux passages au feu, de nouvelles touches de blanc, et l'ensemble était finalement soit rehaussé d'or, soit coloré, quant aux parties de chair, par des tons légèrement saumonnés.

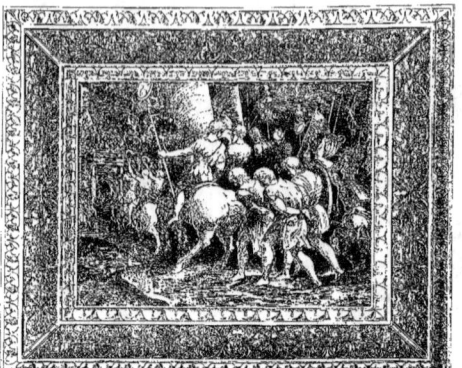

Fig. 355. — LES PRISONNIERS, PAR LÉONARD LIMOSIN.

C'est Limoges qui fut durant tout le moyen âge le glorieux centre de l'émaillerie, et quand, par suite d'une production continue, les émaux cloisonnés et champlevés qui furent, aux origines, sa production exclusive, furent dédaignés, c'est la même ville qui régénéra son art en pratiquant l'émail des peintres, et, pendant la Renaissance, demeura encore à la tête. C'est un exemple rare dans l'histoire de l'art, où nous voyons bien plus souvent le terrain s'épuiser en même temps que se dessèche la plante qu'il avait nourrie.

Limoges, il est vrai, était exceptionnellement favorisée, et les auteurs de monographies de l'émail n'ont pas manqué de le faire remarquer : dans la région même se trouvaient les gisements métalliques indispensables ; ces braves artisans eurent la sagesse de les exploiter et de les travailler sur place. C'est encore une leçon applicable à l'art décoratif, comme à tout le reste ; se servir de ce qu'on a sous la main, avec persévérance, avec amour, c'est la seule recette pour créer des œuvres personnelles et durables.

M. Claudius Popelin a tracé avec joie ce tableau coloré de l'activité et des grandes fêtes de l'artiste et laborieuse population limousine. Quel bel émail on pourrait faire avec cette description elle-même !

« Pas de fainéants, tous travaillant, dit un vieux géographe en parlant des Limousins. En effet, si ce n'est à l'entrée d'un vicomte-roi, à la naissance d'un dauphin, ou bien aux fêtes carillonnées, d'habitude on n'y chômait guère. Mais alors il fallait voir les beaux cortèges précédés et suivis de milices bourgeoises, marchant cinq à cinq, en bel ordre et forme de bons soldats, avec fifres et tambourins, portant le toquet de velours cramoisi, les grègues d'écarlate, le pourpoint de satin blanc, les bas de soie, venir quérir le prince à la maison du Breuil, pour le conduire à la maison de ville, sous un dais magnifique, entendre les harangues pendant que le canon grondait sur la plate-forme des Arènes.

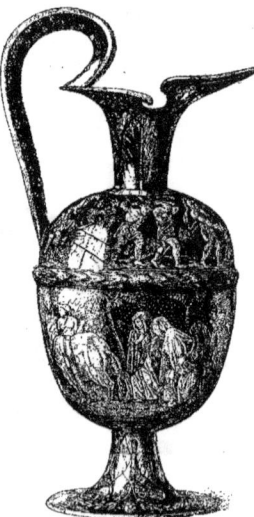

Fig. 356. — AIGUIÈRE DE J. COURTOIS.

« Et quand naissait un petit futur vicomte de Limoges, il fallait voir trente mille habitants suivre la châsse de Monsieur Saint-Martial, précédée de consuls en robe de

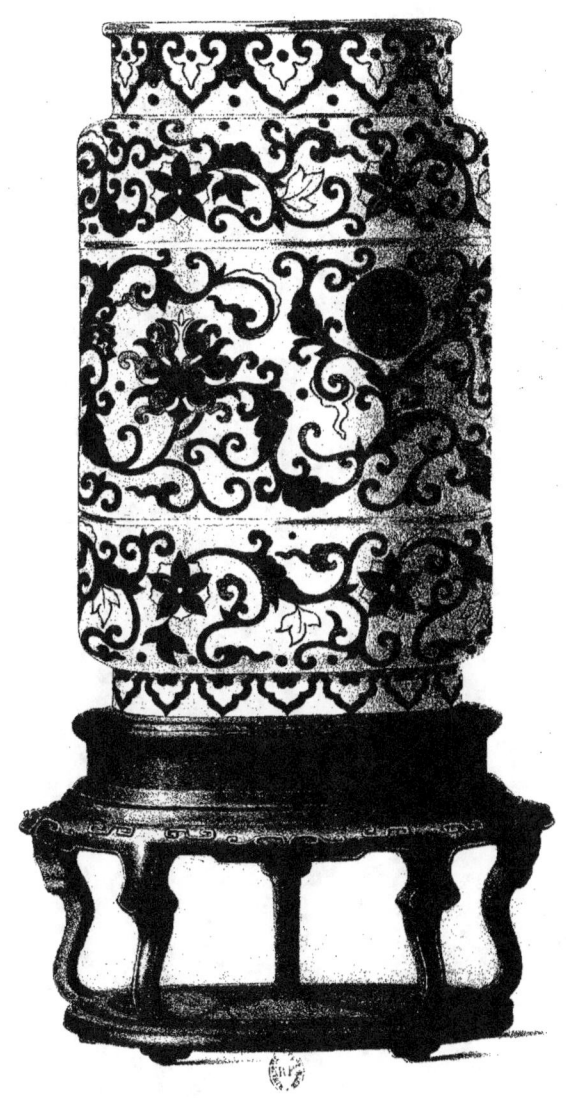

VASE ÉMAIL CHINE

velours tanné, cannelé, en sayes de satin noir, le chapeau de damas rouge cramoisi, avec leurs massiers à masse d'argent et les six gagiers portant bâton, en robe mi-partie de rouge et de vert...

« A *San Marçau Debro-Treil*, à *San Marçau Baro-Treil*, c'est-à-dire à la Saint-Martial ouvre-pressoir, à la Saint-Martial ferme-pressoir, venaient encore de grandes processions ainsi qu'à la foire Sainte-Marchande, qui se tenait rue des Taules et contre l'Église ; mais c'était surtout au saint jour de Pâques, qu'on promenait le grand apparat, avec le sabre de Saint Domnolet, défenseur de la cité, les nombreuses châsses d'orfèvrerie émaillée dont la magnifique industrie était la gloire de Limoges. »

Et Limoges tenait à sa gloire. Sans doute, de l'autre côté du Rhin, l'émaillerie était en grand honneur, mais il n'y avait, quoi qu'on en ait dit, qu'un phénomène de parallélisme, et aucune communication n'eut lieu entre les deux grandes régions de l'émail : Limoges et l'Allemagne (1). La pratique de l'émail était longue et laborieuse, les secrets de la technique étaient la propriété héréditaire d'un petit nombre de familles, on les gardait jalousement. Les émailleurs limousins colonisèrent à Paris, il est vrai, mais leur industrie ne s'étendit pas ailleurs.

Nous ne possédons pas les noms de ces braves artistes des XIIe et XIIIe siècles dont les œuvres naïves et fortes se

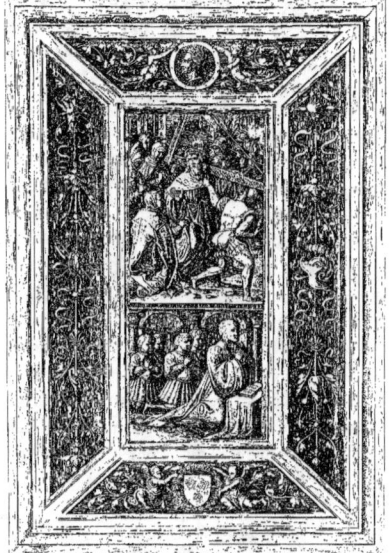

Fig. 357. — PLAQUE ÉMAILLÉE, PAR PIERRE REYMOND.

sont conservées en assez grand nombre, et quelques-unes très importantes. Ces châsses, ces plaques d'évangéliaires, ces crosses, ces custodes (ou boîtes à hosties) ne sont pas signées. C'est donc une véritable exception que le beau calice du XIIe siècle qui porte comme marque : MAGISTER G. ALPAIS ME FECIT LEMOVICARUM. La même époque est représentée au musée de Cluny par deux plaques de cuivre champlevé en taille d'épargne, doré et incrusté d'émaux à chairs teintées, provenant de l'abbaye de Grandmont ; par un christ en bronze doré, champlevé et incrusté

d'émaux en couleurs ; par deux curieuses plaques représentant les Vierges sages et les Vierges folles ; enfin par une grande et belle châsse décorée de scènes du Nouveau Testament. Ce qu'il faut noter dans ces curieux ouvrages, c'est une convention toute spéciale et qui a bien toute la naïveté du moyen âge, en vertu de laquelle les corps et les draperies demeurent plans, tandis que les têtes, en cuivre repoussé et souvent ciselé, se détachent en haut relief. Dans la châsse que nous venons de citer en dernier lieu, ces têtes ont même les yeux émaillés. Ce n'est pas que l'effet soit autrement choquant dans son ingénuité. Mais il faut reconnaître qu'au siècle suivant, quand on exécuta les personnages tout entiers en haut relief, l'effet décoratif y gagna en logique et en puissance.

---

(1) Une différence assez notable réside dans le coloris : les Limousins ont une prédilection pour le bleu lapis où les émailleurs rhénans emploient le plus souvent le vert.

198                                     LES ARTS DU MÉTAL.

Il faut citer, dans ce genre, les deux châsses 4498 et 4499, provenant du trésor de l'église de Ségry. Elles sont en cuivre gravé, repoussé, doré et rehaussé d'émaux en taille d'épargne (champlevage).

La première mesure 0$^m$,45 sur 0$^m$,52, sur 0$^m$,18 ; sur la façade principale, on voit la figure du Sauveur bénissant d'une main, et de l'autre soutenant le Livre de Vérité. Une grande auréole en forme de *vesica piscis* encadre la figure tout entière, et les angles sont décorés par les symboles de l'Évangile. Le reste de la décoration de cette face se compose du Christ en croix, et des figures des douze apôtres. Sur la façade du revers, se trouve représenté le martyre de sainte Fausta, les figures étant cette fois seulement exécutées au trait et émaillées. Enfin sur les deux faces extrêmes, les figures de saint Pierre et saint Jean également gravées au trait. La galerie à jour qui couronne cette belle châsse est enrichie de cabochons en cristal de roche.

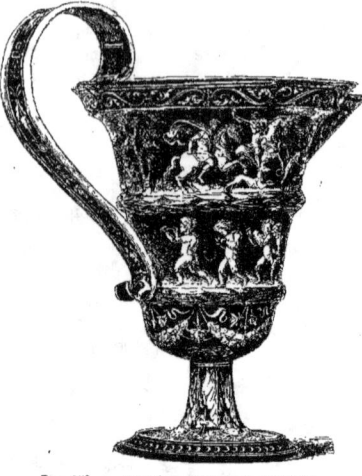

FIG. 358. — AIGUIÈRE DE PIERRE REYMOND.

La seconde châsse est d'une exécution plus fine encore et les fonds d'émail sont d'un style plus riche et plus large. Les sujets qui la décorent sont une répétition des précédents avec quelques variantes.

Quantité d'autres beaux spécimens de l'émaillerie limousine du XIII$^e$ siècle, crosses, figures d'appliques, croix processionnelles, colombes à hosties, reliquaires, évangéliaires, navettes à encens, coupes ou bassins servant à des usages religieux ou laïques, sont à étudier au musée de Cluny. Parmi les pièces non religieuses qui sont tout à fait l'exception, nous mentionnerons deux jolis bassins de cuivre doré et incrusté d'émaux. L'un est décoré d'un cavalier, faucon au poing, et, dans des médaillons de bordure, de scènes de combat, et d'une figure, assez énigmatique, d'homme portant un poisson sur ses épaules. L'autre,

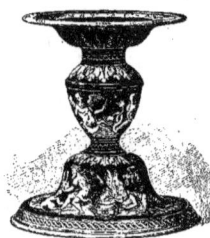 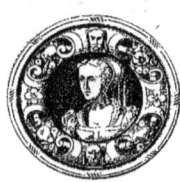 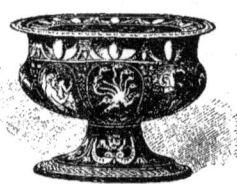

FIG. 359, 360, 361. — SALIÈRES DE PIERRE REYMOND.

aux armes des familles de Pot et de La Motte, est orné de charmantes figures d'hommes et de femmes jouant du rebec et de la lyre. Nous trouvons dans les armoiries mêmes la preuve de la grande et lointaine réputation des émailleurs de Limoges, puisque ce charmant bassin était commandé par des familles flamandes.

Dans la collection Sauvageot, on trouve également d'intéressants spécimens : nous en reproduisons quatre d'une jolie et sobre décoration : d'abord trois de ces custodes ou boîtes à hosties, qui servaient soit pour porter le viatique, soit pour l'usage des particuliers eux-mêmes qui purent pendant longtemps, jusqu'à ce que des conciles l'eussent formellement interdit, emporter et conserver à domicile les saintes espèces. Puis une petite châsse (0ᵐ,15 sur 0ᵐ,125 sur 0ᵐ,06), dont le sujet principal représente une sainte à son lit de mort, avec deux anges aux extrémités, et un troisième qui vient prendre l'âme prête à s'exhaler. L'ornementation des côtés et de la face postérieure consiste simplement en petites croix se détachant sur des fonds d'émail bleu, et l'effet est aussi fin que le thème est simple.

Au XIVᵉ siècle, nous assistons à un phénomène bien curieux : l'émail translucide sur relief, ou émail de basse-taille, ou encore *émail de plique*, devenant en grande faveur, Limoges subit un temps d'arrêt, une éclipse qui paraît tout d'abord inexplicable. Sans doute, c'était un procédé nouveau, des matières nouvelles ; mais qui empêchait ces habiles et laborieux artistes de se conformer à la mode, de varier leur procédé ? Mais non, ils ne font point d'efforts dans ce sens; il semble que la matière précieuse les déroute, et qu'ils ne se sentent à leur aise que quand il s'agit de donner la splendeur au cuivre, plus humble, plus robuste, plus durable aussi. Il est vrai qu'on ne trouve presque plus d'émaux translucides ; ils sont, dans les plus riches collections, rarissimes : on les fond pour l'or et pour l'argent qui leur servait de support. Le peu que nous en connaissons est exquis sans doute, mais tout à fait insuffisant pour faire juger de l'ensemble de cet art. Les orfèvres et les bijoutiers de ce temps-ci ont

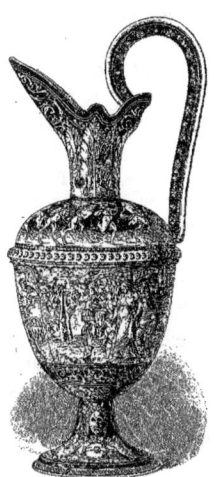

FIG. 362. — AIGUIÈRE DE PIERRE REYMOND.

remis le procédé en honneur et on connaît les riches et chatoyants effets qu'ils en tirent.

Et voici que tout d'un coup, dans la seconde partie du XVᵉ siècle, cette ville dont l'industrie avait traîné une longue décadence de cent cinquante années se ressaisit et se transforme soudain. De nouveau, le cuivre sera le bon auxiliaire, mais, cette fois, habillé de neuf, disparaissant complètement sous un vêtement éclatant, bariolé, splendide! A l'austère, à la pure simplicité, religieuse par excellence, des grands tons bleus, rouges, blancs ou verts, doux et unis, succèdent les mélanges les plus séduisants de la palette; à la candide raideur des saints, à la modestie des anges en prières, les scènes mouvementées de l'histoire, les combats, les allégories, les voluptueuses mythologiades. Ce ne sont plus tant les cérémonies du culte qui donnent la besogne aux émailleurs, que les raffinements des particuliers, et cette destination nouvelle atteint au XVIᵉ siècle toute son ampleur. La vaisselle émaillée devient le luxe le plus

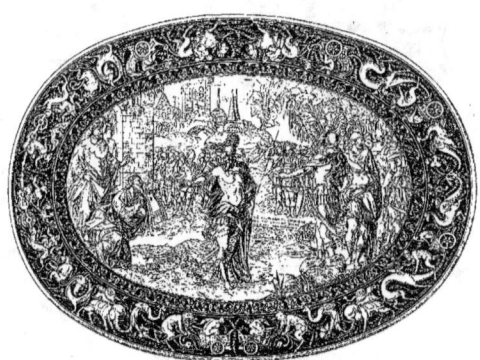

FIG. 363. — PLAT ÉMAILLÉ DE PIERRE REYMOND.

recherché; elle remplace les lourdes vaisselles d'or et d'argent du moyen âge. A leur splendeur massive, on préfère la gaîté chantante des tableaux peints par les Léonard Limosin, les Pierre Reymond, les Courteys. Assiettes, plats, coupes, salières, aiguières, foisonnent sur les dressoirs. La société nouvelle, comme l'a fort bien fait remarquer Ph. Burty, veut « le luxe raffiné et extérieur ». Aussi ces émaux peints sont l'ornement, non-seulement des oratoires, mais encore des salles d'honneur, des galeries princières; nous avons noté la prodigieuse quantité de plaques à sujets et à portraits qui se trouvait orner la maison de Catherine de Médicis. On verra de même les émaux chatoyer sur les coffrets, les meubles, les bijoux, les armes, poignées d'épées, casques, cuirasses. Les bijoutiers y recourent pour la décoration des pendants et des enseignes. Et c'est presque toujours et partout le bon cuivre qui sera le compagnon fidèle de l'artiste limousin, génial chaudronnier, peintre plein de verve et d'éclat.

Entre temps, c'est-à-dire vers la fin du xiv° siècle et le commencement du xv°, on avait eu recours à un procédé de transition entre l'émail translucide et l'émail des peintres. Le procédé de l'émaillerie translucide avait eu cet inconvénient de restreindre la palette, certains tons, notamment ceux des chairs, étant irréalisables. Les orfèvres recoururent à l'émail opaque pour décorer les têtes et les mains de leurs figurines et cela s'harmonisa si mer-

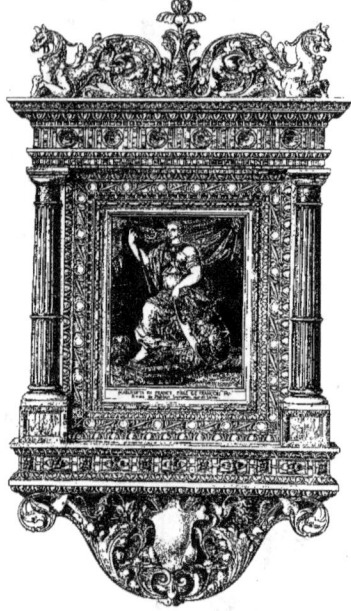

Fig. 364. — MARGUERITE DE FRANCE, ÉMAIL DE JEAN DE COURT. CADRE EN BOIS SCULPTÉ.

veille soit avec les autres émaux, soit avec le métal précieux uni ou rehaussé de pierreries qui formait les autres parties. L'émail opaque ne cessa dès lors d'être employé pour le rehaut des petites statuettes et figurines en ronde bosse, et nous avons dit quel délicieux parti en tirèrent les bijoutiers de la Renaissance.

Mais l'émail des peintres de Limoges ne devait pas se cantonner dans ces délicates fantaisies, il allait s'épandre avec fougue, avec largeur sur les vastes plats, sur les panses des aiguières inspirées de l'Italie quant à la forme, sur des plaques atteignant parfois de grandes dimensions. Ici nous ne pouvons plus développer de généralités sur l'art de l'émail. Son histoire sera celle des illustres familles qui

constituent non-seulement la gloire de Limoges, mais une des gloires de l'art français.

La première en date, et celle qui a fourni, à notre gré, les plus sublimes ouvriers, c'est celle des Pénicaud. Son fondateur, Nardon (pour Léonard) Pénicaud, est représenté par des chefs-d'œuvre, en trop petit nombre, au Louvre, au musée de Cluny, dans la collection Spitzer, etc. Nous ne citerons que l'œuvre du musée de Cluny, le tableau représentant le Christ en croix, entre Marie et saint Jean, au milieu des anges. Au-dessus du Calvaire, se trouve un écusson aux armes de France, et d'un côté de cet écusson un chevalier en prières, de l'autre un prêtre également agenouillé. Une inscription constate que cette admirable peinture, dont rien n'égale la profondeur et la richesse des tons rehaussés d'or, a été faite par Nardon Pénicaud de Limoges le 1er avril 1503. Des maximes tirées de l'Écriture entourent le sujet principal. Dire quelle vigueur et quel sentiment règnent dans l'ensemble est chose difficile : Nardon Pénicaud tient

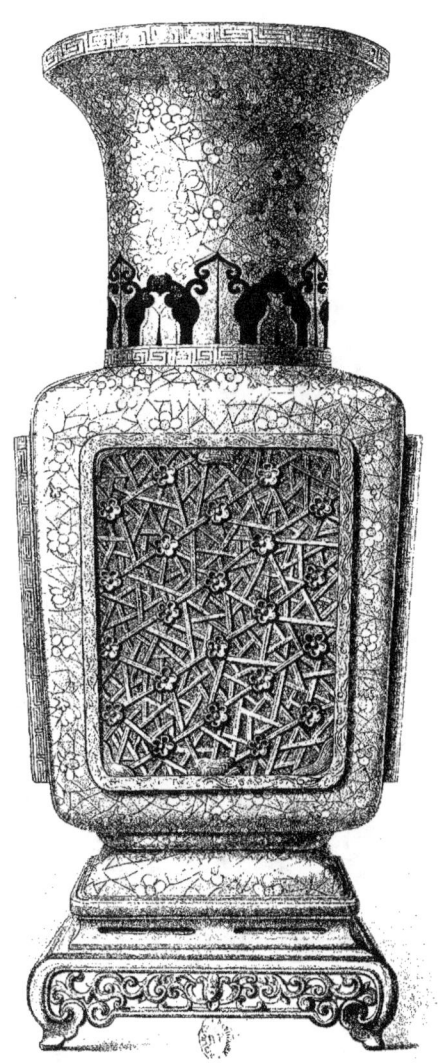

encore au moyen âge par la foi, par la sincérité de l'expression, mais il s'en dégage sensiblement déjà par le caractère dramatique des physionomies, par l'habileté du modelé, par un effort vers une composition plus animée. C'est un grand et beau maître.

Nous ne garderons pas moins d'admiration pour Jean Ier Pénicaud (vers 1530). Nous voulons bien accorder qu'il s'est sensiblement inspiré des peintres flamands et allemands, mais ce n'en est pas moins un admirable artiste, qui pour la puissance de l'expression et la force du modelé ne le cède à aucun de ses plus brillants successeurs. Il a déjà plus d'aisance dans la composition que Nardon, mais il est encore bien loin de la trop grande facilité des Reymond et des Léonard, qui, si brillants qu'ils soient, n'ont pas évité parfois le négligé et le lâché. Les œuvres de lui qui sont au musée de Cluny, notamment le triptyque 4573 représentant la Nativité, les Mages et la Circoncision ; le diptyque représentant le Christ et la Vierge, en émail de couleur sur paillons (1), sont à nos yeux des chefs-d'œuvre sans prix.

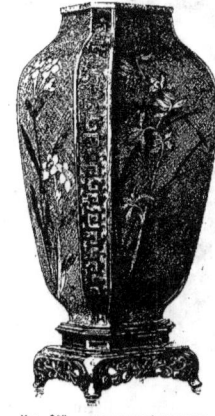

Fig. 365. — CLOISONNÉ CHINOIS.

Si Jean Ier Pénicaud est visiblement flamand, ses successeurs sont italiens, à n'en pas douter. C'est le goût de la Renaissance italienne qui inspire Jean II (vers 1539) et encore plus Jean III Pénicaud. De Jean II un des historiens de l'émail a dit avec beaucoup de raison : « D'abord miniaturiste et français, il est timide et sérieux, un peu sec ; plus tard, il semblerait qu'un voyage en Italie, ou tout simplement l'influence de Léonard Limosin qui rapportait de Fontainebleau les errements à la mode, le fait tourner au genre grandiose, facile, et un peu lâché. » Dans le plat de Jean III, un fort habile artiste d'ailleurs, de la collection anglaise Dudley Coutts (fig. 349), et représentant l'*Enlèvement d'Hélène* en grisaille à chairs saumonnées, ce caractère italianisant est des plus flagrants. Ces œuvres ronflantes, théâtrales, ne sont pas dépourvues d'une certaine séduction, la bordure est d'un goût spirituel et gracieux, mais quand on a vu auparavant un des émaux sobres et profonds de Nardon ou de Jean Ier, on en garde une impression et un regret qui nuisent à toutes les œuvres qui peuvent venir par la suite.

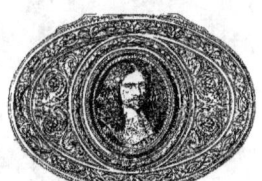 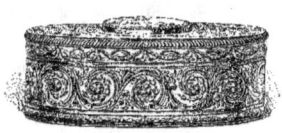

Fig. 366, 367. — BOITE EN OR AVEC PORTRAIT DE TURENNE, ÉMAIL DE PETITOT.

La plus ancienne famille, après celle des Pénicaud, est celle des Nouailher. Cette dynastie artistique remonte au commencement du XVIe siècle. « Dessinateur très négligé, mais émailleur très habile, dit M. Alfred Darcel, Couly Nouailher est de plus possédé d'un goût malheureux pour les inscrip-

---

(1) Les émailleurs du XVIe siècle avaient fréquemment recours à ce procédé qui consistait à ménager, dans certaines parties de la composition, des places occupées par un paillon brillant qu'on recouvrait d'émail transparent, ce qui donnait des tons d'une richesse extrême.

tions qu'il trace avec un grand dédain de l'orthographe française ou latine. Les traits de couleur de ses grisailles sont épais et incertains; ces grisailles sont d'habitude colorées dans les vêtements par larges places. Le fondant est généralement en excès dans son émail de sorte que ses gris sont légèrement translucides et vitreux. » La descendance de Couly Nouailher s'adonne à l'émail de père en fils, jusqu'au commencement de notre propre siècle!

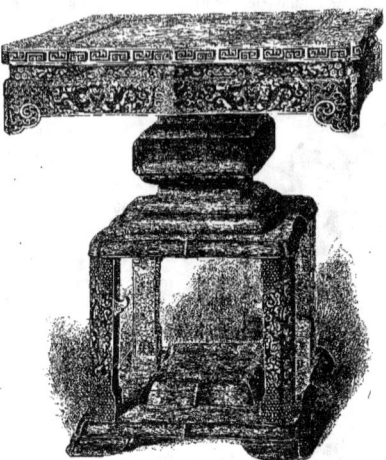

Fig. 368. — TABLE CHINOISE ÉMAIL ET BOIS DE FER.

Il nous faut arriver maintenant au plus illustre peut-être, à celui qui, à force d'esprit et de variété, vous fait pardonner son effrayante habileté, à Léonard Limosin. C'est un de ces beaux et féconds artistes de la Renaissance qui semblent avoir toujours travaillé avec joie. Léonard Limosin naît en 1505 et meurt en 1575. Il est donc en pleine Renaissance; il est imprégné du goût italo-français qui triomphe à la cour de François Iᵉʳ. Ce prince le prend d'ailleurs avec lui à Fontainebleau où il l'emploie aux plus importants travaux, puis le met à la tête de la manufacture royale qu'il fonde à Limoges.

Ouvrier d'une habileté incomparable, Léonard Limosin ne se cantonna pas dans un seul procédé; il les fondit souvent tous ensemble dans des œuvres harmonieuses et larges autant que spirituelles : c'est ainsi que dans certaines la peinture en apprêt sur fond blanc se trouve alliée à la grisaille modelée par enlevages, à la grisaille modelée par hachures (ce qui est la méthode la plus fréquente) et enfin au modelé par pointillé, comme dans le travail miniaturesque des portraits. Les œuvres de ce prestigieux artiste sont nombreuses. Il est au Louvre représenté à merveille par de superbes portraits : ceux de Charles IX, de Henri II, d'Anne de Montmorency, du duc de Guise, par des plats, des aiguières, des retables, etc. Nous donnons (fig. 350 et 351) une pièce exquise : le jeu de trictrac, qui figure dans une vitrine de la galerie d'Apollon. Le fond du tablier et de la frise est d'un charmant vert émeraude ; les flèches sont alternativement blanc et vert pâle ; les bustes du centre ainsi que les trophées et les rinceaux du tour sont en grisaille, enfin les légers dessins qui courent entre les flèches sont rehaussés d'or. L'envers de cette œuvre ne le cède en rien à l'endroit, comme esprit et comme élégance :

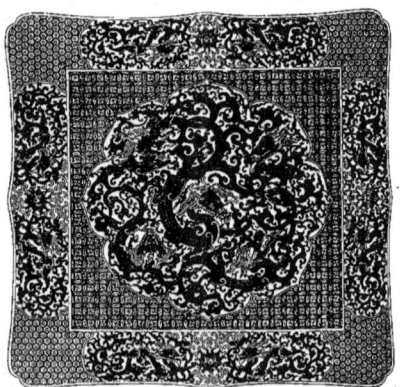

Fig. 369. — DESSUS DE LA TABLE PRÉCÉDENTE.

il figure un damier, dont les carreaux sont alternativement verts et blancs, les blancs seuls ornés de mignonnes vignettes. Le tout est signé L. L. 1537.

Au musée de Cluny, Léonard Limosin est représenté par un beau portrait d'Éléonore d'Autriche;

HISTOIRE DE L'ART DÉCORATIF.

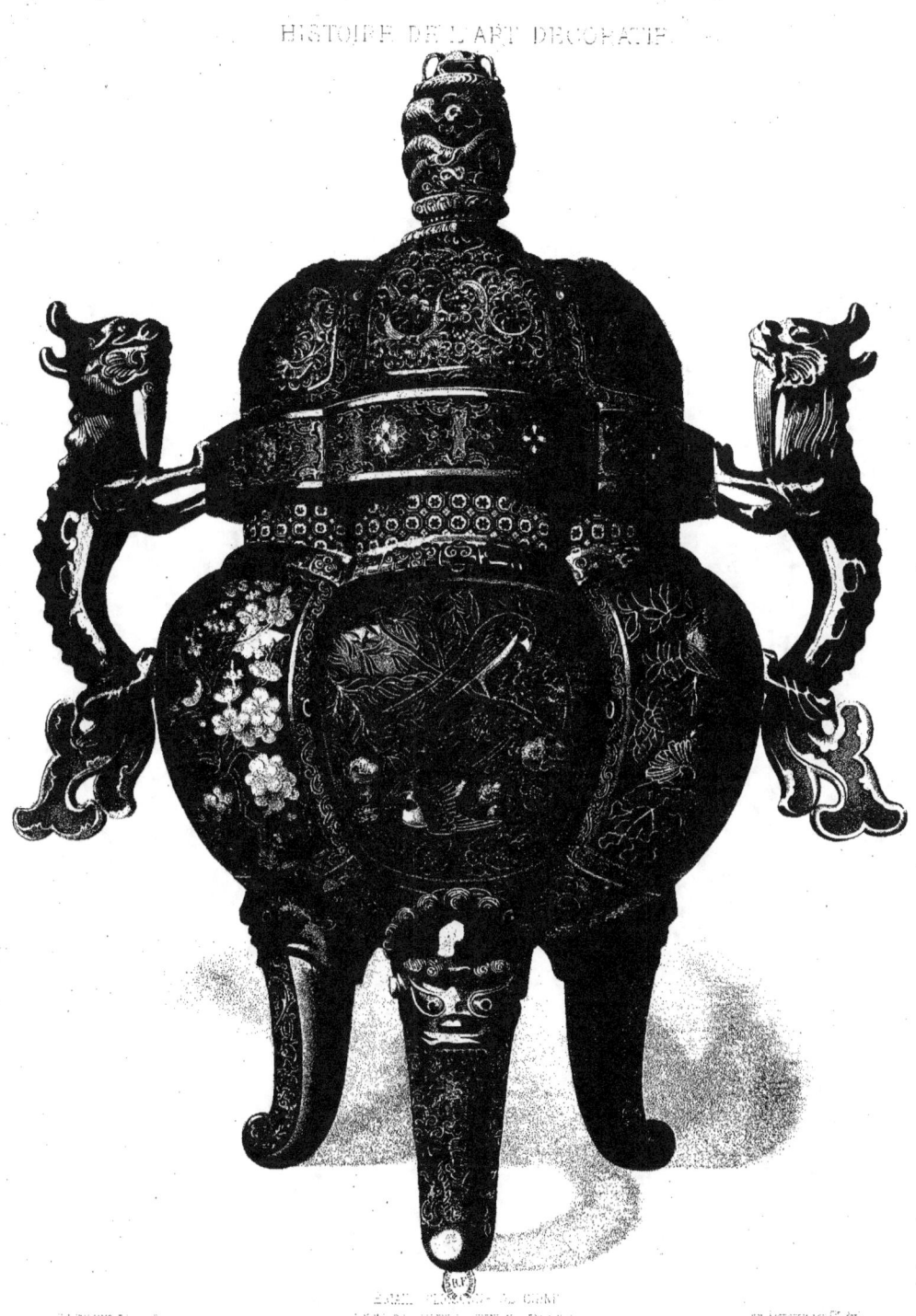

par une magnifique suite de médaillons ovales, en couleur et rehaussés d'or, représentant les principales scènes de la Passion, etc.

Enfin nous avons puisé, entre autres collections particulières, dans la collection James de Rothschild ; nous en reproduisons une intéressante coupe émaillée, datée de 1548 ; une plaque en grisaille (fig. 355), les *Prisonniers*, d'après Nicolo dell' Abbate ; enfin une superbe effigie de Catherine de Médicis qui donnera, sinon quant au coloris dont les meilleurs procédés ne sauraient atteindre la richesse, du moins quant au dessin et au goût général, une idée de son talent de portraitiste.

Pour compléter les notes sur ce beau maître, rappelons qu'il était fils d'un hôtelier de Limoges ; que ses premières œuvres, vers 1532 accusent une influence allemande, et que dès 1535, elles prennent une allure italienne. En 1541, nous le voyons établi à Limoges en compagnie de son frère Martin ; en 1545, le roi lui confie l'exécution des figures des apôtres pour la chapelle du château d'Anet ; d'autres émaux de grande importance sont exécutés par lui un peu plus tard pour l'église de Saint-Père, à Chartres ; en 1552, les émaux de la Sainte Chapelle. Cela indépendamment d'une prodigieuse quantité de coupes, aiguières, enseignes, bassins, portraits, etc. Non content d'être aussi

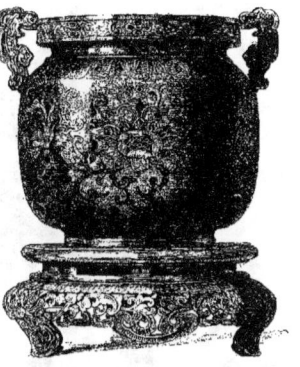

Fig. 370. — VASE CHINOIS, ÉMAIL CLOISONNÉ.

fécond et aussi universel dans son art, Léonard Limosin fit œuvre de peintre et de miniaturiste : le musée de Limoges possède de lui un grand tableau à l'huile, l'incrédulité de *Saint Thomas*. Enfin, il remplissait les fonctions d'arpenteur dans sa ville natale, et il trouvait du temps pour collectionner des objets d'art dont la contemplation entretenait son rêve et fouettait sa verve ; on venait voir chez lui, entre autres curiosités, une figurine antique de Mercure, en bronze, aujourd'hui au cabinet des médailles. Il fut élu consul en 1571.

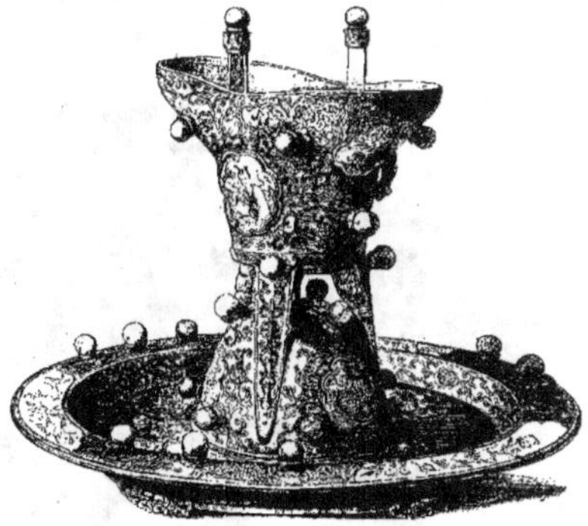

Son frère Martin eut deux fils, Léonard II et François ; on compte encore un Joseph Limosin au XVII° siècle.

Autre famille, de grand éclat, celle des Courteys, ou Courtois, qui compte Jean Courteys, Pierre, Martial, Pierre II et Pierre III. Le plus illustre, Pierre Courteys, est aussi celui qui a tenté l'effort le plus considérable : les énormes plaques au nombre de douze, pour le château de Madrid, et représentant les divinités de l'Olympe. Chaque plaque est consacrée à une

Fig. 371. — VASE DE SACRIFICE, ÉMAIL CLOISONNÉ CHINOIS.

figure presque grandeur nature ; le musée de Cluny en conserve neuf. L'ensemble, destiné à la décoration extérieure du château, devait produire un effet luxueux et grandiose.

Jean Courteys est assez sévèrement jugé par M. de Laborde, du moins par rapport à Pierre : « L'un avait comme une étincelle de feu sacré ; l'autre n'a que de la main, de l'adresse et de la patience. » Ses œuvres, très rehaussées d'or, ont atteint cependant des prix élevés ; un plat émaillé sur paillons et représentant *Moïse et le serpent d'airain* a été payé à la vente Fontaine 73,500 francs, par M. Ad. de Rothschild. Nous reproduisons hors texte un superbe plat représentant le sacrifice d'Iphigénie ; et dans le texte (fig. 356), une belle aiguière en émail polychrome, représentant également dans la partie inférieure le *Sacrifice d'Iphigénie* et dans la partie supérieure des amours folâtrant.

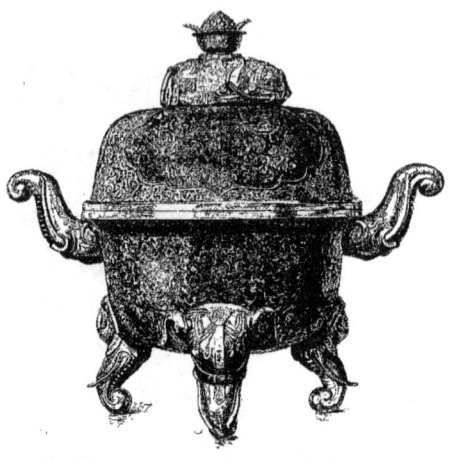

FIG. 372. — BRULE-PARFUM, ÉMAIL CLOISONNÉ DE CHINE.

Si Nardon et Jean I<sup>er</sup> Pénicaud sont les plus robustes et les plus convaincus, si Léonard est le plus habile, si Pierre Courteys est le plus entreprenant des émailleurs de Limoges, on peut dire que Pierre Reymond est le plus fécond et le plus inégal. Son œuvre, entreprise environ entre 1530 et 1582, est innombrable ; il affectionne particulièrement le procédé de la grisaille, où parfois il réussit à miracle, comme dans la coupe de Loth qui est au musée de Cluny, ou dans telle pièce du Louvre, et où parfois, au contraire, il se trouve lâché et médiocre, comme un fabricant trop pressé par les commandes. Cela ne l'empêche pas d'ailleurs d'être le plus souvent très séduisant dans sa fougue nonchalante, car il est toujours facile et spirituel. Nous donnons de lui une belle plaque du South Kensington Museum ; elle est aux armes des Brinon, de Picardie, et représente dans sa partie supérieure le *Portement de croix*, dans la partie inférieure le donateur avec ses enfants. Puis, d'une collection anglaise, une aiguière dont une des zones représente Actéon, et l'autre une théorie d'amours. Enfin, de belles pièces de notre musée Sauvageot : une aiguière avec une ronde de satyres et une composition du *Passage de la mer Rouge* ; on remarquera ce caractère fantaisiste et sceptique, déjà signalé chez les artistes de la Renaissance, prenant indifféremment des sujets sacrés et profanes, et souvent les réunissant au gré de leur caprice. Deux salières avec des décorations symbolisant les travaux d'Hercule ; et enfin un grand plat ovale, dont le sujet est Abraham refusant les présents du roi de Sodome ; on préférera de beaucoup à cette composition apprêtée la délicieuse décoration de l'entourage, grotesques des plus spirituels, avec faunes, singes, dauphins, éléphants, etc.

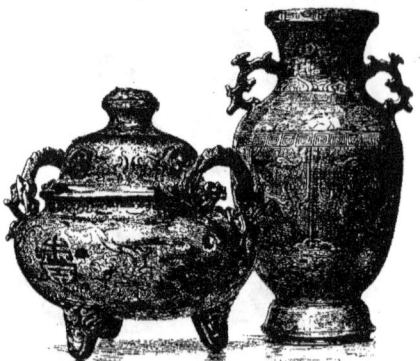

FIG. 373. — VASES CHINOIS EN ÉMAIL CLOISONNÉ.

Pierre Reymond s'est surtout inspiré, pour ses innombrables ouvrages, des arrangements et même a copié fidèlement les modèles de Du Cerceau, Étienne de Laulne, Théodore de Bry, Virgile Solis. Sa dynastie comprend Pierre II, Martial I$^{er}$, Jean, Martial II, Martial III, Pierre III et Joseph François. Pierre Reymond fut aussi un des plus distingués, et on peut dire des derniers enlumineurs de manuscrits.

En avons-nous fini avec les grandes familles d'émailleurs de Limoges? Non. Car il nous faudrait encore parler de Montaverni; de Pape; des Laudin, qui s'étendent sur tout le xvii$^e$ et une bonne partie du xviii$^e$ siècle, et qui sont faciles et abondants; des de Court, qui ont pour plus brillants représentants Jehan et Suzanne de Court (voir fig. 364, un portrait de Marguerite de France par le premier et qui figure dans la collection Nieuwerkerke, entouré d'une superbe bordure de bois sculpté italien). Il nous faut nous borner, car nous croyons avoir suffisamment caractérisé les qualités chantantes, italiennes, des émaux peints de la Renaissance. Ils sont, pour nous, relevés par la beauté du coloris et la sûreté de la technique; mais on ne saurait s'étonner, quand on en a passé la revue, de la décadence que constate si ironiquement maître Bernard Palissy : « As-tu pas veu aussy les émailleurs de Limoges, lesquels, par faute d'avoir tenu leur invention secrète, leur art est devenu si vil qu'il leur est difficile de gaigner leur vie au prix qu'ils donnent leurs œuvres? » Palissy constate la décadence d'un art « si plaisant » et la regrette. Nous ne pouvons faire comme lui, mais nous devons dire aussi que c'est une saine et méritée leçon et que toujours on verra aussi une école décroître et s'avilir, quand elle ne cessera de remâcher les formules. L'art italien et les modèles tout faits inspirèrent d'abord aux émailleurs de Limoges de brillants travaux; peu à peu ils s'empoisonnèrent eux-mêmes, et même s'ils avaient voulu régénérer leurs procédés, il eût été trop tard.

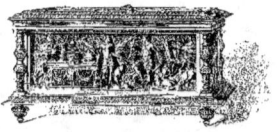

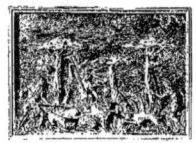

Fig. 374, 375. — COFFRET ÉMAILLÉ DU XVI$^e$ SIÈCLE ET DÉTAIL.

Parmi les artistes qui tentèrent de sortir de la routine de Limoges, au xvii$^e$ siècle, il faut compter Jean Toutin de Châteaudun et Petitot, qui à la peinture en émail substituèrent la peinture sur émail. Les portraits de Petitot sont suffisamment connus, nous en reproduisons un, de la collection Double, le portrait de Turenne qu'on a monté sur une délicieuse boîte en or ciselé du xviii$^e$ siècle. On sait que les émaux de Petitot sont devenus excessivement rares, et que cette rareté vient de ce qu'une fois leur vogue passée, on les porta au creuset, uniquement pour la plaque d'or sur laquelle ils étaient cuits.

Nous aurions également, parmi les portraitistes sur émail, à rappeler des maîtres tels que Fragonard, Hall, Augustin, etc., etc. Mais ici, il ne s'agit plus que d'une forme particulière de la peinture et l'étudier serait sortir de notre cadre.

Il nous reste, d'ailleurs, besogne plus utile à faire, c'est de parler des admirables émaux de l'Extrême-Orient. Nous parlions tout à l'heure de la perpétuelle copie des mêmes modèles. Les Japonais et les Chinois, pour leurs cloisonnés, ont, il est vrai, cherché eux aussi l'inspiration, toujours dans le même modèle, mais c'est celui qui n'induit pas en décadence, c'est le seul qui puisse être interrogé sans relâche, parce qu'il se renouvelle toujours : la nature. Il convient de dire en passant que les Japonais sont de beaucoup, au dire des plus sagaces admirateurs de leur art (M. Gonse entre autres), inférieurs aux Chinois dans l'art des cloisonnés quant à la perfection du travail.

N'est-ce pas dans la nature que les Chinois ont puisé la décoration de ce beau et simple vase (fig. 365) à tiges de lis de la collection G. Henderson, de Londres? Ou bien encore les tiges de corail, les floraisons capricieuses de ce vase ou de ce brûle-parfums (fig. 372 et 373)? Sans doute, c'est plutôt une interprétation, et très large, et très fantastique, où la nature dans ses précisions semble être perdue de vue, mais où, en réalité, elle demeure toujours, se révélant dans une torsion empruntée à une tige, dans un éclat de ton emprunté à une fleur. Et c'est tout ce qu'il faut demander à l'artiste. Il sera libre par exemple d'arranger capricieusement le motif que donne une trompe d'éléphant se recourbant, pour en faire les supports et les anses d'un brûle-parfums, libre et justifié, puisqu'il aura fait un chef-d'œuvre. Les éléments mêmes de ses monstres sont pris dans la nature, et d'ailleurs il les mêle si habilement à la fleur, au fruit, à l'insecte, qu'ils n'en sont que plus séduisants et acceptés sans même que l'on songe à en discuter la vraisemblance.

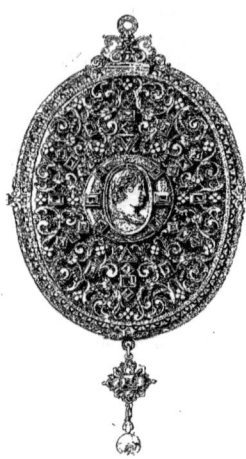

Fig. 376. — MÉDAILLON EN CRISTAL ÉMAILLÉ.

La grande époque de l'émaillerie chinoise est celle qui date de l'empereur Khang-hi, des Thsing (1662-1723). La délicatesse et la force, l'éclat de la couleur, la maîtrise de l'exécution matérielle, tout s'y trouve. Jusque vers la fin du siècle dernier dure cette heureuse production, puis on arrive peu à peu aux fastidieuses redites, bonnes pour l'exportation, et dont en effet l'exportation nous a inondés. Et là encore, il n'y a point contradiction à notre principe, mais bien au contraire confirmation ; car ce n'est plus la nature que l'on interroge, mais les modèles déjà copiés d'après elle ; et peu à peu, la main se relâchant, l'œil ne s'apercevant point de l'envahissement croissant de l'à peu près, l'art disparaît.

Nous avons fait allusion plus haut à une variété particulière de l'émail translucide qu'il est impossible de passer sous silence. Nous voulons parler de celui où l'émail forme vitrail dans des cloisons métalliques à jour, et décore ainsi par transparence. Ce procédé, d'une difficulté extrême, fut parfois abordé par des artistes de la Renaissance et Cellini y fait allusion. On n'y eut d'ailleurs recours que pour des pièces de petite dimension tels que des bijoux. De notre temps il vient d'être pratiqué avec assez d'éclat par un artiste courageux, M. Thesmar, qui a exécuté grâce à lui de charmants travaux, coupes, tasses, vases, etc. S'il nous fallait faire une critique, nous dirions que ces ouvrages, prodigieux comme difficulté vaincue, pèchent peut-être par trop de régularité dans le décor et sont inspirés trop littéralement de l'art oriental, ce qui leur donne simplement l'effet du verre émaillé, en plus délicat. Avec une plus grande originalité dans le décor, une plus grande audace, un parti pris moins accusé de symétrie, ces émaux compteraient parmi les plus précieuses œuvres des arts ornementaux.

Il est enfin un charmant emploi de l'émail dont nous n'avons pas parlé et qui appartient surtout au xvie siècle ; c'est l'incrustation d'émail sur cristal de roche ou autres gemmes. Il se ramène, soit à une application d'émail opaque sur figurines en haut relief (le coffret émaillé, fig. 374, de la collection J. de Rothschild), ou en ronde bosse (la figure d'Atlas de la bonbonnière, fig. 208) ; soit à un délicat champlevage, la poudre colorée étant déposée dans les cellules, sur de légers paillons d'or, qui, une fois le travail fini, sertissaient les tons éclatants dans un cloisonnement filiforme, comme dans ce parfait envers d'une boîte à portrait (fig. 376), monture d'un luxe infini, et trop peu riche encore au gré des amoureux pour les chères images qu'ils avaient coutume d'emporter dans leurs courses lointaines, ou dans leurs rêveuses promenades.

LIVRE III

# LA TERRE ET LE VERRE

LA FAÏENCE — LA PORCELAINE — LES GRÈS — LA VERRERIE

HISTOIRE DE L'ART DÉCORATIF

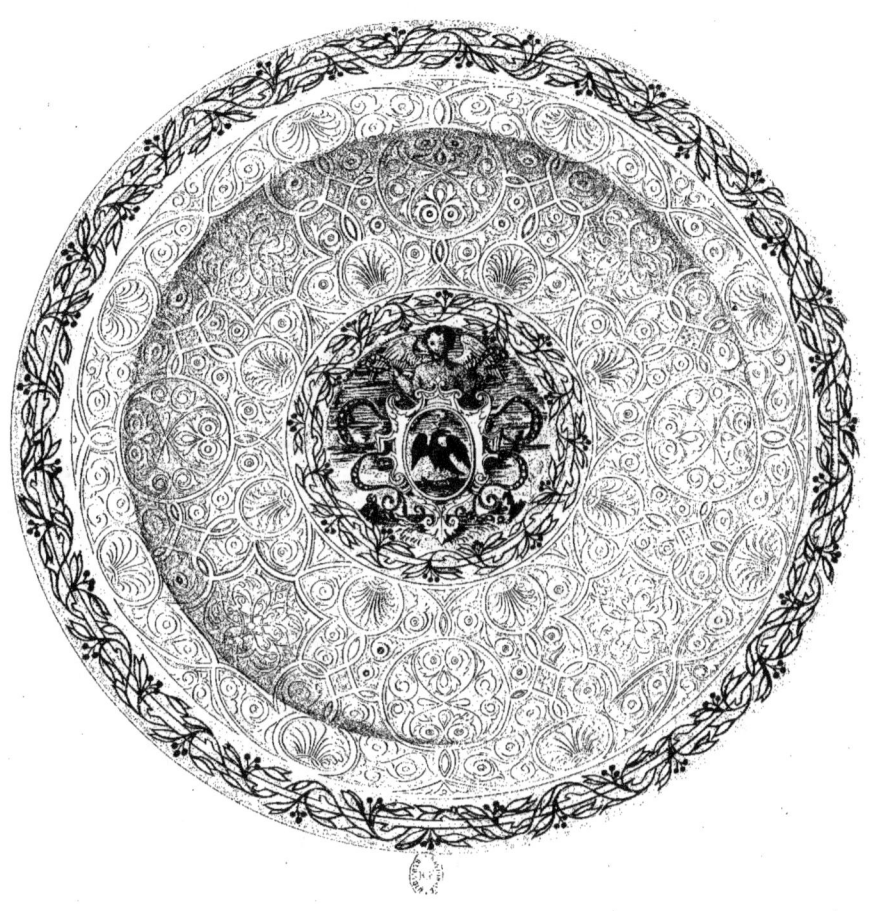

PLAT DE GRAFFAGIOLO — DÉCOR DI SOPRA-BIANCO

# CHAPITRE PREMIER

## LA FAIENCE.

Les Persans et Rhodes. — Les hispano-mauresques.

L'opération (1) qui consiste à prendre la matière à la fois la plus humble et la plus utile, la terre, à la façonner, à la sécher, et enfin à la décorer et à y faire éclore par la flamme les plus éclatantes couleurs, à créer un objet d'usage et de décoration tout en même temps, est une des plus anciennes, mais aussi des plus merveilleuses qu'ait conçues et perfectionnées l'humaine ingéniosité. Elle a été pratiquée dans tant de contrées avec des charmes divers, mais égaux en attrait, que son histoire est la plus vaste, la plus complète entre celles de tous les arts de la décoration. Confuse dans les origines proprement dites, sauf au point de l'érudition pure pour la céramique grecque, elle se présente durant les trois derniers siècles avec une telle abondance de documents que le difficile, dans un travail comme celui-ci, est de se montrer bref en évitant les lacunes.

Ici, moins que jamais, nous ne pouvons entrer dans les discussions sur les œuvres que nous ont léguées les temps antiques, briques émaillées des monumentales décorations assyriennes, vases grecs et étrusques. Cependant il nous est impossible de ne pas étudier deux familles antérieures à notre limite accoutumée : nous voulons parler des faïences de Rhodes et des faïences hispano-mauresques.

Que les procédés de la faïence aient été connus au moyen âge dans tout ce qu'il y a de fondamental, cela ne saurait faire de doute. Nous avons eu l'occasion de parler déjà du moine Théophile, écrivain précis et pénétré, et selon toute vraisemblance, lui-même vaillant et curieux ouvrier d'art. Dans sa *Schedule des divers arts* qu'il faut consulter toutes les fois qu'il s'agit de la technique, il écrit ceci : « Les Grecs fabriquent des plats, des nefs, et d'autres vases d'argile qu'ils peignent de cette manière : ils prennent les différentes couleurs et ils les broient chacune séparément avec de l'eau. Avec ce mélange ils peignent des cercles, des arcs, des carrés qu'ils remplissent d'animaux, d'oiseaux, de feuillages et de toute autre chose, suivant leur goût. Lorsque les vases sont ainsi ornés de peintures, ils les placent dans un fourneau à cuire le verre à vitre et allument au-dessus un feu de bois de hêtre sec jusqu'à ce que, environnés par la flamme, ils soient incandescents. Alors, enlevant le bois, ils bouchent le fourneau. Ils peuvent décorer certaines

---

(1) Il suffira, pour rappeler au lecteur les points principaux de la technique de l'art de terre, de citer ce résumé concis, signé Th. Deck : « La terre étant prête et la pièce façonnée, on met au feu; après cette première cuisson, la pâte s'appelle *biscuit*; c'est un terme inexact, puisqu'il n'y a pas eu à ce moment de double cuisson. — Le biscuit peut être décoré tel qu'il est au moyen de couleurs vitrifiables; la décoration terminée, l'objet est plongé dans un bain qui, après la cuisson, laisse apparaître la décoration colorée; cet enduit se nomme la *couverte*. On l'appelle *vernis* quand il fond à une température moindre et que sa composition est plombeuse. On appelle *glaçures* toutes les espèces de couleurs, toutes les espèces de couvertes et d'émaux. — Mais le biscuit, au lieu d'être décoré comme il vient d'être dit, peut aussi être mis dans un bain terreux ou alcalin, appelé *engobe*; on fait cuire ensuite, puis on décore avec des couleurs vitrifiables et on retrempe l'objet dans un bain de couverte; on dit alors que la décoration est sur engobe et sous couverte. Il y a encore une autre manière qui consiste à couvrir le biscuit par un émail opaque pour cacher la couleur de la terre; on décore sur l'émail non cuit, on met au four et la pièce est terminée; c'est la *peinture sur cru*. — Les pièces mises dans le four sont rarement exposées au contact direct de la flamme; on les place dans des étuis en argile appelés gazettes. — Un objet étant émaillé et cuit peut encore recevoir une décoration supplémentaire au moyen de couleurs cuisant à une moindre température; la décoration étant posée, la faïence est mise dans un *moufle*, qui est une sorte de boîte en terre cuite placée dans une maçonnerie où le feu tourne autour; c'est ce qu'on appelle cuire au feu de moufle, c'est-à-dire à petit feu. » Ajoutons que la supériorité des faïences grand feu sur ces dernières consiste en ce que les couleurs s'y incorporent à la masse, tandis que dans celles à feu de moufle, le décor reste en quelque sorte à la surface et comme pris entre deux verres.

parties de ces vases soit avec de l'or en feuilles, soit avec de l'or ou de l'argent réduits en poudre. » Encore que cette description par quelques points, surtout quant aux procédés, soit incomplète et naïve, elle est, en ce qui touche le style de l'ornementation, d'une exactitude, d'une ressemblance étonnante si on peut dire. Les Grecs dont l'écrivain parle ne sont là, évidemment, que comme intermédiaires, comme reflets des ouvriers de l'Asie, où l'art de la faïence a trouvé son berceau. En peu de mots, Théophile évoque l'idée très nette des décorations orientales, hindoues ou persanes. N'est-ce pas la caractéristique absolue de l'ornementation persane que cette alliance du motif géométrique avec le motif vivant et capricieux emprunté à la nature ? Examinez les admirables carrelages de l'Asie Mineure — à défaut d'autres exemples, le musée de l'Union centrale des Arts décoratifs vous en offrira une très belle collection, — ou prenez un plat, une bouteille sortis des mains de ces anonymes et parfaits décorateurs, vous y verrez ce double caractère, un système de décoration reposant de l'autre et formant avec lui un contraste harmonieux. Voici un plat persan (fig. 377), pris entre mille : le décor sera simplement bleu, rouge et vert sur le fond blanc ; l'arabesque fleurie, ou capricieuse, comme on voudra l'appeler, est réservée pour la partie centrale, l'arabesque mathématique pour la bordure.

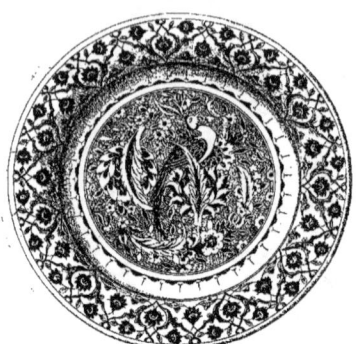

FIG. 377. — PLAT PERSAN.

C'est de la Perse que la décoration des pièces de terre en Europe tire son origine. L'extrême Orient ne manifesta son influence que beaucoup plus tard. Les Arabes d'Asie conquirent la Perse vers le VII<sup>e</sup> siècle et s'approprièrent ces procédés. C'est, d'après une tradition, également par une conquête, que l'île de Rhodes en vint à posséder des faïenceries où l'on exécuta les ouvrages les plus semblables à ceux de la Perse. « Dans une de leurs nombreuses courses contre les infidèles, les galères de l'ordre de Saint-Jean de Jérusalem prirent un jour un grand navire turc, appelé la *Caraque*. Le butin fut très considérable et les prisonniers nombreux. Parmi ces derniers se trouvaient quelques Persans, ouvriers faïenciers, dont les chevaliers de Saint-Jean songèrent à utiliser l'industrie. Dans ce but, ils les établirent à Lindos, où ils formèrent un établissement qui subsista jusque vers le milieu du siècle dernier. Ils choisirent Lindos, parce que dans cette localité on trouvait un sable d'une nature particulière, propre à la fabrication d'un bel émail transparent. »

Les collections du musée de Cluny, extrêmement riches en faïences de Rhodes, possèdent une pièce unique, un plat dont le sujet et la légende viennent confirmer cette tradition. Ce plat est de fond blanc. Au milieu, un homme, en costume persan, coiffé du turban côtelé, tunique rouge ouverte, chausses bleues et bottes rouges. Il tient la main droite sur sa ceinture, et de la gauche porte un double feuillet sur lequel se trouvent des vers persans dont voici la traduction : « O mon Dieu, quelles souffrances ! Qu'ai-je donc fait, mon Dieu, pour être tellement tourmenté et dans l'exil ? Quand y aura-t-il un terme à ces douleurs ? Ce que mon cœur désire, quand

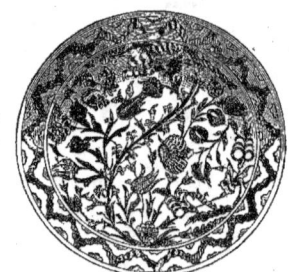

FIG. 378. — PLAT PERSAN.

sera-t-il accompli ? J'aurais encore, ô mon Dieu, à te dire bien des choses, mais comment m'entendras-tu ? Ibrahim dit cela. Voyons quand ses prières seront exaucées. »

Au reste, la tradition que nous venons de mentionner expliquerait suffisamment l'origine de la faïencerie de Lindos, et éclairerait ce phénomène, incompréhensible d'autre façon, d'un art profondément oriental, dans un pays gréco-latin, sous une domination latine, et d'ailleurs sans précédent dans ce pays. Mais, quant à l'extension même de cette industrie, il en faut chercher l'explication dans l'activité d'un des grands-maîtres de l'Ordre, Héron de Villeneuve qui, de 1319 à 1346, avait fait des dépenses considérables pour le relèvement de Rhodes.

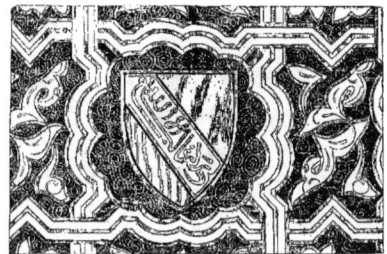

Fig. 379. — AZULEJO DU PALAIS DE JUSTICE, A L'ALHAMBRA.

Les cinq cents et quelques numéros que possèdent les collections de l'hôtel de Cluny ont été habilement et clairement classés par du Sommerard. D'abord les pièces décorées de figures humaines, au nombre desquelles celle que nous venons de citer, puis de ces naïvement délicieuses femmes en longues robes ouvertes sur le devant, et tenant d'une main, dans une attitude penchée, le pur et net calice d'une tulipe. Un de ces plats à figures est charmant de grâce et d'ingénuité ; c'est une scène d'amour : une jeune femme est assise, pinçant de la guitare ; elle est vêtue d'une robe bleue à boutons, ses cheveux sont flottants et surmontés d'une coiffure en cône tronqué ; près d'elle, un jeune homme, vêtu d'une longue robe et coiffé d'un turban blanc, porte les mains à sa poitrine dans un geste passionné. La bordure du plat est de feuilles et de fleurs sur fond blanc. L'ensemble est charmant de naïveté. Il paraît que dans tous ces plats à figures, les ouvriers ont violé les principes du Koran. Il serait aussi regrettable qu'ils les eussent strictement observés que si les Persans, dans quantité de leurs œuvres décoratives, notamment dans leurs admirables miniatures (celles de toutes les productions de l'art humain qui nous semblent avoir atteint la plus grande intensité dans la grâce féminine), n'avaient pas multiplié les figures avec autant de liberté que de bonheur.

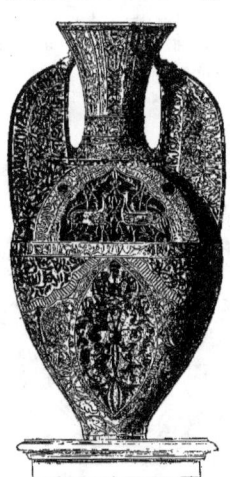

Fig. 380. — VASE DE L'ALHAMBRA.

La seconde famille des faïences de Lindos est celle qui est décorée de motifs d'animaux, de navires, de vases et de motifs d'architecture. De tous, ce sont les plats à navires qui présentent le caractère le plus largement décoratif ; de même que ce sont les pièces à décorations florales qui sont les plus attirantes par la grâce et la souplesse des motifs, par la richesse et l'harmonie des tons.

Il faut citer encore comme très saisissants et très typiques les beaux plats à motifs géométriques, de genre persan : imbrications, tores, oves, entrelacs, chevrons, au milieu desquels la fleur ne joue qu'un rôle secondaire, mais dans des dispositions les plus originales. On citera, entre soixante, le n° 2313, plat rond à fond bleu relevé d'écailles imbriquées. Au pourtour sont quatre grenades vertes, également relevées d'écailles et ayant à leur milieu un fleuron violet ; au centre, une rosace violette avec feuilles bleu turquoise.

Quand on arrive aux décorations purement florales, quel enchantement, quel charme, quelle inépuisable variété! La tulipe, le cyprès, la rose, la jacinthe, l'œillet, tantôt délicatement copiés, tantôt servant de thème à de curieuses variations de forme et de couleur, toujours infiniment séduisantes. Telle était la verve imaginative, la conscience joyeuse au travail de ces exquis ouvriers qu'on chercherait en vain, dans la profusion de ces arrangements, deux décors semblables. Le peintre variait sa composition à chaque pièce nouvelle, et il était payé de sa peine par l'éclatante réalisation de rêves sans cesse inédits. Aujourd'hui, quelques rares artistes de bonne race ont seuls le goût et le courage de faire comme ces humbles et anonymes artisans; encore ont-ils, bien que les prix soient plus élevés vingt fois que ne durent l'être ceux de ces vénérables faïences, bien de la peine à vaincre l'indifférence du public. L'art de terre a fait, en ces dernières années, de passionnées recrues parmi les artistes les plus en vue et les mieux doués. M. Jean Carriès s'est retiré dans la Nièvre pour cuire des grès admirables; M. Delaherche, M. Chaplet ont poursuivi, pour les flambés, l'intensité d'effet si surprenante des produits extrême-orientaux; M. Gallé à Nancy, M. Clément Massier dans les Alpes-Maritimes,

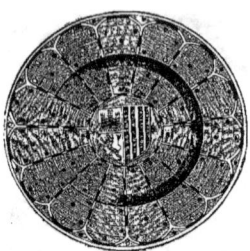

FIG. 381. — PLAT HISPANO-ARABE, PORTANT LES ARMES DE CASTILLE, DE LÉON ET D'ARAGON.

M. Lachenal à Châtillon-sous-Bagneux, ont révélé des efforts très personnels et très divers. Mais pour ces quelques artistes, combien d'usiniers! Mon Dieu, nous ne saurions nous plaindre de cet état de choses; il est sot de s'élever contre les puissantes nécessités de la consommation, contre les vraiment imposants progrès du travail machiné et manufacturé. Mais cela dit, on nous laissera le droit de méditer sur ces profondes paroles de Palissy: « Il vaut mieux qu'un homme ou un petit nombre face leur proufit de quelque art en vivant honnestement, que non pas si grand nombre d'hommes, lesquels s'endommageront si fort les uns les autres, qu'ils n'auront pas moyen de vivre, sinon en profanant les arts, laissant les choses à demi faites. » Si nous accordons volontiers aux grands usiniers notre considération pour l'importance des besoins qu'ils satisfont, la masse des capitaux qu'ils remuent, nous gardons pour les chercheurs désintéressés de choses uniques, toute notre admiration et notre tendresse. Les produits des uns nous sont utiles pour un hâtif et indifférent usage, les autres nous sont chers pour les joies qu'ils nous causent et les méditations qu'ils nous suggèrent. Et d'ailleurs, il semble qu'au milieu des produits uniformes de l'industrie, des œuvres d'art ne triomphent que plus brillamment, dans leur charme et leur rareté.

Ce furent aussi de naïfs et simplement passionnés artisans, que ceux qui ensoleillèrent de reflets cuivreux les faïences classées sous la dénomination d'hispano-mauresques. Tels ils étaient au XVᵉ siècle, tels des

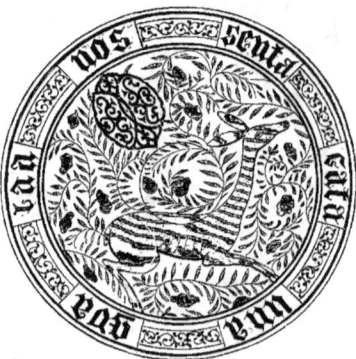

FIG. 382. — PLAT HISPANO-ARABE.

voyageurs virent encore, il y a cent ans à peine, leurs descendants continuant tant bien que mal leurs traditions : « A deux lieues environ de Valence, écrivait Talbot-Dillon en 1780, est un joli village qu'on nomme Manisès, composé de quatre rues; les habitants, potiers pour la plupart, fabriquent une belle faïence de couleur cuivreuse, et ornée de dorures ; les gens de la contrée l'emploient à la fois pour l'ornement et pour les usages domestiques ; elle est faite d'une terre argileuse, fort semblable pour la qualité comme pour la couleur à celle de Valence. »

Plus saisissant encore est le récit de Fischer, voyageur allemand, décrivant sa visite (en 1801) à un fabricant d'ouvrages dorés (*obra dorada*) : « Ce fabricant est un simple *posadero* du nom de Jayme Cassans, qui fait de la faïence à ses moments perdus, quand sa modeste auberge manque de voyageurs. Son outillage est des plus simples, un tour et un four de petite dimension. Sa femme est spécialement chargée de la décoration des pièces, qui sont pour la plupart des tasses, des assiettes et quelques vases de fantaisie, ordinairement d'un reflet cuivreux assez terne, et qui se vendent quelques sous, sauf les tasses dont les reflets sont les plus réussis, parce qu'on les emploie pour juger la qualité du vin, qui laisse plus ou moins voir le fond de la tasse suivant son degré de limpidité. »

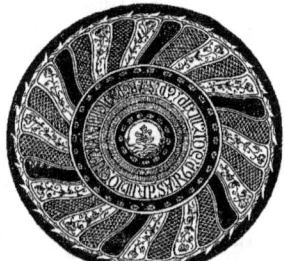

Fig. 383. — PLAT HISPANO-MAURESQUE (DEDANS).

Il nous semble, en remontant la suite des temps, pouvoir évoquer, mise à part la valeur artistique, pareille simplicité de moyens, même aux époques beaucoup plus éclatantes de la céramique espagnole. Le tour et le four de l'humble posadero suffirent aux consciencieux artistes, même à l'époque où ils fabriquaient « des faïences si bien dorées et peintes avec tant d'art qu'elles ont séduit le monde entier à tel point que le pape, les cardinaux et les princes envoient ici (à Manisès) leurs commandes, admirant qu'avec de simple terre on puisse faire quelque chose d'aussi exquis. »

Mais c'est assez insister sur cette consolante vérité que la splendeur artistique n'est point forcément en raison directe de la puissance des moyens employés et de la cherté des matériaux mis en œuvre, sans quoi toute joie esthétique ne serait accessible qu'aux millionnaires. Il nous faut rappeler encore quelques indications historiques. L'histoire des faïences hispano-mauresques a été faite par feu le baron Davilliers, le sagace et désintéressé collectionneur, de façon à n'avoir plus besoin d'être refaite ou même complétée. Le fondateur du musée céramique de Sèvres, Riocreux, avait déjà attiré, dès 1824,

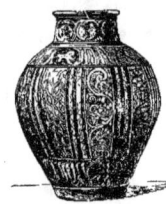

Fig. 384. — VASE SICULO-MAURESQUE.

l'attention sur cette fabrication qu'avant lui on croyait italienne, et que l'on commença à appeler dès lors hispano-arabe. C'est le baron Davilliers qui démontra que le nom d'hispano-mauresque était plus exact, et ce nom fut adopté. M. Davilliers signalait la distinction nécessaire entre les Arabes et les Maures. Les premiers, d'origine asiatique, avaient envahi l'Espagne au commencement du viii<sup>e</sup> siècle et s'étaient établis dans la partie méridionale, d'où ils furent chassés à la fin du xii<sup>e</sup> siècle par les Almoravides venant du nord de l'Afrique. Ceux-ci furent à leur tour chassés par les Almohades, dynastie de princes maures. Les Arabes léguèrent, à la vérité, leur civilisation aux Maures, mais bien que dérivant du style arabe, le mauresque offre avec lui des différences trop tranchées pour qu'on doive les confondre. D'ailleurs, parmi les faïences espagnoles qui nous ont été conservées, il n'est pas une pièce qui remonte au delà du xiv<sup>e</sup> siècle et, par conséquent, qui ait une origine directement arabe.

C'est dans l'île de Majorque que la fabrication fut la plus brillante et la plus considérable et son influence fut telle qu'elle s'exerça jusqu'en Italie, non seulement fournissant à la plus riche consommation, mais encore servant de modèle à l'industrie naissante, et lui donnant jusqu'à son nom. Il est, en effet, infiniment probable et admis de façon unanime que le mot *majolique*, employé par les Italiens pour désigner leur poterie émaillée à l'époque où ils commencèrent à en fabriquer, n'est autre chose qu'une corruption de *Majorque*. Les relations des îles Baléares avec l'Italie, la Sicile, le Levant, étaient actives et assidues. Quant à l'origine de certaines pièces elle est indiscutable. Le plat n° 2691 du musée de Cluny, superbe pièce à reflets métalliques rouges, a souvent exercé les commentaires des érudits : il est orné des armes de la ville d'Ynca, le principal centre de la faïence à Majorque. La marque de ces faïences, au revers, est une roue rayonnante, dentelée ou non, et entourée d'un semis de feuillage.

Un autre centre des plus importants, et peut-être le premier, fut la ville de Malaga. « On fabrique dans cette ville, dit un récit de voyage de 1350, la belle poterie dorée que l'on exporte dans les contrées les plus éloignées. » C'est à la fabrique de Malaga, qui était encore florissante au commencement du xvi° siècle, qu'il faut attribuer le magnifique vase de l'Alhambra, le plus célèbre et le plus beau spécimen de la céramique mauresque du xiv° siècle. Cette admirable pièce mesure 1$^m$,36 de hauteur, 2$^m$,25 de circonférence ; la plus grande longueur de l'anse est de 0$^m$,61. Le vase est à fond blanc, sur lequel se détachent des ornements en bleu de deux teintes et en lustre métallique qui caractérisent la céramique hispano-mauresque. Il se distingue par la richesse des arabesques et des ornements purement géométriques ou appartenant à la convention animale ou florale, ainsi que par le caractère remarquablement décoratif des inscriptions.

La fabrication de Valence et des environs (notamment Manisès, dont nous avons parlé) naquit plus tardivement, et il est probable qu'elle fut due à une importation des produits et des procédés de Malaga. Quoi qu'il en soit, au xvi° siècle, elle prit une importance énorme. Manisès eut entre autres spécialités celle des riches carreaux de revêtement, ou *azulejos*, si célèbres dans toute l'Europe, et pour les Espagnols une sorte de symbole de l'opulence. Sancho Pança, désignant à son maître un pauvre diable, emploie cette locution, qui était d'ailleurs proverbiale : « Celui-là n'aura jamais une maison à azulejos. » Le musée de Cluny possède un superbe document prouvant le droit de Manisès à s'enorgueillir de cette spécialité. C'est une grande enseigne de fabrique de poteries, composée de trente-six carreaux en terre peinte et émaillée de personnages en costumes du xvii° siècle. Ces figures, par leur rapprochement, forment l'inscription : *Fabrica de azulejos*. Elles se détachent en bleu sur le fond blanc.

L'expulsion des Morisques en 1610 eut pour la faïencerie le même résultat que chez nous l'édit de Nantes pour nombre d'industries d'art ; elle lui porta le plus rude coup. Seulement tandis que chez nous ces industries purent se relever et se transformer, en Espagne les magnifiques poteries à reflets cuivrés déclinèrent ; la fabrication se réduisit peu à peu à une production de simples ustensiles de ménage, sans élégance et sans art.

De nombreux centres : Barcelone, Murcie, Tolède, etc., produisirent également au xvi° siècle des faïences à reflets métalliques, mais ils n'ont pas mérité une place spéciale dans l'histoire de la céramique.

A l'art européen d'origine arabe ou mauresque, il faut rattacher certaines faïences de la Sicile, qui y furent fabriquées probablement vers les xv° et xvi° siècles par les Arabes exilés d'Espagne. Le musée de Cluny possède quelques intéressants spécimens de cette poterie dont l'histoire est encore peu précise : ce sont des vases décorés de paons, de gazelles, de fleurons, de palmes, de branchages ou de chevrons de tons bleus ou bruns sur fond bleu grisâtre, ou blanc, avec parfois des reflets métalliques.

Il nous suffira d'avoir ainsi sommairement esquissé l'histoire des plus intéressants produits de poterie d'art qui précédèrent la fabrication célèbre et brillante que pendant longtemps les amateurs considérèrent comme la plus parfaite expression de l'art céramique : nous avons nommé la faïence italienne.

HISTOIRE DE L'ART DÉCORATIF

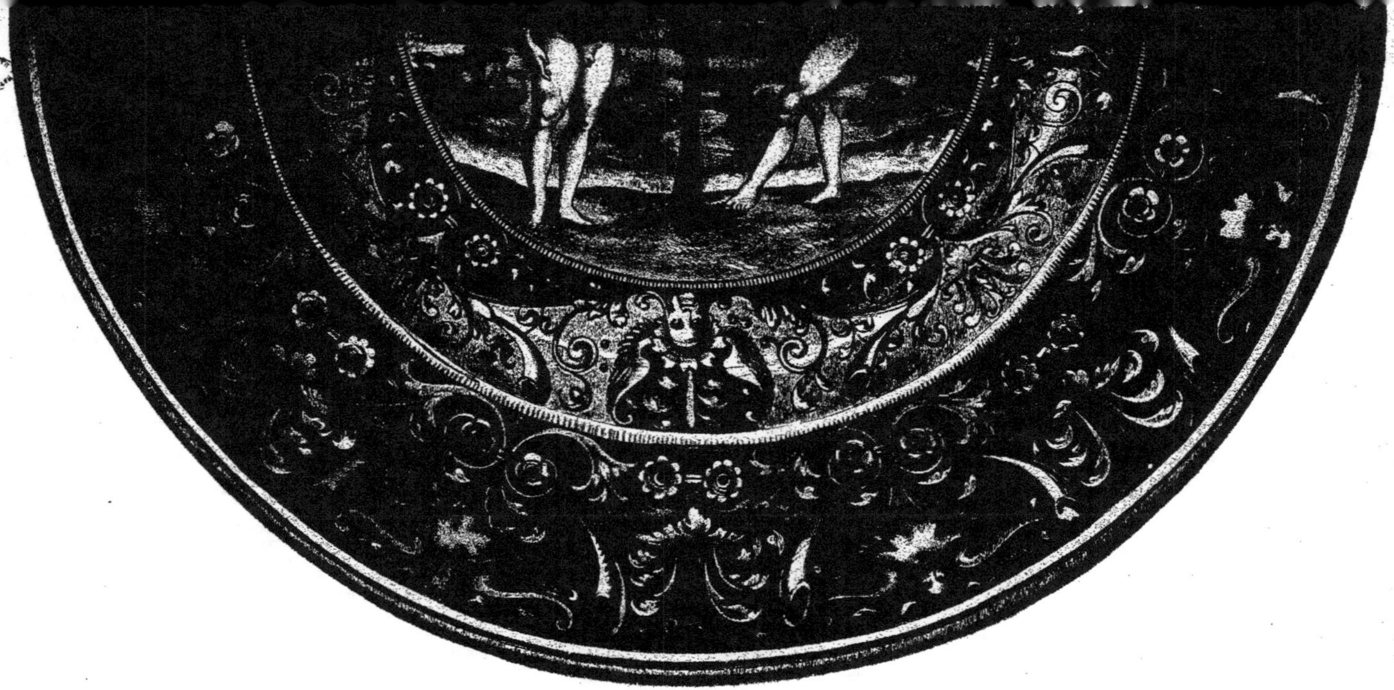

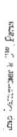

PLAT DE CHAFFAGIOLO

XVIᵉ SIÈCLE

# CHAPITRE II

## LA FAIENCE (Suite).

Les grandes écoles d'Italie. — Les Della Robbia. — La fée polychrome. — Maestro Giorgio. — La décoration céramique.

« Luca della Robbia, dit Vasari, chercha le moyen de peindre des figures et des compositions sur des carreaux de terre cuite pour donner la vie aux porcelaines et en fit l'essai sur un médaillon qui est au-dessus du tabernacle des Quatre-Saints, sur les murs d'Or-San-Michele ; la surface est plane. Il y a figuré, en cinq motifs, les instruments et les insignes des arts de la construction avec de fort beaux ornements. Dans l'ornementation des pilastres du tombeau de Benozzo Federighi, évêque de Fiesole, il a peint à plat certaines guirlandes avec des bouquets de fruits et de feuillage si vifs et si naturels qu'avec un pinceau on ne ferait pas mieux en un tableau à l'huile. Il avait commencé à faire des compositions et des figures peintes à plat et j'en ai vu quelques morceaux dans sa maison. » Le grand artiste dont on inscrit le nom au seuil de toute histoire de la faïence italienne nous offre un curieux exemple d'évolution dans l'activité intellectuelle d'une individualité.

Né à Florence vers 1400, il fut tout d'abord élève d'un orfèvre célèbre, le Florentin Léonard. A l'âge de quinze ans, Luca fut chargé avec quelques-uns de ses camarades d'aller exécuter à Rimini les figures et ornements de marbre commandés, pour la chapelle de Saint-François, par Sigismond Pandolfe Malatesta. De retour dans sa ville natale, il exécuta les plus importants et les plus beaux travaux : la décoration en marbre de la tribune de l'église Santa Maria del Flore ; ces délicieux chœurs d'enfants, également en marbre, bas-reliefs dont tout le monde connaît l'ineffable grâce ; puis, encore pour la même église, les portes en bronze de la sacristie. Soudain, il abandonne le bronze et le marbre qui lui avaient valu sa gloire, et il s'adonne avec passion à la mise en œuvre d'une autre matière : « Considérant, dit Vasari, que la terre se travaille facilement et avec peu de fatigue, et qu'il restait seulement à trouver un moyen d'assurer sa conservation et de lui assurer une sorte d'éternité (*faceva l'opere di terra quasi eterne*), après de nombreuses expériences, il résolut de la couvrir d'un émail fait avec de l'étain, du cuivre, de l'antimoine et d'autres minéraux et mélanges cuits au feu de four. » Comment s'expliquer qu'un pareil maître abandonne tout d'un coup la transparence exquise du marbre, la fière sonorité, l'austère et chaude patine du bronze, pour s'absorber à pétrir la terre humble, et chercher pour elle des parures colorées ? Vasari croit nous l'expliquer, et il nous donne, en effet, la raison apparente, mais il n'entrevoit pas la vraie, l'intime, la passionnée raison de cet avatar. « Si donc, dit-il, Luca a passé d'un travail à un autre, du marbre au bronze et du bronze à la terre, ce n'a point été par paresse, ni qu'il fût, comme beaucoup d'autres, fantasque, inconstant et mécontent de son art ; c'est qu'il se sentait entraîné par sa nature vers les choses nouvelles et qu'il avait besoin d'un travail en rapport avec ses goûts, moins fatigant et plus lucratif. Il a enrichi le monde et les arts d'une invention utile et très belle ; il a conquis pour lui-même la gloire et l'immortalité. » Oh ! pour cette dernière partie de l'éloge, nous ne saurions y contredire. Quant à la raison, il nous semble que c'est non dans des considérations d'intérêt matériel, mais dans un pur et ardent sentiment qu'il la faut chercher. Il est une fée qui préside aux arts de la matière : infiniment variée et souriante, elle broie des fleurs, des métaux et des pierres précieuses ; elle les sème en éblouissements. Sous ses doigts, tous ces enchantements, tirés informes de la terre, reprennent, grâce à de savantes opérations, toute la délicatesse originelle de la fleur, l'éclat du métal, le ton profond et caressant des gemmes. Par le feu, par les réactions longuement combinées, par les mélanges anxieux, dont elle n'ose même pas escompter l'effet, soudain tout brillera de gaîté et de jeunesse. Dès qu'elle est venue toucher du doigt le front d'un artiste, dès qu'elle est venue cohabiter dans son atelier, il est pris à jamais par ses séductions. Avant, il pouvait se complaire dans l'austère recherche de la ligne, dans l'abstraite monotonie des blancheurs du marbre, des brunes patines du bronze ou du chêne ; une fois qu'il a entrevu cette séductrice, une fois qu'il s'est laissé aller aux facilités de ses joies, il lui sera désormais esclave. Cette fée, c'est l'enivrante polychromie. Elle n'est pas tout l'art, mais elle est une de ses parures les plus riches et les plus attirantes. L'artiste qui l'a entrevue l'épouse à jamais. Luca della Robbia avait épousé la fée Polychromie.

Que l'on n'objecte pas que la plupart des œuvres qui nous ont été transmises de lui ne présentent guère que les tons du blanc, du bleu, et du jaune, parfois du brun et du vert. Le passage de Vasari est formel : « Il a peint à plat certaines guirlandes... et feuillages si vifs et si naturels qu'avec un pinceau on ne ferait pas mieux en un tableau à l'huile. »

Fig. 385. — Frise reliefs blancs, sur fond bleu, attribuée a André della Robbia.

afférente, qu'indique fort bien M. H. Barbet de Jouy dans son ouvrage *les Della Robbia*. Elle est tirée des tendances mêmes de l'architecture ambiante. Tant il est vrai que pour les œuvres d'art complètes tout concourt à déterminer et à seconder le choix de leur auteur.

Il est encore une raison « Ce ne fut pas sans raison, dit M. Barbet de Jouy, que Luca anima par quelques couleurs, mais il n'en fut jamais prodigue, ses sculptures émaillées ; les masses toujours grandes de l'architecture florentine sont particulièrement sévères, et les assises de pierre, alternativement blanches et noires, produiraient souvent l'effet d'une tenture de deuil, si les mosaïques n'avaient animé les monuments du moyen âge d'un éclat tempéré par les règles du goût. Au XV siècle, l'art des mosaïstes allait s'éteindre ; aux places mêmes qu'un architecte habile lui eût livrées, Luca apposa ses bas-reliefs colorés. »

Au point de vue simplement technique, Luca della Robbia a l'honneur d'avoir sinon inventé, du moins songé le premier, en Italie, à appliquer l'émail aux ouvrages de haut relief, pour leur donner l'éclat en même temps qu'il leur assurait la durée. Où en avait-il trouvé l'idée ? Probablement chez les Maures établis en Sicile, dont nous avons mentionné les œuvres au chapitre précédent. C'est du moins l'opinion de plus d'un érudit, notamment de M. Alfred Darcel. « La gloire de Luca della Robbia, dit-il, est assez grande pour n'avoir rien à perdre si on lui enlève l'honneur d'avoir retrouvé en Italie la couverte stannifère que les Maures d'Espagne appliquaient depuis longtemps à leurs poteries ; nous ne croyons pas même que Luca della Robbia ait importé celle-ci. Ses produits, considérés au point de vue spécial de l'émail, sont trop parfaits pour provenir d'un premier essai dans un art qui aurait été complètement inconnu. D'ailleurs les faits et l'histoire s'accordent à nous montrer que les potiers maures de l'Espagne étaient parvenus à une grande habileté dès le XIII siècle, et qu'ils faisaient sur les côtes de la

Méditerranée un commerce considérable de leurs produits. Qu'y aurait-il d'étonnant à ce que des ouvriers se fussent établis d'abord dans la Sicile que les Maures possédaient de 825 à 1072, où l'on a cru reconnaître des vestiges de fours à poteries, et que plusieurs d'entre eux, y séjournant sous les princes normands, eussent passé plus tard sur le continent? »

Quoi qu'il en soit, l'application de l'émail à base d'étain aux ouvrages de terre, telle que la pratiqua Luca della Robbia, eut une influence considérable sur le développement de l'art céramique en Italie.

Luca della Robbia mourut en 1481. Parmi ses œuvres les plus importantes, il faut citer les bas-reliefs du Dôme de Florence, ceux de San Miniato, ceux de la Chapelle dei Pazzi, etc. Le musée du Louvre possède de lui et de son école divers morceaux intéressants. Quant au musée de Cluny, il s'enorgueillit d'un grand bas-relief en faïence émaillée bleu et blanc avec rehauts d'or, l'*Adoration*; puis encore de deux grands bas-reliefs provenant de la Chapelle dei Pazzi: l'un représente la *Tempérance*, l'autre la *Foi*. Les figures, en haut relief, s'y détachent en blanc sur fond d'azur; la bordure est formée d'une guirlande de fleurs et de fruits en couleur. Au même musée, outre diverses œuvres intéressantes de son école, il faut noter

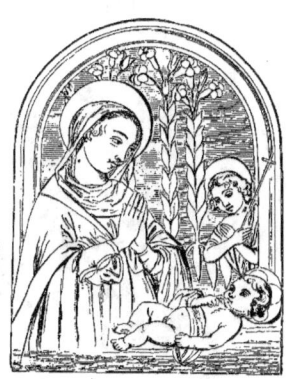
Fig. 386. — SAINTE FAMILLE, FAÏENCE DE LUCA DELLA ROBBIA.

un délicieux buste de jeune homme, figure blanche et tunique bleue, une Vierge tenant l'enfant Jésus, et un porte-flambeau, ayant la figure d'un Ange, la tête et les mains étant en terre cuite sans émail. Enfin chez une collectionneuse de Paris, Mme Lelong, une des pièces les plus considérables de son œuvre, un bas-relief de grandes dimensions, provenant de Florence et représentant Adam, Ève et le Serpent.

Nous venons de parler de l'école de Luca; les principaux représentants en sont: Andréa, son neveu et son héritier, puis les trois fils de celui-ci. Andréa conserva intacts ses secrets techniques, mais donna quelque peu plus d'emphase à son style. Des trois fils, l'un, Giovanni, reste à Florence, les deux autres, Luca et Girolamo, viennent en France où ils contribuent à la décoration des châteaux de Madrid et de Fontainebleau. Si le temps nous a transmis saine et sauve la majorité des émaux de Courteys qui décoraient la façade de la royale résidence, les faïences des della Robbia ont disparu. Il ne nous en reste que certaines mentions dans les comptes royaux, par les paiements faits à « M. Jhérosme de la Robie, esmailleur et sculpteur florentin ». Les faïences de Madrid existaient encore très vraisemblablement au XVIIe siècle, et c'est d'elles que parle sans doute un récit de 1650: « Les matériaux dont le château est construit sont principalement des terres peintes comme des porcelaines de Chine ou *chinaware*, dont les couleurs sont très fraîches mais fragiles; on voit des statues et des bas-reliefs entiers dans ce même genre, des cheminées et des colonnes, à l'intérieur comme à l'extérieur. » Ainsi se sont bien plutôt émiettées, sous la pioche des démolisseurs, les œuvres auxquelles l'éternité était prédite, que leurs « fragiles couleurs » ne se sont évanouies sous l'action du temps.

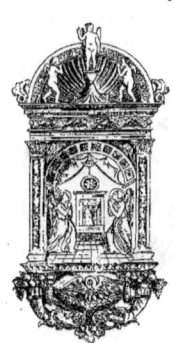
Fig. 387. — RETABLE DE LUCA DELLA ROBBIA.

Parmi les plus typiques et les plus intéressantes faïences italiennes du XVe siècle, il faut citer celles de Chaffagiolo, qui pourtant semblent avoir été ignorées des plus anciens historiens italiens de l'art de terre : Piccolpasso (*Les trois livres de l'art du Potier*, 1548) et Passeri (*Histoire des Majoliques*, 1754). On les avait jusque-là confondues avec les produits de Faenza. Mais des ténèbres enveloppent cette lointaine fabrication. Il n'est jusqu'au nom même de la localité qui ne se trouve sujet à des variations sur les pièces marquées et datées : c'est tantôt Cafagioli, tantôt Chaffagiolo, ou encore Caffagiullo. Peu importe

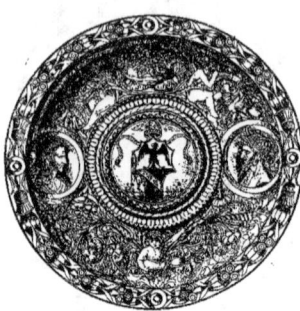

Fig. 388. — PLAT DE CHAFFAGIOLO.

d'ailleurs. Nous n'avons à signaler que la largeur de la décoration et la vivacité du coloris. Les faïences de Chaffagiolo se distinguent principalement, outre leur marque spéciale, par des tons bleu lapis employés comme fond, et certains orangés très éclatants. Le Louvre possède des carreaux peints, des coupes, des pots de pharmacie. Entre autres pièces du Musée de Sèvres, il faut citer une plaque datée de 1477, une des plus anciennes connues avec celle du musée de Cluny, décorée d'un coq et qui porte la date de 1466. Les collections du Sommerard sont d'ailleurs relativement riches en Chaffagiolo du XV° et du XVI° siècle. Certains plats à figures sont à citer comme très caractéristiques. L'un, d'un style tout différent, est des plus intéressants : il date du XVI° siècle, et est aux armes de Léon X. L'ornementation consiste en dessins

bleus sur fond blanc, avec au centre un buste de Néron et sur la bordure deux écussons aux armes du pape. Le revers est d'une élégante décoration ; la face extérieure de ce plat en forme de drageoir porte en toutes lettres le nom *Cafagioli* placé dans une banderolle entourée de ronces. Ce plat rappelle par les devises qu'il porte sur la bordure : S.P.Q.R. et S.P.Q.F. l'alliance de la République florentine avec Rome.

Il faut réserver également, parmi les anciennes fabriques italiennes, une place spéciale à Deruta, un des faubourgs de Pérouse. Tandis que les produits précédents sont riches et tranchés, au contraire, ceux-ci présentent une douceur charmante, des reflets nacrés, suaves et caressants. La fondation de la fabrique de Deruta est attribuée à Agostino di Antonio di Duccio, élève de Luca della Robbia, qui travaillait vers le milieu du XV° siècle. L'élégance du style est remarquable, et le dessin des ornements et des personnages est délicat. Cette fabrique dura au moins jusque vers le milieu du XVI° siècle. Le Louvre et Sèvres en présentent des spécimens recommandables. A Cluny, on sera séduit par la coupe 2823, en camaïeu bleu à reflets métalliques et rehauts d'or, représentant Diane et Actéon ; par la coupe en forme de drageoir (2826), avec figure de louve, médaillons d'empereurs et attributs de guerre, également de fond bleu à reflets ; enfin par une exquise corbeille ronde à bossages (2830), avec un camaïeu représentant un jeune homme et une jeune fille en costumes élégants.

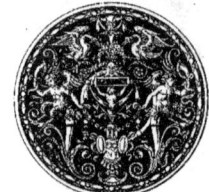

Fig. 389. — ASSIETTE DE CHAFFAGIOLO.

Nous arrivons à un des plus célèbres centres de la céramique italienne : à celui dont le nom chez nous est devenu générique de toute une branche de l'œuvre de terre : Faenza. Pourquoi les ouvrages de *faïence* n'ont-ils pas pris toute autre appellation ? Il est plus d'un de ces baptêmes hasardeux et peu concluants dans toute histoire ; et il est à peu près acquis que la fabrication de Faenza ne remonte pas à une date aussi ancienne que celles de Chaffagiolo, Deruta, ou d'autres encore. D'ailleurs les poteries

HISTOIRE DE L'ART DÉCORATIF

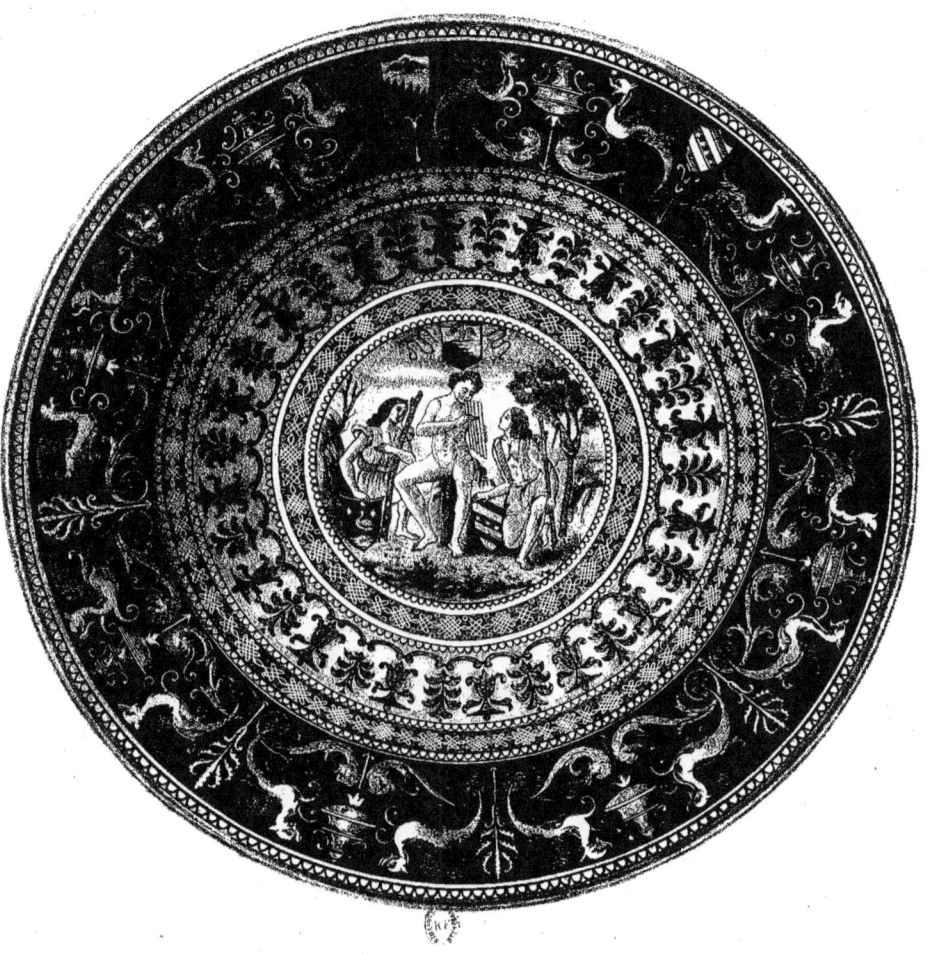

PLAT DE FAENZA

XVIe Siècle

émaillées de Faenza comptent parmi les plus éclatantes, les plus bariolées, les plus chantantes, si on peut dire, qu'ait produites l'Italie. Si nous employons cette épithète musicale, c'est qu'elle rend bien, suivant nous, le caractère d'une grande partie de l'art italien. Il est, les maîtres exceptés, avant tout facile et mélodique, il coule avec l'abondance, la facilité, et la souplesse d'une vocalise exécutée par un chanteur habile. Lui demander la moindre profondeur, quelque peu de la passion concentrée serait le méconnaître. Il n'est point venu du cœur, et par conséquent il ne pénètre point au cœur. Il peut plaire par un éclat superficiel, mais à la condition toutefois de ne s'être point voué aux goûts de méditation, ni d'avoir étudié les œuvres qui vont plus au fond de l'humanité et s'imprègnent plus ardemment de la nature. C'est pour cela que les Italiens sont de clairs décorateurs, qui étourdissent mais ne font pas penser. Ces qualités, brillamment négatives, se retrouvent aussi bien dans la fresque d'un Véronèse que dans l'anonyme assiette d'un potier de Faenza. Est-ce à dire qu'il faille se priver des faciles jouissances que cet art nous offre ? Ce serait folie.

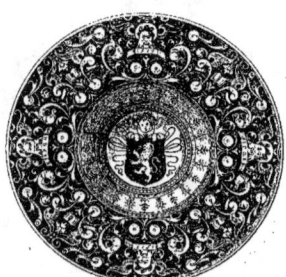

FIG. 390. — ASSIETTE DE FAENZA.

On pense avec Rembrandt, on est en joie avec Tiepolo ; on considère un pot en majolique de Faenza comme une œuvre superficiellement éclatante et noble, et, au contraire, telle pièce d'un de nos contemporains, ou mieux encore d'un des grands potiers japonais, Ninseï ou Kenzan, comme une œuvre de pensée et d'amour. On nous accusera peut-être de n'avoir pas de système et de recommander les œuvres les plus disparates, les tendances les plus opposées. Il faudrait, avant que nous reconnaissions avoir tort, qu'on nous démontre que le beau se manifeste d'une seule façon, et que tous les hommes (nous entendons ceux qui ont quelque raffinement et sens de l'art) doivent sentir, penser et produire de la même manière. Cette démonstration n'ayant jamais été réussie jusqu'à présent par les prôneurs du beau absolu, nous continuerons de goûter les œuvres réussies à mesure qu'elles se présentent sur notre chemin, et nous plaindrons ceux qui ne savent voir que par une seule fenêtre.

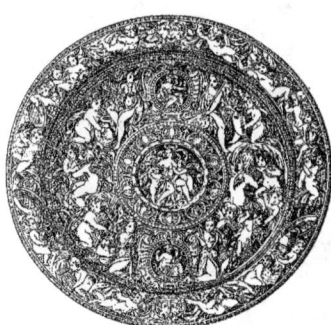

FIG. 391. — PLAT D'URBINO.

Toute exubérante et d'un charme à fleur de peau que soit donc une poterie de Faenza, elle n'en est pas moins agréable au regard. Nous entendons les très belles pièces, car rien n'est insupportable comme les spécimens de la fabrication courante et surtout les abominables redites dont on a empoisonné les boutiques de marchands de bric-à-brac, et les collections plus prétentieuses que raffinées. Dans les pièces de choix, le bleu et l'orangé dominent dans une riche harmonie, non fatigante toutefois à cause de la douceur des teintes. Quant aux formes, elles sont élégantes et simples ; ce sont de belles vasques, des plats ronds ou ovales, des drageoirs, des corbeilles à godrons, à festons, des plaques de revêtement, des pots de pharmacie, etc.

Les décorateurs de Faenza ont affectionné la décoration du genre grotesque ; masques dont la barbe se continue en rinceaux et en acanthes ; génies ailés jouant parmi des branchages ; chimères, figures allégoriques, mufles et griffes de lion, etc. Outre les spécimens que nous donnons de Faenza, on pourra citer à Cluny comme exemple très caractéristique un grand plat ovale, décoré de cinq médaillons représentant des sujets de chasse et de pêche. Le médaillon du milieu représente la Pêche. Le Fleuve, assis près de la Source, tient dans sa main la corne d'abondance de laquelle découlent tous les biens de la terre; près de lui plusieurs pêcheurs, dans l'eau jusqu'à mi-jambes, plongent et retirent leurs filets. Les quatre sujets qui entourent le médaillon sont: la Chasse à pied, la Chasse à courre, la Chasse à l'arbalète et la Chasse au filet. Ces motifs sont séparés par des mascarons en relief et des encadrements éclatants ; la bordure du plat est formée par des arabesques extrêmement riches, composées de génies et d'attributs de chasse, de musique et de guerre. Le revers du plat est décoré d'une figure de Neptune au milieu d'un encadrement en relief, entouré de génies et de divinités marines. Les fabriques de Faenza, dont on trouve déjà des traces au milieu du xv⁰ siècle, eurent leur plus belle activité dans le courant du xvi⁰ ; bien qu'elles ne soient pas encore détruites à l'heure présente, depuis elles n'ont produit que des redites et nous venons de nous expliquer à ce sujet.

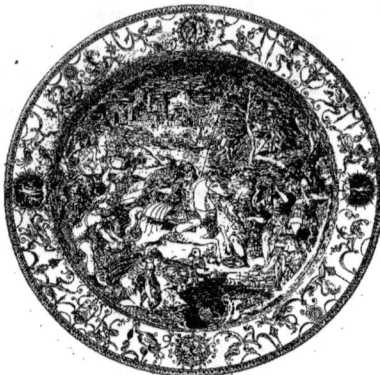

FIG. 392. — PLAT D'URBINO.

Si les États pontificaux ont Deruta, la Toscane Chaffagiolo, les Marches Faenza, le royaume de Naples Castelli, la Vénitie Venise, le duché d'Urbin s'enorgueillit d'Urbino, de Pesaro, de Castel-Durante, de Gubbio, c'est-à-dire de la plus brillante réunion des centres de la majolique. Guido Durantino, Xanto Avelli

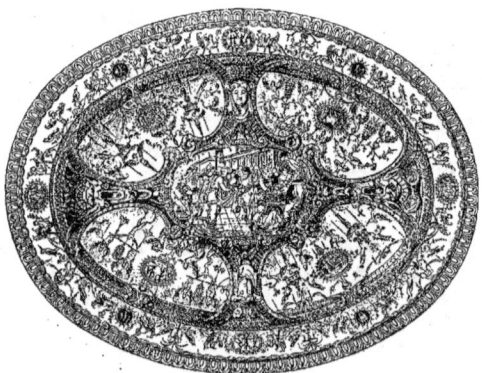

FIG. 393. — PLAT D'URBINO.

de Rovigo, Orazio Fontana, Piccolpasso, Maestro Giorgio Andreoli, sont les maîtres qui jettent à profusion les décors ingénieux et d'une vivacité harmonieuse sur les formes sveltes de la poterie italienne. Il n'est pas sans curiosité, avant de caractériser les tendances de chacune de ces grandes écoles, de donner l'énumération de ces formes diverses et aussi de certaines décorations consacrées, éléments que varia à l'infini la verve de chaque artiste.

Les plus grands d'entre ces décorateurs semblent s'être peu souciés d'inventer des formes nouvelles, de calculer des profils. Nous ne saurions recommander cette insouciance comme un exemple à suivre, mais hantés seulement par les passions de coloristes, des artistes tels que maestro Geronimo, maestro Giorgio, Xanto, etc., prirent la première surface venue pourvu qu'elle fût suffisamment ample, simple et commode. Aussi affectionnèrent-ils le *piatto* ou plat, qui varie entre le disque presque plan et le bassin concave. Tantôt le sujet partant du centre se poursuit et déborde sur le marli ; tantôt, au contraire, celui-ci forme une bordure d'arabesques et de trophées encadrant le sujet central. Quoi qu'il en soit, cette forme large et unie se prêtait le plus complaisamment du monde aux compositions développées, aux arrangements épanouis.

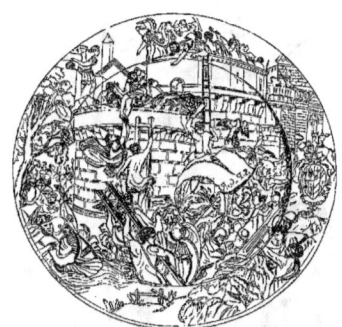

Fig. 394. — PLAT DE MAJOLIQUE, ASSAUT DE LA GOULETTE.

Les assiettes avaient des dimensions variées et quelques différences de formes. Parmi les plus usitées la *scudella*, sorte de coupe sur pied très bas, avec rebord doucement recourbé en dehors ; le *tondino* à bord large et à centre profond, qui servait à présenter des épices ou des fruits, ou parfois encore à porter un verre de liqueur ou de vin étroitement maintenu dans cette cavité.

Quant aux vases, la silhouette en variait à l'infini ; les vases de pharmacie affectent les formes parfois les plus bizarres, mais présentent presque toujours de larges surfaces à décorer.

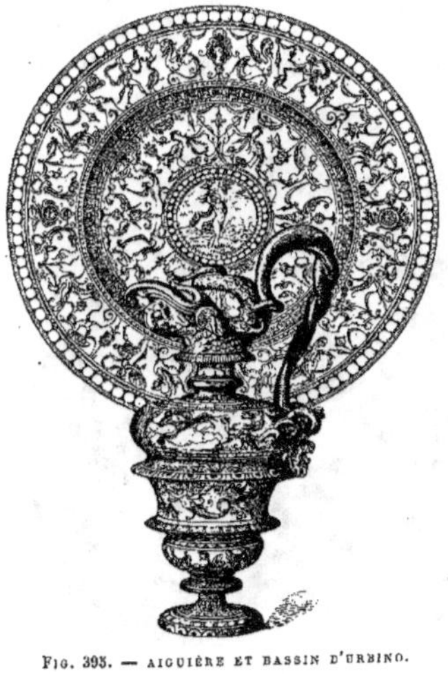

Il faut mentionner encore les *fiaschini* ou bouteilles aplaties que les pèlerins transportaient en voyage au moyen d'une corde ; l'aiguière et la cruche, dont nous avons parlé déjà d'autre part, et qui prêtaient à des applications de motifs en relief, anses, godrons, etc., les cuvettes (*bacini*) et les tasses. Venaient encore les fontaines d'appartement, les vasques pour les jardins. La verve des modeleurs et des décorateurs de terre s'exerça de plus sur une foule d'objets à emblèmes et à devises, pupitres, encriers, bénitiers, bouteilles magiques et facétieuses. De certaines on pouvait faire couler en même temps le vin et l'eau ; d'autres étaient combinées de façon à recevoir plusieurs espèces de vins ; des tasses étaient couvertes en dedans et en dehors de grappes en relief que l'on vidait en suçant un trou pratiqué dans l'anse, etc., etc. Il y avait encore les salières, les saucières, les drageoirs, les soupières, les coquetiers.

Fig. 393. — AIGUIÈRE ET BASSIN D'URBINO.

Tous ces objets étaient d'usage courant ou s'envoyaient comme présents. C'est ainsi que, comme galant memento, les soupirants envoyaient de ces plats à portraits, baptisés du joli nom d'*amatorii* où, dans une banderolle, se développait le nom de l'aimée, précédé d'une enthousiaste épithète : on voit en abondance dans les collections ces *bella Hippolyta*, *Minerva bella*, *Cecilia diva*, *Philomela bella*... Souvent aussi des sujets allégoriques, cœurs transpercés, mains unies, autels enflammés sont accompagnés de sentimentales devises, de sentences morales, d'amoureuses supplications. Il paraît (et on le croit sans peine) que parfois les belles destinataires étaient quelque peu dédaigneuses. On voit à Sèvres un de ces *amatorii* que, par dérision (par dépit peut-être), la cruelle avait, en le perçant d'un trou central, transformé en souricière. Mentionnons enfin une sorte de curieux service, à l'usage des dames en relevailles (*vasi puerperi*). C'était un ensemble de sept à huit pièces de grandeurs différentes, et qui s'adaptaient les unes dans les autres : par exemple, une soupière (*tazzone da zuppa*), une tasse à bouillon (*tazza da broda*), un coquetier (*bacinetto da uova*), etc. Ces diverses pièces se rangeaient sur une petite table près du lit, et après le repas, étaient remises dans l'ordre. Elles étaient, cela va sans dire, revêtues de sujets appropriés, scènes de mœurs ou épisodes tirés de l'histoire ancienne, relatifs aux naissances, aux enfances, aux maternités célèbres.

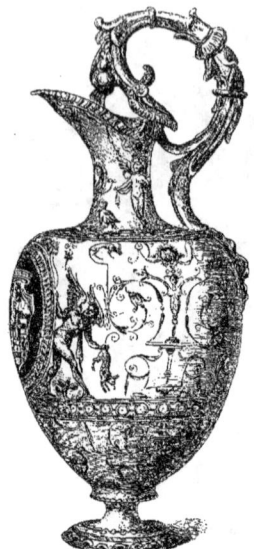

FIG. 396. — AIGUIÈRE D'URBINO.

En effet, l'ingéniosité parfois puérile de tous ces décorateurs s'appliquait à trouver quelque allégorie ou quelque aventure en rapport avec l'usage de l'objet. C'est ainsi que sur les coupes, aiguières, seaux à rafraîchir, et généralement toutes pièces destinées à recevoir de l'eau, on voyait des divinités marines, Vénus sortant de l'onde, Neptune et son trident, les Tritons avec leur conque, Moïse frappant le rocher, le Déluge, etc. Sur les plats à fruits, des scènes de vendanges, la déesse Pomone. Les scènes variaient également avec le caractère de la personne à laquelle l'objet était destiné. Par une flatterie plus ou moins voilée, plus ou moins délicate, on offrait à un prince ou à un grand seigneur les exploits de David, de Salomon, d'Alexandre, de César; à un prélat, saint Paul prêchant devant l'Aréopage ; à une personne de dévotion quelque saint en prières, ou quelque pieux ermite en mortifications. Ainsi se manifestaient la déférence, le désir de plaire, chez ce peuple partagé entre les préoccupations littéraires et le contentement de vivre.

Indépendamment de ces compositions à personnages, ou concurremment avec elles, toute une série de motifs existait, que l'on trouvait pour ainsi dire tout faits, et que l'on

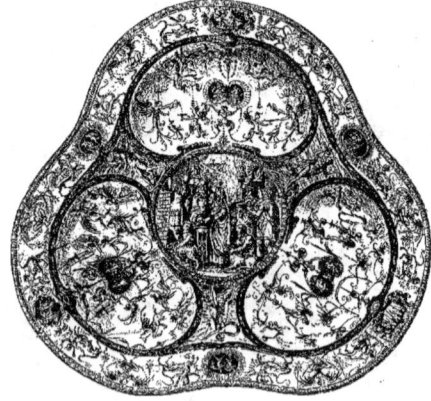

FIG. 397. — PLATEAU D'URBINO.

combinait à son gré. On trouvera dans toute histoire de la céramique italienne l'énumération de ces

HISTOIRE DE L'ART DÉCORATIF

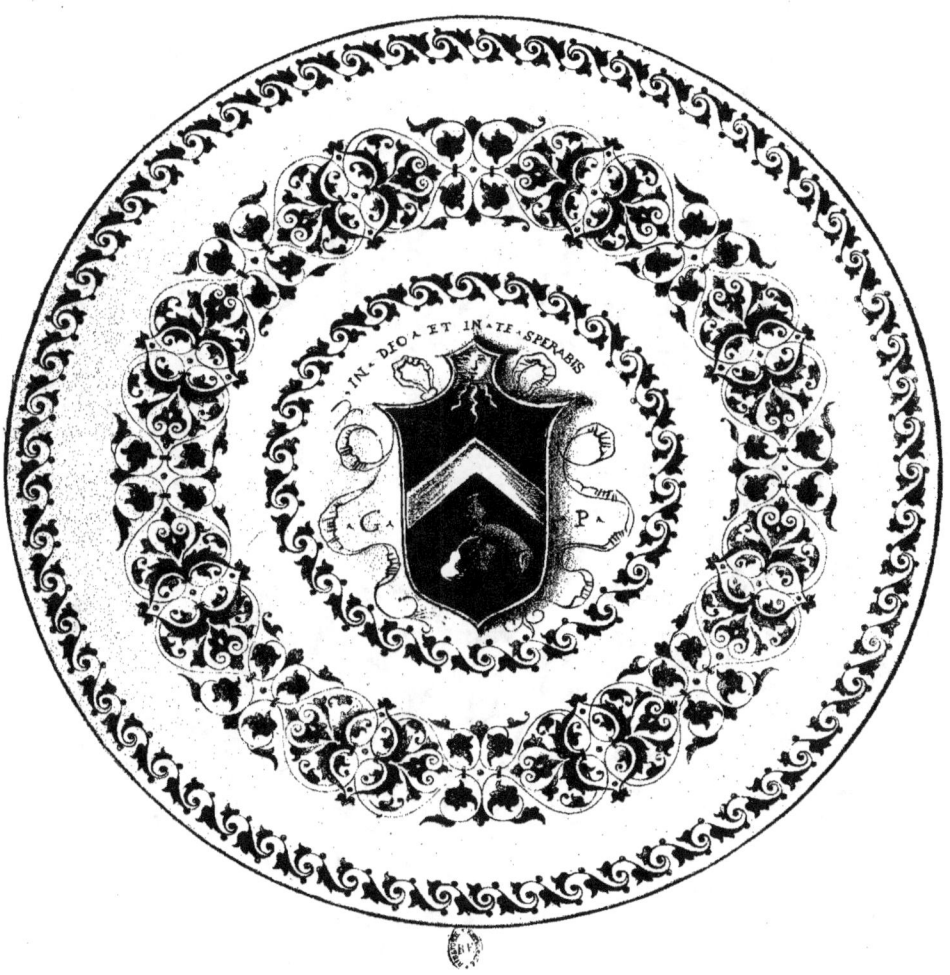

PLATEAU ITALIEN
XVIe SIÈCLE

feuilles, de ces grotesques, de ces trophées, de ces fruits, qui se vendaient et s'appliquaient à la douzaine.

Il serait aussi naïf de se pâmer d'admiration devant ces jolies banalités que devant tel ou tel de nos services ordinaires. Ces assiettes n'ont pour elles que leur antiquité, leur âge déjà vénérable, mais ce ne sont pas forcément pour cela des œuvres d'art; il y manque presque toujours l'émotion, et la préoccupation de la nature y est chose à peu près inconnue. Il sera donc bon de distinguer entre l'œuvre vraiment artistique d'un Giorgio Andreoli, ou d'un Xanto, et l'assiette décorée *à la duzena*. Il suffira de voir dans cette dernière catégorie de pièces les spécimens curieux, estimables, de fabrications disparues, mais non de modèles à imiter. La guerre a été faite à ces admirations de commande, à cette fausse conception d'un art, et on ne saurait trop répéter que dans la céramique le *décor* proprement dit, emprunté tout uniment à la peinture et à ses procédés, n'est souvent qu'un contre-sens. Il faut avant tout que la matière soit si belle, si réussie qu'elle constitue à elle-même son propre décor. Hors de là on ne fera que de mauvaise peinture sur de la médiocre céramique.

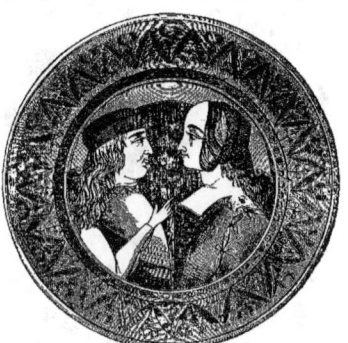

Fig. 398. — PLAT DE PESARO.

Et puisque nous sommes en train de faire cette réserve sur certains côtés de la céramique italienne, poussons jusqu'aux compositions plus relevées, aux scènes historiques et allégoriques, dont les harmonies en jaune majeur avec modulations en bleu s'étalèrent sur les plats et les vases d'Urbino. Nous lisons dans le *Raphaël* de M. Eugène Muntz cet intéressant renseignement : « On a cru longtemps que Raphaël avait défrayé de modèles la céramique et que les fabricants d'Urbino et de Gubbio lui devaient le dessin de ces superbes majoliques, aujourd'hui recherchées à l'égal des tableaux de maîtres. Un auteur du xviie siècle, Malvasia, lui en a même fait un crime. Il s'est oublié jusqu'à traiter le plus grand des peintres de misérable potier (*quel boccalojo di Urbino*). Plus récemment, Louis Achim d'Arnim a édifié sur cette donnée un roman ingénieux. Passavant encore s'est vu contraint de discuter sérieusement une tradition qui avait pour elle une antiquité assez haute. Grâce aux recherches de M. G. Campori, nous possédons aujourd'hui la clef de l'énigme. Ce savant a réussi à prouver qu'un compatriote, bien plus, un parent de Raphaël Santi, Rafaello di Ciarla d'Urbino, a effectivement fabriqué de nombreuses majoliques vers le milieu du xvie siècle. Ses ouvrages, comme ceux de ses confrères, reproduisaient souvent les compositions de Raphaël gravées par Marc-Antoine. »

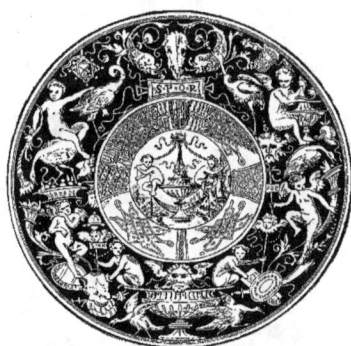

Fig. 399. — PLAT A FRUITS; MAJOLIQUE; AMOURS, TROPHÉES ET ARABESQUES.

Multiples sont, en effet, les poteries décorées d'après les œuvres célèbres du maître. Dans la seule collection du musée du Louvre, on en rencontre une quantité, par exemple : le *Parnasse*, l'*Incendie du Bourg*, le *Mariage d'Alexandre et de Roxane*, le *Jugement de Paris*, la *Vierge au poisson*, la *Manne*, *Psyché et l'Amour*, etc., etc. Il sera prudent encore, malgré l'éclat d'exécution et l'attrait brillant de ces pièces, de ne pas les classer au même degré que les compositions originales. Si parfaite que soit l'exécution technique, ce genre est en définitive un genre faux et de médiocre intérêt, pour répandu qu'il ait été en Italie, et parfois, admis chez nous-mêmes. Il prouve, de la part de l'exécutant, une insigne pauvreté d'imagination ; il n'est qu'une fort infidèle reproduction de l'œuvre originale, une vulgarisation trompeuse et en même temps il y a une visible incohérence entre le décor, la forme et la matière elle-même. Si donc, à Urbino, nous pouvons admirer certaines œuvres, ce seront exclusivement celles qui furent exécutées par les artistes *en vue de la terre*. Par exemple Battista Franco, Raphaël dal Colle, d'autres encore, que le duc Guidubaldo fit demander comme collaborateurs des manufacturiers qu'il protégeait. En un mot (et nous aurons l'occasion de revenir encore là dessus à propos de la tapisserie), il est bon de laisser le tableau à la toile ou à la muraille et de ne pas les transporter sur des objets qui ne s'y prêtent ni par la forme, ni par la couleur, ni par l'essence intime. Pour un effet heureux, sur dix on en aura sept qui ne seront qu'imparfaitement satisfaisants et deux qui seront ridicules.

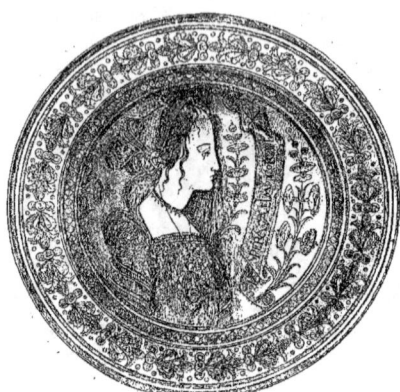

Fig. 400. — PLAT DE PESARO.

Revenons maintenant, quitte à tirer plus loin une conclusion générale, sur les caractères des grandes manufactures du duché d'Urbin que nous n'avons fait que nommer.

En tête, par l'abondance et l'agrément de la production, vient Urbino. Il n'est pas de documents précis qui fassent remonter l'existence de ses ateliers à une époque antérieure au XVIe siècle. C'est d'ailleurs vers l'année 1530 que se révèlent les noms des artistes. Tout d'abord Xanto Avelli da Rovigo dont on possède plusieurs pièces datées de 1530 à 1542 et signées en toutes lettres. Xanto emploie le rubis et la couleur d'or ; son dessin est correct, et riche son coloris. Il se sert pour les carnations d'un ton jaunâtre rehaussé de blanc ; pour le feuillage des arbres, les eaux, et jusque pour les draperies et les vêtements, d'un vert bleuâtre avec des lumières d'un vert plus pâle et des hachures jaunes ; beaucoup de vêtements toutefois sont bleus ou jaunes, à reflets pourpres et violets. Les sujets sont le plus souvent empruntés à l'*Enéide*, à l'histoire ancienne, à la mythologie.

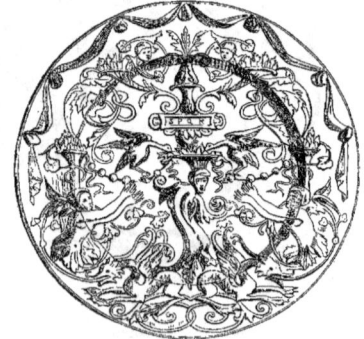

Fig. 401. — PLAT ATTRIBUÉ A B. FRANCO. GRISAILLE SUR FOND BLEU.

Guido Durantino dirigeait également un des ateliers d'Urbino. Il est assez difficile, vu la différence d'exécution des pièces qui portent sa marque, de le considérer comme l'auteur de toutes. Il dut avoir

HISTOIRE DE L'ART DÉCORATIF

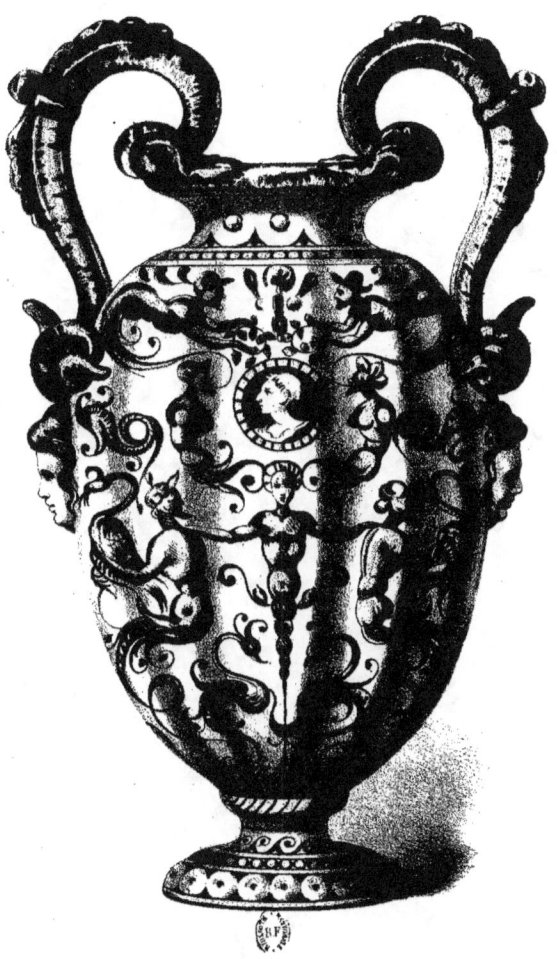

VASE FAÏENCE D'URBINO
XV.e SIÈCLE

d'assez nombreux collaborateurs. Comme pièces authentiques provenant de sa maison, de sa *Botega*, il faut citer celles qui furent commandées par le connétable de Montmorency : elles portent ses armes et sont décorées de sujets tirés des *Métamorphoses d'Ovide* ; il en reste six, dont trois sont au musée de Rouen, une au British Museum, et les deux autres dans les collections Sellière et Poncet.

Un des fils Guido Durantino fut un des plus habiles céramistes d'Urbino : Orazio Fontana. Beaucoup d'incertitude règne quant à ses œuvres ; en tous les cas celles qu'on lui attribue sans contestation brillent par l'originalité du dessin et l'habileté de l'exécution. On peut citer comme une des plus réussies le magnifique plat du *Massacre des Innocents* au musée du Louvre. Le musée céramique de Sèvres possède aussi un vase signé en toutes lettres. Malheureusement, ce beau maître qui jouit parmi ses contemporains d'une grande célébrité a été peu prodigue de sa signature. Le musée de Cluny possède une superbe série de faïences d'Urbino provenant de la collection Campana. Nous reproduisons un assez grand nombre de spécimens de cette belle fabrication. Entre autres un plat, provenant de la collection James de Rothschild, décoré d'anges, d'amours, de figures allégo-

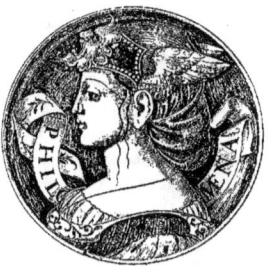

Fig. 402. — COUPE DE GUBBIO.

riques ; un autre plat, plus opulent encore, dont le sujet central représente le *Dévouement de Curtius*, et dont le marli est décoré de charmants grotesques ; toujours dans la même collection un grand plat, de 66 centimètres de long ; le sujet central, représentant un banquet, est entouré de quatre compartiments à grotesques circonscrits par des moulures saillantes et des mascarons en relief ; l'ensemble, où les tons jaunes et roux dominent, est d'une grande harmonie. Enfin nous donnons, de la collection Sauvageot, au Louvre, un beau plat avec aiguière aux formes précieusement contournées.

Parmi les décorateurs proprement dits, qui tout en travaillant pour le duché d'Urbin, appelés par le duc Guidubaldo, le grand protecteur de la majolique, ne furent pas en réalité des céramistes, il faut compter Battista Franco, le peintre vénitien, à propos duquel Vasari donne les curieux détails suivants :

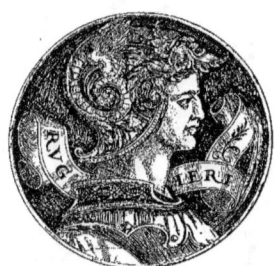

Fig. 403. — COUPE DE GUBBIO.

« Le duc imagina alors, pour utiliser son talent, de lui commander une quantité de dessins destinés à être reproduits sur des vases de terre, fabriqués à Castel-Durante par d'excellents ouvriers qui jusqu'à ce moment s'étaient servis de ceux de Raphaël d'Urbin et de dessins des premiers maîtres. Les vases qu'on exécuta avec les dessins de Battista réussirent parfaitement. Ils étaient si nombreux et si variés qu'ils auraient suffi pour garnir une crédence royale. Les fantaisies dont ils étaient couverts n'auraient pas été meilleures, lors même qu'elles auraient été faites à l'huile par les plus habiles artistes. Le duc Guidubaldo envoya à Charles-Quint deux crédences parées de ces vases ; il en donna une autre au cardinal Farnèse, frère de la signora Vettoria sa femme. La terre dont ces vases étaient formés ressemblait beaucoup à celle que l'on travaillait à Arezzo du temps de Porsenna, roi de Toscane. Quant aux peintures dont ils étaient ornés, les Romains ne produisaient rien de pareil, comme on en peut juger par leurs vases, qui sont décorés de figurines indiquées par un trait et simplement échampées de noir, de rouge ou de blanc. Ces vases ne sont jamais vernis et n'ont pas cette variété de couleurs qu'on admire dans ceux de nos fours. Et si l'on prétendait qu'un long séjour sous la terre leur a fait perdre leurs couleurs, nous répondrions que les nôtres résistent à l'intempérie des saisons et resteraient, pour ainsi dire, quatre mille ans sous terre, sans que leurs peintures en fussent altérées. On fabrique aujourd'hui de ces vases dans toute l'Italie, mais les terres les meilleures, les plus belles et les plus blanches sont celles de Castel-Durante et de Faenza. »

Vasari, soit dit en passant, ne semble pas apprécier à leur valeur les beaux vases étrusques. Il n'a évidemment rien vu au delà de la céramique *brillante*, et l'éclat vitreux que recherchaient ses contemporains lui paraissait triomphant auprès de la sobriété si éminemment artiste, visée avant tout par les devanciers. Cette remarque, d'une portée générale, une fois faite, nous ne nierons pas l'intérêt de la poterie de Castel-Durante. Elle se reconnaît à sa décoration d'une remarquable audace et largeur de style, à sa coloration tirant sur le ton rouille, à ses fonds généralement bleus ou jaunes, légèrement creux et au brillant de sa glaçure.

Castel-Durante fabriquait vraisemblablement de la faïence dès la fin du xiv° siècle ; mais ce n'est que dans les premières années du xvi° qu'apparaissent les pièces avec indications de provenance. Le chevalier Cipriano Piccolpasso, l'auteur d'un traité déjà mentionné, *Les Trois livres de l'art du potier*, et plus connu d'ailleurs comme écrivain que comme artiste, dirigeait à Castel-Durante un atelier de faïences vers le milieu du xvi° siècle. D'autres céramistes de ce centre émigrèrent en divers pays.

La fabrique de Castel-Durante a eu la vie fort longue ; au xvii° siècle elle produisit de nombreux travaux, plus voyants qu'artistiques ; on en voit un certain nombre au musée de Cluny qui peuvent donner idée de cette manière, ce sont des figures et figurines en ronde bosse, des pièces de surtout, des groupes de sainteté, des écritoires, des salières, des chandeliers. Tout cela est bariolé et criard. La décadence absolue date des premières années du xviii° siècle.

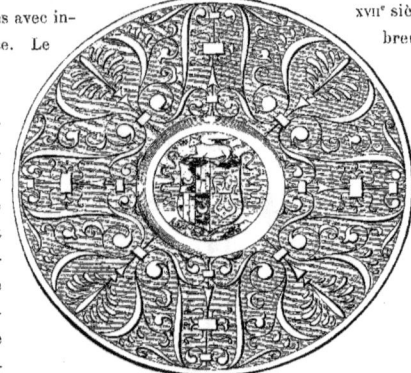

Fig. 404. — ASSIETTE PAR MAESTRO GIORGIO, AVEC LES ARMES DES VITELLI ; LUSTRE ROUGE RUBIS ET JAUNE, SUR FOND BLEU.

Mentionnons encore entre autres pièces de nos collections une belle assiette du musée Sauvageot, représentant la mort de Marsyas. Malgré cette longue époque de productivité médiocre, les belles pièces de Castel-Durante, et surtout celles du xvi° siècle, méritent d'être placées en bon rang dans les plus difficiles collections.

Comme nous l'avons déjà vu, certaines écoles italiennes (Deruta, entre autres) forment un contraste fort net avec celles qui, comme Urbino, Castel-Durante ou Faenza, recherchent la décoration dans des compositions à figures, de véritables transpositions de tableaux ou de gravures. L'autre tendance incline plutôt vers la pure fantaisie décorative, l'éclat du coloris primant tout le reste. C'est ainsi que ces écoles se trouvent amenées à poursuivre les effets les plus brillants, à appeler à l'aide les reflets métalliques, à faire naître les splendides caprices du feu, et même parfois à compter un peu sur le hasard pour tomber sur une trouvaille éblouissante.

De notre temps, ce goût s'est accentué davantage encore, et les recherches de nos plus artistes potiers consistent à revêtir des formes inédites, capricieuses, d'émaux aux effets puissants autant qu'indéterminés, en un mot à faire jouer seules les magies de la couleur. En Italie, les écoles étant quelque peu plus retenues par des règles et des conventions, on n'a pas osé aller si loin. Toutefois la prédilection est déjà visible, par exemple, dans les produits des ateliers de Pesaro. Sans doute les faïences de cette école, qui eut son beau moment au XVIe siècle, sont encore ornées de dessins corrects, d'arabesques et de fleurons parfaitement symétriques. Quand une figure est consacrée à garder et à exalter les traits de quelque *bella*, tel le plat du musée de Cluny : *la Giovanna bella di Belardino bello*, le décorateur ne dédaigne pas de tracer les contours aussi purs que possible. Mais il est visible que sa joie la plus grande a été d'obtenir les beaux reflets métalliques, les jeux nacrés qui font muer et chatoyer les tons.

Cette passion du riche reflet, cette fascination du métal en fusion se constatent à un degré encore dix fois supérieur chez un des plus grands maîtres de la céramique italienne, maëstro Giorgio Andreoli, de Gubbio.

Maëstro Giorgio, fils de Pietro Andreoli, était né à Pavie. Dans sa jeunesse il s'adonna à la sculpture; plus tard il vint s'établir avec ses deux frères, Salambimène et Giovanni, dans la petite ville de Gubbio, duché d'Urbin. Passeri, historien

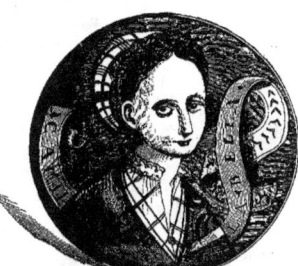

Fig. 405. — PLAT DE MAËSTRO GIORGIO.

cité plus haut, énumère et décrit ses ouvrages de sculpture : travaux exécutés pour l'autel de Saint-Antoine, pour celui de N.-D. du Saint-Rosaire dans l'église Saint-Dominique de Gubbio, etc. Nous ne devons nous occuper ici que de ses faïences auxquelles il s'adonna exclusivement vers 1519; nous disons exclusivement, car un plat du musée de Sèvres, daté de 1489, prouve que l'art de terre le préoccupait depuis longtemps. Or, voici le trait important qu'il faut faire ressortir ici, et sur lequel on ne saurait trop méditer. Vous voyez un homme auquel rien des arts du dessin n'est étranger, car de tous la sculpture est peut-être celui qui exige le sens du dessin le plus complet et le plus rigoureux. Il pourrait donc, s'il lui plaisait, appliquer ces facultés de dessinateur au nouvel ordre de travaux qui s'empare de sa curiosité. Loin de là, il se transforme lui-même avec la nouvelle matière. La correction du dessin le préoccupe seulement après tout le reste. Il colore avant tout et son pinceau entraîne sa main, la flamme est plus impérieuse que le cerveau. C'est cela, bien mieux que la multiplicité supposée des collaborateurs, qui explique pourquoi certaines pièces de maëstro Giorgio, d'un dessin évidemment non travaillé, lâché même si on veut, n'en deviennent pas moins d'admirables et uniques œuvres d'art, grâce aux couleurs rutilantes que le maître s'est ingénié et a réussi à faire éclore. Cette remarque faite, libre à l'érudition de démontrer, nous n'y contredirons certes pas, que la *Botega* de maëstro Giorgio fut alimentée de travaux par des artistes divers, ne fût-ce que son fils, maëstro Censio. Tout cela est fort vraisemblable, mais non moins notre affirmation de pur instinct, à savoir que, dans la joie du décorateur, maëstro

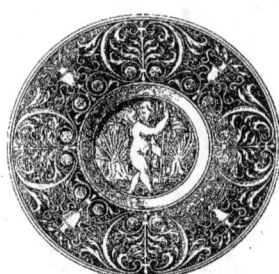

Fig. 406. — ASSIETTE DE GUBBIO.

Giorgio ne dessina qu'autant que cela était indispensable, et colora autant que cela était possible.

Une belle œuvre de ce grand céramiste est une chose complète essentiellement personnelle, et reconnaissable entre toutes. L'ornementation consiste en trophées, cornes d'abondance, vases à fleurs, dauphins, têtes d'aigles, figures fantaisistes s'épanouissant en branchages, ou bien encore en grands portraits à galantes banderolles. Le coloris, à reflets métalliques, en est toujours à la fois éblouissant et harmonieux; ce sont des verts, des jaunes, des orangés, des violets (et par dessus tout cet opulent rouge rubis, que Giorgio a fait sien), que la chimie a retrouvés peut-être, mais qu'elle n'a point dépassés.

Il s'en faut que nous ayons cité toutes les écoles italiennes. Mais nous avons au moins caractérisé avec quelque détail celles qui sont vraiment typiques. Nous ne pouvons, cependant, nous dispenser de mentionner tout au moins quelques autres marques classées.

Castelli, au XVIIᵉ siècle, sous l'artistique famille des Grue, produit de belles et luxueuses pièces, dont l'élégance est incontestable, mais d'où la vraie, l'entraînante inspiration est bannie. Ce sont de belles scènes correctes, des allégories pompeuses, théâtrales, mais sans naïveté et sans conviction aucune.

La Frata, près de Pérouse, se distingue au XVIᵉ siècle par un genre spécial qui consiste en une décoration sur engobe avec dessin gravé à la pointe et recouvert d'un vernis coloré : c'est le *graffito*, qui était également, et antérieurement, très pratiqué à Castello, dans le duché d'Urbin.

Venise produit surtout dans la première partie du XVIᵉ siècle de belles pièces où se sent le faire de véritables artistes encore plus que de manufacturiers. Vases et plats opulents et sonores; tels trois plats du musée de Sèvres, à paysage en brun, bleu et jaune, et à bords décorés d'arabesques en relief; une superbe coupe ovale, à pieds d'un noir brun; ou encore au musée de Cluny, un grand plat en camaïeu bleu sur fond blanc, représentant *Samson et les Philistins*.

Enfin Savone, qui a pour nous ce grand intérêt d'avoir

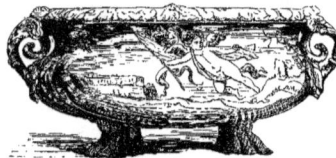

Fig. 407. — COUPE OVALE; FABRICATION DE VENISE.

donné naissance aux artistes qui vinrent fonder les faïenceries de Nevers, fabrique au XVIᵉ siècle diverses poteries sans intérêt spécial, et au XVIIIᵉ siècle, des plats et corbeilles à bouquets et oiseaux bleu sur fond blanc.

Pour qu'on ne nous accuse pas d'être trop incomplets, nous dirons que c'est intentionnellement que nous renvoyons aux nombreux guides et ouvrages spéciaux pour la description des faïences de Nocera, Rimini, Forli, Imola, Spello, Florence, Pise, Sienne, Padoue, Fermignano, Gênes, Montefeltro, Milan, Rovigo, Vicence, etc., etc. Elles ne sauraient nous rien apprendre de plus sur l'esprit de la céramique italienne.

Nous n'avons pas voulu, par une admiration complaisante et conventionnelle, nous en dissimuler les défauts. Nous avons dit qu'avec des qualités admirables de facilité, d'entente de l'effet, de joyeuse richesse des couleurs, d'élégance parfois un peu précieuse dans les silhouettes, il ne lui manquait que d'avoir étudié de plus près la nature. Telle qu'elle se présente à nous, elle mérite malgré tout une respectueuse attention, car elle est une expression brillante, spontanée, un produit du sol, qui ne dut au contact de l'étranger, de l'Orient notamment, que certains procédés, juste l'outil nécessaire, le viatique technique indispensable pour le point de départ. Mais cette technique même, après quelques tâtonnements, les maîtres ouvriers de terre se l'approprièrent avec une force, une sûreté, une virtuosité remarquable. Et c'est pour cela que, malgré de redoutables concurrences, ils demeurent en première ligne. Ils pouvaient, car ils avaient fait les études nécessaires, être tout autre chose, peintres, sculpteurs, orfèvres. Ils aimèrent la fée polychrome pour elle-même et elle les paya de retour.

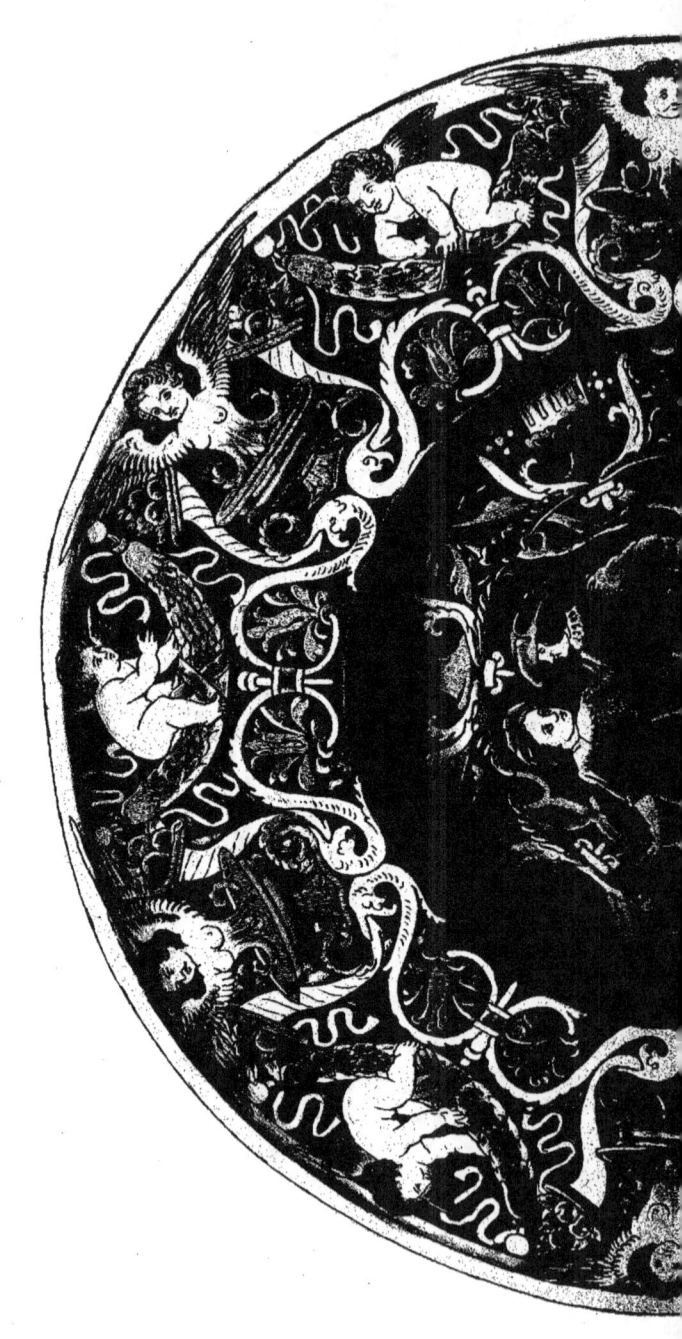

HISTOIRE DE L'ART DÉCORATIF

PLAT DE CASTELLI
XVIe SIÈCLE

# CHAPITRE III

## LA FAIENCE (suite).

Les faïences d'Oiron ou de Saint-Porchaire. — Bernard Palissy. — Du droit de garder les secrets.

Dans son beau livre des *Vieux arts du feu*, si poétique quant à la forme, si précis en ce qui touche la technique, l'émailleur et écrivain Claudius Popelin développe cette considération, un peu sévère pour les potiers de France : « A part Bernard Palissy, dit-il, la céramique française est une industrie charmante, mais pas un art. Les plus habiles chefs d'ateliers de Rouen, Moustiers ou Nevers, peuvent être des manufacturiers de toute valeur, mais non des artistes véritables. Il n'y a pas, dans toute l'histoire de notre céramique, de maîtres analogues à un Luca della Robbia, à un Giorgio, à un Censio. »

L'écrivain, emporté par sa thèse, insiste encore, et fait ressortir que depuis les premiers établissements du duc de Nevers, pas un homme d'un talent supérieur n'a daigné consacrer tout son temps à l'art de terre. Il nous faut tout d'abord mettre hors de cause toute la deuxième partie de notre propre siècle, où au contraire on a vu des artistes de premier ordre se consacrer exclusivement à la céramique. Cette réserve faite, l'affirmation de Claudius Popelin demeure-t-elle exacte? Elle ne le serait qu'à la condition de faire l'application de la même remarque à la céramique italienne elle-même, une fois admises les exceptions indiquées. Et à ce compte, ce n'est guère que dans l'Extrême-Orient et avec quelques-uns des audacieux contemporains dont nous parlons que la céramique pourrait être considérée comme un art d'une façon absolue.

Nous croyons au contraire que dans notre école on a su mettre *de l'art* dans la céramique; et nous ne savons trop comment se justifierait une préséance accordée à la céramique italienne. Ce que nous en avons vu précédemment n'a-t-il pas suffi à nous convaincre du caractère industriel? N'était-ce pas une fabrication parfaitement manufacturière que celle de ces faïences décorées de trophées conventionnels, de grotesques souvent employés, de feuilles à la douzaine, et de mille-fleurs dont les arrangements n'étaient guère renouvelés? Qu'on se donne la peine de comparer un produit de la moyenne, pris dans l'école italienne, avec un autre de même étiage emprunté à une de nos belles époques, Rouen, Moustiers ou Marseille, par exemple, aura-t-on une moindre impression d'art? A cela nous répondrons hardiment que non. Au contraire, il y aura peut-être moins de lâché dans la seconde, un souci de dessin plus serré, de profils moins tourmentés. Mais il ne faudrait pas poursuivre trop longtemps cette comparaison, car on doit tenir compte avant tout des tempéraments des diverses écoles. La nôtre est faite de bon sens, de correction, fût-elle un peu sèche; elle cherche davantage le côté utilitaire de la pièce à décorer. L'école italienne est pleine de fougue et d'exubérance. Elle n'a pas notre netteté et notre sobriété; nous n'arrivons pas à son éclat. (Il est bien entendu que nous parlons toujours des siècles qui ont précédé le nôtre, et surtout des xvie et xviie.) Mais ce serait faire fausse route que de tirer, pour démontrer notre infériorité, un argument de l'anonymat. L'art de terre est un de ceux qui admettent les adeptes les plus humbles, et à qui il est permis d'enfanter les œuvres les plus naïves. Certaines, vraiment grossières, conservent, par le prestige de la cuisson, un charme rudimentaire dont tout autre art s'accommoderait mal. En tous les cas, l'anonymat ne serait jamais une preuve de l'infériorité d'une école : les imagiers du moyen âge, et pour parler plus spécialement de la poterie, le *posadero* de Manisés ou le captif, l'exilé persan de Lindos, ne nous ont pas non plus transmis leur nom, ce qui ne les a pas empêchés de faire, instinctive ou raisonnée, une œuvre artiste.

Reste enfin ce fait incontestable, que les décorateurs des ateliers français ont marqué par eux-mêmes une imagination restreinte, ou tout au moins que leur imagination a dû être fortement aidée par la consultation assidue de tel ou tel maître, Bérain, pour Moustiers, par exemple. Mais ne serait-il pas trop aisé de répondre en montrant sur les majoliques d'Urbino les perpétuelles redites des compositions de Raphaël? Il faut donc borner cette discussion de préséance. La seule chose à retenir c'est que l'habileté et la science ne sont pas tout, dans l'art de terre, pas plus que dans n'importe quel autre art d'ailleurs. Si, malgré sa virtuosité parfois étourdissante, la céramique italienne a fini par décliner irrémédiablement, c'est parce qu'elle a fini par ne répéter que des formules convenues. Si la céramique française, malgré un point de départ moins brillant, est maintenant en passe de se renouveler, de traverser une véritable période de renaissance, c'est parce qu'elle a compris qu'il fallait abandonner les formules à la consommation courante, et qu'on devait, dès qu'il s'agit de réaliser une œuvre d'art, puiser sans cesse dans la nature, chercher des formes inédites, poursuivre, en prenant le feu pour collaborateur, et pour ainsi dire pour dupe, la recherche d'admirables matières sans cesse renouvelées.

On ne peut considérer comme un point de départ le phénomène unique, météorique en quelque sorte, de la faïence d'Henri II. Elle ne procédait d'aucune école et ne donna naissance à aucune. Jusqu'en ces toutes dernières années on se croyait sûr d'avoir enfin la clef de l'énigme que longtemps elle proposa. Brusquement la solution qu'on croyait tenir s'est dérobée. L'histoire de cette surprise est trop curieuse pour être passée sous silence.

La faïence en question fut longtemps baptisée du nom d'Henri II parce qu'on rencontre en effet les armoiries ou emblèmes de ce roi sur quelques-unes des pièces les plus anciennes. Cette marque lui vaut d'être mentionnée en premier lieu, avant même Palissy, sa personnelle beauté ne lui méritât-elle même pas cette place d'honneur. L'extrême rareté des œuvres laissées, le charme et la délicatesse de ces faïences de pur luxe, font qu'elles ont atteint, dans les ventes, des prix exagérés (une pièce, un simple chandelier a dépassé 91,000 francs), et qu'elles sont, dans les musées ou les collections, parmi les numéros les plus choyés.

Durant de longues années les érudits se mirent l'esprit à la torture pour trouver l'origine de ces faïences. Il est piquant de voir énumérer ces baptêmes successifs par un historien qui fut longtemps considéré comme l'auteur de la plus irréfutable découverte.

« Du Sommerard, le créateur du musée de Cluny, écrivait en 1864 M. Benjamin Fillon, les a estimées venues de Beauvais; M. André Pottier, qui le premier a parlé avec l'autorité d'un archéologue et d'un céramiste, les a dites faites à Florence, tout en indiquant presque du doigt sur la carte, par une contradiction étrange chez un observateur aussi judicieux, le point exact de leur provenance; Alexandre Brongniart, sans formuler exactement sa pensée, a laissé supposer qu'il les croyait françaises; M. A. Salvetat, non moins réservé, partage le même avis qu'ont nettement exprimé M. Jules Labarte, M. L. de la Borde et l'Anglais Joseph Marryat; MM. Thoré et A. Tainturier les ont données au contraire à Pagolo ou à Ascanio, élèves de Benvenuto Cellini, restés en France après le départ de cet artiste; M. L. Clément de Ris, à quelque autre bijoutier inconnu venant également d'Italie; M. Auguste Bernard à Geoffroy Tory, le célèbre imprimeur; M. de la Ferrière-Percy a insinué qu'elles pouvaient bien être dues à l'un des potiers italiens établis à Lyon; M. H. Delange, auquel nous devons la description et la reproduction in-folio de toutes les pièces connues jusqu'à ce jour, a, dans une brochure imprimée en 1847, émis l'opinion qu'elles étaient l'œuvre de Girolamo della Robbia, le faïencier florentin qui décora pour François Iᵉʳ le château de Madrid... Mais en fin de compte, MM. Labarte, de la Borde, Marryat et Eugène Piot, que j'allais oublier, guidés par la vérité de goût qui les caractérise, ont seuls affirmé l'origine française de ces faïences. »

Pour passer ainsi en revue ses devanciers, il fallait être singulièrement sûr de la version qu'on allait proposer à son tour. M. Fillon construisit l'échafaudage le plus vraisemblable, le mieux étayé de logique et de documents. Il nous faut rappeler, en le résumant, sa théorie longtemps acceptée par les plus vétilleux connaisseurs.

Il existe au musée de Cluny une miniature du XVIᵉ siècle représentant le mois d'août. Sur le premier plan des moissonneurs prennent leur repas ; plus loin, d'autres s'affairent aux travaux de la faux et de la gerbe. La bordure de ce joli tableau de mœurs porte à son sommet les armes de la famille des Gouffier, et sur des montants, les deux termes, avec la légende : *Hic terminus hæret*. En bas sont les épées et les insignes nobiliaires de Claude Gouffier, grand écuyer de France et l'un des plus riches seigneurs du Poitou.

Or cette miniature est remarquable par un détail : un des moissonneurs tient en mains et porte à sa bouche une gourde aux armes de Gouffier et cette bouteille, dit le catalogue du musée, « bien reconnaissable à sa teinte claire et ivoirée, à ses dessins bruns, est la faïence fine, de celles qu'on distingue sous le nom de faïence d'Henri II, et dont le lieu de fabrication était resté jusqu'à ce jour inconnu malgré de longues investigations. » La découverte de cette miniature amena M. Benjamin Fillon à faire des recherches au château d'Oiron, près de Thouars, ancienne résidence de Gouffier. Et voici à quelles conclusions ces recherches menèrent l'érudit.

Il avait existé, dès les premières années du XVIᵉ siècle, une fabrication protégée par Hélène de Hangest, dame de Boisy, veuve d'Artus Gouffier, grand-maître de France, mère du grand écuyer et ancienne gouvernante du roi Henri II. Hélène de Hangest habitait pendant l'été le château d'Oiron; elle l'embellit et l'augmenta, avec le concours de son fils Claude Gouffier, et convertit une partie de son habitation en atelier de poterie. En effet, en l'an 1529, elle faisait don, à François Charpentier « potyer », et à Jehan Bernart, « segretayre et gardyen de la lybrairie », de la « maison Gruyet, proche de la Halle » et du « vergier où est basty le four et appentifs d'iceux ».

On voit donc la charmante hypothèse toute édifiée et en apparence toute logique : la dame de Hangest, femme de goût délicat, de prédilections artistiques, dirige, fait exécuter sous ses yeux pour les donner en présent à ses amis, ces jolis objets sans destination usuelle, sans circulation commerciale. Elle les fait décorer des armes de ces amis, par une fine attention. Le potier Charpentier les met en œuvre ; le bibliothécaire Jehan Bernart fournit les dessins qu'il trouve dans les ouvrages dont la garde lui est confiée, dans les ornementations de ce Geoffroy Tory, si reconnaissables ici qu'on avait cru pouvoir attribuer les faïences d'Oiron à cet homme actif, à cet imprimeur illustre. Tout s'enchaîne parfaitement ; le fils d'Hélène d'Hangest fait continuer la fabrication après la mort de la bonne dame, en 1537. Ainsi s'expliquent les différentes et successives manières qu'on peut constater dans les précieuses faïences.

La classification complète était également tentée par M. Fillon, bien qu'il ne la considérât pas luimême comme absolument rigoureuse, à cause de certaines pièces de transition, et aussi de contrefaçons constatées. C'est ainsi que diverses faïences d'Oiron avaient reçu après coup le chiffre d'Henri II et les trois croissants de Diane de Poitiers, pour en faire monter les prix. Voici, quoi qu'il en soit, les trois catégories qu'on établissait :

Dans la première se trouvaient les faïences qui semblaient avoir été fabriquées du vivant d'Hélène d'Hangest, c'est-à-dire antérieurement à 1537. C'étaient « toutes les pièces dont les ornements incrustés sont en une seule couleur, et celles qui, sans être conçues dans un sentiment aussi sobre, n'ont qu'un petit nombre de parties coloriées autrement qu'en brun noir, en brun plus clair, ou en rouge d'œillet. Quelques-unes de ces faïences *portent les armoiries de Gilles de Laval, du seigneur de Bressuire, de la Tremouille, des Gouffier.* »

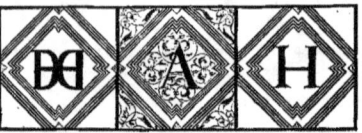

FIG. 408. — CARREAUX DE LA CHAPELLE D'OIRON, AUX ARMES DES GOUFFIER.

Dans la seconde catégorie, on classait des pièces de style architectural, assez compliquées, salières, chandeliers, coupes, biberons, aiguières, portant, mais non toutes, le chiffre de Henri II et de Diane, parfois aussi les armes des Gouffier. Dans cette période qui s'étendait de 1537 à 1563, on retrouvait sinon l'influence du goût bien caractérisé d'Hélène de Hangest, du moins de celui de son collaborateur Charpentier.

Enfin, dans la troisième époque, M. Benjamin Fillon rangeait des pièces bien inférieures. Les modèles dont on retrouvait vaguement les lignes initiales s'étaient empâtés, et la fabrication devenait négligée et défectueuse. Vers 1568, les fours s'éteignaient, ou plutôt tout devenait à l'imitation « peu intelligente et parfois servile des rustiques figulines ». Nous étions donc ainsi amenés tout naturellement à Bernard Palissy.

Ajoutons, comme renseignements techniques, et dont l'exactitude n'avait point du moins à être contestée, que les faïences d'Oiron étaient faites d'une sorte de terre de pipe, une argile blanche, vernissée au feu, et que les fines arabesques qui la décorent en brun étaient appliquées dans la pâte blanche par incrustation. C'est même ce qui les a fait attribuer à Geoffroy Tory par ceux qui ont cru voir là l'emploi des *fers* de relieur.

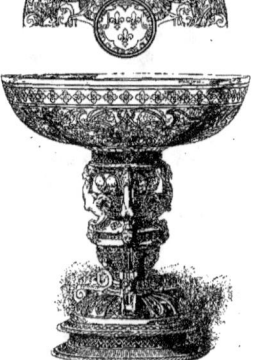

FIG. 409 ET 410. — COUPE FAÏENCE DE SAINT-PORCHAIRE ET DÉTAIL.

Voilà l'échafaudage tout construit. Il nous faut maintenant assister sinon à sa complète destruction, du moins à une démolition en règle. La révision de ce procès archéologique est de date récente. C'est M. Edmond Bonnaffé, le spirituel et original écrivain d'art et collectionneur qui, dans un article de la *Gazette des beaux-arts* (avril 1888), fit cette besogne critique, non sans malice, et causa autant d'émoi par ses objections que M. Benjamin Fillon en avait provoqué par ses découvertes. Nous devons résumer très fidèlement ce travail, car c'est un fort amusant modèle de controverse, et on ne nous accusera pas d'avoir jusqu'ici prodigué les documents de pure érudition.

M. Edmond Bonnaffé s'en prend tout d'abord à la célèbre miniature. Le ton de la gourde, dit-il, est plus jaune et plus doré que le blanc laiteux des faïences en question. A la rigueur cet argument ne prouverait rien, car le ton peut s'être altéré, ou l'artiste n'avoir pas trouvé le ton juste. Mais voici qui est plus sérieux : l'ensemble de la peinture est préparé à la plume et à l'encre noire ; les entrelacs qu'on remarque sur la pièce ne sont donc pas à considérer forcément comme une particularité voulue, mais simplement comme le résultat d'un procédé, d'un parti-pris général. De plus la miniature date de Henri II, sinon de Charles IX ; or cette décoration noircie sur fond blanc est caractéristique surtout de l'époque de François Iᵉʳ. Enfin, M. Bonnaffé va jusqu'à laisser entendre que, la miniature étant visiblement retravaillée par endroits, la gourde pourrait être l'œuvre d'un restaurateur trop intelligent.

Le legs à Charpentier et à Bernard prouverait, continue l'impitoyable critique, qu'ils étaient bien ouvriers de terre. Mais sur quoi s'appuyer, pour conclure que les fragiles faïences sont leur œuvre? Sur les carreaux et dallages (voir fig. 408) qu'ils fabriquaient pour la décoration de la chapelle, des salles? Mais ces travaux diffèrent profondément des très délicats bibelots dits d'Oiron, et M. Benjamin Fillon l'a reconnu lui-même. Les caractères d'analogie n'ont pas d'autre valeur que ceux qui sont communs à tous les monuments d'une même époque.

Les signes particuliers des faïences ne donnent pas davantage la preuve de l'origine qu'on leur at-

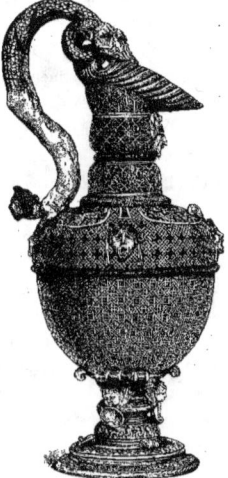

FIG. 411. — AIGUIÈRE; FAIENCE DE SAINT-PORCHAIRE.

tribue. Comment se fait-il que pas une pièce ne porte les armes d'Hélène d'Hangest, d'Artus Gouffier, ou de Claude? Il y a bien à la vérité une aiguière toute décorée de G dans de petits compartiments; mais cette initiale n'est point celle des Gouffier; M. Bonnaffé établit cette affirmation sur la constatation d'un usage constant au XVIᵉ siècle. « Quand le monogramme se compose de deux lettres, l'une des deux peut représenter l'initiale du prénom, l'autre l'initiale patronymique; mais quand le monogramme est formé d'une lettre unique, cette lettre est toujours, — du moins je ne connais pas d'exemple du contraire, — celle du prénom. Ainsi, dans le chandelier de la collection Dutuit, la lettre A., répétée sur la partie inférieure de la tige,

est l'initiale du prénom d'Anne de Montmorency dont les armes figurent sur la base. »

L'écrivain exécute du même coup une autre supposition, qui, il faut l'avouer, paraît infiniment plus fantaisiste et difficile à soutenir que les précédentes. Une coupe de la collection Rothschild est ornée de

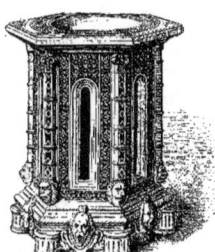  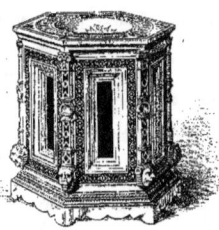

FIG. 412 ET 413. — SALIÈRES DE SAINT-PORCHAIRE.

quatre oiseaux, sur le pourtour, et dans lesquels une érudition un peu trop sagace avait cru voir un vol d'*oies en rond*, de là peu de chemin à la constatation d'un jeu de mots sur *Oiron*, sorte de calembour parlant. Ces oiseaux malheureusement ne ressemblent pas plus à des oies qu'à tout autre volatile décoratif.

Qu'allons-nous voir édifier sur les ruines de ces hypothèses? M. Bonnaffé procède maintenant par documents.

Tout d'abord il remarque dans l'inventaire de François de la Trémouille (1542), et parmi les objets rares et précieux de son cabinet : « Deux coppes (coupes) de terre de Saint-Porchaire » et « une grande boueste plate en carré de deux pieds de long, en laquelle a été trouvé deux sallières de Saint-Porchaire ».

Puis c'est encore, à l'inventaire du fils de François de la Trémouille, Louis III, dressé trente-cinq ans plus tard : « en une fenestre ou armoyre de ung des cabinets de mondict Seigneur, a été trouvé de la vesselle de terre d'Angleterre et d'aultre faicte à Saint-Porchaire ».

Voilà donc de rares faïences que celles qu'on range ainsi parmi les objets du plus grand prix, et que l'on conserve dans des boîtes au moins pendant deux générations. Ce sont en outre des coupes et des salières, c'est-à-dire deux des modèles les plus répétés parmi les faïences dites d'Oiron. M. Bonnaffé dépossède donc très catégoriquement Oiron et donne l'investiture à Saint-Porchaire. Sa discussion, comme bien on pense, ne se borne pas là. Il la pousse jusqu'aux plus minutieux détails.

Saint-Porchaire, à quatre kilomètres de Bressuire (Deux-Sèvres), a été de tout temps un centre de fabriques de poterie ; la région est riche en gisements d'une argile blanche et fine, tout à fait semblable à celle des faïences ci-devant d'Oiron. Le passage qui devrait nous éclairer à cet égard est malheureusement sujet à controverse. Doit-on lire : « de la vaisselle de terre d'Angleterre, et d'autre (vaisselle) faite à Saint-Porchaire », ou bien : « de la vaisselle de terre d'Angleterre et d'autre (terre), faite à Saint-Porchaire? » Si la deuxième version est bonne, elle prouverait que Saint-Porchaire trouvait dans le sol de sa propre région une terre semblable à celle d'Angleterre, blanche et fine, sorte de terre de pipe, qui est précisément celle des faïences dites d'Oiron. Quoi qu'il en soit, on doit admettre, avec ce document, que Saint-Porchaire employait une terre spéciale.

M. Bonnaffé entre dans bien d'autres détails relativement aux armoiries constatées sur les diverses pièces, et qui sont celles de Pierre de Laval-Montmorency, baron de Bressuire ; de la Trémouille ; d'Anne de Montmorency ; des Malestroit de Bretagne, cousins des Laval-Montmorency, ces dernières armoiries sur la coupe que possède le musée de Cluny. Enfin, l'aiguière aux G dont nous avons parlé porterait simplement l'initiale de Gilles de Laval. De toutes les déductions que nous sommes obligés de résumer, il ressort que Saint-Porchaire a tous ses titres en règle, et qu'il « produit un certificat de vie et un brevet de capacité. Nos faïences répondent d'une façon précise au signalement de celles qu'il fabriquait ; trois des plus anciennes portent les armes de son seigneur, une autre a son initiale, une coupe est même cataloguée dans un des inventaires. » Les voilà donc bien et dûment dépouillées de leur nom de faïences d'Oiron.

Reste à connaître le nom de l'auteur de ces faïences. Ici le savant critique est forcé de demeurer coi. Il se contente de dire qu'elles ne peuvent être ni de Cellini ou de ses élèves, Cellini n'étant pas venu en France avant 1537, et les premières faïences de Saint-Porchaire étant antérieures à 1528 ; ni de Gérome della Robbia, la céramique italienne n'ayant rien produit d'analogue ; ni de Geoffroy Tory, le célèbre imprimeur ayant été retenu à Paris par des travaux à l'époque où se fabriquaient nos faïences. En tous les cas c'était un artiste remarquable, et c'est tout ce que nous avons à en retenir.

Un artiste tout à fait indépendant et désintéressé, devons-nous noter également, car il est évident qu'il n'a produit qu'à ses heures, en petite quantité et pour un cercle très restreint. C'est ce qui fait que les faïences de Henri II, ou d'Oiron, ou de Saint-Porchaire, comme on voudra maintenant les appeler, sont dans l'histoire de notre art céramique un curieux accident. Il ne nous reste qu'à dire un mot de celles que nous avons fait reproduire, les choisissant parmi les pièces les plus caractéristiques.

D'abord la coupe de la collection James de Rothschild, avec les fameuses « oies en rond ». A l'exception des têtes et des petites figures de sirènes qui sont de couleur blanchâtre, tous les autres ornements se détachent en rouge œillet sur fond de terre naturelle; les lézards, les ailes des sirènes, les coquilles du soubassement sont émaillés de vert; la décoration de l'intérieur de la coupe est en rouge œillet sur fond de terre naturelle. Puis vient la superbe aiguière de la collection Magnac, à Londres. Ce sont les G décorant la partie inférieure de la panse qui ont fourni matière à la discussion mentionnée plus haut; mais pour nous notre attention sera surtout appelée sur l'amusant contournement de la silhouette générale; l'art de la Renaissance est là en réduction avec tous ses défauts et toutes ses qualités. On y trouve ce charme frivole et chantant, apparenté avec l'art italien, qui fait l'irritation des robustes et des méditatifs, mais aussi cette joliesse proprette et cet esprit sans conviction qui suffisent à ceux qui ne demandent à l'art que d'être agréable.

Suivent des pièces de la collection Sauvageot, un des premiers qui mit en lumière, avec l'admirable sûreté et finesse de son goût, les faïences qu'on appelait alors de Henri II. On remarquera que les deux salières (412 et 413) décorées d'entrelacs bruns, bleus et verts, sont d'un style plus sobre que l'aiguière. Une belle salière encore : les pieds sont formés de mascarons drapés de rouge et surmontés d'une coquille verte. Le corps de l'objet est décoré, aux pans coupés, de figures de ronde bosse, des enfants tenant d'une main un serpent et s'appuyant de l'autre sur l'écusson de France; sur les faces, des figures de satyres, tenant en bouche une bague à cabochon émaillé de vert et figurant une émeraude, se détachent sur un fond noir à arabesques blanches; les séparations consistent en un double pilastre à reliefs blancs sur fond bleu, sauf les coquilles à mi-hauteur qui sont émaillées en vert. Enfin, à la partie supérieure se trouvent douze écussons de France, en blanc sur noir, et l'intérieur du récipient est décoré de la figure d'un pélican.

Un remarquable vase à goulot, sorte de biberon décoré d'un Christ en croix en haut relief; l'ensemble de la décoration est noir sur fond blanc. Enfin une coupe d'une décoration analogue, et dont l'ornementation intérieure comprend l'écu joint à la vignette. En voilà plus qu'il n'en faut pour démontrer l'intérêt et le prix, non de pure convention, des mystérieuses faïences. Quelles que soient les discussions qui s'engagent sur leur provenance, qu'un érudit trouve encore le moyen de démolir à son tour la thèse de M. Bonnaffé ou de la concilier avec celle de M. Fillon, peu nous importe en fin de compte : nous devons, en concluant, faire simplement remarquer que leur délicatesse, leur allure originale, leur saveur française proviennent de ce que, selon toute vraisemblance, leur auteur avait pris, sinon pour devise, du moins pour règle de conduite, le principe déjà cité de Palissy : « Il vaut mieux qu'un homme ou un petit nombre face leur prouffict de quelque art en vivant honnestement, que non pas un si grand nombre d'hommes, lesquels s'endommageront si fort les uns les autres qu'ils n'auront pas moyen de vivre, sinon en profanant les arts, laissant les choses à demi-faites. »

Nous arrivons ainsi tout naturellement, et aucune transition ne nous serait meilleure, à ce beau et curieux caractère d'artiste et de penseur, qui lui aussi a été un accident, une glorieuse exception dans l'histoire de la poterie française. Ici peu ou point de questions obscures à élucider : tout ce qu'il est bon et nécessaire de savoir, l'œuvre de ses mains et celle de sa plume nous le fournissent en suffisante abondance. Sans doute le temps a brisé quelques pièces de l'une et laissé dans le vague certains passages de l'autre; mais nous n'avons guère que des lacunes à déplorer, et non des énigmes à déchiffrer. Tout ce qui reste est dû à l'admiration et à la méditation.

Car il fait penser, le beau et grave artiste, il excite et force à penser avec lui. Il est peu d'histoires plus souvent contées que la sienne; il n'en est pas non plus qu'on relise avec plus de profit et d'intérêt. En art, il est des hommes et des sujets qui ne lassent point et qui enchantent la pensée comme ces contes dont parle le fabuliste :

Si Peau d'Ane m'était conté
J'y prendrais un plaisir extrême.

Or, l'histoire de Palissy est bien plus passionnante encore qu'un conte de fées, car c'est celle de l'intelligence humaine elle-même, entrant en lutte avec la matière, de l'art défiant tous les obstacles que la vie accumule, et les franchissant superbement. Et si maintenant notre critique plus libre examine sans servilité l'œuvre du vieux potier, en revanche elle ne trouve qu'à admirer sans réserve dans sa vie et dans ses écrits.

Bernard Palissy naît vers 1510, à la Chapelle-Biron, en Périgord (c'est du moins la donnée généralement adoptée). Il voyage en France, dans les Flandres, en Allemagne. Puis vers 1542, il se fixe à Saintes où il exerce les métiers de peintre verrier, de peintre de portraits et d'arpenteur. Un acte de 1558 le qualifie « d'honorable homme, maistre Bernard Palissy, peinctre, demeurant en la ville de Xaintes ». C'est là que se passa le drame profond de ses recherches, de ses luttes contre la matière à vaincre, contre le mépris et les railleries de ses voisins et compatriotes, l'incrédulité même, et les ironies hargneuses dans son propre intérieur. Puis il travaille pour la cour et arrive à la considération et à la richesse. Et enfin, un revirement de fortune le fait mourir en prison, en 1590, victime de la politique : « En ce même an, mourust aux cachots de la Bastille de Buci, maistre Bernard Palissy, prisonnier pour la religion, âgé de quatre-vingts ans. »

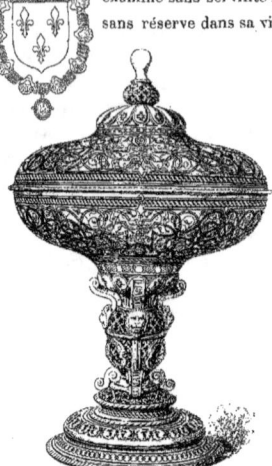

Fig. 444. — COUPE DITE D'HENRI II.

Voilà les principaux traits, que personne n'ignore, de la vie de cet homme qui, parti de « basse condition » comme il le disait, s'était « fait son éducation avec les dents », et, à force d'acharnement, avait vaincu la misère la plus noire, les difficultés les plus décourageantes. Il avait été à ce point supérieur à sa destinée, que s'étant instruit lui-même, il avait devancé son temps par la portée et la profondeur des conceptions, abordant tous les problèmes et en avait entrevu la solution. Dans son principal ouvrage, il se raconte lui-même avec une sorte d'amère et hautaine bonhomie, et ce doit être encore aujourd'hui une sorte de bréviaire pour ceux qui veulent se rendre dignes du nom d'artiste. C'est en 1580 que paraissent à Paris, chez Martin le jeune, à l'enseigne du Serpent, les *Décors admirables de la nature, des eaux et fontaines, tant naturelles qu'artificielles ; des métaux, des sels et salines, des pierres, des terres, du feu et des émaux ; avec plusieurs autres excellents secrets des choses naturelles ; plus, un traicté de la marne, fort utile et nécessaire pour ceux qui se meslent de l'agriculture ; le tout dressé par dialogues, esquels sont introduits la théorique et la pratique ; par M. Bernard Palissy, inventeur des rustiques figulines du roy et de la reyne, sa mère.*

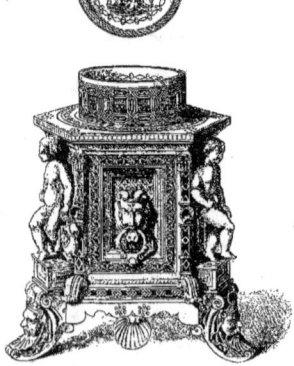

Fig. 445. — SALIÈRE DITE D'HENRI II.

Il traite, dans les huit premiers livres, de seaux, des fleurs, fontaines, étangs ; de l'alchimie et des métaux ; de l'or potable ; du mithridate ; des glaces ; des diverses sortes de sels ; des pierres communes ou précieuses. Fontenelle au xviii° siècle ; Cuvier, Chevreul, Brongniart, du nôtre, ont proclamé l'excellence de ses conceptions, la profondeur de ses vues, la nouveauté et l'originalité de ses observations, en tout ce qui concerne la géologie, la physique du globe, l'agriculture. Il a ébauché la théorie des eaux thermales, des fontaines jaillissantes, des fossiles, de la lumière, de l'attraction des corps, des tremblements de terre, de la vapeur elle-même! Les connaissances chimiques de son temps, il les a non seulement possédées, mais dominées.

Mais c'est surtout des livres 9 et 10, « des diverses terres d'argile » et de « l'art de terre » que nous avons à nous occuper en ce moment. Comment faire mieux que de laisser la parole aussi souvent que possible à Bernard lui-même? Nous avons cité déjà les passages où il donne l'exemple des émailleurs et des verriers qui ont avili leur art à force d'en répandre le secret ; ces exemples le déterminent à se montrer plus circonspect, et, en effet, le seul reproche qu'on lui ait adressé, de notre temps, c'est d'avoir tu ses formules, de ne les avoir point divulguées, et de n'avoir pas été, en même temps qu'un grand homme, un homme utile. On comprend ce reproche au temps des gigantesques outillages, des à peu près mécaniquement fabriqués, de l'énorme consommation des « choses à demi faictes » comme disait Palissy. Mais s'y associer serait méconnaître Palissy lui-même. Il faut au contraire le louer de n'être point responsable des imitations qu'on a pu faire de son œuvre, des redites qu'on s'est ingénié à produire tant bien que mal. Il faut l'admirer et le remercier pour avoir accompli son œuvre, et avoir fait le possible pour qu'elle demeure unique. Comment! n'est-ce pas une grande et haute leçon qu'il donne aux autres hommes? Ne leur dit-il pas : « Faites comme moi, cherchez! C'est la seule voie féconde ; cherchez passionnément, employez vos qualités propres ; créez-vous à vous-mêmes vos propres secrets, et qu'ils meurent avec vous comme les miens ont été perdus avec moi. Si vous voulez à toute force m'imiter, telle est la seule manière qui puisse vous mériter votre estime et l'admiration des autres. J'ai trouvé, faites comme moi. »

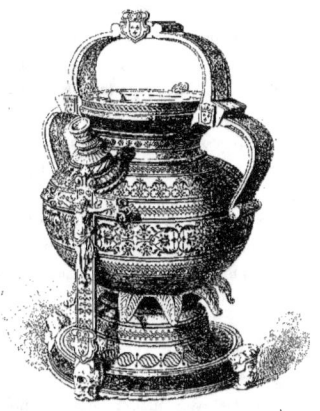

Fig. 416. — BIBERON DE SAINT-PORCHAIRE.

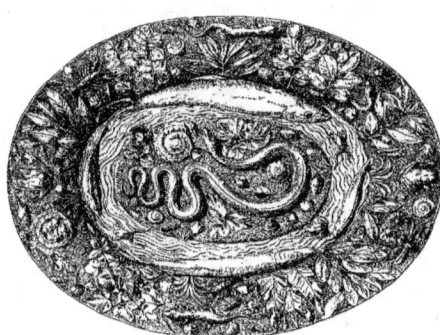

Fig. 417. — PLAT DE BERNARD PALISSY.

Un industriel, de notre temps, prend un brevet d'invention ; un artiste ne peut pas garder jalousement son propre tour de main, ses procédés longuement cherchés, conquis à force de sueurs et de larmes même? Quelle singulière partialité! Que Palissy, au contraire, livre les formules de ses émaux, le travail de ses terres, et il engendre simplement une vaste et médiocre production, il dessert son nom et vilipende son art. On n'oublie qu'une chose en le blâmant de sa réserve : c'est qu'il ne fut pas un marchand ni un manufacturier, mais un artiste. Grâce à cette particulière jalousie, son œuvre est intacte et fière, et les imitations qu'on a pu faire, si réussies qu'elles soient, n'ont pas plus d'intérêt que la toile d'un copiste exercé, d'après un des chefs-d'œuvre du Louvre. Un artiste véritable ne craint-il pas, avant toute chose, de se répéter lui-même ! Et on tiendrait rancune à Palissy d'avoir pris ses précautions pour n'être pas, autant que possible, répété par les autres !

Nous avons interprété la pensée de Bernard Palissy en langage de notre temps, et nous croyons en avoir démêlé l'enseignement. Laissons-le maintenant raconter lui-même ses tentatives à sa vieille et forte manière ; la citation sera longue ; on ne la regrettera pas pourtant, car le morceau est admirable et des plus précieux dans notre littérature.

« Sache qu'il y a vingt et cinq ans passez, il me fust montré une coupe de terre esmaillée d'une telle beauté, que dès lors j'entray en dispute avec ma propre pensée, en me remémorant plusieurs propos, qu'aucuns m'avoient tenu, en se mocquant de moy, lorsque je peindois des ymaiges. Or, voyant que l'on commençoit à les délaisser au pays de mon habitation, aussi que la vitrerie n'avoit pas grande requeste, je pensay que si j'avois trouvé l'invention de faire des esmaux je pourrois faire des esmaux et autres choses de belle ordonnance, parce que Dieu m'avoit donné d'entendre quelque chose de la pourtraiture. Et dès lors, sans avoir égard que je n'avois nulle connaissance des terres argileuses, je me mys à chercher les esmaux comme un homme qui taste en ténèbres. Sans avoir entendu de quelles matières se faisoient les dits esmaux, je piloys en ces jours là toutes les matières que je pouvois penser qui pourroient faire quelque chose ; et les ayant pilées et broyées, j'achetois une quantité de pots de terre et après les avoir mis en pièces, je mettois des matières que j'avois broyées dessus icelles, et les ayant marquées, je mettois en escrit à part les drogues que j'avois mises sur chacune d'icelles pour mémoire. Puis, ayant faict un fourneau à ma fantaisie, je mettois cuire les dittes pièces pour voir si mes drogues pourroient faire quelques couleurs de blanc ; ici je ne cherchois autre esmail que le blanc, parce que j'ay ouy dire que le blanc est le fondement de tous les autres esmaux. Or, parce que je n'avois jamais veu cuire terre, je ne sçavois à quel degré de feu le dict émail se devoit fondre, il m'estoit impossible de pouvoir rien faire par ce moyen, ores que mes drogues eussent été bonnes, parce qu'aucunes fois la chose avoit trop chauffé et autres fois trop peu ; et quand les dittes matières estoient trop petites ou bruslées, je ne pouvois rien juger de la cause pourquoi je ne faisois rien de bon ; mais en donnois le blasme aux matières, mais encore en ce faisant, je commettois une faute plus lourde que la susdicte : car en mettant les pièces de mes espreuves dedans le fourneau, je les arrangeois sans considération. Or, m'estant ainsy abusé plusieurs fois avec grands frais et labeurs j'estois tous les jours à piler et broyer nouvelles matières et construire nouveaux fourneaux avec grande despence d'argent et consommation de bois et de temps.

« Quand j'eus bastelé plusieurs années ainsy imprudemment, avec tristesse et désespoirs, à cause que je pouvois parvenir à rien de mon intention et me souvenant de la despence perdue, je m'avysois pour obvier si grande despence, d'envoyer les drogues que je voulois approuver (éprouver) à quelque fourneau de potier ; et ayant conclud en mon esprit telle chose, j'achetois de rechef plusieurs vaisseaux de terre, et les ayant rompus en pièces comme de coutume, j'en couvrois trois ou quatre cents pièces d'esmail et les envoyois à une poterie distante d'une lieue et demye de ma demeurance avec requeste envers les potiers qu'il leur pleust permettre cuyre les dittes espreuves dedans aucuns de leurs vaisseaux, ce qu'ils faisoient volontiers. Mais quand ils avoient cuit leur fournée et qu'ils venoient à tirer mes espreuves, je n'en recevois que honte et perte ; parce qu'il ne se trouvoit rien de bon, à cause que le feu des dits potiers n'estoit assez chaud, ainsi que mes dittes espreuves n'estoient enfermées au devoir requis et selon la science. De rechef je faisois nombre de compositions nouvelles, toujours avec grands frais, pertes de temps, confusion et tristesse.

« Quand je vis que je ne pouvois par ce moyen rien faire de mon intention, je pris relasche quelque temps, m'occupant de mon art de peinture et de vitrerie, et me mis comme en nonchaloir de chercher les secrets des esmaux. Quelques jours après (1543) survint deux certains commissaires, députés par le Roy, pour ériger la gabelle au pays de Xaintonge, lesquels m'appelèrent pour figurer les isles et pays circonvoisins de tous les marais salants du dit pays. Or, après que la ditte commission fut parachevée et que je me trouvoy muni d'un peu d'argent, je reprins encore l'affection de poursuivre la suytte des dits esmaux ; et voyant que je n'avois rien pu faire dans mes fourneaux et ceux des potiers susdits, je rompis environ trois douzaines de pots de terre tout neufs et ayant broyé quantité de diverses matières, je couvroy tous les lopins des dits pots des dittes drogues couchées avec le pinceau. Mais il te faut entendre que des deux ou trois cents pièces, il n'y avoit que trois de chacune composition.

« Ayant ce fait, je prins les pièces et je les portois à une verrerie afin de voir si mes matières et compositions se pourroient trouver bonnes aux fours des dittes verreries. Or, d'autant que leurs fourneaux sont plus forts que ceux des potiers, ayant mis toutes mes espreuves dans les dits fourneaux, le lendemain que je les fus tirer, j'apperçeus partie de mes compositions qui avoient commencé à fondre, qui fust cause que je fus encore encouragé à chercher l'esmail blanc pour lequel j'avois tant travaillé.

« Touchant des autres couleurs, je ne m'en mettois aucunement en peine ; ce peu d'apparence que j'avois trouvé lors, me fist travailler pour chercher le dit blanc deux ans, entre le temps susdit, durant lesquels deux ans, je ne faisois qu'aller aux verreries prochaines. Dieu voulust qu'ainsy que je commençois à perdre courage et que pour le dernier coup je m'estoys transporté à une verrerie, ayant avec moi un homme chargé de plus de trois cents espreuves, il se trouva une des dittes espreuves qui fut fondue en quatre heures après avoir esté mise au fourneau, laquelle se trouva blanche et polie, de sorte qu'elle me causa une joie telle que je croyois estre devenu nouvelle créature. Et pensay dès lors avoir une perfection entière de l'esmail blanc. Mais je fus fort esloigné de ma pensée : cette espreuve estoit fort heureuse d'une part et bien malheureuse de l'autre : heureuse en ce qu'elle me donna entrée à ce que je suis parvenu, et malheureuse en ce qu'elle n'estoit mise en dose et mesure requise.

« Je feus si grand beste en ce jour là que soudain que j'eus faict le dit blanc, qui estoit singulièrement beau, je me mis à faire des vaisseaux de terre, combien que jamais je n'eusse connu terre, et ayant employé l'espace de sept ou huit mois à faire les dits vaisseaux, je me prins à ériger un fourneau semblable à celui des verriers, lequel je bastis avec un labeur indicible, car il falloit que je maçonnasse tout seul, et que je détrempasse mon mortier, que je tirasse l'eau pour la détrempe d'iceluy, aussi me fallust moy mesme aller quérir la brique sur mon dos à cause que je n'avois nul moyen d'entretenir un seul homme pour m'ayder en cette affaire. Je fis cuyre un vaisseau en première cuisson, mais quand ce feust à la deuxième cuisson, je reçu des tristesses et des labeurs tels que nul homme ne le voudroit croire. Car au lieu de me reposer de mes labeurs passés il me fallust travailler l'espace de plus d'un mois nuict et jour pour broyer les matières desquelles j'avois faict ce beau blanc au fourneau des verriers, et quand j'eus broyé les dittes matières, j'en couvrois les vaisseaux que j'avois fait. Ce faist, je mys le feu dans mon fourneau par deux gueules ainsy que j'avois veu faire aux verriers. Mais combien que je feusse six jours et six nuicts devant le dit fourneau sans cesser de brusler bois par les deux gueules, il me feust possible de pouvoir fondre le dict esmail, et estois comme un homme désespéré. Et combien que je feusse tout estourdy de travail, je me vey adviser que dans mon esmail, il y avoit trop peu de la matière qui devoit faire fondre les autres ; ce que voyant, je me mys à piler et broyer la dicte matière, sans toutes fois laisser refroidir mon fourneau ; par ainsy j'avois double peine : piler, broyer et chauffer le dict fourneau.

« Quand j'eus ainsy composé mon esmail, je fus contrainct d'aller encore acheter des pots affin de l'esprouver, d'autant que j'avois perdu tous les vaisseaux que j'avois faicts. Et ayant couvert les dittes pièces dudit esmail je les mys dans le fourneau continuant toujours le feu en sa grandeur ; mais sur cela me survint un autre malheur, lequel me donna grande fascherie, qui est que le bois m'ayant failli, je fus contrainct de brusler les estaques qui soutenoyent les treilles de mon jardin, lesquelles étant bruslées, je feus contrainct de brusler les tables et le plancher de la maison, afin de faire fondre la seconde composition. J'estois dans une telle angoisse que je ne saurois dire, car j'estois tout tari et desseiché à cause du labeur et de la chaleur du fourneau. Il y avoit plus d'un moys que ma chemise n'avoit séché sur moi. Encore, pour me consoler on se mocquoit de moy, et mesme ceux qui me devoient secourir alloient crier par la ville que je faisois brusler le plancher et par ce moyen on me faisoit perdre mon crédit, et m'estimoit on estre fol.

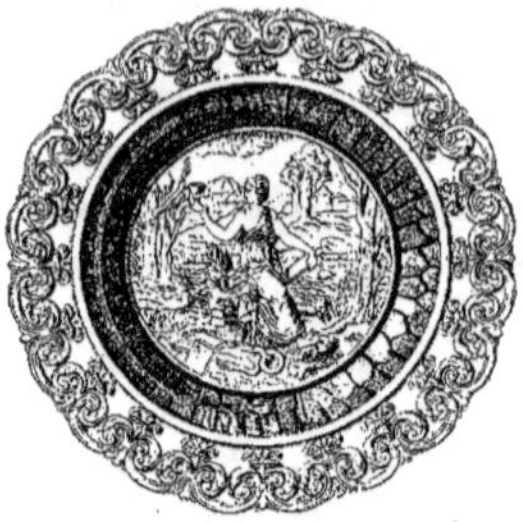

FIG. 418. — PLAT DE BERNARD PALISSY.

« Les autres disoient que je cherchois à faire de la faulse monnoye, qui estoit un mot qui me faisoit seicher sur les pieds et m'en allois par les rues tout baissé comme un homme honteux. J'estois endetté en plusieurs lieux et avois ordinairement deux enfants aux nourrices, ne pouvant payer leurs salaires. Personne ne me secourut ; mais au contraire ils se mocquèrent de moy en disant : « Il lui appartient bien de mourir « de faim par ce qu'il délaisse son mestier. » Toutes ces nouvelles venoient à mes oreilles lorsque je passois par la rue. Toutefois il me restoit encore quelque espérance qui me soutenoit et encourageoit, d'autant que les dernières espreuves s'estoient assez bien comportées ; et dès lors en pensay savoir assez pour pouvoir gaigner ma vie, combien que j'en feusse éloigné, comme tu entendras cy-après. »

Une nouvelle période commence, non moins pleine de déceptions et d'amertume. Palissy prend avec lui un potier pour lui faire des vaisseaux selon ses instructions pendant que lui-même modèle « des médailles » vraisemblablement destinées à décorer ces vaisseaux. Il faut, le potier congédié, construire un nouveau four. « Or, par ce que je n'avois pas d'étoffes pour ériger mon fourneau, je me prins à deffaire celuy que j'avois faict à la mode des verriers, à fin de me servyr des dépouilles d'iceluy. Or, parce que le dict four avoit si fort chauffé l'espace de six jours et nuicts, le mortier et la brique dudit four s'estoient liquéfiés et vitrifiés, de telle sorte qu'en démaçonnant, j'eus les doigts coupez et incisez en tant d'endroits que je fus contrainct manger mon potage ayant les doigts enveloppez de drappeaulx. Quand j'eus deffaict ledit fourneau, il fallut ériger l'autre, qui ne feust pas sans grand peine, d'autant qu'il me falloit aller quérir l'eau, le mortier et la pierre sans aucun ayde et sans aucun repos. Ce faict, je fis cuire l'œuvre susditte en première cuisson, et puis par emprunt ou autrement, je trouvay moyen d'avoir des estoffes pour faire des esmaux. La ditte besogne fut bien portée en première cuisson. Mais quand j'eus acheté les dites estoffes, il me survint un labeur qui me cuyda faire rendre l'esprit. Car après que par plusieurs jours je me fus lassé à piler et calciner mes matières, il me convint les broyer sans aucun ayde en un moulin à bras auquel il falloit ordinairement deux puissants hommes

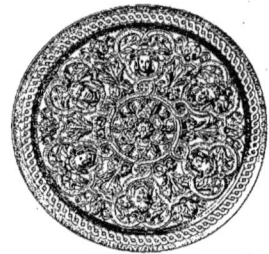

FIG. 419. — PLAT DE BERNARD PALISSY.

pour le virer. Le désir que j'avois de parvenir en mon entreprise me faisoit faire des choses que j'eusse estimées impossibles.

« Quand les dittes couleurs furent broyées, je couvris tous les vaisseaux et médailles dudit esmail, puis, ayant le tout mis et arrangé dedans le fourneau, je commençoy à faire du feu, pensant retirer de ma fournée trois ou quatre cents livres, et continuay ledit feu jusques à ce que j'eus quelques indices et espérances que mes esmaux fussent fondus et que ma fournée se portât bien. Le lendemain, quand je vins à tirer mon œuvre, ayant premièrement osté le feu, mes tristesses et douleurs feurent augmentées si abondamment que je perdys toute contenance. Car combien que mes esmaux feussent bons, et ma besongne bonne, néanmoins deux accidents estoient survenus à la ditte fournée lesquels avoient tout gasté ; et afin que tu t'en donnes de garde, je te dyrai quels ils sont. C'est parce que le mortier de quoy j'avois maçonné mon four étoit plein de cailloux, lesquels sentant la véhémence du feu lorsque nos esmaux se commençoient à liquéfier, se crevèrent en plusieurs pièces, faisant plusieurs pets et tonnerres dans ledit four. Or, ainsy que les esclats desdits cailloux sautoient contre ma besongne, l'esmail qui estoit déjà liquéfié et rendu en matière glueuse, print lesdits cailloux et se

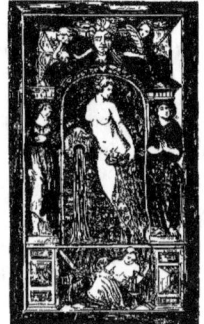

FIG. 420. — CARREAU DE PALISSY.

les attacha par toutes les parties de mes vaisseaux et médailles, qui sans cela se feussent trouvez beaux.

« Ainsy connoissant que mon fourneau estoit assez chaud, je le laissay refroidir jusqu'au lendemain ; lors, je fus si marry que je ne saurois te dire, et non sans cause ; car une fournée me coustoit plus de six vingts écus. J'avois emprunté le bois et les estoffes, et j'avois emprunté une partie de ma nourriture en faisant ladite besongne. J'avois tenu en espérance mes créditeurs qu'ils seroient payés de l'argent qui

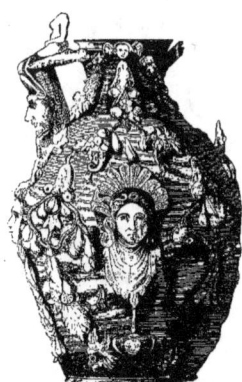

FIG. 421. — VASE DE PALISSY.

proviendroit des pièces de ladite fournée ; ce qui feust cause que divers accoururent dès le matin que je commençois de désenfourner. Donc, par ce moyen furent redoublées mes tristesses ; d'autant qu'en tirant ladite besongne, je ne recevois que honte et confusion. Car toutes mes pièces estoient semées de petits morceaux de cailloux, qui estoient si bien attachez austour des dits vaisseaux et liez avec l'esmail, que quand on passoit les mains dessus, lesdits cailloux coupoient comme razoirs ; et combien que la besongne fust par ce moyen perdue, toutefois d'aucuns vouloient en acheter à vil prix : mais ce eust esté en dénuement et rabaissement de mon honneur ; je mys en pièces entièrement le total de la ditte fournée, et me couchay de mélancolie non sans cause, car je n'avois plus le moyen de subvenir à ma famille. Je n'avois en ma maison que reproches ; au lieu de me consoler on me donnoit des malédictions ; mes voisins qui avoient entendu ceste affaire disoient que je n'estois qu'un fol, et que j'eusse eu plus de huit cents francs de la besongne que j'avois rompue, et estoient toutes ces nouvelles jointes avec mes douleurs.....

... « Bref, j'ay ainsi basteté l'espace de quinze ou seize ans... Enfin je trouvay moyen de faire quelques vaisseaux de divers esmaux entremeslez en matière de jaspe : cela m'a nourri quelques ans... Quand j'eus inventé le moyen de faire des pièces rustiques, je fus en plus grand peine et en plus d'ennuy qu'auparavant. Car ayant un certain nombre de bassins rustiques et les ayant fait cuire, mes esmaux se trouvèrent les uns beaux et bien fondus; autres, mal fondus, estoient bruslez, à cause qu'ils estoient composés de diverses matières qui estoient fusibles à divers degrez : le verd des lézards estoit bruslé avant que la couleur des serpents fust fondue; aussi la couleur des serpents, escrevices, tortues et cancres estoit fondue auparavant que le blanc eust reçu aucune beauté. Toutes ces fautes m'ont causé un tel labeur et tristesse d'esprit, qu'auparavant que j'aye eu rendu mes esmaux fusibles à un mesme degré de feu, j'ay cuidé entrer jusques à la porte du sépulchre. Aussi en me travaillant à de telles affaires je me suis trouvé l'espace de dix ans si escoulé en ma personne, qu'il n'y avoit aucune forme ni apparence de bosse aux bras ny aux jambes : ainsi estoient mes dittes jambes toutes d'une venue; de sorte que les liens de quy j'attachois mes bas de chausses, estoient soudain que je cheminois sur les talons avec le résidu de mes chausses.

... « J'estoy méprisé et mocqué de tous; toutefois faisois toujours quelques vaisseaux de couleurs diverses, qui me nourrissoient tellement quellement... Toutes fois l'espérance que j'avois me faisoit procéder en mon affaire si virilement que, plusieurs fois, pour entretenir les personnes qui me venoient voir, je faisois mes efforts de rire, combien qu'intérieurement je feusse bien triste.

« J'ay esté plusieurs années que n'ayant rien de quoy faire pour couvrir mes fourneaux, j'estois toutes les nuits à la mercy des pluyes et vents, sans avoir aucun secours, aide ny consolation, sinon les chats-huants qui chantoient d'un costé et les chiens qui hurloient de l'autre. Parfois il se levoit des vents et tempestes qui souffleroient de telle sorte sur le dessus et le dessous de mes fourneaux, que j'estoy contrainct quitter là tout, avec perte de mon labeur; et me suys trouvé plusieurs foys qu'ayant tout quitté, n'ayant rien de sec sur moy, à cause des pluyes qui estoient tombées, je m'en allois coucher à la minuit ou à la pointe du jour accoutré de telle sorte comme un homme que l'on auroit traîné par tous les bourbiers de la ville: et, en m'en allant ainsy retirer, j'allois bricollant sans chandelle, et, tombant d'un costé et d'autre comme un homme qui seroit ivre de vin, rempli de grandes tristesses : d'autant qu'après avoir longtemps travaillé, je voyois mon labeur perdu. Or, en me retirant ainsi trempé et souillé, je trouvois en ma chambre une persécution pire que la première, qui me fait à présent esmerveiller que je ne sois consumé de tristesse. »

Si nous avons aussi longuement laissé la parole au maître, c'est que nous avons jugé que cela valait mieux que tout autre résumé ou commentaire de son œuvre et que nous ne connaissons rien à la fois de plus poignant et de plus consolant. Il nous renseigne d'ailleurs suffisamment, à chaque ligne sur la progression de ses recherches. D'abord les terres émaillées de blanc, puis les émaux « entremeslés en manière de jaspe »; enfin les pièces rustiques. Celles-ci sont de beaucoup les plus populaires dans son œuvre : plats décorés de reptiles, de poissons, de bestioles, de feuillages de toutes sortes, en haut relief, et rehaussés d'émaux harmonieux et luisants. Il convient de remarquer que les éléments qui composent la décoration de ces plats ne sont que des moulages sur nature, et que, par conséquent, quelle que soit la réduction de leurs arrangements, la valeur artistique s'en trouve certainement diminuée. Cependant les plats à animaux, les aiguières à coquillages de Bernard Palissy sont originaux et plaisants. Puis, il ne faut pas perdre de vue qu'il fut avant tout un technicien, un savant : c'est la formule à trouver qui le tourmente (cette formule qu'il acquiert au prix de tant de peines et qu'il garde si jalousement), plus encore que la forme à parfaire. S'il se préoccupe un peu puérilement d'imiter la nature, c'est un idéal que personne n'a le droit de lui chicaner, tout artiste étant maître et responsable de son effort. Dans ces plats, aussi bien que dans les grottes rustiques qu'il fit pour Anne de Montmorency à Écouen, pour Catherine de Médicis (vers 1565) aux Tuileries, il s'enorgueillit d'avoir émaillé des lézards que les lézards véritables « viendront souvent admirer » ou encore, un chien tel « que plusieurs autres chiens se sont pris à gronder à l'encontre, pensant qu'il fust naturel ». Ces préoccupations qui nous font un peu sourire à présent prouvent cependant qu'il était avant tout un ouvrier passionné à faire rendre à son métier le maximum des effets.

Un trait sur lequel nous ne saurions trop insister, c'est que pour modeler le vieux potier prit les éléments qu'il avait sous sa main. Ce sont les poissons, reptiles, coquillages, du bassin de Paris. Il a, du reste, suffisamment prouvé par d'autres œuvres (1), divers beaux plats, coupes, biberons, etc., qui sont au Louvre, à Cluny, à Sèvres, etc., qu'il pouvait concevoir et réaliser des travaux de pure fantaisie et que le modeleur était chez lui, quand il le voulait, égal au metteur en œuvre d'éléments vrais.

C'est par cet acharnement à la poursuite d'une exécution impeccable qu'une belle pièce de Palissy demeure une œuvre significative, digne de soutenir la comparaison avec les œuvres les plus réputées d'un Lucca della Robbia ou d'un maestro Giorgio. La netteté de la facture, l'adhérence parfaite des émaux avec la pâte, la légèreté et la sonorité de la terre, le goût sobre, élégant des ensembles, tout cela appartient en propre à Palissy.

Quand bien même il aurait révélé, pour les gens qui aiment les besognes toutes mâchées, le dosage exact de ses émaux, il resterait encore inimitable, car une copie n'est même pas une imitation.

Il y a une grande profondeur dans cette hautaine et âpre malice du grand artiste, du grand penseur et du grand écrivain, quand il fait s'échanger ce dialogue entre Théorique et Pratique. Théorique, qui tient à savoir la lettre des choses, lui demande timidement : « Des esmaux, tu n'as encore rien dit?

— Les esmaux de qui je fais ma besongne, répond Pratique, qui au contraire va au plus pressé, n'aime que l'action, et aurait plutôt fait d'achever dix plats que d'en démontrer un, sont faits d'estaing, de plomb, de fer, d'acier, d'antimoine, de saphre, de mine, d'arène, de salicort, de cendre gravelée, de litarge et de pierre de Périgord. »

Et c'est toute la formule? Ah que non! Il y a encore l'élément le plus fécond, le plus indispensable, c'est le conseil suivant qui résume admirablement ce que nous avons dit, et sur lequel nous clorons notre méditation : « Parquoy je suis d'avis que tu travailles pour trouver les dittes doses aussi bien que j'ay fait, autrement tu aurois trop bon marché de la science, et peut-être que ce seroit la cause de te la faire mespriser. »

(1) Il faut excepter certaines figurines émaillées, entre autres la *Nourrice* du musée de Cluny qu'on lui attribuait, et qui doivent être restituées aux ateliers d'Avron, près de Fontainebleau.

# CHAPITRE IV

## LA FAÏENCE (fin).

Rouen. — Nevers. — Marseille. — Moustiers. — Strasbourg.

La noblesse et la magistrale entente du décor de la faïence de Rouen ; la redondance à l'italienne, puis l'expressive rusticité de Nevers ; la légèreté toute française de Moustiers ; la grâce rococo de Marseille ou l'élégance exquise de Sceaux ; voilà, ce semble, quelques-unes des qualités qui viennent plaider en faveur de notre céramique. Ces dons brillants, clairs et séduisants, nous permettent de nous inscrire en faux contre le trop sommaire jugement que nous rapportions, prononcé par Claudius Popelin.

Tout ce qu'il y a de clarté, d'esprit, de précision dans le génie français, on le retrouve dans les belles faïences de Rouen. Il en est qui seraient signées La Fontaine, La Bruyère ou Voltaire qu'on n'en serait pas autrement étonné. A quel moment remonte la fabrication de Rouen ? La réponse n'a pas été obtenue sans discussion. Il existe dans divers musées et notamment à Cluny des fragments d'un pavement en faïence provenant du château d'Ecouen. Une de ces pièces, marquée au chiffre d'Anne de Montmorency, porte la date de 1542 et ces mots : *A Rouen*. On a pu déterminer qu'ils provenaient de la fabrique de Maclou Abaquesne ; toutefois, malgré la provenance incontestablement française, on a discuté sur le caractère général de la décoration, et divers historiens ont conclu que ces carrelages étaient dus à des ouvriers italiens. Peu importe ; nous ne songeons pas à contester l'origine italienne de fabriques rouennaises, ayant vu que certaines écoles de la péninsule furent de véritables centres d'émigration, des pépinières d'où les artistes se répandaient un peu partout. Que nous ne fassions pas acte d'ingratitude envers l'Italie, c'est fort bien ; mais on reconnaîtra d'autre part que notre originalité, à Rouen, ne tarda pas à se complètement dégager de toute influence étrangère. Il y a d'ailleurs une lacune assez grande, et encore imparfaitement expliquée, entre les produits initiaux et ceux qui au xvii<sup>e</sup> siècle commencent à faire la gloire de Rouen.

La fabrique d'Abaquesne existait encore, ce semble, en 1564. Mais on ne retrouve de document authentique des faïenceries normandes qu'en 1644, année où le sieur de Granval, Nicolas Poiret, huissier de la chambre de la reine, est pourvu d'un privilège pour la fabrication de la poterie. Des ouvriers avaient été mandés de Nevers, ce qui, par un phénomène de génération réitérée, donnait pour la seconde fois une origine italienne aux ateliers rouennais. Un privilège fut également accordé en 1673 par Colbert à Louis Poterat, fils d'Edme Poterat, sieur de Saint-Étienne, directeur des manufactures de faïence de Rouen. Le document est curieux, et il en faut citer quelques passages.

Il atteste que Louis Poterat a demandé l'autorisation de faire construire des ateliers, fourneaux, etc., dans le « faux bourg de Rouen appelé Saint-Sever », ayant remontré à l'appui de la requête que « par des voyages dans les pays étrangers, et par des applications continuelles, il a trouvé le secret de faire la véritable porcelaine de la Chine et celui de la fayence d'Holande », mais qu'il lui est « impossible de faire travailler la dite porcelaine que conjointement avec la fayence d'Holande, parce que la porcelaine ne peut

HISTOIRE DE L'ART DÉCORATIF

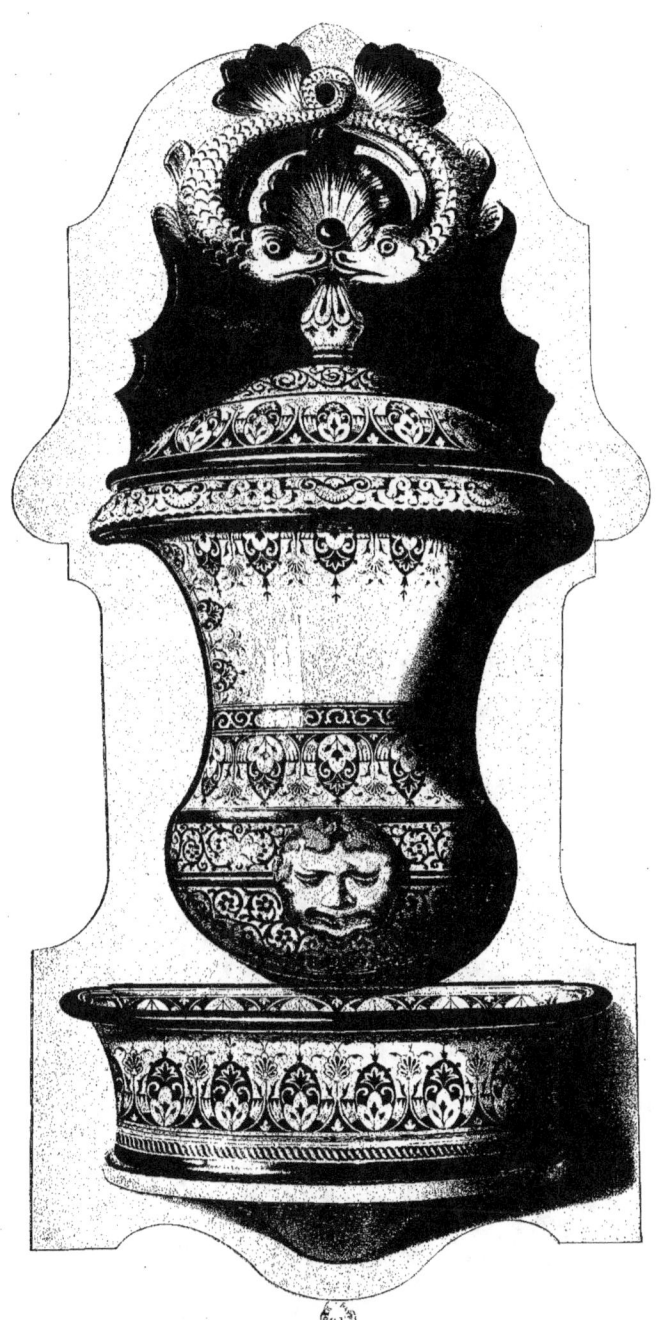

FONTAINE FAÏENCE DE ROUEN
XVIe SIÈCLE

cuire qu'elle n'en soit entièrement couverte, pour ne pas recevoir la violence du feu qui doit être modéré dans sa coction. » En conséquence l'autorisation lui est accordée de construire les ateliers en question et d'en vendre et débiter les produits par tout le royaume pendant trente ans. Ces produits sont, dit l'acte, « toutes les vaisselles, pots et vases de porcelaine semblable à celle de la Chine et de fayence violette, peinte de blanc et de bleu, et d'autres à la forme de celle d'Holande. »

Dans ces conditions, après avoir subi dans une certaine mesure l'influence italienne, la faïence rouennaise devait aussi emprunter quelques reflets à celle de Delft. C'est vers la fin du siècle que le décor rouennais proprement dit apparaît, si caractéristique, avec ses cartouches,

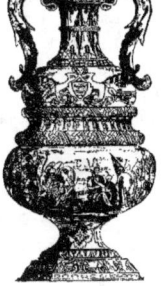

Fig. 422. — VASE DE ROUEN.

ses lambrequins, ses guirlandes, distribués symétriquement, et rayonnant vers un point commun, le centre du plat ou le pied du vase. C'est un grand agrément pour l'œil que ces dessins riches et compliqués, et pourtant d'une netteté extraordinaire, dont le bleu admirablement calculé, ni trop foncé ni trop clair, se détache avec précision sur le fond blanc de l'émail. D'autres pièces admettent une plus grande variété de tons : le jaune, le vert, le rouge, sont employés ensemble ou séparément.

En 1708, d'après M. André Pottier, l'historien définitif de la faïence de Rouen (1870), Denis Dorio trouve le secret « de faire un rouge particulier sur la peinture des fayences et de porcelaines, comme le bleu y est bleu, et qui résiste au feu avec sa couleur de rouge. » Il demande en conséquence l'autorisation d'établir des fourneaux.

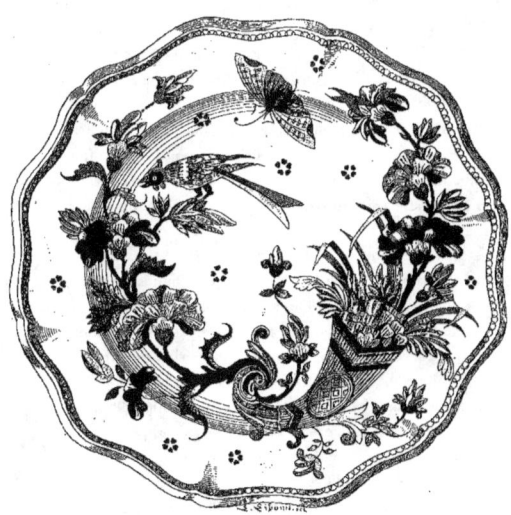

Fig. 423. — ASSIETTE DE ROUEN A LA CORNE.

Un des fabricants les plus célèbres de Rouen est Guillibeaud ou Guillibeaux, qui exécute entre autres travaux le service offert par les échevins de la ville de Rouen au duc de Montmorency-Luxembourg, à l'occasion de sa nomination comme gouverneur de Normandie. Guillibeaux est considéré comme l'inventeur des décorations à bords quadrillés et à ornements dans le style chinois. Avec lui, ou à son époque, apparaissent également les pièces à figures, puis plus tard le genre rocaille, et enfin le fameux décor à la

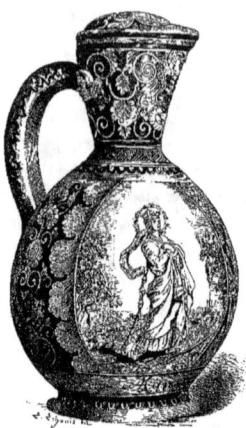

FIG. 424. — POT A CIDRE. FAIENCE DE ROUEN.

Corne d'abondance, si riche et si éclatant, mais si exploité par la copie (il en a été fait des imitations plus ou moins fines jusqu'en Basse-Bretagne!) et que les puristes considèrent comme le produit d'une école en décadence, lui préférant de beaucoup les décors rayonnants, « les lambrequins, les fleurs, les guirlandes, les draperies, les broderies, les rosaces, les arabesques, toute l'ornementation des Bérain, des Boulle, et autres maîtres du temps, qui sont mis en œuvre avec une très grande intelligence de la décoration et du métier de céramiste. » (Th. Deck.)

Parmi les autres maîtres de la faïencerie rouennaise, il faut citer : Pierre Chapelle qui signe en 1725 une sphère terrestre et une sphère céleste avec piédestaux à figures symboliques des quatre saisons et quatre éléments (château de Choisy-le-Roi); Leleu, qui exécute des plats décorés de scènes de l'Ancien et du Nouveau Testament ; Claude Borne, des plats à bordures et à motifs mythologiques ; enfin, Levasseur, qui, vers 1774, se signale par un genre à part. Durant tout le règne de Louis XVI, il décore ses faïences de fleurs, d'animaux, de sites à personnages, de beaucoup d'éclat et d'harmonie. C'est de Levasseur qu'est cette œuvre célèbre : les bustes des quatre saisons sur gaines élancées, qui sont venus au musée du Louvre après la vente Hamilton, en 1882, où ils furent adjugés 68,800 francs. Les modèles sont attribués à Nicolas Foucquay : les têtes sont émaillées blanc et les vêtements sont d'étoffes à fleurs ; les coiffures sont formées de fleurs et de fruits à émail polychrome. Les gaines portent des frises charmantes, deux de paysages et deux d'ornements variés. Ce sont des œuvres à la fois fortes et délicates ; si l'on était tenté de reprocher un peu trop de minutie dans le détail, cette critique ne persisterait pas bien rigoureuse, devant l'harmonie de l'ensemble.

Innombrables sont les pièces de toutes sortes que produisirent les ateliers de Rouen : fontaines, bannettes ou façons de petits plateaux à anses, bénitiers, drageoirs, boîtes à mouches, flambeaux, pupitres, encrier, râpes à tabac, brocs, gobelets, etc., etc. Quant aux plats, services, assiettes, il faut renoncer à les cataloguer. Le musée de Sèvres en contient de beaux exemples, et le musée de Cluny en est magnifiquement pourvu. Parmi les plus belles ou les plus curieuses pièces de ce dernier musée, il faut citer une grande fontaine polychrome du service Montmorency-Luxembourg ; une fontaine d'angle en décor bleu sur blanc, style de Bérain ; une table polychrome aux armes de France, et ornée d'une Diane au bain, richement encadrée de rinceaux, œuvre de Pierre Chapelle ; toute une série de magnifiques plats à décor rayonnant ; une soupière et un plateau à dessin chinois quadrillé, avec fleurs et bouquets, de l'atelier de Guillibeaux ; de charmantes et curieuses aiguières à jeux d'eau ; des pots et bouteilles à devises ou à inscriptions, telles : Robert la

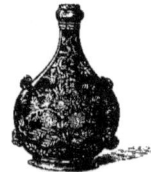

FIG. 425. — GOURDE, FAIENCE DE NEVERS.

Vingne et Reine Marais ; Joseph Pennequin prestre ; An plira tont la bouteille à Simon ouy prontemant, un bassin de la sorte la plus rare, en faïence violette (n° 3303), portant à son milieu une corbeille de fleurs en couleur, entourée d'une bordure de treillis ; enfin, deux naïves et amusantes assiettes à ariettes, sur ces paroles, première assiette :

> Pour passer doucement ma vie
> Avec mon petit revenu
> Amis je fonde une abbaye
> Et je la consacre à Vénus.

Deuxième assiette :

> Faut-il que le ciel m'attrape
> De m'avoir ôté Catin (1).

Le caractère de naïveté enjouée de ces deux pièces, nous allons le trouver à profusion sur les faïences de Nevers, type par excellence de la céramique populaire. Mais avant de se démocratiser ou de se rusticiser ainsi, Nevers avait eu des destinées notablement plus relevées.

En 1565, Louis de Gonzague, fils de Frédéric II, duc de Mantoue, épousa Henriette de Clèves et devint duc de Nevers. Louis de Gonzague, ainsi qu'en fait foi un document daté de 1590, avait appelé dans le Nivernais des artistes italiens, entre autres le céramiste Scipion Gambini, expert dans les arts de la poterie, de l'émail et de la verrerie. Ces introducteurs de la céramique dans cette région prospérèrent à souhait. L'industrie qu'ils avaient fondée prit, avec la famille des Conrade, d'Albissola, près de Savone, un développement considérable. En 1602, Dominique de Conrade fonda un atelier avec ses frères Baptiste et Augustin. En 1644, son fils Antoine est encore en possession du titre de « gentilhomme et servant fayencier du Roy ».

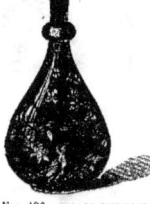

Fig. 426. — VASE BURSAIRE DE NEVERS.

Une autre famille, non moins illustre, celle des Custode, pétrit, décore et enfourne, pendant sept générations, à partir de 1623. Les premières faïences nivernaises, celles des Gambini, sont purement italiennes. C'est le type de la « majolique », telle que nous l'avons vue fleurir en Italie : aiguières ou plats à feuillages, à divinités marines, à enfants jouant avec des cygnes, et toute la mythologie facile et conventionnelle de la faïence. Les Conrade, plus particulièrement, affectionnent le bleu ondé, caractéristique de l'atelier d'Orazio Fontana. Il s'en faut, d'ailleurs, que les produits aient la même finesse et la même valeur d'art.

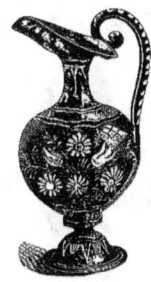

Fig. 427. — AIGUIÈRE DE NEVERS.

Comme le fait remarquer M. Darcel, « à Nevers, les procédés de fabrication sont plus simples en ce sens que les couleurs sont moins nombreuses. L'art du décor polychrome sur la terre émaillée finit comme il avait commencé : par l'emploi excessif des violets de manganèse et par la simplicité du modelé. Mais ce modelé, qui était bleu au $xv^e$ siècle et au commencement du $xvi^e$, est jaune orangé au $xvii^e$. Quant au style du dessin, il diffère encore davantage : au lieu de l'archaïsme des commencements, ce furent les formes rondes de la décadence qui prévalurent, avec l'imitation des peintres bolonais de la troisième génération, de l'Albane surtout.

« Les faïences de Nevers, comme celles des fabriques italiennes contemporaines, Sienne et Castelli, sont aussi d'un ton beaucoup moins intense que celles des époques antérieures ; ce qui serait dû à ce que les faïences de la décadence supprimèrent la couverte, dont leurs prédécesseurs avaient soin de glacer leurs peintures. Cette couverte, n'exigeant point un feu excessif pour entrer en fusion, permettait de ne pas fondre des couleurs beaucoup plus fugitives que celles que l'on dut garder lorsque la glaçure ne fut plus obtenue que par une température beaucoup plus élevée.

(1) Il serait injuste d'oublier le violon de faïence si délicatement orné d'un concert de musique, un des trésors du musée de Rouen, et qui inspira à Champfleury sa si divertissante nouvelle.

« Ainsi, il n'y a plus ces alliances de tons que l'on remarque sur les faïences italiennes ; on ne voit plus cette association des jaunes et des bleus qui parfois donnaient une légère teinte verte au modelé, non plus que les verts de plusieurs teintes. Les jaunes clairs, dans les faïences de Nevers, sont toujours séparés du bleu par une couche de blanc. »

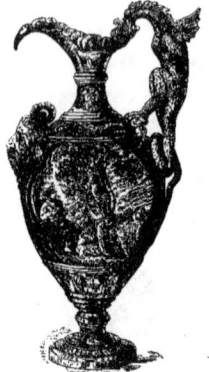

Fig. 428. — AIGUIÈRE, FAIENCE DE NEVERS.

A l'imitation italienne succède, chez les faïenciers de Nevers, l'imitation des faïences persanes. C'est l'époque des pièces à fond uniforme d'un bleu lapis extrêmement soutenu, atteignant même à la dureté, et sur lequel se détachent des ornementations touchées en blanc pur ou en jaune orangé. Le charme étrange et doux des faïences persanes est loin d'être atteint par ces pièces ; elles n'ont guère qu'un intérêt de collection, et il ne fait pas bon les voir au sortir d'un tête-à-tête avec les faïences de Rouen, ou même de Moustiers et de Marseille.

Ce ne furent pas les seules imitations auxquelles se livrèrent encore les potiers nivernais ; ils furent également hantés par l'Orient ; puis quand vint la vogue de Rouen ou de Moustiers, ils imitèrent le premier sans vigueur et le second sans délicatesse. Ils ne possédaient point le maniement du rouge, et le remplaçaient aussi imparfaitement que possible par un jaune uniforme. Dans toutes ces imitations, ils demeurent sensiblement inférieurs aux modèles.

La troisième période de la faïence de Nevers est considérée généralement par ses historiens comme une époque de décadence absolue : c'est le temps des *faïences parlantes*, des décorations ingénues, des formes rustiques, des bariolages grossiers, des bonshommes aussi naïfs qu'un charbonnage de muraille, des devises gaillardes, bachiques, pieuses ou sentimentales. Enfin la suite considérable des faïences révolutionnaires, étudiées et cataloguées par Champfleury et qui comprennent par exemple : les *Armoiries de la monarchie*, le *roi Jacques déloge*, le *père Lachaise très habile confesseur*, *l'archevêque de Paris, plus ami des dames que du pape*, *exécution de Louis Capet 21 janvier 1793*, les allusions au tiers état, à *l'aristocratie*, *à la patrie en danger*, etc., etc. Faut-il le dire ? il nous semble que la majorité des critiques s'est montrée un peu trop sévère à l'égard de ces simples et peu raffinés travaux. Nous conservons quelque tendresse et encore plus d'intérêt pour eux. Il suffit de ne pas se placer, pour les apprécier, à un point de vue faux. Bien évidemment si on s'en va faire une comparaison entre une assiette au ballon, au tiers État, ou bien une burette à grosses fleurs mal étudiées et grossement touchées, et quelque plat de Giorgio, ou quelque salière de Saint-Porchaire, force sera bien de conclure à l'infériorité absolue du premier objet. Mais n'y a-t-il pas quelque manque du sens d'assimilation à procéder de la sorte ? Nous n'aurions, quant à nous, qu'une

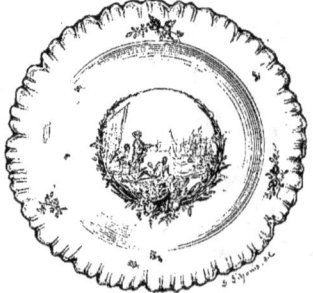

Fig. 429. — FAIENCE DE MARSEILLE.

défavorable opinion de la pénétration du critique littéraire qui se servirait d'une tragédie de Racine pour accabler un *Conte de ma mère l'oie*. C'est peut-être au moment où les potiers de Nevers renoncèrent à de hautes visées qu'ils conquirent leur véritable originalité, un rustre pur étant plus intéressant qu'un

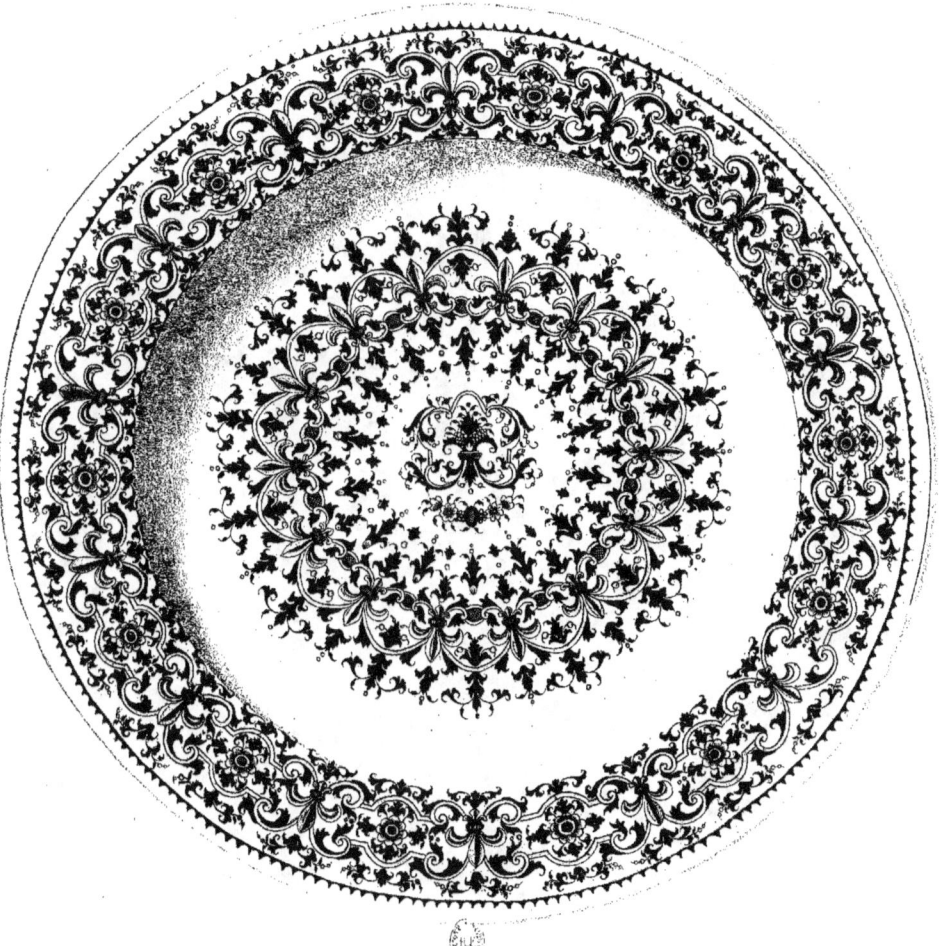

PLAT DE ROUEN

XVIe SIÈCLE

bourgeois gentilhomme. Les faïences de Nevers de la basse époque ont donc été une effloraison, très humble si l'on veut, mais très expressive et très forte du goût populaire. Quant aux produits les plus triomphants des belles époques, ils n'ont été en somme que des redites, et, par conséquent, ils ne peuvent être considérés que comme les premiers parmi les travaux de second ordre.

Il n'est pas, il est vrai, donné à toute région de trouver sur-le-champ sa formule, et de se créer, comme cela arriva à Moustiers, une originalité délicate. Cette petite ville de Provence est un très curieux exemple d'autonomie artistique : il a suffi aux Clérissy, aux Viry, aux Roux, aux Cros, aux Oléry et aux autres faïenciers de cette région restreinte, de s'adonner avec zèle à un petit genre gai, spirituel et net, pour former une école brillante, qui ne doit rien à personne, sinon à deux ou trois artistes quelques modèles, ou plus exactement un certain sentiment d'ornementation qui devient, par l'application, absolument personnel.

Pierre Clérissy s'établit à Moustiers en 1686, et prend le titre « de maistre fayansier » ; son neveu nommé également Pierre Clérissy lui succède en 1728 ; en 1743, Louis XV le nomme baron et seigneur de Trévoux et de Saint-Martin d'Aliguos ; un peu plus tard ce faïencier, habile en son métier et non moins habile à se pousser aux honneurs, est secrétaire du roi en chancellerie près le parlement de Provence ; il cède sa fabrique à Joseph Fouque. C'est Clérissy qui avait exécuté pour madame de Pom-

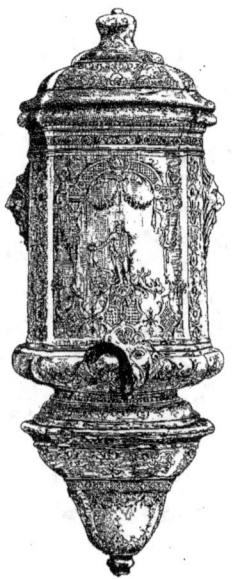

Fig. 430. — FONTAINE DE MOUSTIERS.

padour un important service de table.

Après lui, le maître le plus célèbre est Joseph Oléry, dont le monogramme a été l'objet d'assez longues discussions. Le prestige des faïenceries de Moustiers était assez brillant et le nom d'Oléry assez estimé pour que le comte d'Aranda, ministre du roi d'Espagne, eut recours à lui pour le perfectionnement des faïenceries qu'on venait de fonder à Alcora. Les produits de cette fabrique (puisque nous les rencontrons sur notre chemin pour n'avoir plus besoin d'y revenir) ont beaucoup d'éclat et d'agrément et font bien penser à du Moustiers naturalisé espagnol.

Deux époques bien distinctes sont à signaler dans la faïence qui nous occupe et pour laquelle on pourra recourir aux travaux spéciaux du baron Davilliers. Dans la première, le décor consiste en scènes de chasse, de mythologie, de guerres, d'après divers maîtres du temps, et notamment le graveur florentin Antonio Tempesta. Les encadrements consistent en beaux enroulements à griffons, têtes de lion, mascarons, etc. Le tout d'un style noble et quelque peu emphatique.

Dans la seconde époque, les faïenciers de Moustiers eurent l'idée d'emprunter leur décoration aux charmantes architectures ajourées, habitées de petits personnages gentiment sculpturaux, allégoriquement badins, qui avaient été si habilement échafaudées par Du Cerceau et Bérain. Nous ne reviendrons pas sur ce que nous avons dit de ces maîtres décorateurs. Mais si le lecteur se reportait à notre brève étude sur le second, il aurait à peu près l'impression du décor de Moustiers dans sa plus pimpante époque. Il devrait toutefois ajouter par l'imagination le charmant prestige des couleurs ; rien de propre et d'élégant comme ces camaïeux bleus, roses ou jaunes, se détachant légèrement sur le fond blanc.

Quant aux plats et assiettes de cette fabrication et de celle de Marseille, contenant des fruits en relief et coloriés au naturel, ils n'ont qu'un très médiocre intérêt de curiosité et relèvent du bric-à-brac le plus inférieur.

Marseille ne le cède pas en charme à Moustiers, seulement ce charme est tout différent. Les décorateurs de Moustiers furent séduits par les élégances un peu pointues de Du Cerceau et de Bérain, et il semble qu'en se les appropriant avec toute la grâce du xviiie siècle, ils aient une légère nuance d'archaïsme. Pour un peu, ces deux centres qui se fondent à la même époque et poursuivent leurs travaux parallèlement sembleraient séparés de près d'un siècle.

Marseille, en effet, a franchement adopté les silhouettes du beau temps de la rocaille : Boulle aurait une prédilection pour Moustiers, Meissonnier féliciterait Marseille.

M. Th. Deck, dans son précis de la faïence, s'est montré un peu sévère pour cette charmante fabrication. Son penchant et sa nationalité l'ont induit à préférer Strasbourg. Nous n'irons pas peut-être jusqu'à dire,

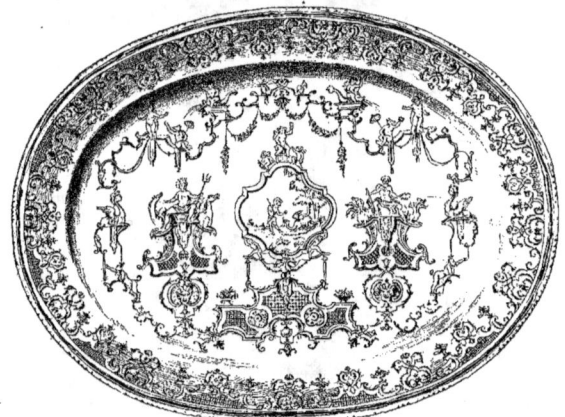

Fig. 431. — PLAT DE MOUSTIERS.

avec Burty : « Strasbourg qui imita lourdement Marseille », mais nous ne saurions renoncer à soutenir que certaines pièces de Marseille n'ont point de rivales pour la délicatesse du modelé, la piquante harmonie du coloris, ces verts si particuliers et ces roses qui se marient avec tant de fraîcheur au blanc de l'émail; rien non plus n'est mieux approprié à recevoir ces tons brillants que les lignes fuyantes, contournées, de ces terrines, de ces soupières qui semblent plus encore la conception d'un orfèvre que d'un modeleur de terre.

C'est à la fin du xviie siècle, vers 1696, que A. Clérissy, parent des Clérissy de Moustiers, s'établit à Saint-Jean-du-Désert, à Marseille. Mais c'est seulement vers le milieu du siècle suivant que les manufactures prirent de l'extension avec divers faïenciers, entre autres Honoré Savy. En 1777 un événement mit ses produits en lumière : le comte de Provence, le futur Louis XVIII visita [sa fabrique : « Monsieur fut introduit dans la grande galerie de cette manufacture, où il vit une immensité de faïences de toute espèce, et dont il eut la bonté de louer la perfection. Le prince parut si satisfait qu'il permit au sieur Savy de mettre sa manufacture sous sa protection, d'y placer ses armes, et d'élever au milieu de la galerie la statue du prince qu'il se propose de fabriquer. » L'établissement de Savy prit le titre de *manufacture de Monsieur frère du roi* et adopta pour marque la fleur de lis.

« Monsieur » n'avait pas d'ailleurs limité sa protection au seul Savy; il avait également visité les ateliers de Joseph Robert, à qui on doit les pièces peut-être les plus riches de la faïencerie marseillaise, qui sont rehaussées d'or, décorées d'une profusion de fleurs, d'oiseaux, de coquillages, de poissons, d'insectes, etc., du plus spirituel relief et du plus fin coloriage.

Il faut encore mentionner les faïences de la veuve Perrin, d'Abellard, etc.; de même certains produits de Marseille, dont on voit d'importants spécimens au musée de Cluny; nous voulons parler de ces récipients de dimensions assez amples, en forme de dindons, de coqs, de poules, de faisans, ou bien encore de melons, de groupes de fruits, etc., qui étaient destinés à contenir les mets dont ils rappelaient la nature. Nous préférons à ces médiocres trompe-l'œil les exquises rocailles dans tous les coins desquelles se nichent les sourires du siècle adorable:

Avant de passer à certaines manufactures du nord de la France, nous mentionnerons pour mémoire

FIG. 432. — ENCRIER. FAIENCE DE STRASBOURG.

Bordeaux qui imita Rouen et Nevers, et qui se fit aussi une spécialité des poteries trompe-l'œil que nous venons de caractériser; Montauban, qui imita Moustiers; Avignon qui s'adonna pendant le XVIe et le XVIIe siècle à des poteries ajourées recouvertes d'un vernis brun.

Pour conclure à l'influence du climat d'une région et du tempérament d'une race sur le goût décoratif, il n'est pas absolument nécessaire d'avoir recours aux plus ambitieux exemples. La cathédrale la plus altière, le palais le plus luxueusement décoré ne prouvent pas davantage que la simple vaisselle, sortant, naïve et fraîchement décorée, des mains du potier. Il est une comparaison bien aisée à faire et bien saisissante : prenez une soupière ou une assiette de Strasbourg, puis une pièce à peu près semblable de Marseille, et vous serez surpris des différences délicates et expressives en même temps entre ces deux objets qu'un trop superficiel coup d'œil aurait fait juger frères ou tout au moins imités l'un de l'autre. C'est le XVIIIe siècle avec l'aimable recroquevillement de ses rocailles et de ses chantournures qui revit dans ces figulines, et, sauf le vert si particulier à Marseille, presque avec les mêmes colorations. Seulement tandis que Marseille a je ne sais quelle pétulance, quelle grâce pimpante et un soupçon de préciosité, Strasbourg est robuste et plus ingénue. S'il fallait se livrer au petit jeu de représenter l'une et l'autre faïence par des figures allégoriques, il faudrait chausser Marseille de mules à hauts talons, tandis qu'on laisserait à Strasbourg les souliers à boucles et à talons plats de la belle fille alsacienne. C'est dans des nuances parfois assez subtiles que se montrent les différences entre les produits de même époque et de contrées diverses, et il ne faut pas y chercher d'autre cause que les tendances mêmes des races.

C'est pourquoi nous croyons que les collectionneurs épris d'élégance préféreront Marseille à Strasbourg, malgré l'autorité un peu partiale (bien naturellement) de M. Deck, qui inclinerait à présenter Marseille comme une copie sans caractère. Quant au reste, on peut se contenter de l'appréciation et de la définition suivantes que le directeur du musée céramique avait certainement qualité pour donner : « Le décor de Strasbourg a de la gaîté et de la simplicité. Les produits de Strasbourg et d'Haguenau, — les deux fabrications étaient similaires — sont à émail stannifère, blanc, brillant, sans tressaillures; le décor au feu de moufle est vif et franc; l'imitation de la nature est visible; la plante n'est jamais ornemanée ni conventionnelle: la peinture, sans être en teintes plates, est peu dégradée; le modelé, très léger du reste, est obtenu par des hachures de la même couleur. Le décor est presque toujours en fleurs et en fruits. »

Une remarque en passant. M. Deck semble faire un mérite à Strasbourg de ne jamais avoir rendu la plante « ornemanée ni conventionnelle. » C'est justement là le secret de l'infériorité de la céramique européenne si on la compare à celle de l'Extrême-Orient. Nous nous expliquerons plus loin là-dessus.

Le nom le plus célèbre de cette école, celui qui équivaut à un Guillibeaux de Rouen, un Savy de Marseille, un Clérissy de Moustiers, c'est celui de Charles-François Hannong qui, venu de Hollande à Strasbourg en 1709 pour fabriquer des poêles et des pipes, commence vers 1720 à produire les services de table qui viennent d'être caractérisés. La

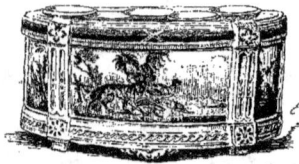

FIG. 433. — JARDINIÈRE. FAIENCE DE SCEAUX.

dynastie des Hannong dure jusqu'en 1780. Ses représentants à Strasbourg et à Haguenau sont les fils de Charles-François : Balthazar et Paul-Antoine, puis le fils de celui-ci Joseph-Adam, et enfin le frère de Joseph-Adam, Pierre-Antoine qui résiste le dernier aux exigences fiscales des évêques de Strasbourg. Elles furent la cause qui fit abandonner à Joseph-Adam Hannong Strasbourg pour Munich.

M. Gerspach a donné dans la *Revue alsacienne* un curieux document, les statuts qui régissaient encore au milieu du XVIII° siècle la corporation des potiers alsaciens, et qui montre combien les traditions du Moyen Age étaient scrupuleusement transmises. « Le principe électif si cher à nos ancêtres, disait cet acte daté de 1740, est absolu. Tous les trois ans, les maîtres élisent à la majorité relative trois d'entre eux et des plus capables et intelligents. » Une assemblée plénière a lieu alors, à laquelle on est si rigoureusement astreint de se rendre que « celui qui boit ou mange avec un maître ayant manqué à la séance est puni d'une amende d'une livre de cire au profit de la confrérie. L'absent, régulièrement convoqué, est puni d'une amende de quarante solss à moins qu'il ne présente des excuses valables... »

La morale n'est pas oubliée : on punit d'amende ou d'exclusion temporaire « le maître qui est de mauvaise conduite, d'une vie déréglée, qui entretient une maison scandaleuse. » Le décorum non plus : on ne peut être apprenti si on est «.fils de bourreau ou autre semblable qui se mêle ou aide à exécuter les criminels. » Il est interdit de vendre à « des étrangers revendeurs des pots de terre, vagabonds et gâte-métiers. » Tout cela était fort honnête, et quant au reste assez libéral pour l'époque. Ces statuts, dit M. Gerspach, « assuraient à l'acheteur une marchandise de bonne qualité, sauvegardaient l'honneur professionnel, n'empêchaient ni la concurrence entre ceux de la confrérie, ni le progrès, puisque les étrangers pouvaient, sans taxes supplémentaires, venir vendre en Alsace leurs marchandises, à la seule condition de fournir des produits différents. »

Après Strasbourg et Haguenau, il faut mentionner Niederwiller, Lunéville et autres fabriques lorraines. Niederwiller est connu surtout par ces assiettes imitant les veinures et la coloration du sapin

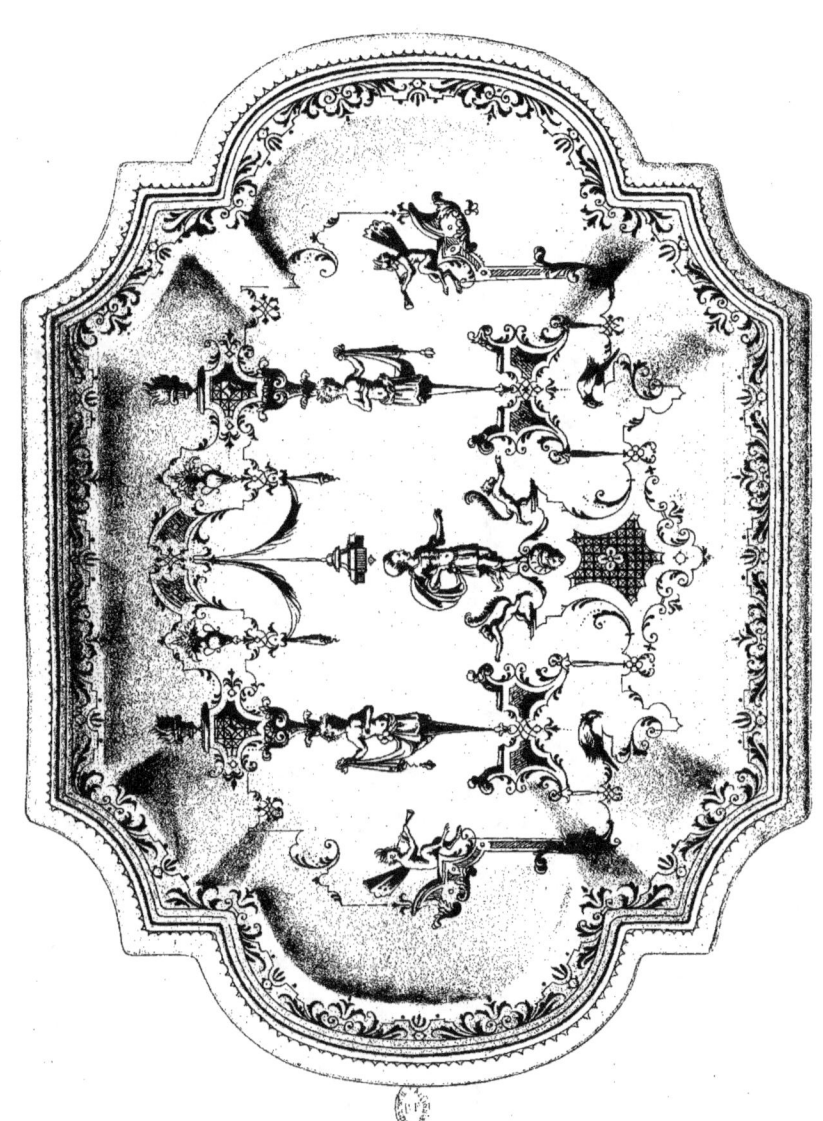

HISTOIRE DE L'ART DÉCORATIF.

PLATEAU DE MOUSTIERS
XVIII.e SIÈCLE

taillé et raboté et décorées au centre d'une estampe figurée en trompe-l'œil, avec les coins capricieusement recroquevillés. Il n'y aurait lieu de signaler cette fabrication que comme une fantaisie d'un goût douteux et plus curieuse qu'artistique, si les ateliers de Niederwiller, fondés en 1754 par le baron de Beyerlé et repris plus tard par le comte de Custine, n'avaient pas produit également des pièces de meilleur aloi, services, jardinières, cartels, style rocaille et décoration en camaïeu.

Quant à Lunéville, ses fabriques fondées en 1731 par Jacques Chambrette et sa famille produisirent des ouvrages dans un goût intermédiaire entre ceux de Strasbourg et de Sceaux. Elles avaient dû également quelque renom aux modèles d'un sculpteur, Cyflé, qui plus tard s'en alla mettre son talent au service de Le François à Bellevue (près de Toul), puis de ses successeurs Charles Bayard et François Royer (1775). Cyflé et son école ont modelé quantité de groupes, de petites figurines en « biscuit de terre de pipe ou émaillée sur le biscuit et enluminées, et toutes autres petites bijouteries de ce genre tant utiles qu'agréables. » On ne peut se retenir de sourire à l'énoncé des principaux groupes du tarif, car il semble qu'on les voie, ces groupes amusants, que les collectionneurs se disputent comme d'aimables souvenirs de ce siècle qui sut badiner sur tous les tons intermédiaires entre la rouerie et l'ingénuité, entre la corruption et l'intimité familiale. *Henri IV et Sully*; l'*Agréable leçon*; *Henri IV et Louis XVI*; le *Chasseur regardant une fille qui lave sa jambe*; *Bélisaire conduit par un enfant*; la *Naissance du Sauveur*; le *Savetier sifflant son sansonnet qui est dans une cage au-dessus de sa tête* (les vitrines du musée de Cluny en possèdent un charmant exemplaire); une *petite Savoyarde avec sa marmotte dans une boîte devant elle*; une *Jardinière désolée d'avoir cassé son pot aux roses*; un *Crieur de fraîche assis sur une barre*; le *buste de M. de Voltaire*; un *saint Charles Borromée*; un *Grand amour silencieux*; un *Boucher prêt à égorger un bélier*; une *Sainte Madeleine repentante, sur un petit piédestal*, etc., etc.

En se dirigeant vers le nord, on trouve une fabrique que nous aurions pu rattacher à Rouen, ou plutôt au genre rouennais : Sinceny, dans l'Aisne, qui l'imita parfois de très près ; les émaux sont un peu plus pâles et gris. Sinceny suit à peu près l'esprit décoratif de Rouen, tout au moins dans certaines chinoiseries et décors à lambrequins. Les ateliers de Lille également manquent moins d'importance que d'originalité. Comme les précédents et ceux de Valenciennes et de Saint-Amand, ils imitent surtout Rouen, Delft, Strasbourg, etc. Nous ne saurions donc leur consacrer de longues mentions, ayant à peine la place pour les marques vraiment originales.

De même, en Bretagne, les ateliers de Quimper imitent tour à tour Moustiers, Rouen, Nevers ; ceux de Rennes rappellent soit Rouen, soit Marseille, en moins éclatant.

Du moins en descendant dans l'Ile de France, si nous n'avons pas à signaler dans les fabriques de Sceaux et de Paris des caractères aussi fortement tranchés que dans certaines manufactures précédentes, nous rencontrons tant d'élégance, de finesse dans l'exécution, de grâce espiègle, que nous pouvons leur garder bien plus d'attention. Dans les faïences de Sceaux, il y a un charme de distinction particulier, une grande pureté d'émail, et une belle qualité de pâte. Sous la direction de Jacques Chapelle, des artistes habiles font éclore de délicieux camaïeux : des amours folâtrant dans des paysages encadrés de rinceaux rehaussés d'or. Quant aux manufactures de Paris, nous mettrons hors de pair celle de Claude Révérend qui au XVII$^e$ siècle n'eut d'autre tort (bien grave, il est vrai) que de dépenser une grande habileté à contrefaire les ouvrages de Delft ; puis, au XVIII$^e$, la fabrique du Pont-aux-Choux, qui traduisit en un blanc ivoirin, d'une douceur charmante, les orfèvreries gracieusement tourmentées des Oppenord et des Messonnier.

# CHAPITRE V

## L'ALLEMAGNE ET LES PAYS-BAS.

Nuremberg. — Les grès cérames. — Delft.

Si, en Europe, l'Italie et la France tiennent incontestablement le premier rang dans la céramique pour l'originalité, l'habileté et le goût, d'autres nations peuvent revendiquer pour l'activité de la production, et la beauté même de certains produits, une place des plus honorables. Il suffirait de nommer Nuremberg et Delft pour montrer que l'Allemagne et la Hollande ont acquis une gloire peu médiocre.

En Allemagne la famille des Hirschvogel, à la fois potiers, verriers, émailleurs, n'a rien à envier à l'éclat qui entoure le nom d'un maestro Giorgio ou d'un Palissy. D'autres artistes encore se groupent autour de ces probes et laborieux ouvriers, et par-dessus tout rayonne le grand nom d'Albert Durer, le chef et l'inspirateur, profondément national, de tout l'art germanique à la fin du xv° siècle et au commencement du xvi°. C'est un exemple admirable, on doit le dire sans préjugé de chauvinisme rétrospectif, que nous donne cette race grave, acharnée au travail, attachée sérieusement aux traditions du terroir et en vivant presque exclusivement, apportant dans la besogne comme une espèce de ferveur recueillie, en un mot se concentrant en elle-même. De là des œuvres fortes, caractéristiques du temps et reflétant les mœurs. C'est une leçon qu'on ne saurait trop engager de méditer : l'homme ou la nation qui se livre aux travaux d'art doit avant tout les faire pour soi et par soi.

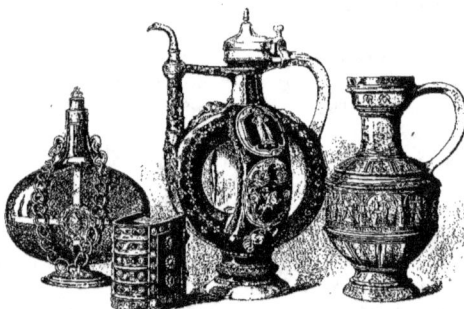

FIG. 434, 435, 436. — GRÈS CÉRAMES. POTS A BIÈRE, VASE A BOIRE, BOUTEILLE DE CHASSE.

On a appelé Nuremberg la Venise de l'Allemagne. Le rapprochement est spirituel et ne manque pas de vérité. Pareille activité et préoccupations de même ordre. Si pourtant Venise l'emporte en quelque point, c'est qu'elle fournit bon gré mal gré à l'Allemagne certaines indications purement techniques. C'est ainsi qu'un des Hirschvogel et d'autres artistes tels que Hans Nickel, Oswald Rinhart et Hiéronymus Reich furent envoyés en Italie pour surprendre les secrets de la verrerie et de la céramique. Cet espionnage fut fécond ; il n'aurait pas été excusable, si les artistes allemands s'étaient bornés à copier seulement les modèles, mais il devenait légitime quand il aboutissait à la création d'œuvres neuves, originales, ne devant rien en somme que le simple tour de main, en quelque sorte l'alphabet d'un métier.

HISTOIRE DE L'ART DÉCORATIF

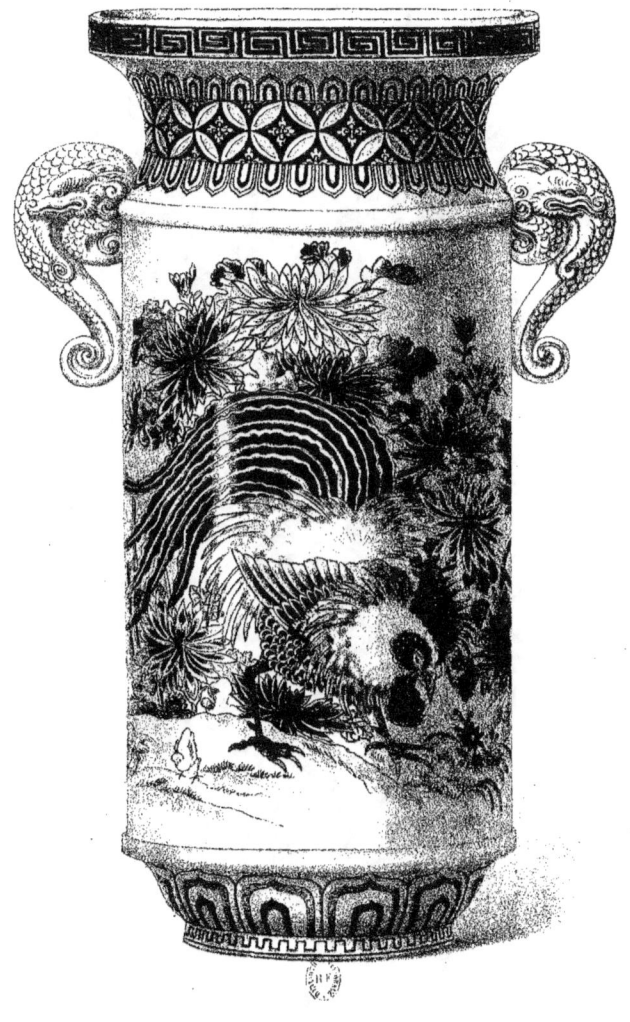

VASE EN GRÈS DE SATZUMA
XVIIIe SIÈCLE

La famille des Hirschvogel se compose de Weit Hirschvogel le vieux (1461-1525), de son fils Weitjle jeune, et des deux fils de celui-ci Sebald et Augustin, tous quatre peintres, verriers, émailleurs, graveurs et potiers de terre; ils sont en outre, Augustin surtout, mathématiciens et astronomes. C'est cette belle universalité de connaissances qui semble un peu perdue maintenant, à quelques exceptions près. Les conditions de la vie ont forcé tout producteur à se spécialiser; il est impossible que les œuvres ne gagnent point en force et en profondeur si jamais les ouvriers d'art en reviennent à ces traditions.

Indépendamment des services de table, des vases à reliefs, les céramistes nurembergeois fabriquent encore et surtout ces grands poêles de faïence, surchargés de décorations ingénieusement et puissamment modelées, revêtus d'émaux monochromes d'un riche ton, vert de préférence. Ces poêles sont de véritables édifices où se donnent carrière la conception de l'architecte, la virtuosité du sculpteur et la science du potier. Ce sont tout d'abord des sujets bibliques qui fournissent les thèmes de décoration, puis, à mesure que les lignes plus compliquées succèdent aux sévères ordonnances, on voit les sujets littéraires, sentimentaux, se mêler aux opulentes armoiries.

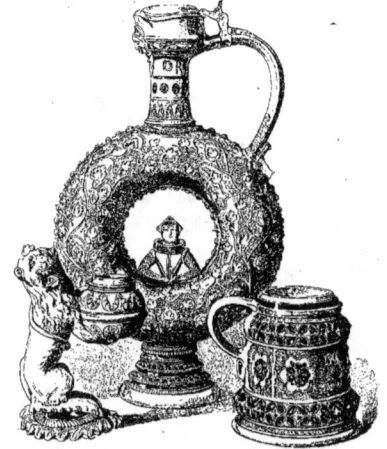

FIG. 437, 438, 439. — GRÈS FLAMANDS. POTS A BIÈRE ET ENCRIER.

A côté de Nuremberg, Hoch, Frankenthal, Bayreuth, Anspach, se firent, surtout au XVIIIe siècle, de notables spécialités. Mais s'il est un point de la céramique allemande sur lequel nous ayons à insister, ce sera la fabrication des grès. Bien que nos potiers, à Beauvais notamment, et ceux de l'Italie ne les aient pas tenus en ignorance, les poteries de grès ont atteint en Allemagne et en Flandre le plus haut point d'habileté et la plus grande intensité des effets, mis à part bien entendu les grès de l'Extrême-Orient et ceux de certains potiers de notre temps, qui ne connaissent pas de rivaux.

Le « grès cérame » tel qu'il a été pratiqué en Allemagne est une poterie fort dure, dans laquelle le sable se combinant avec l'argile donne un grain très serré. Il est soumis à une longue cuisson et revêtu tantôt d'un émail à base de plomb, tantôt d'un vernis alcalin obtenu par la vaporisation du sel marin introduit dans le four à sa plus haute température. On sait également qu'un des charmes de cette poterie est de pouvoir se décorer de dessins en relief modéré, qu'on applique au moyen de moules en bois. Ces reliefs se revêtent de peintures, d'émaux multicolores, ou bien s'harmonisent doucement aux camaïeux

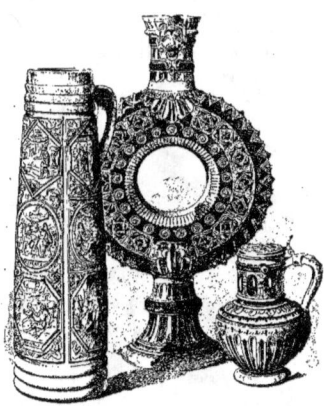

FIG. 440, 441, 442. — GRÈS DE HOLLANDE, NUREMBERG ET FLANDRE.

gris, bruns ou bleus de l'ensemble de la pièce, et l'impression générale est faite de solidité et de bonne humeur.

Deux grandes familles sont reconnues par les collectionneurs dans la classification des grès cérames : les grès rhénans fabriqués à Frœchen, près de Cologne, à Siegburg, près de Bonn, à Hohr et Grenzhausen dans le Westerwald; puis les grès mosans ou flamands issus des ateliers de Rœren, Verviers, Dinant, Bouviques, Namur, etc. Les deux fabrications sont à peu près parallèles et la belle époque s'étend sur tout le XVI° siècle et une notable partie du XVII°. Les grès sont d'abord gris, avec des rehauts bleus; l'émail violet apparaît un peu plus tard, enfin suivi par toutes les gaîtés de la polychromie.

De notre temps, on a compris le grès autrement : on le veut revêtu d'admirables émaux de grand feu, et devant sa beauté non plus au décor mais à la seule matière. Ainsi compris, à la façon des maîtres du Japon, le grès a pu, prestement et sous une forme originale, être baptisé : le mâle de la porcelaine.

Hans Hielgers florit à Sieburg au XVI° siècle ; de son atelier et des ateliers similaires sortent de beaux grands vidrecomes, en pâte blanche, sans couverte ni émail, et décorés de légendes, d'écussons, de sujets

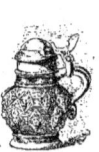 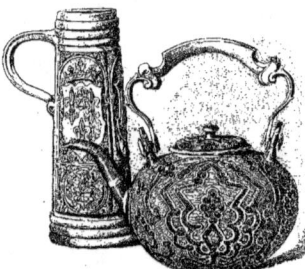 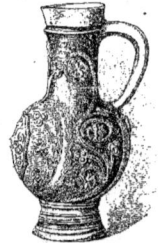

FIG. 443. — POT A BIÈRE EN GRÈS.   FIG. 444, 445. — BOUILLOIRE ET POT A BOIRE.   FIG. 446. — POT A BIÈRE.

historiques et mythologiques répartis en compartiments architecturaux d'une belle proportion et d'une disposition ingénieuse. Les armes de Cologne, de Brême, d'Augsbourg, de Hambourg, de Wurtemberg, de Brunswick, etc., se rencontrent le plus souvent sur ces pièces et contribuent à leur aspect magistral. L'artiste allemand procède assez fréquemment aussi par décorations allégoriques : les péchés capitaux sont arrangés de la bonne manière, et comme le naturel patriarcal et moralisant de la race ne perd jamais ses droits, si l'on boit ferme et par énormes lampées vu la dimension de ces chopines, c'est en toute sanctification.

A Hohr et à Grenzhausen, il y a plus de variété encore. Une charmante décoration florale et pomonale s'épanouit sur les pots, aiguières, gourdes; ce sont des fleurettes, des grappes de raisin; puis aussi des ornementations géométriques, rosaces, palmettes, et toujours des scènes tirées des Écritures. Les souhaits de bonne amitié, les devises recommandant le bien-vivre, de toutes manières, serpentent autour des frises; enfin, au XVII° siècle, une traditionnelle flatterie fait inscrire dans des cartouches décorées du portrait de Guillaume de Nassau, les majuscules couronnées G. R., *Guilhelmus Rex*. Le bleu et le violet se mêlent aux gris blanchâtre (le gris tire plutôt sur le bleuâtre dans les grès mosans); c'est même une marque distincte des produits allemands et flamands, de ceux de Beauvais, par exemple, à qui le violet ne fut pas familier. Il faudra donc restituer leur origine allemande à certaines pièces du Louvre cataloguées françaises, parce qu'elles étaient revêtues de l'écusson royal, des fleurs de lys ou des armes de Paris.

HISTOIRE DE L'ART DÉCORATIF

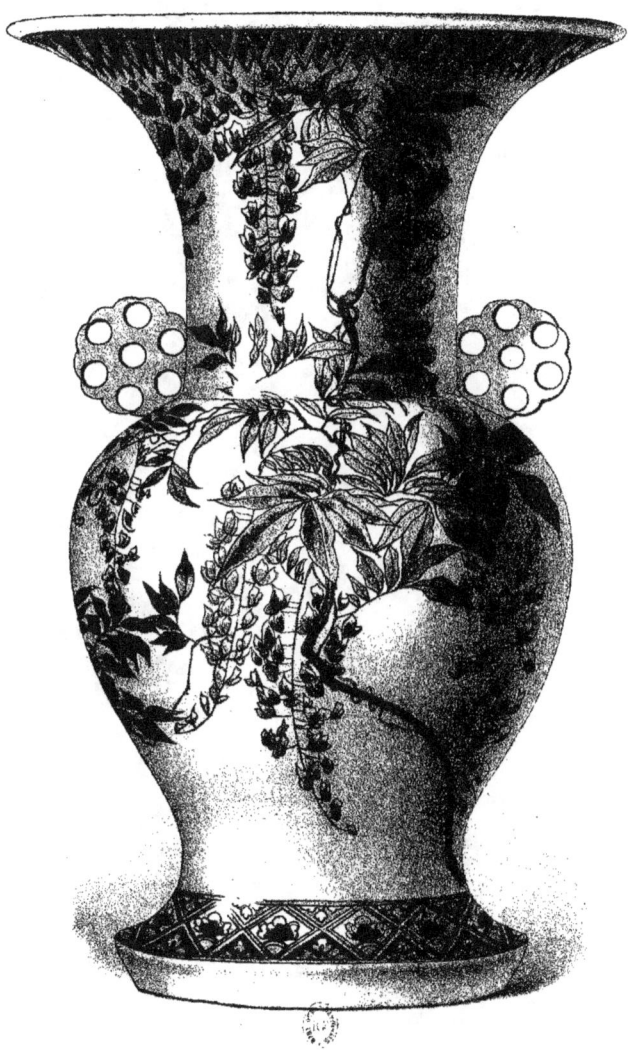

VASE EN GRÈS SATZOUMA
XIXᵉ SIÈCLE

Une autre particularité, moins persistante cependant, est la présence plus fréquente que dans tous autres d'un mascaron barbu sous le déversoir. C'est le signe qui a fait baptiser du nom de *Bartman* ou de Bonhomme barbu, certains pots à boire pourvus d'une anse.

Nuremberg devait se distinguer aussi dans cette production des grès cérames, et les Hirschvogel ne furent pas en retard pour pétrir de beaux vases à personnages décorés d'animaux multicolores. C'est à Creussen, en Bavière, qu'on doit le magnifique modèle de la *Cruche aux apôtres*, dont on peut voir un exemplaire au musée de Cluny, bien monté en étain, et où les douze figures, ingénieusement modelées et coloriées, s'alignent sur la panse.

Nous ne suivrons certainement pas les érudits flamands et allemands revendiquant pour leurs pays respectifs la priorité de la fabrication du grès; il n'y a pas grand intérêt général à cette discussion; ce ne serait jamais qu'une priorité d'application, l'invention même se perdant dans la nuit de l'Égypte et de l'Extrême-Orient. Il est d'un intérêt plus pratique de se borner à mentionner la nomenclature adoptée pour désigner les diverses pièces de l'art flamand : *Pul* est une grande jarre sphérique à goulot étroit; *Suelle* est la flûte cylindrique dont le type abonde à Siegburg; *Zuigerkan* est la cannette à suçoir, sorte de vase à surprise; *Bollekens kan* est toute cruche à panse sphérique; *Blauwerk* (ouvrage bleu) se définit de soi-même, et *Bartman* vient d'être expliqué.

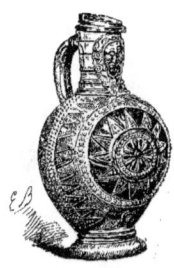

FIG. 447. — CRUCHE DE HÖHR-GRENZHAUSEN.

Il est également amusant de rappeler la jolie légende qu'on trouve au seuil de toute histoire du grès flamand. Cette tradition, qui ne résisterait peut-être pas à un peu galant examen, représente les plus anciennes cannettes comme fabriquées par les mains blanches de Jacqueline de Bavière, comtesse de Hollande, pendant sa captivité au château de Teylingen après son abdication (1433). La prisonnière jetait les plus belles pièces dans le Rhin, pour les mieux préserver des injures du temps et les transmettre aux générations futures. Ce souci de la postérité fait beaucoup d'honneur à la vaillante princesse; ne le lui chicanons point. Les grès de Jacqueline ou soi-disant tels sont de pâte blanche jaunâtre, sans vernis, et décorés de sujets pieux exécutés en relief au moyen de moules de cuivre.

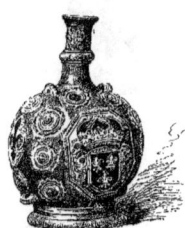

FIG. 448. — VASE DE GRENZHAUSEN.

Outre ces poteries légendaires, il faut mentionner, comme occupant la première place parmi les grès de Flandre, ceux de Rœren, de forme cylindro-sphéroïdale, de ton brun ou gris bleuâtre rehaussé de bleu; la décoration est architecturale, allégorique ou religieuse, ou encore empruntée aux scènes de mœurs ou à la portraiture, non sans un luxe de devises et d'armoiries. Parmi les maîtres, il faut citer Engelkran, Eemens, Mennicken, etc. Quelques dispositions originales ou facétieuses sont aussi à rappeler, telles que la cruche à surprise, la cruche en forme d'anneau, ou de couronne simple ou à entrelacements, dont on voit des exemples dans notre illustration. Nous y avons rassemblé d'ailleurs les plus belles pièces de la collection Sauvageot, depuis le vase à boire en forme de livre qui eût mis Rabelais en joie et l'encrier en pâte blanche, présentant un lion portant le récipient, jusqu'aux belles cruches annulaires, ou aux vidrecomes de Siegburg, dont le pur gris est d'une si délicate sobriété.

Nous nous contenterons d'une transition toute géographique pour revenir des grès flamands aux faïences de Hollande. Nous avons vu quel était leur prestige en France, et comment Poterat à Rouen, Révérend à Paris, d'autres encore à Lille, à Saint-Omer, etc., demandent des privilèges pour fabriquer les faïences qu'ils se vantent de pouvoir faire « aussi belles et aussi bonnes que celles d'Hollande ». Delft est le but principal de ces émulations sur la valeur artistique desquelles nous nous sommes expliqués. L'histoire de Delft a été faite de façon définitive par M. Henri Havard. Les noms des potiers ont été retrouvés et inscrits en des listes complètes ; les règlements des corporations et la variété des travaux également notés. La Gilde de Saint-Luc, fondée à Delft en 1611, en est l'âme. Cette corporation comprenait les peintres, les fabricants peintres et graveurs sur verre, les faïenciers, les tapissiers, les sculpteurs, les gaîniers, les imprimeurs et libraires, les marchands de tableaux et d'estampes. On devine de quelle puissance devait bénéficier une telle association, quelle activité et quel ordre devaient régner dans cette Gilde, où toute discipline et mutualité était minutieusement réglementée.

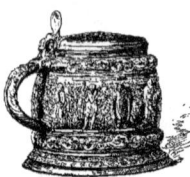

FIG. 449. — CRUCHE DES DOUZE APÔTRES, DE CREUSSEN.

Pour vendre une faïence, il fallait être membre de la Gilde. Après six années d'apprentissage, des examens étaient imposés aux apprentis voulant passer maîtres ; mais ces examens portaient sur tout un ensemble de connaissances : le tourneur était sans doute tenu de prouver sa dextérité dans l'art de faire « une aiguière, un saladier comme on en trouve dans le commerce, et une salière à pied, évidée et tournée dans un seul morceau de terre » ; le peintre décorateur devait couvrir d'ornements une demi-douzaine de plats, et une assiette à fruits, de la plus grande dimension. Mais aussi le tourneur était astreint à peindre trente assiettes et le peintre à tournasser diverses pièces. Quelque opinion qu'on puisse avoir sur les résultats du système des corporations, il est impossible de méconnaître que ces vaillantes disciplines, ces rigoureuses gymnastiques ne contribuaient pas médiocrement à entretenir la fabrication dans une qualité supérieure. Les artisans possédant toutes les connaissances d'un art, même celles auxquelles ils n'avaient pas l'intention d'appliquer spécialement leurs facultés, produisaient des œuvres parfaitement logiques, homogènes, et si la faïence de Delft est une des plus éclatantes, c'est à cette forte et complète préparation qu'elle le doit. Cette remarque faite, il convient de dire qu'elle s'applique seulement à la céramique en tant qu'industrie. Car jamais nous ne pourrons admettre qu'une véritable œuvre d'art passe par plusieurs mains dans ses différentes étapes : qu'un artiste fasse la forme, un autre la décoration, un troisième la cuisson. C'est même ce qui constitue la véritable infériorité, au point de vue artistique, des travaux de notre manufacture de Sèvres.

La faïence de Delft commence vers la fin du xvie siècle avec Hermann Pietersz. La première période a pour caractères une décoration compliquée, des motifs dessinés en camaïeu, et représentant des combats, des kermesses, etc. Puis, dans la seconde moitié du xviie siècle, avec Albrecht de Keizer, on commence à imiter les décorations du Japon. D'autres fabricants : Pynacker; Pieter Œsterlam qui reste plus attaché aux paysages et aux portraits nationaux; Abraham de Koogl, Frederik van Frytom qui s'adonnent plus spécialement au camaïeu bleu: Gerril Pietersz, qui imagina une ornementation faite d'éléphants et de Chinois; tels sont les principaux représentants de cette époque. Enfin, il faut mentionner à part Ægestyn Reygens, dont les ouvrages furent pendant longtemps attribués à notre compatriote Claude Révérend, riches dessins chinois en rouge, bleu et or.

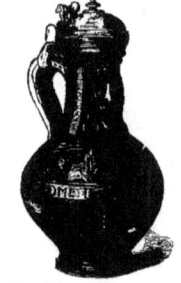

FIG. 450. — GRÈS DU RHIN.

Delft fut soumise à l'infaillible loi de la décadence, malgré son organisation jalouse, et probablement à cause de son intarissable activité. Vers la fin du xviiie siècle, la médiocrité commença à dominer dans la quantité de services de table, de plats, de cornets, de plaques historiées, de potiches. En résumé, on pourrait caractériser les travaux de Delft : une appropriation d'éléments étrangers, mais conservant une excellente tenue grâce à l'assiduité du labeur et au goût dans l'arrangement.

Nous n'en aurions pas fini avec les manufactures étrangères présentant quelque intérêt, si nous n'avions à conserver la place pour d'autres écoles et d'autres arts encore. Il sera impossible toutefois de ne pas mentionner les poteries anglaises qui tiennent quelque peu de la porcelaine par leur pâte spéciale, siliceuse et à couverte transparente. Liverpool, Lambeth, Stoke, les ateliers du Staffordshire prouvèrent

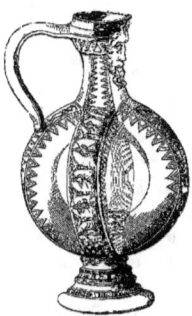 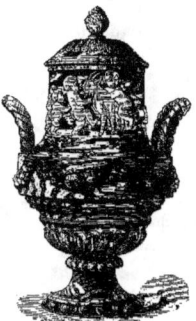

FIG. 431. — CRUCHE EN GRÈS FLAMAND.    FIG. 432. — VASE D'HÖCHST.

dans la seconde moitié du XVII° siècle la plus grande activité. Au XVIII° siècle, John Wegwood, le plus célèbre céramiste anglais, inventa entre autres, outre ces bas-reliefs en blanc sur des bleus, des lilas ou des roses tendres, décor à la pureté sèche que nous rappelons de nouveau plus loin, une délicate faïence de couleur crème qui prit le nom de *Queen's ware*. Enfin, il faut dire que c'est en Angleterre que prit naissance avec John Salder, en 1750, le procédé de décoration par l'impression des dessins sur la terre. Si la grosse consommation sait gré à notre voisino de cette ressource toute mécanique, l'art véritable lui en gardera toujours rancune.

# CHAPITRE VI

## LA CÉRAMIQUE EXTRÊME-ORIENTALE ET LA PORCELAINE.

La Chine. — Les sept époques. — Le Japon et la poterie. — Ninsei et Kenzan. — La porcelaine en Europe. — La Saxe. — La porcelaine de France. — Les rénovations souhaitées.

« Quand on frappe les tasses de Ta-i, elles rendent un son plaintif comme les coupes de jade. Les tasses blanches de Votre Seigneurie effacent l'éclat de la neige. Envoyez-moi promptement une de ces tasses dans mon humble pavillon d'études. » Ainsi parle Thou-fou, le poète de la dynastie des Thang.

L'empereur Che-tsang (954), ayant été consulté sur la couleur dont il désirait voir revêtir les vases destinés à son usage, répondit en écrivant sur le placet qui lui était présenté : « Qu'à l'avenir on donne à mes porcelaines la teinte azurée du ciel, après la pluie, telle qu'elle apparaît dans les intervalles des nuages. » Ainsi raconte un historien.

Et histoires et poèmes de la Chine abondent ainsi en images gracieuses, en traits suggérés par une passionnée et délicate admiration. C'est que la Chine est le pays par excellence où la porcelaine, la plus

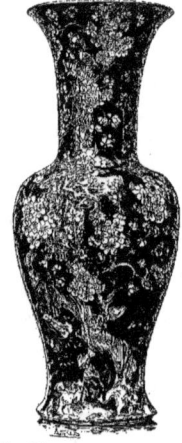

Fig. 453. — VASE PORCELAINE DE CHINE.

délicate des poteries, ait jamais paré la transparence de sa pâte des couleurs les plus éclatantes et des émaux les plus éblouissants (1). La haute antiquité de l'invention (les Chinois connaissaient la poterie dès 700 avant J.-C.), la passion attentive qu'ils ont de tout temps appliquée à cet art de prédilection expliquent suffisamment le point de perfection où arrivèrent ces vases merveilleux et ces tasses à faire rêver les poètes. Il était donc impossible de ne pas commencer par ces artistes patients et charmeurs notre dernier chapitre de l'art de terre.

Qu'il serait curieux d'étudier l'esthétique et l'histoire des mythologies, des fabuleux monstres qui sont

l'élément constant et inépuisable de la décoration chinoise, « le cheval merveilleux qui sortit d'un fleuve aux yeux du philosophe Fou-hi, portant sur son dos les huit caractères mystiques; le Fong-hoang, oiseau

---

(1) Comme nous l'avons fait pour la faïence, résumons succinctement les opérations principales de la porcelaine.
La matière de la porcelaine se compose de deux parties distinctes : le *pe-tun-tsce*, qui est fusible, donne la transparence spéciale et constitue l'élément vitrifiable ; le *kao-lin*, qui est de l'argile presque pure, infusible, et constitue l'élément plastique.
Les porcelaines se divisent en porcelaines à *pâte tendre*, fusibles à 800 degrés et à *pâte dure*, qui restent inattaquables à 1500 degrés et plus.
Le vase une fois tournassé, travaillé à l'ébauchoir, ou moulé, est recouvert de l'enduit qui doit lui donner, après vitrification, son brillant. Le vase peut alors être cuit en blanc. Quand il est mis au feu sans cette *couverte*, il demeure mat et est dit en *biscuit*.
La décoration se fait soit avant la cuisson, soit après.
Avant la cuisson on n'emploie que des *couleurs de grand feu*, c'est-à-dire pouvant résister à la chaleur considérable que subit la pièce. Elles peuvent être soit mélangées à la couverte, soit appliquées sur cru et sous couverte.
Quand on décore après la cuisson, les couleurs ne peuvent être appliquées que sur des vases cuits en blanc et elles ne se fixent qu'à une température plus modérée que celle subie par la pièce lors de sa cuisson; ces couleurs sont dites *émaux de demi-grand feu*.

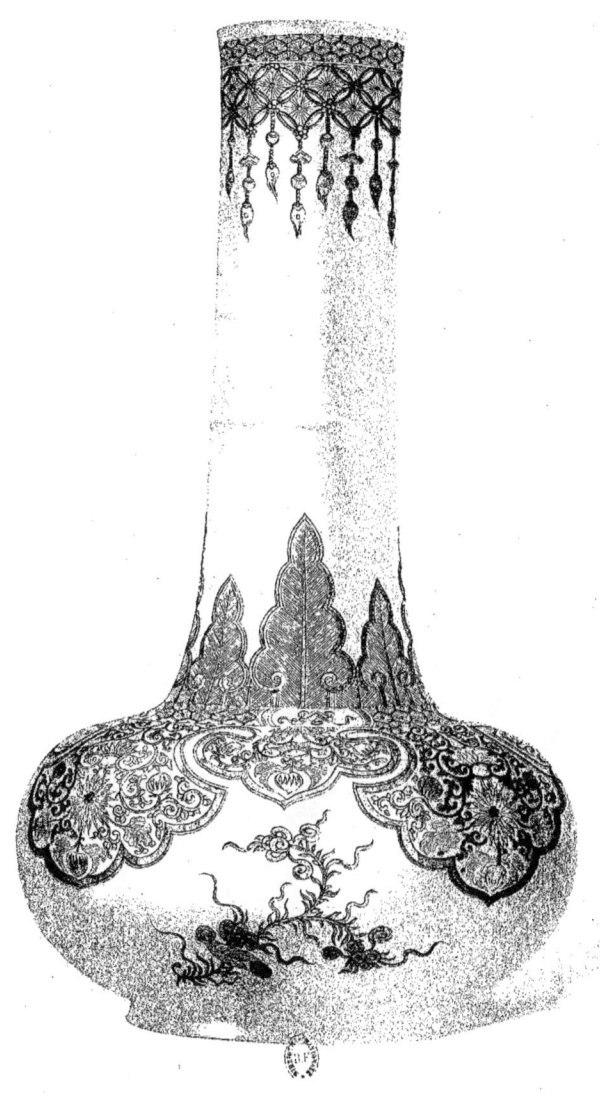

immortel qui servit d'armoiries aux anciennes dynasties et auquel on a plus récemment substitué, comme symbole impérial, le dragon à cinq griffes : le Ki-Lin, quadrupède au corps couvert d'écailles, à la tête rameuse, si doux qu'il se détourne dans son élan le plus rapide pour éviter de fouler un vermisseau. Le Dragon esprit de l'air et des montagnes, sur lequel fut enlevé avec soixante-dix fidèles courtisans l'empereur Hoang-ti. » (Ph. Burty.)

Mais il faut laisser cette curieuse étude et nous borner aux caractères généraux de la technique et de l'ornementation.

Les historiens de la porcelaine adoptent une division en sept grandes périodes.

I. — La période primitive commence vers le milieu du IX° siècle de notre ère. C'est du moins vers cette époque que les produits céramiques prennent définitivement les caractères de la porcelaine : dureté, sonorité et transparence. C'est le moment où apparaissent les tasses fabriquées à Taï, sur lesquelles s'extasiait Thou-fou; elles sont décorées de légers reliefs dont les fleurs, les rides de l'eau fournissent le motif. Au X° siècle,

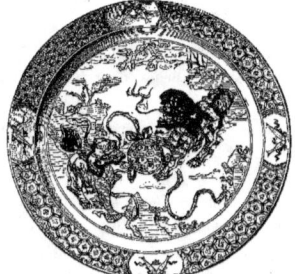

FIG. 434. — ASSIETTE CHINOISE.

sous l'influence du bouddhisme, le goût s'affine, l'habileté des ouvriers fait de nouveaux progrès. « Lorsque, dit un historien chinois, les Soung (960 de notre ère) furent montés sur le trône, on fabriqua des porcelaines qui étaient bleues comme le ciel, brillantes comme un miroir, minces comme du papier, et sonores comme le jade. Elles étaient lustrées et d'une finesse charmante. Il y en avait qui se distinguaient par la finesse de la craquelure et la pureté de la couleur. Elles effaçaient par leur beauté toutes les porcelaines précédentes. » C'est l'époque où l'on voit apparaître les « bleu de ciel après la pluie. »

La plus importante manufacture, celle de *King-te-tchin*, qui fabrique encore à présent les porcelaines destinées à l'empereur céleste, est fondée en l'an 1005. L'activité est devenue extrême, les découvertes de tons riches, multiples, se succèdent sans relâche. Le violet, pâle ou profond, le bleu céleste, le bleu turquoise, l'ocre jaune sont employés dans les symboliques ou florales décorations. Tantôt le décor accuse des filets en léger relief; tantôt on s'adonne aux capricieux effets de la craquelure. « Au sortir du four, dit l'historien déjà cité, des porcelaines de King-te-tchin, les vases offraient des veinures qui couraient en tous sens comme s'ils eussent été brisés en mille pièces. Avec de l'encre commune ou de la terre rouge, on frottait les fêlures de l'émail; puis, le vase étant achevé, on enlevait, en essuyant, le superflu de la couleur. On voyait alors un charmant réseau de veines rouges ou noires, imitant les fêlures de la glace. Il y avait aussi de ces vases où l'on ajoutait des fleurs bleues sur le fond uni, couvert de veines craquelées. » Et ces fines craquelures variaient de grandeur jusqu'au réseau serré de l'écaille de

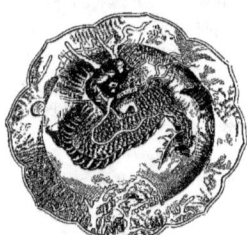

FIG. 435. — PLAT BLEU ET BLANC, DE NANKIN.

truite; d'où la désignation de truité.

II. — Une découverte d'une importance capitale, celle du rouge de cuivre, caractérise la période des Ming (1426-1465) qui commence à l'avènement de l'empereur Siouan-te, de la dynastie des Ming.

Ce rouge magnifique, qui varie du pâle au foncé, est employé à colorer le poisson qui forme l'anse de nombreux vases de l'époque ; ou bien encore, il est associé au bleu de cobalt, en puissantes harmonies. On fait également de belles pièces décorées de fleurs bleues sous couverte.

Enfin, une certaine poterie, dont la pâte au grain serré et fin est bien connue des collectionneurs, ainsi que ses tons mats et caressants, rouges, gris ou bruns, commence à se prêter aux modelages les plus ingénieux. Ce sont les grès que les Portugais désignèrent sous le nom encore maintenant adopté de *boccaro*, et qui furent pétris en formes de théières, de coupes, dont les contours sont étreints de feuilles, de branches, de fruits en relief. Plus tard, le boccaro reçut le luxe additionnel, dont sa finesse pouvait se passer, d'émaux multicolores.

III. — La troisième époque dite Thing-hoa s'étend jusqu'en 1573. Tout d'abord, le bleu, devenu de qualité inférieure, est négligé au profit de nouvelles harmonies. La composition décorative se varie et s'assouplit.

Mais vers le milieu de la période, en 1521, le bleu *sou-ni-po*, ce bleu dont on avait abusé précédemment, est remplacé par le *Hoeï-tsing* ou *bleu des Musulmans*, qui est d'un ton foncé.

Sans doute cette importation, due aux marchands arabes établis à Canton, donne naissance à de nouveaux et riches produits ; mais voici venir une découverte autrement importante et qui cette fois complétait définitivement la technique de la porcelaine. Il n'y avait plus rien à trouver, dorénavant, et les seuls perfectionnements ne devaient plus résulter que de la mise en œuvre. Nous voulons parler de l'application des émaux de demi-grand feu sur couverte. A tous les effets de force et de richesse, s'ajoutaient les effets de délicatesse, dont la gamme était infinie.

Toute conception devient permise au décorateur. En des paysages vastes, les figures se multiplieront, reproduisant les grands événements, les légendes, les scènes religieuses.

Il est aussi de beaux vases où, sur le fond d'émail noir, se détachent des fleurs et des branches vertes, bleues, lilas, jaunes.

Les premiers produits de la *famille verte*, c'est-à-dire où le vert domine dans la décoration *sur couverte* (1), commencent à apparaître, et le temps est proche où elle atteindra sa splendeur.

IV. — C'est, dans l'histoire des arts, un phénomène assez rare de voir les matériaux s'épuiser avant que l'inspiration se fatigue. Si en général une école décline, c'est qu'elle ne sait plus bien mettre en œuvre les matériaux qui peuvent être encore en abondance. Les transformations ne sont point si rapides, et il arrive plus souvent qu'elles proviennent de l'introduction d'un élément nouveau que de la disparition d'un élément familier. Pour n'en prendre qu'un exemple, si notre architecture s'est transformée en ces dernières années, c'est qu'on a découvert de nouvelles applications du fer et de la terre cuite qui n'étaient auparavant réduits qu'à des rôles secondaires. Mais ce n'est pas parce que la pierre nous manquait.

A l'inverse, nous voyons, en Chine, la céramique se transformer soudain, en pleine activité, par suite, on pourrait dire, de cette activité même, lorsque commence la période Quan-li (1573-1662). Non seulement le *bleu des Musulmans* est devenu introuvable, mais la terre même qui avait servi à faire les porcelaines fines s'était épuisée par la surproduction. Celles qui restaient n'avaient plus la même blancheur.

Il fallut donc recourir plus exclusivement aux procédés de décoration de la famille verte, ou à ceux de la porcelaine dite *aux cinq couleurs* (*Ou-Tsaï*), le nombre *cinq* dans la langue chinoise équivalant simplement à l'idée de multiplicité. Par ces moyens on pouvait, en augmentant de plus en plus la richesse du décor, dissimuler la qualité moins raffinée de la pâte.

---

(1) En effet le vert existait déjà dans la précédente, mais sur biscuit.

# HISTOIRE DE L'ART DÉCORATIF

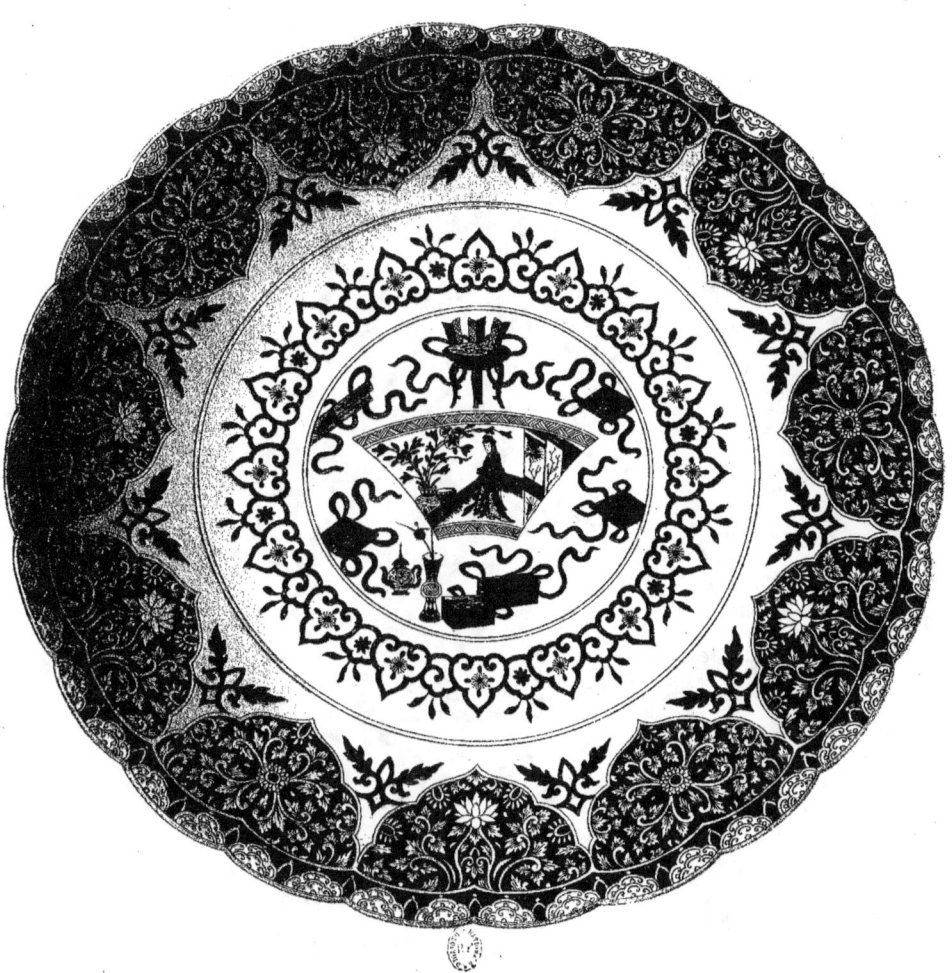

PLAT PORCELAINE CHINE
XVIIe SIÈCLE

V. — Nous voici arrivés à la période la plus parfaite de la céramique chinoise, la période de l'empereur Khang-hi (1662-1723). Forme, composition, coloris, tout se combine dans l'ensemble le plus harmonieux et le plus brillant qui fut jamais.

Les produits de cette époque se classent en quatre grandes familles.

La *famille blanche*, qui contient une infinité inattendue de nuances, une gamme chromatique d'une rare douceur, comprenant tous les tons du lait, de l'ivoire, des pulpes de fleurs, opaques ou translucides. Les terres blanches ont été retrouvées, et on en profite pour tourner les tasses et les coupes, pour modeler les Bouddhas qui rendent illustres dans l'histoire de la céramique chinoise les manufactures de Té-Hoa.

Dans la *famille verte* on constate deux tendances, deux écoles, l'une attachée aux modèles anciens, l'autre plus novatrice, qui s'abandonne à tous les caprices, à une sorte de féconde ivresse décorative. « Ce fut elle, dit M. Michel Paléologue, qui créa cette série nombreuse de flacons, de vases, et de potiches où, dans des compartiments bordés de grecques et de mosaïques, des fleurs largement dessinées, des branchages en pleine frondaison, des graminées touffues jaillissent d'un arbre ou d'une rocaille, sous un vol d'oiseaux, de coléoptères ou de libellules. Le vert tendre domine dans le décor, à côté du rouge de fer qui le rehausse; mais il y a aussi, çà et là, sur l'aile des oiseaux, sur les élytres des papillons, sur la corolle des fleurs, des touches de jaune, de bleu ou de violet. »

Tout ce mouvement, toute cette verve durent, en 1677, s'arrêter par ordre supérieur, et céder la place aux traditions de nouveau victorieuses. Un édit impérial interdisait la reproduction des sujets religieux ou historiques.

La *famille rose* commence à apparaître vers 1680, mais c'est à la période suivante qu'elle atteindra toute sa perfection.

Viennent en quatrième lieu, mais non les moins importants ni les moins originaux, les produits à couverte colorée, c'est-à-dire les *céladons* et les *flambés*, dont les mots ne sauront jamais dire tout l'éclat, et qui ont alors été poussés jusqu'à leur plus grande beauté.

Quel contraste harmonieux que celui de la douceur, de la finesse fluide des céladons unis ou imprimés en relief, et de la puissance, de l'intensité des flambés qui semblent avoir emprisonné les vives flammes qui les léchèrent! Le violet profond des aubergines, le rouge du sang de bœuf avec leurs irrégulières et fougueuses coulées animent ceux-ci; ceux-là expriment comme par du rêve toute la tendresse des verts marins, des pâleurs violettes de la pensée, des bleus plus intenses mais non moins doux de la turquoise. Il faut dire enfin que les combinaisons virtuoses sont maintenant tentées, le procédé du craquelé, du truité revêt les céladons de son réseau d'araignée. D'autres émaux, vert peau de serpent, jaune d'or, éclatent. Sur les fonds de laque on dépose des rehauts de bronze. Les tons peuvent être à ce point concentrés, que le céramiste chinois se livre au curieux tour de force de les transformer en noir par la seule épaisseur de la couverte. Enfin, en soufflant la couleur à travers la gaze fixée au bout d'une sarbacane, l'ouvrier obtient les plus microscopiques et les plus serrées mouchetures, allant du picotis simple jouant sur les fonds, jusqu'au grenu d'une peau de chagrin.

VI et VII. — La sixième époque comprend les règnes de Houng-tching et de Kien-Long et s'étend de 1723 à 1796. La virtuosité atteignit le plus haut point peut-être, et comme il n'y avait plus qu'elle, la décadence put se laisser prévoir.

Le décor séduisant et poétique de la famille rose fait se dérouler, avec des transparences inouïes, les légendes épiques ou gracieuses. Mais il faut réserver de la stupéfaction pour l'incroyable légèreté de main que prouvèrent les ouvriers de la porcelaine *coquille d'œuf*, que les Chinois dénommèrent *sans embryon*, c'est-à-dire tellement immatérialisée qu'il semblait n'en plus demeurer que l'émail. « Ces deux séries, a dit Edmond de Goncourt, à qui il faut laisser la parole toutes les fois qu'on le peut en matière de description artistique, ces deux séries (la famille rose et les coquilles d'œuf) offrent les échantillons sur lesquels s'épèle le mieux la différence de la porcelaine de l'Orient avec celle de l'Occident. Chez nous les porcelainiers peignent avec les procédés de l'aquarelle. C'est de la peinture étendue au pinceau. En Chine et au Japon, toute autre chose. Rien que des tons posés avec une matière colorante toujours pénétrée de fluide vitreux : en un mot, de la peinture avec des émaux et non avec des couleurs. Et tout ce que cette peinture cependant si fondue et si harmonieuse accorde à la fonte et à l'harmonie générale, consiste seulement dans une dégradation des épaisseurs de l'émail. Au fond, cette peinture, la vraie peinture de la porcelaine, est pour ainsi dire de la gouache translucide. »

Qu'y a-t-il encore à mentionner, outre les flambés qui maintenant s'exaltent dans la plus surprenante orgie, et que les coloristes chinois enrichissent de tons aussi puissants qu'inattendus, aubergine, pourpre, émeraude, foie de mulet, poumons de cheval? Rien qui surpasse tout cela en beauté. Il ne reste qu'à enregistrer comme faisant date ou constituant curiosité, les porcelaines chinoises à surdécorations européennes (ce fut une active branche de l'industrie de Delft); ou les porcelaines que les décorateurs chinois, à l'instigation des missionnaires et sous leur direction, couvrirent d'étranges compositions d'après les gravures de nos propres artistes; ou enfin les porcelaines à décor persan exécutées en Chine sur commande et pour l'exportation.

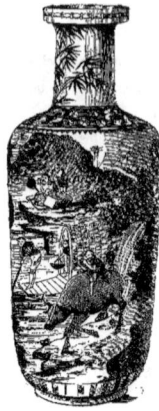

Fig. 456. — Vase de porcelaine de Chine émaillée.

Et voici que ce mot nous découvre tout le secret de la décadence de cet art admirable dont nous n'avons que bien imparfaitement loué l'éclat. Dès la fin du xviii<sup>e</sup> siècle, on fabriqua pour l'Europe ces redites, d'abord supportables, mais depuis l'ouverture de la dernière période, de plus en plus affligeantes pour tous ceux de qui les yeux ont goûté le charme des incomparables œuvres d'art de la période Khang-hi. Elles peuvent flatter le goût exotique, mais le connaisseur exigeant n'y trouve point d'intérêt. Ainsi se trouve une fois de plus confirmée la condamnation des « choses à demi faites » prononcée jadis par notre vieux Bernard Palissy.

Pareille aventure est arrivée aux Japonais, dont nous devons parler avant de passer aux porcelaines européennes. Ils ont été sans conteste les plus grands céramistes du monde, par l'imprévu et la richesse des effets, la sûreté prodigieuse de l'exécution. Mais ils ont connu, vers la fin de ce siècle, la même décadence par suite d'une trop large et trop négligente production.

Disons tout de suite qu'avec eux nous ne nous trouvons pas dans le même domaine : c'est la poterie, émaillée ou non, et non la faïence qui a été surtout explorée par eux. « Les produits kaoliniques des Japonais, dit M. Louis Gonse, si parfaits qu'ils se montrent parfois comme réussite de cuisson, ne sont en réalité qu'une imitation plus ou moins adroite des admirables porcelaines de la

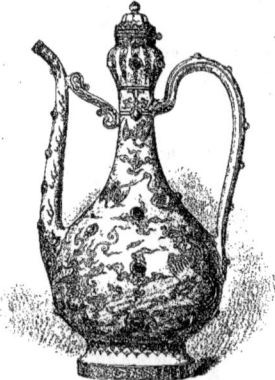

Fig. 457. — Aiguière orientale, porcelaine de Chine. Monture arabe ou turque.

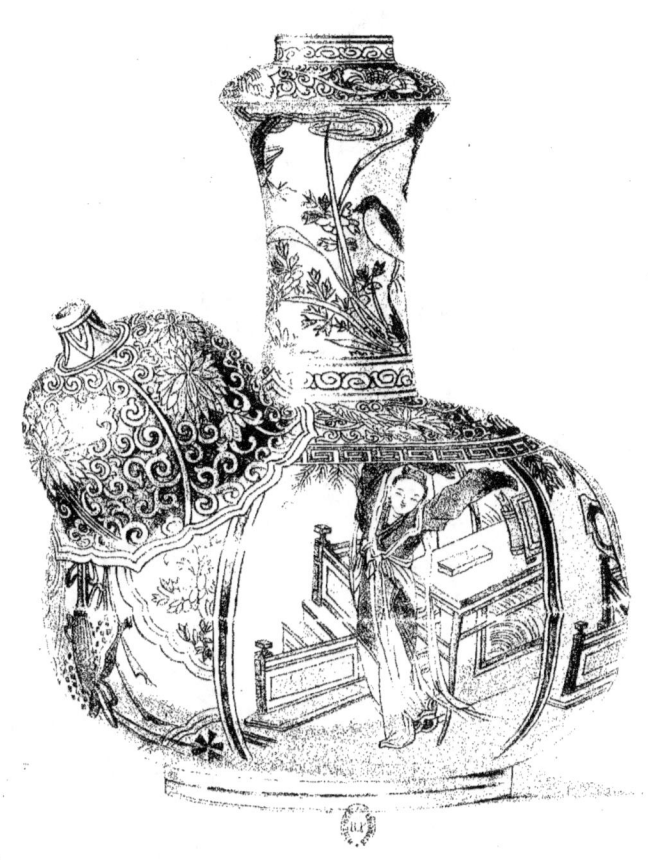

Chine. Les Chinois sont les *porcelainiers* par excellence, les maîtres incontestés du kaolin. Les Japonais sont des *potiers* sans rivaux. Chez ceux-là l'intérêt du décor le cède souvent à la beauté des matières, à l'excellence de l'exécution; chez ceux-ci, au contraire, il reste toujours le but dominant. La conception pittoresque, le parti à tirer de la splendeur, de la transparence, de la vivacité des couleurs émaillées : telles sont les préoccupations du potier japonais. » Souvent cependant les potiers japonais ont produit des poteries mates, sobres, d'une admirable tenue, d'un goût exquis, caresse puissante et douce au regard, et dont les *tchajins*, les hommes de thé, si délicats, si artistes, ont fait le plus grand cas.

Quelques mots d'abord sur la porcelaine au Japon. Ce n'est que vers 1520 qu'un céramiste japonais, Shonsoui, rapporte de Chine les données nécessaires pour perfectionner ces produits. Son premier four fut construit à Arita; il créa surtout des pièces à décor bleu sur fond blanc ou grisâtre.

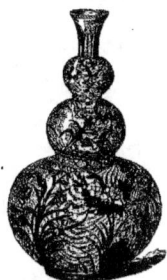

Fig. 458. — GOURDE DU JAPON.

Un siècle plus tard, Kakiyémon innovait à Arita la fabrication des porcelaines émaillées de quatre couleurs vitrifiables : bleu, vert, jaune et rouge. Un peu plus tard on appliqua ces émaux de couleur sur la porcelaine à décor bleu grand feu, et l'on fabriqua des objets très décoratifs rehaussés d'or. Quoique fabriqué à Arita, ce genre prit le nom d'Imari, port d'où on l'expédia dans toutes les autres villes. La ville d'Imari devint le centre commercial le plus important des porcelaines de la province de Bizen, et son activité prodigieuse alimenta l'Europe d'une grande quantité de pièces, plats et potiches, qui furent longtemps considérées en France comme dernier mot de la céramique japonaise. A vrai dire, le seul éloge qu'on en puisse faire, c'est que parfois les porcelaines d'Imari, au VII siècle, se rapprochèrent des porcelaines chinoises. Mais leurs travaux n'eurent guère qu'un caractère industriel et servirent de modèles à la fabrication courante de Delft. Il faut pourtant excepter un type, dû à Kakiyémon, à émail blanc crémeux, décoré de semis de fleurs, d'oiseaux, etc., et d'une pâte très fine; ce type est celui qu'ont copié Chantilly, Dresde, etc.

Les Hollandais eurent également des établissements à Nagasaki, ce qui leur permit de répandre à profusion en Europe les grandes potiches à décor bleu, rouge et or, qui sont connues en France sous le nom de « vieux Japon », jadis très apprécié et que l'on dédaigne maintenant à bon droit, car elles ne représentent qu'un aspect et le moins intéressant de la céramique au Japon.

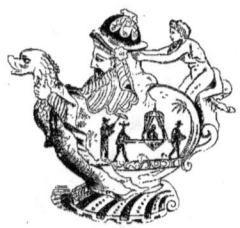

Fig. 459. — THÉIÈRE GROTESQUE DE DRESDE.

Il faut encore mentionner, au XVIII siècle, les ateliers de Mikavati et d'Okavati. Ces derniers surtout se distinguent par des pièces en blanc et bleu, ou en blanc pur. Les blancs sont moins parfaits que ceux de la Chine, mais ils ont cette variété de formes, ce caprice verveux de conception, où l'on reconnaît aussitôt le coup de pouce spirituel, hardi, inimitable des modeleurs japonais. Dans l'art chinois, en général, la patience est l'élément prédominant ; dans l'art japonais, la patience, bien qu'elle soit extrême, disparaît encore devant l'imprévu : tout y semble de premier jet, quelque temps qu'ait pu y passer l'artiste; il semble que les ouvriers chinois, dans certains tours de force, se montrent fiers de faire ressortir surtout l'opiniâtreté du labeur.

Mentionnons enfin, parmi les autres centres porcelainiers, Koutani et Kioto. Mais nous allons retrouver ces deux noms trop brillants dans la poterie proprement dite pour insister.

L'origine de la poterie au Japon se perd dans la nuit des temps, bien avant Gioghi, prêtre bouddhiste du vii⁰ siècle, qui passe pour avoir inventé le tour, ou tout au moins en avoir importé l'usage. Vers le ix⁰ siècle, les Japonais commencent à connaître les procédés de l'émaillage, puis font des emprunts à l'art chinois.

Un objet a une double beauté qui résulte de la perfection de la main-d'œuvre, puis de l'adaptation parfaite à l'usage. Que d'autres objets soient beaux uniquement par la fantaisie, la seule conception, la séduction du caprice, qui songerait à le contester? Mais aussi qu'on accorde la même qualification aux choses qui sont sous notre main quand elles sont traitées par de maîtres ouvriers, et que l'on ne s'avise plus de considérer que l'art cesse dès que l'utilité commence. Un fait vient ici donner la confirmation éclatante de cette vérité. Les progrès de la céramique, au Japon, devinrent aussi rapides que complets, lorsque l'usage du thé fut introduit. Il fallut chercher des formes simples et pratiques, des vases bien en main pour conserver la feuille aromatique, en même temps que pour suivre l'élaboration de glaçures brillantes ou profondes pour montrer le prix où l'on tenait la précieuse boisson. Les tasses et autres appareils si nombreux, si complexes que comporte la confection du breuvage découlèrent tout naturellement de ce premier type, et dès lors la céramique entrait dans la voie d'un art exquis.

C'est à Seto, province d'Owari, que l'on fait, au xiii⁰ siècle, les premiers vases à thé. Ils sont remarquables par la finesse de la pâte et la beauté de l'émail. Seto est d'ailleurs par les admirables travaux de ses primitifs, récemment révélés, le véritable berceau de la poterie japonaise jusqu'au xvii⁰ siècle, c'est-à-dire jusqu'à l'avènement de Ninseï, de Kiôto, le plus grand céramiste de ce pays pourtant si privilégié.

Ninseï est un adorable fantaisiste; sous sa main éclosent les caprices les plus ravissants et les plus imprévus : vases, figurines, porte-bouquets, etc., tous modelés de haute verve, et remarquables par l'éclat et l'harmonie du décor. Il est consolant de constater à travers les continents et les mers le même phénomène artistique se produire, et presque dans les mêmes conditions. De même que Lucca della Robbia, sculpteur et orfèvre, de même que Bernard Palissy, peintre et émailleur, voici Ninseï qui subit l'attraction de la terre, et est à jamais séduit par les prestiges du feu. Ninseï, avant de se consacrer à l'art de poterie, avait commencé par se faire connaître comme un excellent peintre. Nous connaissons mal les détails de sa biographie, mais il est plus que vraisemblable qu'il dut passer par les mêmes étapes, connaître les mêmes attractions, les mêmes transes et les mêmes exaltations que les maîtres de notre race.

L'œuvre de Ninseï est multiple, et on n'y trouve aucune répétition : chaque pièce, dit M. Gonse, semble être « le fruit d'un effort d'invention particulier, d'une étude attentive de fabrication. La création la plus populaire est celle de la poterie à couverte fauve finement craquelée, décorée de fleurs où dominent les émaux bleus et verts rehaussés d'or ». Cette fabrication s'est poursuivie jusqu'à nos jours dans les faubourgs de Kiôto, principalement à Avata, à Kiyomidzou et à Iwakoura.

Après Ninseï, les plus grands potiers de Kiôto et venant immédiatement à sa suite, chronologiquement, sont Kinkozan et Kenzan. Kinkozan a créé un type de poterie des plus intéressants : un biscuit noirâtre, d'un grain serré, recouvert d'émaux où le bleu domine mêlé au jaune, au blanc et au vert. Au musée Guimet on verra également de belles pièces de fond crème à émaux menus.

Quant à Kenzan, il nous paraît, mis à part les grands primitifs japonais et indépendamment de toute question de perfection technique, le céramiste par excellence. Nous ne connaissons rien — pas même les admirables caprices de Ninseï — de plus surprenant que ses décorations simplistes, jetées avec une extraordinaire liberté, une verve folle, et pourtant tombant toujours juste. C'est une sorte de fougue entraînante qui sait où elle va; c'est l'inspiration en apparence déréglée, qui indique un sommet que tous jugeraient infranchissable, dit : « J'irai là ! » et s'y plante d'un bond ou d'un coup d'aile. Les formes sont d'une simplicité presque grossière, qui cache une audace dont on ne s'aperçoit qu'après coup. Le décor est jeté en masses, par silhouettes pour ainsi dire, et rien n'égale son expression. Quant à la palette de ce maître elle est d'une grande puissance; parfois l'émeraude y domine; parfois aussi Kenzan arrive à une intensité surprenante avec les seuls éléments du brun sur un fond jaunâtre ou bis. D'ailleurs Kenzan (1663 à 1743) était le frère et l'élève du grand peintre et laqueur Kôrin. Et dans sa manière de concevoir la décoration se retrouvent la largeur et l'imprévu de cet artiste.

Chose curieuse, Kenzan n'a pas toujours fait de la matière l'objet de son principal souci. Il semblait mettre une sorte de coquetterie à tout sacrifier à la fascination des émaux. Sa pâte est notablement inférieure en finesse et en compacité à celle de Ninseï par exemple. Les collectionneurs reconnaissent deux manières dans son œuvre. La première, que nous venons de caractériser plus spécialement, consiste dans les décorations jetées sur fonds neutres. Dans la seconde, qu'il adopta lorsqu'il se transporta à Yedo, les glaçures de composition vitreuse sont au contraire d'un vif éclat.

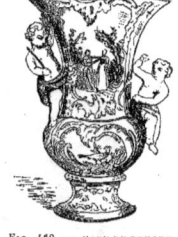

Fig. 460. — VASE DE DRESDE OU DE MEISSEN.

Nous n'entrerons pas dans le détail des noms et des œuvres des autres potiers de Kiôto. Il suffira de mentionner parmi les plus brillants ceux de Shiouheï (statuettes), Mokoubeï et Rokoubeï (boîtes à parfums et à onguents), Yeïrakou (bols pour la fabrication du thé). Enfin, il faut citer comme étant restées à l'écart des écoles de Ninseï et de Kenzan les poteries de Rakou, aux couvertes rouges ou orangées, et les figurines en terre cuite de Ikarka Koêmon.

Nous passons à une autre école, superbe de puissance et d'éclat, qui nous sera d'autant plus précieuse et exemplaire qu'elle n'a pas été vulgarisée par la consommation commerciale; nous voulons parler des faïences de Koutani (province de Kaga) qui étaient destinées au prince de Kaga et à quelques privilégiés de l'aristocratie. D'admirables paysages, des oiseaux effrayants, aigles et vautours perchés sur des rocs, des arbres aux troncs robustement tordus : tels sont les éléments de décoration de ces plats magnifiques, décoration uniquement composée de trois tons : vert (un vert d'une intensité sombre), jaune, violet. Dans les collections particulières, au musée Guimet, etc., on peut voir quelques-unes de ces belles poteries, qui toutes produisent une impression grave et saisissante.

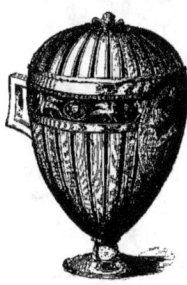

Fig. 461. — VASE DÉCORÉ DE CAMÉES, DE DRESDE.

Un contraste absolu est présenté par une autre fabrication, peut-être la plus célèbre et prisée le plus haut : celle de Satzouma. Ici tout est délicatesse, lumière, richesse et gaieté. Ce n'est que de notre temps qu'on a rendu à Tokio ce qui appartenait à Tokio, c'est-à-dire les grandes potiches à effet, rehaussées d'or sans assez de discrétion, et à Satzouma ce qui appartenait à Satzouma, c'est-à-dire les pièces, presque exclusivement de proportions mignonnes, au fond crémeux à craquelures teintées, recouvert d'une décoration infiniment légère, rouges, verts, ors mats, dont l'émail se détache en fins reliefs. Les japonisants ont trouvé un mot spirituel autant que juste pour caractériser cette fabrication : ils ont dit qu'elle tenait de la bijouterie encore plus que de l'art de terre.

Après ces quatre grandes écoles, Seto (qui se releva au XVIᵉ siècle avec les maîtres qui ont nom Shino et Oribeï), Kiôto, Koutani et Satzouma, il y aurait à citer encore les magnifiques grès rouge brun de Bizen, figurant des personnages et des animaux hardiment modelés. Puis quelques artistes indépendants et originaux tels que Mimpeï, Banko, Ritsouô qui combina la faïence et la laque. Il ne reste plus qu'à formuler le regret d'avoir été contraint de ne consacrer qu'un résumé aussi succinct à la première école de céramique du monde, et à faire la même affligeante constatation que pour l'art chinois : l'infériorité provenant des lucratives redites. C'est, puisque nous sommes sur ce chapitre, la raison contraire qui donne le plus grand intérêt aux œuvres et aux tentatives de tels de nos potiers contemporains que nous avons déjà cités et que nous voulons citer encore parce qu'ils représentent pour nous le désintéressement, le labeur accompli en dehors du bénéfice et de la concession au goût banal. De ce nombre sont M. Jean Carriès qui achève une immense porte en grès émaillé et a déjà donné des poteries comparables aux plus belles des primitifs japonais; M. Delaherche qui, originaire du pays des vieux potiers de France, Beauvais, a sans relâche poursuivi la recherche de très beaux flambés, des grès aux formes robustes, au décor délicat et sobre et a pleinement réussi dans sa vaillante tentative ; M. Clément Massier, qui, dans les Alpes-Maritimes, s'attache au contraire à faire jouer dans ses poteries aux silhouettes originales le souvenir, renouvelé par un sentiment très moderne, des reflets métalliques de la céramique siculo ou hispano-arabe. Ces maîtres, et d'autres encore dont on pourrait citer les noms, consolent des camelottes et des produits à la grosse. Mais nous ne pouvons insister là-dessus, ayant encore à dire quelques mots de la porcelaine en Europe.

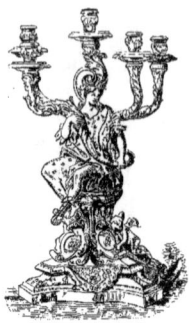

FIG. 462. — CANDÉLABRE DE DRESDE.

Quelque importance qu'ait présentée la fabrication des deux grandes régions porcelainières européennes, la Saxe et la France, il nous sera impossible d'y consacrer de longues pages. Qu'apprendrions-nous davantage à ces dissertations? L'histoire de Meissen et de Sèvres a été faite dans le plus grand détail. On a catalogué jusqu'à la moindre figurine de Saxe ; on connaît les noms et les traitements des plus infimes manœuvres de la fabrique favorite de la marquise de Pompadour. Ce n'est pas de ce travail d'érudition que peut se dégager un enseignement, une leçon. D'autre part, nous venons de subir la fascination de la céramique orientale, la première en origine comme en perfection. Après ces incomparables magies, nous ne pourrons, quelque délicates que soient nos porcelaines européennes, qu'y constater un peu de mièvrerie et de pauvreté. Elles sont charmantes, mais on y sent plus la main patiente, exercée de l'ouvrier que la griffe prestigieuse, la verve inspirée de l'artiste. En un mot les unes accusent du génie, les autres ne prouvent que du talent. Et nous ne parlons pas seulement des insignifiantes fantaisies dont les fabriques modernes de la Saxe ont inondé les marchés à l'imitation des produits anciens, infiniment fins et mignons ; nous ne parlons pas non plus des pièces que Sèvres s'obstine à produire suivant des traditions ressassées, s'attirant ainsi les sévérités des critiques ou l'indifférence des connaisseurs. Même dans les travaux qui ont fait la gloire de la porcelaine européenne au siècle dernier, on ne put jamais constater la puissance des colorations, l'originalité de forme des céramiques chinoise et japonaise. Celles-ci ont été jusqu'aux impossibilités passionnantes du rêve ;

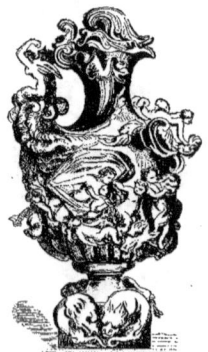

FIG. 463. — AIGUIÈRE DE CAPO DI MONTE.

les nôtres n'ont jamais pu aller plus loin que le sourire. Si on veut chercher la véritable puissance, l'éclat saisissant, les mystères soudains dévoilés et éternisés par le feu, c'est non dans notre porcelainerie, mais dans notre poterie contemporaine qu'on pourra les rencontrer à avantages à peu près égaux.

Le sourire, disons-nous! Après tout, nous serions désolé qu'on nous supposât rebelle à ses légères et capiteuses séductions. Il ne faut pas non plus l'assommer sous nos prédilections pour les admirables fantasmagories de l'Orient. En une spirituelle eau-forte, Jacquemart représenta naguère des figurines du Japon et de la Chine s'empressant à regarder, petits magots effarouchés quoique toujours rieurs, un éclat d'obus allemand tombé au beau milieu de la collection. Il serait mal à propos que l'on pût faire un pendant à cette gravure et montrer les divinités de l'extrême Orient et les monstres diaprés qui les accompagnent faisant s'évanouir les bergères et les marquises, et que l'éclat des pivoines et des iris fît paraître fade le duvet rosé de leurs joues. Nous croyons qu'ainsi toute proportion sera gardée, et que tout en conservant entière notre passionnée admiration pour les merveilles de l'Orient, et tout en incitant nos céramistes, nos artistes et directeurs de Sèvres à faire enfin acte d'initiative, nous pourrons consacrer un souvenir attendri aux adorables vieilleries dont nous allons très brièvement rappeler l'histoire.

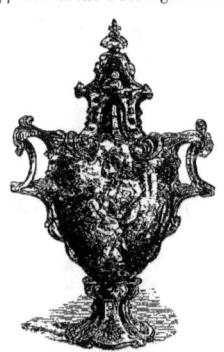

Fig. 464. — VASE DE CHELSEA.

C'est en Italie que sont fabriquées les premières poteries ayant droit au nom de porcelaine. Venise, au XV siècle, tente des essais heureux. Mais c'est à Florence, au XVI siècle, que l'on rencontre, avec la porcelaine dite des Médicis, exécutée au château de San Marco, un succès absolu. La porcelaine des Médicis, en camaïeu bleu, tantôt de style italien, tantôt de style persan, fut dès l'origine considérée comme des plus précieuses, et constituant un cadeau princier, au sens strict du mot. Elle est maintenant rarissime : on n'en connaît que trente-deux spécimens, dont le plus curieux est une aiguière de la collection G. de Rothschild, la seule dont la décoration soit polychrome.

Il faudra citer encore parmi les porcelaines italiennes qui vinrent plus tard, celle de Doccia (1735) souvent contrefaite, et celle de Capo di Monte (1736), qui affectionne les sujets à reliefs, d'une conception souvent capricieuse et tourmentée, mais d'une exécution fort délicate.

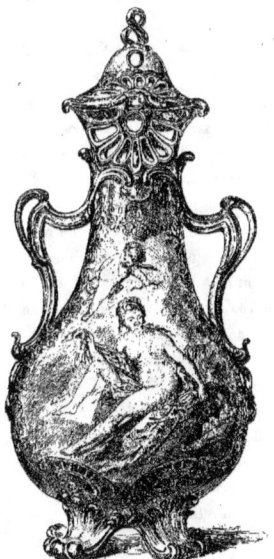

Fig. 465. — VASE DE CHELSEA.

C'est au hasard que la Saxe doit la matière de ses pâtes dures. L'histoire est amusante, et par une curieuse coïncidence, nous en trouverons une analogue dans notre propre pays. Un préparateur pharmacien de Berlin, Bottcher, soupçonné de s'adonner aux recherches alchimiques, avait trouvé asile à Dresde auprès d'Auguste II qui l'adjoignit comme collaborateur à l'alchimiste Tchirnhaus. Par un hasard de manipulations Bottcher trouve un jour, au fond d'un creuset, une substance qui présentait les caractères de la porcelaine d'Orient. Il se met avec passion à cette nouvelle recherche qu'il continue après la mort de Tchirnhaus, en 1708, mais n'arrive qu'à trouver une sorte de grès rouge très résistant au feu, puis un produit semblable à peu près à la porcelaine, mais qui se déformait aux hautes températures. La fabrique de Meissen était créée en 1710 et Bottcher en était fait directeur. Mais c'est une circonstance fortuite qui lui avait procuré le kaolin, le hasard lui étant une seconde fois propice : un maître de forges, Jean Schnorr, avait imaginé de faire recueillir par grandes quantités une terre blanche, glaiseuse, où son cheval avait un jour manqué de s'embourber. Schnorr vendait cette terre séchée et pulvérisée... pour poudrer les cheveux! Bottcher, s'en étant servi pour poudrer sa perruque, remarqua son poids, puis sa qualité particulière : c'était le kaolin d'Aüe. Le secret fut gardé avec une rigueur sans pareille, et au commencement de ce siècle, bien que tous les autres pays fussent en possession des mêmes procédés, ces minutieuses consignes étaient encore en vigueur.

Horold succéda en 1720 à Bottcher et réalisa d'importants progrès. En 1731, le sculpteur Kändler fut nommé chef des travaux d'art et contribua beaucoup, par les multiples figurines que modela son ébauchoir gracieux et facile, à la prospérité des fours de Meissen. Il ne saurait être entré ici dans le détail des groupes, pendules, bonbonnières, services de table, vases, etc., décorés de fleurs, d'oiseaux, d'amours, et mille motifs d'un rococo mignard; non plus que de ces statuettes aux costumes à ramages, parées de dentelles à jour obtenues par le subterfuge qui consiste à tremper de vraies dentelles dans la pâte liquide avant de mettre au four. Il suffit d'avoir caractérisé ces jolis caprices et d'ajouter que la guerre de Sept Ans vit commencer la décadence de ces célèbres fabriques. Les produits qui suivirent furent de simples répétitions bien inférieures.

Parmi les grandes manufactures de porcelaines germaniques, il faudra citer Berlin, qui précisément vit sa prospérité commencer avec la guerre de Sept Ans et profita du déclin de Meissen; Hochst, avec ses peintures de paysages et d'animaux et ses figurines modelées par Melchior; Nymphenbourg qui, outre ses applications d'or, emprunta à Niederwiller les vignettes roses sur fond de bois naturel; Frankenthal, fondée par Hannong.

En Hollande, La Haye; en Belgique, Tournay et Bruxelles; en Danemark, Copenhague, qui fut naguère célèbre par les copies en biscuit des œuvres guindées du trop fameux Thorwaldsen, mais qui de nos jours a même prouvé (notamment avec les porcelaines à décor bleu sur fond blanc à l'exposition de 1889) une réelle originalité : tels sont, après les fabriques de Saxe, les principaux centres porcelainiers d'Europe dont les produits se recommandent aux collectionneurs à des titres divers. Une mention spéciale est due aux porcelaines anglaises de Bow, de Derby, de Chelsea surtout. Nous donnons des exemples de cette dernière fabrication dans notre illustration. On y peut ajouter les célèbres biscuits de Wegwood à figures blanches sur fond bleu, rose ou lilas, qui tout au moins marquent une époque et dont la délicatesse nette et un peu froide correspond en même temps au tempérament de la race anglaise et à la renaissance du goût antique. Rien de cela ne manque d'intérêt ni de séduction; mais comme il ne s'en dégage point d'autre enseignement général, nous devons renvoyer aux ouvrages spéciaux et consacrer en terminant quelques lignes à nos propres manufactures et à la plus célèbre de toutes, celle de Sèvres.

L'histoire de la porcelaine en France comprend deux époques. La première s'étend de 1695 à 1770, et correspond à la fabrication exclusive de la pâte tendre. Avec la seconde, en 1770, apparaît à Sèvres la pâte dure. C'est à Saint-Cloud que sont, vers 1695, fabriquées les premières (1) porcelaines françaises dignes d'intérêt. Elles étaient dépourvues de finesse et de légèreté; la glaçure, à base de plomb, en était épaisse. Elle excita pourtant l'admiration des contemporains. En 1698, le naturaliste anglais Martin Lister écrivait, lors d'un voyage en France : « Je n'ai pu trouver aucune différence entre les articles faits dans cet établissement et la plus belle porcelaine de Chine que j'ai vue. Cependant les peintures en étaient mieux

---

(1) A Rouen, cinquante ans auparavant, on avait également fait quelques essais curieux mais assez mal connus.

exécutées, nos ouvriers étant meilleurs artistes que les Chinois (!)... On vend à Saint-Cloud ces poteries à prix très élevé : on demande plusieurs écus pour une seule tasse à chocolat. On est parvenu à fixer, au four, l'or en charmants dessins d'échiquier. On a vendu des services à thé à raison de quatre cents livres le service. Il n'y a pas de sculpture ou de modèle de porcelaine de Chine que l'on n'ait imité en y ajoutant de nouveaux dessins, qui font un très bon effet et sont très remarquables. »

Il faut, si flatteurs qu'ils soient pour notre amour-propre national, en rabattre de ces éloges.

Pourtant le *secret* de ces fabrications assez grossières fut l'objet de grandes convoitises. Un ouvrier, Ciroux, le transporta à Chantilly en 1735, au détriment de Chicanneau, directeur des ateliers de Saint-Cloud. Puis, en 1740, les frères Dubois, à leur tour transfuges de Chantilly, cédèrent le secret à la manufacture de Vincennes.

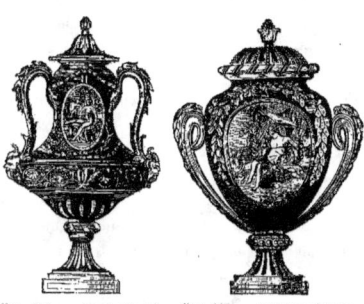

FIG. 466. — VASE DE SÈVRES, BLEU DE ROI.   FIG. 467. — VASE DE SÈVRES, BLEU DE ROI.

Après des vicissitudes diverses, les ateliers de Vincennes furent transportés en 1745 à Sèvres ; en 1760, par l'achat qu'en fit Louis XV, le nouvel établissement devenait manufacture royale et M$^{me}$ de Pompadour, en lui accordant une passionnée protection, lui donnait un élan et un éclat incomparables.

Pour n'y point revenir disons que le type de Saint-Cloud, malgré l'imperfection de la matière, est opulent et noble, et qu'il justifie, étant donnée l'époque, la faveur où le tint Louis XIV, qui avait permis à la manufacture de prendre comme marque le soleil lui-même. Le décor consiste en lambrequins et dentelles en bleu, dans le goût décoratif de Rouen. Quant à la porcelaine de Chantilly, elle trahit les imitations successives des produits de l'extrême Orient, puis de la Saxe, et enfin de Sèvres. A Saint-Cloud on peut rattacher le premier type de Lille (1711) ; mais le second type de cette fabrication connue sous le nom de manufacture du Dauphin fut luxueusement relevé d'or et de peintures. Enfin les amateurs tiennent en estime les fins produits de la manufacture du duc de Mennecy-Villeroy (1735), qui plus tard fut transférée à Bourg-la-Reine (1773).

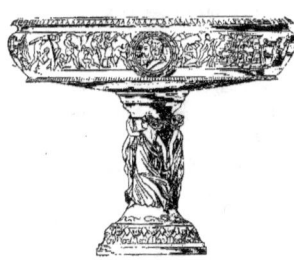

FIG. 468. — COUPE DITE DU TRAVAIL; PORCELAINE DURE DE SÈVRES.

Jusqu'en 1768 ou 1770, avons-nous dit, Sèvres s'adonna exclusivement à la pâte tendre. Ce n'était pas qu'on ne recherchât avec ardeur les secrets de Meissen et de Dresde. Pierre-Antoine Hannong avait même, en 1761, vendu le secret des porcelaines de Frankenthal. Mais il manquait la chose essentielle, la précieuse matière : le kaolin. C'est ici que le hasard vint encore jouer son rôle.

M$^{me}$ Darnet, femme d'un chirurgien de Saint-Yrieix, avait, comme Schnorr à Aûe, remarqué dans les environs de la ville une terre grasse et blanche qu'elle songea à employer... comme savon pour le blanchissage ! Cette terre envoyée en analyse à Bordeaux fut transmise au chimiste Macquer, qui bientôt l'expérimenta à Sèvres avec un succès complet. La pâte dure était trouvée et la découverte de la pauvre provinciale devenait une source de revenus considérables.

La vogue de Sèvres a été extraordinaire : à ce point qu'on a pu dire que le xviii° siècle a été chez nous le siècle de la porcelaine. Nous avons vu plus haut des traces de cet engouement : tables, secrétaires, commodes, carrosses furent ornés de plaques « de porcelaine de France », et il faut reconnaître que rien ne se maria plus harmonieusement aux élégances de l'ameublement. Les étagères, les cheminées étaient surchargées des jolis groupes et bustes en biscuit, des vases dans lesquels, sur des tiges dorées, s'épanouissait toute une flore céramique d'une délicatesse extrême. Les services en pâte tendre montraient, en belle place, sur des consoles ou des encoignures, la douceur de leurs décorations, la finesse de perle de leur émail, la translucidité de leur embryon.

M$^{me}$ de Pompadour en fut éprise à ce point qu'elle forçait tout son entourage à contribuer au succès de la manufacture. Après elle, moins encore par imitation que par penchant, M$^{me}$ Dubarry raffola des porcelaines royales. Sous Louis XVI, avec une tendance à renouveler les formes et les décors dans le goût réputé antique, il n'y eut point de ralentissement.

Une pléiade d'artistes charmants, à qui la joliesse de leur verve doit faire pardonner le superficiel de leur conception, modelèrent des figurines, peignirent des guirlandes, appliquèrent les dorures jalousement monopolisées. Parmi les sculpteurs dont les modèles étaient exécutés ou copiés, c'étaient Caffieri, La Rue, Boizot, Bachelier, Duplessis, Falconnet, l'adorable Clodion. Parmi les peintres c'étaient Armand, Aubert, Le Bel, Capelle, Morin, Gornery, Pithon, Vieillard. On interprétait en tons transparents et tendres les compositions de Boucher ou du divin Watteau.

Pour les couleurs dont s'engouait la mode, qui n'a dans l'œil le souvenir des jolis fonds qui ont je ne sais quoi de cru et de faux, tout en exerçant une irritante séduction ? C'est une gamme de boudoir et de courtisane, mais la gracieuse corruption de cette époque pouvait-elle sonner autrement dans le monde des couleurs? Hélas ! au bleu de roi, au bleu turquoise, au rose pompadour, au violet pensée, au vert pomme, au vert pré qui triomphèrent au temps des fêtes devaient succéder plus tard les dorures impitoyables de l'époque impériale où, par la plus abominable aberration de goût, une tasse de porcelaine était contrainte de ressembler à une tasse d'or massif, atrocement poli ; puis à cette coupable débauche métallique, les non moins exaspérants bleus et roses, alourdis, bourgeois, méconnaissables, de l'époque de Louis-Philippe et du second empire, servant de fond à des miniatures prétentieuses ou à de froides copies de tableaux, faites pour donner à douter de la survivance du goût français et inspirer à jamais l'horreur de la peinture céramique. Les manipulations des chimistes, et de Brongniart tout le premier, avaient fait évanouir le charme.

Cependant, malgré le caractère de redites, l'impression de froideur et d'ennui qui se dégage de la fabrication actuelle, quelques pièces pourront être amnistiées. Carrier-Belleuse et Joseph Chéret ont modelé des surtouts de haute verve. Le statuaire Rodin, de court passage à la manufacture, y a laissé une jardinière aux décorations inoubliables : un bas-relief mythologique, pris mystérieusement dans la congelure de l'émail ; deux vases charmants. Enfin au moment où nous écrivons ceci, d'autres vases au nombre de six, couverts d'admirables bas-reliefs, attendent qu'on les cuise, et nous tiennent en quelque anxiété ; car il est à craindre qu'un des collaborateurs imposés ne tombe dans la même aberration que celui qui a *orné* la jardinière dont nous venons de parler, d'un atroce ruban doré.

Des recherches ont permis de trouver de nouveaux tons de grand feu, de perfectionner la technique et de la pousser au plus haut point de virtuosité. Mais rien de cela ne suffit pour racheter les produits de Sèvres de la mortelle impression d'ennui, de froideur et de lourdeur qu'ils dégagent, par leur trop de perfection même et par leur impitoyable éclat vitreux. Malgré tout, les critiques adressées à la routine des formes et des décors dans la moyenne de la fabrication ont porté, et leur aboutissement est fatal ; Sèvres se renouvellera ou périra.

# CHAPITRE VII

## LE VERRE

Les qualités propres du verre. — Venise. — Formes et colorations. — L'Allemagne et la gravure sur verre. — La Bohême. — La France. — Résumé de l'histoire du vitrail.

Voici ce qu'a écrit un de nos maîtres les plus habiles en l'art du verre : « Une matière donnée possède des qualités propres, et le nombre de celles-ci n'est pas illimité. Tel le verre, maître de la parfaite transparence, ou de la vaporeuse translucidité, plus charmante. Liquide et ductile à une certaine température, il se laisse travailler à l'aide d'un outillage et d'opérations spéciales. Il peut s'agglutiner aux différents verres ; mais, au refroidissement, il se sépare de ceux dont la composition ne s'accorde pas avec la sienne. Il se solidifie et garde la forme et les empreintes qu'on lui a données. Alors il jouit de cette solidité relative qui fait le désespoir des maîtresses de maison et qui le caractérise essentiellement. Son épiderme reçoit les émaux, les fondants, véhicules des couleurs, le poli, ou le voile léger du demi-mat ; sa chair vive, les éraflures de l'émeri, la morsure de l'eau-forte, et celle plus brutale de la pierre. Ses facettes divisent la gerbe lumineuse et réfractent les rayons du soleil. Il se laisse pénétrer et teindre par le chlorure et le sulfure d'argent. Il conserve dans son sein les métaux et s'allie à leurs oxydes. Il se laisse colorer par eux dans sa masse. Mais, au-delà d'un certain point, il perd sa transparence et sa translucidité même, c'est-à-dire deux de ses qualités propres les plus merveilleuses. »

Ces secrets qui semblent tenir de la féerie et dans lesquels l'artiste qui a écrit ces lignes excelle lui-même, cet art de faire éclore toute une floraison fragile et sonore qui semble de l'air coloré, soudain solidifié et modelé, cet art véritablement magique est un des plus anciens que l'homme ait imaginés et perfectionnés. Par une heureuse contradiction, par un privilège inattendu, des témoins de cet art essentiellement périssable, des objets que le moindre choc pourrait réduire en poudre nous ont été conservés depuis la plus haute antiquité. Ils ont résisté à l'ébranlement des temps ; des palais se sont écroulés, des coupes légères ont survécu. Coupes, vases, caprices d'art ou objet d'utilité nous attestent que les anciens connurent tous les prestiges que nous venons de voir énumérer par M. Émile Gallé. Les Égyptiens, les Grecs, les Romains ont connu l'art de varier les silhouettes des objets avec autant d'imprévu, de colorer les pâtes avec autant d'éclat que les Vénitiens du XVIe siècle. Ce n'est pas un spectacle médiocrement attrayant que celui de ces vénérables délicatesses, et l'on peut méditer longuement soit à notre Louvre, soit au musée de Naples sur ces preuves de raffinement et de luxe parfait des sociétés disparues.

Si nous avons ainsi rappelé l'époque antique, ce n'est pas pour nous y appesantir, mais par simple justice. Ce n'est pas même pour donner un argument à ceux qui nient le progrès. En somme les moyens matériels ont été perfectionnés dans le verre plus peut-être que dans toute autre industrie. Le décor a pris de la largeur, la matière de la souplesse, et si trop souvent on a perdu de vue ces convenances de la nature propre, il faut convenir que les beautés de la verrerie antique étaient surtout, dans les objets, contenues en puissance plutôt que développées dans toute leur intensité.

C'est en Orient qu'il faut chercher la première verrerie d'effet vraiment magistral. Si beaux que soient les verres colorés ou taillés qu'on rencontre au British Museum, à Naples, au Louvre, ils n'approchent pas, en dextérité, de cette belle coupe de la Bibliothèque nationale (xv° siècle) dite coupe de Chosroès I" et qui faisait jadis partie du trésor de l'abbaye de Saint-Denis. Dom Germain Millet la décrivait ainsi en 1638 : « Elle est enrichie de hyacinthes par le bord et au dedans de grenats et d'émeraudes très fines, au fond, d'un très beau saphir blanc sur lequel est entaillée, à demy relief, la figure du roy Salomon séant en son throsne, tel que l'Écriture saincte le représente au troisième livre des Rois. » Ce n'est point Salomon, mais simplement Chosroès et il faut croire que le signalement donné par les Écritures manquait de fidélité ou fut mal interprété. De plus, nous devons remarquer que ce n'est pas, à proprement parler, un objet de pure verrerie. Le fond de cette coupe est une feuille d'or découpée à jour, en rangée de cercles qui vont grandissant à mesure qu'ils s'éloignent du centre. Les jours sont remplis par des médaillons de cristal et de verre, dont la finesse de coloration n'est pas exagérée du moins par Dom Germain Millet.

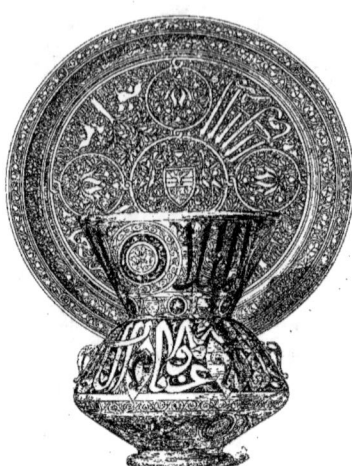

Fig. 469. — LAMPE DE MOSQUÉE, TRAVAIL PERSAN (XIII° SIÈCLE).

Mais il nous faut franchir quelques siècles avant de voir les véritables chefs-d'œuvre de la verrerie orientale, même en laissant de côté les belles choses incrustées et filigranées qui provoquent l'admiration du bon moine Théophile. Nous voulons parler de ces merveilleuses lampes de mosquée, en verre émaillé, dont nous possédons, à partir du XIII° siècle, des spécimens irréfutables, et qui sont parmi les plus glorieuses productions de l'art arabe. Les collections Schefer et Lionel de Rothschild, les musées de Chartres, de Douai, possèdent de ces rarissimes objets, verres, coupes.

Au XIV° siècle se rencontrent, dans les inventaires, de nombreuses mentions de cet art recherché : « Deus flacons de voirre, ouvrez d'azur à plusieurs diverses choses de l'ouvrage de Damas, dont les anses et le col sont de mesme... Troys pots de voirre rouges à la façon de Damas... Un bacin plat de voirre painct à la façon de Damas... Une couppe de voirre painte à la moresque.. » Ce sont, entre cent autres, des articles des inventaires du duc d'Anjou et de Charles VI.

A noter, la célèbre lampe émaillée de la collection Édouard André qui porte calligraphiées parmi la précieuse décoration d'émail les inscriptions suivantes : « Dieu est la lumière des cieux sur la terre. Cette lumière est comme un foyer où se trouve un flambeau, un flambeau placé dans un cristal, cristal semblable à une étoile. —

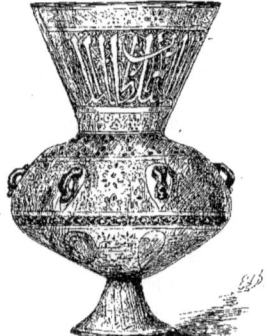

Fig. 470. — LAMPE ARABE DE MOSQUÉE (XV° SIÈCLE).

Honneur à notre maître el Solthan el Malek el Nasser ed douina oua ed-din-Mohammed. » Les collections Spitzer, Schefer, Albert Goupil, etc., possèdent également ou ont possédé d'admirables lampes de mosquées où sur le fond (si l'on peut appeler ainsi la transparence teintée du verre) se jouent des émaux blancs, bleus, rouges, inscriptions courant et serpentant parmi les rinceaux. Le musée de Cluny en montre aussi deux fort précieuses, dont une rehaussée d'or.

Il est encore à propos de remarquer tout le parti que les Orientaux ont su toujours tirer de la *lettre*. Il n'est rien de plus décoratif que l'inscription quand on la sait combiner et harmoniser avec l'ensemble; sans doute les caractères orientaux, par leur tour sinueux, leur aspect éminemment flexible, se prêtent davantage à ces arrangements que les nôtres plus rigides. Mais quand on sera arrivé, chez nous, à dessiner comme on écrit, on sera frappé de la force de suggestion, de la beauté décorative de la « lettre » bien comprise. Elle est une séduction dans l'affiche de Chéret, dans le verre d'Émile Gallé, comme elle le fut dans l'œuvre de Durer, de Théodore de Bry, chez les peintres japonais, dans toute la verrerie allemande, comme enfin nous la constatons dans la verrerie arabe et persane.

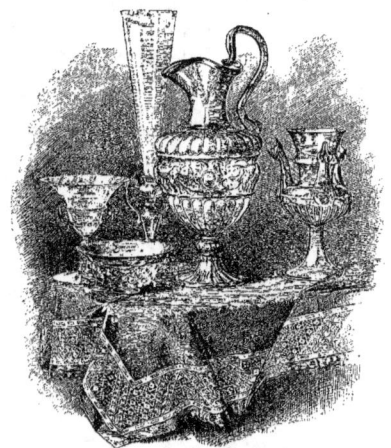

Fig. 471, 472. — VERRERIES ET GUIPURE DE VENISE.

Au XVIe siècle nous assistons à une étrange décadence de la verrerie orientale; une décadence telle qu'on n'en voit guère d'exemple dans les autres arts. Non seulement Chiraz, qui s'enorgueillissait d'être la première ville du verre, ne produit plus ses merveilles, mais elle désapprend complètement les éléments même de la fabrication. Venise a définitivement supplanté la Perse, cela peut à la rigueur se concevoir, car la vogue, comme le talent, se déplacent avec les temps, mais encore des ouvriers vénitiens se transportent, vers 1590, à Chiraz même pour y enseigner le travail du verre.

C'est donc à Venise qu'il nous faut passer directement de la Perse et de l'Arabie, en laissant de côté les verreries chrétiennes, grecques (pour lesquelles on devra recourir aux écrits de Théophile), mérovingiennes enfin; elles ne nous présenteraient qu'un intérêt de pure érudition et d'ailleurs sortiraient de notre cadre. De même, nous n'entrerons pas dans la discussion des origines qui s'étendent, assez confusément, entre le Ve et

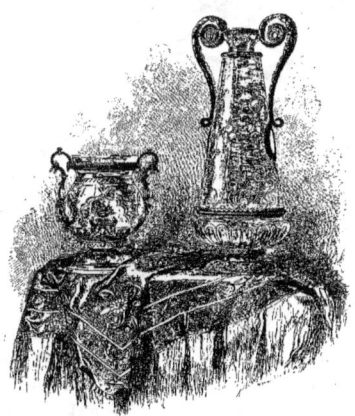

Fig. 473, 474. — VASES EN CRISTAL TAILLÉ (XVIe SIÈCLE).

le XIIIe siècle. C'est alors qu'à la suite de la prise de Constantinople (1244) des verriers orientaux sont mandés à Venise et que l'industrie prend un développement extrêmement prospère. Les secrets sont jalousement gardés, la fabrication étroitement surveillée, les privilèges accordés avec la plus grande circonspection. En 1289, un arrêt du grand Conseil interdit d'établir des fours dans la ville à moins que le verrier ne soit propriétaire de la maison de fabrique. En 1291, 1292, divers arrêts sont pris pour éviter les incendies, limiter la construction des fours, transporter la fabrication des grandes pièces dans l'île de Murano. L'exportation du verre cassé ou groisil et des matières premières est rigoureusement interdite; sous les peines les plus sévères, il est défendu de divulguer les procédés. En même temps, grâce à l'activité du célèbre voyageur Marco Polo, des débouchés considérables sont créés jusque dans l'extrême Orient.

Mais il ne s'agit encore que de cette verroterie non artistique, féconde en séductions seulement pour les peuples peu civilisés. Un progrès est fait avec les nouvelles colorations inventées par Christoforo Briani et Domenico Miotto, qui réussissent à imiter les pierres précieuses. Toutefois nous ne sommes pas arrivés aux

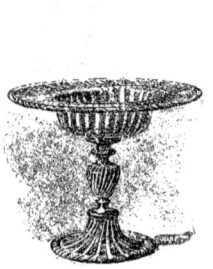
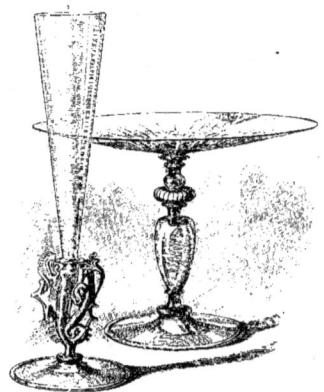

Fig. 475. — COUPE DE VENISE (XVIᵉ SIÈCLE).  Fig. 476, 477. — VERRE ET COUPE DE VENISE (XVIᵉ SIÈCLE).

triomphants caprices qu'on verra éclore au XVIᵉ siècle. En attendant, la corporation des verriers s'organise puissamment; les statuts de Murano se rédigent, accordent des honneurs, des titres, à ceux qui pratiquent « le noble art ». C'est ainsi, par exemple, que l'île possède son livre d'or, que ses habitants ont le titre de citoyen originaire de Venise et peuvent arriver aux plus hauts emplois, que les filles des maîtres de verrerie peuvent épouser un patricien de Venise, et transmettre aux descendants leurs titres de noblesse. Le Conseil des dix, en revanche, possède une autorité suprême et terrible, ainsi qu'en fait foi cet article du décret de 1547 : « Si un ouvrier transporte son art dans un pays étranger au détriment de la République, il lui sera envoyé l'ordre de revenir; s'il n'obéit pas, on mettra en prison les personnes qui lui appartiennent de plus près... Si, malgré l'emprisonnement de ses parents, il s'obstinait à vouloir demeurer à l'étranger, on chargera quelque émissaire de le tuer. » Cela n'empêche point d'ailleurs que durant les XIIIᵉ, XIVᵉ, XVᵉ et XVIᵉ siècles, nombre de verriers et non des moins habiles ni des moins réputés, Beroviero et Mutio, entre autres, s'en vont par toute l'Italie et dans les principales villes d'Europe. Mais il ne faudrait pas croire que la menace du Conseil des dix fut une simple vantardise. En plein XVIIIᵉ siècle, deux ouvriers vénitiens appelés en Allemagne par Léopold 1ᵉʳ éprouvèrent le poignard mortel

# HISTOIRE DE L'ART DÉCORATIF

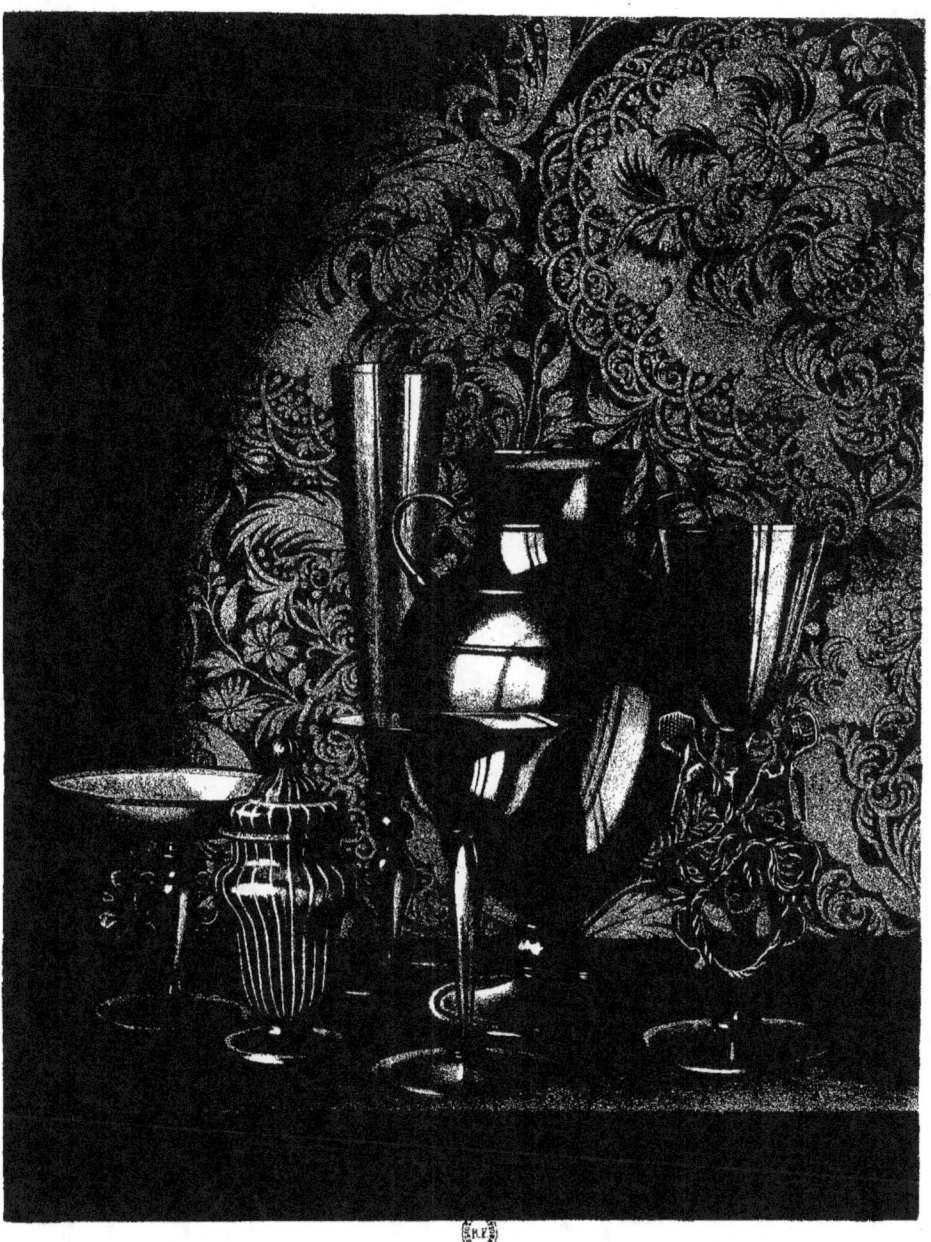

VERRERIE DE VENISE ET D'ITALIE
XV<sup>e</sup> et XVI<sup>e</sup> SIÈCLE

des sbires ; en 1754, de même Pietro de Victor fut assassiné à Vienne par ordre du grand Conseil.

Ne cherchons point trop si les verres délicats et légers à miracle n'ont pas parfois un reflet de sang ; ne nous égarons pas non plus dans le détail des règlements, ordonnances et rivalités. C'est au XVᵉ siècle que la verrerie d'art commence à prendre à Venise tout son essor. Les voyageurs et les historiens l'exaltent ; les souverains la recherchent.

Parmi les premiers on peut citer ce passage du bibliothécaire de Saint-Marc, Marco Antonio Sabellico (1436-1506), où il loue ainsi l'île de Murano : « Elle est surtout célèbre par ses fabriques de verres... Le génie humain entreprit de donner à la matière mille couleurs variées et d'innombrables formes ; de là, calices, fioles, canthares, candélabres, animaux de tous genres ; de là, toutes les élégances humaines ; de là, tout ce qui peut charmer les yeux des mortels et tout ce que la vie serait à peine en droit d'espérer. Il n'est pas d'espèce de pierre précieuse que l'industrie du verre n'ait imitée. Suave combat de la nature et de l'homme ! »

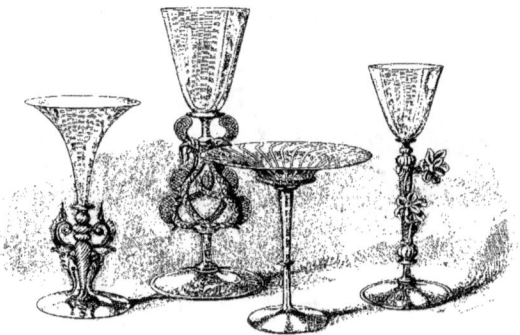

Fig. 478, 479, 480. — VERRES ET COUPE DE VENISE.

Quant aux souverains, si d'une part on trouve dans les trésors des ducs de Bourgogne, et de Maximilien d'Autriche, de précieux « pots de voirre de Venise », il en est d'autres, comme Frédéric III d'Allemagne, qui ne font pas assez de cas de ces fragiles délices. L'histoire fut contée par un moine d'Ulm, à l'époque même ; elle est curieuse et, bien que non inédite, ne saurait être omise. L'empereur s'était rendu à Venise en 1468. « Le doge et le Sénat lui ayant porté, pour son plaisir, certain vase de verre admirable, l'empereur, après l'avoir considéré un moment, et avoir loué l'excellence de l'artiste qui l'avait exécuté, laissa tomber de ses mains, comme par mégarde, mais il le faisait à dessein, le vase qui se brisa en mille morceaux sur le pavé : « Hélas ! qu'est-il arrivé ? s'écria l'empereur désespéré, en ramassant les inutiles débris de ce chef-d'œuvre. Voilà, dit-il en les leur montrant, en quoi les vases d'or et d'argent surpassent les vases de verre ; les morceaux même sont bons. » Les Vénitiens comprirent bien la plaisanterie de l'empereur et ce qu'il voulait ; ils ne lui présentèrent plus à boire par la suite que dans des vases d'or, qu'il prit et ne laissa jamais tomber à terre. » Plaisanterie assez lourde et qui n'était guère le fait d'un artiste, car si les vases d'or valent plus cher que les vases de verre, ils ne sauraient prétendre à être plus beaux.

Quelle infinie variété en effet que celle des verres de Venise, aux jours éclatants de son origine bien entendu, et non pas aux temps plus proches du nôtre où l'on se contenta de donner des à peu près et des répétitions lucratives! Variété surprenante de formes : coupes évasées, plates, gondolées, en calices, en conques; verres effilés, à pied autour duquel s'enroule une floraison qui semble être empruntée au règne mystérieux de ces anémones de mer, transparentes, multiformes, qui seraient soudain cristallisées; aiguières, bouteilles étranges, lustres merveilleux, touffus; mignons caprices enfin, dragons, chimères, animaux soufflés dans une bulle d'air solidifié. Variété non moins magique des couleurs et des matières : parfois, le verrier vénitien module dans l'incolore même, avec la simple ressource des craquelures, des grénetis et des godrons; parfois, il fait passer dans la pureté du cristal le décor riche et indéfini de sablures ou de nuées d'or; parfois enfin, une régularité déconcertante, une symétrie compliquée autant qu'impeccable est obtenue par les entrelacements de filets blanc de lait (*latticinio*); dans les pièces de luxe plus ambitieux encore, se jouent l'émail, la gravure, les rehauts d'or, dentelles et filigranes ; enfin, le verre est coloré dans la masse en tons profonds de rouge, de bleu, de jaune, de verts pâles, d'irisations chatoyantes. Et le long de tout cela tout un monde de mascarons, de grotesques, de lions héraldiques, de dragons s'enchevêtrant, dardant leurs langues émaillées, pullule, rampe ou se redresse souplement.

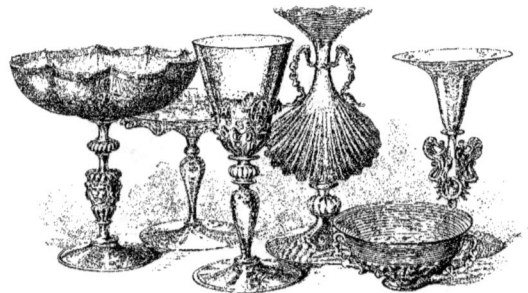

Fig. 481, 482, 483. — VERRERIES VÉNITIENNES.

Au reste, le charme hilarant, féerique de la verrerie vénitienne n'a jamais été mieux dépeint que par notre vieux compatriote René François, chapelain de Louis XIII, en son *Essay des merveilles de la nature et des plus nobles artifices* : « Mourano de Venice a beau temps d'amuser ainsi la soif et remplissant l'Europe de mille et mille galanteries de verre et de chrystal (1), fait boire les gens en dépit qu'on en ait; on boit un navire de vin, une gondole; on avale une pyramide d'hypocras, un clocher, un tonneau, un oiseau, une baleine, un lion, toutes sortes de bestes potables et non potables. Le vin se sent tout étonné en prenant tant de figures, voire tant de couleurs, car, dans les verres jaunes, le vin clairet s'y fait tout d'or et le blanc se teint d'escarlate dans un verre rouge. Ne fait-il pas beau voir avaler un grand trait d'escarlate, d'or, de lait ou d'azur? »

Quant à l'appréciation des qualités propres et des caractères spéciaux de la technique de la verrerie vénitienne, il nous sera permis de l'emprunter à M. Gerspach, car on ne saurait mieux dire ni de façon plus précise : « Les verriers vénitiens, dit-il, étaient des artistes; il est vrai qu'ils se souciaient assez

---

(1) Indiquons ici brièvement la différence entre le cristal et le verre. Le cristal est un verre de qualité supérieure, souvent à base de plomb. Il n'a rien de commun avec le cristal de roche (en vieux français, bérille ou béryl) que nous avons étudié précédemment. Le verre (vieux franç., vouarre, vouerre, voirre) est le résultat de la fusion de la soude et de la silice. Enfin, au moyen âge, on rencontre souvent les expressions de saphirs, d'émeraudes, de rubis, etc., pour désigner les verres colorés à l'imitation de ces pierres précieuses.

peu de la qualité de la matière; souvent le verre manque de blancheur et de finesse, et les formes n'ont pas une régularité mathématique, mais la pièce reste toujours dans ses proportions et porte le cachet d'un tour de main original. L'élégance, la grâce et la légèreté ne font jamais défaut, et si la fantaisie est poussée un peu loin, c'est avec intention et non par manque de goût. Les Vénitiens ont compris les *qualités expressives du verre, et c'est la véritable raison de leur supériorité* dans cet art difficile. »

Notre illustration présente quelques-uns des plus curieux types : un verre dont la tige est travaillée à la pincette, et curieusement ouvragée en « replis tortueux »; deux coupes, l'une plate, d'une jolie forme, l'autre un peu plus lourde, mais d'un beau travail de *latticinio*; trois autres verres à tiges formées de tulipes en verre blanc et vert, de dragons en cannes d'émaux blancs, rouges, jaunes, torsinées; une coupe à délicats filigranes blanc de lait. Exquises sont les coupes qui suivent, à fond craquelé ou godronné; étrange la bouteille, en forme de coquille, avec ses petites anses rubanées. Voilà encore des coupes, verres et bouteille de formes charmantes; un des verres a son calice soutenu sur une grande fleur bleue et blanche, d'une belle audace; un autre de ces verres en forme de coupe (en avant de la gravure) présente cette

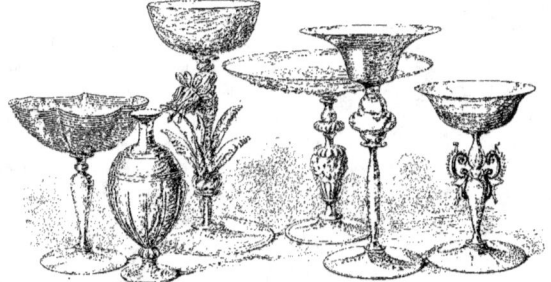

Fig. 484, 485, 486. — VERRERIES VÉNITIENNES.

particularité que le liquide descend jusqu'au pied. Dans tout autre style de décoration sont conçues les deux bouteilles d'échanson en verre incolore, enrichi d'émaux et de dorure, rosaces sur l'une, entrelacs sur l'autre. Enfin, une autre bouteille d'échanson, de décor plus sobre, a été placée à côté d'un beau vidrecome de Bohème de la fin du XVIe siècle, pour mieux montrer la différence de goût et de conception entre les deux fabriques rivales, au moment même où celle-ci allait éclipser celle-là.

Nous nous trouvons, en effet, en abordant la verrerie allemande, dans un tout autre milieu, et en présence de traditions toutes différentes. A Venise c'était la spontanéité des formes, qui semblaient jaillir telles quelles de la canne du souffleur, semblables à une fleur qui se développe sur sa tige; ici les formes sont solides, laborieusement obtenues. Là le décor était partie intégrante de l'objet, il résultait de sa structure intime et faisait harmonie inséparable; ici, il est une surcharge, une broderie complaisante qui emprunte à la gravure et à la peinture leurs patients procédés. Et pour que le contraste soit plus accusé et rende la différence plus saisissante, à Venise, la fabrication était un privilège jalousement gardé, en Allemagne elle est ouverte à qui se sent le goût et le talent nécessaires.

Ces différences n'ont pas d'ailleurs empêché que Nuremberg, déjà célèbre au XVe siècle et favorisée d'un mouvement commercial considérable, ne fût baptisée au XVIe siècle la « Venise de l'Allemagne ». Il est vrai que ce surnom visait au moins autant l'activité des affaires en général que l'industrie de la verrerie.

A Venise d'ailleurs on sentait fort bien cette concurrence et la jalousie n'était pas absente de ce dicton : « Les villes d'Allemagne sont aveugles, mais Nuremberg voit d'un œil. » Nous venons de mentionner la liberté absolue des métiers : on ne constate aucune réglementation officielle, et l'art semble en avoir profité, dans un magnifique épanouissement. Mais quoi? A Venise n'avons-nous pas assisté à une gloire pareille, alors que le plus petit détail de fabrication était l'objet de règlements méticuleux et sévères? La question paraît à peu près insoluble, à moins qu'on ne se contente de cette conclusion qui n'explique guère le fond des choses, que les systèmes les plus opposés peuvent amener de bons résultats dans des milieux différents, et que dans les époques d'effervescence artistique, l'ouvrier se trouve à l'aise sous n'importe quel régime. Toutefois, il reste toujours aux partisans de l'absolue liberté la consolation de dire que si les prohibitions avaient été levées, à Venise par exemple, la production peut-être eût atteint des sommets encore plus glorieux.

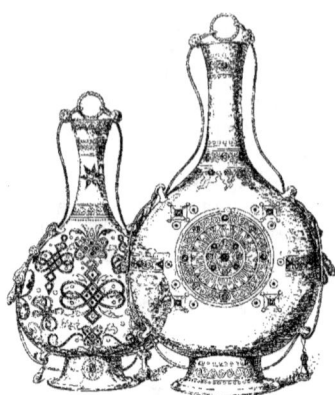

Fig. 487, 488. — BOUTEILLES D'ÉCHANSON, TRAVAUX VÉNITIENS (XVIe SIÈCLE).

Puis n'y a-t-il pas une sorte d'équivalent des corporations en Allemagne même avec les familles, les grandes dynasties artisanes? Les conditions ne sont plus, de toute façon, semblables à celles que nous voyons régner aujourd'hui. Sans doute, çà et là quelques isolés produisent fièrement, en petite quantité, pour un cercle restreint de connaisseurs; mais la foule les ignore. Et les grands centres de production, les « maisons » puissamment outillées passent de main en main au besoin, sans que leur organisme s'altère, que leur fonctionnement soit entravé et que le consommateur s'en soucie. En un mot les dynasties seraient un phénomène presque aussi complètement disparu que le sont les corporations, et on trouverait difficilement l'équivalent de cette merveilleuse famille des Hirschvogel qui pendant un siècle (1461-1560) fournit à Nuremberg des peintres en vitraux, graveurs, céramistes, mathématiciens.

C'est vers 1530, que Nuremberg se mit résolument à rivaliser avec Venise pour la verrerie. Elle envoya à Murano trois ouvriers potiers et verriers, Hans Nickel, Hiéronymus Reich et Oswald Reinhardt, pour tâcher de surprendre les secrets. Mais, ce qui montre bien une fois de plus que la liberté n'était pas comprise au sens strict où nous la prenons, les secrets découverts (c'était une clause de la subvention accordée) ne devaient être révélés par les envoyés qu'à leurs enfants, et aussi à Augustin Hirschvogel. Celui-ci d'ailleurs

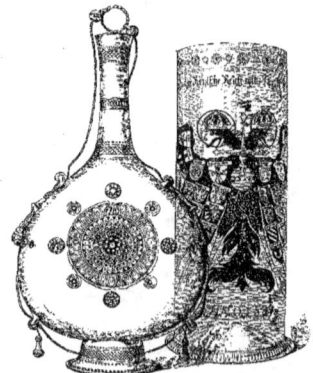

Fig. 489, 490. — BOUTEILLE D'ÉCHANSON (TRAVAIL VÉNITIEN DU XVIe SIÈCLE). VIDRECOME ALLEMAND (FIN XVIe SIÈCLE).

fit lui-même le voyage d'Italie, puis conclut en 1532 une association avec Hans Nickel.

Une autre famille également intéressante est celle des Schwanhard (Georges, 1601-1667; Georges II et

Henri mort en 1690) qui s'adonna plus spécialement à la gravure sur verre, dont le goût et les difficultés ont été poussés plus loin en Allemagne que partout ailleurs. C'est à Henri Schwanhard que l'on doit l'invention de la gravure à l'acide, invention fortuite d'ailleurs si on en croit une légende qui montre cet artiste comme remarquant un jour la trace qu'avait laissée une goutte d'acide sur un verre de ses lunettes. D'ailleurs la gravure au diamant fut pratiquée de son temps et longtemps après, d'une façon beaucoup plus générale, et c'est surtout en ce siècle-ci que le procédé à l'acide fluorhydrique a été largement employé.

Il faut encore citer tout au moins les noms de Hermann Schwinger (1640-1683); Abraham Fino (mort 1657); Jean Schapper (mort 1670) qui peint et émaille sur verre; Jean Hell, Sigismond Hack, qui pratiquent également l'orfèvrerie, etc., etc.

D'une manière générale, c'est au moment de cette belle Renaissance allemande dont Albert Dürer est l'admirable chef et promoteur, que l'on commence à recouvrir de peintures et de gravures les verres de forme lourde et primitive, de matière peu fine. Nous venons de voir que le progrès arrivant, Nuremberg veut perfectionner sa technique en l'étudiant à Venise même. Il en résulte que pendant un

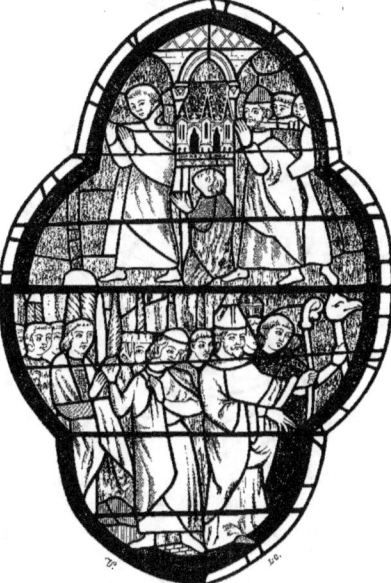

FIG. 491. — VITRE DE LA SAINTE-CHAPELLE.

certain temps la verrerie nurembergeoise est un pastiche serré de très près. Puis encore un moment d'hésitation : les formes sont vénitiennes et le décor germanique ; parfois aussi les formes allemandes sont conservées et le décor italien imité. Ce n'est qu'après cette série de tâtonnements que l'on arrive à des produits parfaitement autochtones. C'est alors que l'on voit ces grands hanaps, ces vidrecomes de forme imposante, décorés de feuillage, de grotesques, d'écussons à lambrequins, de gnomes, de calligraphies, exécutés par le peintre, l'émailleur ou le graveur. Et puisque nous parlons des formes, reproduisons, comme nous l'avons fait pour les grès cérames, la liste des principaux types de cette luxuriante verrerie :

Le *Becher* est le simple gobelet; le *Rœmer* est le verre à vin du Rhin, dont la forme bien connue s'est conservée, avec son calice sphéroïdal, sa tige épaisse et trapue, son pied en cône annelé; le *Willkomm* est le verre de bienvenue, que nous appelons par corruption et jeu de mot *Widrecome*; le *Pokal* est le verre pourvu d'un couvercle; le *Humpen*, nom allemand du hanap. Puis viennent la bouteille, *Flasche*; le *Passglass*, verre cylindrique à pied renflé; la canette, *Kanne*; la canette à anse, *Henkelkanne*; le *Flugelglass* dont les anses figurent des sortes d'ailes; le *Kelchglass*, en forme de calice; le *Gutrolf*, ou flacon à col étroit pour verser doucement.

Les collectionneurs, enfin, recherchent certains types à figures ou armoiries, qui s'expliquent suffisamment par leur dénomination de verres des Apôtres, des Sept Electeurs, du Saint Empire, etc. Il serait trop long de passer en revue les divers genres de décoration usités dans la verrerie allemande, et l'on devra se reporter à ce que nous avons dit précédemment à propos de Dürer, d'Holbein, de Théodore de Bry, etc. Pourtant, à titre d'exemple, nous pourrons citer un beau *Passglass* du musée de Nuremberg, qui est bien dans le goût à la fois naïf et satirique, calligraphique et décoratif des verriers allemands. Dix compartiments à figures émaillées représentent, avec ces légendes, les âges de la vie : « Dix ans, l'enfance. — 20 ans, la jeunesse. — 30 ans, l'homme. — 40 ans, la plénitude. — 50 ans, l'état stationnaire. — 60 ans, le commencement de la vieillesse. — 70 ans, la vieillesse. — 80 ans, l'absence de la mémoire. — 90 ans, la risée des enfants. — 100 ans, que Dieu fasse grâce! » Les âges sont représentés par des figures masculines, costumées suivant le tempérament ou les occupations conformes à chacun d'eux, et la date 1665 est gravée à l'entour du pied. Puis encore, au musée de Cluny, le beau willkomm 4890, décoré de figures en couleur, buveurs qu'on brouette, légendes drolatiques; les flacons 4893 et 4894, en verre bleu, décorés l'un d'un montreur d'ours, l'autre du légendaire et bien caractéristique *Renard prêchant aux Oies*.

La Bohême, à la fin du XVIᵉ siècle, commença à entrer en sérieuse rivalité avec l'Allemagne, et d'ailleurs se borna à en imiter la façon et le style. Les verreries de Bohême prirent au XVIIᵉ et au XVIIIᵉ siècle un prodigieux développement jusqu'au moment où elles furent supplantées par les cristalleries anglaises. Elles avaient produit jusque-là, c'est-à-dire jusque vers la fin du XVIIIᵉ siècle, des verres blancs gravés et taillés. Elles se remirent alors au verre coloré et gravé, qui est encore aujourd'hui à peu près le seul connu dans le public sous le nom de verre de Bohême. Pour l'appréciation générale, nous nous contente-

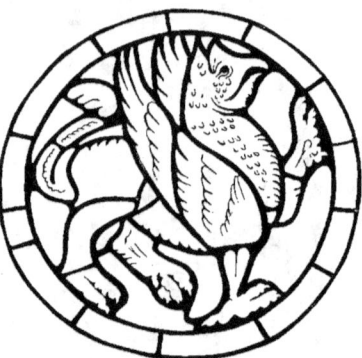

FIG. 402. — GRIFFON DES VITRAUX DE SAINT-DENIS.

rons de reproduire ces lignes de M. Gerspach : « La fabrication de Bohême a su, en tous les temps, se plier aux caprices de la mode et du goût, et toujours donner à ses produits un caractère décoratif très marqué; ce qui nous séduit, nous l'avouons, ce sont moins les grandes pièces de luxe, de formes très étudiées, d'une gravure savante, fine et délicate, que les simples gobelets à l'usage des gens du peuple; malgré ses imperfections et en raison de sa naïveté, nous aimons ce décor qui laisse voir en blanc sur un champ de rubis ou de topaze le cerf classique bondissant dans la forêt de sapins. La gravure est simple, sommaire, à grands traits; le procédé n'a rien du fini, de la recherche que la Renaissance a entraînée après elle; il semble qu'il appartienne à ce moyen âge qui a imprimé un caractère si élevé à ses œuvres décoratives; et, en fait, ce gobelet est une œuvre d'art en son genre, et le rôle qu'il remplit est d'un intérêt supérieur, car il constitue une pénétration de l'art dans les plus modestes intérieurs en un temps où, à l'inverse de la coutume antique, les ustensiles sont de plus en plus réduits aux formes et aux dispositions strictement nécessaires à leurs fonctions utiles. »

Rappelons, comme renseignement technique, que ces « cerfs se détachant en blanc sur un champ de rubis » sont simplement obtenus par la gravure sur un verre à deux couches, l'une blanche, mince et rouge ou jaune qui revêt la première; l'enlevage fait, dans le dessin, reparaître les dessous.

Les Chinois et les Japonais affectionnent cette façon de travailler le verre; mais chez eux la matière est plus épaisse, plus opaque en général; elle affecte l'aspect d'une pierre dure; parfois il y a plus de deux couches, ce qui permet d'obtenir des coloris variés, des oppositions inattendues, et le travail est analogue à celui du camée.

Encore que précieux et rare, le verre ne fut pas inconnu, il s'en faut, de nos ancêtres du moyen âge. Si nous avions eu soin de monter un peu mieux la garde autour de notre propre histoire; si, depuis la Renaissance, nous n'avions pas subi de successives fascinations en regardant au dehors, au détriment de nos propres artistes; si, enfin, nous avions eu un peu plus le souci de la conservation des trésors de notre industrie, qui oserait dire que nous ne pourrions pas, les pièces à l'appui, revendiquer un rang égal à celui que nous avons si complaisamment attribué à Murano ou à Nuremberg? Le peu que nous avons conservé de nos vieilles verreries est soit d'un goût exquis, soit d'une robuste originalité de formes. Mais nous avons été, et cela doit être à jamais déploré, nos propres Vandales.

Le verre était pratiqué, et dans toutes ses difficultés, par les maîtres ouvriers du moyen âge, disons-

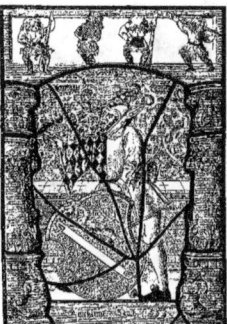 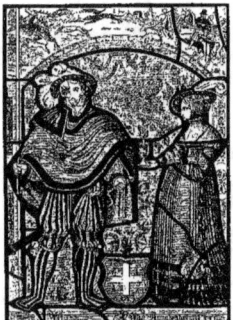

FIG. 493. — VITRAIL SUISSE (XVIᵉ SIÈCLE).   FIG. 494. — VITRAIL SUISSE (XVIᵉ SIÈCLE).

nous. Il n'en faut pour preuve que les multiples inventaires et documents de toutes sortes. Sans doute, dans les grandes fêtes d'apparat, dans le service ordinaire, à la cour et chez les grands, l'orfèvrerie était considérée, comme nous l'avons vu, comme le luxe par excellence. Mais ne rencontre-t-on pas, aux XIVᵉ et XVᵉ siècles, des énumérations de pièces qui devaient être fort précieuses si on en juge par les précautions prises pour les conserver? Celles-ci, par exemple, tirées de l'Inventaire du duc de Berry : « Un gobelet et un pot de voirre en manière d'émail blanc garny d'or, — un hanap de voirre au fons duquel a un I couronné et un las d'amour, estant en un estuy de cuir, — un voirre faict en guise de burette garni d'or, pendant à trois petites chayennes d'or, — une aiguière de voirre taincte en manière d'agathe, — deux grands ampoules ou fioles de voirre taintes sur couleur de pierre serpentine..., garnies d'argent doré pendant chacune à un tixu de soye noire... » Ou celles-ci encore, de l'Inventaire de Philippe le Bon (mort 1467) : « Une coupe de voirre jaune, garnye d'or de XXV perles pendans dessoubz et de XII perles dessus le fruitelet du couvercle et le dict fruitelet ouvré à fusilz, — une couppe de voirre vert, — une aiguière de verre vert torsée, — un gobelet couvert de plusieurs couleurs de vouarre fondu et a fachon de barres, etc. »

Indépendamment de ces précieuses fantaisies, les ouvriers du moyen âge, de longs siècles avant, n'avaient-ils point connu l'art de fondre et de colorer le verre, d'en façonner de luxueux cabochons, en imitations de pierres précieuses, pour l'ornementation des orfèvreries, des meubles? Tous ces travaux de « lapidaires faussetiers », tous ces caprices de coloristes et de décorateurs, ne prouvent-ils pas des artistes rompus à tous les secrets et sachant jouer avec toutes les difficultés?

L'art de varier les formes n'était pas poussé moins loin. Nous ne pouvons moins faire pour l'art de notre pays que nous avons fait pour l'Allemagne, et nous donnerons également une idée des désignations diverses des récipients que soufflaient les vieux maîtres verriers. Tout d'abord il y avait l'aiguière, ou esguière, dont le nom indique bien la destination, mais non l'infinie multiplicité de silhouettes : parfois c'était une sorte de flacon à anses et à col droit, parfois un pot à biberon, parfois encore le goût de l'imaginatif et du capricieux constaté à propos de l'orfèvrerie et de la dinanderie, donnait à l'aiguière de verre l' « estrangue façon » d'un animal ou d'une « femme assise » ou de tout autre caprice.

Le *bassin* ou *bacin* était une sorte de cuvette ou de plat creux qui pouvait aller seul ou former le complément de l'esguière. La *canne* et la *canette* désignaient des cruches de différents formats. La *flasque* ou le *flacon* se définissent d'eux-mêmes. Le *hennap* ou *hanap*, bien qu'il eût pris sa forme originaire dans le casque renversé, expression la plus simple, chez les peuples belliqueux, du vase à boire, se présentait sous de nombreux aspects, en « façon de petit bassin, — de calice, — pareils à une rose,

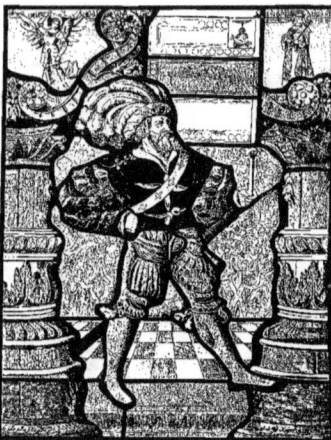

FIG. 495. — VITRAIL SUISSE (XVIᵉ SIÈCLE).

— en forme de tonnelet, etc. » De même ils étaient pourvus ou non de couvercles, d'anses, de pieds.

Nous avons vu que l'on faisait des *nefs* en métaux précieux, en cristal de roche, etc. Il en fut aussi en verre et non des moins capricieusement conçues. Le *drageoir* que nous avons également rencontré était aussi ouvragé de verrier autant que d'orfèvre et il affectait les mêmes variations. L'on fit encore en verre des *plats* « à mettre viandes », des *gobelets*, des *barils*, des *pots* ou *poz*, des *godeffles* ou *quedoufles*,

fioles à col effilé parfois accouplées pour servir d'huiliers; des *ampoules* plus spécialement destinées aux usages du culte, des *chandeliers*, etc., etc. On voit que cette variété était quasi inépuisable et témoignait d'une absolue virtuosité.

Un peu par toute la France se trouvent d'importantes verreries, qui ne font que croître en activité. La Vendée, l'Ile-de-France, le Poitou, le Vendômois, la Bourgogne, la Normandie, la Provence, fournissent de ces verres « moult bien variolés et bien peints » qui ne sont point indignes d'être offerts en cadeaux aux souverains. Au XVIᵉ siècle les verreries poitevines, celle de Saint-Germain, fondée par Henri II, sont des plus prospères et montrent un goût très délicat. Exemples, d'après la description « un voerre d'émail blanc sur fond violet; un petit vase de cristallin blanc garny d'argent » appartenant au roi et provenant probablement de sa fabrique de Saint-Germain. Autres spécimens dont on peut du moins apprécier toute la joliesse au musée de Cluny : le verre en forme de coupe émaillé des portraits de Marie Marcel et Pierre Talon, conseiller du roi; une charmante frise court à la partie supérieure; — le verre sur pied en forme de cône tronqué renversé, en verre bleu semé d'or, décoré d'émaux blancs et de rehauts d'or, portant les armoiries de la famille Taveau de Mortemer; — le verre sans pied, émaillé de trois délicieuses figures de hallebardiers, séparées par des colonnes de feuillages et de fleurs, et portant cette légende : « En la sueur de ton visage tu mangeras ton pain. » Ces diverses pièces, à l'exception de la première qui peut être attribuée à Saint-Germain, proviennent des verreries poitevines. Le Louvre possède aussi maintenant de belles pièces de la collection Davilliers.

La Lorraine fut aussi, dès le xvi° siècle, le pays des bons verriers, qui au xvi° siècle étaient fort jaloux de leurs prérogatives nobiliaires, tournées pourtant en épigrammes, et non moins jaloux de leurs secrets, ainsi qu'en fait foi cette requête au duc de Lorraine : « Que nul dès maintenant comme pour lors, apprendra ou pourra apprendre le métier de verrier à besogner de mêmes verres à aucun qui qu'ils soient, sinon à leurs hoirs mâles légitimement prouvés de mariage, sous peine de par jurement, d'amende arbitraire et d'encourir l'indignation de nous et de nos successeurs de Lorraine. » Très nombreuses sont les verreries de l'Est, dans l'énumération desquelles nous n'entrerons pas, nous contentant de citer les deux plus célèbres fondées l'une en 1765, Baccarat, l'autre en 1767, Saint-Louis.

Enfin, il serait impossible de ne point mentionner dans cette revue les verreries normandes dont on trouve également des traces au xiv° siècle.

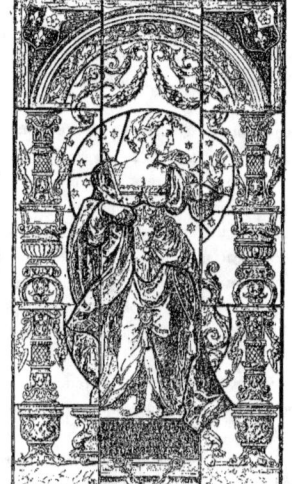

Fig. 496. — VITRAIL DE LA FIN DU XV° SIÈCLE (TRAVAIL FRANÇAIS).

M. Gaston Le Breton a recueilli une très importante et curieuse collection de verres normands du xvii° siècle provenant de la manufacture des frères Azémar. Ce sont des formes robustes, pleines, mais très expressives.

Nous avons parlé plus haut de la fabrication des glaces et des manufactures de Tourlaville et de Saint-Gobain. Nous n'y reviendrons donc pas, ayant d'ailleurs mieux à faire pour en finir avec la verrerie française. Il nous faut, en effet, signaler les recherches neuves et profondément originales de nos verriers contemporains. Nous avons nommé M. Gallé. Il faut citer aussi M. Leveillé qui a su également tirer du verre les effets les plus riches et les plus variés, le colorant capricieusement dans sa masse, ou l'entaillant en transparents camées avec une virtuosité égale à celle des Orientaux.

Nous n'avons plus qu'à mentionner les fabriques des Pays-Bas, les plus importantes après celles de Venise, d'Allemagne et de France, et avant que l'Angleterre eût, au xviii° siècle, avec le flint-glass (silice, potasse et oxyde de plomb), pris la première place dans la production énorme des verreries blanches. La Hollande excella particulièrement dans la gravure du verre et l'on conserve des pièces où le détail a été poussé d'une façon incroyable. On a également imité avec un peu moins de légèreté les verres de Venise. D'ailleurs une promenade au Louvre, et une conversation avec les petits buveurs des tableaux de Téniers, de Pieter de Hoogh, de Jean Steen, de Metsu, etc., etc., en apprendront plus long que bien des commentaires.

Telles sont les vues d'ensemble, sommaires, suffisantes cependant, pour comprendre l'esthétique du verre. Le vitrail, à proprement parler, ressortirait plutôt d'un traité d'architecture que de notre ouvrage, et il n'y aurait pas plus de raison d'en parler ici que de la peinture murale, par exemple. Mais comment ne pas dire quelques mots d'un art que la France a véritablement fait sien, par son adaptation aux grands édifices baptisés gothiques? Verrières admirables, mosaïques transparentes, immenses rosaces qui semblent des tableaux faits de gemmes broyées, comment ne pas leur réserver une place, si parcimonieuse qu'elle nous soit ménagée?

Au XII° et au XIII° siècle qui virent l'apogée de l'art du vitrail, on se sert encore comme aux précédents de verre coloré dans la masse. Pour le modelé, les couleurs sont appliquées au pinceau et cuites à feu de moufle; on obtient ainsi les ombres, les traits du visage, les draperies, etc. Les couleurs ainsi appliquées sont presque toujours de teintes neutres; mais ne suffit-il pas de l'admirable richesse des fonds? La cathédrale de Bourges, Notre-Dame de Paris, la Sainte-Chapelle, entre cent autres, peuvent encore témoigner de cette gloire. La fantaisie du décorateur s'y livre à d'illimités caprices : chevaux verts ou violets, maisons multicolores, entassement de figures, de plantes étranges. Qu'importe, c'est la fougue et l'inspiration décorative par excellence, et à quoi bon se préoccuper de la logique lorsqu'on est saisi par la magie de l'effet?

Au XVI° siècle le vitrail se répand dans les édifices civils. Le modelé est plus poussé, les figures deviennent plus grandes et ont un aspect plus imposant. Le réseau de plomb se fait moins serré.

Au XV° siècle on commence à se servir de verre à deux couches; les parties de la couche colorée enlevées sont remplacées par des émaux, des tons différents, des ors. La palette s'enrichit; suivant l'expression très juste de Ph. Burty « le tableau triomphe dans la fenêtre » (cathédrales d'Évreux, de Bourges, de Saint-Gervais à Paris, de Saint-Séverin, Rouen, Moulins).

Déjà pourtant l'influence italienne amène le maniérisme qui ne fera que s'accentuer au XVI° siècle, quel que soit l'admirable talent des peintres verriers tels que Robert Pinaigrier (Saint-Hilaire de Chartres, Saint-Gervais à Paris), Jean Cousin (Saint-Étienne du Mont, chapelle de Sainte-Geneviève), Héron (Saint-Méry), Jean de Môles (cathédrale d'Auch), etc.

En Suisse, en Allemagne, à la même époque, les scènes purement civiles, les personnages se multiplient aux fenêtres des édifices laïques. Mais c'est la décadence et on sait les termes dans lesquels Palissy, peintre verrier lui-même, la constate, avilissement de main-d'œuvre et dédain du public.

Au XVII° siècle on voulut voir clair et, ne comprenant rien à l'admirable obscurité colorée, à la pieuse angoisse qui tombaient des mystérieuses rosaces, des hautes verrières aux multiples figures, aux fantastiques ornements, on fit de ces œuvres sans prix d'irrémédiables hécatombes. Ah! que d'actes de vandalisme furent commis, quels crimes envers les chefs-d'œuvre de ces « siècles grossiers », comme Boileau exprimant les idées de son temps appelait notre moyen âge! Le XVIII° siècle acheva cette œuvre de destruction, et quand en notre temps on se reprit de passion pour l'art du moyen âge, on eut de grandes peines à retrouver les procédés de fabrication. De géniaux restaurateurs, entre autres Steinheil, firent revivre la décoration transparente, puis de notre temps des peintres audacieux, comme M. P.-A. Besnard dans ses compositions pour l'École de pharmacie, ou M. Adolphe Willette, dans son ravissant vitrail du Veau d'Or, pour le cabaret du « Chat-Noir », ont su retourner la féconde alliance de la réalité et du rêve, mais aussi des peintres, comme Ingres, donnèrent des cartons célèbres qui ont eu le défaut d'encourager la verrière tableau aux dépens de la verrière fantasmagorique, la seule puissamment décorative.

LIVRE IV

# LES ARTS DU TISSU

L'ÉTOFFE. — LA BRODERIE ET LA DENTELLE. — LA TAPISSERIE.

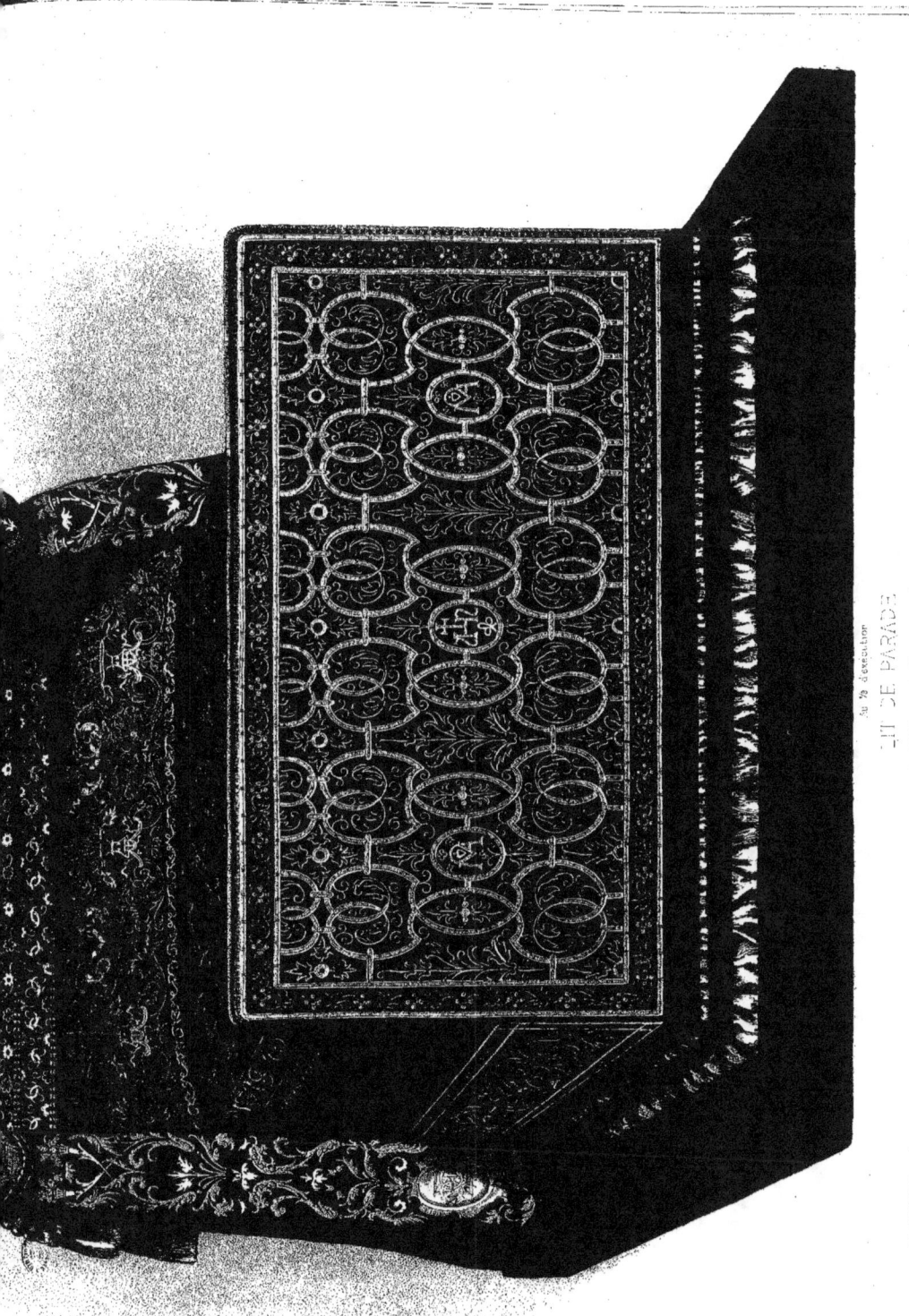

LIT DE PARADE
BRODERIES DE LA RENAISSANCE DU XVIᵉ SIÈCLE

# CHAPITRE PREMIER

## L'ÉTOFFE.

La beauté des travaux textiles. — Classification des matières et des décors. — Les tissus brochés. — La soie, la laine, les cotonnades. — Venise et Lyon. — Brocarts, velours et satins.

De minutieuses études ont été consacrées à la tapisserie, à la broderie, des recherches curieuses ont été tentées dans l'ordre technique et économique pour établir les progrès des tissus de soie. Malgré cela, l'histoire et l'esthétique de l'étoffe sont encore à écrire, et le critique, l'artiste, qui voudra en un seul volume étudier sur toutes ses faces cet important sujet, fera un magnifique livre, fécond en détails neufs, en traits inattendus. Il ne sera pas nécessaire, loin de là, de s'égarer dans les explications de métier, de s'embrouiller dans les points et les façons de nouer le fil, de conduire tant bien que mal le lecteur dans le dédale des trames et des chaînes. Cela pourra être laissé aux manuels spéciaux, aux cours professionnels, ou mieux encore à la pratique même que peut apprendre l'ouvrier devant son métier mieux que dans un livre.

Mais, au seul point de vue de l'histoire, de la philosophie, de l'art, quelle étonnante variété de sujets ! Quels enseignements et quelles révélations dans l'étude des variations du tissu, de cette seconde peau que s'est créée l'homme, et qui raconte si expressivement ses goûts, simplicité, rudesse, élégance, ou raffinement quasi-féminin. Quel éblouissement dans les tons que l'homme a su extraire de la plante ou du minéral, de l'animal même, pour en imprégner le souple ouvrage de ses mains ! Quel rêve dans la diaprure des broderies, dans le réseau aérien des dentelles ! Ici, aux époques de luxe et de jouissance, le lin se teint de l'éclat de la pourpre ; la soie se broche de fleurs resplendissantes, d'animaux capricieux, de papillons plus vivement bariolés que ceux même qui volent aux champs ; dans les fils du tissu s'entremêlent l'argent et l'or. Dans les étoffes les plus simples, celles que porte le peuple, aux pays de soleil, dans les simples cotonnades, chante une gaieté de couleurs, un fourmillement de dessins, faits pour mettre les yeux en joie. Chez les races même les plus tempérées, des tissus de peu de prix ont un charme pénétrant par la grâce sobre des semis, par l'harmonie des teintes. Toute cette beauté s'exalte par les mille et une façons de draper, par la fantaisie même qu'apporte à s'en vêtir ou à s'en parer celui ou celle qui le porte. Et l'on ne compte pas ici la réelle volupté qu'il y a à palper cette douceur souple, l'attraction du chiffonnage !

Que si de l'étoffe considérée en tant que seconde peau, l'on passe au tissu destiné à orner l'habitation elle-même, duvet du nid, soie du cocon, tentures, tapis et tapisseries, revêtement de sièges, et jusqu'à l'ornement des linges de la table, l'enchantement ne sera pas moins grand et l'étude moins vaste. Dès la plus haute antiquité l'on verra réaliser des prodiges de luxe. L'Égypte, la Grèce, Rome, l'Orient, nous montreront, à défaut de nombreux spécimens conservés, de précieuses indications graphiques ou historiques. On verra soit sur les fresques, soit dans les livres des historiens et des poètes, les attestations que de temps immémorial l'homme a su dérober la fantasmagorie de la nature et la fixer vivante sur le fond des toiles, des soieries, des tapisseries, ou plutôt se créer dans l'intérieur de son habitation une autre nature, presque aussi séduisante, invitante à la rêverie, que la nature réelle.

Bien plus, on voit encore par les rares lambeaux échappés à l'action rongeante du temps, par les tapisseries coptes ou égyptiennes, par les tapisseries gréco-égyptiennes de la collection Graff, par d'autres pièces encore, que l'art du tissu atteignit presque sa perfection dès les premiers temps. Sans doute, les progrès de la mécanique et de la chimie auront amené d'énormes, d'incalculables perfectionnements au point de vue de la rapidité de la fabrication, de la diminution du prix. Mais quant à la beauté de l'œuvre elle-même, il semble qu'elle atteignit de bonne heure un point que rien ne pouvait plus dépasser.

C'est ce qui fait la beauté inhérente à la nature même du tissu. La main de l'homme ou de la femme a été perpétuellement présente et agissante. Il semble conserver toujours chaude cette communication avec la vie. Dans la céramique, l'artiste, après avoir pétri de ses mains le vase ou le plat, après l'avoir revêtu des émaux et des peintures, est obligé de s'en remettre pour le reste à la collaboration du feu, souvent fertile en surprises. Pour le travail du métal le feu intervient encore pour assouplir, modifier. Le tissu au contraire, si nous réduisons son travail à la plus simple expression, ne demande presque point d'autres peines que des macérations de teintures à l'air libre, les tréfilements de fibres végétales ou de toisons de bêtes, et enfin la collaboration des plus simples outils, deux ou trois montants et traverses de bois, quelques menus fuseaux de bois ou d'os, tout cela le plus primitif à la fois et très suffisant auxiliaire. Quant à la main-d'œuvre en elle-même, elle est si ingénieuse, si logique, mais si familière, que l'on ne s'aperçoit même pas de tout ce qu'elle contient de problèmes. Et c'est pour cela peut-être que nous sommes, en général, trop dédaigneux des beautés très élevées dont est douée l'étoffe : nous vivons trop avec elle; tels ces compagnons trop assidus qui meurent sans que nous nous soyons douté des trésors de leur esprit ou de leur cœur.

Au premier rang de ces œuvres d'art brillent les admirables broderies et soieries de l'Extrême-Orient, et surtout du Japon et de la Chine. La Chine fut par excellence le berceau de l'art de la soierie. Depuis les plus savants et les plus éclatants types, brocarts multicolores ou satins recouverts de broderies fantastiques, jusqu'aux étoffes légères d'un seul ton, par exemple de cet unique bleu céleste, jusqu'aux brochés en camaïeu, la Chine a donné l'exemple le plus parfait de cette admirable industrie. Au Japon tout le premier, car c'est à la Chine qu'il prit le goût et emprunta la technique de la soie. Au reste, dès le xvi° siècle il n'avait plus rien à apprendre de ses maîtres; aux siècles précédents en effet, le tisseur japonais paraît avoir plus ou moins subi des influences diverses, notamment celle de la Chine, puis, au xv° siècle, celle de la Perse. Au xvii° siècle, la cour de Yédo vit réaliser les plus surprenantes merveilles; robes, ceintures, étaient d'une richesse de tons, d'une verve de dessin sans analogues. Au xviii° siècle plus de légèreté et de grâce s'introduisent dans l'art du tissu. Les plus grands artistes (et cela ne saurait, encore à cette occasion, être trop médité chez nous) donnaient des modèles de dessins pour les étoffes : tels Moronobou, Goshin, pour les manufactures de Tokio; Toyokouni, Hokousaï pour celles de Yédo. De là, il faut le dire, l'impression d'art donnée par les étoffes japonaises, plus profonde qu'en aucun lieu du monde. Cela semble plutôt de la peinture sur étoffe que le produit d'un métier. C'est dans la nature d'ailleurs que sont puisés les éléments de cette décoration si variée, si souple et si imprévue. Dans sa flore, dans son ornithologie, son ichtyologie, le tisseur japonais et celui qui lui fournit les modèles trouvent un répertoire inépuisable qu'ils interprètent avec une incroyable verve.

Et il ne s'agit ici que de l'ouvrage que le métier seul suffit à exécuter. Mais que sera-ce quand le travail de la broderie laissera au caprice de l'artiste la plus complète liberté? Ici nous n'avons plus affaire à des motifs répétés, symétriques (et encore de cette répétition forcée, tirait-on souvent une grâce de plus), mais à une véritable peinture à l'aiguille. Elle n'est point, cela va sans dire, conçue et exécutée selon les mêmes principes qu'une peinture ou une gravure, mais n'en donne pas moins une vive sensation d'art par l'ori-

## HISTOIRE DE L'ART DÉCORATIF

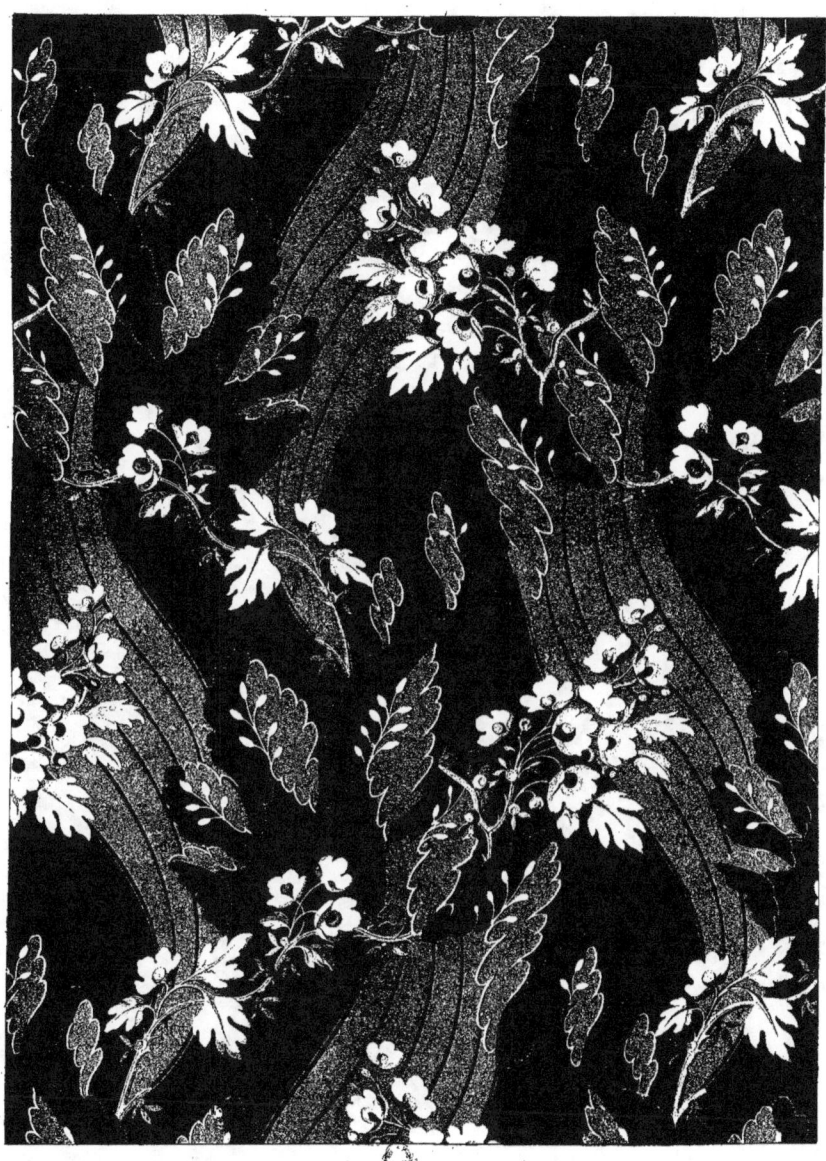

ÉTOFFE DE GÊNES
XVIIIᵉ SIÈCLE

ginalité du motif, dû très souvent aussi à de grands artistes qui n'ont pas dédaigné de signer l'œuvre qu'allait traduire le brodeur, ainsi que par l'exquise perfection du travail de l'aiguille, l'harmonie des nuances, sur les fonds pour lesquels l'art du teinturier a trouvé des tons visionnaires. Le *foukousa* (1) japonais, sur lequel des études ont été et seront encore tentées, est la plus parfaite expression de la broderie, car c'est lui qui donne le mieux l'idée du surnaturel dans le travail de main d'homme ou de femme, et c'est pour lui qu'aurait dû être créée l'expression de travaux de fée.

Nous n'avons malheureusement pas l'espace suffisant pour nous appesantir sur cette étude, et il ne nous est pas non plus possible de faire autre chose que de mentionner les belles broderies de l'Inde et de la Perse, portant un caractère si profondément personnel. Nous devons aborder le tissu en Europe, particulièrement dans nos régions, et il sera déjà bien difficile de résumer en un petit nombre de pages les indications principales.

L'on a tout d'abord affaire à une effrayante complexité de matières, une multiplicité de noms qui déconcerterait et semblerait rendre tout classement impossible, si on ne se déterminait pas à ramener les différentes étoffes à un petit nombre de types et l'ornementation à quelques caractères bien saillants. En effet, comment procéder autrement? Un seul tissu, dans notre langue, a pu prendre les appellations et les orthographes les plus diverses, et ces noms mêmes désigner des travaux fort différents. Pour n'en prendre qu'un exemple, la brocatelle, ou *brocadel*, ou *brocatille*, a désigné suc-

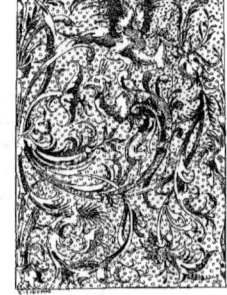

Fig. 497. — ÉTOFFE LOUIS XIII.

cessivement une magnifique étoffe, participant plutôt de l'orfèvrerie textile, c'est-à-dire toute tissue de fils d'or ou d'argent; puis une étoffe également ouvragée mais beaucoup plus commune, faite de simple fil ou de laine, servant à des ameublements assez économiques; enfin une charmante étoffe de soie à ramages qui ne contribuait pas peu à la réputation de Venise et qui entrait dans les intérieurs les plus luxueux et les plus raffinés, tel celui de Mazarin (fond aurore à ramages bleus). Et

l'on en dirait autant de presque toutes les étoffes. Faut-il considérer le « cendal » du moyen âge, comme un taffetas ou un satin? Ces noms mêmes de *satin*, de *velours*, de *taffetas*, de *gros*, combien de genres différents ont-ils abrités sous une même étiquette, étoffes précieuses et étoffes économiques? Et encore que de variétés de noms imposés par la mode, de façons que la vogue adopte puis abandonne à jamais, de nuances qui sont aussi difficiles à reconstituer que le coucher du soleil d'hier soir! Enfin, dans la décoration proprement dite, quel dédale! Sans doute chaque siècle se distingue par une dominante, mais il y a, au moment même de la plus grande vogue d'un genre, des gens attachés aux vieux usages et fidèles aux vieilles étoffes; plus on va, plus les modèles se multiplient pour tous les goûts. On voit l'inépuisable domaine que les arts textiles offrent aux érudits. Sans doute les ouvrages magistraux de MM. Francisque Michel, Pariset, Dupont-Auberville, ont déjà éclairci bien des problèmes, apporté bien des documents. Mais combien de découvertes inattendues seraient encore en réserve pour celui qui fouillerait les bibliothèques et interrogerait les peintures!

Indépendamment du tissu par excellence, la toile, qui sort un peu de notre étude, encore qu'il fût possible de l'y rattacher par les beaux travaux de damassage, ou par les enjolivements à l'aiguille (broderies rouges, blanches, polychromes où notre moyen âge et Venise excellèrent), les étoffes décorées peuvent se diviser en trois grandes familles : les étoffes de laine, de soie, et de coton.

(1) Carré de soie brodé dans lequel les Japonais enveloppent les présents qu'ils s'envoient (Voir Edmond de Goncourt, *la Maison d'un artiste*).

Parmi les étoffes de laine le drap est la plus opulente; elle est en quelque sorte la reine. Le nom de drap a d'ailleurs désigné chez nous les matières les plus diverses, soie et or. Mais quant au drap de laine proprement dit, on sait en quel prix il était tenu dès le moyen âge; il n'y avait pas que maître Pathelin qui fût friand de ces beaux draps écarlate, pers (vert), blanc, brun, etc. Il est inutile de rappeler le développement considérable que prirent au xviii° siècle, et qu'ont conservé au nôtre les fabriques de Rouen, de Reims, d'Elbeuf, de Louviers, de Sedan, etc.

Des considérations industrielles nous entraîneraient trop loin et il nous faut mentionner simplement la serge, comme le plus répandu (au xvii° siècle surtout) des tissus de laine que l'habillement et la décoration employèrent, et ne pas oublier que la laine servit et sert encore à faire une quantité de tissus que par analogie on nomme velours, satins, etc.

Les étoffes de coton ne doivent pas être négligées en ce qui concerne la décoration, et surtout les toiles de coton peintes, les indiennes qui dès le xvii° siècle furent en grande vogue chez nous. Plus d'un lecteur a vu, à l'Exposition universelle, au Kampong javanais, une femme qui fleurissait la cotonnade de ces naïfs et curieux bariolages : ils savent dès lors ce que fut la toile indienne avant que fussent inventés les procédés d'impression que répandit et perfectionna chez nous Oberkampf, en fondant la manufacture de Jouy (1760). Avant cet inventeur, qui substitua l'impression au rouleau à l'impression à la planche, les grandes manufactures d'*Indiennes* étaient celles d'Angleterre (Richmond) et celles de Rouen, dont l'activité s'était peu à peu éteinte, se transportant en Alsace avec les Kœchlin, les Smalzer et les Dollfus. La *Cretonne* et la *Perse*, l'une plus souple et plus chaude, l'autre plus apprêtée et plus mince, se rattachent à cette catégorie de tissus qui ne méritent point le dédain. On a fait dans les ameublements de notre temps même les emplois les plus heureux de leurs gais et babillants coloriages ; et les mépriser sous le prétexte de leur vulgarisation considérable et de leur coût peu élevé serait faire acte d'ingratitude.

La soie, cela va sans dire, ne saurait être offensée par l'ombre même d'une comparaison. Elle demeure la matière admirable, le dernier mot de la richesse pour l'œil, de la volupté pour le toucher. C'est de la Chine, nous l'avons dit, que vient la magique étoffe.

De la Chine, l'industrie de la soie fut importée sur les côtes de la Méditerranée, par de longs et obscurs tâtonnements dont l'Arabie, le Bas-Empire, puis les Croisades, furent les principaux intermédiaires. Toujours est-il que dès le vi° siècle la soie était connue et travaillée dans le midi de l'Europe; et aux xi° et xii° siècles les Maures, en Sicile et en Espagne, s'y acquéraient une glorieuse réputation.

L'on ne saurait dire au juste vers quel moment cette industrie passa de la Sicile sur le continent, mais au xiii° siècle Lucques était le centre extrêmement actif de la soierie, jusqu'à ce que la guerre entre les Florentins vint ruiner ses ateliers et que la supériorité passât à Venise, Florence, Bologne, Milan. Le xvi° siècle vit le prodigieux épanouissement des fabriques italiennes, alors qu'en France des efforts patients, datant des xiii° et xiv° siècles, aboutissaient déjà à des résultats des plus brillants. Sous saint Louis, on trouve des ordonnances relatives aux « fileurs et fileresses de soye ». Au xiv° siècle, Avignon possède d'importantes manufactures. Mais c'est surtout sous Louis XI que l'industrie de la soie fait les progrès les plus importants. Ce roi fonde à Tours des ateliers de « drap de soye » pour lesquels les ouvriers sont recrutés à Lyon. Sous Henri II il y a déjà dans ce dernier centre douze mille ouvriers. François Iᵉʳ donne à Lyon une impulsion considérable. Quant à Henri IV il offre le piquant spectacle d'un roi partagé entre son désir de pousser une industrie de luxe, et la déférence qu'il portait aux conseils hostiles de Sully. A tout prendre cela se traduisit, d'un côté, par une ordonnance amusante autant qu'inutile et de l'autre par un progrès décisif. L'ordonnance (1604) défendait aux sujets de porter ni or ni argent

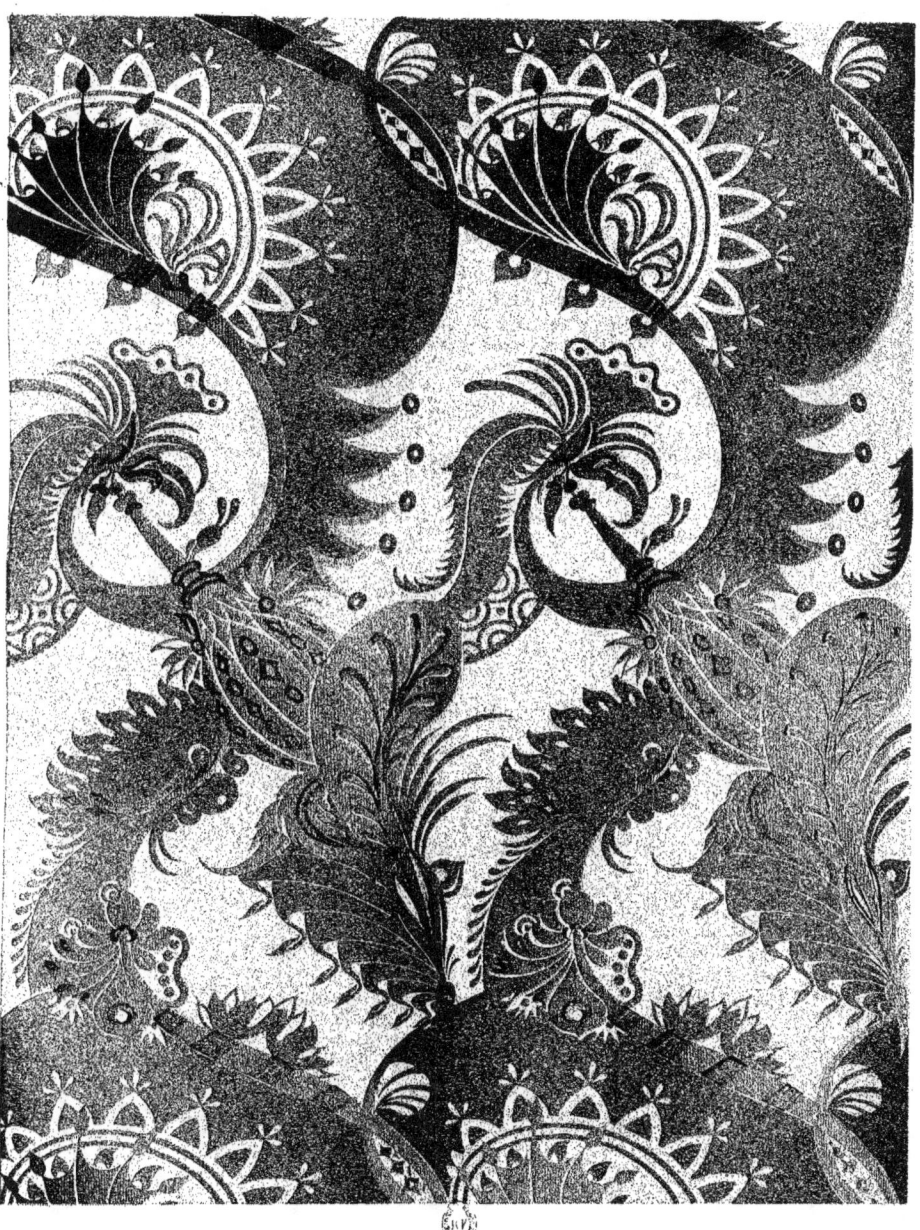

ÉTOFFE VÉNITIENNE

sur leurs habits : « excepté pourtant aux filles de joie et aux filous en qui nous ne prenons pas assez d'intérêt pour leur faire honneur de donner notre attention à leur conduite. » Quant au progrès, immense, il consistait à encourager la sériciculture, et à faire venir d'Italie, par Olivier de Serres, 20 000 mûriers qui étaient plantés à Fontainebleau, au parc des Tournelles, et au jardin des Tuileries.

Un autre progrès qui n'est point à dédaigner doit être également enregistré ici. Vers les dernières années du XVIe siècle, on s'était épris des étoffes à grands ramages, à fleurs, à motifs tirés de l'étude de la plante. Un répertoire manquait aux dessinateurs parisiens. Jean Robin, horticulteur, eut l'intelligence de créer à leur usage un jardin et des serres où ils devaient trouver, à côté des plus belles espèces de nos climats, des plantes rares moins connues et provenant de contrées lointaines. L'établissement de Jean Robin, racheté par Henri IV, devenait dépendance de la couronne; puis, en 1626, à l'instigation de Guy de La Brosse, il était affecté non seulement à l'instruction des artistes, mais encore et surtout des étudiants en médecine. Les artistes l'ont depuis tant soit peu délaissé, ce Jardin des Plantes, et d'ailleurs il répond bien moins maintenant à sa première destination. Mais n'est-il pas curieux de rappeler, à quatre siècles de distance, la première forme de cette excellente idée de l'étude de la plante dans l'art, que l'on tente en ce moment même, avec tant de raison, de faire revivre?

Sous Louis XIV on sait les grands progrès que fit l'industrie nationale, et on ne peut trop

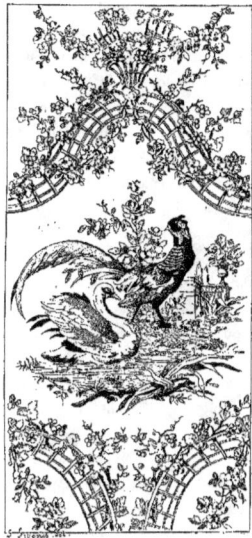

Fig. 498. — SOIE BROCHÉE EXÉCUTÉE D'APRÈS PHILIPPE DE LA SALLE.

citer ces admirables paroles de Colbert : « L'un des plus considérables ouvrages de la paix, qu'il a plu à Dieu nous donner, est celui de l'establissement de toute sorte de commerce en ce royaume, et de le mettre en estat de se passer de recourir aux estrangers pour les choses nécessaires à l'usage et à la commodité de nos sujets. »

Au XVIIIe siècle, si les arts textiles ne progressèrent pas en extension, du moins ils atteignirent la plus grande perfection de goût que nous puissions signaler dans toute notre histoire. Rien n'égale en délicatesse et en charme les étoffes brochées du règne de Louis XV et de Louis XVI; c'est un régal exquis de voir et de palper ces admirables chiffons.

Le début du XIXe siècle devait amener dans l'industrie une révolution d'une incalculable portée : Jacquart fut le promoteur en inventant et, à force de confiance en l'avenir et de persévérance, on imposant son célèbre métier à la routine d'abord récalcitrante. Le progrès de la machinerie n'a pas empêché qu'à côté des ouvrages en trompe-l'œil, d'aspect brillant et de qualité médiocre, on continuât de fabriquer de superbes étoffes, d'une technique au moins aussi parfaite que par le passé. On a même pu créer une quantité de types inédits, exécuter des combinaisons qui sont de véritables tours de force de métier. Toutefois, il ne s'est révélé aucun de ces types qui puisse être considéré comme différant absolument de ceux que l'on connaissait déjà aux siècles précédents. Tous peuvent se rattacher plus ou moins à ceux que nous décrirons brièvement.

Les tissus de soie se ramènent à trois familles principales : les étoffes veloutées, les étoffes satinées et les étoffes à plus ou moins gros grains. Chacune peut être soit unie, soit brochée, c'est-à-dire décorée de fleurs, de motifs faisant partie intégrante du tissu. De plus, de multiples combinaisons peuvent être réalisées, à l'aide du satin, du velours et de la soie à grains, chacun pouvant être employé relativement à l'autre comme fond ou comme décoration.

Rien que cela serait déjà merveilleux si l'on se contentait de faire jouer tous ces éléments, fonds unis, dessins géométriques, conventionnels, ou d'après nature, dans les simples tons unis que donne l'art du teinturier. Mais il est possible, grâce à l'inépuisable complaisance du métier, à l'ingéniosité de ceux qui le dirigent ou le perfectionnent, de varier mécaniquement les nuances dans une même étoffe. Sur les fonds unis ou changeants, peuvent éclore d'admirables fleurs nuancées à l'infini ; cette étoffe devient un parterre idéal; tout rêve est permis et réalisable. On entrevoit rien qu'avec ces indications le domaine illimité de cette belle industrie d'art pour laquelle il faut revendiquer une place à côté de toutes celles que nous avons déjà étudiées.

Le satin dont tout le monde connaît la souplesse et le brillant est un des tissus qui se prêtent le mieux aux enchantements de la teinture. Quand il se couvre de fleurs par le brochage, ou quand il alterne en rayures avec d'autres sillons de velours ou de soie à gros grains, ce qu'on nomme actuellement « pékin », il emprunte à la diversité même un charme de plus. L'habileté des manufacturiers a fait de notre temps des satins à double face, ou sans envers, qui sont le dernier mot de la souplesse et de l'éclat, et que l'on peut sans exagération comparer à la douceur de l'épiderme féminin.

Le velours, qui semble un peu délaissé, soit à cause de son prix, soit à cause de son caractère aristocratique, fut l'étoffe noble par excellence. Gênes et Venise, au XVIe siècle, excellèrent dans la mise en œuvre de ces admirables velours « frappés » à grands et opulents ramages, à fonds d'or, à fonds satinés, de tons rouges ou verts d'un éclat admirable. Parfois, par un caprice de l'ouvrier, les innombrables petites bouclettes qui se dressent à la surface du tissu et qui, coupées, donnent ce velu serré caractéristique du velours, ne subirent pas cette opération, et l'on eut ainsi des velours épinglés d'une belle tenue, ou qui fournirent un heureux élément de mélange. C'est au XVIIe siècle seulement que Lyon, grâce à Claude Dangon, commença à fabriquer des velours qui purent rivaliser avec les plus beaux de l'Italie. Mentionnons, pour indication historique, les velours d'Utrecht, qui étaient de beaucoup inférieurs comme beauté.

Les soieries à grains plus ou moins gros, plus ou moins serrés, et qui doivent répondre le plus exactement aux anciens « draps de soye », varient entre ce qu'on appelle actuellement la « faille » et ce que depuis un long temps on appela le taffetas.

Au premier genre, on peut rattacher tous les « gros » que l'on trouve mentionnés dans les inventions ou mémoires : gros de Naples, de Tours, de Milan, etc. De même les reps, qui pourtant ne sont exécutés qu'exceptionnellement dans notre riche matière, mais bien plus communément en laine ou en coton. La *moire* enfin, qui fut en si grande faveur dans les capricieux mélanges du siècle dernier, ou qui trouva dans la première partie du nôtre une vogue considérable tant pour l'ameublement que pour le costume féminin, est simplement un gros dont le grain a été écrasé irrégulièrement ou à « chemins » réguliers, par des rouleaux métalliques. L'effet est semblable à celui que produisent les rides de l'eau; cette étoffe avait tout à fait grand air et il est regrettable qu'on l'ait si complètement délaissée.

Quant aux innombrables variétés du *taffetas*, depuis les plus épais jusqu'aux plus légers, en comprenant (plus pour l'analogie de consistance que pour la fabrication elle-même) la non moins grande diversité des « foulards », il semblerait presque que nous n'avons guère fait de progrès depuis nos prédécesseurs, ou qu'ils aient au moins connu l'art de changer à l'infini les dispositions de cette étoffe dont ils raffolaient.

« Il se fait, écrit au siècle dernier Savary des Brulons, dans le *Dictionnaire du commerce*, des taffetas

# HISTOIRE DE L'ART DÉCORATIF

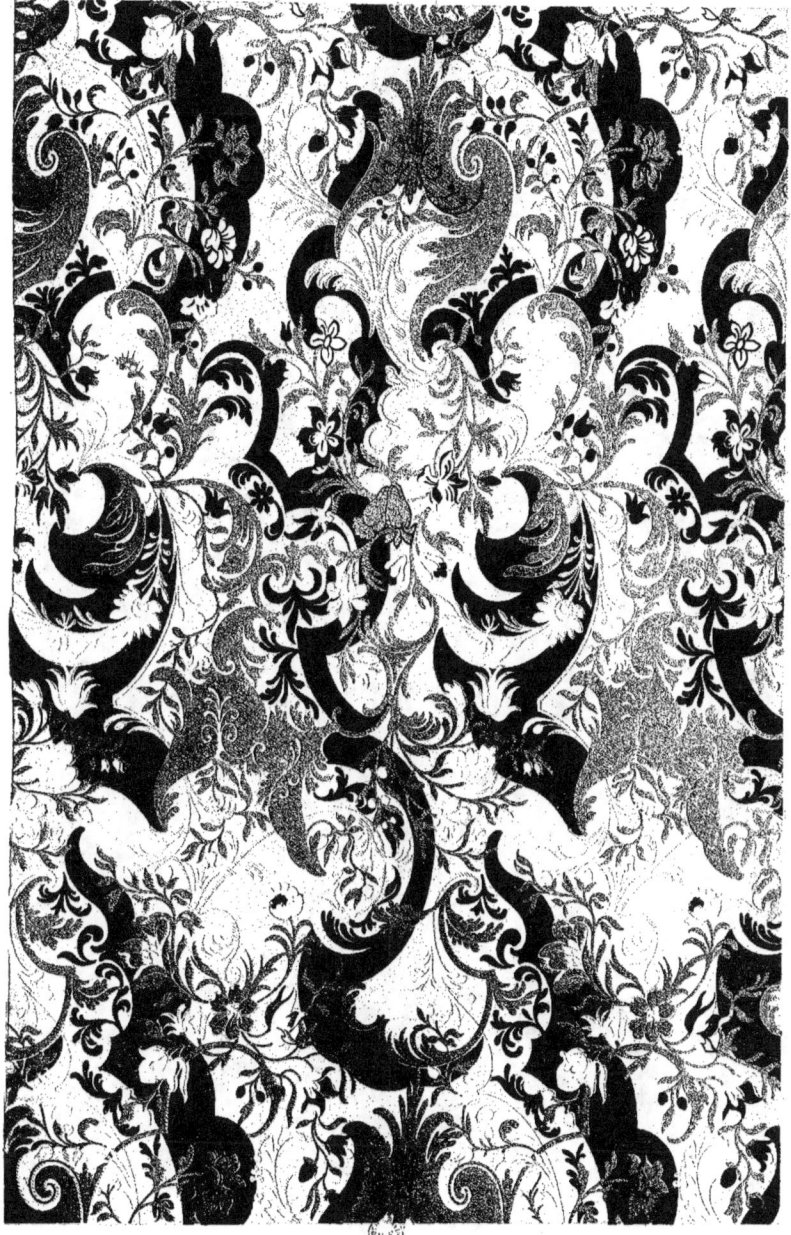

ÉTOFFE VÉNITIENNE

XVIIIe SIÈCLE

de toutes les couleurs, de plains ou unis, de glacés, de changeans et de rayés à rayes d'or, d'argent et de soie. Il y en a aussi à flammes, à quarreaux, à fleurs, à points de la Chine ou de Hongrie, et de beaucoup d'autres à qui la mode ou le caprice des fabriquans donnent des noms si bizarres, qu'il serait aussi difficile qu'inutile de les rappeler tous ici, outre qu'ils durent rarement au-delà de l'année qui les a vus naître. »

Devons-nous rattacher la *gaze* aux précédentes étoffes ou à celles qui vont suivre ? La considérerons-nous comme l'expression la plus légère du type *taffetas*, ou au contraire, étant donnés les ornements dont on enrichit parfois sa contexture, la prendre pour le plus transparent des brocarts ? Ce n'est qu'une affaire de classification qui importe peu. Qu'il nous suffise de signaler le rôle important que cette étoffe (qui dans le costume fut parfois peu édifiante) joua dans l'ameublement et dans la décoration. La belle Gabrielle ne la dédaignait pas, car on trouve mentionné dans son inventaire : « Un pavillon de gaze blanche, rayée en soye bleue et orangée, renouée par tous les lez de soye bleue et orangée. » Le voluptueux cardinal de Mazarin en faisait également grand cas ; on constate en effet, dans son inventaire, des pièces entières de gaze non employée, et qui était fort riche ; exemples : « Cinq pièces entières de gaze viollette à fleurs d'argent ; faisant ensemble soixante deux aunes. — Une autre pièce de gaze blanche à fleurons d'or contenant douze aunes. » Mais rien n'égale en faste les gazes que nous signalent les inventaires de Louis XIV, et qu'il est utile de citer. Ce sont, par nombreuses pièces, des gazes « bleue à tiges et fleurs d'or de paille et de plumes de couleur, — vert naissant, à branchages d'argent, fleurs et oiseaux d'or, d'argent de paille, — gros verd à branchages d'or, fleurs et feuilles d'or, — à branchages et fleurs

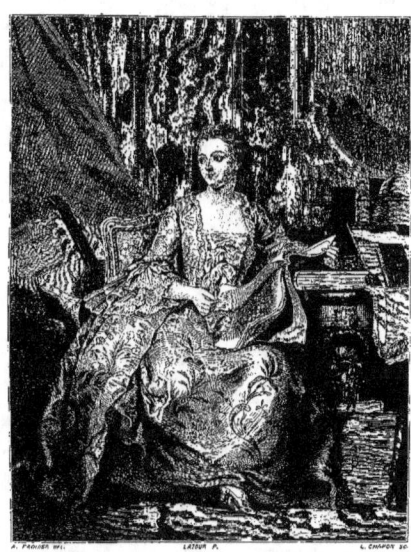

Fig. 499. — MARQUISE DE POMPADOUR, D'APRÈS LATOUR.

d'or de paille, feuille, oiseaux, et papillons de soie de plusieurs couleurs ; » ou bien encore « un emmeublement complet de petite gaze d'argent peinte de fleurs, païsages et figures d'hommes et d'animaux crotesques. » Enfin le roi offre en 1692 à son chirurgien Félix « un lit en dôme, de gaze rayée, or et argent et couleur feu, garny de petite frange et frangeon or et argent, composé d'un fonds, dossier, dix rideaux et trois soubassements, sept festons et la courte pointe de même gaze. » Voilà pour un médecin un lit fort galant.

Nous terminons notre revue par les plus riches des tissus qu'a inventés l'humaine ingéniosité. Le *Damas* est le type le plus accusé et le nom le plus ancien dans notre langue. De même que nous avons vu des verres de la façon de Damas, de même verrons-nous des étoffes, dont l'origine orientale est incontestable, s'accusant dans le style même des dessins, et que, sans rivales d'abord, Gênes et Venise imitent avec grand éclat.

En évoquant ce nom de Venise, quelle vision d'opulence ne se dresse pas aussitôt devant l'œil ébloui ! Ne voit-on pas passer les fières courtisanes, celles qui disaient, dans leur insolent triomphe de beauté :

> Grande e grossa
> Mi faccia Dio,
> Cho bianca et rossa
> Mi faro io.

« Pourvu que Dieu me fasse grande et grasse, je me charge, moi, de me faire blanche et blonde ardent ! » Elles passent, marchant sur ces patins hauts d'une coudée qui favorisent le déploiement des immenses traînes des jupes de damas et de brocart. Passent aussi les patriciens dans leurs magnifiques habits brochés de grandes fleurs, costumes merveilleux dont on peut se faire une idée en regardant au Louvre la vaste scène des *Noces de Cana*, ou maint autre tableau de Véronèse.

Le *brocard* fut plus particulièrement tissu d'or ou d'argent à l'exclusion de toute autre matière, fût-elle la soie la plus précieuse. Louis XIV, avec son goût de faste, devait pour son palais, ses ajustements, ou ceux de son entourage, en faire ou ordonner un emploi quasi orgiaque. Quant à la *brocatelle* nous avons eu l'occasion de la définir plus haut, et il ne nous reste plus qu'à nommer le *lampas*, autre étoffe à grands dessins qui vint d'abord de la Perse, de la Chine, jusqu'à ce que Lyon suppléât abondamment chez nous à ces importations.

Nous en avons fini avec l'étoffe en elle-même, il ne nous reste plus qu'à passer en revue les variations principales de son décor pendant trois ou quatre cents ans.

Au xv⁰ siècle, nous l'avons dit, les ouvriers sont déjà en possession d'une technique parfaite. Mais, sans songer encore à créer des types originaux, on copie pas à pas les étoffes orientales.

Le xvi⁰ siècle voit apparaître, entre autres merveilles, les *velours bouclés* : c'est-à-dire ceux où le métal précieux, argent ou or, courant dans l'étoffe, forme de petites boucles en relief, qui groupées arrivent à la couvrir presque entièrement, laissant voir seulement le dessin dans les parties réservées.

Sous Henri III, le costume devenant étriqué et menu, pourpoints serrés, petits manteaux, l'ornementation se divise en fleurons exigus, en cercles et en roues de peu de dimension, en compartiments géométriques. De 1520 à 1560 on affectionne les palmes et palmettes à pointe opposée. Dans la seconde partie du xvi⁰ siècle on constate fréquemment le type à la branche de chêne, à la branche tronquée, puis le type en S renversés, en S mélangés de bâtons rompus. Sous Henri IV, la mode des collets montés amène les rayures, imaginées pour contrebalancer l'engoncement du costume. Puis, vers la fin du xvi⁰ siècle et le commencement du xvii⁰, on revient aux grands dessins, aux volutes amples entremêlées de vases, d'oiseaux.

Le xvii⁰ siècle a également un goût prononcé pour les branches courantes ; pour le type filigrane, c'est-à-dire à menus rinceaux courant sur le fond parmi les larges ornementations. On interprète, encore beaucoup plus qu'on ne les copie, les décors chinois à Venise et à Lyon, les relations avec l'Orient devenant de plus en plus suivies.

Mais parmi les types plus particuliers à nos régions il faut mentionner comme très répandus les semis de fleurs ou de grenades mélangées ou non aux lignes serpentines. On affectionne aussi, comme le montre une charmante planche en couleur de notre illustration, les types de la *dentelle*, combinés ou non avec des semis de fleurs de toutes grandeurs. Enfin dans les étoffes d'ameublement l'architecture exerce une grande influence sur la décoration : on voit apparaître des combinaisons de monuments, de kiosques, de vases (d'après les dessins de Lepautre), de paysages. Lyon, dans ses grands damas, produit également le type

pompeux de l'*arbre arraché*. Vers la fin du siècle les mêmes ateliers font apparaître déjà la rocaille, les rubans courants et à réserves, avant-coureurs de toutes les élégances du siècle suivant.

On ne sait, en vérité, comment classer les types successifs ou simultanés qu'on voit éclore par milliers en ce luxuriant xviii$^e$ siècle. Il faut se contenter de les enregistrer le plus possible au courant des variations de la mode. Nous avons vu qu'on s'était engoué, avec Watteau et Gillot, des *chinoiseries*, et voilà la chinoiserie qui s'égaie et babille sur l'étoffe. Parmi les dessinateurs industriels les plus féconds en ce genre il faut citer Pillement (Lyon, 1728-1808).

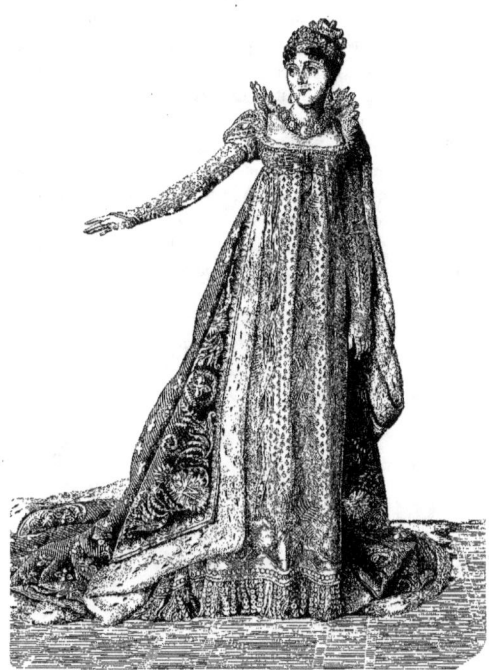

Fig. 500. — L'Impératrice Joséphine, d'après Isabey.

De délicieuses branchettes circulent sur les fonds; des rubans et des rayures sont mêlés de fleurs et de fleurettes, comme sur la belle robe que porte Marie Leczinska dans le portrait de Tocqué. De jolis rubans serpentins sont également alternés avec les rayures droites, parmi les semis fleuris. C'est ce qu'on appelle les *Dauphines* (mariage du Dauphin avec Marie-Antoinette, 1770).

Au moment où la princesse de Lamballe entre en fonctions comme surintendante de la maison de la reine les types à *plumes* ont un grand succès pour l'ornementation des tissus. Il va sans dire que les bergeries de Trianon font naître sur les fonds les plus frais et les plus tendres des *attributs pastoraux*, mélangés toujours aux rayures, aux serpentines, aux semis, aux rubans enlacés.

Vers 1780, on voit apparaître les *médaillons ronds* dont la mode ne disparaîtra qu'au commencement du siècle suivant. Le goût de l'antique, que nous avons déjà signalé dans les précédents chapitres, doit fatalement amener des tissus à l'avenant du meuble : c'est ainsi que l'étoffe riante, florale, pastorale, doit céder la place aux montants d'ornements à volutes, avec lyres, Minerves et autres attributs de ce genre. Parmi toutes ces variations une seule chose persévère et va s'accentuant de plus en plus : c'est la rayure. D'abord dissimulée parmi les fleurs et n'accaparant point trop l'attention, grâce aux rubans et branches qui l'accompagnent de leurs ondulations, peu à peu elle se fait impérieuse, se découvre, domine tout. Les semis deviennent de plus en plus fins et espacés jusqu'à ce qu'ils disparaissent complètement et que Mercier puisse écrire, en 1788 : « Tout le monde ressemble au zèbre du cabinet du roi. »

Sous la Révolution, n'abdiquant point les coloris frais et tendres (les trois couleurs fréquemment), la rayure toute pure demeure le seul luxe que tolère l'austérité républicaine.

Enfin le Consulat et l'Empire amènent les derniers venus, mais non les plus curieux, parmi les éléments de décoration du tissu : les motifs plus ou moins égyptiens. C'est sur cette indication que nous clorons ce chapitre de l'étoffe, puisque depuis on a surtout cherché l'inspiration dans l'immense répertoire des temps passés. Il est temps, maintenant, de se retremper dans la nature, et de chercher, avec la complicité de la plante, à nouveau passionnément étudiée, des féeries inédites. Tout ce que nous souhaitons, c'est d'avoir donné une idée de tout ce que l'historien, le philosophe et l'artiste pourraient trouver d'intérêt dans cette chose méconnue ou trop peu prisée : le chiffon.

# HISTOIRE DE L'ART DÉCORATIF

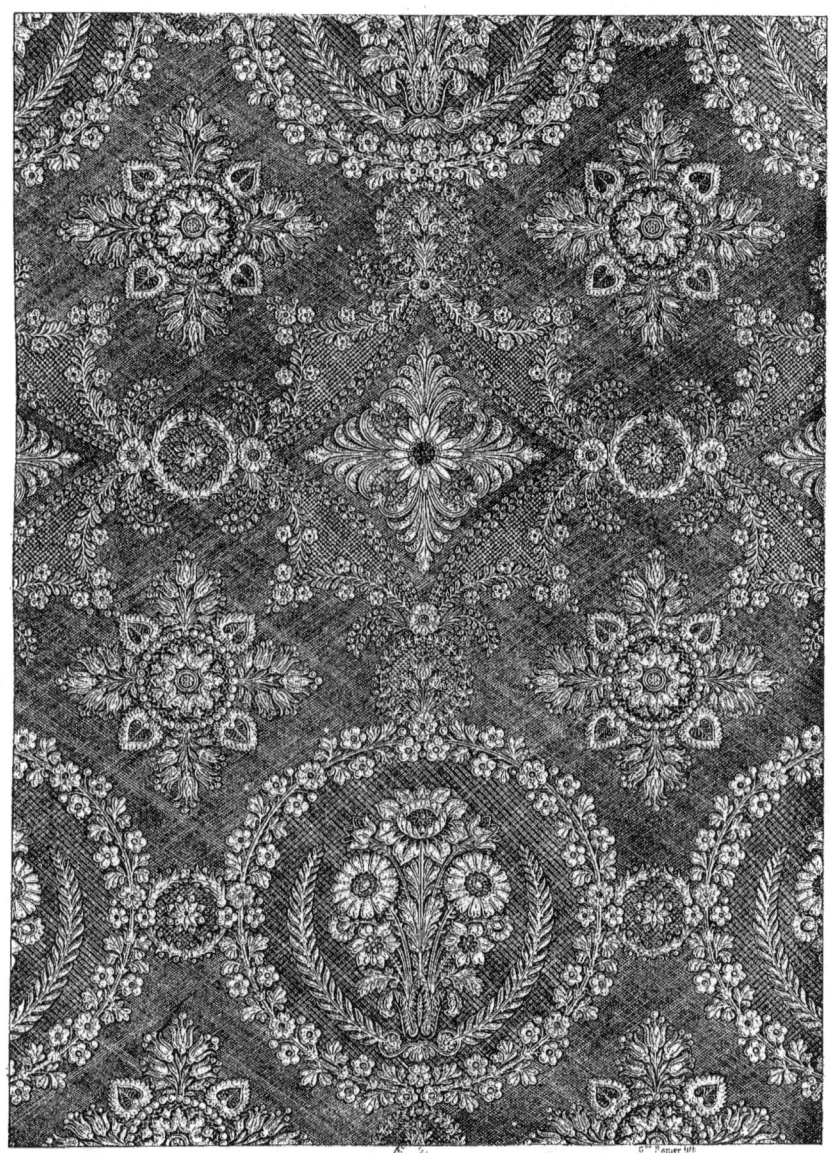

ÉTOFFE FRANÇAISE

XVIIIᵉ SIÈCLE

# CHAPITRE II

## LA BRODERIE ET LA DENTELLE.

La France, l'Italie, les Flandres. — La lingerie brodée. — Le point coupé. — Luxe effréné des broderies. — Les brodeurs orientaux. Dentelle à l'aiguille et dentelle aux fuseaux. — La mécanique.

L'art de recouvrir d'un travail léger, nuancé, la simplicité des tissus unis, de les relever et de les égayer d'une « peinture à l'aiguille » est certainement à peu près aussi ancien que l'art du tisseur lui-même. Les peuplades non civilisées exécutent actuellement encore de naïves, éclatantes et rudimentaires broderies sur l'étoffe de leurs pagnes ou l'écorce de leurs tentes. Si nous avions ici à faire besogne d'érudition, de longues pages ne suffiraient pas à énumérer les documents qui nous sont venus sur la broderie, tant de l'Écriture sainte que des monuments de l'art égyptien, des poèmes d'Homère, des historiens et écrivains de la Grèce, de Rome, de l'Orient, du Bas-Empire, du moyen âge, etc. Nous devons être plus limités, et nous contenter de faire remarquer que la broderie a été pratiquée, luxe charmant, dans tous les temps, chez les peuples en enfance comme chez les plus raffinés. Nous avons déjà dit quelques mots de l'incomparable beauté des broderies de l'Extrême-Orient. L'Occident ne nous offre pas un moins riche répertoire de merveilles d'habileté et de goût; nous allons les étudier sommairement, ainsi que les plus délicats travaux qui soient sortis de la main féminine: la magie des aériens réseaux de la dentelle.

La femme, disons-nous : des philosophes, observateurs peut-être, brutaux à coup sûr, ont dit qu'elle n'avait rien inventé, pas même son aiguille. A quoi bon cette peu galante remarque, du moment que, dans des ouvrages d'une finesse qu'elles seules pouvaient atteindre, nous retrouvons, à travers les siècles, les traces de la grâce que nous aimons à trouver en elles? Et justement voici que parmi les importants monuments de l'époque antérieure à celle qui fait partie de notre étude, nous trouvons un des plus beaux et des plus vénérables ouvrages de femme que l'on puisse citer. Il s'agit de la célèbre broderie de Bayeux (d'autres disent plus inexactement tapisserie) qui est due à l'aiguille patiente et artiste de la reine Mathilde, femme de Guillaume le Conquérant. C'est « une tente (ou bande) très longue et estroite de telle (toile) à broderie de ymages et escriptaux, faisant représentation du conquest de l'Angleterre. » Cette belle broderie, longue de plus de 70 mètres et large de $0^m,50$, est précieuse pour les indications qu'elle donne sur les mœurs, le costume, etc. Quant à la technique, c'est, nous dit M. Lefébure, « une broderie à l'aiguille faite en couchure de laine sur toile de lin ». Que de magnifiques documents nous sommes obligés de passer, broderies religieuses et civiles! Qu'il nous soit du moins permis de signaler l'importance de la broderie dans le costume au temps des croisades : inscriptions, emblèmes, devises belliqueuses ou amoureuses, armoiries, rinceaux à feuillages entremêlés des figures d'hommes, d'animaux, toute la symbolique fantasmagorie du moyen âge court en or, en soie, en perles, sur les bannières, les vêtements, les tentures, les reliures des missels, les aumônières, les chasubles resplendissantes.

La citation que le *Livre des mestiers* d'Étienne Boileau (1258-1268, prévôt des marchands) consacre aux industries de la broderie et à celles qui s'y rattachent peut donner une idée de l'importance qu'a prise alors ce raffinement à Paris même.

Ce sont : « Les fillaresses de soie à grans et à petits fuseaux ;

« Les crespiniers de fil et de soye qui font des coiffes à dames, des taies à oreillers, et des pavillons qu'on met par dessus les autels, qu'on faict à l'aiguille et à mestier ;

« Les ouvriers de drap de soye de Paris, de veluyaux (velours) et de bourserie en lac (réseau, filet) ;

« Les tapissiers de tapiz Sarrazinois, « qui disent que » leur mestier n'apartient qu'aux yglises, au hauz homes come à roy et à contes ;

« Les *broudeurs et brouderesses* » dont les plus habiles à inventer le dessin et le coloris des modèles sont dites *enlumineresses*. »

Les collections Spitzer, Hochon, Bonnaffé contiennent de magnifiques spécimens de la broderie des XIIIe, XIVe, XVe siècles, ainsi que le musée du South Kensington, et, chez nous, notre inépuisable musée de Cluny. C'est ainsi qu'il nous faudra citer, outre des pièces remontant aux premiers temps du moyen âge

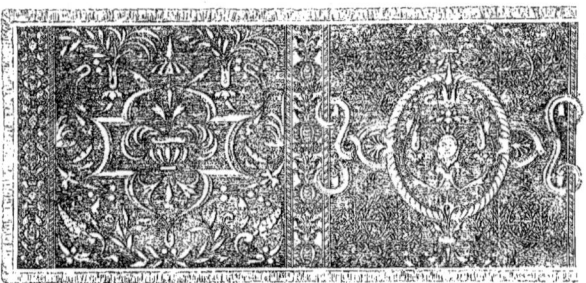

Fig. 501. — GOUTTIÈRE BRODÉE DE LIT HENRI II.

ainsi qu'aux XIIe siècle et XIIIe siècles, brodées de fleurs de lys d'or, de lions chimériques, d'arabesques, de caractères orientaux (ces dernières, chefs-d'œuvre de la broderie sarrazine), des tissus de soie fabriqués à Lucques, à Palerme (nos 6444, 6446 notamment), ornés de figures de femmes, de médaillons, de lions, de palmiers, d'alérions ; de non moins précieux orfrois du XIIIe au XIVe siècle provenant de Flandre, d'Allemagne, d'Italie, de France enfin. Parmi les plus riches ouvrages de broderie sacerdotale, on pourra citer encore le n° 6529, mitre d'évêque brodée en soie et or. Ce bel ouvrage du XVe siècle représente sur une des faces la Salutation Angélique, sur l'autre les figures du Christ et de la Vierge.

Il faut signaler au XIVe et au XVe siècle l'importance qu'avaient comme centres de la broderie, en France, Avignon et Nîmes. Grégoire VII prisonnier à Avignon avait appelé des ouvriers de Naples, de Lucques, de Sicile. Le roi René encouragea fort la broderie et fit exécuter par Pierre du Vaillant, d'Avignon, une magnifique suite, chasuble, tunique, dalmatique, chape et parement d'autel qu'il donna à la cathédrale d'Angers.

Vers la fin du XVe siècle, Charles VIII ramena également de son expédition d'Italie « plusieurs ouvriers excellens en plusieurs ouvrages, » parmi lesquels se trouvaient naturellement des brodeurs. Sous la direction de Pantaléon Conte ils exécutèrent au château d'Amboise, pour le roi et Anne de Bretagne, de précieux ouvrages.

HISTOIRE DE L'ART DÉCORATIF

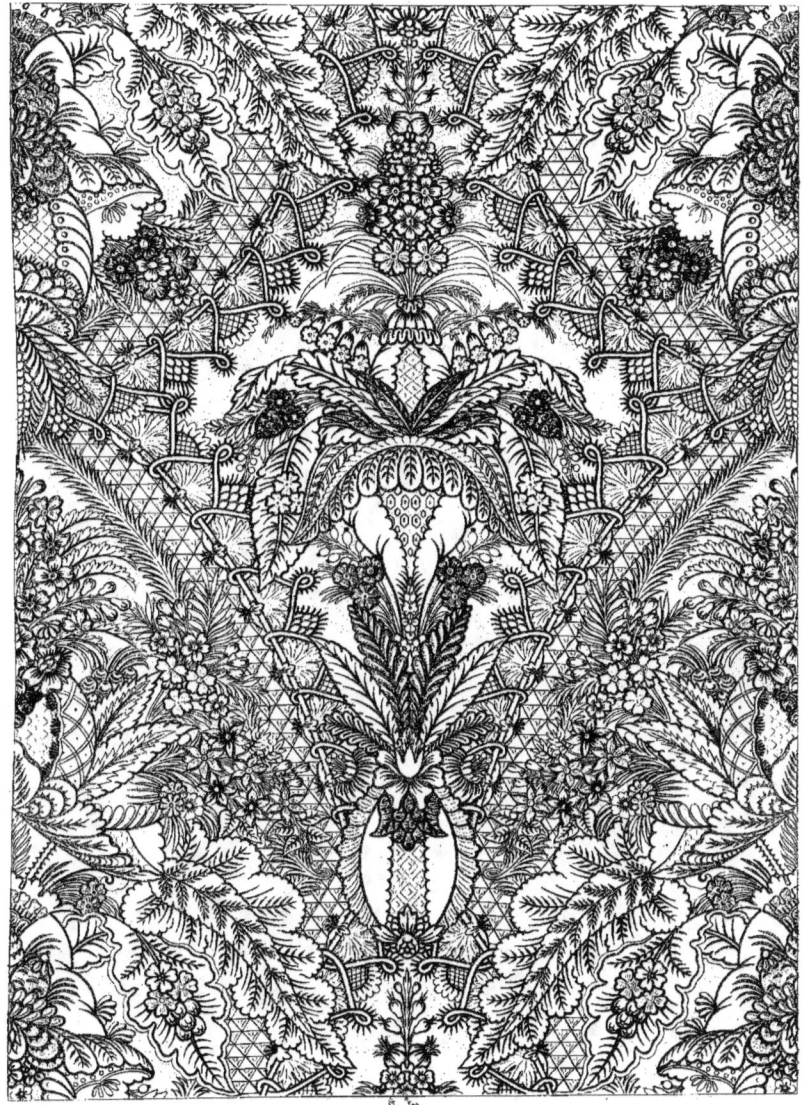

ÉTOFFE FRANÇAISE

XVIII<sup>e</sup> SIÈCLE

C'était d'ailleurs le moment le plus épanoui, le plus éblouissant de l'art italien. Les Médicis étaient les instigateurs passionnés de ce faste sans exemple. La broderie, comme tout ce qui était exquis et raffiné, fut en grand honneur dans les cours et les républiques italiennes. On ne peut se dispenser de citer parmi les plus précieux monuments de la broderie italienne du xv° siècle le parement du baptistère de Florence (1366) comprenant une vingtaine de tableaux exécutés par les plus habiles ouvriers italiens ou étrangers sur les cartons d'Antonio Pollajuolo. C'est une suite d'épisodes de la vie de saint Jean-Baptiste qui se déroule en scènes sobrement et dramatiquement composées : c'est la peinture à l'aiguille dans toute la force du terme.

Au xvi° siècle l'art du brodeur se répand et se perfectionne encore. Gênes et Venise sont sans rivales. On pousse le modelé jusqu'aux confins mêmes de la peinture proprement dite; on perfectionne les nuances, on varie les points à l'infini, « points fendus et rentrant les uns dans les autres, points tournants et suivant toutes les ondulations des figures et des chairs. » Comme il arrive toutes les fois qu'on a poussé un art jusqu'au point extrême de virtuosité, ses propres ressources ne lui suffisent plus, et l'on voit les brodeurs

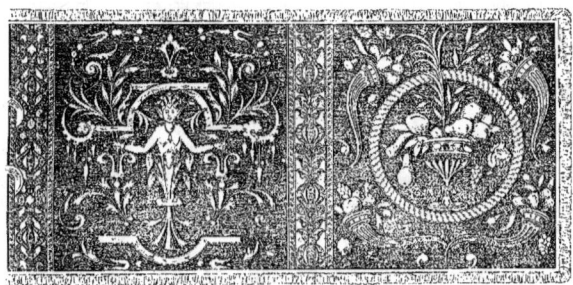

Fig. 502. — GOUTTIÈRE BRODÉE DE LIT HENRI II.

retouchant leurs tableaux au pinceau; c'est une faute de goût et de conception. Un procédé doit se suffire à lui-même, autant que possible, et en le cas présent, on s'éloigne de la broderie sans se rapprocher de la peinture.

Si du moins la broderie toute en perles de verroterie, où triompha Venise, a des inconvénients pratiques, poids, raideur, manque de solidité, du moins ce genre est-il magnifique et d'un grand effet décoratif.

Nous ne saurions trop appuyer quand nous rencontrons de hauts et illustres artistes donner des modèles aux artisans : voici Perrino del Vaga qui dessine des sujets de la vie de saint Pierre pour la chape de Paul III; voici Raphaël qui sur la demande de François Ier exécute des compositions pour un ameublement en broderie sur fond d'or, fauteuils, lit, tapis de table, écrans, dais, etc. Il reste de cette suite, dite « chambre du sacre », un superbe médaillon ovale au musée de Cluny; il représente la danse des Hébreux autour du veau d'or.

De même, la collection Spitzer possède une précieuse peinture à l'aiguille, dont la composition émanait évidemment d'un artiste français de grand talent : c'est une composition représentant Henri II et Diane de Poitiers, assistant avec la cour à un combat de chiens contre un ours. La scène est parfaitement dessinée et mouvementée, les figures traitées avec un fini merveilleux. A l'aide de l'aiguille seule l'artiste brodeur a varié sans cesse sa touche, si l'on peut parler ainsi. De la même collection deux panneaux de lutrin, dont un, une *Procession du Saint-Sacrement*, prouvent l'art le plus consommé, le métier le plus surprenant. Comment ne pas regretter qu'aujourd'hui ces traditions se soient perdues, et que les artistes dédaignent d'offrir des modèles aux grands manufacturiers ou plutôt que ceux-ci ne songent pas à s'adjoindre comme collaborateurs les plus célèbres de nos artistes? Ce ne serait pas déchoir, ce semble, après de tels exemples.

Il ne faut pas dans ce résumé de l'histoire de la broderie oublier l'école espagnole du xvi° siècle qui fut féconde en œuvres puissantes et riches. Parfois cependant quelque exagération est à signaler : ce n'est plus à la peinture, mais à la sculpture que le brodeur emprunte les moyens d'effet; il exécute de véritables bas-reliefs, d'une extraordinaire saillie, grâce à un bourrage excessif, d'une incontestable habileté, mais à tout prendre une erreur de goût. On admirera toutefois sans réserve certains parements d'autel, en velours revêtu d'arabesques d'or, où le brodeur, sans inconvénient alors, se montre orfèvre et ciseleur.

Les Hollandais et les Flamands ne restent pas non plus en arrière dans cette belle activité. Les compositions conservent ce charmant caractère d'ingénuité et de sincérité des primitifs flamands, et le travail est tout de patience et d'habileté. La plus riche collection de broderies flamandes est au musée de la Porte Hall, à Bruxelles.

Mais nous n'avons jusqu'ici parlé que des broderies d'apparat, de celles qui contribuaient à l'ornement des habitations, des palais ou des temples, ainsi que de celles qui rehaussaient les costumes dans les solennités. Nous n'omettrons point un genre spécial de broderie, délicat et charmant autant que sobre, la broderie blanche (ou de peu de couleurs, bleue, rouge) destinée à orner le linge de corps, un des plus délicieux raffinements que l'homme a su apporter dans sa vie intime. Avant le xvi° siècle on pratique peu la broderie blanche sur toile de lin. On sait qu'Isabeau de Bavière fit sensation à la cour de France par le luxe inusité de son trousseau, qui contenait, entre autres articles jugés extraordinaires, trois douzaines de chemises de Hollande, ce qui serait considéré comme assez mesquin aujourd'hui pour une bourgeoise un peu aisée. Ce n'était pas que les habitudes ne fussent, comme nous l'avons dit, raffinées. On voit dans les comptes de Charles VI, de Marguerite de France, etc., des « chemises de soye blanche barrées de soye rouge et brodées de lettres d'or, » des « garnitures de chemises ornées de soye cramoisy. »

Au xvi° siècle on voit apparaître en quantité le beau linge de table et de corps, rehaussé, à l'imitation des Vénitiens, de riches bordures brodées en blanc, ou en soie rouge. Catherine de Médicis se livrait avec ardeur à ces délicats travaux, et y faisait prendre part ses filles, nièces, dames d'honneur, ainsi que nous l'apprend Brantôme : « elle passoit fort son temps les après-disnées à besogner après ses ouvrages de soye, où elle estoit tant parfaicte que possible. » Et Ronsard, parlant de la reine Margot, sœur de François I<sup>er</sup> :

> Elle adonnoit son courage
> A faire maint bel ouvrage
> Dessus la toile et encor
> A joindre la soye et l'or.

Il va sans dire que toutes les dames de qualité se mirent à imiter de tout leur zèle des exemples partis de si haut. Alors à leur usage furent publiés les premiers recueils de modèles ou *livres de patrons* dont le prototype, du moins parmi les ouvrages que le temps nous a transmis, paraît être le recueil de Pierre Quinty publié à Cologne en 1527 : « *Livre nouveau et subtil touchant l'art et science de brouderie, fronssures, tapisseries, come autre mestiers quo faict à l'esguille.* » Puis paraissent quantité de recueils analogues, entre autres à Paris celui de Francis Pélerin, à Anvers de Wilhelm Vostermans, à Lyon de Claude Hourry dit Leprince, à Venise de Tagliente, de Nicolo d'Aristotile, de Vavassore il Guadagnino, etc., etc. D'ailleurs

# HISTOIRE DE L'ART DÉCORATIF

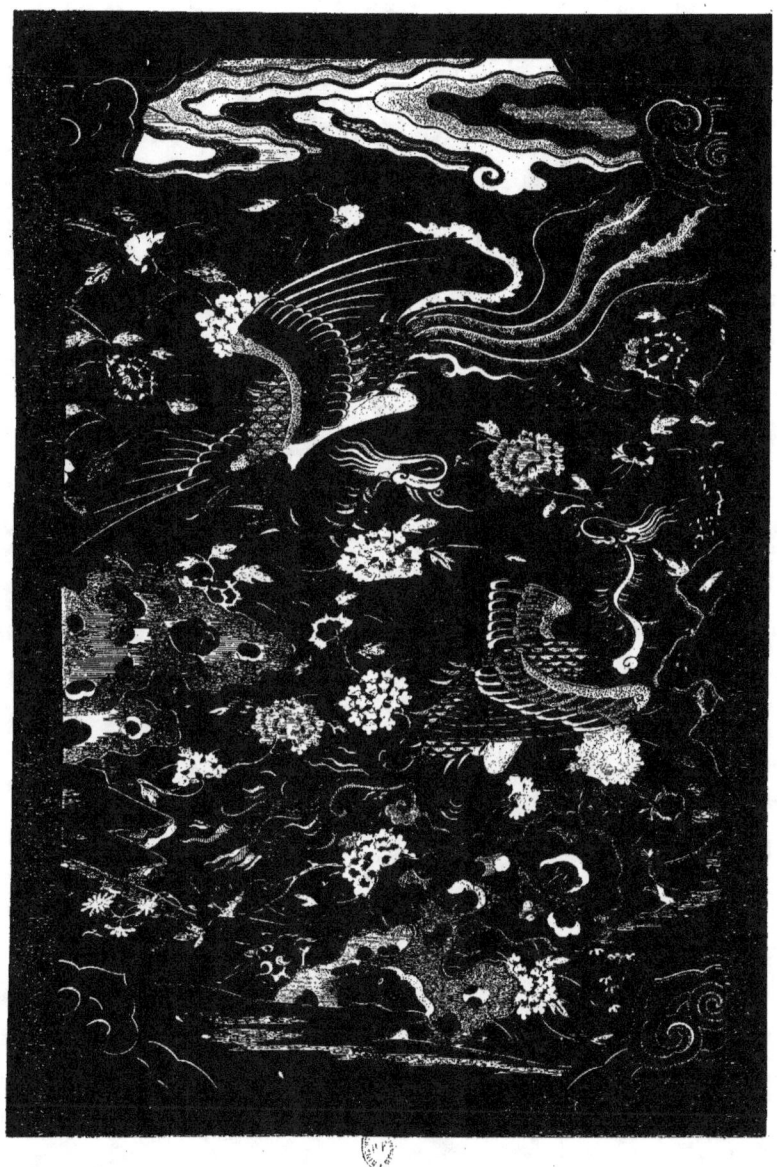

ÉTOFFE CHINOISE
XVIᵉ SIÈCLE

les effets sont devenus de plus en plus variés: on a inventé des points inédits, et les planches parfois extraordinairement compliquées de ces recueils ne sont nullement impossibles à exécuter. On s'est épris des effets ajourés, aériens, du *point coupé*, de la *broderie à fils tirés*, de la broderie *sur filet*, qui permettent de réaliser les plus fins et les plus riches rinceaux, les figures chimériques, des scènes entières, des motifs à feuillages, à oiseaux fantastiques. Nous sommes, par ces jolis ouvrages, dont on peut voir de beaux ou historiques spécimens, au musée de l'Union centrale des Arts Décoratifs (suite très complète de touailles, nappes, chemises), ou au musée de Cluny le bonnet de Charles-Quint, en toile brodée à jour, touailles brodées, etc.), acheminés vers la dentelle à l'aiguille proprement dite, dont nous parlerons un peu plus loin.

Ce luxe de lingerie, intime ou apparente, ne fit qu'aller en croissant jusqu'au moment où Louis XIII

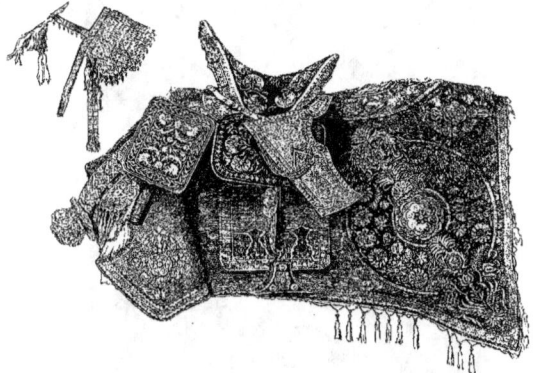

Fig. 503. — SELLE POLONAISE (XVIIᵉ SIÈCLE).

promulgua les célèbres édits de 1629 sur « les superfluités des habits » qui nous ont valu une si jolie suite d'Abraham Bosse, où l'on voit gentilshommes et dames de qualité serrant dans des coffres les précieux ouvrages de dentelles, broderies, etc., qui enrichissaient leur costume, et réduits maintenant à se contenter de cols et manchettes tout unis, rehaussant de leur seule blancheur la sévérité des ajustements. Il n'est pas démontré que l'on tint un compte bien docile des rigueurs de ces règlements. En tous les cas la bonne humeur de nos pères y trouva matière à épigrammes. « C'est avec regret que mon maître, disait le valet d'un grand seigneur dans une estampe de Bosse,

> Quitte ces beaux habillemens
> Semés de riches passemens
> Qui le faisoient si bien paroistre ;
> Mais d'un autre côté, je pense
> Qu'estant avare comme il est
> Assurément l'édict lui plaist,
> Parce qu'il règle la despense
> Je vais donc mettre dans le coffre
> Tous ces vestemens superflus,
> Et quoiqu'il ne les porte plus,
> Je ne crains pas qu'il me les offre.

De même la « dame suivant l'édit », non sans minauder, disait :

> Quoi que j'aye assez de beauté
> Pour asseurer sans cruauté
> Qu'il n'est point de femme plus belle,
> Il semble pourtant, à mes yeux,
> Qu'avec de l'or et la dentelle
> Je m'ajuste encore bien mieux.»

Enfin pour en terminer avec les jeux de poètes au sujet des broderies, points, dentelles et passements, il faut citer à l'occasion d'un autre édit célèbre, celui de 1660, un badinage héroï-comique et précieux,

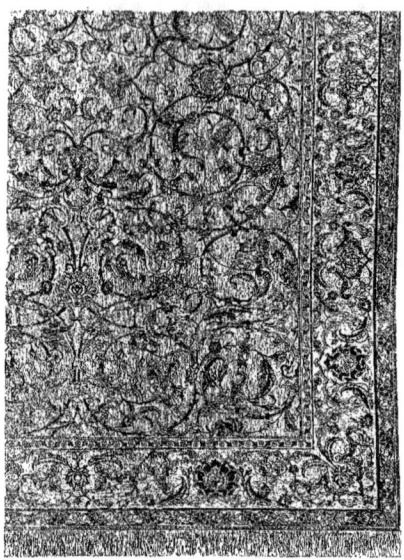

FIG. 504. — TAPIS (XVIᵉ SIÈCLE).

élaboré par les beaux esprits féminins de l'hôtel de Rambouillet, *la Révolte des passements*, et la boutade plus plaisante et robuste de Molière dans l'*École des maris* :

> Oh! trois et quatre fois béni soit cet édit
> Par qui, des vêtements, le luxe est interdit!
> Les peines des maris ne seront plus si grandes
> Et les femmes auront un frein à leurs demandes.
> Oh! que je sais au roy bon gré de ces décris,
> Et que, pour le repos de ces mêmes maris,
> Je voudrais bien qu'on fît de la coquetterie
> Comme de la guipure et de la broderie!

Si nous revenons aux broderies sur riches étoffes, nous voyons qu'au XVIᵉ siècle on réalise des prodiges de faste. Exemple le lit de deuil de Catherine de Médicis : « De velours noir, brodé de perles,

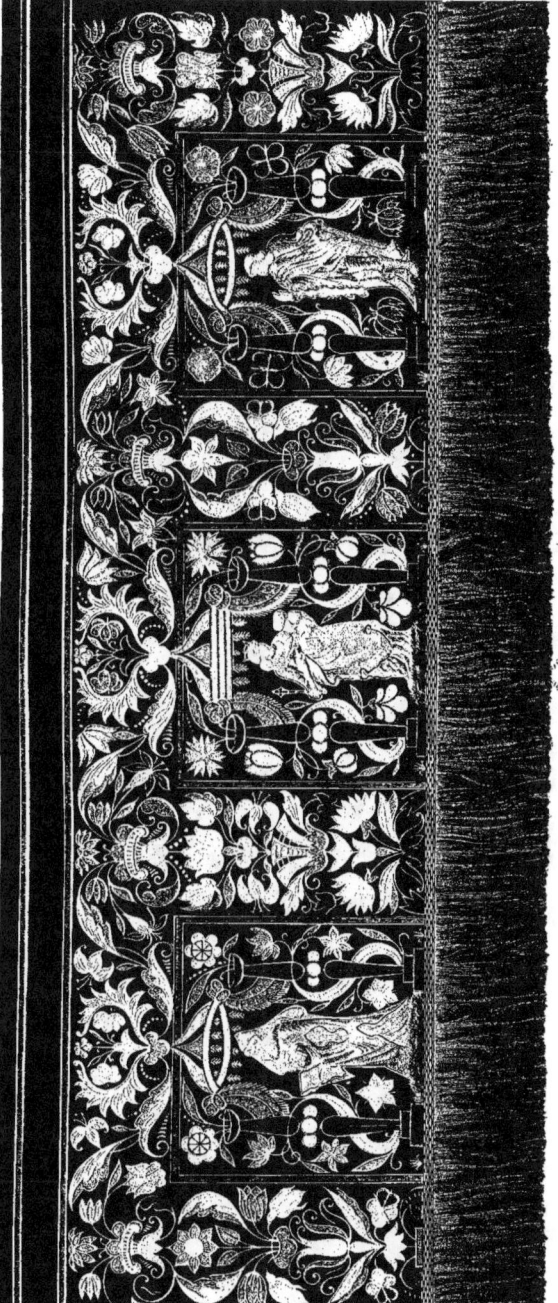

HISTOIRE DE L'ART DÉCORATIF

COUVERTURE BRODÉE
FIN DU XVIᵉ SIÈCLE

semé de croissants et de soleils, avec un fond, un dossier, neuf pentes, et la couverture de parade également brodés de croissants et de soleils : trois rideaux de damas à rinceaux fond d'or et d'argent, lesquels sont frangés de broderies de perles sur les costés. » Autre exemple : les magnifiques manteaux de l'Ordre du Saint-Esprit, fondé par Henri III ; la suite complète de ces opulents insignes, velours brodé d'or, est exposée au musée de Cluny. On sait enfin comment, sous les règnes suivants, certains personnages firent des folies : l'habit, devenu classique, du maréchal de Bassompierre, pour le baptême de Louis XIII ; tout de drap d'or à ramages, et brodé de perles, il avait coûté, pour les perles, la bagatelle de 8,000 écus, 6,000 pour l'étoffe et la façon, ce qui, en monnaie de notre temps, représenterait environ 170,000 francs. On conçoit assez bien le courroux du bon Sully, et les édits qu'Henri IV avait été forcé de prendre contre les « clinquants et les dorures ».

Il suffit de regarder au hasard un des tableaux officiels du règne de Louis XIV, pour se rendre

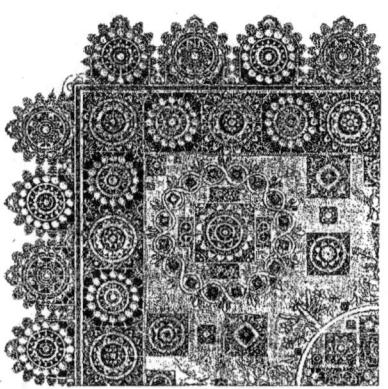

Fig. 505. — NAPPERON EN GUIPURE (XVIIe SIÈCLE).

compte aussitôt du luxe plus grand encore que tout ce qui avait été tenté, en fait de broderies. Au Louvre, par exemple, l'*Entrée à Douai*, par Van der Meulen, montrera le roi revêtu d'un habit rouge tout chamarré d'or ; c'est un exemple entre mille. L'activité de l'art du brodeur est extrême : les fêtes, l'étiquette, nécessitent une consommation effrayante de broderies de toutes sortes, parmi lesquelles il faut mentionner spécialement celle des *habits à brevet*, bleus, doublés de rouge, brodés d'or, d'argent et de paillettes. Bérain, Bailly, Bonnemer de Falaise, Testelin, Boulongne le Jeune, donnent des dessins, composent des modèles qu'exécutent Jacques Rémy, Jean le Boyteux, Jean et Étienne Henry attachés à la personne royale, et Simon Fayette et Philbert Balland à la manufacture des Gobelins. La broderie, encouragée par Colbert, est en grand honneur à Saint-Cyr, où Mme de Maintenon, prêchant d'exemple, en fait exécuter par les jeunes filles. Que dire enfin ? La fameuse lettre de Mme de Sévigné donne sans doute une vision suffisante du luxe effréné des costumes durant les belles années du règne : « M. de Langlée a donné à Mme de Montespan une robe d'or sur or, rebrodée d'or, rebordée d'or, et par-dessus un or frisé, rebrochée d'un or mêlé avec un certain or qui fait la plus divine étoffe que l'on ait jamais imaginée ! »

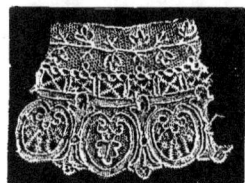

Fig. 506. — POINT D'ALENÇON.

La broderie était également fort en honneur dans les diverses cours étrangères, et nous devons citer particulièrement les luxueux ouvrages que l'on recherchait à la cour de Pologne, fastueuse entre toutes. Nous donnons un exemple de ces travaux (fig. 503), une selle d'apparat ayant appartenu, quant à la selle proprement dite, au prince Georges Lubomirski (1650-1663), grand maréchal de Pologne, et quant à la housse au Palatin de Wolhynie, Nicolas-Jérôme Sienawski (mort 1684). La selle est recouverte de velours rouge brodé d'or, rehaussée d'ornements d'argent ; les étriers sont ornés de morceaux de jade et de rubis ; la housse, de drap rouge brodé d'argent, d'or, et d'ornements de corail, est du plus riche dessin et bordée d'une frange de soie à pendeloques de corail.

Le XVIII<sup>e</sup> siècle, qui vit régner plus de sobriété et de délicatesse dans la broderie, n'eut pas moins de goût pour elle. Rien n'est fin et charmant comme les habits brodés du temps de Louis XV et Louis XVI. On en peut voir une intéressante collection au musée des Arts décoratifs, et jamais on n'a rien fait de plus léger et de plus souriant. L'art même de l'Extrême-Orient, infiniment plus puissant et plus éclatant, ne dépasse pas ce charme dans la mesure et l'harmonie. Quant aux procédés, M. Lefébure les résume en ces lignes : « La soie torse et la soie plate se mêlaient à de nouvelles dispositions de fils, comme la cannetille et la chenille, parfois même avec de petits rubans tout étroits comme ceux qui servent de signets dans les livres. L'or et l'argent s'employaient toujours en fils, mais aussi en grains, en perles, en paillettes de toutes grandeurs, puis en traits, en barres, en lames, en bouillon, en frisure, en chaînette et en soutache. Le nombre des points s'augmenta singulièrement. »

Quant au style même de la broderie, il suivit les variations que nous avons déjà indiquées dans le goût décoratif; on fit successivement des rinceaux, des rocailles, des grotesques, des singeries dans le goût de Gillot, des pastorales dans le goût de Boucher, puis vers la fin les motifs antiques ou soi-disant tels vinrent avec leur pureté un peu sèche. La broderie se répandit, vers le milieu du siècle, non seulement sur le costume, les meubles, mais encore jusque sur les carrosses.

Non seulement on ne fit plus de broderies sous la Révolution, mais encore on en défit beaucoup, et des plus précieuses, uniquement pour l'or et l'argent qu'elles contenaient. C'est ainsi qu'en vendémiaire an III, on décida la destruction des fameuses broderies de la cathédrale d'Angers, ce don du roi René dont nous avons parlé plus haut.

La cour impériale remit la broderie en faveur et certaines robes de Joséphine (fig. 500), de Marie-Louise (on peut voir à l'Union centrale des arts décoratifs une délicieuse robe de cour en satin prune, brodée de fins dessins en argent et soies de couleurs claires), furent de véritables merveilles, qui plus tard prendront place parmi les plus rares travaux.

De nos jours on a exécuté de remarquables ouvrages de broderie à la main, nonobstant les progrès de la broderie au métier mécanique, donnant des travaux forcément restreints et de très relative perfection.

Il serait injuste également de ne pas garder un coin aux humbles mais expressifs ouvrages des brodeurs rustiques, normands, bretons, grecs, roumains, etc. Hâtons-nous d'enregistrer ces derniers vestiges de l'art instinctif, du pittoresque non enseigné, avant qu'ils soient engloutis à jamais par la croissante uniformité.

Puis, comme il ne nous faudrait pas finir sur la tristesse de cet avenir de monotonie, hâtons-nous de chercher une consolation dans les broderies orientales, les plus parfaites que l'homme ait réalisées, et pour que l'illusion ne soit pas trop incomplète, reproduisons ces lignes où Théophile Gautier a fait rendre aux mots tout ce qu'il leur est possible d'exprimer de sensations colorées : « L'Orient, dit-il en parlant surtout de l'Inde, réalise les merveilles des contes de fées; il fait des robes couleur du temps, couleur du soleil, couleur de la lune; métaux, fleurs, pierreries, reflets, rayons, éclairs, il mélange tout sur sa palette incandescente. Dans un tulle d'argent, il fait palpiter des ailes de cantharides, émeraudes dorées qui semblent voler encore. Avec les élytres des scarabées, il compose des feuillages impossibles à fleurs de diamants. Il profite du frisson fauve de la soie, des nuances d'opale du burgau, des moires splendides de l'or bleu du paon. Il ne dédaigne rien, pas même le clinquant, pourvu qu'il jette son éclair; pas même le cristal, pourvu qu'il jette son feu. Il faut qu'à tout prix il brille, il étincelle, il reluise, il lance des rayons prismatiques, qu'il soit flamboyant, éblouissant, phosphorescent; il faut que le soleil s'avoue vaincu. »

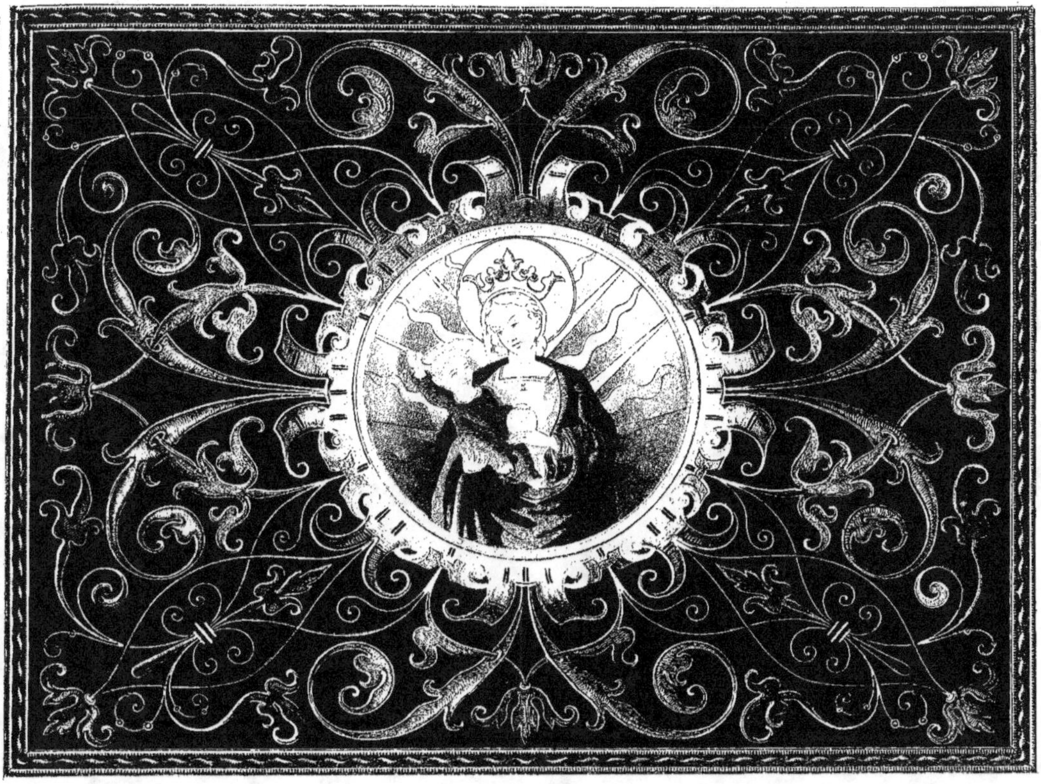

HISTOIRE DE L'ART DÉCORATIF

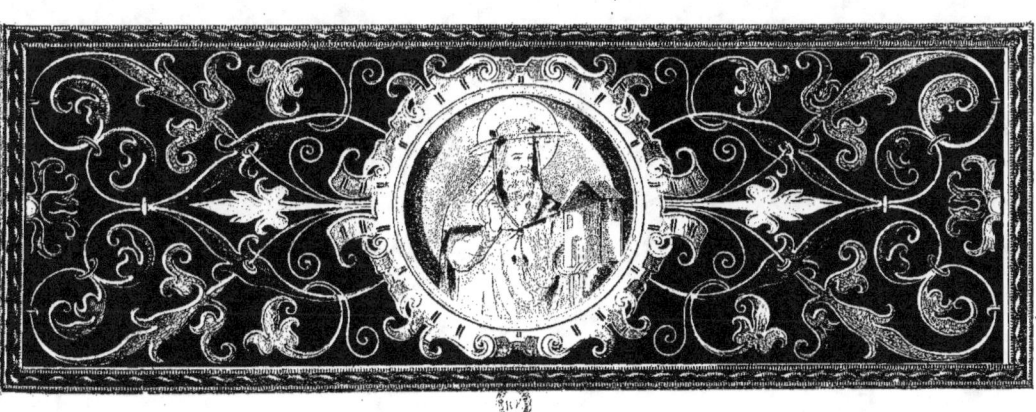

BRODERIES

XVIe SIÈCLE

Enfin, comme pendant à cette description si chaude, rappelons l'entraînante appréciation d'Edmond de Goncourt à propos des broderies japonaises : « Les anciens *foukousas* fabriqués à Kito sont des produits d'un art tout particulier au Japon et auxquels l'Europe ne peut rien opposer : de la peinture, de vrais tableaux composés et exécutés par un brodeur, où sur les fonds aux adorables nuances, et telles qu'en donne le satin ou le crêpe, un oiseau, un poisson, une fleur, se détache dans le haut relief d'une broderie. Et rien là dedans du travail d'un art mécanique, du dessin bête de vieille fille de nos broderies à nous, mais des silhouettes d'êtres pleins de vie. »

Il semble au premier abord que la dentelle n'ait que peu de traits communs avec la broderie. Cependant on remarquera qu'elle est, comme la broderie, le travail direct de l'aiguille, ou sans que la métaphore soit exagérée, une broderie dont l'air est le fond. Les Italiens avaient si bien adopté cette définition qu'ils appelaient la broderie à l'aiguille *punto in aere*, le point en l'air. Nous avons vu d'ailleurs que certaines broderies à jour, les broderies à points coupés ou à fils tirés, sont presque des dentelles à l'aiguille. Enfin, dans la réalité des faits, il est vraisemblable que la dentelle a tiré son origine de ces broderies elles-mêmes.

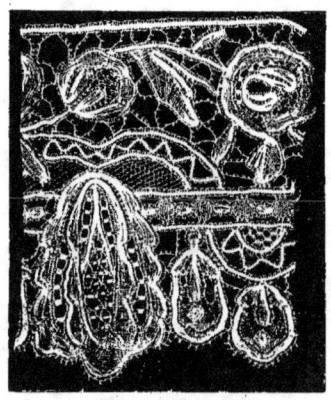

FIG. 507. — DENTELLE DE BRUGES.

En tous les cas elle paraît beaucoup moins ancienne qu'elle, à moins que l'on ne comprenne comme dentelles les tissus légers, gazes, mousselines et filets que les peuples de l'antiquité recouvraient de broderies.

Il convient enfin de dire que la dentelle s'exécute suivant deux procédés bien différents : à l'aiguille et aux fuseaux. « La dentelle à l'aiguille se fait en jetant d'abord quelques fils de bâtis suivant un dessin tracé sur papier ou parchemin, et ces premiers fils serviront de support pour rattacher les points qui constitueront la dentelle à l'aiguille. » D'autre part, la dentelle aux fuseaux est « un tissu formé en croisant et tressant des fils enroulés d'un bout sur des fuseaux et fixés de l'autre bout par des épingles ». Quel que soit d'ailleurs le procédé, la dentelle demeure, comme effet, une broderie aérienne, un tissu en l'air.

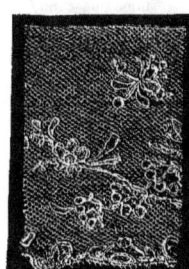

FIG. 508. — DENTELLE DE MALINES.

On remarquera enfin que si son charme est extrême, ses moyens sont beaucoup plus limités que ceux de la broderie. Il ne résidera pas seulement dans la légèreté, puisqu'il est de lourdes guipures et d'opulents points de Venise qui sont parfaitement beaux. La dentelle n'a pas à sa disposition, comme la broderie, les prestiges de la polychromie, sinon à de très rares exceptions qui n'ajoutent rien à sa beauté, il s'en faut. Elle doit donc tirer tout son effet du coloris dans sa plus simple expression et aussi sa plus forte. On sait qu'il est de grands coloristes en blanc et noir, car la véritable difficulté de l'art du coloriste consiste dans l'emploi heureux des valeurs. Eh bien ! la dentelle devra tenir un compte attentif de l'emploi des valeurs de vide et de plein, et c'est ce que de très ingénieux artistes ont fait dans les recueils de modèles qu'ils éditèrent au xvi° siècle et dont nous avons nommé les principaux. La mode s'était emparée de ces beaux travaux à l'aiguille dès qu'ils avaient commencé à atteindre quelque perfection. Ce fut l'époque de ces merveilleuses collerettes ou fraises, broderies à jours, dentelles raides, d'un grand effet décoratif.

Parmi les recueils de modèles qui eurent le plus grand succès, il faut citer celui-ci qui du reste était en partie une compilation de beaucoup d'autres : « Les singuliers et nouveaux pourtraicts et ouvrages de lingerie, servans de patrons à faire toutes sortes de poincts, coupés, lacis et autres. Dédié à la Royne. Nouvellement inventez, au proffit et côtentement des nobles dames et damoiselles et autres gentils esprits amateurs d'un tel art. Par le seigneur Frédéric de Vinciolo, Vénitien... » Il faut encore mentionner les recueils de Schwartzenberg (1534); Balthasar Sylvius (1554) à Paris; Cesare Vecellio (1591) à Venise; Jean de Glen (1597) à Liège, etc., etc.

Mais c'est véritablement au XVIIe siècle que la dentelle atteint son apogée. Nous avons vu qu'on avait été obligé de modérer la fureur de la mode. Les dentelles, ainsi qu'en font foi les estampes d'Abraham Bosse, n'avaient pas seulement pour mission de décorer les cols, les manchettes, mais encore les gants, les pourpoints, les hauts-de-chausse, et jusqu'aux revers des bottes. Elles garnissaient les lits sous forme de résueils, de bordures; on en ornait l'intérieur des carrosses. En 1642, Cinq-Mars laissait à sa mort plus de trois cents parures de cols et manchettes ornées de dentelles. Et cet épanouissement de l'industrie dentellière, se séparant définitivement de la broderie, va être encore de beaucoup dépassé par celui auquel on assistera sous le règne de Louis XIV. Les soixante-dix ans de ce règne, dit M. Lefébure, « ont vu naître les points les plus illustres de la dentelle; transformation du point de Venise, apparition des points d'Alençon, d'Argentan, de Bruxelles, d'Angleterre. »

Il n'est rien de plus noble que les magnifiques rinceaux du point de Venise avec leurs fleurs « rebrodées en relief ». Il est au musée de Cluny un rabat précieux (n° 6587) qui est un des plus beaux exemples de cette admirable fabrication. C'est d'un fini de travail extraordinaire, et si le dessin est incomparable comme richesse, il n'est rien non plus de comparable en délicatesse aux picots qui bordent cette pièce.

Colbert, à l'instigation de Louis XIV, encouragea de toute son autorité le développement des dentelleries d'Alençon qui bientôt rivalisèrent avec Venise de la façon la plus parfaite. Le *point de France* fut alors employé dans le costume avec une profusion fastueuse dont les portraits du temps nous ont laissé le souvenir : rabats, garnitures de manchettes, *canons* des hauts-de-chausse, dans le costume masculin, manches, devants de corsages, volants de jupes, mantilles, *barbes* et *fontanges*, dans la coiffure. Il n'est personne d'ailleurs qui n'ait remarqué l'étonnante richesse des rabats et des rochets dans les portraits de Louis XIV, de Bossuet, de Fénelon, etc., par Rigaud, Claude Lefèvre, Largillière, Mignard, etc.

Pour tous ces riches ouvrages, Lebrun et Bérain avaient fourni des dessins et grâce à eux, suivant le vœu de Colbert, le royaume était « en estat de se passer des estrangers », en d'autres termes, Alençon n'avait plus besoin de copier Venise : elle avait sa vie propre, son goût absolument français. Ce n'est pas à dire d'ailleurs que Venise fût en décadence : elle avait même, à ce moment, porté au plus haut point de perfection ses *guipures* ou dentelles sur fonds de barrettes.

En même temps, la dentelle aux fuseaux, qui était déjà pratiquée dès le XVIe siècle, sous forme de jolis mais encore peu compliqués *passements*, avait fait des progrès considérables. En Italie, en France, en Saxe, dans les Flandres, en Espagne, on avait exécuté de ces ouvrages. Il est des *points d'Espagne* où la soie et l'or sont mélangés d'une riche façon. En France, ce fut l'Auvergne qui s'adonna à la dentelle aux fuseaux dans la plus large mesure. A Aurillac on se servait de fils d'argent et d'or; au Puy on travaillait plutôt le fil et la soie. La Belgique avait innové un genre qui trancha sur celui des différents pays. Ceux-ci exécutaient leurs dentelles par bandes horizontales; en Belgique, ce fut par morceaux séparés

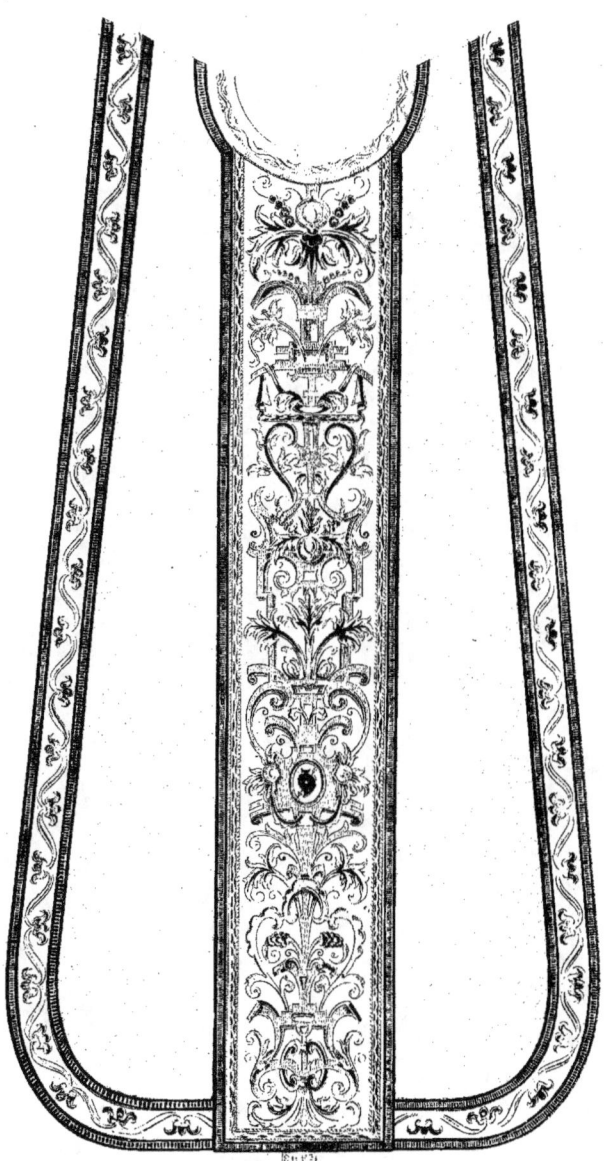

HABIT RELIGIEUX
XVIᵉ SIÈCLE

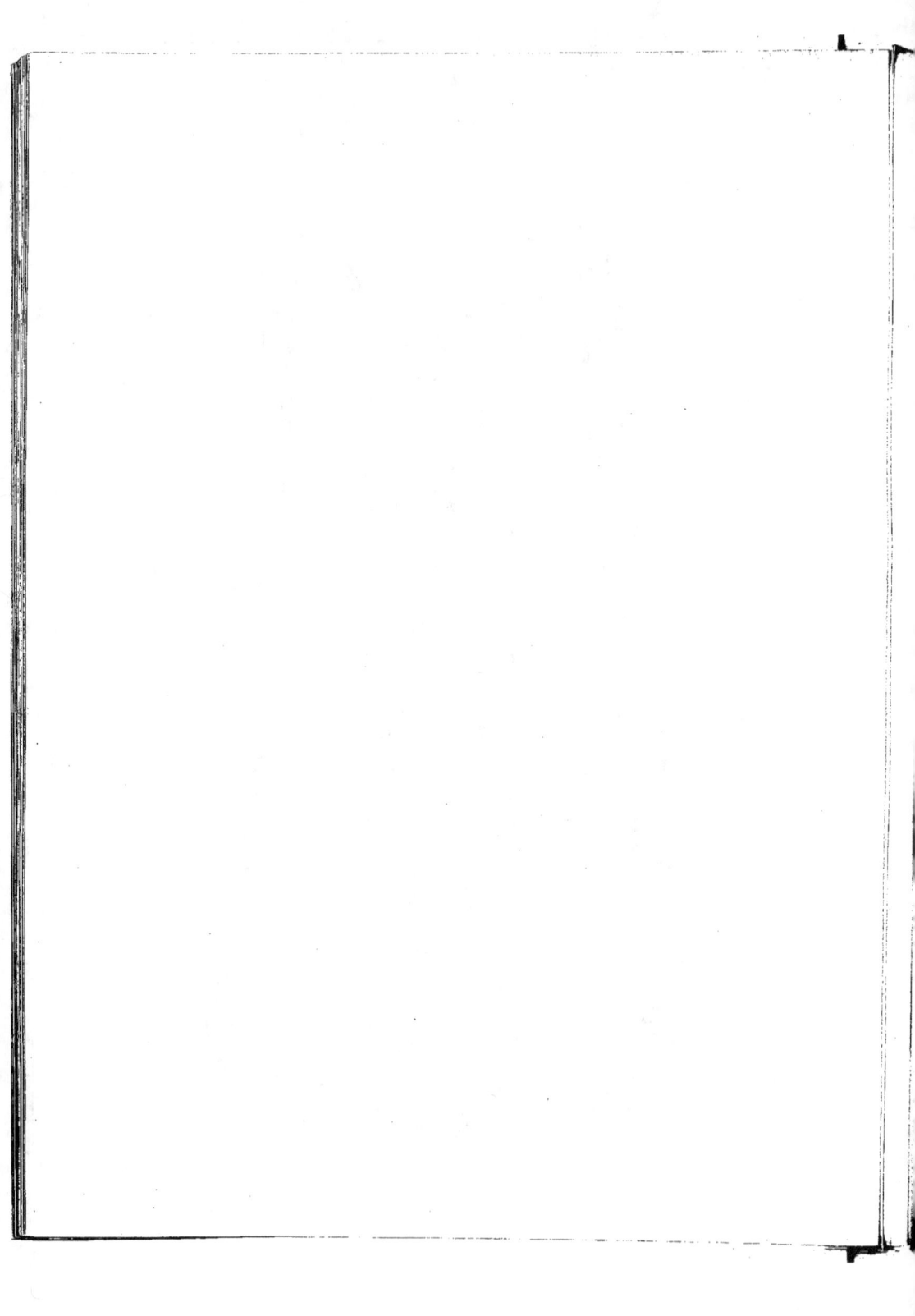

suivant les contours des ornements, ce qui permettait, en les réunissant, de faire les pièces les plus opulentes et les plus compliquées. On a fait à l'Angleterre l'honneur de la prendre comme marraine de ces dentelles. Mais bien qu'elle en ait fabriqué, il est certain qu'elle en a encore beaucoup plus importé et revendu.

Enfin dans notre propre pays, sous l'impulsion puissante de Colbert, de nombreux centres de dentelle aux fuseaux prirent naissance. Citons Reims, Auxerre, La Flèche, Le Mans, Arras, Le Quesnoy que Valenciennes devait éclipser au xviii° siècle, enfin Le Havre (toute la Normandie d'ailleurs), Chantilly et Paris.

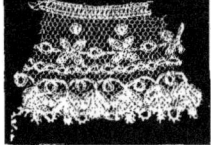

Fig. 809. — APPLICATION DE BRUXELLES. FLEURS FAITES AUX FUSEAUX ET APPLIQUÉES SUR TULLE.

La dentelle à l'aiguille, au xviii° siècle, changea d'aspect : de grandiose et de noble elle devint fine et mignonne. Cette modification était due en grande partie au rapetissement des mailles du réseau qui servait de fond. Venise, parallèlement, introduisit de la délicatesse dans sa manière, et innova le *point de rose*, de reliefs plus fins, de dessins plus élégants et raffinés que les grands points du xvii° siècle. La Belgique, stimulée par la vogue énorme d'Alençon, se mit à faire de la dentelle à l'aiguille et y triompha grâce à la finesse unique de ses fils (il en est qui valaient 10,000 francs la livre).

Le *point* prit une grande importance dans les questions d'étiquette. On ne devait porter que du point pour les présentations à la cour, et, plus légères que celles d'Alençon, les dentelles de Bruxelles jouissaient d'une grande faveur.

Cela n'empêchait pas d'ailleurs Alençon, Argentan, de produire les ouvrages les plus précieux, et de fournir à la consommation considérable qu'exigeaient les déshabillés galants, les dessus de lits, garnitures de draps et d'oreillers, toilettes, etc. « Je suis persuadée, écrit la marquise de Créquy, parlant de la duchesse de la Ferté, que la garniture de ses draps, qui était en point d'Argentan, valait au moins quarante mille écus. » Tandis qu'Argentan excellait dans les fonds à maille en bride tortillée, Alençon obtenait de charmants effets par des jeux de fonds variés, à mailles plus ou moins serrées.

Pour la dentelle aux fuseaux au xviii° siècle, quelques noms en synthétisent la splendeur.

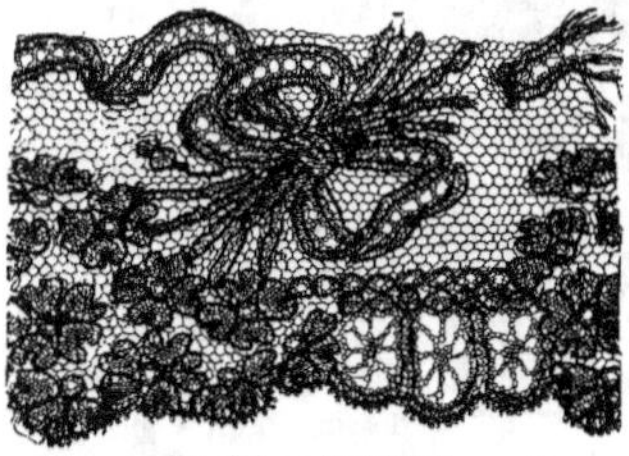

Milan fit de beaux dessins mats sur fond de réseau.

Valenciennes fut glorieuse par de délicieux *fonds de neige*; et aussi des dessins plats, d'une délicatesse extrême, sur un fond de réseaux des plus légers.

Malines obtint, dans le même ordre d'idées, des effets plus vaporeux encore; quand on dit Malines, on doit également sous-entendre Louvain, Anvers, et quand on dit Valenciennes, Lille et Arras.

Chantilly fut un des centres les plus florissants au xviii° siècle. Nous noterons, comme une leçon à l'adresse des artistes

Fig. 810. — CHANTILLY.

décorateurs, que beaucoup des dessins de ces dentelles, vases et corbeilles fleuries, étaient empruntés à la fabrication céramique dont nous avons parlé plus haut. C'était un exemple de logique, une chance d'originalité et de durée. Bayeux, Caen et la Normandie, en général, héritèrent en notre siècle du genre de Chantilly.

Tous ces ateliers où s'élaboraient tant de délicates merveilles, après avoir subi un temps d'arrêt à la fin du siècle, ont repris de l'activité de nos jours. Alençon, Argentan, Venise (Burano plus particulièrement) luttent encore contre les progrès de la machine, qui a tranché le différend entre la dentelle aux fuseaux et la dentelle à l'aiguille en les imitant toutes deux dans un compromis brutal et sans magie.

# CHAPITRE III

## LA TAPISSERIE.

Les féeries de l'Orient et la simplicité des procédés. — La tapisserie au moyen âge. — Le XIVe et le XVe siècle. — L'Italie et l'influence de Raphaël. — Une hérésie. — La fondation des Gobelins. — Le rôle de Lebrun. — Le XVIIIe siècle. — Claude Gillot et Watteau. — La couleur et le modelé. — Autre hérésie. — Régénération nécessaire.

L'écueil de la tapisserie, le plus parfait des arts textiles, et celui sur lequel nous clorons ce livre, a résidé dans sa propre perfection. Comme cet art renfermait en lui-même les moyens de rivaliser avec la peinture, il a fini par se proposer le même but qu'elle, et il n'en a plus été que le trompe-l'œil, l'inutile fac-simile. Les progrès de la chimie ont porté à plusieurs milliers les nuances dont le tapissier dispose, et plus ces ressources se sont augmentées, plus la tapisserie s'est éloignée de l'œuvre d'art pour n'être qu'une œuvre de prodigieux métier. La tapisserie, si on se contente de tirer parti des ressources qui lui sont propres, est la plus riche décoration ; si on veut forcer ces ressources, elle devient la plus inutile prodigalité et le plus puéril des efforts. Nous avons payé cher pour acquérir cette conviction, et l'erreur où nous persévérons encore est la seule cause de notre décadence. Décadence déguisée, d'ailleurs, sous l'extraordi-

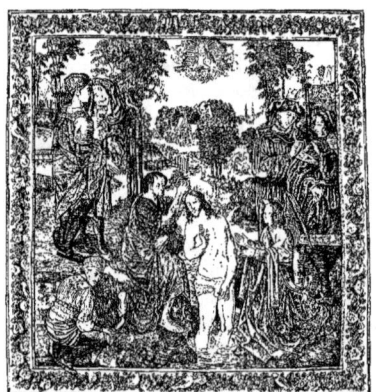

FIG. 511. — LE BAPTÊME DU CHRIST, TAPISSERIE FLAMANDE (XVe SIÈCLE).

naire habileté des ouvriers, sous le rendu exceptionnel de modèles médiocres, mais qui n'en est pas moins évidente pour qui se donne la peine de repasser l'histoire de la tapisserie.

Veut-on d'ailleurs une preuve du peu d'importance qu'ont relativement la perfection des outillages et la multiplicité des ressources? Il suffit d'examiner l'art des Orientaux, demeurés les maîtres les plus admirables en ce genre. Avec eux il importe peu d'établir des distinctions entre les usages divers de la tapisserie: tenture ou tapis, décoration de la muraille, ou parterre artificiel. Leurs ouvrages se prêtent avec le même éclat aux deux destinations. Rien n'est plus chaud et plus joyeux, plus caressant et plus imprévu pour le regard. Chaque tapis d'Orient est une symphonie, dans un ton déterminé, où l'artiste, avec un admirable instinct, a tiré parti des moindres modulations. Une liberté extraordinaire dans l'arrangement des motifs, une intelligence unique des harmonies colorées, tout cela ramené à l'unité par la ré-

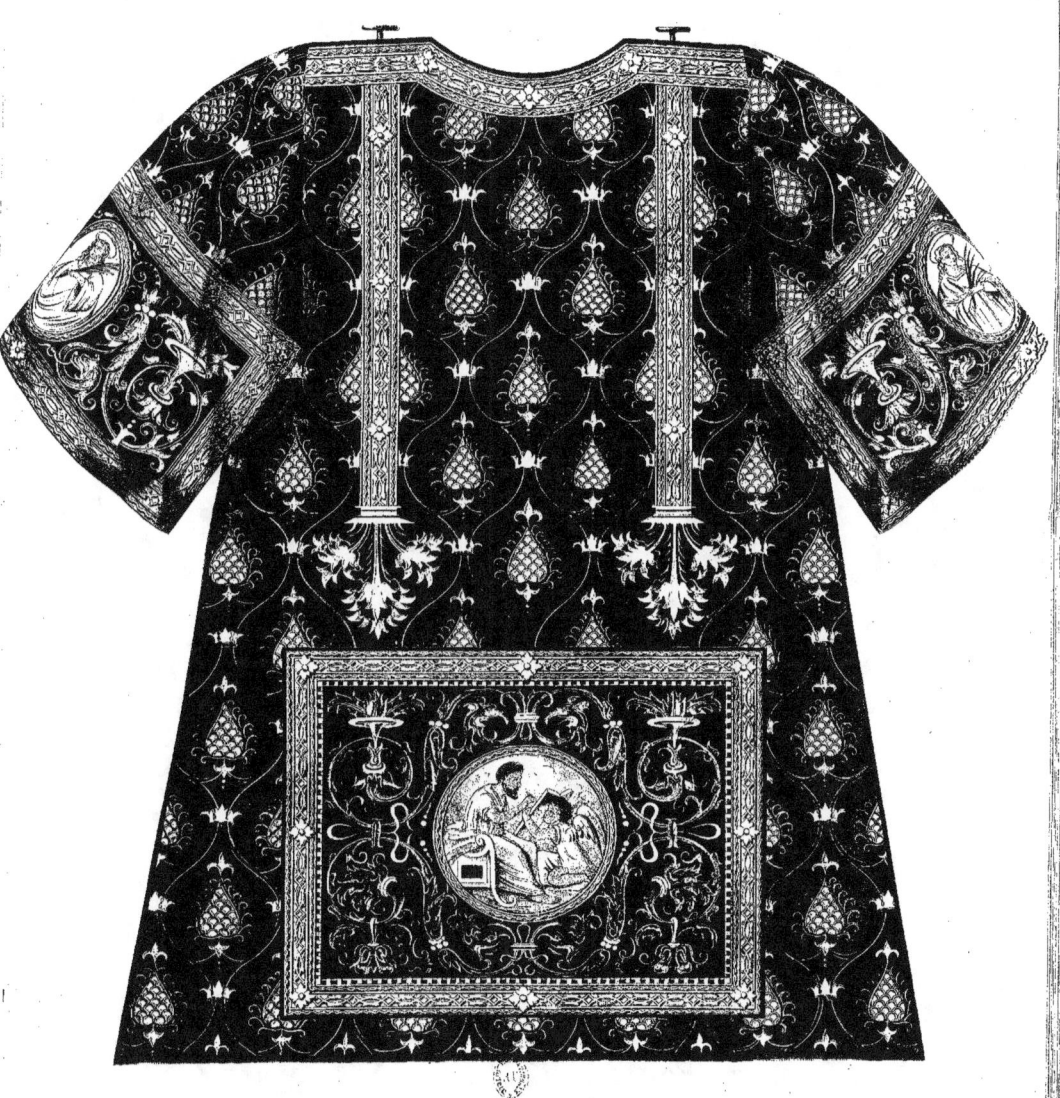

gularité plus apparente encore que réelle de la bordure, tels sont les caractères des tapis de Perse, d'Arabie ou de Turquie.

Quant à la simplicité des moyens, elle ne confond pas moins d'étonnement que la richesse des effets. Voici en quoi consiste toute la technique des admirables tapis de Smyrne, et en quelque point de l'Orient que l'on se rende, on ne la trouvera pas moins rudimentaire. « Un métier de construction primitive, dit M. Eug. Müntz, fait d'arbres à l'état de nature, est appuyé contre le mur; un arbre que l'on peut tourner soutient les fils de laine grossière ou bien de poils de chèvre; un second arbre sert de support au travail achevé. D'une ficelle pendent les pelotons de laines de couleur dont les femmes enlacent les fils isolés pour confectionner le nœud. Après l'enlacement d'une série de nœuds et leur consolidation par le moyen d'un peigne, on insère de droite et de gauche un ou deux fils de la trame, et l'on passe à la série suivante. On peigne les touffes qui en résultent et on les égalise en les tondant avec des ciseaux. Les tapis portent le nom de « chalis ». On les confectionne d'après des modèles anciens, venus par voie d'héritage (à Gordes, par exemple, on ne possède que quatre ou cinq dessins très simples) ou sur commandes reçues de Smyrne d'après des échantillons, comme les Arméniennes les dessinent pour les mouchoirs de tête dont les femmes turques font usage. »

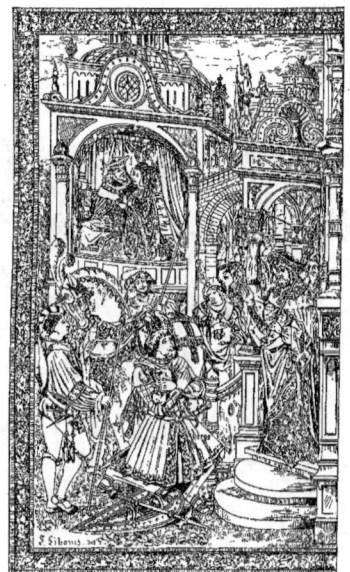

Fig. 312. — HISTOIRE DE DAVID. TAPISSERIE DE FLANDRE (XVᵉ SIÈCLE).

Voilà ce qui a suffi à rendre illustres entre tous les noms de Smyrne, de Koula, de Korassan, de Madras.

L'Inde, la Perse, le Daghestan, la Caramanie, rendent toute comparaison impossible. Tentures, tapis de prières ou de repos, avec leurs fantaisistes ou géométriques décorations exaltent la méditation, donnent une sensation de joie mille fois plus vive que le plus parfait de nos trompe-l'œil. Et le secret de cette intensité réside en peu de mots: la fantaisie absolue dans l'arrangement des motifs, l'absolue liberté dans l'interprétation.

C'est de l'Orient d'ailleurs que nous vinrent et les chefs-d'œuvre et les principes mêmes de la tapisserie. Bien que durant les premiers siècles du moyen âge les arts textiles fussent pratiqués avec honneur dans les principales contrées d'Europe, l'expression de « tapis sarrazinois (1) » employée pour désigner les ouvrages les plus précieux dans le mode oriental indiquait à n'en pas douter le but que se proposaient les ouvriers. Les diverses expéditions contre les Infidèles eurent pour résultat de familiariser l'Europe méridionale avec les arts de l'Orient, et d'amener l'importation des procédés. C'est ainsi qu'en 1146 Roger, roi des Deux-Siciles, à la suite d'une de ses expéditions contre les Grecs, emmena en captivité et installa à Palerme des ouvriers en tapisseries de soie, qui firent des élèves et familiarisèrent définitivement l'Europe latine avec les arts textiles de l'Orient.

(1) Ces tapis épais et ouateux étaient composés de pure laine, et l'emploi de l'étoupe était sévèrement interdit.

Nous ne pouvons nous perdre dans l'étude, assurément digne de la passion des archéologues, des opérations par lesquelles la tapisserie se dégagea peu à peu, et commença à abandonner sa physionomie orientale et byzantine pour adopter une allure franchement occidentale. Il nous est également interdit d'étudier la progressive démarcation des genres. Mais ce qu'il nous faut affirmer, c'est que dès le xiii° siècle la tapisserie acquiert une puissante originalité.

Une cathédrale française est quelque chose d'infiniment plus luxueux, plus chaud, on dirait presque plus voluptueusement mystique que le squelette qu'en ont transmis les siècles. La tapisserie pare les murailles de l'église, comme elle capitonne et adoucit l'intérieur des châteaux. La simple nomenclature des diverses tentures qui paraient le temple aux jours solennels indique l'importance de ce rôle.

Ce sont les *courtines*, les *vela*, les *aulea*, qui servent de tentures et de portières; les autels sont recouverts des *pallia*; les bancs des *bancalia*, leurs dossiers des *spaleriæ* et des *dossalia*, « espaliers» et « dosserets ». Le sol est comme ouaté par les *substratoria*, les *tapecii*; enfin il faut compter l'orgueil des baldaquins

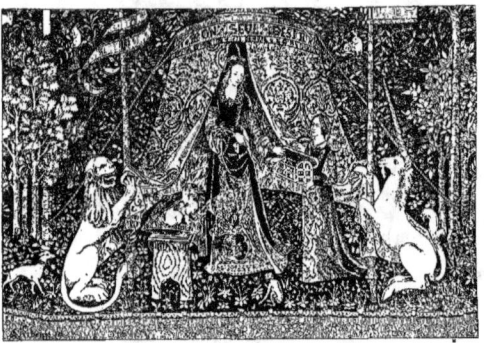

Fig. 543. — Tenture dite de la Dame a la Licorne (xv° siècle).

et des dais, qui concourent à la pompe des solennités et abritent les dignitaires de l'Église ou protègent, dans sa procession vénérée, le suprême symbole.

Quant aux intérieurs civils, non seulement la tapisserie est le meilleur de leur ornement, mais encore elle le constitue presque tout entier. Elle règne tout autour des vastes pièces, suspendue par des crochets, et des fentes correspondantes aux portes y sont ménagées. Enfin, au cours des grandes solennités publiques, les mémoires des historiens, les chants des poètes, les enluminures des manuscrits fourniraient mille exemples pour un, des tapisseries précieuses tendues d'un côté à l'autre de la rue, pendant aux fenêtres, enorgueillissant la façade des édifices, et même se laissant fouler par les chevaux, luxe exceptionnel du chemin.

Nous avons vu que dès la seconde moitié du xiii° siècle, Paris était déjà illustre par une très grande activité et prospérité dans les plus luxueux des arts textiles. A la même époque (nous ne saurions entrer encore une fois dans les débats d'érudition pure) Arras devient un des centres les plus importants de la tapisserie, et les tapisseries de haute lisse (1) qu'on y fabriquait donnèrent, en Italie, le nom générique à

---

(1) Il suffira de dire ici que l'expression de haute lisse désigne la tapisserie dont la chaîne est tendue verticalement; dans la tapisserie de basse lisse, moins estimée, la chaîne est tendue horizontalement.

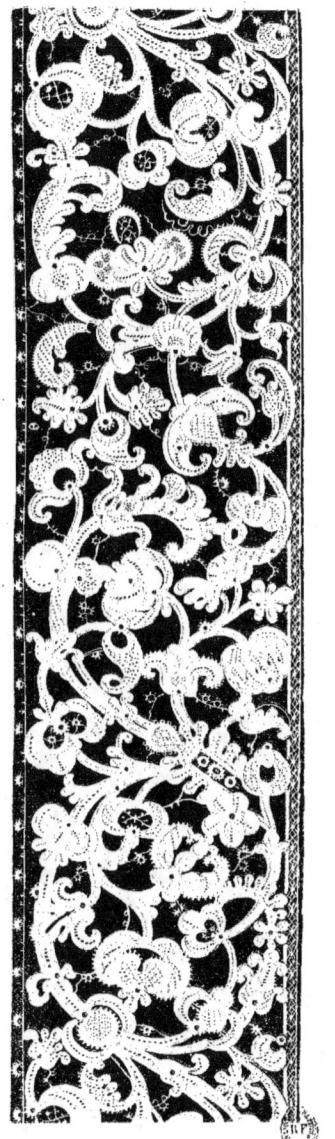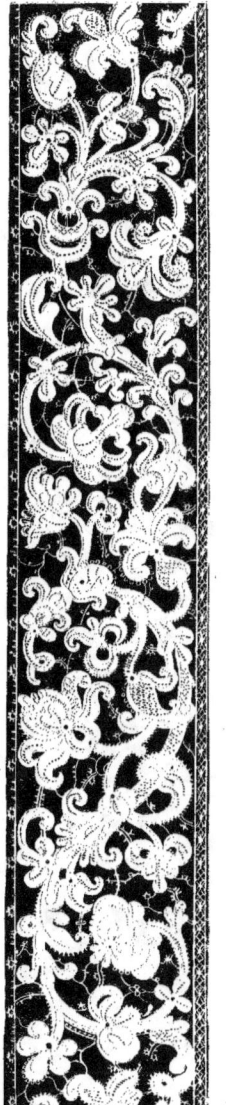

HISTOIRE DE L'ART DÉCORATIF

GUIPURE VÉNITIENNE
XVIIe SIÈCLE

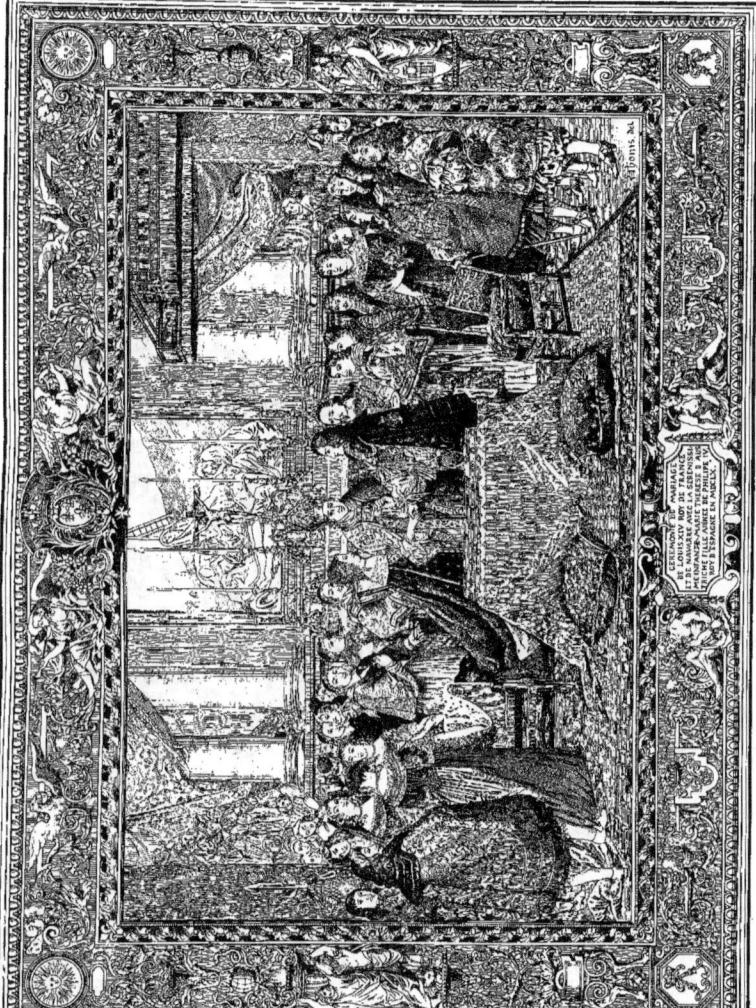

Fig. 514. — LE MARIAGE DE LOUIS XIV. TAPISSERIE DES GOBELINS EXÉCUTÉE D'APRÈS UN CARTON DE CHARLES LE BRUN.

ces ouvrages (*arazzi*). Le musée des Gobelins possède une tapisserie flamande du xiv° siècle, la *Présentation au Temple*, tissée en laine et en soie, qui malgré le nombre restreint des nuances employées (dix-neuf seulement) est d'un effet décoratif charmant et fort. De même, à la cathédrale d'Angers, on voit la plus grande partie d'une magnifique tenture des manufactures parisiennes, l'*Apocalypse*. Commandée par Louis d'Anjou en 1376, cette vaste composition, formée de deux séries superposées de tableaux à encadrements, fut exécutée par le maître tapissier Nicolas Bataille (mort vers 1406), sur les dessins de l'illustre peintre Jean de Bruges.

On a également retrouvé le nom et le titre des œuvres d'un autre grand tapissier parisien de l'époque, Jacques Dourdin. Il tissa des scènes historiques et allégoriques, épisodes du *Roman de la Rose*, histoire de

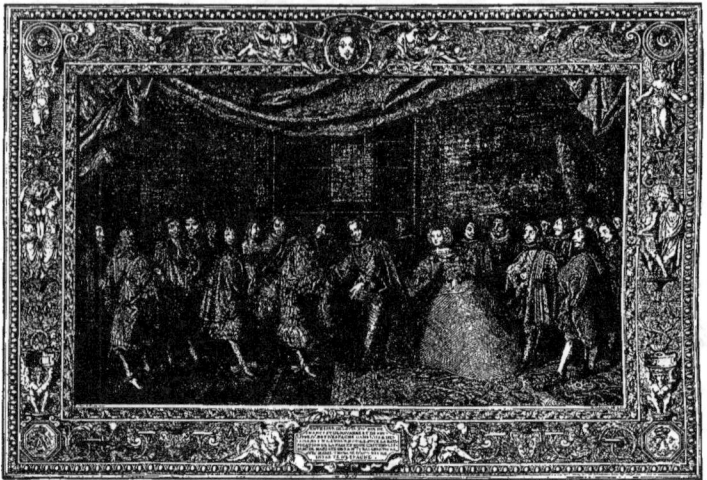

Fig. 318. — ENTRÉE DE LOUIS XIV ET DE PHILIPPE IV DANS L'ILE DES FAISANS. TAPISSERIE DES GOBELINS EXÉCUTÉE D'APRÈS UN CARTON DE LE BRUN.

Bertrand Duguesclin, histoire de *Charlemagne qui va secourir le roi Jourdain*, les *Souhaits d'amour*, *Dames partant pour la chasse*, les *Neuf Preuses*, etc., etc., enfin tout le chevaleresque galant de ce siècle.

On pourrait également citer un grand nombre d'ouvrages dans le même goût, et de même importance, provenant des ateliers flamands, on y verrait le témoignage de ce fait que la tapisserie fut la véritable peinture décorative au xiv° siècle. Mais cela n'est point en contradiction avec ce que nous avons dit tout à l'heure. Il s'en faut qu'elle emprunte les mêmes procédés de composition et de facture que la peinture elle-même. Le nombre des nuances est beaucoup plus limité encore que dans les peintures pourtant simplistes des manuscrits ou des fresques. Surtout, une liberté extrême règne dans la disposition : personnages, emblèmes, banderolles avec longues devises, animaux fantastiques se mêlant aux fantaisistes arborisations, aux rochers, aux architectures qui, se détachant sur les fonds richement verts, composent les paysages où l'action se déroule.

# HISTOIRE DE L'ART DÉCORATIF

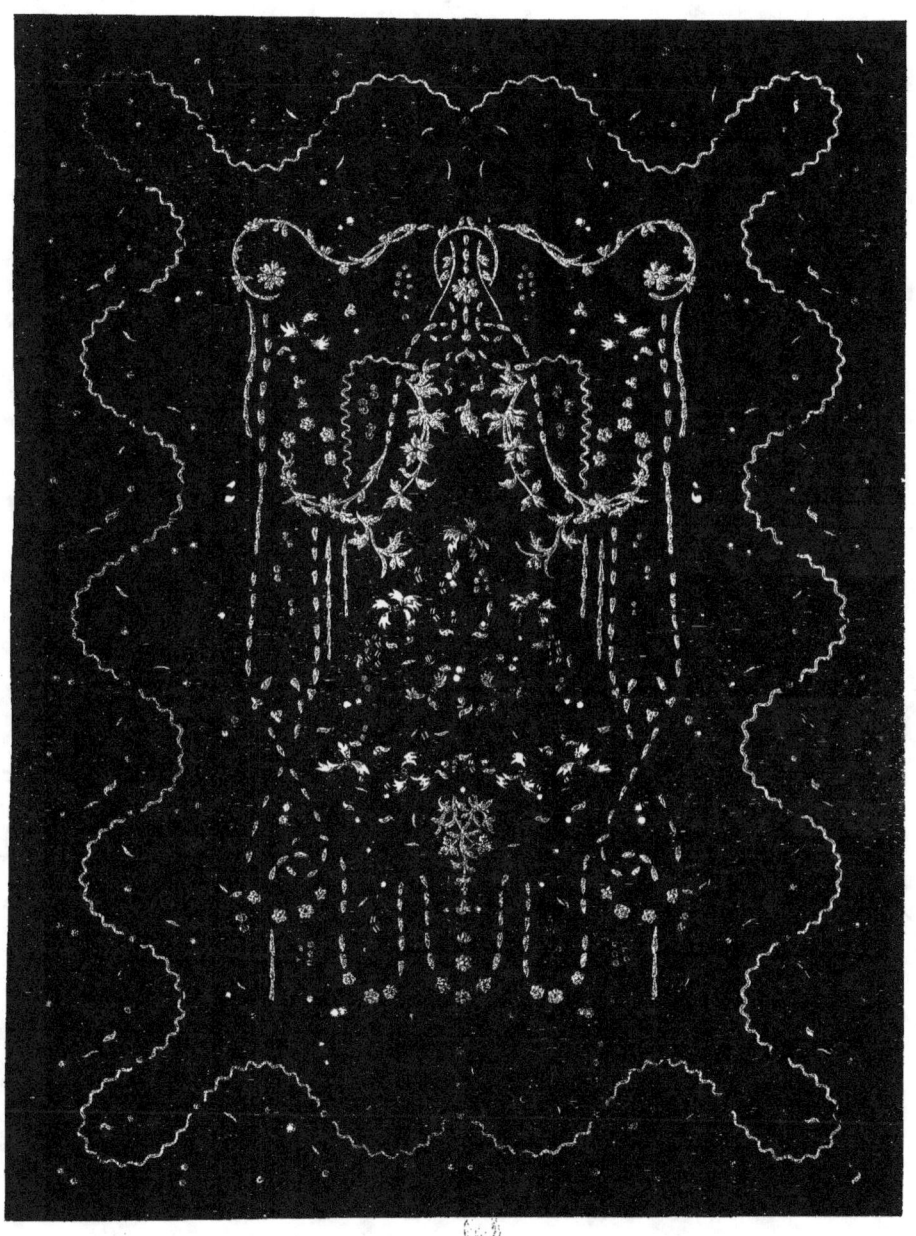

TAPIS DE PRIÈRE — TURQUIE
XVIᵉ SIÈCLE

Et l'on arrive ainsi au xv° siècle, où tout en conservant la désinvolture nécessaire dans l'interprétation, les tapissiers tirent de la nature, observée avec une plus libre analyse, d'immenses ressources inédites. Ici, l'influence flamande règne sans rivale. On emprunte à Van Eyck, à Memling, à Roger van der Weyden, l'exquise ingénuité de leurs figures, le touchant mélange de familier et de religieux; il est à noter qu'en même temps le paysage commence à prendre une grande importance, et devient plus rationnel. Mais il n'y a encore que peu de regret à en manifester; il est encore si touffu, si frais, si fécond en jolis épisodes; il abrite tant d'amusantes bestioles, d'oiseaux diaprés et produit tant de fruits vermeils!

Parmi les plus belles tapisseries que nous a transmises l'art flamand, il faut mentionner l'admirable triptyque la *Vierge glorieuse*, léguée au musée du Louvre par le baron Davilliers, les deux suites du *Martyre*

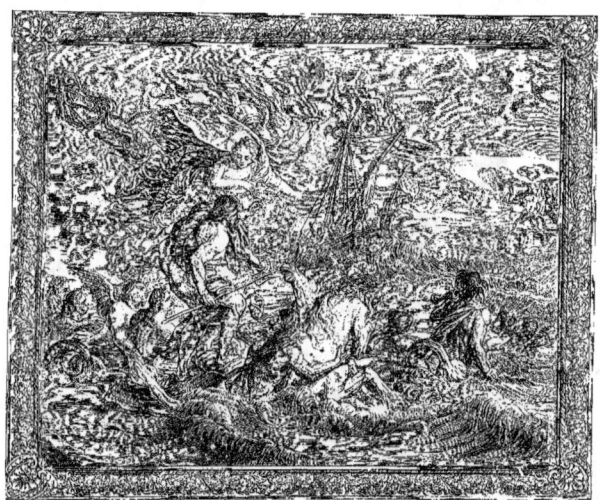

FIG. 516. — TRIOMPHE DE NEPTUNE. TAPISSERIE DES GOBELINS.

de *saint Étienne* et de *David et Bethsabée* au musée de Cluny, le *Triomphe* et le *Mariage de Béatrix* (collection Richard Wallace), etc., etc. Ce n'est pas seulement Arras qui produit ces illustres tapisseries; il y a encore à Bruges, à Tournay, à Valenciennes, à Bruxelles, quantité de métiers en perpétuel enfantement de chefs-d'œuvre. La technique est devenue prodigieuse. Les fils employés, d'une finesse extrême, sont mêlés par l'ouvrier à la soie et à l'or avec une surprenante virtuosité. C'est à Arras et autres ateliers flamands que la maison de Bourgogne puise les trésors de ses garde-meubles, riches entre tous: le *Triomphe de la Renommée*, les *Pairs de France*, les *Preux*, les *Preuses*, la *Bataille de Rosebeke*, les histoires de *Jason*, du *duc Guillaume de Normandie*, de *Sémiramis de Babylone*, de *Godefroy de Bouillon*, de *Bertrand Duguesclin*, et vingt autres suites où les vastes compositions étalent le choc des batailles, la pompe des cours du temps ingénument attribuée aux personnages des âges antiques, ou bien encore la préciosité des allégories et même la naïveté des pastorales, en leurs splendides coloris où s'entremêlent les scintillants rehauts d'or.

Cette rapide énumération des merveilles de la tapisserie au xv° siècle pourrait se clore sur un double regret. D'abord on constaterait la décadence complète des ateliers parisiens, ruinés par les guerres, momentanément éclipsés par ceux de Flandre. Puis on indiquerait l'influence grandissante, vers la fin du siècle, des tendances italiennes.

Bien que les premiers métiers de quelque importance établis en Italie fussent mis en œuvre par des émigrants flamands et français, les modèles avaient été rapidement empruntés, et d'une façon exclusive, aux Giovanni dei Corradi à Mantoue; aux Cosimo Tura, aux Gerardo de Vicence, aux Ugolino à Venise; aux Neri di Bicci, aux Victor Ghiberti à Florence, etc., etc. Les grands ouvriers flamands et français tels que Liévin de Bruges, Boteram, Jacquet d'Arras, etc., ne sont que les traducteurs des claires compositions italiennes. Bien plus, dès le milieu du xv° siècle, les Médicis envoyant leurs cartons à Bruges, la Flandre elle-même était, si l'on peut dire, déjà inoculée. Quelque admiration que l'on puisse avoir pour le génie italien, nous ne pouvons nous empêcher d'insister énergiquement sur ceci : dès que la tapisserie eut des tendances à devenir purement picturale, dès que le drame accapara toute l'attention et que le décor passant au second plan cessa de s'amalgamer étroitement avec la scène, ce fut le signal sinon de la décadence technique, — au contraire, on devait commencer à pousser plus loin que jamais la perfection en ce sens, — mais de la décadence esthétique. La tapisserie tableau substituait son contre-sens à la tapisserie décor.

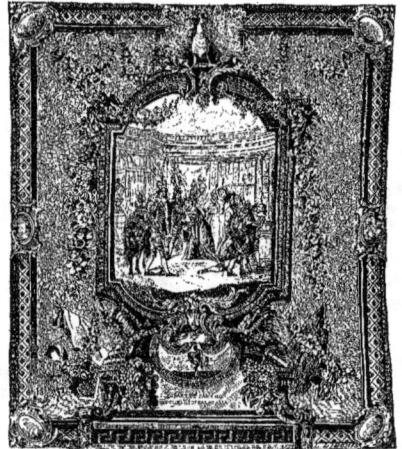

Fig. 517. — TAPISSERIE DE LA SUITE DE DON QUICHOTTE. TAPISSERIE DES GOBELINS D'APRÈS UN CARTON DE CH. COYPEL.

Aussi est-ce une consolation pour nous que de mentionner, après ce prodigieux épanouissement de la tapisserie au xv° siècle se terminant sur la ruine des ateliers parisiens et l'italianisation des ateliers flamands, une admirable suite française où semble pour la dernière fois se refléter la grâce ingénue et tendre, la séduisante et souriante luxuriance du moyen âge. Nous venons de nommer les six tapisseries de Boussac, dites de la *Dame à la licorne*. Ceux qui admireront au musée de Cluny, devant cette suite délicieuse, la poésie pénétrante des scènes se détachant sur un décor empourpré, ne regretteront pas leur pèlerinage et comprendront combien l'emportent sur une froide recherche de la réalité les gaucheries charmantes de la naïveté, et les attirants mensonges du rêve.

Est-ce à dire que le xvi° siècle n'ait pas produit de nobles travaux et, comme dans tous les autres arts, n'ait pas prouvé la puissance de son effort? Non certes, on y trouve de tout, et même quelques vestiges de naïveté. Ne voit-on pas des tapissiers, continuant les traditions du moyen âge, tisser encore les patientes allégories du *Roman de la Rose*, du *Combat des vertus et des vices*, des *Sept péchés capitaux*, à la saveur bien différente des classiques allégories italiennes? Ne peut-on mentionner encore les suites bien populaires et bien robustes de *Gombaud et Macée*, avec le gaulois esbaudissement des compères et des

HISTOIRE DE L'ART DÉCORATIF

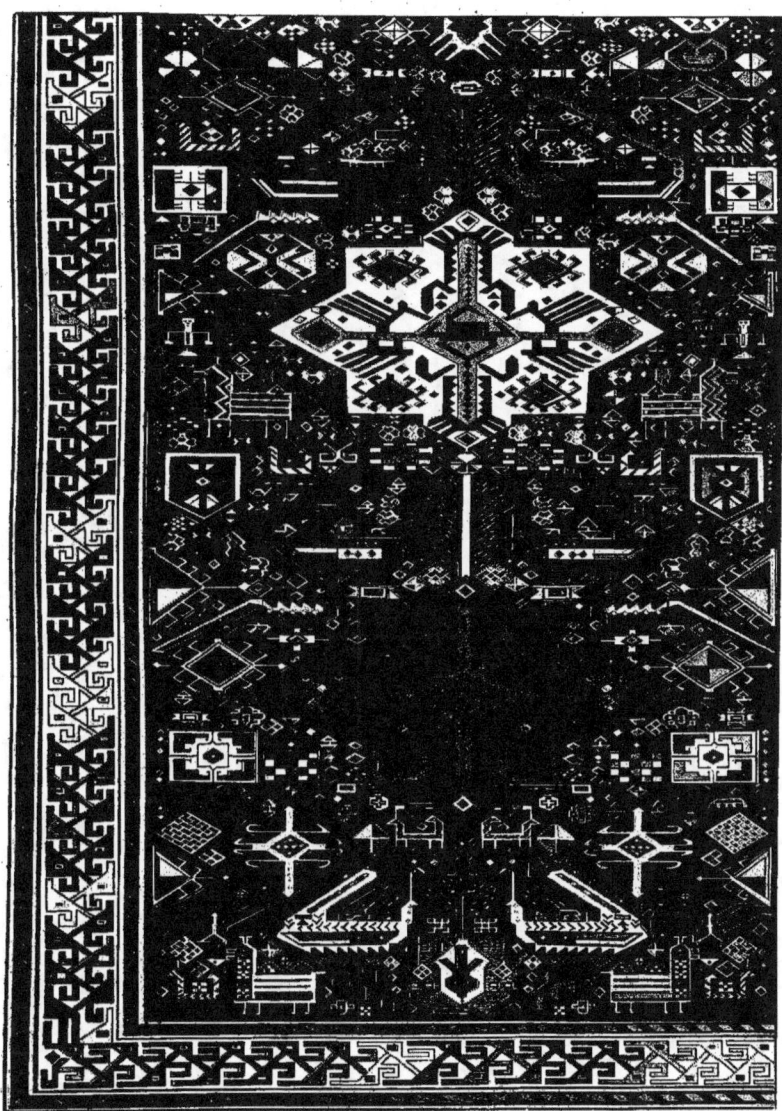

TAPIS DE SMYRNE

XVI<sup>e</sup> SIÈCLE

commères? Enfin, certaines œuvres trahissent encore la verve flamande ou française sans aucune influence ou mélange étranger.

Quoi qu'il en soit, l'activité est plus débordante que jamais. Bruxelles a hérité de toute la vogue des ateliers d'Arras; et c'est là que Léon X fait exécuter la suite célèbre des *Actes des apôtres*, d'après les cartons de Raphaël. C'est ici que se pose la question, déjà trop escomptée par nous pour que nous ayons besoin d'insister longuement et de nous égarer dans des subtilités esthétiques. L'influence décisive de Raphaël,

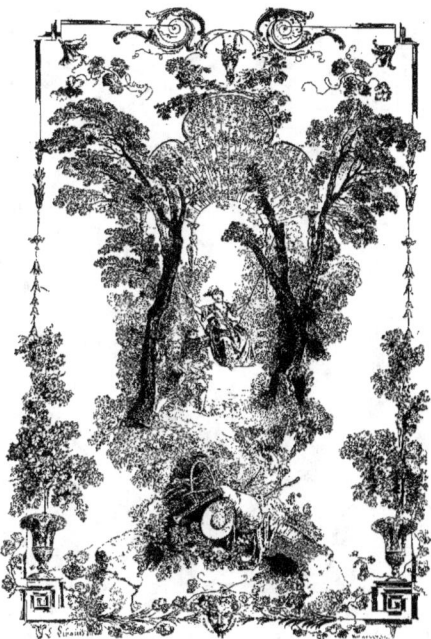

Fig. 518. — COMPOSITION D'ANTOINE WATTEAU.

avec cette suite fameuse, suite de fresques et non pas de tapisseries, a-t-elle été oui ou non fâcheuse pour l'avenir de la tapisserie en Europe? Nous l'avons dit et nous le disons encore : oui, elle a été fâcheuse, elle a été déplorable même; car pour parodier le vers connu,

Où le père a passé passera bien l'enfant,

où Raphaël avait passé, ne tarda pas à le suivre Jules Romain, et d'autres bien pires. On alléguera que Raphaël n'avait pas entièrement sacrifié l'élément de pure décoration, et on appellera l'attention sur les importantes bordures de ses *Actes*, où des grotesques, des rinceaux, des figures fantaisistes sont multipliés avec facilité. Que l'on compare ces froids et conventionnels caprices avec les inépuisables

318   LES ARTS DU TISSU.

imaginations des siècles précédents. Puis, n'est-ce pas l'élément décoratif proprement dit banni de la tapisserie elle-même, et relégué dans l'accessoire? C'est pour cet élément qu'il fallait revendiquer au contraire la première place, et nous verrons deux siècles plus tard un génial artiste de France renouer, avec son tempérament particulier, cette tradition. Il faut pourtant citer, entre autres exceptions, la belle tapisserie bruxelloise de la collection Spitzer : l'histoire de la statue miraculeuse de N.-D. de Sablon.

Mais tout de suite après cette œuvre purement flamande il faut citer, outre les *Actes des Apôtres* exécutés par Van Aelst, les suites terriblement italiennes des *Jeux d'enfant* d'après les cartons de Jean d'Udine, *bambini* folâtrant parmi des guirlandes; des *Grotesques* d'après Francesco Penni; puis, de Jules Romain, et de son intarissable école, la *Grande* et la *Petite histoire de Scipion*, les *Fructus Belli*, les *Grotesques*, l'*Histoire de Romulus*, l'*Histoire de Moïse*, etc., etc.

Dans la seconde moitié du XVIe siècle, la fabrication bruxelloise décline visiblement. Et, indice caractéristique à l'appui de notre thèse, les bordures en grotesques d'abord adoptées avec tant d'enthousiasme finissent par être fort négligées; elles font place à de lourdes bottes de fruits et de légumes, auxquelles se mêlent quelques poncives et négligées figures allégoriques.

Quels travaux verrons-

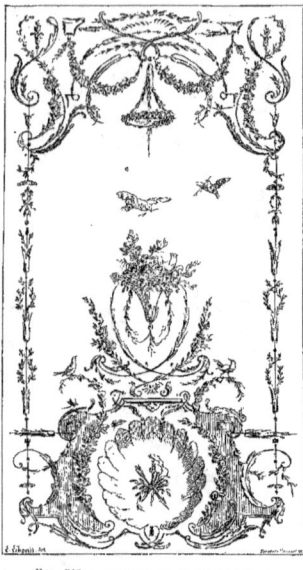

Fig. 519. — CARTON DE CLAUDE GILLOT.

nous dans le pays même d'où partit cette délétère influence? Chose curieuse, dans certaines manufactures, nous constaterons au contraire des éléments de grâce, de fantaisie, de verve spirituelle. Ce sont, par exemple, les caractères dominants des productions de la manufacture Ferraraise. Les *Métamorphoses* de Baptista Dosso, les *Grotesques* de Lucca Cornelio, etc., montrent des frondaisons légères, des féeries gaiement mythologiques. Mais il ne faudrait pas s'y tromper, tout cela est bien plutôt du décor de théâtre que du décor de rêve.

A Florence Cosme Ier de Médicis fonde l'Arrazeria Medicea, et charge deux flamands, Jean Rost et Nicolas Karcher, de la direction des travaux. Ici la tendance théâtrale et classique devient beaucoup plus manifeste avec les compositions du Bronzino, de Francesco Salviati, de Francesco d'Albertino le Bachiacca. Les grotesques mêmes de ce dernier sont d'un guindé et d'un factice insupportable. Il ne s'agit point d'ailleurs de contester l'habileté de ces artistes en tant que dessinateurs; mais ne nous occupons-nous pas ici d'un art où le coloris est tout, et la correction du dessin un luxe dont on pourrait à la rigueur se passer. Or l'école florentine n'a produit que de grandes compositions historiques ou allégoriques où l'idée de décoration pure disparaît presque entièrement.

Ce furent aussi en grande partie les défauts de notre école de Fontainebleau où François Ier s'efforça de faire renaître la prospérité des anciens ateliers de Paris. Comment pouvait-il en être autrement quand on demandait les modèles au Primatice, à Matteo del Nassaro, etc.? Cependant une légèreté, une bonne grâce française se font jour quand même dans certains de ces travaux. Il n'en faut pour témoin qu'une charmante

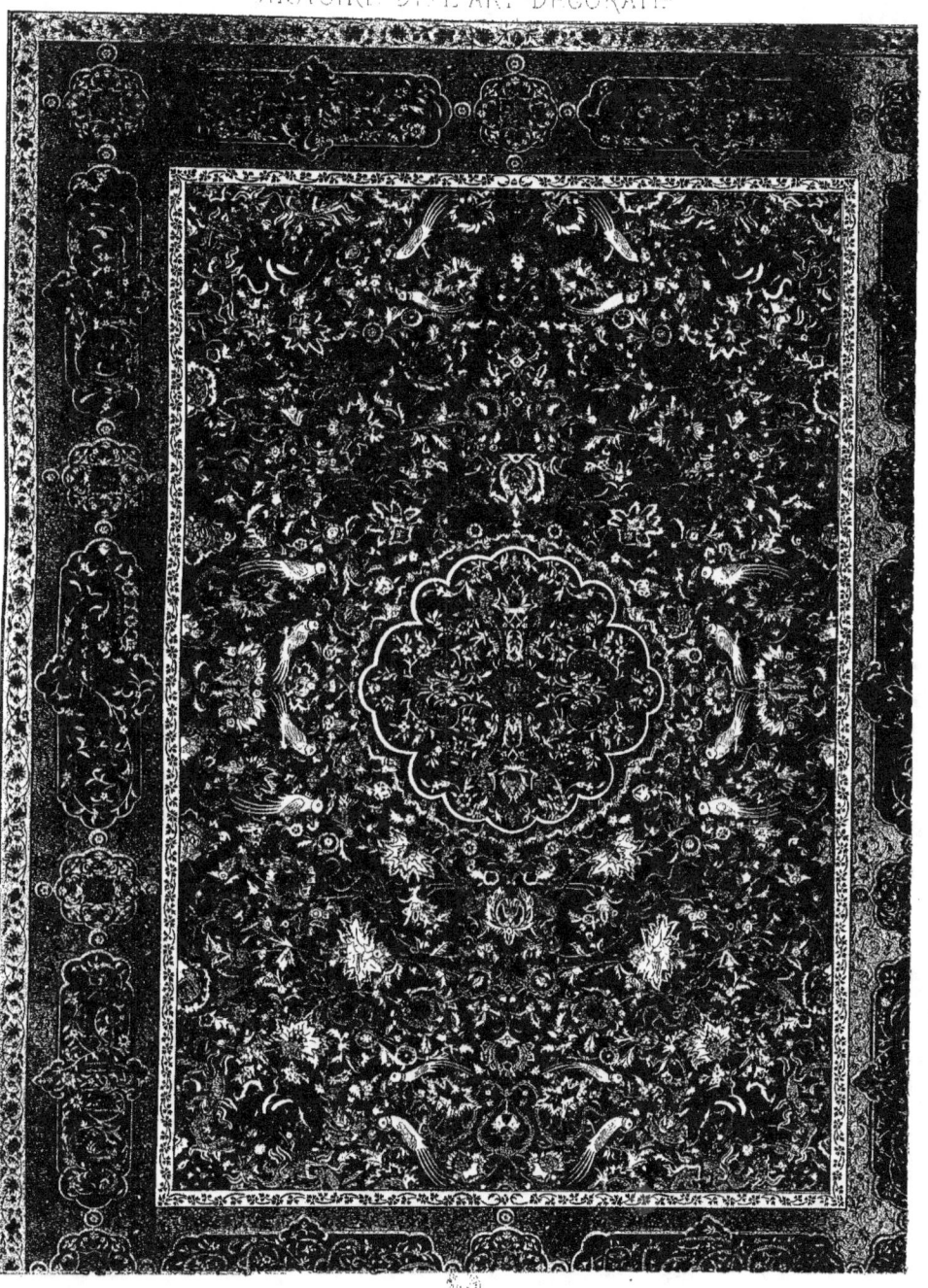

HISTOIRE DE L'ART DÉCORATIF

TAPIS PERSAN

tenture de grotesques, conservée au musée des Gobelins : combinez l'esprit d'Etienne de Laulne et de Du Cerceau, vous aurez l'idée de cette jolie tapisserie. Il faut noter également, pour la louer, la tentative d'Henri II de faire revivre les ateliers de Paris même, en fondant à l'hôpital de la Trinité une manufacture qui occupait d'assez nombreux métiers et dura jusque vers le milieu du xvIIIe siècle. Antoine Caron et Henri Lerambert exécutèrent les principaux cartons de cette manufacture ; entre autres une suite de l'*Histoire de Mausole et d'Artémise*, allusion allégorique au veuvage de Catherine de Médicis. Force nous est de déclarer que l'originalité des résultats ne répondait pas à l'intention qui présida à la fondation de ces ateliers. On peut juger par une des tentures d'*Artémise* au garde-meuble national, de tout ce que cette suite, inspirée du plus factice Jules Romain, présentait d'opposé aux admirables tapisseries parisiennes du xIVe siècle.

A quelques critiques pourtant que prêtent ces travaux, on doit les considérer comme l'acheminement à l'imposant renouveau qui allait une fois de plus remettre, au xvIIe siècle, la France à la tête de l'art de tapisserie. Nous n'avions connu, en somme, qu'une lassitude, un épuisement passager. Il faut donc dire quelques mots de quelques ateliers, précurseurs de la glorieuse fondation des Gobelins, qui rendirent à la tapisserie quelque activité au début du siècle. Henri IV venait

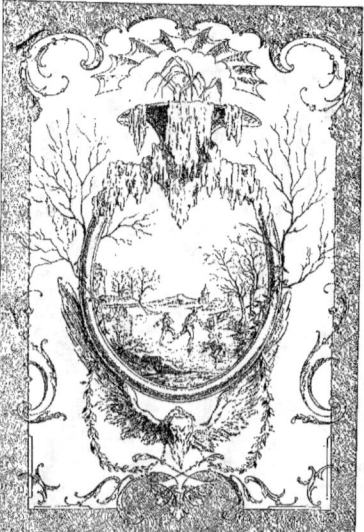

Fig. 520. — L'HIVER, D'APRÈS CLAUDE GILLOT.

de créer en 1597, au faubourg Saint-Antoine, un atelier de haute lisse sous la direction de Laurent et Dubourg. En 1603, les métiers étaient transportés du faubourg Saint-Antoine au Louvre.

En 1604 il faisait travailler sous la direction de l'intendant et ordonnateur des bâtiments royaux, de Fourcy, des tapissiers flamands. Enfin, en 1607, le très actif monarque décide l'installation de nouveaux et plus importants ateliers aux Tournelles (plus tard au faubourg Saint-Marceau) sous la direction des deux maîtres flamands La Planche et Coomans ; il leur fait ainsi qu'à leurs collaborateurs de grands avantages. Ce n'est pas tout, il crée au Louvre une fabrique de tapis « à la façon de Perse ou de Turquie », sous la direction de Pierre Dupont. Si on rappelle qu'en outre les ateliers de la Trinité continuaient à produire, on reconnaîtra qu'un peu de la grande activité d'antan recommençait à naître à Paris. Cette activité, il est vrai, fut de courte durée, et la mort du roi lui porta un coup fatal. On peut voir au musée des Gobelins des spécimens des tapisseries de cette époque et notamment de l'atelier des Coomans. Tel, le *Sacrifice d'Abraham*, la *Métamorphose d'Aréthuse*, la *Chasse de Méléagre*. Ce sont de belles pièces plus savantes qu'entraînantes.

Il faut de même mentionner comme des plus honorables les travaux de l'école du Louvre qui, sous Louis XIII, grâce à la direction de Pierre Lefèvre, ne se ralentissent pas. Mais un atelier qui doit bien davantage attirer l'attention, le xvIIe siècle étant arrivé vers son milieu, c'est celui de Vaux, ou mieux de Maincy, fondé par le surintendant Fouquet, en 1658, et que dirige un artiste qui va bientôt devenir le chef tout-puissant, le souverain absolu dans le domaine de l'art, nous avons nommé Le Brun. C'est sous sa vigoureuse et impérieuse direction que la manufacture des Gobelins deviendra le plus illustre centre de production artistique, dans l'ordre décoratif, de l'Europe entière. Louis XIV, Colbert, Le Brun, telle est la sorte de hautaine trinité devant laquelle tout s'incline et des volontés de laquelle tout s'inspire. Louis XIV est le maître, Colbert l'administrateur, Le Brun l'exécuteur, merveilleux de fougue, de puissance dans la conception, d'activité dans l'exécution.

Nous avons cité déjà plus haut quelques-unes des remarquables considérations que Colbert avait données comme avant-propos à la fondation de la *Manufacture royale des meubles de la Couronne*, et la fière déclaration de principes par laquelle on se proposait de faire dorénavant œuvre française. Transcrivons encore ces lignes qui précisaient le but même de la fondation : « L'affection que nous avons pour rendre le commerce et les manufactures florissantes dans notre royaume nous a fait donner nos premiers soins, après la conclusion de la paix générale, pour les rétablir et pour rendre les establissements plus immuables, en leur fixant un lieu commode et certain. Nous avons fait acquérir de nos deniers l'Hostel des Gobelins, et plusieurs maisons adjacentes, fait rechercher les peintres de la plus grande réputation, des tapissiers, des sculpteurs, orphèvres, ébénistes et autres ouvriers plus habiles en toutes sortes d'arts et de mestiers, que nous y avons logés, donné des appartemens à chacun d'eux et accordé des privilèges et avantages. »

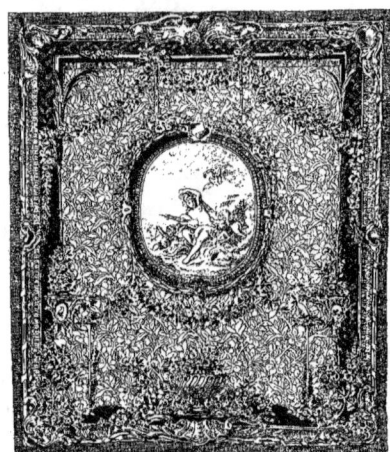

FIG. 521. — TAPISSERIE DE LA SUITE DES AMOURS DES DIEUX. CARTON DE BOUCHER.

Le Brun, dont le roi avait eu l'occasion d'apprécier le talent en ce château de Vaux, si fatal à son possesseur, fut mis à la tête du nouvel établissement comme « personne capable et intelligente dans l'art de la peinture » et pour « faire les dessins de la tapisserie, sculpture et autres ouvrages, les faire exécuter correctement et avoir la direction et inspection générale sur tous les ouvriers qui seront employez dans les manufactures ». Ce programme dit à peine la tâche immense qui échut à Le Brun, et dont il s'acquitta en grand et magnifique artiste. Il ne s'agit plus ici de discuter une esthétique, de juger les tendances d'un talent. Il est permis d'avoir plus ou moins de sympathie pour un art pompeux et grandiloquent; on peut être plus sensible à l'émotion véritable qu'au faste le plus grandiose, à l'intimité qu'à la majesté, à la grâce qu'à l'orgueil. Mais ce qui est impossible, c'est de n'être pas subjugué par la splendide activité de Le Brun, et de ne pas reconnaître que parmi les rêves de grandeur qui ont pu hanter l'imagination d'un artiste, celui-là fut un des plus grands et surtout des plus complètement réalisés. Louis XIV trouva, et cela dit tout, un décorateur à la hauteur de sa superbe.

Nous avons indiqué, dans le premier livre de cet ouvrage, le caractère dominant dans l'œuvre décorative de Le Brun; il nous est donc inutile d'y revenir. Toutefois cette simple appréciation esthétique ne peut donner une idée de la multiplicité des préoccupations de ce maître, et de longs répertoires seuls montreraient l'importance matérielle de sa carrière. On le verrait, à côté des toiles colossales,

HISTOIRE DE L'ART DÉCORATIF

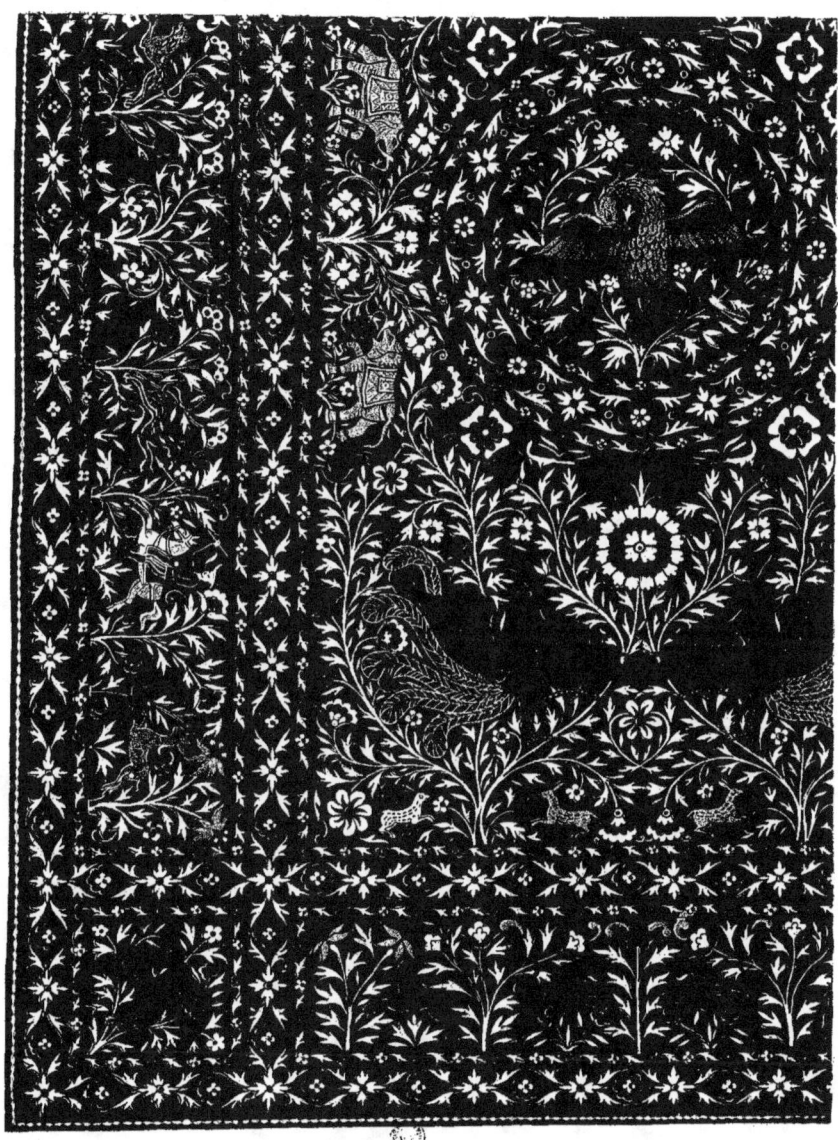

TAPIS INDIEN
XVIᵉ SIÈCLE

des vastes cartons de tapisserie, dessinant jusqu'aux trophées, aux motifs des corniches et des lambris, et ne laissant pas pour ainsi dire un bouton de porte être posé à Versailles, sans que le dessin n'ait été tracé ou rectifié de sa main. C'est là une belle et fière besogne, et elle confond tellement de surprise, qu'au premier abord on serait tenté de se déclarer partisan du système d'une monarchie absolue en art. Sa conséquence, la souveraine personnalité de Le Brun mise à part, c'est que parfois il enfante des œuvres imposantes, et cohérentes de toutes pièces.

C'était ce qu'il importe de faire remarquer, car pour les détails concernant la fondation en elle-même, ils font l'objet d'assez de notices pour que l'on ait à peine besoin d'indiquer les sources.

Nous rappellerons donc sommairement que l'Hôtel où se trouvait installée cette manufacture royale avait été fondé au XV° siècle par une famille industrielle qui s'était illustrée dans la science de la teinturerie. Les Gobelins avaient eu pour successeur les Canages, qui s'étaient eux-mêmes, semble-t-il, associés en 1630 avec les Coomans, que nous avons déjà nommés.

Puis nous rappellerons les noms des collaborateurs de Le Brun, du moins pour la seule tapisserie : Jans, Jean Lefèvre, Girard Laurent, Jean Delacroix, Mosin. Sous ces entrepreneurs travaillaient deux cent cinquante ouvriers. Delacroix et Mosin conduisaient seulement les travaux de basse lisse.

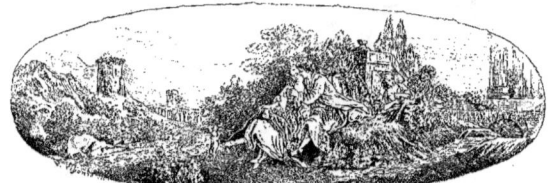

FIG. 522. — TAPISSERIE DES GOBELINS, D'APRÈS BOUCHER.

Toutes les œuvres sorties de la *Manufacture royale* ne sauraient mériter notre égale admiration. D'une part, certaines grandes compositions de Le Brun lui-même, telles que les fameuses batailles d'Alexandre, la traduction des *Actes des Apôtres*, des *Stances du Vatican*, d'après Raphaël, les grandes allégories de Noël Coypel : *Triomphe de la foi, Triomphe de la philosophie, Triomphe des Dieux*, etc., malgré leur noblesse, ne nous inspirent qu'une réflexion : c'est qu'elles contribuèrent avant tout à lancer la tapisserie en France dans la voie académique, où elle a fini par s'appauvrir et se congeler. En revanche, nous trouvons dans l'œuvre de Le Brun elle-même, ainsi que dans la collaboration avec Van der Meulen, des pages d'histoire précieuses, reflet digne d'admiration de cette époque éclatante, de ce cortège fastueux et féerique, que pendant cinquante années fut le règne de Louis XIV. A ce titre, l'*Histoire du Roi*, les *Résidences royales* et autres suites analogues sont d'admirables documents d'art et d'histoire. Et la preuve, c'est que dans l'*Histoire d'Alexandre* elle-même, Le Brun, qui était à sa façon un grand naturaliste — puisque son œuvre est supérieure surtout dans ses interprétations des événements contemporains — sent sa verve gênée et se faisant plus boursouflée que vraiment forte.

Il n'est pas inutile non plus de faire remarquer que, si peintre d'histoire avant tout que soit Le Brun, il ne méconnaît pas complètement les qualités propres de la tapisserie, et laisse aux ouvriers chargés de traduire ses peintures, une dose encore honorable de cette liberté d'interprétation qui fera plus tard le sujet de tant de querelles et dont la persécution causera de si fâcheuses erreurs. Un rapport de M. Denuelle, au nom de la commission de la manufacture des Gobelins, établit que Le Brun se sert seulement de trois plans et que la perspective ne s'accuse que par l'échelle des détails. Pour les carnations il a seulement trois gammes, pour les hommes, pour les femmes, pour les enfants. Les tons de la tapisserie sont d'une grande franchise, n'ayant pas plus de six teintes par couleur. Enfin l'emploi de l'or dans les draperies et les ornements indique encore un réel souci de démarcation entre la peinture proprement dite et la tapisserie. Cela doit être rappelé comme circonstances atténuantes à ceux qui seraient tentés de rendre Le Brun seul responsable de l'hérésie qui confond les deux genres.

Il suffit, pour notre revue, de mentionner les autres manufactures françaises du xvii<sup>e</sup> siècle : Lille, qui en 1667 reprit un peu de l'ancienne activité ; Nancy, qui fonctionna seulement pendant le premier quart du siècle ; puis Aubusson qui ne fut guère goûtée de son temps, ainsi que Felletin, ou « Feuilletin » qu'on jugeait employer des matières trop grossières. Enfin deux ateliers de beaucoup plus célèbres : celui de la Savonnerie, qui continuait la fabrication des tapis veloutés et sous prétexte de « façon de Turquie » demandait ses modèles à l'arrangeur de fleurs Baptiste Monnoyer, à Lemoyne, et reproduisait de pompeux tableaux d'histoire ; puis l'atelier de Beauvais, dont la fondation remontait à peu près à la même époque que celui des Gobelins, mais qui ne devait prendre toute son importance qu'au siècle suivant, et commença à prospérer lorsqu'une crise, en 1694, causa la fermeture provisoire des Gobelins.

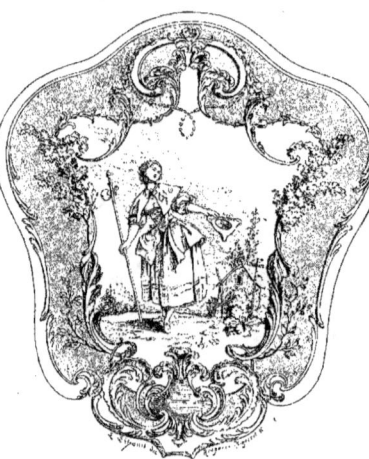

Fig. 523. — ÉCRAN, D'APRÈS BOUCHER.

Quant aux ateliers étrangers, voici le spectacle qu'ils présentent. Bruxelles ne fait plus que des travaux de commerce, redites et besogne hâtive. Par un étrange purisme, il s'est rencontré des critiques, comme Charles Blanc, pour s'élever contre la seule tentative originale et intéressante : les scènes rustiques de Téniers ; pour un peu ils s'écrieraient, eux aussi : « Otez-moi ces magots ! » Quant à nous, sauf les réserves que nous avons faites sur leur tendance picturale, leur forte saveur, leur gai naturalisme nous semblent mille fois préférables à l'insipidité des *Chasses au cerf*, des *Histoires d'Alexandre*, version belge des tapisseries des Gobelins, ou des répétitions persistantes des trop fameux *Actes des Apôtres*.

Ces *Actes*, nous les retrouvons en Angleterre, où les ateliers de Mortlake (1620) témoignent du moins d'un désir de bien faire. De même, Charles I<sup>er</sup> demande à Rubens les cartons d'une *Histoire d'Achille*.

Des ateliers de tapisserie dirigés par des Flamands se fondent encore en Russie, en Danemark, en Allemagne. Enfin on ne peut parler de l'Italie que pour constater son absolue décadence : deux manufactures seulement subsistent : une à Rome, l'autre à Florence, ainsi que quelques métiers à Venise, et de grandes compositions historiques, d'après des peintures médiocres, sont la viande creuse dont se nourrissent les tapissiers flamands ou français qu'on entretient encore.

C'est un véritable repos pour l'œil et l'esprit quand, au sortir de ces deux siècles de magnificence se terminant dans l'emphase, le majestueux aboutissant au théâtral, on entre dans la toute gracieuse et fraîche féerie du xviii° siècle. La nature dans ce qu'elle a de plus riant est appelée à la rescousse. Sans doute on fait son choix et peut-être parmi les oiseaux ira-t-on chercher plutôt la colombe; dans le règne végétal, on préférera la rose, épines ôtées, au chardon, qui avait fourni aux puissants décorateurs du moyen âge de si rudes effets. Tout sera tendre et délicat; mais quel charme, quelle intimité voluptueuse, quelles perpétuelles agaceries! Sans doute, les épiques accents de Le Brun se sont éteints, et l'on entendra plus de flûtes et de hautbois que de trompettes, tout au plus quelques trompes de chasse. Et ce sera la détente des nerfs... jusqu'à ce que, par la nonchalance et le sourire prolongé, les nerfs s'exaspèrent de nouveau, mais cette fois dans un anéantissement complet de tout art. La tempête broie les buissons de roses, met en fuite les mezzetins et les bergères, arrête les moqueries dans le gosier des merles et le roucoulement sous la gorge nuancée des tourterelles.

Deux décorateurs dominent par leur influence tout l'art décoratif de la première partie du xviii° siècle, dans l'ordre pictural. Nous les avons retardés jusqu'ici parce que l'étude de leur talent nous semblait plus à propos dans ce chapitre de la tapisserie que partout ailleurs. En réalité leur œuvre n'a peut-être pas été absolument exploitée par les tapissiers proprement dits autant que l'on pourrait croire. Mais leur influence est tellement forte, tellement évidente sur tous les autres artistes qui ont plus spécialement donné des cartons, qu'ils ne sauraient mieux trouver place qu'ici, et c'est par ces deux figures riantes que nous terminons les notes, répandues au cours de ce livre, sur les maîtres décorateurs que nous voudrions enfin voir en possession, chez nous, du rang qui leur convient.

Le premier et le moins considérable des deux est Claude Gillot (1673-1722).

L'influence de ce charmant artiste n'a pas été moindre, dans la première période du xviii° siècle, sur la tapisserie que sur la peinture décorative proprement dite. Nous citons pour mémoire, dans son œuvre gravée, de charmants dessus de clavecin, représentant un concert de musiciens avec la collaboration active de singes remuants et espiègles, parmi de jolies arabesques, fines, négligemment indiquées. De même de jolis recueils pour l'arquebuserie, la damasquine, la sculpture des crosses de mousquets.

Dans l'ordre de la costumerie, nous devons citer aussi des travestissements d'opéra, tout un monde mignon, fardé, pomponné, sans consistance presque, un Mercure à perruque, à jupe et à manteau, un Temps à turban, des Heures du jour et de la nuit, en jupes bouffantes à guirlandes, des Roys avec d'extraordinaires couronnes de panaches; des Furies, des Faunes, des Folies, tous ces fantaisistes personnages se donnaient rendez-vous, cela va sans dire, non seulement dans les coulisses des théâtres, mais aussi sur les tentures et les paravents, les ameublements et les trumeaux.

Ils se combinaient avec les motifs multiples du « Livre d'ornements, de trophées, culs-de-lampe et devises inventés par Gillot et gravés par Huguier », répertoire divertissant de petits ornements, allégories à tritons, serpents, chevaux marins, dauphins, rubans, torches enflammées, petits attributs tels que carquois, flûtes, lyres, hautbois et casques; on y rencontre même deux ou trois planches avec des agneaux de Pâques et des I H S d'une religion peu convaincue.

Mais nous voici, avec le « Livre de Portières inventées et gravées à l'eau-forte par Gillot, peintre du roi », dans le domaine de la tapisserie pure. On y retrouve bien les linéaments de l'architecture aérienne si joliment cultivée par Du Cerceau, Théodor de Bry, Étienne de Laulne: dais, consoles, chutes, guirlandes, lambrequins et termes; mais tout cela s'est adouci, a pris l'indécis de ruines, par une sorte de paresse de négligence séduisante qui fait pousser sur cette spirituelle ossature un insaisissable estompage de nuées, de frondaisons, de flots, d'herbes folles, qui donnent à ce qui subsiste des palais de jadis, on ne sait quelle vie parasite et quel sourire sans façon.

Le second maître est un des plus géniaux de la peinture française; c'est Watteau (1684-1721), à qui, en France même, on a fait l'outrage de reprendre, en plein musée national, une place d'honneur accordée par de plus clairvoyants. C'est en notre temps qu'on a expulsé du salon carré du Louvre l'*Embarquement pour Cythère!*

Il est juste de proclamer ceci : Watteau est un des plus grands décorateurs de tous les pays et de toutes les époques. Cet homme a le génie de la décoration. Il paraît fortement paradoxal de dire qu'il s'est inspiré directement de la nature, et pourtant c'est à la nature même qu'il a emprunté tous les éléments qu'il groupe de façon si imprévue et si fantaisiste. C'est de l'arrangement, non du document, et voilà la nuance.

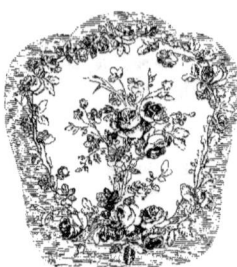

FIG. 524. — TAPISSERIE DES GOBELINS.

Quant aux idées, elles sont exquises de galanterie ingénieuse. Elles portent la marque de l'art le plus charmant, le plus propre au plaisir des yeux, au chatouillement de l'imagination qui se soit jamais manifesté.

Watteau, dans toutes ses compositions, excelle à faire régner l'*air*. Dans ses jardins, où des personnages de voluptueuse comédie s'ébattent, on sent l'horizon fuir, une brise légère caresser la joue, s'enfoncer dans le vaporeux la reculée des grands jardins. Cet air est absolument rafraîchissant et pur, bien que la nature y soit arrangée un peu. En un mot l'époque, réelle ou imaginée, où l'art de Watteau se donna carrière, est une des plus exquises pour ceux qui s'éprennent de sensations rétrospectives, car elle est par excellence l'époque de la grâce.

S'il faut maintenant entrer dans le détail des compositions que l'on ne peut voir même en simples estampes, noir sur papier jauni, sans tout de suite les agrandir et les colorer par l'esprit, c'est une revue délicieuse. Voici les *Quatre Éléments*, les *Quatre Saisons*, charmants panneaux. Une jolie suite de sujets souriants, le *Faune*, *Momus*, le *Buveur*, la *Folie*; ce dernier, une simple figure entre quatre tiges de plantes grimpantes extrêmement délicates, sous une façon de dais en feuillage. Dans ces compositions, de place à autre se rencontre un objet familier concourant à la décoration, bien que copié dans toute sa réelle rusticité : un panier, une cage d'osier, une bouteille clissée, une quenouille, un arrosoir, une cornemuse fort simple, une houlette sans le moindre ruban.

Autre série adorable : la *Grotte*, le *Berceau*, le *Théâtre*. Cette dernière planche, un théâtre de verdure, charmilles de chaque côté, un horizon de paysage au fond ; sur la scène des personnages galants, couchés ou marivaudant ; en bas, sur le devant de la scène, un mascaron vomit de l'eau dans une vasque. Rien n'est décoratif comme le parti que Watteau a tiré de l'eau, du feuillé des arbres, éléments l'un si vague,

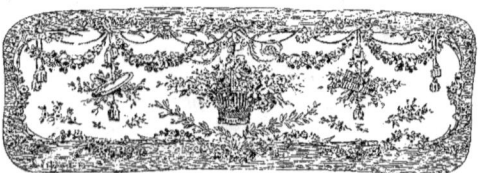

FIG. 525. — TAPISSERIE DE BEAUVAIS.

l'autre si peu géométrique, si indiscipliné, en les laissant cependant absolument tels qu'ils sont.

On ne sait que citer, car il faut se limiter ; pourtant cette suite de trois pièces : la *Déesse* (une Diane sur un nuage) ; le *Galant* (une déclaration dans un parc) ; le *Dénicheur de moineaux* (une scène d'amour dont un nid est le prétexte). Puis, au hasard, les *Enfants de Momus* et la *Cause badine*, deux grandes

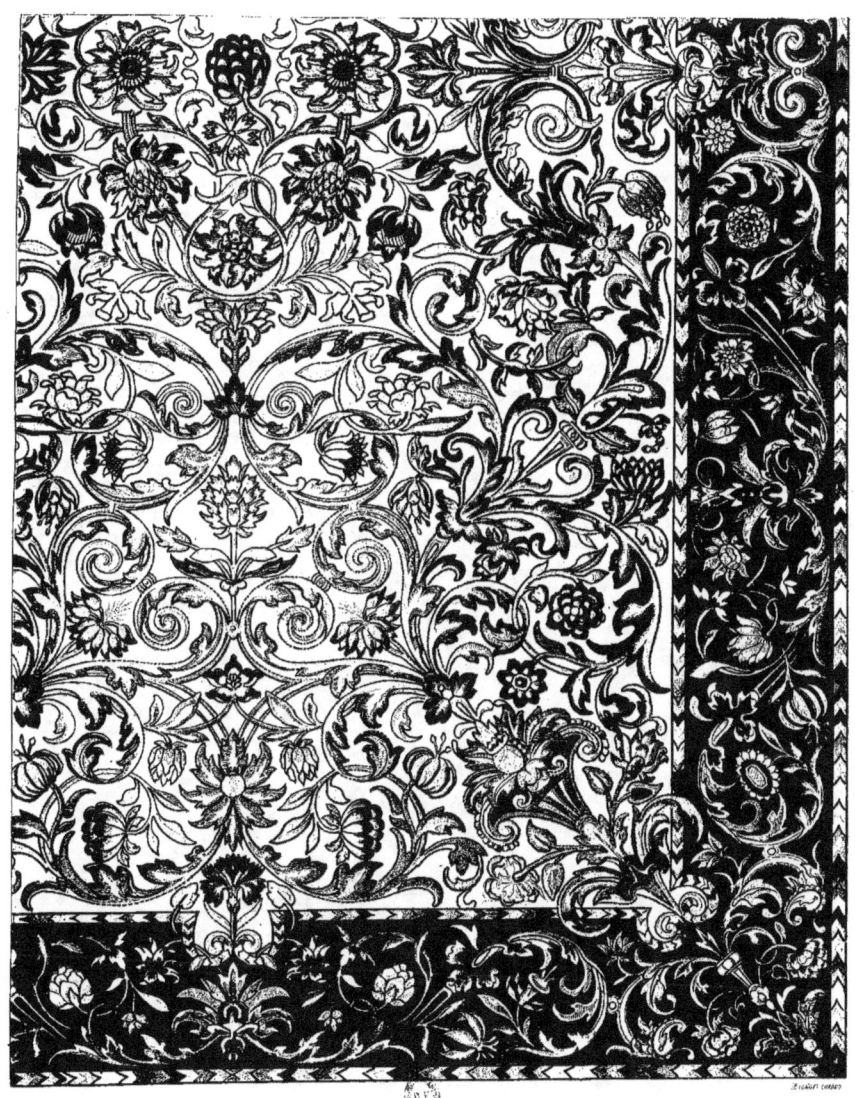

TAPIS ITALIEN
XVII<sup>e</sup> SIÈCLE

scènes jouées par des amours en personnages de la comédie italienne ; *Vénus blessée par l'Amour*, plafond ; les *Jardins de Cythère* et les *Jardins de Bacchus*, deux compositions. Enfin cette merveille d'esprit et de grâce qui s'appelle simplement le *Paravent de six feuilles*, et qui comprend un berger flûtant à sa bergère, un personnage galant, une femme vêtue à la turque et jouant de la guitare, un Gilles, un Arlequin, une Bergerie.

On objectera que c'est là plutôt de l'art de boudoir que de l'art de palais ; à cela nous n'avons rien à répondre, sinon que chaque époque est maîtresse et responsable de ses goûts ; celle-ci eut à merveille le sens du sourire et valut mieux dans sa perfection que celles qui crurent avoir le sens de la grandeur. Quant au reste, nous ne suivrons même point certains critiques qui font à la tapisserie du xviii° siècle, dans ses rapports avec l'ameublement, cette chicane un peu subtile, qu'elle fit descendre de la muraille sur le canapé, le fauteuil, sur le tapis même, des sujets qu'il y avait inconvenance à fouler. On peut répondre par cette raison, moins facétieuse qu'elle n'en a l'air, que l'on ne voit point le décor d'un fauteuil quand on est assis dessus, et que peu importe, par conséquent, qu'il figure une cage d'oiseaux, une pastorale langoureuse, ou une simple ornementation conventionnelle. L'important est que les yeux soient ravis, et ils le sont.

La véritable, la seule grave erreur, c'est celle dont Oudry fut responsable. Cet artiste, directeur de Beauvais, et de qui les *Chasses de Louis XV*, les *Fables de La Fontaine*, les *Amusements champêtres*, les *Comédies de Molière*, sont en elles-mêmes de la spirituelle et jolie décoration, eut avec les ouvriers de la manufacture des Gobelins, dont il avait été nommé inspecteur en 1737, une polémique célèbre. Il voulait contraindre le tapissier à n'être que le traducteur littéral du peintre ; quant au peintre, il ne devait point s'inquiéter de la nature propre de la tapisserie, mais puisqu'elle permettait, dorénavant, grâce aux perfectionnements de la chimie, les plus subtils effets de la peinture, il n'avait qu'à les imposer tous.

« Nous avons vu, disait Oudry dans une lettre indignée, en réponse aux doléances des tapissiers, un temps où l'abandon des principes de l'art a porté de fâcheuses atteintes à la réputation de la manufacture, où le malheureux terme de coloris de tapisserie, accordé à une exécution sauvage, à un papillotage importun de couleurs âcres et discordantes ayant séduit jusqu'au premier supérieur, était substitué à la belle intelligence et harmonie qui fait le charme de ces ouvrages... Tous nos habiles maîtres depuis une trentaine d'années se sont trouvés conduits, par l'ouvrier, sur de prétendues raisons de fabrique. »

Il est regrettable que les ouvriers aient eu le dessous dans ce débat, car il devait conduire aux plus folles et aux plus inutiles prodigalités de nuance (1) et de modelé, sans que l'effet en fût plus saisissant. Quoi qu'il en soit, on ne peut parler, fût-ce sommairement, de la tapisserie au xviii° siècle, sans citer les charmantes productions de Beauvais, compositions d'Oudry principalement. Puis les tentures innombrables qui sortirent des Gobelins, de nouveau en pleine prospérité. D'abord les délicieuses compositions de Boucher aux encadrements d'ornements, de fleurs, etc. Quelle différence avec les lourdes imitations de bordures dorées dont les dessinateurs de cartons se rendirent trop souvent coupables, Oudry tout le premier ! Puis aussi quel charmant coloris de rêve ! Qu'importe ici que le tapissier copie exactement la peinture, puisque nous sommes avec elle en pleine fantaisie ? La fragilité même de ces nuances légères est un malheur, mais non un argument. Quand Boucher succéda en 1755 à Oudry comme inspecteur des Gobelins, il croyait de bonne foi être imbu des théories de son prédécesseur. En réalité, il ne s'aperçut pas que dans la pratique et par la nature même de son génie, il leur donnait un perpétuel démenti. Les cartons de Boucher, *Vénus*

---

(1) Elles s'élèvent aujourd'hui, aux Gobelins, à 14 000, et ce chiffre dispense de tout commentaire.

*aux forges de Vulcain*, *Psyché et l'Amour*, *Vertumne et Pomone*, la *Pêche*, les *Diseurs de bonne aventure*, etc., enfin, tant de pastorales et de mythologiades de grande et de petite dimension qu'on peut voir aux Gobelins, au Garde-Meuble, au musée de la Ville de Paris (Auteuil), dans maintes collections particulières, sont parmi les plus exquises tentures du siècle.

Il serait bien injuste de ne pas mentionner encore deux artistes pétillant de verve, et décorateurs charmants : Charles Coypel (*Don Quichotte*) et Claude Audran (les *Saisons*, les *Mois grotesques*, etc.). Après ces charmants amuseurs, nous sommes forcés de faire bon marché des plus maussades compositions des de Troy, des Restout, des Jouvenet, et surtout des médiocres solennels de la dernière partie du siècle (vers 1781-83, etc.). L'esprit académique avait à jamais pris possession et chassé les adorables demi-dieux.

Il nous faut, pour terminer, mentionner d'honorables ateliers à Lille, à Cambrai, à Gien, à Nancy, et noter les persistants efforts d'Aubusson.

A l'étranger, pour nous qui ne voulons point faire un travail de complète nomenclature, un seul fait nous paraît digne de remarque, c'est l'exécution, à Séville, par les Van der Goten, des quarante-cinq admirables compositions de Goya, qui illustrent le nom des ateliers de Santa-Barbara. Le grand artiste retraça, avec la puissance que l'on sait, de simples scènes de mœurs nationales, et fit une œuvre immortelle de lumière, de gaîté, de mouvement, de vie.

Nous ne voulons pas instruire de toutes pièces le procès du présent; mais le fulgurant exemple de Goya nous amène à la conclusion qui résulte logiquement de tout ce qui précède. Cette conclusion, M. Roger Marx l'a formulée dans son travail sur la Décoration à l'Exposition de 1889. « Plutôt que de s'attacher à de stériles évocations du passé, c'est aux Puvis de Chavannes, aux Gustave Moreau, aux Cazin, aux Besnard, aux Galland, aux Carrière, aux Chéret, aux Quost, aux Willette, aux Grasset, qu'il faut s'adresser sans délai pour soustraire encore la tapisserie du xix° siècle à la domination franche ou inavouée des âges disparus, pour lui assigner un caractère, une date, en l'obligeant à refléter la ressemblance de notre temps, à enfermer dans sa trame l'idéal moderne. »

C'est sur ces paroles que nous terminons ce chapitre, car elles résument mieux que toutes autres l'appel pressant, maintes fois répété au courant de notre revue, que nous adressons à ceux qui pensent et à ceux qui œuvrent.

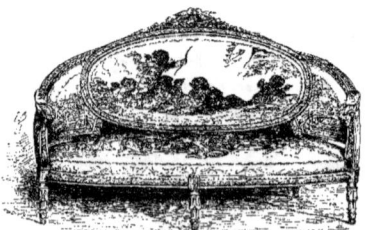

Fig. 526. — CANAPÉ LOUIS XVI EN TAPISSERIE DE BEAUVAIS

# TABLE DES PLANCHES HORS TEXTE

| Nº DES PLANCHES. | PAGE |
|---|---|
| I. Lit Renaissance | 7 |
| II. Chaise flamande (XVIIe s.) | 19 |
| III. Fauteuil italien. Broderie de couleur | 23 |
| IV. Canapé (XVIIIe s.) | 27 |
| V. Commode de Boule | 51 |
| VI. Bahut de Boule | 57 |
| VII. Coffret persan. Ivoire (XVIe s.) | 79 |
| VIII. Vase à boire. Ivoire | 81 |
| IX. Écran. Ivoire. Chine (XVIe s.) | 83 |
| X. Gaufrure (XVIIe s.) | 85 |
| XI. Écritoire persane (XVIe s.) | 87 |
| XII. Reliure. Travail allemand (XVIIe s.) | 89 |
| XIII. Console et miroir (XVIIe s.) | 93 |
| XIV. Cheminée de parade (broderies du XVIe s.) | 97 |
| XV. Bouclier de Charles IX. | 111 |
| XVI. Aiguière. Cristal de roche | 149 |
| XVII. Dague. Travail allemand (XVIe s.) | 163 |
| XVIII. Cuirasse en fer repoussé | 169 |
| XIX. Pistolet de la Renaissance (XVIe s.) | 173 |
| XX. Vase bronze. Japon (XVIe s.) | 177 |
| XXI. Coupe et vase en bronze | 181 |
| XXII. Plat. Travail espagnol (XVIe s.) | 185 |
| XXIII. Vase japonais. Bronze émaillé (XVe s.) | 189 |
| XXIV. Plat. Émail de Limoges par J. Courtois | 193 |
| XXV. Vase. Émail. Chine (XVIe s.) | 197 |
| XXVI. Vase. Émail cloisonné. Chine (XVIe s.) | 201 |
| XXVII. Émail cloisonné de Chine (XVIIIe s.) | 203 |
| XXVIII. Plat de Chaffagiolo (XVIe s.) | 209 |
| XXIX. Plat de Chaffagiolo. Décor dit Sopra-Bianco (XVIe s.) | 215 |
| XXX. Plat de Faenza (XVIe s.) | 219 |
| XXXI. Plateau italien (XVIe s.) | 223 |
| XXXII. Vase. Faïence d'Urbino (XVIe s.) | 225 |
| XXXIII. Plat de Castello (XVIe s.) | 239 |
| XXXIV. Fontaine. Faïence de Rouen (XVIIe s.) | 245 |
| XXXV. Plat de Rouen (XVIIe s.) | 249 |
| XXXVI. Plateau de Moustiers (XVIIIe s.) | 253 |
| XXXVII. Vase en grès. Satzouma (XIXe s.) | 255 |
| XXXVIII. Vase en grès. Satzouma (XIXe s.) | 257 |
| XXXIX. Lagène. Porcelaine Chine (XVIIe s.) | 261 |
| XL. Plat. Porcelaine Chine (XVIIe s.) | 263 |
| XLI. Gargoulette. Porcelaine de Perse. Décor chinois (XVe s.) | 265 |
| XLII. Verrerie de Venise et d'Italie (XVe et XVIe s.) | 277 |
| XLIII. Lit de parade. Broderies de la Renaissance (XVIe s.) | 289 |
| XLIV. Étoffe de Gênes (XVIIe s.) | 291 |
| XLV. Étoffe vénitienne (XVIIe s.) | 293 |
| XLVI. Étoffe vénitienne (XVIIIe s.) | 295 |
| XLVII. Étoffe française (XVIIe s.) | 297 |
| XLVIII. Étoffe française (XVIIe s.) | 299 |
| XLIX. Étoffe française (XVIIIe s.) | 301 |
| L. Étoffe chinoise (XVIe s.) | 303 |
| LI. Gouttière brodée | 305 |
| LII. Broderies (XVIe s.) | 307 |
| LIII. Habit religieux | 309 |
| LIV. Dalmatique brodée en soie or et argent sur velours rouge. Travail castillan (XVIe s.) | 311 |
| LV. Guipure vénitienne (XVIIe s.) | 313 |
| LVI. Tapis de prière. Turquie (XVIe s.) | 315 |
| LVII. Tapis de Smyrne (XVIe s.) | 317 |
| LVIII. Tapis persan (XVIe s.) | 319 |
| LIX. Tapis indien (XVIe s.) | 321 |
| LX. Tapis italien (XVIIe s.) | 325 |

# TABLE DES FIGURES

## LIVRE I
## LES ARTS DU BOIS

| Fig. | Description | Page |
|---|---|---|
| 1. | Huche (xvie siècle) | 4 |
| 2. | Cassone vénitien (xvie siècle) | 5 |
| 3. | Coffret allemand (xvie siècle) | 8 |
| 4. | Coffret allemand (fin du xvie siècle) | 9 |
| 5. | Coffret (xvie siècle) | 9 |
| 6. | Coffret suisse (xviie siècle) | 9 |
| 7 et 8. | Détails | 9 |
| 9. | Armoire française (xvie siècle) | 12 |
| 10. | Buffet (xvie siècle) | 13 |
| 11. | Crédence française (xvie siècle) | 16 |
| 12. | Cabinet vénitien (xvie siècle) | 17 |
| 13. | Cabinet allemand (fin xvie siècle) | 21 |
| 14. | Stalles de chœur du xve siècle | 24 |
| 15. | Fauteuil italien (xvie siècle) | 24 |
| 16. | Chaise française (xvie siècle) | 28 |
| 17. | Chaise étrusque (1791) | 28 |
| 18. | Lit à la Révolution (1790) | 29 |
| 19. | Armoire républicaine | 31 |
| 20. | Porte française du xvie siècle | 33 |
| 21. | Armoire française du xvie siècle | 33 |
| 22. | Détails de l'armoire (fig. 21) | 34 |
| 23. | Armoire française (xvie siècle) | 34 |
| 24, 25, 26. | Fragments de meuble renaissance | 35 |
| 27. | Crédence (école de Bourgogne) | 35 |
| 28. | Meuble renaissance | 36 |
| 29. | Panneau sculpté italien (xvie siècle) | 36 |
| 30. | Cabinet italien (xvie siècle) | 37 |
| 31. | Panneau sculpté renaissance | 37 |
| 32. | Meuble italien (xvie siècle) | 37 |
| 33. | Oratoire italien (xvie siècle) | 38 |
| 34. | Miroir et cadre italiens | 38 |
| 35. | Miroir et cadre italiens (xvie siècle) | 39 |
| 36. | Retable allemand (xvie siècle) | 39 |
| 37. | Miroir italien (xvie siècle) | 40 |
| 38 et 39. | Peignes en bois (xve siècle) | 40 |
| 40. | Étui à livre, travail flamand (xvie siècle) | 41 |
| 41. | Panneaux de crédence allemands (xvie siècle) | 41 |
| 42. | Cadre de miroir, travail italien (xvie siècle) | 41 |
| 43. | Médaillon en bois sculpté | 41 |
| 44. | Médaillon en bois sculpté | 41 |
| 45. | Petit cadre flamand (xvie siècle) | 42 |
| 46. | Miroir de poche, travail flamand (xvie siècle) | 42 |
| 47. | Revers du miroir précédent | 42 |
| 48 et 49. | Travail en bois sculpté (xvie siècle) | 42 |
| 50 et 51. | Travail microscopique en bois sculpté (xvie siècle) | 43 |
| 52. | Sculpture allemande (xvie siècle) | 43 |
| 53, 54, 55. | Sculptures allemandes (xvie siècle) | 43 |
| 56. | Étui à couteau et à fourchette, travail flamand (xvie siècle) | 44 |
| 57 et 58. | Affiquets, travail français (xviie siècle) | 44 |
| 59. | Tête de marotte (xvie siècle) | 44 |
| 60. | Quenouille (xvie siècle) | 44 |
| 61. | Travail allemand du xvie siècle (bas-relief d'Aldegrever) | 45 |
| 62. | Travail allemand du xvie siècle (statuette albâtre) | 45 |
| 63, 64, 65. | Grains de chapelet, travail allemand (xvie siècle) | 46 |
| 66. | Médaillons, travail allemand (xvie siècle) | 47 |
| 67. | Médaillon flamand (xvie siècle) | 47 |
| 68. | Sculpture d'Aldegrever (xvie siècle) | 48 |
| 69 et 70. | Râpe à tabac (xviie siècle) | 49 |
| 71. | Cartouche Louis XIII | 50 |
| 72. | Cartouche de Le Pautre | 51 |
| 73. | Modèle de décoration pour un plafond, par Le Pautre (xviie siècle) | 52 |
| 74. | Décoration de la galerie d'Apollon au Louvre, dirigée par Charles Lebrun (xviie siècle) | 53 |
| 75. | Trumeau de la galerie d'Apollon au Louvre (xviie siècle) | 56 |
| 76. | Panneau de J. Bérain | 56 |
| 77. | Panneau de J. Bérain | 57 |
| 78. | Panneau de J. Bérain | 57 |
| 79 et 80. | Encoignure et dessus de Boulle | 57 |
| 81. | Trophée, par De La Fosse | 58 |
| 82. | Trophée, par Oppenord | 58 |
| 83. | Table de Boulle | 59 |
| 84. | Armoire Watteau | 59 |
| 85. | Dessus de coffret par Peirrotte | 60 |
| 86 et 87. | Dessus de bonbonnières en Vernis Martin | 60 |
| 88. | Piano à queue de Pleyel en Vernis Martin fond or (style Louis XVI) | 61 |
| 89. | Bureau de Louis XV | 62 |
| 90. | Pendule anglaise | 63 |
| 91. | Panneau par Salembier | 64 |
| 92. | Frise de Salembier | 65 |
| 93. | Frise de Salembier | 66 |
| 94. | Frise de Salembier | 67 |
| 95. | Couronnement de cadre | 68 |
| 96. | Secrétaire Louis XVI avec plaque de porcelaine, d'après Watteau | 69 |

## TABLE DES FIGURES.

| | | |
|---|---|---|
| Fig. 97. — Secrétaire Louis XVI | Page | 70 |
| — 98. — Armoire, époque de Louis XVI | — | 71 |
| — 99. — Console de Marie-Antoinette | — | 72 |
| — 100. — Détail de l'armoire à bijoux de Marie-Antoinette | — | 73 |
| — 101. — Détail décoratif de l'armoire à bijoux de Marie-Antoinette | — | 73 |
| — 102. — Panneau d'arabesques composé par Lavallon Poussin (époque de Louis XVI) | — | 74 |
| — 103. — Panneau par Normand (XIXᵉ siècle) | — | 75 |
| — 104. — Berceau du roi de Rome | — | 76 |
| — 105. — Secrétaire empire | — | 77 |
| — 106 — Fauteuil empire | — | 78 |
| — 107, 108, 109. — Couteaux d'écuyer tranchant, manche ivoire (XIVᵉ siècle) | — | 80 |
| — 110. — Coffret ivoire | — | 81 |
| — 111. — Custode en ivoire | — | 81 |
| — 112. — Peigne italien en ivoire (fin XVᵉ siècle) | — | 82 |
| — 113. — Poire à poudre italienne en ivoire (XVIᵉ siècle) | — | 82 |
| — 114. — Frise ivoire italien (XVIᵉ siècle) | — | 82 |
| — 115 et 116. — Manche de miroir, face et revers, ivoire (XVIᵉ siècle) | — | 82 |
| — 117. — Amorçoir en ivoire | — | 83 |
| — 118. — Amorçoir en ivoire (XVIᵉ siècle) | — | 83 |
| — 119. — Oliphant en ivoire sculpté | — | 83 |
| — 120. — Coupe flamande ivoire (XVIIᵉ siècle) | — | 84 |
| — 121. — Vase à boire flamand en ivoire (XVIIᵉ siècle) | — | 84 |
| Fig. 122. — Coffret cuir (XVIᵉ siècle) | Page | 85 |
| — 123. — Revers du coffret précédent | — | 85 |
| — 124. — Coffret cuir (XVIᵉ siècle) | — | 85 |
| — 125. — Côté du coffret précédent | — | 85 |
| — 126. — Reliure française (XVIᵉ siècle) | — | 86 |
| — 127. — Reliure (XVIᵉ siècle) | — | 86 |
| — 128. — Reliure française | — | 87 |
| — 129 et 130. — Selle en cuir, XVIᵉ siècle (détails et ensemble) | — | 87 |
| — 131. — Guitare indienne en ivoire | — | 88 |
| — 132. — Bouton d'écran indien en ivoire | — | 88 |
| — 133. — Galerie François Iᵉʳ à Fontainebleau | — | 89 |
| — 134. — Décoration de la galerie de Henri II, dans le château de Fontainebleau (XVIᵉ siècle) | — | 90 |
| — 135. — Chambre du berceau de Henri IV au château de Pau | — | 91 |
| — 136. — Grande salle du château de Pau | — | 92 |
| — 137. — Chambre de Louis XIV au château de Versailles | — | 93 |
| — 138. — Salle de l'Œil-de-Bœuf au château de Versailles | — | 94 |
| — 139. — Boudoir de Marie-Antoinette au château de Fontainebleau | — | 95 |
| — 140. — Cabinet de l'abdication de Napoléon Iᵉʳ au château de Fontainebleau | — | 96 |
| — 140 bis. — Lit empire | — | 97 |

## LIVRE II
## LES ARTS DU MÉTAL

| | | |
|---|---|---|
| Fig. 141. — Saint ciboire cuivre doré (XVᵉ siècle) | Page | 102 |
| — 142. — Ostensoir (XVᵉ siècle) | — | 103 |
| — 143. — Ostensoir (XVIᵉ siècle) | — | 103 |
| — 144. — Croix processionnelle en argent repoussé (XVIᵉ siècle) | — | 105 |
| — 145. — Bénitier d'applique en cuivre (XVIᵉ siècle) | — | 106 |
| — 146. — Les armoiries à la tête de mort, par Albert Durer | — | 107 |
| — 147. — Projet de H. Holbein pour une façade de maison | — | 109 |
| — 148. — Bas-relief italien cuivre (XVIᵉ siècle) | — | 111 |
| — 149. — Aiguière en étain de François Briot | — | 112 |
| — 150, 151, 152. — Détails de l'aiguière de François Briot | — | 112 |
| — 153. — Bassin allemand en étain (XVIᵉ siècle) | — | 113 |
| — 154. — Pot à boire et plat. Étains allemands (XVIᵉ siècle) | — | 116 |
| — 155. — Bassin en étain (XVIᵉ siècle) | — | 117 |
| — 156. — Coffret à parfums lamé d'argent (art espagnol) | — | 118 |
| — 157. — Mallette en écaille et argent (trav. italien) | — | 118 |
| — 158 et 159. — Coffret à bijoux, or et argent ciselé. — Dessous du coffret | — | 119 |
| — 160 et 161. — Manches de couteaux (XVIᵉ siècle) | — | 121 |
| — 162. — Vase à boire allemand, monture argent doré | — | 121 |
| — 163. — Étui français du XVIIᵉ siècle | — | 123 |
| — 164. — Étui français du XVIIᵉ siècle | — | 123 |
| — 165. — Gobelet de chasse de Louis XIII | — | 124 |
| Fig. 166. — Hanap allemand | Page | 125 |
| — 167. — Flambeau de Thomas Germain | — | 127 |
| — 168. — Sucrier de Besnier | — | 128 |
| — 169. — Bague du XIVᵉ siècle | — | 131 |
| — 170 et 171. — Anneaux vénitiens (XVIᵉ siècle) | — | 131 |
| — 172 et 173. — Bague (XVIᵉ siècle) | — | 132 |
| — 174. — Bague émaillée | — | 132 |
| — 175, 176 et 177. — Bagues époques diverses | — | 133 |
| — 178, 179 et 180. — Enseignes du XVIᵉ siècle | — | 134 |
| — 181 et 182. — Ceinture, travail italien du XVIᵉ siècle. — Bijou de suspension, travail français du XVIᵉ siècle | — | 135 |
| — 183. — Collier or et pierreries, travail italien (XVIᵉ siècle) | — | 136 |
| — 184. — Agrafe de chapel (XVIᵉ siècle) | — | 137 |
| — 185. — Bijou de suspension (cuivre doré) | — | 137 |
| — 186. — Bijou de suspension (or émaillé) | — | 137 |
| — 187. — Pendant en or émaillé | — | 138 |
| — 188. — Pendant en or émaillé | — | 138 |
| — 189, 190 et 191. — Bijoux de la renaissance. Pendants en or émaillé et pierreries | — | 139 |
| — 192. — Pendant en or émaillé et pierreries | — | 140 |
| — 193. — Bijou de dévotion, travail vénitien du XVIᵉ siècle | — | 140 |
| — 194. — Bijou de dévotion | — | 141 |
| — 195. — Bijou de dévotion | — | 141 |
| — 196. — Croix, travail espagnol du XVIᵉ siècle | — | 141 |
| — 197. — Agrafe de ceinture (travail asiatique) | — | 141 |
| — 198. — Collier en onyx | — | 142 |

## TABLE DES FIGURES. 331

| | Page | | Page |
|---|---|---|---|
| Fig. 199. — Bijou italien (xvɪᵉ siècle)............. | 142 | Fig. 277, 278. — Pistolet et cimeterre en fer damasquiné................. | 167 |
| — 200. — Bol en jade....................... | 143 | — 279. — Couteau oriental à manche de jade.... | 167 |
| — 201. — Vase en jade.................. | 144 | — 280. — Masse d'armes en fer damasquiné..... | 167 |
| — 202. — Vase en jade...................... | 144 | — 281, 282, 283. — Arme persane (xvɪᵉ siècle)... | 168 |
| — 203. — Vase de jade, travail chinois.......... | 145 | — 284. — Corselet (xvɪᵉ siècle)................ | 168 |
| — 204. — Bol de jade..................... | 145 | — 285. — Bouclier attribué à Cellini............ | 169 |
| — 205. — Vase cristal de roche gravé.......... | 146 | — 286. — Rondache en fer repoussé (xvɪᵉ siècle).. | 169 |
| — 206. — Fontaine en cristal de roche taillé et gravé........................ | 146 | — 287. — Envers du bouclier de Charles IX..... | 170 |
| — 207. — Coupe de cristal de roche gravé....... | 147 | — 288. — Hausse-col en fer gravé et doré....... | 170 |
| — 208 et 209. — Gemmes émaillées (xvɪᵉ et xvɪɪᵉ siècles). Bonbonnière en cristal (xvɪᵉ siècle). Coffret en agate (xvɪɪɪᵉ siècle)... | 148 | — 289. — Bourguignotte en fer repoussé......... | 171 |
| | | — 290. — Bourguignotte en acier doré.......... | 171 |
| — 210. — Miroir de Marie de Médicis.......... | 149 | — 291. — Morion en fer repoussé et ciselé...... | 171 |
| — 211. — Le puits d'Anvers, par Quentin Matsys. | 151 | — 292. — Chanfrein en fer gravé............... | 171 |
| — 212. — Ferrure de la porte Sainte-Anne à Notre-Dame de Paris................. | 152 | — 293. — Chanfrein en fer repoussé et gravé.... | 172 |
| | | — 294. — Rouelle de lance, acier gravé et doré... | 172 |
| — 213. — Coffret italien en fer (xvɪᵉ siècle)...... | 152 | — 295. — Fourniment d'arquebuse, cuivre appliqué sur velours................. | 173 |
| — 214 et 215. — Coffret italien (xvɪᵉ siècle) et dessous du coffret................ | 153 | — 296, 297. — Pistolet damasquiné............. | 173 |
| — 216. — Verrous et heurtoir français (xvɪᵉ siècle)................... | 153 | — 298, 299, 300. — Arquebuse à rouet et détails.. | 174 |
| | 313 | — 301, 302. — Carabine bresciane et détails..... | 174 |
| — 217. — Verrous et plaque découpée, travaux français (xvɪᵉ siècle).......... | 154 | — 303. — Tronc à aumône, cuivre repoussé (xvᵉ s.) | 175 |
| | | — 304. — Cadre de miroir, cuivre sur fond d'ébène. | 176 |
| — 218. — Poire d'angoisse (xvɪᵉ siècle)......... | 154 | — 305. — Cadre de miroir en cuivre........... | 176 |
| — 219. — Navette........................... | 154 | — 306. — Lampe vénitienne en cuivre.......... | 177 |
| — 220. — Étui à ciseau (xvɪᵉ siècle)............ | 154 | — 307. — Plat en cuivre doré.................. | 177 |
| — 221. — Monture d'escarcelle (xvɪᵉ siècle)..... | 155 | — 308. — Aiguière en cuivre gravé............. | 178 |
| — 222. — Monture d'escarcelle................ | 155 | — 309. — Seau en cuivre rehaussé d'argent..... | 178 |
| — 223. — Trépied vénitien (xvɪɪᵉ siècle)........ | 155 | — 310. — Baptistère de saint Louis............ | 179 |
| — 224. — Trépied de la renaissance italienne.... | 155 | — 311. — Bassin arabe en cuivre.............. | 180 |
| — 225, 226, 227. — Clefs et cache-entrée (xvɪᵉ siècle). | 156 | — 312. — Lampe de mosquée en cuivre repoussé. | 180 |
| — 228, 229, 230. — Clefs françaises (xvɪᵉ siècle).. | 156 | — 313. — Brasero vénitien (xvɪᵉ siècle)......... | 180 |
| — 231, 232, 233. — Clefs italiennes et clef espagnole (xvɪᵉ siècle)............... | 157 | — 314. — Coffret français en cuivre doré....... | 181 |
| | | — 315. — Mortier en cuivre.................... | 182 |
| — 234, 235, 236. — Clefs italiennes (xvɪᵉ et xvɪɪᵉ siècles)...................... | 157 | — 316, 317, 318. — Flambeaux et lustre flamands en cuivre................. | 183 |
| — 237, 238, 239. — Clefs (xvɪᵉ et xvɪɪᵉ siècles)... | 158 | — 319, 320, 321. — Fléau de balance italienne et mouchettes françaises............ | 183 |
| — 240. — Médaillon de Marie de Médicis en fer repoussé (xvɪᵉ siècle)........... | 158 | — 322. — Coffret bronze florentin.............. | 184 |
| — 241, 242. — Miroir vénitien (xvɪᵉ siècle). Revers du miroir................... | 159 | — 323. — Crachoir bronze hollandais........... | 184 |
| | | — 324. — Mortier, bronze..................... | 185 |
| — 243. — Portefeuille vénitien (xvɪᵉ siècle)...... | 159 | — 325. — Flambeau, bronze vénitien........... | 185 |
| — 244, 245, 246, 247, 248. — Forces et étui en fer damasquiné (xvɪᵉ siècle)...... | 159 | — 326, 327, 328. — Fragments d'aiguière, bronze. | 185 |
| | | — 329. — Monument de Marguerite de France (xvɪᵉ siècle)..................... | 186 |
| — 249, 250. — Couteaux damasquinés à lame d'acier......................... | 159 | — 330. — Horloge de table allemande, cuivre gravé | 186 |
| — 251, 252, 253, 254. — Couteaux, trousse et fourchette damasquinés et ciselés... | 160 | — 331. — Horloge de table italienne, cuivre repoussé, ciselé et doré.............. | 187 |
| — 255, 256, 257, 258, 259. — Couteaux et grattoir damasquinés et dorés............ | 160 | — 332. — Pendule Louis XIII, cuivre repoussé... | 187 |
| | | — 333. — Pendule XIII, écaille et cuivre....... | 188 |
| — 260. — Miroir (xvɪɪᵉ siècle)................. | 161 | — 334. — Horloge allemande, cuivre ciselé et doré........................... | 188 |
| — 261. — Aiguière indienne en métal incrusté... | 162 | | |
| — 262. — Cachet (xvɪɪᵉ siècle)................. | 162 | — 335. — Pendule française, cuivre doré....... | 188 |
| — 263. — Tire-bouchon (xvɪɪᵉ siècle)........... | 162 | — 336. — Horloge allemande.................. | 189 |
| — 264. — Vase persan en métal incrusté d'argent. | 163 | — 337, 338, 339, 340. — Montres en cuivre et cristal de roche...................... | 189 |
| — 265, 266. — Hallebardes (xvɪᵉ siècle)........ | 164 | — 341. — Vase chinois, bronze émaillé.......... | 190 |
| — 267. — Épée à poignée damasquinée......... | 165 | — 342. — Vase chinois en bronze.............. | 190 |
| — 268. — Épée à poignée émaillée (xvɪᵉ siècle).. | 165 | — 343. — Vase chinois en bronze incrusté de pierres dures........................... | 191 |
| — 269, 270, 271. — Épées (xvɪɪᵉ siècle)........ | 166 | | |
| — 272, 273. — Daguettes (xvɪᵉ siècle)........... | 166 | — 344. — Vase chinois en bronze rehaussé d'or et d'argent....................... | 191 |
| — 274. — Poignard, dague et flasque (xvɪᵉ siècle). | 166 | | |
| — 275. — Sangdedez. Épée vénitienne (xvɪᵉ siècle). | 167 | — 345, 346. — Custodes en émail de Limoges (xɪɪɪᵉ et xɪvᵉ siècles).................. | 192 |
| — 276. — Croc de cornac, fer ciselé indien...... | 167 | | |

# TABLE DES FIGURES.

| Fig. | | Page |
|---|---|---|
| 347, 348. | Châsse émail champlevé, et détail de la châsse.. | 193 |
| 349. | Plat émaillé, par Jean Pénicaud | 193 |
| 350. | Jeu de trictrac, par Léonard Limosin. | 194 |
| 351. | Damier, par Léonard Limosin | 194 |
| 352. | Portrait de Catherine de Médicis. Émail de Léonard Limosin. | 195 |
| 353, 354. | Coupe émaillée de Léonard Limosin. | 195 |
| 355. | Les prisonniers, par Léonard Limosin. | 196 |
| 356. | Aiguière de J. Courtois. | 196 |
| 357. | Plaque émaillée, par Pierre Reymond. | 197 |
| 358. | Aiguière de Pierre Reymond. | 198 |
| 359, 360, 361. | Salières de Pierre Reymond. | 198 |
| 362. | Aiguière de Pierre Reymond | 199 |
| 363. | Plat émaillé de Pierre Reymond | 199 |
| 364. | Marguerite de France, émail de Jean de Court. Cadre en bois sculpté | 200 |
| 365. | Cloisonné chinois. | 201 |
| 366, 367. | Boîte en or avec portrait de Turenne, émail de Petitot. | 201 |
| 368. | Table chinoise, émail et bois de fer. | 202 |
| 369. | Dessus de la table précédente. | 202 |
| 370. | Vase chinois, émail cloisonné | 203 |
| 371. | Vase de sacrifice, émail cloisonné chinois. | 203 |
| 372. | Brûle-parfum, émail cloisonné de Chine. | 204 |
| 373. | Vases chinois en émail cloisonné. | 204 |
| 374, 375. | Coffret émaillé du xvie siècle et détail. | 205 |
| 376. | Médaillon en cristal émaillé | 206 |

## LIVRE III
## LA TERRE ET LE VERRE

| Fig. | | Page |
|---|---|---|
| 377. | Plat persan | 240 |
| 378. | Plat persan. | 210 |
| 379. | Azulejo du palais de justice à l'Alhambra. | 211 |
| 380. | Vase de l'Alhambra. | 211 |
| 381. | Plat hispano-arabe, portant les armes de Castille, de Léon et d'Aragon. | 212 |
| 382. | Plat hispano-arabe | 212 |
| 383. | Plat hispano-mauresque (dedans). | 213 |
| 384. | Vase siculo-mauresque | 213 |
| 385. | Frise reliefs blancs, sur fond bleu, attribuée à André Della Robbia. | 216 |
| 386. | Ste famille, faïence de Luca Della Robbia. | 217 |
| 387. | Retable de Luca Della Robbia. | 217 |
| 388. | Plat de Chaffagiolo. | 218 |
| 389. | Assiette de Chaffagiolo. | 218 |
| 390. | Assiette de Faenza. | 219 |
| 391. | Plat d'Urbino. | 219 |
| 392. | Plat d'Urbino. | 220 |
| 393. | Plat d'Urbino. | 220 |
| 394. | Plat de Majolique, assaut de la Goulette. | 221 |
| 395. | Aiguière et bassin d'Urbino. | 221 |
| 396. | Aiguière d'Urbino. | 222 |
| 397. | Plateau d'Urbino | 222 |
| 398. | Plat de Pesaro. | 223 |
| 399. | Plat à fruits; majolique; amours, trophées et arabesques | 223 |
| 400. | Plat de Pesaro. | 224 |
| 401. | Plat attribué à B. Franco. Grisaille sur fond bleu. | 224 |
| 402. | Coupe de Gubbio. | 225 |
| 403. | Coupe de Gubbio. | 225 |
| 404. | Assiette par Maestro Giorgio, avec les armes des Vitelli; lustre rouge rubis et jaune, sur fond bleu. | 226 |
| 405. | Plat de Maestro Giorgio. | 227 |
| 406. | Assiette de Gubbio. | 227 |
| 407. | Coupe ovale, fabrication de Venise. | 228 |
| 408. | Carreaux de la chapelle d'Oiron, aux armes des Gouffier. | 232 |
| 409 et 410. | Coupe faïence de Saint-Porchaire et détail. | 232 |
| 411. | Aiguière; faïence de Saint-Porchaire. | 233 |
| 412 et 413. | Salières de Saint-Porchaire. | 233 |
| 414. | Coupe dite d'Henri II | 236 |
| 415. | Salière dite d'Henri II | 236 |
| 416. | Biberon de Saint-Porchaire. | 237 |
| 417. | Plat de Bernard Palissy. | 237 |
| 418. | Plat de Bernard Palissy. | 240 |
| 419. | Plat de Bernard Palissy. | 240 |
| 420. | Carreau de Palissy. | 241 |
| 421. | Vase de Palissy. | 241 |
| 422. | Vase de Rouen. | 245 |
| 423. | Assiette de Rouen à la corne. | 245 |
| 424. | Pot à cidre, faïence de Rouen. | 246 |
| 425. | Gourde, faïence de Nevers. | 246 |
| 426. | Vase bursaire de Nevers. | 247 |
| 427. | Aiguière de Nevers. | 247 |
| 428. | Aiguière, faïence de Nevers. | 248 |
| 429. | Faïence de Marseille. | 248 |
| 430. | Fontaine de Moustiers. | 249 |
| 431. | Plat de Moustiers. | 250 |
| 432. | Encrier, faïence de Strasbourg. | 251 |
| 433. | Jardinière, faïence de Sceaux. | 252 |
| 434, 435, 436. | Grès cérames. Pots à bière, vase à boire, bouteille de chasse. | 254 |
| 437, 438, 439. | Grès flamands. Pots à bière et encrier. | 255 |
| 440, 441, 442. | Grès de Hollande, Nuremberg et Flandre. | 255 |
| 443. | Pot à bière en grès. | 256 |
| 444, 445. | Bouilloire et pot à boire. | 256 |
| 446. | Pot à bière | 256 |
| 447. | Cruche de Höhr-Grenzhausen. | 257 |
| 448. | Vase de Grenzhausen. | 257 |
| 449. | Cruche des Douze Apôtres de Creussen. | 258 |
| 450. | Grès du Rhin. | 258 |
| 451. | Cruche en grès flamand | 259 |
| 452. | Vase d'Höchst. | 259 |
| 453. | Vase porcelaine de Chine. | 260 |
| 454. | Assiette chinoise. | 261 |
| 455. | Plat bleu et blanc, de Nankin. | 261 |
| 456. | Vase de porcelaine de Chine émaillée. | 264 |
| 457. | Aiguière orientale, porcelaine de Chine. Monture arabe ou turque. | 264 |
| 458. | Gourde du Japon. | 265 |
| 459. | Théière grotesque de Dresde. | 265 |

## TABLE DES FIGURES.

| | |
|---|---|
| Fig. 460. — Vase de Dresde ou de Meissen | Page 267 |
| — 461. — Vase décoré de camées, de Dresde | — 267 |
| — 462. — Candélabre de Dresde | — 268 |
| — 463. — Aiguière de Capo di Monte | — 268 |
| — 464. — Vase de Chelsea | — 269 |
| — 465. — Vase de Chelsea | — 269 |
| — 466. — Vase de Sèvres, bleu de roi | — 271 |
| — 467. — Vase de Sèvres, bleu de roi | — 271 |
| — 468. — Coupe dite du Travail, porcelaine dure de Sèvres | — 271 |
| — 469. — Lampe de mosquée, travail persan (XIIIᵉ s.) | — 274 |
| — 470. — Lampe arabe de mosquée (XVᵉ siècle) | — 274 |
| — 471, 472. — Verreries et guipure de Venise | — 275 |
| — 473, 474. — Vases en cristal de roche (XVIᵉ siècle) | — 275 |
| — 475. — Coupe de Venise (XVIᵉ siècle) | — 276 |
| — 476, 477. — Verre et coupe de Venise (XVIᵉ siècle) | — 276 |
| Fig. 478, 479, 480. — Verres et coupe de Venise | Page 277 |
| — 481, 482, 483. — Verreries vénitiennes | — 278 |
| — 484, 485, 486. — Verreries vénitiennes | — 279 |
| — 487, 488. — Bouteilles d'échanson, travaux vénitiens (XVIᵉ siècle) | — 280 |
| — 489, 490. — Bouteille d'échanson (travail vénitien du XVIᵉ siècle). Vidrecome allemand (fin XVIᵉ siècle) | — 280 |
| — 491. — Vitre de la Sainte-Chapelle | — 281 |
| — 492. — Griffon des vitraux de Saint-Denis | — 282 |
| — 493. — Vitrail suisse (XVIᵉ siècle) | — 283 |
| — 494. — Vitrail suisse (XVIᵉ siècle) | — 283 |
| — 495. — Vitrail suisse (XVIᵉ siècle) | — 284 |
| — 496. — Vitrail de la fin du XVᵉ siècle (travail français) | — 285 |

## LIVRE IV
## LES ARTS DU TISSU

| | |
|---|---|
| Fig. 497. — Étoffe Louis XIII | Page 291 |
| — 498. — Soie brochée exécutée d'après Philippe de la Salle | — 293 |
| — 499. — Marquise de Pompadour, d'après Latour | — 295 |
| — 500. — L'impératrice Joséphine, d'après Isabey | — 297 |
| — 501. — Gouttière de lit Henri II | — 300 |
| — 502. — Gouttière de lit Henri II | — 301 |
| — 503. — Selle polonaise (XVIIᵉ siècle) | — 303 |
| — 504. — Tapis (XVIᵉ siècle) | — 304 |
| — 505. — Napperon en guipure (XVIIᵉ siècle) | — 305 |
| — 506. — Point d'Alençon | — 305 |
| — 507. — Dentelle de Bruges | — 307 |
| — 508. — Dentelle de Malines | — 307 |
| — 509. — Application de Bruxelles. Fleurs faites aux fuseaux et appliquées sur tulle | — 309 |
| — 510. — Chantilly | — 309 |
| — 511. — Le Baptême du Christ, tapisserie flamande (XVᵉ siècle) | — 310 |
| — 512. — Histoire de David, tapisserie de Flandre (XVᵉ siècle) | — 311 |
| — 513. — Pièce dite à la Licorne (tapisserie du XVᵉ siècle) | — 312 |
| — 514. — Le Mariage de Louis XIV. Tapisserie des Gobelins, exécutée d'après un carton de Charles Lebrun | Page 313 |
| Fig. 515. — Entrevue de Louis XIV et de Philippe IV dans l'île des Faisans. Tapisserie des Gobelins (exécutée d'après un carton de Lebrun) | — 314 |
| — 516. — Triomphe de Neptune, tapisserie des Gobelins | — 315 |
| — 517. — Tapisserie de la suite de Don Quichotte. Tapisserie des Gobelins d'après un carton de Ch. Coypel | — 316 |
| — 518. — Tapisserie exécutée d'après un carton d'Antoine Watteau | — 317 |
| — 519. — Carton de Claude Gillot | — 318 |
| — 520. — L'Hiver, d'après Claude Gillot | — 319 |
| — 521. — Tapisserie de la suite des Amours des dieux. Carton de Boucher | — 320 |
| — 522. — Tapisserie des Gobelins | — 321 |
| — 523. — Écran, d'après Boucher | — 322 |
| — 524. — Tapisserie des Gobelins | — 324 |
| — 525. — Tapisserie de Beauvais | — 324 |
| — 526. — Canapé Louis XVI en tapisserie de Beauvais | — 326 |

# TABLE DES MATIÈRES

## LIVRE I

## LES ARTS DU BOIS

ÉBÉNISTERIE — SCULPTURE — AMEUBLEMENT

CHAP. I<sup>er</sup>. — **La physiologie du meuble.**                                                  Pages

Le bois et le métal. — Les ouvriers d'autrefois. — Le coffre, générateur de tous les meubles. — La huche. — L'armoire. — Le cabinet. — Les sièges. — Le lit. — La décoration. . . . . . . . . . . . . . 3

— II. — **La géographie du meuble.**

Les maîtres huchiers. — Les diverses écoles de France. — L'influence de l'Italie. — La marqueterie. — L'Allemagne. — L'Espagne. — Les Flandres. . . . . . . . . . . . . . . . . . . . . . 32

— III. — **Les maîtres du meuble et de la décoration.**

Les variations de la matière. — Les précurseurs de Boulle. — Fondation des Gobelins. — L'œuvre de Le Pautre. — Bérain. — Lebrun. — Boulle. — Caffieri. — Daniel Marot. — Cressent. — Claude Gillot. — L'influence de Meissonnier sous la Régence. — Les vernisseurs Martin. — Le renouveau de l'antique. — Salembier. — Le premier empire. . . . . . . . . . . . . . . . . . . . . . . . . . . . 50

— IV. — **De quelques matières auxiliaires.**

L'ivoire. — Incrustation et sculptures. — La nacre et l'écaille. — Le cuir. — Les tentures. — Un mot sur la reliure. . . . . . . . . . . . . . . . . . . . . . . . . . . . . . . . . . . . 80

— V. — **Les ensembles.**

De maistre Jacques Duché à Bonaparte. — Amateurs et curieux. — L'abus du pastiche. . . . . . . . 89

## LIVRE II

## LES ARTS DU MÉTAL

L'ORFÈVRERIE — LA BIJOUTERIE — LES MATIÈRES PRÉCIEUSES — LA FERRONNERIE — LE BRONZE — L'ÉMAIL

CHAP. I<sup>er</sup>. — **L'orfèvrerie.**

La chambre des joyaux. — Importance de l'orfèvrerie au moyen âge. — Les grands orfèvres italiens. — L'orfèvrerie, apprentissage des grands artistes. — Benvenuto Cellini. — L'orfèvrerie en France. — Ordonnances et arrêts. — L'œuvre de Du Cerceau. — Étienne de Laulne. — Théodore de Bry. — L'étain et François Briot. — Fantaisies, parures. — L'avènement du toc. — La renaissance romantique. . . . . 101

— II. — **La bijouterie.**

La palette du bijoutier. — Delaulne, Woëiriot, Collaert. — La bague. — Le pendant. — Le bracelet. — Les pierres rares. — Esthétique orientale de la pierre. . . . . . . . . . . . . . . . . . . . 130

— III. — **Le fer.**

La beauté du fer. — Un serrurier d'autrefois, maître Mathurin Jousse. — Clefs et serrures. — La damasquinerie. — Le fer et l'architecture contemporaine. . . . . . . . . . . . . . . . . . . 151

— IV. — **Les armes.**

L'armure. — Le casque. — Les armes offensives. — L'épée. — Les grands forgeurs de lames. — Les armes orientales. . . . . . . . . . . . . . . . . . . . . . . . . . . . . . . . . . . 164

— V. — **Le bronze.**

Le cuivre et le bronze. — Les grands fondeurs. — L'horlogerie. — Passement. — Les grands doreurs et ciseleurs. — Caffieri, Gouthière. — Les bronzes d'ameublement. — Le bronze en Extrême-Orient. — La fonte à cire perdue. . . . . . . . . . . . . . . . . . . . . . . . . . . . . . . . . . 175

CHAP. VI. — **L'émail.**
La palette de l'émailleur. — Champlevés et cloisonnés. — Les émaux de Limoges. — Les émaux peints. — Les Pénicaud. — Limosin. — Courteys. — Reymond. — L'avilissement de l'émail. — Les émaux translucides . . . . . . . . . . . . . . . . . . . . . . . . . . . . . . . . . . . . . . . . 192

# LIVRE III

# LA TERRE ET LE VERRE

LA FAÏENCE — LA PORCELAINE — LES GRÈS — LA VERRERIE

CHAP. I$^{er}$. — **La faïence.**
Les Persans et Rhodes. — Les hispano-mauresques. . . . . . . . . . . . 209
— II. — **La faïence** (*suite*).
Les grandes écoles d'Italie. — Les Della Robbia. — La fée polychrome. — Maestro Giorgio. — La décoration céramique . . . . . . . . . . . . . . . . . . . . . . . . . . . 215
— III. — **La faïence** (*suite*).
Les faïences d'Oiron ou de Saint-Porchaire. — Bernard Palissy. — Du droit de garder les secrets. . . 229
— IV. — **La faïence** (*fin*).
Rouen, Nevers, Marseille, Moustiers, Strasbourg . . . . . . . . . . . . . . 244
— V. — **L'Allemagne et les Pays-Bas.**
Nuremberg. — Les grès cérames. — Delft. . . . . . . . . . . . . . . . 254
— VI. — **La céramique extrême-orientale et la porcelaine.**
La Chine. — Les sept époques. — Le Japon et la poterie. — Ninsei et Kenzan. — La porcelaine en Europe. — La Saxe. — La porcelaine de France. — Les rénovations souhaitées. . . . . . . . . . 260
— VII. — **Le verre.**
Les qualités propres du verre. — Venise. — Formes et colorations. — L'Allemagne et la gravure sur verre. — La Bohême. — La France. — Résumé de l'histoire du vitrail. . . . . . . . . . . 273

# LIVRE IV

# LES ARTS DU TISSU

L'ÉTOFFE — LA BRODERIE ET LA DENTELLE — LA TAPISSERIE

CHAP. I$^{er}$. — **L'étoffe.**
La beauté des travaux textiles. — Classification des matières et des décors. — Les tissus brochés. — La soie, la laine, les cotonnades. — Venise et Lyon. — Brocarts, velours et satins. . . . . . . . . 289
— II. — **La broderie et la dentelle.**
La France, l'Italie, les Flandres. — La lingerie brodée. — Le point coupé. — Luxe effréné des broderies. — Les brodeurs orientaux. — Dentelle à l'aiguille et dentelle aux fuseaux. — La mécanique. . . . . 299
— III. — **La tapisserie.**
Les féeries de l'Orient et la simplicité des procédés. — La tapisserie au moyen âge. — Le xiv$^e$ et le xv$^e$ siècle. — L'Italie et l'influence de Raphaël. — Une hérésie. — La fondation des Gobelins. — Le rôle de Lebrun. — Le xviii$^e$ siècle. — Claude Gillot et Watteau. — La couleur et le modelé. — Autre hérésie. — Régénération nécessaire. . . . . . . . . . . . . . . . . . . . . . . . . . . . . . . . . . . 310

www.ingramcontent.com/pod-product-compliance
Lightning Source LLC
Chambersburg PA
CBHW071155240526
45470CB00016BA/29